AF707874

Kontaktadresse nach EU-Produktsicherheitsverordnung:
produktsicherheit@fischerverlage.de

Zu diesem Buch

Die von Max Horkheimer und Theodor W. Adorno gemeinsam verfaßte *Dialektik der Aufklärung* ist der wichtigste Text der Kritischen Theorie und zugleich eines der klassischen Werke der Philosophie des 20. Jahrhunderts. Philosophische Kritik, Auseinandersetzung mit dem Faschismus und die Resultate langjähriger empirischer Untersuchungen in den USA verschmelzen hier zu einer Theorie der modernen Massenkultur. Mit äußerster gedanklicher Schärfe beleuchten die Autoren die Kehrseite technischen und sozialen Fortschritts: »Aufklärung« als Herrschaft der Vernunft, als Unterwerfung der Natur unter die menschlichen Zwecke wird über sich selbst aufgeklärt.

Die Wiedergabe des Textes folgt der von Horkheimer 1969 autorisierten Fassung. Sämtliche Änderungen gegenüber der Erstausgabe von 1944 sind vermerkt; zeitgeschichtliche Anspielungen und ungebräuchliche Begriffe sind vom Herausgeber kommentiert.

Band 5 der *Gesammelten Schriften* enthält weiterhin alle Aufsätze und Vorträge, die Horkheimer in den Jahren zwischen 1940 und 1950 publizierte, darunter einige Texte, die hier erstmals in deutscher Sprache erscheinen. Die Schriften ›Autoritärer Staat‹ und ›Vernunft und Selbsterhaltung‹ markieren den Übergang des Horkheimerschen Denkens zu den in der *Dialektik der Aufklärung* vertretenen Positionen. Gemeinsam mit den bereits in Band 12 der *Gesammelten Schriften* veröffentlichten Diskussionsprotokollen sind damit Entstehungsprozeß und Reflexionsfeld der *Dialektik der Aufklärung* erstmals umfassend dokumentiert.

Der Autor

Max Horkheimer, geboren am 14. 2. 1895 in Zuffenhausen/Stuttgart, wurde 1930 Ordinarius der Sozialphilosophie und Direktor des Instituts für Sozialforschung in Frankfurt am Main. 1933 emigrierte er und errichtete Zweigstellen des Instituts zunächst in Genf, später an der Ecole Normale Supérieure in Paris, schließlich an der Columbia Universität in New York, wohin ihm seine Frankfurter Mitarbeiter folgten. In der von ihm herausgegebenen *Zeitschrift für Sozialforschung* setzte Horkheimer die Veröffentlichung seiner theoretischen Arbeiten fort. 1936 publizierte er die unter seiner Leitung entstandenen *Studien über Autorität und Familie*, 1949 bis 1950 die von ihm entwickelten *Studies in Prejudice*, 1947 erschienen *Eclipse of Reason* und die gemeinsam mit Theodor W. Adorno verfaßte *Dialektik der Aufklärung*.

Nach seiner Rückkehr nach Frankfurt errichtete Horkheimer im Jahre 1950 wieder das Institut. Von 1951 an war er für zwei Jahre Rektor der Johann-Wolfgang-Goethe-Universität. Am 7. 7. 1973 ist Max Horkheimer gestorben.

Max Horkheimer

Gesammelte Schriften

Herausgegeben von Alfred Schmidt und
Gunzelin Schmid Noerr

Fischer Taschenbuch Verlag

Max Horkheimer

Gesammelte Schriften

Band 5:
›Dialektik der Aufklärung‹
und
Schriften 1940–1950

Herausgegeben von
Gunzelin Schmid Noerr

Fischer Taschenbuch Verlag

5. Auflage

Hedderichstr. 114, 60596 Frankfurt am Main
Druck und Bindung: BoD – Books on Demand GmbH,
Norderstedt, Germany
ISBN 978-3-596-27379-9

Inhalt

Max Horkheimer und Theodor W. Adorno
Dialektik der Aufklärung

Schriften 1940–1950

Editorischer Anhang

Max Horkheimer
und Theodor W. Adorno

Dialektik der Aufklärung

Philosophische Fragmente

Für Friedrich Pollock*

[* »Pollock« / 1944: »Pollock zum 50. Geburtstag am 22. Mai 1944«; 1947: »Pollock zum 50. Geburtstag«.]

Zur Neuausgabe

(1969)

Die *Dialektik der Aufklärung* ist 1947 bei Querido in Amsterdam erschienen. Das Buch, das erst allmählich sich verbreitete, ist seit geraumer Zeit vergriffen. Wenn wir den Band nach mehr als zwanzig Jahren jetzt wieder herausbringen, so bewegt uns nicht allein vielfaches Drängen, sondern die Vorstellung, daß nicht wenige der Gedanken auch heute noch an der Zeit sind und unsere späteren theoretischen Bemühungen weitgehend bestimmt haben. Kein Außenstehender wird leicht sich vorstellen, in welchem Maß wir beide für jeden Satz verantwortlich sind. Große Abschnitte haben wir zusammen diktiert; die Spannung der beiden geistigen Temperamente, die in der *Dialektik* sich verbanden, ist deren Lebenselement.

Nicht an allem, was in dem Buch gesagt ist, halten wir unverändert fest. Das wäre unvereinbar mit einer Theorie, welche der Wahrheit einen Zeitkern zuspricht, anstatt sie als Unveränderliches der geschichtlichen Bewegung entgegenzusetzen. Das Buch wurde in einem Augenblick verfaßt, in dem das Ende des nationalsozialistischen Terrors absehbar war. An nicht wenigen Stellen jedoch ist die Formulierung der Realität von heute nicht mehr angemessen. Indessen haben wir den Übergang zur verwalteten Welt schon damals nicht zu harmlos eingeschätzt.

In der Periode der politischen Spaltung in übergroße Blöcke, die objektiv dazu gedrängt werden, aufeinander zu prallen, hat das Grauen sich fortgesetzt. Die Konflikte in der Dritten Welt, das erneute Anwachsen des Totalitarismus sind so wenig nur historische Zwischenfälle, wie, der *Dialektik* zufolge, der damalige Faschismus es war. Kritisches Denken, das auch vor dem Fortschritt nicht innehält, verlangt heute Parteinahme für die Residuen von Freiheit, für Tendenzen zur realen Humanität, selbst wenn sie angesichts des großen historischen Zuges ohnmächtig scheinen.

Die in dem Buch erkannte Entwicklung zur totalen Integration ist unterbrochen, nicht abgebrochen; sie droht, über Diktaturen und Kriege sich zu vollziehen. Die Prognose des damit verbundenen Umschlags von Aufklärung in Positivismus, den Mythos dessen, was der Fall ist, schließlich die Identität von Intelligenz und Geistfeindschaft hat überwältigend sich bestätigt. Unsere Konzeption der Geschichte wähnt nicht, ihr enthoben zu sein, aber sie jagt nicht positivistisch nach Information. Als Kritik von Philosophie will sie Philosophie nicht preisgeben.

Aus Amerika, wo das Buch geschrieben ist, kehrten in der Überzeugung wir nach Deutschland zurück, theoretisch wie praktisch mehr tun zu können als anderswo. Zusammen mit Friedrich Pollock, dem das Buch, wie seinerzeit zum fünfzigsten so heute zu seinem fünfundsiebzigsten Geburtstag, gewidmet ist, haben wir das Institut für Sozialforschung in dem Gedanken wieder aufgebaut, die in der *Dialektik* formulierte Konzeption weiterzutreiben. Bei der Fortbildung unserer Theorie und den anschließenden gemeinsamen Erfahrungen hat uns Gretel Adorno, wie schon bei der ersten Fassung, im schönsten Sinn geholfen.

Mit Änderungen verfuhren wir weit sparsamer, als bei Neuausgaben von Jahrzehnte zurückliegenden Büchern üblich ist. Wir wollten nicht retouchieren, was wir geschrieben hatten, nicht einmal die offenkundig inadäquaten Stellen; den Text voll auf den gegenwärtigen Stand zu bringen, wäre ohnehin auf nicht weniger hinausgelaufen als auf ein neues Buch. Daß es heute mehr darauf ankommt, Freiheit zu bewahren, sie auszubreiten und zu entfalten, anstatt, wie immer mittelbar, den Lauf zur verwalteten Welt zu beschleunigen, haben wir auch in unseren späteren Schriften ausgedrückt. Wir haben uns im wesentlichen mit der Berichtigung von Druckfehlern und ähnlichem begnügt. Durch solche Zurückhaltung wird das Buch zur Dokumentation; wir hoffen, es sei zugleich mehr.

Frankfurt am Main, April 1969
Max Horkheimer Theodor W. Adorno

Vorwort zur italienischen Ausgabe*

(1962 / 1966)

Der deutsche Text der *Dialektik der Aufklärung* ist ein Fragment. Schon 1942 während des letzten Weltkrieges begonnen, sollte er die Einleitung zur Theorie der Gesellschaft und der Geschichte bilden, wie wir sie während der Herrschaft des Nationalsozialismus entworfen hatten. Es versteht sich von selbst, daß das Buch, in bezug auf die Terminologie und den Umfang der untersuchten Fragen, von den gesellschaftlichen Verhältnissen bestimmt ist, in denen es geschrieben wurde.

Seinem Thema nach zeigt unser Buch die Tendenzen, die den kulturellen Fortschritt in sein Gegenteil verwandeln. Das versuchten wir, an gesellschaftlichen Phänomenen der dreißiger und vierziger Jahre in Amerika darzutun. Die Durchführung systematischer Theorie jedoch, die den gegenwärtigen wirtschaftlichen und politischen Verhältnissen gerecht würde, stellt Ansprüche, denen wir aus objektiven wie subjektiven Gründen heute nicht zu genügen vermögen. Wir sind daher glücklich darüber, daß das Fragment in einer Reihe erscheint, die vornehmlich philosophischen Fragen gewidmet ist.

Frankfurt am Main, März 1966 — M. H. und T. W. A.

[* Aus dem Italienischen von Philipp Rippel unter Verwendung des deutschen Entwurfs von M. H. und T. W. A.]

Vorrede

(1944 und 1947)

Als* die Arbeit begonnen wurde, deren erste Proben wir Friedrich Pollock widmen, hatten wir gehofft, das Ganze zu seinem fünfzigsten Geburtstag abgeschlossen vorlegen zu können. Je mehr wir aber in die Aufgabe eindrangen, desto deutlicher wurden wir des Mißverhältnisses zwischen ihr und unseren Kräften gewahr. Was wir uns vorgesetzt hatten, war tatsächlich nicht weniger als die Erkenntnis, warum die Menschheit, anstatt in einen wahrhaft menschlichen Zustand einzutreten, in eine neue Art von** Barbarei versinkt. Wir unterschätzten die Schwierigkeiten der Darstellung, weil wir zu sehr noch dem gegenwärtigen Bewußtsein vertrauten. Hatten wir auch seit vielen Jahren bemerkt, daß im modernen Wissenschaftsbetrieb die großen Erfindungen mit wachsendem*** Zerfall theoretischer Bildung bezahlt werden, so glaubten wir immerhin dem Betrieb so weit folgen zu dürfen, daß sich unsere Leistung vornehmlich auf Kritik oder Fortführung fachlicher Lehren beschränkte. Sie sollte sich wenigstens thematisch an die traditionellen Disziplinen halten, an Soziologie, Psychologie und Erkenntnistheorie.

Die Fragmente, die wir hier vereinigt haben, zeigen jedoch, daß wir jenes Vertrauen aufgeben mußten. Bildet die aufmerksame Pflege und Prüfung der wissenschaftlichen Überlieferung, besonders dort, wo sie von positivistischen Reinigern als nutzloser Ballast dem Vergessen überantwortet wird, ein Moment der Erkenntnis, so ist dafür im gegenwärtigen Zusammenbruch der bürgerlichen Zivilisation nicht bloß der Betrieb sondern der Sinn von Wissenschaft fraglich geworden. Was die eisernen Faschisten heuchlerisch anpreisen und die anpassungsfähigen Experten der Humanität naiv durchsetzen: die rastlose Selbstzerstörung der Aufklärung**** zwingt das Den-

[* »Als« / 1944/47: »Als vor zwei Jahren«.]
[** »eine... von« / 1944: »erneute«.]
[*** »mit wachsendem« / 1944: »ohne Not mit dem«.]
[**** »Was die eisernen... Aufklärung« / 1944: »Was die rohen Advokaten der totalitären Ordnung in ihren Propagandareden heuchlerisch anpreisen und die versierten

ken dazu, sich auch die letzte Arglosigkeit gegenüber den Gewohnheiten und Richtungen des Zeitgeistes zu verbieten. Wenn die Öffentlichkeit einen Zustand erreicht hat, in dem unentrinnbar der Gedanke zur Ware und die Sprache zu deren Anpreisung wird, so muß der Versuch, solcher Depravation auf die Spur zu kommen, den geltenden sprachlichen und gedanklichen Anforderungen Gefolgschaft versagen, ehe deren welthistorische Konsequenzen ihn vollends vereiteln.

Wären es nur die Hindernisse, die sich aus der selbstvergessenen Instrumentalisierung der Wissenschaft ergeben, so könnte das Denken über gesellschaftliche Fragen wenigstens an die Richtungen anknüpfen, die zur offiziellen Wissenschaft oppositionell sich verhalten. Aber auch diese sind von dem Gesamtprozeß der Produktion ergriffen. Sie haben sich nicht weniger verändert als die Ideologie, der sie galten. Es widerfährt ihnen, was dem triumphierenden Gedanken seit je geschehen ist. Tritt er willentlich aus seinem kritischen Element heraus als bloßes Mittel in den Dienst eines Bestehenden, so treibt er wider Willen dazu, das Positive, das er sich erwählte, in ein Negatives, Zerstörerisches zu verwandeln. Die Philosophie, die im achtzehnten Jahrhundert, den Scheiterhaufen für Bücher und Menschen zum Trotz, der Infamie die Todesfurcht einflößte, ging unter Bonaparte schon zu ihr über. Schließlich usurpierte die apologetische Schule Comtes die Nachfolge der unversöhnlichen Enzyklopädisten und reichte* allem die Hand, wogegen jene einmal gestanden hatten. Die Metamorphosen von Kritik in Affirmation lassen auch den theoretischen Gehalt nicht unberührt, seine Wahrheit verflüchtigt sich. In der Gegenwart freilich eilt die motorisierte Geschichte solchen geistigen Entwicklungen noch voraus, und die offiziellen Wortführer, die andere Sorgen haben, liquidieren die Theorie, die ihnen zum Platz an der Sonne** verhalf, noch ehe sie sich*** recht prostituieren kann.

Anwälte der Opfer in ihren respektiven Sparten der Kulturindustrie naiv praktizieren: das Ende der Aufklärung durch eigene Mittel«.]

[* »reichte« / 1944: »reichte in der Action Française«. – »Action Française«: rechtsradikale Bewegung in Frankreich zwischen 1898 und 1944.]

[** Anspielung auf ein im wilhelminischen Deutschland geprägtes, imperialistisches Schlagwort.]

[*** »liquidieren ... sich« / 1944: »verleugnen das Wort, das ihnen zum Platz an der Sonne verhalf, noch ehe es sich im Dienst der dort Angekommenen«.]

Bei der Selbstbesinnung über seine eigene Schuld sieht sich Denken daher nicht bloß des zustimmenden Gebrauchs der wissenschaftlichen und alltäglichen, sondern ebensosehr jener oppositionellen Begriffssprache beraubt. Kein Ausdruck bietet sich mehr an, der nicht zum Einverständnis mit herrschenden Denkrichtungen hinstrebte, und was die abgegriffene Sprache nicht selbsttätig leistet, wird von den gesellschaftlichen Maschinerien präzis nachgeholt. Den aus Besorgnis vor größeren Unkosten von den Filmfabriken freiwillig unterhaltenen Zensoren entsprechen analoge Instanzen in allen Ressorts. Der Prozeß, dem ein literarischer Text, wenn nicht in automatischer Vorausschau seines Herstellers, so jedenfalls durch den Stab von Lektoren, Herausgebern, Umarbeitern, ghost writers in- und außerhalb der Verlagsbüros unterworfen wird, überbietet an Gründlichkeit noch jede Zensur. Deren Funktionen vollends überflüssig zu machen, scheint trotz aller wohltätigen Reformen der Ehrgeiz des Erziehungssystems zu sein. In der Meinung, ohne strikte Beschränkung auf Tatsachenfeststellung und Wahrscheinlichkeitsrechnung bliebe der erkennende Geist allzu empfänglich für Scharlatanerie und Aberglauben, präpariert es den verdorrenden Boden für die gierige Aufnahme von Scharlatanerie und Aberglauben. Wie Prohibition seit je dem giftigeren Produkt Eingang verschaffte, arbeitete die Absperrung der theoretischen Einbildungskraft dem politischen Wahne vor. Auch sofern die Menschen ihm noch nicht verfallen sind, werden sie durch die Zensurmechanismen, die äußeren wie die ihnen selbst eingepflanzten, der Mittel des Widerstands beraubt.

Die Aporie, der wir uns bei unserer Arbeit gegenüber fanden, erwies sich somit als der erste Gegenstand, den wir zu untersuchen hatten: die Selbstzerstörung der Aufklärung. Wir hegen keinen Zweifel – und darin liegt unsere petitio principii –, daß die Freiheit in der Gesellschaft vom aufklärenden Denken unabtrennbar ist. Jedoch glauben wir, genauso deutlich erkannt zu haben, daß der Begriff eben dieses Denkens, nicht weniger als die konkreten historischen Formen, die Institutionen der Gesellschaft, in die es verflochten ist, schon den Keim zu jenem Rückschritt* enthält, der heute überall sich ereignet. Nimmt Aufklärung die Reflexion

[* »jenem Rückschritt« / 1944: »ihrer Verkehrung«.]

auf dieses rückläufige Moment nicht in sich auf, so besiegelt sie ihr eigenes Schicksal. Indem die Besinnung auf das Destruktive des Fortschritts seinen Feinden überlassen bleibt, verliert das blindlings* pragmatisierte Denken seinen aufhebenden Charakter, und darum auch die Beziehung auf Wahrheit. An der rätselhaften Bereitschaft der technologisch erzogenen Massen, in den Bann eines jeglichen Despotismus zu geraten, an ihrer selbstzerstörerischen Affinität zur völkischen Paranoia, an all dem unbegriffenen Widersinn wird die Schwäche des gegenwärtigen theoretischen Verständnisses offenbar.

Wir glauben, in diesen Fragmenten insofern zu solchem Verständnis beizutragen, als wir zeigen, daß die Ursache des Rückfalls von Aufklärung in Mythologie nicht so sehr bei den eigens zum Zweck des Rückfalls ersonnenen nationalistischen, heidnischen und sonstigen modernen Mythologien zu suchen ist, sondern bei der in Furcht vor der Wahrheit erstarrenden Aufklärung selbst. Beide Begriffe sind dabei nicht bloß als geistesgeschichtliche sondern real zu verstehen. Wie die Aufklärung die wirkliche Bewegung der bürgerlichen Gesellschaft als ganzer unter dem Aspekt ihrer in Personen und Institutionen verkörperten Idee ausdrückt, so heißt Wahrheit nicht bloß das vernünftige** Bewußtsein, sondern ebensosehr dessen Gestalt in der Wirklichkeit. Die Angst des rechten Sohns moderner Zivilisation, von den Tatsachen abzugehen, die doch bei der Wahrnehmung schon durch die herrschenden Usancen in Wissenschaft, Geschäft und Politik klischeemäßig zugerichtet sind, ist unmittelbar dieselbe wie die Angst vor der gesellschaftlichen Abweichung. Durch jene Usancen wird auch der Begriff von Klarheit in Sprache und Denken definiert, dem Kunst, Literatur und Philosophie heute genügen sollen. Indem er das an den Tatsachen wie den herrschenden Denkformen negativ ansetzende Denken als dunkle Umständlichkeit, am liebsten als landesfremd, tabuiert, hält er den Geist in immer tieferer Blindheit gebannt. Es gehört zum heillosen Zustand, daß auch der ehrlichste Reformer, der in abgegriffener Sprache die Neuerung empfiehlt, durch Übernahme des eingeschliffenen Kategorienapparats und der dahinter stehenden schlechten Philosophie die Macht des

[* »blindlings« / 1944: »solchermaßen«.]
[** »das vernünftige« / 1944: »ein vernünftiges«.]

Bestehenden verstärkt, die er brechen möchte. Die falsche Klarheit ist nur ein anderer Ausdruck für den Mythos. Er war immer dunkel und einleuchtend zugleich. Seit je hat er durch Vertrautheit und Enthebung von der Arbeit des Begriffs sich ausgewiesen.

Die Naturverfallenheit der Menschen heute ist vom gesellschaftlichen Fortschritt nicht abzulösen. Die Steigerung der wirtschaftlichen Produktivität, die einerseits die Bedingungen für eine gerechtere Welt herstellt, verleiht andererseits dem technischen Apparat und den sozialen Gruppen, die über ihn verfügen, eine unmäßige Überlegenheit über den Rest der Bevölkerung. Der Einzelne wird gegenüber den ökonomischen Mächten vollends annulliert. Dabei treiben diese die Gewalt der Gesellschaft über die Natur auf nie geahnte Höhe. Während der Einzelne vor dem Apparat verschwindet, den er bedient, wird er von diesem besser als je versorgt. Im ungerechten Zustand steigt die Ohnmacht und Lenkbarkeit der Masse* mit der ihr zugeteilten Gütermenge. Die materiell ansehnliche und sozial klägliche Hebung des Lebensstandards der Unteren spiegelt sich in der gleißnerischen Verbreitung des Geistes. Sein wahres Anliegen ist die Negation der Verdinglichung. Er muß zergehen, wo er zum Kulturgut verfestigt und für Konsumzwecke ausgehändigt wird. Die Flut präziser Information und gestriegelten Amüsements witzigt und verdummt die Menschen zugleich.

Es geht nicht um die Kultur als Wert, wie die Kritiker der Zivilisation, Huxley, Jaspers, Ortega y Gasset und andere, im Sinn haben, sondern die Aufklärung muß sich auf sich selbst besinnen, wenn die Menschen nicht vollends verraten werden sollen. Nicht um die Konservierung der Vergangenheit, sondern um die Einlösung der vergangenen Hoffnung ist es zu tun. Heute aber** setzt die Vergangenheit sich fort als Zerstörung der Vergangenheit. War die respektable Bildung bis zum neunzehnten Jahrhundert ein Privileg, bezahlt mit gesteigerten Leiden*** der Bildungslosen, so ist im zwanzigsten der hygienische Fabrikraum durch Einschmelzen alles

[* »Im ungerechten ... Masse« / 1944: »Die Ohnmacht und Lenkbarkeit der Masse steigt«.]
[** »Heute aber« / 1944: »Im Namen der Aufklärung«.]
[*** »gesteigerten Leiden« / 1944: »gesteigerter Ausbeutung«.]

Kulturellen im gigantischen Tiegel* erkauft. Das wäre vielleicht nicht einmal ein so hoher Preis, wie jene Verteidiger der Kultur glauben, trüge nicht der Ausverkauf der Kultur dazu bei, die ökonomischen Errungenschaften in ihr Gegenteil zu verkehren.

Unter den gegebenen Verhältnissen werden die Glücksgüter selbst zu Elementen des Unglücks. Wirkte ihre Masse, mangels des gesellschaftlichen Subjekts, während der vergangenen Periode als sogenannte Überproduktion in Krisen der Binnenwirtschaft sich aus, so erzeugt sie heute, vermöge der Inthronisierung von Machtgruppen als jenes gesellschaftliche Subjekt, die internationale Drohung des Faschismus: der Fortschritt schlägt in den Rückschritt um. Daß der hygienische Fabrikraum und alles, was dazu gehört, Volkswagen** und Sportpalast, die Metaphysik stumpfsinnig liquidiert, wäre noch gleichgültig, aber daß sie im gesellschaftlichen Ganzen selbst zur Metaphysik werden, zum ideologischen Vorhang***, hinter dem sich das reale Unheil zusammenzieht, ist nicht gleichgültig. Davon gehen unsere Fragmente aus.

Die erste Abhandlung, die theoretische Grundlage der folgenden, sucht die Verflechtung von Rationalität und gesellschaftlicher Wirklichkeit, ebenso wie die davon untrennbare von Natur und Naturbeherrschung, dem Verständnis näherzubringen. Die dabei an Aufklärung geübte Kritik soll einen positiven Begriff von ihr vorbereiten, der sie aus ihrer Verstrickung in blinder Herrschaft löst.

Grob ließe die erste Abhandlung in ihrem kritischen Teil auf zwei Thesen sich bringen: schon der Mythos ist Aufklärung, und: Aufklärung schlägt in Mythologie zurück. Diese Thesen werden in den beiden Exkursen an spezifischen Gegenständen durchgeführt. Der erste verfolgt die Dialektik von Mythos und Aufklärung an der *Odyssee*, als einem der frühsten repräsentativen Zeugnisse bürgerlich-abendländischer Zivilisation. Im Mittelpunkt stehen die Begriffe Opfer und Entsagung, an denen Differenz so gut wie Einheit von mythischer Natur und aufgeklärter Naturbeherrschung sich erweisen. Der zweite Exkurs beschäftigt sich mit Kant, Sade und

[* »Einschmelzen... Tiegel« / 1944: »die Anwendung des nationalen Schmelztiegels auf alles Kulturelle«.]
[** »Volkswagen« / 1944: »Kaugummi«.]
[*** »Vorhang« / 1944: »Schleier«.]

Nietzsche, den unerbittlichen Vollendern der Aufklärung. Er zeigt, wie die Unterwerfung alles Natürlichen unter das selbstherrliche Subjekt zuletzt gerade in der Herrschaft des blind Objektiven, Natürlichen gipfelt. Diese Tendenz ebnet alle Gegensätze des bürgerlichen Denkens ein, zumal den der moralischen Strenge und der absoluten Amoralität.

Der Abschnitt ›Kulturindustrie‹ zeigt die Regression der Aufklärung an der Ideologie, die in Film und Radio ihren maßgebenden Ausdruck findet. Aufklärung besteht dabei vor allem im Kalkül der Wirkung und der Technik von Herstellung und Verbreitung; ihrem eigentlichen Gehalt nach erschöpft sich die Ideologie in der Vergötzung des Daseienden und der Macht, von der die Technik kontrolliert wird. Bei der Behandlung dieses Widerspruchs wird die Kulturindustrie ernster genommen, als sie es von sich aus möchte. Aber da ihre Berufung auf den eigenen kommerziellen Charakter, das Bekenntnis zur gemilderten Wahrheit, längst zu einer Ausrede geworden ist, mit der sie sich der Verantwortung für die Lüge entzieht, so hält unsere Analyse sich an den objektiv den Produkten innewohnenden Anspruch, ästhetische Gebilde und damit gestaltete Wahrheit zu sein. Sie erweist* das gesellschaftliche Unwesen an der Nichtigkeit jenes Anspruchs. Mehr noch als die anderen Abschnitte ist der über Kulturindustrie fragmentarisch.**

Die thesenhafte Erörterung der ›Elemente des Antisemitismus‹ gilt der Rückkehr der aufgeklärten Zivilisation zur Barbarei in der Wirklichkeit. Nicht bloß die ideelle, auch die praktische Tendenz zur Selbstvernichtung gehört der Rationalität seit Anfang zu, keineswegs nur der Phase, in der jene nackt hervortritt. In diesem Sinne wird eine philosophische Urgeschichte des Antisemitismus entworfen. Sein ›Irrationalismus‹ wird aus dem Wesen der herrschenden Vernunft selber und der ihrem Bild entsprechenden Welt abgeleitet. Die ›Elemente‹ stehen in unmittelbarem Zusammenhang mit empi-

[* »erweist« / 1944: »bezeichnet«.]

[** »fragmentarisch« / 1944: »fragmentarisch. Große Teile, längst ausgeführt, bedürfen nur noch der letzten Redaktion. In ihnen werden auch die positiven Aspekte der Massenkultur zur Sprache kommen.« – Der zweite, damals nicht endgültig redigierte Teil des Kapitels ist jetzt unter dem Titel ›Das Schema der Massenkultur‹ als Anhang zur *Dialektik der Aufklärung* veröffentlicht in: Adorno, *Gesammelte Schriften* Bd. 3, Frankfurt am Main 1981, S. 299 ff.]

rischen Forschungen des Instituts für Sozialforschung*, der von Felix Weil gegründeten und am Leben erhaltenen Stiftung, ohne die nicht bloß unsere Studien, sondern ein gut Teil der trotz Hitler noch fortgesetzten theoretischen Arbeit deutscher Emigranten nicht möglich gewesen wäre. Die ersten drei Thesen schrieben wir zusammen mit Leo Löwenthal, mit dem wir seit den ersten Frankfurter Jahren an vielen wissenschaftlichen Fragen gemeinsam arbeiten.
Im letzten Teil werden Aufzeichnungen und Entwürfe publiziert, die teils in den Gedankenkreis der voraufgehenden Abhandlungen gehören, ohne dort ihre Stelle zu finden, teils Probleme kommender Arbeit vorläufig umreißen. Die meisten beziehen sich auf eine dialektische Anthropologie.**

Los Angeles, California, Mai 1944

[* »empirischen... Sozialforschung« / 1944: »dem Forschungsprojekt des Institute of Social Research«.]
[** »Anthropologie.« / 1944: »Anthropologie.
Bei der Auswahl der Fragmente aus der Arbeit der vergangenen zwei Jahre leitete uns die Sinnfälligkeit ihres inneren Zusammenhangs und die Einheit der Sprache. Wir schalteten alle englischen Arbeiten aus, die zur gleichen Zeit entstanden sind, wie sehr sie auch thematisch mit den Fragmenten zusammenhängen. Erwähnt seien der Vorlesungszyklus ›Society and Reason‹; die Arbeiten ›Sociology of Class Relations‹ und ›The Revival of Dogmatism‹; die umfangreiche Analyse antisemitischer Propaganda, ›The Psychological Technique of Martin Luther Thomas' Radio Adresses‹, sowie unsere übrigen Studien und Beiträge zu dem Antisemitismusprojekt. Die Mitwirkung an dieser in New York, Los Angeles und Berkeley durchgeführten Untersuchung hat wenigstens die Hälfte unserer Zeit in Anspruch genommen. – Von den deutschen Vorarbeiten zu dem Ganzen, dem die Fragmente selbst angehören, haben wir unter anderem die Stücke über Logik zurückgestellt. Auch die bereits formulierten Teile des geplanten Abschnitts zur Kritik der Soziologie sind ausgelassen.
Wenn das Glück, ohne den bösen Druck unmittelbarer Zwecke an solchen Fragen arbeiten zu können, auch weiterhin fortdauern sollte, hoffen wir, das Ganze in nicht allzuferner Zeit zu vollenden. Zum Glauben daran ermutigt uns das durch keine Widrigkeit der Zeit beirrbare Vertrauen dessen, dem das bisher Vollendete nun zugeeignet ist.« –
»Society and Reason«: Unter diesem Obertitel hielt Horkheimer im Februar und März 1944 fünf Vorlesungen an der New Yorker Columbia Universität. Sie wurden später der *Eclipse of Reason* (New York 1947, dt. *Zur Kritik der instrumentellen Vernunft*, Frankfurt am Main 1967) zugrunde gelegt.
»Sociology of Class Relations«: Aufsatz Horkheimers aus dem Jahre 1943, jetzt unter dem Titel ›Zur Soziologie der Klassenverhältnisse‹ in: *Gesammelte Schriften* Bd. 12, Frankfurt am Main 1985, S. 75ff.
»The Revival of Dogmatism. Remarks on Neo-Positivism and Neo-Thomism«: Das Manuskript Horkheimers mit diesem Titel bildete später die Grundlage zum II. Kapitel der *Eclipse of Reason.*

Das Buch enthält keinerlei wesentliche Änderungen des Texts, wie er noch während des Krieges abgeschlossen wurde. Nachträglich hinzugefügt ist einzig die letzte These der ›Elemente des Antisemitismus‹.

Juni 1947 Max Horkheimer Theodor W. Adorno

»The Psychological Technique of Martin Luther Thomas' Radio Adresses«: Studie Adornos aus dem Jahre 1943, jetzt veröffentlicht in: *Gesammelte Schriften* Bd. 9.1, Frankfurt am Main 1975, S. 7 ff.

»Studien und Beiträge zu dem Antisemitismusprojekt«: Seit 1939 gab es eine Reihe von Projekten, die nur zum Teil durchgeführt werden konnten. Als größere, damals unveröffentlichte Studie resultierte daraus *Antisemitism Among American Labor* (1945), veröffentlicht wurden schließlich die fünf Bände der *Studies in Prejudice*, New York 1949/50.

»Stücke über Logik«: Gemeint sein könnte Horkheimers Aufzeichnung ›Kopula und Subsumtion‹ (1939), außerdem weitere Teile aus den ›Aufzeichnungen und Entwürfen zur *Dialektik der Aufklärung* 1939–1942‹, veröffentlicht in: *Gesammelte Schriften* Bd. 12, a. a. O., S. 69 ff. und S. 250 ff.

»Zur Kritik der Soziologie«: nicht ermittelt; vielleicht ist Adornos Kritik der Mannheimschen Wissenssoziologie gemeint, die in einer ersten Fassung bereits 1937 vorlag; vgl. ›Das Bewußtsein der Wissenssoziologie‹, in: Adorno, *Gesammelte Schriften* Bd. 10.1, Frankfurt am Main 1977, S. 31 ff.]

Begriff* der Aufklärung

Seit je hat Aufklärung im umfassendsten Sinn fortschreitenden Denkens das Ziel verfolgt, von den Menschen die Furcht zu nehmen und sie als Herren einzusetzen. Aber die vollends aufgeklärte Erde strahlt im Zeichen triumphalen Unheils. Das Programm der Aufklärung war die Entzauberung der Welt**. Sie wollte die Mythen auflösen und Einbildung durch Wissen stürzen. Bacon, »der Vater der experimentellen Philosophie«[1], hat die Motive schon versammelt. Er verachtet die Adepten der Tradition, die »zuerst glauben, daß andere wissen, was sie nicht wissen; und nachher, daß sie selbst wissen, was sie nicht wissen. Leichtgläubigkeit jedoch, Widerwille gegen den Zweifel, Unbesonnenheit im Antworten, Prahlerei mit Bildung, Scheu zu widersprechen, Interessiertheit, Lässigkeit in eigener Forschung, Wortfetischismus, Stehenbleiben bei bloßen Teilerkenntnissen: dies und Ähnliches hat die glückliche Ehe des menschlichen Verstandes mit der Natur der Dinge verhindert, und ihn statt dessen an eitle Begriffe und planlose Experimente verkuppelt: die Frucht und Nachkommenschaft einer so rühmlichen Verbindung kann man sich leicht vorstellen. Die Druckerpresse, eine grobe Erfindung; die Kanone, eine die schon nahe lag; der Kompaß, in gewissem Grad bereits früher bekannt: welche Veränderung haben nicht diese drei hervorgebracht – die eine im Zustand der Wissenschaft, die andere in dem des Krieges, die dritte in dem der Finanzen, des Handels und der Schiffahrt! Und auf diese, sage ich, ist man nur zufällig gestolpert und gestoßen. Also die Überlegenheit des Menschen liegt im Wissen, das duldet keinen Zweifel. Darin

[* »Begriff« / 1944: »Dialektik«.]
[** Anspielung auf eine Formulierung Max Webers; vgl. Weber, ›Wissenschaft als Beruf‹ (1919), in: *Gesammelte Aufsätze zur Wissenschaftslehre*, Tübingen [3]1968, S. 594.]
1 Voltaire, ›Lettres philosophiques‹ XII. *Œuvres complètes*. Ed. Garnier. Paris 1879. Band XXII. S. 118.

sind viele Dinge aufbewahrt, welche Könige mit all ihren Schätzen nicht kaufen können, über die ihr Befehl nicht gebietet, von denen ihre Kundschafter und Zuträger keine Nachricht bringen, zu deren Ursprungsländern ihre Seefahrer und Entdecker nicht segeln können. Heute beherrschen wir die Natur in unserer bloßen Meinung und sind ihrem Zwange unterworfen; ließen wir uns jedoch von ihr in der Erfindung leiten, so würden wir ihr in der Praxis gebieten.«[2]

Trotz seiner Fremdheit zur Mathematik hat Bacon die Gesinnung der Wissenschaft, die auf ihn folgte, gut getroffen. Die glückliche Ehe zwischen dem menschlichen Verstand und der Natur der Dinge, die er im Sinne hat, ist patriarchal: der Verstand, der den Aberglauben besiegt, soll über die entzauberte Natur gebieten. Das Wissen, das Macht ist, kennt keine Schranken, weder in der Versklavung* der Kreatur noch in der Willfährigkeit gegen die Herren der Welt. Wie allen Zwecken der bürgerlichen Wirtschaft in der Fabrik und auf dem Schlachtfeld, so steht es den Unternehmenden ohne Ansehen der Herkunft zu Gebot. Die Könige verfügen über die Technik nicht unmittelbarer als die Kaufleute: sie ist so demokratisch wie das Wirtschaftssystem**, mit dem sie sich entfaltet. Technik ist das Wesen dieses Wissens. Es zielt nicht auf Begriffe und Bilder, nicht auf das Glück der Einsicht, sondern auf Methode, Ausnutzung der Arbeit anderer***, Kapital. Die vielen Dinge, die es nach Bacon noch aufbewahrt, sind selbst wieder nur Instrumente: das Radio als sublimierte Druckerpresse, das Sturzkampfflugzeug als wirksamere Artillerie, die Fernsteuerung als der verläßlichere Kompaß. Was die Menschen von der Natur lernen wollen, ist, sie anzuwenden, um sie und die Menschen vollends zu beherrschen. Nichts anderes gilt. Rücksichtslos gegen sich selbst hat die Aufklärung noch den letzten Rest ihres eigenen Selbstbewußtseins ausgebrannt. Nur solches Denken ist hart genug, die Mythen zu zerbrechen, das sich selbst Gewalt antut. Vor dem Triumph des Tat-

[* »Versklavung« / 1944: »Ausbeutung«.]
[** »das Wirtschaftssystem« / 1944: »der Kapitalismus«.]
[*** »Ausnutzung... anderer« / 1944: »Verfügung über fremde Arbeit«.]
2 Bacon, ›In Praise of Knowledge. Miscellaneous Tracts Upon Human Philosophy‹. *The Works of Francis Bacon.* Ed. Basil Montagu. London 1825. Band I. S. 254f.

sachensinns heute wäre auch Bacons nominalistisches Credo noch als Metaphysik verdächtig und verfiele dem Verdikt der Eitelkeit, das er über die Scholastik aussprach. Macht und Erkenntnis sind synonym.[3] Das unfruchtbare Glück aus Erkenntnis ist lasziv für Bacon wie für Luther. Nicht auf jene Befriedigung, die den Menschen Wahrheit heiße, sondern auf »operation«, das wirksame Verfahren, komme es an; nicht in »plausiblen, ergötzlichen, ehrwürdigen oder effektvollen Reden, oder irgendwelchen einleuchtenden Argumenten, sondern im Wirken und Arbeiten und der Entdekkung vorher unbekannter Einzelheiten zur besseren Ausstattung und Hilfe im Leben« liege »das wahre Ziel und Amt der Wissenschaft«[4]. Es soll kein Geheimnis geben, aber auch nicht den Wunsch seiner Offenbarung.

Die Entzauberung der Welt ist die Ausrottung des Animismus. Xenophanes höhnt die vielen Götter, weil sie den Menschen, ihren Erzeugern, mit allem Zufälligen und Schlechten glichen, und die jüngste Logik denunziert die geprägten Worte der Sprache als falsche Münzen, die man besser durch neutrale Spielmarken ersetzt. Die Welt wird zum Chaos und Synthesis zur Rettung. Kein Unterschied soll sein zwischen dem Totemtier, den Träumen des Geistersehers* und der absoluten Idee. Auf dem Weg zur neuzeitlichen Wissenschaft leisten die Menschen auf Sinn Verzicht. Sie ersetzen den Begriff durch die Formel, Ursache durch Regel und Wahrscheinlichkeit. Die Ursache war nur der letzte philosophische Begriff, an dem wissenschaftliche Kritik sich maß, gleichsam weil er allein von den alten Ideen ihr noch sich stellte, die späteste Säkularisierung des schaffenden Prinzips. Substanz und Qualität, Tätigkeit und Leiden, Sein und Dasein zeitgemäß zu definieren, war seit Bacon ein Anliegen der Philosophie, aber die Wissenschaft kam schon ohne solche Kategorien aus. Sie waren als Idola Theatri der alten Metaphysik zurückgeblieben und schon zu ihrer Zeit Denkmale

[* Anspielung auf Kants Auseinandersetzung mit Swedenborg: ›Träume eines Geistersehers, erläutert durch Träume der Metaphysik‹ (1766), in: *Werke*, hrsg. von Wilhelm Weischedel, Bd. I, Darmstadt 1963.]

3 Vgl. Bacon, *Novum Organum* a. a. O. Band XIV. S. 31.

4 Bacon, ›Valerius Terminus, of the Interpretation of Nature. Miscellaneous Tracts‹ a. a. O. Band I. S. 281.

von Wesenheiten und Mächten der Vorvergangenheit. Dieser hatten Leben und Tod in den Mythen sich ausgelegt und verflochten. Die Kategorien, in denen die abendländische Philosophie ihre ewige Naturordnung bestimmte, markierten die Stellen, die einst Oknos und Persephone, Ariadne und Nereus innehatten. Die vorsokratischen Kosmologien halten den Augenblick des Übergangs fest. Die Feuchte, das Ungeschiedene, die Luft, das Feuer, die dort als Urstoff der Natur angesprochen werden, sind gerade erst rationalisierte Niederschläge der mythischen Anschauung. Wie die Bilder der Zeugung aus Strom und Erde, die vom Nil zu den Griechen kamen, hier zu hylozoistischen Prinzipien, zu Elementen wurden, so vergeistigte sich insgesamt die wuchernde Vieldeutigkeit der mythischen Dämonen zur reinen Form der ontologischen Wesenheiten. Durch Platons Ideen werden schließlich auch die patriarchalen Götter des Olymp vom philosophischen Logos erfaßt. Die Aufklärung aber erkannte im platonischen und aristotelischen Erbteil der Metaphysik die alten Mächte wieder und verfolgte den Wahrheitsanspruch der Universalien als Superstition. In der Autorität der allgemeinen Begriffe meint sie noch die Furcht vor den Dämonen zu erblicken, durch deren Abbilder die Menschen im magischen Ritual die Natur zu beeinflussen suchten. Von nun an soll die Materie endlich ohne Illusion waltender oder innewohnender Kräfte, verborgener Eigenschaften beherrscht werden. Was dem Maß von Berechenbarkeit und Nützlichkeit sich nicht fügen will, gilt der Aufklärung für verdächtig. Darf sie sich einmal ungestört von auswendiger Unterdrückung entfalten, so ist kein Halten mehr. Ihren eigenen Ideen von Menschenrecht ergeht es dabei nicht anders als den älteren Universalien. An jedem geistigen Widerstand, den sie findet, vermehrt sich bloß ihre Stärke.[5] Das rührt daher, daß Aufklärung auch in den Mythen noch sich selbst wiedererkennt. Auf welche Mythen der Widerstand sich immer berufen mag, schon dadurch, daß sie in solchem Gegensatz zu Argumenten werden, bekennen sie sich zum Prinzip der zersetzenden Rationalität, das sie der Aufklärung vorwerfen. Aufklärung ist totalitär.

Als Grund des Mythos hat sie seit je den Anthropomorphismus, die

5 Vgl. Hegel, *Phänomenologie des Geistes. Werke.* Band II. S. 410f.

Projektion von Subjektivem auf die Natur aufgefaßt.[6] Das Übernatürliche, Geister und Dämonen, seien Spiegelbilder der Menschen, die von Natürlichem sich schrecken lassen. Die vielen mythischen Gestalten lassen sich der Aufklärung zufolge alle auf den gleichen Nenner bringen, sie reduzieren sich auf das Subjekt. Die Antwort des Ödipus auf das Rätsel der Sphinx: »Es ist der Mensch« wird als stereotype Auskunft der Aufklärung unterschiedslos wiederholt, gleichgültig ob dieser ein Stück objektiven Sinnes, die Umrisse einer Ordnung, die Angst vor bösen Mächten oder die Hoffnung auf Erlösung vor Augen steht. Als Sein und Geschehen wird von der Aufklärung vorweg nur anerkannt, was durch Einheit sich erfassen läßt; ihr Ideal ist das System, aus dem alles und jedes folgt. Nicht darin unterscheiden sich ihre rationalistische und empiristische Version. Mochten die einzelnen Schulen die Axiome verschieden interpretieren, die Struktur der Einheitswissenschaft war stets dieselbe. Bacons Postulat der Una scientia universalis[7] ist bei allem Pluralismus der Forschungsgebiete dem Unverbindbaren so feind wie die Leibniz'sche Mathesis universalis dem Sprung. Die Vielheit der Gestalten wird auf Lage und Anordnung, die Geschichte aufs Faktum, die Dinge auf Materie abgezogen. Auch Bacon zufolge soll zwischen höchsten Prinzipien und Beobachtungssätzen eindeutige logische Verbindung durch Stufen der Allgemeinheit bestehen. De Maistre spottet, er hege »une idole d'échelle«[8]. Die formale Logik war die große Schule der Vereinheitlichung. Sie bot den Aufklärern das Schema der Berechenbarkeit der Welt. Die mythologisierende Gleichsetzung der Ideen mit den Zahlen in Platons letzten Schriften spricht die Sehnsucht aller Entmythologisierung aus: die Zahl wurde zum Kanon der Aufklärung. Dieselben Gleichungen beherrschen die bürgerliche Gerechtigkeit und den Warenaustausch. »Ist nicht die Regel, wenn Du Ungleiches zu Gleichem addierst kommt Ungleiches heraus, ein Grundsatz sowohl der Gerechtigkeit als der Mathematik? Und besteht nicht eine wahrhafte Übereinstimmung

6 Xenophanes, Montaigne, Hume, Feuerbach und Salomon Reinach sind sich darin einig. Vgl. zu Reinach: *Orpheus*. From the French by F. Simmons. London und New York 1909. S. 6ff.

7 Bacon, ›De augmentis scientiarum‹ a. a. O. Band VIII. S. 152.

8 ›Les Soirées de Saint-Pétersbourg. 5ième entretien‹. *Œuvres complètes*. Lyon 1891. Band IV. S. 256.

zwischen wechselseitiger und ausgleichender Gerechtigkeit auf der einen und zwischen geometrischen und arithmetischen Proportionen auf der anderen Seite?«[9] Die bürgerliche Gesellschaft ist beherrscht vom Äquivalent. Sie macht Ungleichnamiges komparabel, indem sie es auf abstrakte Größen reduziert. Der Aufklärung wird zum Schein, was in Zahlen, zuletzt in der Eins, nicht aufgeht; der moderne Positivismus verweist es in die Dichtung. Einheit bleibt die Losung von Parmenides bis auf Russell. Beharrt wird auf der Zerstörung von Göttern und Qualitäten.

Aber die Mythen, die der Aufklärung zum Opfer fallen, waren selbst schon deren eigenes Produkt. In der wissenschaftlichen Kalkulation des Geschehens wird die Rechenschaft annulliert, die der Gedanke in den Mythen einmal vom Geschehen gegeben hatte. Der Mythos wollte berichten, nennen, den Ursprung sagen: damit aber darstellen, festhalten, erklären. Mit der Aufzeichnung und Sammlung der Mythen hat sich das verstärkt. Sie wurden früh aus dem Bericht zur Lehre. Jedes Ritual schließt eine Vorstellung des Geschehens wie des bestimmten Prozesses ein, der durch den Zauber beeinflußt werden soll. Dieses theoretische Element des Rituals hat sich in den frühesten Epen der Völker verselbständigt. Die Mythen, wie sie die Tragiker vorfanden, stehen schon im Zeichen jener Disziplin und Macht, die Bacon als das Ziel verherrlicht. An die Stelle der lokalen Geister und Dämonen war der Himmel und seine Hierarchie getreten, an die Stelle der Beschwörungspraktiken des Zauberers und Stammes das wohl abgestufte Opfer und die durch Befehl vermittelte Arbeit von Unfreien. Die olympischen Gottheiten sind nicht mehr unmittelbar mit Elementen identisch, sie bedeuten sie. Bei Homer steht Zeus dem Taghimmel vor, Apollon lenkt die Sonne, Helios und Eos spielen bereits ins Allegorische hinüber. Die Götter scheiden sich von den Stoffen als deren Inbegriffe. Sein zerfällt von nun an in den Logos, der sich mit dem Fortschritt der Philosophie zur Monade, zum bloßen Bezugspunkt zusammenzieht, und in die Masse aller Dinge und Kreaturen draußen. Der eine Unterschied zwischen eigenem Dasein und Realität verschlingt alle anderen. Ohne Rücksicht auf die Unterschiede wird die Welt dem Menschen untertan. Darin stimmen jüdische Schöpfungsgeschichte

9 Bacon, ›Advancement of Learning‹ a. a. O. Band II. S. 126.

und olympische Religion überein. »... und sie sollen bewältigen die Fische des Meeres und das Gevögel des Himmels und das Vieh und die ganze Erde und all das Gewürm, das sich regt auf Erden.«[10] »O Zeus, Vater Zeus, dein ist die Herrschaft des Himmels, und du überschaust die Werke der Menschen, frevelhafte wie gerechte und auch der Tiere Übermut, und Rechtschaffenheit liegt dir am Herzen.«[11] »Denn so steht es damit, daß der eine sogleich büßt, ein anderer später; sollte aber einer selber entkommen und das drohende Verhängnis der Götter ihn nicht erreichen, so trifft es mit Sicherheit doch endlich ein, und Unschuldige müssen die Tat büßen, seien es seine Kinder, sei es ein späteres Geschlecht.«[12] Vor den Göttern besteht nur, wer sich ohne Rest unterwirft. Das Erwachen des Subjekts wird erkauft durch die Anerkennung der Macht als des Prinzips aller Beziehungen. Gegenüber der Einheit solcher Vernunft sinkt die Scheidung von Gott und Mensch zu jener Irrelevanz herab, auf welche unbeirrbar Vernunft gerade seit der ältesten Homerkritik schon hinwies. Als Gebieter über Natur gleichen sich der schaffende Gott und der ordnende Geist. Die Gottesebenbildlichkeit des Menschen besteht in der Souveränität übers Dasein, im Blick des Herrn, im Kommando.

Der Mythos geht in die Aufklärung über und die Natur in bloße Objektivität. Die Menschen bezahlen die Vermehrung ihrer Macht mit der Entfremdung von dem, worüber sie die Macht ausüben. Die Aufklärung verhält sich zu den Dingen wie der Diktator zu den Menschen. Er kennt sie, insofern er sie manipulieren kann. Der Mann der Wissenschaft kennt die Dinge, insofern er sie machen kann. Dadurch wird ihr An sich Für ihn. In der Verwandlung enthüllt sich das Wesen der Dinge immer als je dasselbe, als Substrat von Herrschaft. Diese Identität konstituiert die Einheit der Natur. Sie so wenig wie die Einheit des Subjekts war von der magischen Beschwörung vorausgesetzt. Die Riten des Schamanen wandten sich an den Wind, den Regen, die Schlange draußen oder den Dämon im Kranken, nicht an Stoffe oder Exemplare. Es war nicht

10 Genesis I, 26.

11 Archilochos, fr. 87. Zitiert bei Deussen, *Allgemeine Geschichte der Philosophie.* Band II. Erste Abteilung. Leipzig 1911. S. 18.

12 Solon, fr. 13,25 folg. a. a. O. S. 20.

der eine und identische Geist, der Magie betrieb; er wechselte gleich den Kultmasken, die den vielen Geistern ähnlich sein sollten. Magie ist blutige Unwahrheit, aber in ihr wird Herrschaft noch nicht dadurch verleugnet, daß sie sich, in die reine Wahrheit transformiert, der ihr verfallenen Welt zugrundelegt. Der Zauberer macht sich Dämonen ähnlich; um sie zu erschrecken oder zu besänftigen, gebärdet er sich schreckhaft oder sanft. Wenngleich sein Amt die Wiederholung ist, hat er sich noch nicht wie der Zivilisierte, dem dann die bescheidenen Jagdgründe zum einheitlichen Kosmos, zum Inbegriff aller Beutemöglichkeit zusammenschrumpfen, fürs Ebenbild der unsichtbaren Macht erklärt. Als solches Ebenbild erst erlangt der Mensch die Identität des Selbst, das sich in der Identifizierung mit anderem nicht verlieren kann, sondern sich als undurchdringliche Maske ein für allemal in Besitz nimmt. Es ist die Identität des Geistes und ihr Korrelat, die Einheit der Natur, der die Fülle der Qualitäten erliegt. Die disqualifizierte Natur wird zum chaotischen Stoff bloßer Einteilung und das allgewaltige Selbst zum bloßen Haben, zur abstrakten Identität. In der Magie gibt es spezifische Vertretbarkeit. Was dem Speer des Feindes, seinem Haar, seinem Namen geschieht, werde zugleich der Person angetan, anstelle des Gottes wird das Opfertier massakriert. Die Substitution beim Opfer bezeichnet einen Schritt zur diskursiven Logik hin. Wenn auch die Hirschkuh, die für die Tochter, das Lamm, das für den Erstgeborenen darzubringen war, noch eigene Qualitäten haben mußten, stellten sie doch bereits die Gattung vor. Sie trugen die Beliebigkeit des Exemplars in sich. Aber die Heiligkeit des hic et nunc, die Einmaligkeit des Erwählten, in die das Stellvertretende eingeht, unterscheidet es radikal, macht es im Austausch unaustauschbar. Dem bereitet die Wissenschaft ein Ende. In ihr gibt es keine spezifische Vertretbarkeit: wenn schon Opfertiere so doch keinen Gott. Vertretbarkeit schlägt um in universale Fungibilität. Ein Atom wird nicht in Stellvertretung sondern als Spezimen der Materie zertrümmert, und das Kaninchen geht nicht in Stellvertretung sondern verkannt als bloßes Exemplar durch die Passion des Laboratoriums. Weil in der funktionalen Wissenschaft die Unterschiede so flüssig sind, daß alles in der einen Materie untergeht, versteinert der wissenschaftliche Gegenstand und das starre Ritual von ehedem erscheint als schmiegsam, da es dem Einen noch das Andere unterschob. Die Welt der

Magie enthielt noch Unterschiede, deren Spuren selbst in der Sprachform verschwunden sind.[13] Die mannigfaltigen Affinitäten zwischen Seiendem werden von der einen Beziehung zwischen sinngebendem Subjekt und sinnlosem Gegenstand, zwischen rationaler Bedeutung und zufälligem Bedeutungsträger verdrängt. Auf der magischen Stufe galten Traum und Bild nicht als bloßes Zeichen der Sache, sondern als mit dieser durch Ähnlichkeit oder durch den Namen verbunden. Die Beziehung ist nicht die der Intention sondern der Verwandtschaft. Die Zauberei ist wie die Wissenschaft auf Zwecke aus, aber sie verfolgt sie durch Mimesis, nicht in fortschreitender Distanz zum Objekt. Sie gründet keineswegs in der »Allmacht der Gedanken«, die der Primitive sich zuschreiben soll wie der Neurotiker[14]; eine »Überschätzung der seelischen Vorgänge gegen die Realität« kann es dort nicht geben, wo Gedanken und Realität nicht radikal geschieden sind. Die »unerschütterliche Zuversicht auf die Möglichkeit der Weltbeherrschung«[15], die Freud anachronistisch der Zauberei zuschreibt, entspricht erst der realitätsgerechten Weltbeherrschung mittels der gewiegteren Wissenschaft. Zur Ablösung der ortsgebundenen Praktiken des Medizinmanns durch die allumspannende industrielle Technik* bedurfte es erst der Verselbständigung der Gedanken gegenüber den Objekten, wie sie im realitätsgerechten Ich vollzogen wird.

Als sprachlich entfaltete Totalität, deren Wahrheitsanspruch den älteren mythischen Glauben, die Volksreligion, herabdrückt, ist der solare, patriarchale Mythos selbst Aufklärung, mit der die philosophische auf einer Ebene sich messen kann. Ihm wird nun heimgezahlt. Die Mythologie selbst hat den endlosen Prozeß der Aufklärung ins Spiel gesetzt, in dem mit unausweichlicher Notwendigkeit immer wieder jede bestimmte theoretische Ansicht der vernichtenden Kritik verfällt, nur ein Glaube zu sein, bis selbst noch die Begriffe des Geistes, der Wahrheit, ja der Aufklärung zum animistischen Zauber geworden sind. Das Prinzip der schicksalhaften Notwendigkeit, an der die Helden des Mythos zugrunde gehen, und die

[* »industrielle Technik« / 1944: »Technik des Monopols«.]

13 Vgl. etwa Robert H. Lowie, *An Introduction to Cultural Anthropology.* New York 1940. S. 344f.

14 Vgl. Freud, *Totem und Tabu. Gesammelte Werke.* Band IX. S. 106ff.

15 A.a.O. S. 110.

sich als logische Konsequenz aus dem Orakelspruch herausspinnt, herrscht nicht bloß, zur Stringenz formaler Logik geläutert, in jedem rationalistischen System der abendländischen Philosophie, sondern waltet selbst über der Folge der Systeme, die mit der Götterhierarchie beginnt und in permanenter Götzendämmerung den Zorn gegen mangelnde Rechtschaffenheit als den identischen Inhalt tradiert.* Wie die Mythen schon Aufklärung vollziehen, so verstrickt Aufklärung mit jedem ihrer Schritte tiefer sich in Mythologie. Allen Stoff empfängt sie von den Mythen, um sie zu zerstören, und als Richtende gerät sie in den mythischen Bann. Sie will dem Prozeß von Schicksal und Vergeltung sich entziehen, indem sie an ihm selbst Vergeltung übt. In den Mythen muß alles Geschehen Buße dafür tun, daß es geschah. Dabei bleibt es in der Aufklärung: die Tatsache wird nichtig, kaum daß sie geschah. Die Lehre der Gleichheit von Aktion und Reaktion behauptete die Macht der Wiederholung übers Dasein, lange nachdem die Menschen der Illusion sich entäußert hatten, durch Wiederholung mit dem wiederholten Dasein sich zu identifizieren und so seiner Macht sich zu entziehen. Je weiter aber die magische Illusion entschwindet, um so unerbittlicher hält Wiederholung unter dem Titel Gesetzlichkeit den Menschen in jenem Kreislauf fest, durch dessen Vergegenständlichung im Naturgesetz er sich als freies Subjekt gesichert wähnt. Das Prinzip der Immanenz, der Erklärung jeden Geschehens als Wiederholung, das die Aufklärung wider die mythische Einbildungskraft vertritt, ist das des Mythos selber. Die trockene Weisheit, die nichts Neues unter der Sonne gelten läßt, weil die Steine des sinnlosen Spiels ausgespielt, die großen Gedanken alle schon gedacht, die möglichen Entdeckungen vorweg konstruierbar, die Menschen auf Selbsterhaltung durch Anpassung festgelegt seien – diese trockene Weisheit reproduziert bloß die phantastische, die sie verwirft; die Sanktion des Schicksals, das durch Vergeltung unablässig wieder herstellt, was je schon war. Was anders wäre, wird gleichgemacht. Das ist das Verdikt, das die Grenzen möglicher Erfahrung kritisch

[* Anspielung auf den Vorwurf mangelnder Korrektheit, Ehrlichkeit und Rechtschaffenheit, der von den Positivisten gegenüber den metaphysischen Philosophen erhoben wird, und im allgemeinen von jedem »aufklärerischen« Denken gegenüber den vorangegangenen philosophischen Systemen. (A. d. i. Ü.)]

aufrichtet. Bezahlt wird die Identität von allem mit allem damit, daß nichts zugleich mit sich selber identisch sein darf. Aufklärung zersetzt das Unrecht der alten Ungleichheit, das unvermittelte Herrentum, verewigt es aber zugleich in der universalen Vermittlung, dem Beziehen jeglichen Seienden auf jegliches. Sie besorgt, was Kierkegaard seiner protestantischen Ethik nachrühmt und was im Sagenkreis des Herakles als eines der Urbilder mythischer Gewalt steht: sie schneidet das Inkommensurable weg. Nicht bloß werden im Gedanken die Qualitäten aufgelöst, sondern die Menschen zur realen Konformität gezwungen. Die Wohltat, daß der Markt nicht nach Geburt fragt, hat der Tauschende damit bezahlt, daß er seine von Geburt verliehenen Möglichkeiten von der Produktion der Waren, die man auf dem Markte kaufen kann, modellieren läßt. Den Menschen wurde ihr Selbst als ein je eigenes, von allen anderen verschiedenes geschenkt, damit es desto sicherer zum gleichen werde. Weil es aber nie ganz aufging, hat auch über die liberalistische Periode hin Aufklärung stets mit dem sozialen Zwang sympathisiert. Die Einheit des manipulierten Kollektivs besteht in der Negation jedes Einzelnen, es ist Hohn auf die Art Gesellschaft, die es vermöchte, ihn zu einem zu machen. Die Horde, deren Namen zweifelsohne* in der Organisation der Hitlerjugend vorkommt, ist kein Rückfall in die alte Barbarei, sondern der Triumph der repressiven Egalität, die Entfaltung der Gleichheit des Rechts zum Unrecht durch die Gleichen. Der Talmi-Mythos der Faschisten enthüllt sich als der echte der Vorzeit, insofern der echte die Vergeltung erschaute, während der falsche sie blind an den Opfern vollstreckt. Jeder Versuch, den Naturzwang zu brechen, indem Natur gebrochen wird, gerät nur um so tiefer in den Naturzwang hinein. So ist die Bahn der europäischen Zivilisation verlaufen. Die Abstraktion, das Werkzeug der Aufklärung, verhält sich zu ihren Objekten wie das Schicksal, dessen Begriff sie ausmerzt: als Liquidation. Unter der nivellierenden Herrschaft des Abstrakten, die alles in der Natur zum Wiederholbaren macht, und der Industrie, für die sie es zurichtet, wurden schließlich die Befreiten selbst zu jenem »Trupp«, den Hegel[16] als das Resultat der Aufklärung bezeichnet hat.

[* »zweifelsohne« / 1944: (fehlt).]

16 *Phänomenologie des Geistes* a. a. O. S. 424.

Die Distanz des Subjekts zum Objekt, Voraussetzung der Abstraktion, gründet in der Distanz zur Sache, die der Herr durch den Beherrschten gewinnt. Die Gesänge Homers und die Hymnen des Rigveda stammen aus der Zeit der Grundherrschaft und der festen Plätze, in der ein kriegerisches Herrenvolk über der Masse besiegter Autochthonen sich seßhaft macht.[17] Der höchste Gott unter den Göttern entstand mit dieser bürgerlichen Welt, in welcher der König als Anführer des gewappneten Adels die Unterworfenen* am Boden hält, während Ärzte, Wahrsager, Handwerker, Händler den Verkehr besorgen. Mit dem Ende des Nomadentums ist die gesellschaftliche Ordnung auf der Basis festen Eigentums hergestellt. Herrschaft und Arbeit treten auseinander. Ein Eigentümer wie Odysseus »leitet aus der Ferne ein zahlreiches, peinlich gegliedertes Personal von Ochsenhirten, Schäfern, Schweinehirten und Dienern. Am Abend, wenn er aus seinem Schloß gesehen hat, wie das Land durch tausend Feuer erhellt wird, kann er sich ruhig zum Schlafe legen: er weiß, daß seine braven Diener wachen, um die wilden Tiere fernzuhalten, und die Diebe aus den Gehegen verjagen, zu deren Schutze sie da sind.«[18] Die Allgemeinheit der Gedanken, wie die diskursive Logik sie entwickelt, die Herrschaft in der Sphäre des Begriffs, erhebt sich auf dem Fundament der Herrschaft in der Wirklichkeit. In der Ablösung des magischen Erbes, der alten diffusen Vorstellungen, durch die begriffliche Einheit drückt sich die durch Befehl gegliederte, von den Freien bestimmte Verfassung des Lebens aus. Das Selbst, das die Ordnung und Unterordnung an der Unterwerfung der Welt lernte, hat bald Wahrheit überhaupt mit dem disponierenden Denken ineinsgesetzt, ohne dessen feste Unterscheidungen sie nicht bestehen kann. Es hat mit dem mimetischen Zauber die Erkenntnis tabuiert, die den Gegenstand wirklich trifft. Sein Haß gilt dem Bild der überwundenen Vorwelt und ihrem imaginären Glück. Die chthonischen Götter der Ureinwohner werden in die Hölle verbannt, zu der unter der Sonnen- und Lichtreligion von Indra und Zeus die Erde sich wandelt.

[* »Unterworfenen« / 1944: »Objekte der Ausbeutung«.]

17 Vgl. W. Kirfel, *Geschichte Indiens*, In: *Propyläenweltgeschichte*. Band III. S. 261f., und G. Glotz, *Histoire Grècque*. Band I. In: *Histoire Ancienne*. Paris 1938. S. 137ff.

18 G. Glotz a. a. O. S. 140.

Himmel und Hölle aber hingen zusammen. Wie der Name des Zeus in Kulten, die einander nicht ausschlossen, einem unterirdischen wie einem Lichtgott zukam[19], wie die olympischen Götter mit den chthonischen jede Art Umgang pflogen, so waren die guten und schlechten Mächte, Heil und Unheil nicht eindeutig voneinander geschieden. Sie waren verkettet wie Entstehen und Vergehen, Leben und Tod, Sommer und Winter. In der hellen Welt der griechischen Religion lebt die trübe Ungeschiedenheit des religiösen Prinzips fort, das in den frühsten bekannten Stadien der Menschheit als Mana verehrt wurde. Primär, undifferenziert ist es alles Unbekannte, Fremde; das was den Erfahrungsumkreis transzendiert, was an den Dingen mehr ist als ihr vorweg bekanntes Dasein. Was der Primitive dabei als übernatürlich erfährt, ist keine geistige Substanz als Gegensatz zur materiellen, sondern die Verschlungenheit des Natürlichen gegenüber dem einzelnen Glied.* Der Ruf des Schreckens, mit dem das Ungewohnte erfahren wird, wird zu seinem Namen. Er fixiert die Transzendenz des Unbekannten gegenüber dem Bekannten und damit den Schauder als Heiligkeit. Die Verdoppelung der Natur in Schein und Wesen, Wirkung und Kraft, die den Mythos sowohl wie die Wissenschaft erst möglich macht, stammt aus der Angst des Menschen, deren Ausdruck zur Erklärung wird. Nicht die Seele wird in die Natur verlegt, wie der Psychologismus glauben macht; Mana, der bewegende Geist, ist keine Projektion, sondern das Echo der realen Übermacht der Natur in den schwachen Seelen der Wilden. Die Spaltung von Belebtem und Unbelebtem, die Besetzung bestimmter Orte mit Dämonen und Gottheiten, entspringt erst aus diesem Präanimismus. In ihm ist selbst die Trennung von Subjekt und Objekt schon angelegt. Wenn der Baum nicht mehr bloß als Baum sondern als Zeugnis für ein anderes, als Sitz des Mana angesprochen wird, drückt die Sprache den Widerspruch aus, daß nämlich etwas es selber und zugleich etwas anderes als es selber sei, identisch und nicht identisch.[20] Durch die Gottheit wird die Sprache

[* »Glied.« / 1944: »Glied.« (an dieser Stelle Anm. 20)]

19 Vgl. Kurt Eckermann, *Jahrbuch der Religionsgeschichte und Mythologie.* Halle 1845. Band I. S. 241, und O. Kern, *Die Religion der Griechen.* Berlin 1926. Band I. S. 181 f.

20 So beschreiben Hubert und Mauß den Vorstellungsgehalt der »Sympathie«, der Mimesis: »L'un est le tout, tout est dans l'un, la nature triomphe de la nature.« –

aus der Tautologie zur Sprache. Der Begriff, den man gern als Merkmalseinheit des darunter Befaßten definiert, war vielmehr seit Beginn das Produkt dialektischen Denkens, worin jedes stets nur ist, was es ist, indem es zu dem wird, was es nicht ist. Das war die Urform objektivierender Bestimmung, in der Begriff und Sache auseinandertraten, derselben, die im homerischen Epos schon weit gediehen ist und in der modernen positiven Wissenschaft sich überschlägt. Aber diese Dialektik bleibt ohnmächtig, soweit sie aus dem Ruf des Schreckens sich entfaltet, der die Verdoppelung, die Tautologie des Schreckens selbst ist. Die Götter können die Furcht nicht vom Menschen nehmen, deren versteinerte Laute sie als ihre Namen tragen. Der Furcht wähnt er ledig zu sein, wenn es nichts Unbekanntes mehr gibt. Das bestimmt die Bahn der Entmythologisierung, der Aufklärung, die das Lebendige mit dem Unlebendigen ineinssetzt wie der Mythos das Unlebendige mit dem Lebendigen. Aufklärung ist die radikal gewordene, mythische Angst. Die reine Immanenz des Positivismus, ihr letztes Produkt, ist nichts anderes als ein gleichsam universales Tabu. Es darf überhaupt nichts mehr draußen sein, weil die bloße Vorstellung des Draußen die eigentliche Quelle der Angst ist. Wenn die Rache des Primitiven für den Mord, der an einem der Seinen begangen war, zuweilen sich durch Aufnahme des Mörders in die eigene Familie beschwichtigen ließ[21], bedeutete das eine wie das andere das Einsaugen des fremden Bluts ins eigene, die Herstellung der Immanenz. Der mythische Dualismus führt nicht über den Umkreis des Daseins hinaus. Die vom Mana durchherrschte Welt und noch die des indischen und griechischen Mythos sind ausweglos und ewig gleich. Alle Geburt wird mit dem Tod bezahlt, jedes Glück mit Unglück. Menschen und Götter mögen versuchen, in ihrer Frist die Lose nach anderen Maßen zu verteilen als der blinde Gang des Schicksals, am Ende triumphiert das Dasein über sie. Selbst ihre Gerechtigkeit noch, die dem Verhängnis abgerungen ist, trägt seine Züge; sie entspricht dem Blick, den die Menschen, Primitive sowohl wie Griechen und Barbaren, aus einer Gesellschaft des Drucks und Elends auf die Umwelt werfen. Daher

H. Hubert et M. Mauß, ›Théorie générale de la Magie‹, in: *L'Année Sociologique.* 1902–3. S. 100.

21 Vgl. Westermarck, *Ursprung der Moralbegriffe*, Leipzig 1913. Band I. S. 402.

gelten denn der mythischen wie der aufgeklärten Gerechtigkeit Schuld und Buße, Glück und Unglück als Seiten einer Gleichung. Gerechtigkeit geht unter in Recht. Der Schamane bannt das Gefährliche durch dessen Bild. Gleichheit ist sein Mittel. Sie regelt Strafe und Verdienst in der Zivilisation. Auf Naturverhältnisse lassen sich auch die Vorstellungen der Mythen ohne Rest zurückführen. Wie das Sternbild der Zwillinge mit allen anderen Symbolen der Zweiheit auf den unentrinnbaren Kreislauf der Natur verweist, wie dieser selbst im Symbol des Eies, dem sie entsprungen sind, sein uraltes Zeichen hat, so weist die Waage in der Hand des Zeus, welche die Gerechtigkeit der gesamten patriarchalen Welt versinnbildlicht, auf bloße Natur zurück. Der Schritt vom Chaos zur Zivilisation, in der die natürlichen Verhältnisse nicht mehr unmittelbar sondern durch das Bewußtsein der Menschen hindurch ihre Macht ausüben, hat am Prinzip der Gleichheit nichts geändert. Ja die Menschen büßten gerade diesen Schritt mit der Anbetung dessen, dem sie vorher bloß wie alle anderen Kreaturen unterworfen waren. Zuvor standen die Fetische unter dem Gesetz der Gleichheit. Nun wird die Gleichheit selber zum Fetisch. Die Binde über den Augen der Justitia bedeutet nicht bloß, daß ins Recht nicht eingegriffen werden soll, sondern daß es nicht aus Freiheit stammt.

Die Lehre der Priester war symbolisch in dem Sinn, daß in ihr Zeichen und Bild zusammenfielen. Wie die Hieroglyphen bezeugen, hat das Wort ursprünglich auch die Funktion des Bildes erfüllt. Sie ist auf die Mythen übergegangen. Mythen wie magische Riten meinen die sich wiederholende Natur. Sie ist der Kern des Symbolischen: ein Sein oder ein Vorgang, der als ewig vorgestellt wird, weil er im Vollzug des Symbols stets wieder Ereignis werden soll. Unerschöpflichkeit, endlose Erneuerung, Permanenz des Bedeuteten sind nicht nur Attribute aller Symbole, sondern ihr eigentlicher Gehalt. Die Darstellungen der Schöpfung, in denen die Welt aus der Urmutter, der Kuh oder dem Ei hervorgeht, sind im Gegensatz zur jüdischen Genesis symbolisch. Der Spott der Alten über die allzu menschlichen Götter ließ den Kern unberührt. Individualität erschöpft das Wesen der Götter nicht. Noch hatten sie etwas vom Mana an sich; sie verkörperten Natur als allgemeine Macht. Mit ihren präanimistischen Zügen ragen sie in die Aufklärung. Unter der schamhaften Hülle der olympischen chronique scandaleuse hatte sich bereits die Lehre von der Vermischung, vom Druck und Stoß der Elemente herausgebildet, die alsbald sich als Wissenschaft etablierte und die Mythen zu Phantasiegebilden machte. Mit der sauberen Scheidung von Wissenschaft und Dichtung greift die mit ihrer Hilfe schon bewirkte Arbeitsteilung auf die Sprache über. Als Zeichen kommt das Wort an die Wissenschaft; als Ton, als Bild, als eigentliches Wort wird es unter die verschiedenen Künste aufgeteilt, ohne daß es sich durch deren Addition, durch Synästhesie oder Gesamtkunst* je wiederherstellen ließe. Als Zeichen soll Sprache zur Kalkulation resignieren, um Natur zu erkennen, den Anspruch ablegen, ihr ähnlich zu sein. Als Bild soll sie zum Abbild resignieren, um ganz Natur zu sein, den Anspruch ablegen, sie zu erkennen. Mit fortschreitender Aufklärung haben es nur die authentischen Kunstwerke vermocht, der bloßen Imitation dessen, was ohnehin schon ist, sich zu entziehen. Die gängige Antithese von Kunst und Wissenschaft, die beide als Kulturbereiche voneinander reißt, um sie als Kulturbereiche gemeinsam verwaltbar zu machen, läßt sie am Ende als genaue Gegensätze vermöge ihrer eigenen Tendenzen ineinander übergehen. Wissenschaft, in ihrer neopositivistischen Interpretation, wird zum Ästhetizismus, zum System abgelöster Zeichen, bar jeglicher Intention, die das System transzendierte: zu jenem Spiel, als welches die Mathematiker ihre Sache längst schon stolz deklarierten. Die Kunst der integralen Abbildlichkeit aber verschrieb sich bis in ihre Techniken der positivistischen Wissenschaft. Sie wird in der Tat zur Welt noch einmal, zur ideologischen Verdoppelung, zur fügsamen Reproduktion. Die Trennung von Zeichen und Bild ist unabwendbar. Wird sie jedoch ahnungslos selbstzufrieden nochmals hypostasiert, so treibt jedes der beiden isolierten Prinzipien zur Zerstörung der Wahrheit hin.

Den Abgrund, der bei der Trennung sich auftat, hat Philosophie im Verhältnis von Anschauung und Begriff erblickt und stets wieder vergebens zu schließen versucht: ja durch diesen Versuch wird sie definiert. Meist hat sie sich freilich auf die Seite gestellt, von der sie den Namen hat. Platon verbannte die Dichtung mit der gleichen Geste wie der Positivismus die Ideenlehre. Mit seiner vielgerühmten

[* Anspielung auf Richard Wagners Begriff des Gesamtkunstwerks. (A. d. i. Ü.)]

Kunst habe Homer weder öffentliche noch private Reformen durchgesetzt, weder einen Krieg gewonnen noch eine Erfindung gemacht. Wir wüßten von keiner zahlreichen Anhängerschaft, die ihn geehrt oder geliebt hätte. Kunst habe ihre Nützlichkeit erst zu erweisen.[22] Nachahmung ist bei ihm wie bei den Juden verfemt. Von Vernunft und Religion wird das Prinzip der Zauberei in Acht und Bann getan. Noch in der entsagenden Distanz vom Dasein, als Kunst, bleibt es unehrlich; die es praktizieren, werden zu fahrenden Leuten, überlebenden Nomaden, die unter den seßhaft Gewordenen keine Heimat finden. Natur soll nicht mehr durch Angleichung beeinflußt, sondern durch Arbeit beherrscht werden. Das Kunstwerk hat es noch mit der Zauberei gemeinsam, einen eigenen, in sich abgeschlossenen Bereich zu setzen, der dem Zusammenhang profanen Daseins entrückt ist. In ihm herrschen besondere Gesetze. Wie der Zauberer als erstes bei der Zeremonie den Ort, in dem die heiligen Kräfte spielen sollen, gegen alle Umwelt eingrenzte, so zeichnet mit jedem Kunstwerk dessen Umkreis geschlossen vom Wirklichen sich ab. Gerade der Verzicht auf Einwirkung, durch welchen Kunst von der magischen Sympathie sich scheidet, hält das magische Erbe um so tiefer fest. Er rückt das reine Bild in Gegensatz zur leibhaften Existenz, deren Elemente es in sich aufhebt. Es liegt im Sinn des Kunstwerks, dem ästhetischen Schein, das zu sein, wozu in jenem Zauber des Primitiven das neue, schreckliche Geschehnis wurde: Erscheinung des Ganzen im Besonderen. Im Kunstwerk wird immer noch einmal die Verdoppelung vollzogen, durch die das Ding als Geistiges, als Äußerung des Mana erschien. Das macht seine Aura aus. Als Ausdruck der Totalität beansprucht Kunst die Würde des Absoluten. Die Philosophie ist dadurch zuweilen bewogen worden, ihr den Vorrang vor der begrifflichen Erkenntnis zuzusprechen. Nach Schelling setzt die Kunst da ein, wo das Wissen die Menschen im Stich läßt. Sie gilt ihm als »das Vorbild der Wissenschaft, und wo die Kunst sei, soll die Wissenschaft erst hinkommen«[23]. Die Trennung von Bild und Zeichen wird im Sinn seiner Lehre »durch jede einzelne Darstellung der Kunst vollständig auf-

22 Vgl. Platon, Das zehnte Buch des *Staats*.
23 *Erster Entwurf eines Systems der Naturphilosophie.* Fünfter Hauptabschnitt. *Werke.* Erste Abteilung. Band II. S. 623.

gehoben«[24]. Solchem Vertrauen in Kunst war die bürgerliche Welt nur selten offen. Wo sie das Wissen einschränkte, geschah es in der Regel nicht, um für die Kunst, sondern um zum Glauben Platz zu bekommen. Durch ihn behauptete die militante Religiosität des neueren Zeitalters, Torquemada, Luther, Mohammed, Geist und Dasein zu versöhnen. Aber Glaube ist ein privativer Begriff: er wird als Glaube vernichtet, wenn er seinen Gegensatz zum Wissen oder seine Übereinstimmung mit ihm nicht fortwährend hervorkehrt. Indem er auf die Einschränkung des Wissens angewiesen bleibt, ist er selbst eingeschränkt. Den im Protestantismus unternommenen Versuch des Glaubens, das ihm transzendente Prinzip der Wahrheit, ohne das er nicht bestehen kann, wie in der Vorzeit unmittelbar im Wort selbst zu finden und diesem die symbolische Gewalt zurückzugeben, hat er mit dem Gehorsam aufs Wort, und zwar nicht aufs heilige, bezahlt. Indem der Glaube unweigerlich als Feind oder Freund ans Wissen gefesselt bleibt, perpetuiert er die Trennung im Kampf, sie zu überwinden: sein Fanatismus ist das Mal seiner Unwahrheit, das objektive Zugeständnis, daß, wer nur glaubt, eben damit nicht mehr glaubt. Das schlechte Gewissen ist seine zweite Natur. Im geheimen Bewußtsein des Mangels, der ihm notwendig anhaftet, des ihm immanenten Widerspruchs, die Versöhnung zum Beruf zu machen, liegt der Grund, daß alle Redlichkeit der Gläubigen seit je schon reizbar und gefährlich war. Nicht als Überspannung sondern als Verwirklichung des Prinzips des Glaubens selber sind die Greuel von Feuer und Schwert, Gegenreformation und Reformation, verübt worden. Der Glaube offenbart sich stets wieder als vom Schlage der Weltgeschichte, der er gebieten möchte, ja er wird in der Neuzeit zu ihrem bevorzugten Mittel, ihrer besonderen List. Unaufhaltsam ist nicht bloß die Aufklärung des achtzehnten Jahrhunderts, der Hegel es bestätigte, sondern, wie kein anderer es besser wußte, die Bewegung des Gedankens selbst. Schon in der niedersten wie noch in der höchsten Einsicht ist die ihrer Distanz zur Wahrheit enthalten, die den Apologeten zum Lügner macht. Die Paradoxie des Glaubens entartet schließlich zum Schwindel, zum Mythos des zwanzigsten Jahrhunderts* und seine Irrationali-

[* Anspielung auf Alfred Rosenbergs Schrift *Der Mythus des zwanzigsten Jahrhunderts* (1930).]

24 A. a. O. S. 626.

tät zur rationalen Veranstaltung in der Hand der restlos Aufgeklärten, welche die Gesellschaft ohnehin zur Barbarei hinsteuern.

Schon wenn die Sprache in die Geschichte eintritt, sind ihre Meister Priester und Zauberer. Wer die Symbole verletzt, verfällt im Namen der überirdischen den irdischen Mächten, deren Vertreter jene berufenen Organe der Gesellschaft sind. Was dem vorausgeht, liegt im Dunklen. Der Schauder, aus dem das Mana geboren wird, war überall, wo es in der Ethnologie begegnet, zumindest von den Stammesältesten, schon sanktioniert. Das unidentische, zerfließende Mana wird von Menschen konsistent gemacht und gewaltsam materialisiert. Bald bevölkern die Zauberer jeden Ort mit Emanationen und ordnen der Vielfalt der sakralen Bereiche die der sakralen Riten zu. Sie entfalten mit der Geisterwelt und deren Eigenheiten ihr zünftiges Wissen und ihre Gewalt. Das heilige Wesen überträgt sich auf die Zauberer, die mit ihm umgehen. Auf den ersten nomadischen Stufen nehmen die Mitglieder des Stammes noch selbständigen Anteil an der Beeinflussung des Naturlaufs. Das Wild wird von den Männern aufgespürt, die Frauen besorgen Arbeit, die ohne straffes Kommando geschehen kann. Wieviel Gewalt der Gewöhnung selbst an so einfache Ordnung vorherging, ist unbestimmbar. In ihr schon ist die Welt geteilt in einen Bezirk der Macht und in Profanes. In ihr schon ist der Naturlauf als Ausfluß des Mana zur Norm erhoben, die Unterwerfung verlangt. Wenn aber der nomadische Wilde bei aller Unterwerfung auch an dem Zauber, der sie begrenzte, noch teilnahm und sich selbst ins Wild verkleidete, um es zu beschleichen, so ist in späteren Perioden der Verkehr mit Geistern und die Unterwerfung auf verschiedene Klassen der Menschheit verteilt: die Macht ist auf der einen, der Gehorsam auf der anderen Seite. Die wiederkehrenden, ewig gleichen Naturprozesse werden den Unterworfenen, sei es von fremden Stämmen, sei es von den eigenen Cliquen, als Rhythmus der Arbeit nach dem Takt von Keule und Prügelstock eingebleut, der in jeder barbarischen Trommel, jedem monotonen Ritual widerhallt. Die Symbole nehmen den Ausdruck des Fetischs an. Die Wiederholung der Natur, die sie bedeuten, erweist im Fortgang stets sich als die von ihnen repräsentierte Permanenz des gesellschaftlichen Zwangs. Der zum festen Bild vergegenständlichte Schauder wird zum Zeichen der verfestigten Herrschaft von Privilegierten*. Das aber bleiben die allgemeinen Begriffe, auch wenn sie alles Bildlichen sich entäußert haben. Noch die deduktive Form der Wissenschaft spiegelt Hierarchie und Zwang. Wie die ersten Kategorien den organisierten Stamm und seine Macht über den Einzelnen repräsentierten, gründet die gesamte logische Ordnung, Abhängigkeit, Verkettung, Umgreifen und Zusammenschluß der Begriffe in den entsprechenden Verhältnissen der sozialen Wirklichkeit, der Arbeitsteilung.[25] Nur freilich ist dieser gesellschaftliche Charakter der Denkformen nicht, wie Durkheim lehrt, Ausdruck gesellschaftlicher Solidarität, sondern Zeugnis der undurchdringlichen Einheit von Gesellschaft und Herrschaft. Herrschaft verleiht dem gesellschaftlichen Ganzen, in welchem sie sich festsetzt, erhöhte Konsistenz und Kraft. Die Arbeitsteilung, zu der sich die Herrschaft gesellschaftlich entfaltet, dient dem beherrschten Ganzen zur Selbsterhaltung. Damit aber wird notwendig das Ganze als Ganzes, die Betätigung der ihm immanenten Vernunft, zur Vollstreckung des Partikularen. Die Herrschaft tritt dem Einzelnen als das Allgemeine gegenüber, als die Vernunft in der Wirklichkeit. Die Macht aller Mitglieder der Gesellschaft, denen als solchen kein anderer Ausweg offen ist, summiert sich durch die ihnen auferlegte Arbeitsteilung immer von neuem zur Realisierung eben des Ganzen, dessen Rationalität dadurch wiederum vervielfacht wird. Was allen durch die Wenigen geschieht, vollzieht sich stets als Überwältigung Einzelner durch Viele: stets trägt die Unterdrückung der Gesellschaft zugleich die Züge der Unterdrückung durch ein Kollektiv. Es ist diese Einheit von Kollektivität und Herrschaft und nicht die unmittelbare gesellschaftliche Allgemeinheit, Solidarität, die in den Denkformen sich niederschlägt. Die philosophischen Begriffe, mit denen Platon und Aristoteles die Welt darstellen, erhoben durch den Anspruch auf allgemeine Geltung die durch sie begründeten Verhältnisse zum Rang der wahren Wirklichkeit. Sie stammten, wie es bei Vico heißt[26], vom Marktplatz von Athen; sie spiegelten mit derselben Reinheit

[* »verfestigten... Privilegierten« / 1944: »Klassenherrschaft«.]

25 Vgl. E. Durkheim, ›De quelques formes primitives de classification‹. *L'Année Sociologique.* Band IV. 1903. S. 66ff.

26 G. Vico, *Die Neue Wissenschaft über die gemeinschaftliche Natur der Völker.* Übers. von Auerbach. München 1924. S. 397.

die Gesetze der Physik, die Gleichheit der Vollbürger und die Inferiorität von Weibern, Kindern, Sklaven wider. Die Sprache selbst verlieh dem Gesagten, den Verhältnissen der Herrschaft, jene Allgemeinheit, die sie als Verkehrsmittel einer bürgerlichen Gesellschaft angenommen hatte. Der metaphysische Nachdruck, die Sanktion durch Ideen und Normen, war nichts als die Hypostasierung der Härte und Ausschließlichkeit, welche die Begriffe überall dort annehmen mußten, wo die Sprache die Gemeinschaft der Herrschenden zur Ausübung des Kommandos zusammenschloß. Als solche Bekräftigung der gesellschaftlichen Macht der Sprache wurden die Ideen um so überflüssiger, je mehr diese Macht anwuchs, und die Sprache der Wissenschaft hat ihnen das Ende bereitet. Nicht an der bewußten Rechtfertigung haftete die Suggestion, die etwas vom Schrecken des Fetischs noch an sich hat. Die Einheit von Kollektivität und Herrschaft zeigt sich vielmehr in der Allgemeinheit, welche der schlechte Inhalt in der Sprache notwendig annimmt, sowohl in der metaphysischen wie in der wissenschaftlichen. Die metaphysische Apologie verriet die Ungerechtigkeit des Bestehenden wenigstens durch die Inkongruenz von Begriff und Wirklichkeit. In der Unparteilichkeit der wissenschaftlichen Sprache hat das Ohnmächtige vollends die Kraft verloren, sich Ausdruck zu verschaffen, und bloß das Bestehende findet ihr neutrales Zeichen. Solche Neutralität ist metaphysischer als die Metaphysik. Die Aufklärung hat schließlich nicht bloß die Symbole sondern auch ihre Nachfolger, die Allgemeinbegriffe, aufgezehrt und von der Metaphysik nichts übriggelassen als die abstrakte Angst vor dem Kollektiv, aus der sie entsprang. Begriffe sind vor der Aufklärung wie Rentner vor den industriellen Trusts*: keiner darf sich sicher fühlen. Hat der logische Positivismus der Wahrscheinlichkeit noch eine Chance gegeben, so setzt sie der ethnologische schon dem Wesen gleich. »Nos idées vagues de chance et de quintessence sont de pâles survivances de cette notion beaucoup plus riche«[27], nämlich der magischen Substanz.

Die Aufklärung als nominalistische macht Halt vor dem Nomen, dem umfanglosen, punktuellen Begriff, dem Eigennamen. Ob, wie

[* »den industriellen Trusts« / 1944: »der sozialen Umwälzung durchs Monopol«.]

27 Hubert et Mauß a. a. O. S. 118.

einige behaupteten[28], die Eigennamen ursprünglich zugleich Gattungsnamen waren, ist mit Gewißheit nicht mehr auszumachen, doch haben jene das Schicksal der letzteren noch nicht geteilt. Die von Hume und Mach geleugnete Ichsubstanz ist nicht dasselbe wie der Name. In der jüdischen Religion, in der die Idee des Patriarchats zur Vernichtung des Mythos sich steigert, bleibt das Band zwischen Namen und Sein anerkannt durch das Verbot, den Gottesnamen auszusprechen. Die entzauberte Welt des Judentums versöhnt die Zauberei durch deren Negation in der Idee Gottes. Die jüdische Religion duldet kein Wort, das der Verzweiflung alles Sterblichen Trost gewährte. Hoffnung knüpft sie einzig ans Verbot, das Falsche als Gott anzurufen, das Endliche als das Unendliche, die Lüge als Wahrheit. Das Unterpfand der Rettung liegt in der Abwendung von allem Glauben, der sich ihr unterschiebt, die Erkenntnis in der Denunziation des Wahns. Die Verneinung freilich ist nicht abstrakt. Die unterschiedslose Bestreitung jedes Positiven, die stereotype Formel der Nichtigkeit, wie der Buddhismus sie anwendet, setzt sich über das Verbot, das Absolute mit Namen zu nennen, ebenso hinweg wie sein Gegenteil, der Pantheismus, oder seine Fratze, die bürgerliche Skepsis. Die Erklärungen der Welt als des Nichts oder Alls sind Mythologien und die garantierten Pfade zur Erlösung sublimierte magische Praktiken. Die Selbstzufriedenheit des Vorwegbescheidwissens und die Verklärung der Negativität zur Erlösung sind unwahre Formen des Widerstands gegen den Betrug. Gerettet wird das Recht des Bildes in der treuen Durchführung seines Verbots. Solche Durchführung, »bestimmte Negation«[29], ist nicht durch die Souveränität des abstrakten Begriffs gegen die verführende Anschauung gefeit, so wie die Skepsis es ist, der das Falsche wie das Wahre als nichtig gilt. Die bestimmte Negation verwirft die unvollkommenen Vorstellungen des Absoluten, die Götzen, nicht wie der Rigorismus, indem sie ihnen die Idee entgegenhält, der sie nicht genügen können. Dialektik offenbart vielmehr jedes Bild als Schrift. Sie lehrt aus seinen Zügen das Eingeständnis seiner Falschheit lesen, das ihm seine Macht entreißt und sie der Wahrheit zueig-

28 Vgl. Tönnies, ›Philosophische Terminologie‹, in: *Psychologisch-Soziologische Ansicht.* Leipzig 1908. S. 31.
29 Hegel a. a. O. S. 65.

net. Damit wird die Sprache mehr als ein bloßes Zeichensystem. Mit dem Begriff der bestimmten Negation hat Hegel ein Element hervorgehoben, das Aufklärung von dem positivistischen Zerfall unterscheidet, dem er sie zurechnet. Indem er freilich das gewußte Resultat des gesamten Prozesses der Negation: die Totalität in System und Geschichte, schließlich doch zum Absoluten machte, verstieß er gegen das Verbot und verfiel selbst der Mythologie.

Das ist nicht bloß seiner Philosophie als der Apotheose des fortschreitenden Denkens widerfahren, sondern der Aufklärung selbst, als der Nüchternheit, durch die sie von Hegel und von Metaphysik überhaupt sich zu unterscheiden meint. Denn Aufklärung ist totalitär wie nur irgendein System. Nicht was ihre romantischen Feinde ihr seit je vorgeworfen haben, analytische Methode, Rückgang auf Elemente, Zersetzung durch Reflexion ist ihre Unwahrheit, sondern daß für sie der Prozeß von vornherein entschieden ist. Wenn im mathematischen Verfahren das Unbekannte zum Unbekannten einer Gleichung wird, ist es damit zum Altbekannten gestempelt, ehe noch ein Wert* eingesetzt ist. Natur ist, vor und nach der Quantentheorie, das mathematisch zu Erfassende; selbst was nicht eingeht, Unauflöslichkeit und Irrationalität, wird von mathematischen Theoremen umstellt. In der vorwegnehmenden Identifikation der zu Ende gedachten mathematisierten Welt mit der Wahrheit meint Aufklärung vor der Rückkehr des Mythischen sicher zu sein. Sie setzt Denken und Mathematik in eins. Dadurch wird diese gleichsam losgelassen, zur absoluten Instanz gemacht. »Eine unendliche Welt, hier eine Welt von Idealitäten, ist konzipiert als eine solche, deren Objekte nicht einzelweise unvollkommen und wie zufällig unserer Erkenntnis zugänglich werden, sondern eine rationale, systematisch einheitliche Methode erreicht – im unendlichen Fortschreiten – schließlich jedes Objekt nach seinem vollen Ansichsein... In der Galileischen Mathematisierung der Natur wird nun *diese selbst* unter der Leitung der neuen Mathematik idealisiert, sie wird – modern ausgedrückt – selbst zu einer mathematischen Mannigfaltigkeit.«[30] Denken verdinglicht sich zu einem selbsttätig ab-

[* »Wert« / 1944: »Wort«.]

30 Edmund Husserl, ›Die Krisis der europäischen Wissenschaften und die transzendentale Phänomenologie‹, in: *Philosophia.* Belgrad 1936. S. 95ff.

laufenden, automatischen Prozeß, der Maschine nacheifernd, die er selber hervorbringt, damit sie ihn schließlich ersetzen kann. Aufklärung[31] hat die klassische Forderung, das Denken zu denken – Fichtes Philosophie ist ihre radikale Entfaltung –, beiseitegeschoben, weil sie vom Gebot, der Praxis zu gebieten, ablenke, das doch Fichte selbst vollstrecken wollte. Die mathematische Verfahrungsweise wurde gleichsam zum Ritual des Gedankens. Trotz der axiomatischen Selbstbeschränkung instauriert sie sich als notwendig und objektiv: sie macht das Denken zur Sache, zum Werkzeug, wie sie es selber nennt. Mit solcher Mimesis aber, in der das Denken der Welt sich gleichmacht, ist nun das Tatsächliche so sehr zum Einzigen geworden, daß noch die Gottesleugnung dem Urteil über die Metaphysik verfällt. Dem Positivismus, der das Richteramt der aufgeklärten Vernunft antrat, gilt in intelligible Welten auszuschweifen nicht mehr bloß als verboten, sondern als sinnloses Geplapper. Er braucht – zu seinem Glück – nicht atheistisch zu sein, weil das versachlichte Denken nicht einmal die Frage stellen kann. Den offiziellen Kultus, als einen erkenntnisfreien Sonderbereich gesellschaftlicher Betriebsamkeit, läßt der positivistische Zensor ebenso gern wie die Kunst passieren; die Leugnung, die selbst mit dem Anspruch auftritt, Erkenntnis zu sein, niemals. Die Entfernung des Denkens von dem Geschäft, das Tatsächliche zuzurichten, das Heraustreten aus dem Bannkreis des Daseins, gilt der szientifischen Gesinnung ebenso als Wahnsinn und Selbstvernichtung, wie dem primitiven Zauberer das Heraustreten aus dem magischen Kreis, den er für die Beschwörung gezogen hat, und beidemale ist dafür gesorgt, daß die Tabuverletzung dem Frevler auch wirklich zum Unheil ausschlägt. Naturbeherrschung zieht den Kreis, in den Kritik der reinen Vernunft das Denken bannte. Kant hat die Lehre von dessen rastlos mühseligem Fortschritt ins Unendliche mit dem Beharren auf seiner Unzulänglichkeit und ewigen Begrenztheit vereint. Der Bescheid, den er erteilte, ist ein Orakelspruch. Kein Sein ist in der Welt, das Wissenschaft nicht durchdringen könnte, aber was von Wissenschaft durchdrungen werden kann, ist nicht das Sein. Auf das Neue zielt nach Kant das philosophische Urteil ab, und doch

31 Vgl. Schopenhauer, *Parerga und Paralipomena.* Band II. § 356, *Werke.* Ed. Deussen. Band V. S. 671.

erkennt es nichts Neues, da es stets bloß wiederholt, was Vernunft schon immer in den Gegenstand gelegt. Diesem in den Sparten der Wissenschaft vor den Träumen eines Geistersehers* gesicherten Denken aber wird die Rechnung präsentiert: die Weltherrschaft über die Natur wendet sich gegen das denkende Subjekt selbst, nichts wird von ihm übriggelassen, als eben jenes ewig gleiche Ich denke, das alle meine Vorstellungen muß begleiten können. Subjekt und Objekt werden beide nichtig. Das abstrakte Selbst, der Rechtstitel aufs Protokollieren und Systematisieren hat nichts sich gegenüber als das abstrakte Material, das keine andere Eigenschaft besitzt als solchem Besitz Substrat zu sein. Die Gleichung von Geist und Welt geht am Ende auf, aber nur so, daß ihre beiden Seiten gegeneinander gekürzt werden. In der Reduktion des Denkens auf mathematische Apparatur ist die Sanktion der Welt als ihres eigenen Maßes beschlossen. Was als Triumph subjektiver Rationalität erscheint, die Unterwerfung alles Seienden unter den logischen Formalismus, wird mit der gehorsamen Unterordnung der Vernunft unters unmittelbar Vorfindliche erkauft. Das Vorfindliche als solches zu begreifen, den Gegebenheiten nicht bloß ihre abstrakten raumzeitlichen Beziehungen abzumerken, bei denen man sie dann packen kann, sondern sie im Gegenteil als die Oberfläche, als vermittelte Begriffsmomente zu denken, die sich erst in der Entfaltung ihres gesellschaftlichen, historischen, menschlichen Sinnes erfüllen – der ganze Anspruch der Erkenntnis wird preisgegeben. Er besteht nicht im bloßen Wahrnehmen, Klassifizieren und Berechnen, sondern gerade in der bestimmenden Negation des je Unmittelbaren. Der mathematische Formalismus aber, dessen Medium die Zahl, die abstrakteste Gestalt des Unmittelbaren ist, hält statt dessen den Gedanken bei der bloßen Unmittelbarkeit fest. Das Tatsächliche behält recht, die Erkenntnis beschränkt sich auf seine Wiederholung, der Gedanke macht sich zur bloßen Tautologie. Je mehr die Denkmaschinerie das Seiende sich unterwirft, um so blinder bescheidet sie sich bei dessen Reproduktion. Damit schlägt Aufklärung in die Mythologie zurück, der sie nie zu entrinnen wußte. Denn Mythologie hatte in ihren Gestalten die Essenz des Bestehenden: Kreislauf, Schicksal, Herrschaft der Welt als die Wahrheit zurückgespiegelt

[* Vgl. hier Anm. *, S. 27.]

und der Hoffnung entsagt. In der Prägnanz des mythischen Bildes wie in der Klarheit der wissenschaftlichen Formel wird die Ewigkeit des Tatsächlichen bestätigt und das bloße Dasein als der Sinn ausgesprochen, den es versperrt. Die Welt als gigantisches analytisches Urteil, der einzige, der von allen Träumen der Wissenschaft übrig blieb, ist vom gleichen Schlage wie der kosmische Mythos, der den Wechsel von Frühling und Herbst an den Raub Persephones knüpfte. Die Einmaligkeit des mythischen Vorgangs, die den faktischen legitimieren soll, ist Trug. Ursprünglich war der Raub der Göttin unmittelbar eins mit dem Sterben der Natur. Er wiederholte sich mit jedem Herbst, und selbst die Wiederholung war nicht Folge von Getrenntem, sondern dasselbe jedes Mal. Mit der Verhärtung des Zeitbewußtseins wurde der Vorgang als einmaliger in der Vergangenheit fixiert und der Schauder vor dem Tod in jedem neuen Zyklus der Jahreszeiten durch Rekurs aufs längst Gewesene ritual zu beschwichtigen getrachtet. Die Trennung aber ist ohnmächtig. Vermöge der Setzung jenes einmaligen Vergangenen nimmt der Zyklus den Charakter des Unausweichlichen an, und der Schauder strahlt vom Alten aufs ganze Geschehen als dessen bloße Wiederholung aus. Die Subsumtion des Tatsächlichen, sei es unter die sagenhafte Vorgeschichte, sei es unter den mathematischen Formalismus, die symbolische Beziehung des Gegenwärtigen auf den mythischen Vorgang im Ritus oder auf die abstrakte Kategorie in der Wissenschaft läßt das Neue als Vorbestimmtes erscheinen, das somit in Wahrheit das Alte ist. Ohne Hoffnung ist nicht das Dasein sondern das Wissen, das im bildhaften oder mathematischen Symbol das Dasein als Schema sich zu eigen macht und perpetuiert.

In der aufgeklärten Welt ist Mythologie in die Profanität eingegangen. Das von den Dämonen und ihren begrifflichen Abkömmlingen gründlich gereinigte Dasein nimmt in seiner blanken Natürlichkeit den numinosen Charakter an, den die Vorwelt den Dämonen zuschob. Unter dem Titel der brutalen Tatsachen wird das gesellschaftliche Unrecht, aus dem diese hervorgehen, heute so sicher als ein dem Zugriff ewig sich entziehendes geheiligt, wie der Medizinmann unter dem Schutze seiner Götter sakrosankt war. Nicht bloß mit der Entfremdung der Menschen von den beherrschten Objekten wird für die Herrschaft bezahlt: mit der Versachlichung des Geistes wurden die Beziehungen der Menschen selber verhext, auch die jedes Einzelnen zu sich. Er schrumpft zum Knotenpunkt konventioneller Reaktionen und Funktionsweisen zusammen, die sachlich von ihm erwartet werden. Der Animismus hatte die Sache beseelt, der Industrialismus versachlicht die Seelen.* Der ökonomische Apparat stattet schon selbsttätig, vor der totalen Planung, die Waren mit den Werten aus, die über das Verhalten der Menschen entscheiden. Seit mit dem Ende des freien Tausches die Waren ihre ökonomischen Qualitäten einbüßten bis auf den Fetischcharakter, breitet dieser wie eine Starre über das Leben der Gesellschaft in all seinen Aspekten sich aus. Durch die ungezählten Agenturen der Massenproduktion und ihrer Kultur** werden die genormten Verhaltensweisen dem Einzelnen als die allein natürlichen, anständigen, vernünftigen aufgeprägt. Er bestimmt sich nur noch als Sache, als statistisches Element, als success or failure. Sein Maßstab ist die Selbsterhaltung, die gelungene oder mißlungene Angleichung an die Objektivität seiner Funktion und die Muster, die ihr gesetzt sind. Alles andere, Idee und Kriminalität, erfährt die Kraft des Kollektivs, das von der Schulklasse bis zur Gewerkschaft aufpaßt. Selbst das drohende Kollektiv jedoch gehört nur zur trügenden Oberfläche, unter der die Mächte sich bergen, die es als gewalttätiges manipulieren. Seine Brutalität, die den Einzelnen bei der Stange hält, stellt so wenig die wahre Qualität der Menschen dar wie der Wert*** die der Gebrauchsdinge. Die dämonenhaft verzerrte Gestalt, die in der Helle der vorurteilslosen Kenntnis Dinge und Menschen angenommen haben, weist auf die Herrschaft zurück, auf das Prinzip, das schon die Spezifikation des Mana in die Geister und Gottheiten bewirkte und den Blick im Blendwerk von Zauberern und Medizinmännern fing. Die Fatalität, durch welche die Vorzeit den unverständlichen Tod sanktionierte, geht ins lückenlos verständliche Dasein über. Der mittägliche panische Schrecken, in dem die Menschen der Natur als Allheit plötzlich innewurden, hat seine Korrespondenz gefunden in der Panik, die heute in jedem Augenblick bereit ist auszubrechen: die Menschen

[* »der Industrialismus... Seelen.« / 1944: »die Industrie versachlicht die Seelen. Die Herrschaft der Monopolisten, wie früher die der Einzelkapitalisten, äußert sich nicht unmittelbar im Kommando der Herren.«]

[** »Durch die... Kultur« / 1944: »Unterm Monopol«.]

[*** »Wert« / 1944: »Tauschwert«.]

erwarten, daß die Welt, die ohne Ausgang ist, von einer Allheit in Brand gesetzt wird, die sie selber sind und über die sie nichts vermögen.

Das mythische Grauen der Aufklärung gilt dem Mythos. Sie gewahrt ihn nicht bloß in unaufgehellten Begriffen und Worten, wie die semantische Sprachkritik wähnt, sondern in jeglicher menschlichen Äußerung, wofern sie keine Stelle im Zweckzusammenhang jener Selbsterhaltung hat. Der Satz des Spinoza »Conatus sese conservandi primum et unicum virtutis est fundamentum«[32] enthält die wahre Maxime aller westlichen Zivilisation, in der die religiösen und philosophischen Differenzen des Bürgertums zur Ruhe kommen. Das Selbst, das nach der methodischen Ausmerzung aller natürlichen Spuren als mythologischer weder Körper noch Blut noch Seele und sogar natürliches Ich mehr sein sollte, bildete zum transzendentalen oder logischen Subjekt sublimiert den Bezugspunkt der Vernunft, der gesetzgebenden Instanz des Handelns. Wer unmittelbar, ohne rationale Beziehung auf Selbsterhaltung dem Leben sich überläßt, fällt nach dem Urteil von Aufklärung wie Protestantismus ins Vorgeschichtliche zurück. Der Trieb als solcher sei mythisch wie der Aberglaube; dem Gott dienen, den das Selbst nicht postuliert, irrsinnig wie die Trunksucht. Beiden hat der Fortschritt dasselbe Schicksal bereitet: der Anbetung und dem Versinken ins unmittelbar natürliche Sein; er hat den Selbstvergessenen des Gedankens wie den der Lust mit Fluch belegt. Vermittelt durchs Prinzip des Selbst ist die gesellschaftliche Arbeit jedes Einzelnen in der bürgerlichen Wirtschaft; sie soll den einen das vermehrte Kapital, den anderen die Kraft zur Mehrarbeit zurückgeben. Je weiter aber der Prozeß der Selbsterhaltung durch bürgerliche Arbeitsteilung geleistet wird, um so mehr erzwingt er die Selbstentäußerung der Individuen, die sich an Leib und Seele nach der technischen Apparatur zu formen haben. Dem trägt wiederum das aufgeklärte Denken Rechnung: schließlich wird dem Schein nach das transzendentale Subjekt der Erkenntnis als die letzte Erinnerung an Subjektivität selbst noch abgeschafft und durch die desto reibungslosere Arbeit der selbsttätigen Ordnungsmechanismen ersetzt. Die Subjektivität hat sich zur Logik an-

32 *Ethica.* Pars IV. Propos XXII. Coroll.

geblich beliebiger Spielregeln verflüchtigt, um desto ungehemmter zu verfügen. Der Positivismus, der schließlich auch vor dem Hirngespinst im wörtlichsten Sinn, Denken selber, nicht Halt machte, hat noch die letzte unterbrechende Instanz zwischen individueller Handlung und gesellschaftlicher Norm beseitigt. Der technische Prozeß, zu dem das Subjekt nach seiner Tilgung aus dem Bewußtsein sich versachlicht hat, ist frei von der Vieldeutigkeit des mythischen Denkens wie von allem Bedeuten überhaupt, weil Vernunft selbst zum bloßen Hilfsmittel der allumfassenden Wirtschaftsapparatur* wurde. Sie dient als allgemeines Werkzeug, das zur Verfertigung aller andern Werkzeuge taugt, starr zweckgerichtet, verhängnisvoll wie das genau berechnete Hantieren in der materiellen Produktion, dessen Resultat für die Menschen jeder Berechnung sich entzieht. Endlich hat sich ihr alter Ehrgeiz, reines Organ der Zwecke zu sein, erfüllt. Die Ausschließlichkeit der logischen Gesetze stammt aus solcher Einsinnigkeit der Funktion, in letzter Hinsicht aus dem Zwangscharakter der Selbsterhaltung. Diese spitzt sich immer wieder zu auf die Wahl zwischen Überleben und Untergang, die noch widerscheint im Prinzip, daß von zwei kontradiktorischen Sätzen nur einer wahr und einer falsch sein kann. Der Formalismus dieses Prinzips und der ganzen Logik, als die es sich etabliert, rührt von der Undurchsichtigkeit und Verstricktheit der Interessen in einer Gesellschaft her, in der die Erhaltung der Formen und die der Einzelnen nur zufällig zusammenstimmt. Die Verweisung des Denkens aus der Logik ratifiziert im Hörsaal die Versachlichung des Menschen in Fabrik und Büro. So greift das Tabu auf die tabuierende Macht über, die Aufklärung auf den Geist, der sie selber ist. Damit aber wird die Natur als wahre Selbsterhaltung durch den Prozeß losgelassen, der sie auszutreiben versprach, im Individuum nicht anders als im kollektiven Schicksal von Krise und Krieg. Wenn der Theorie als einzige Norm das Ideal der Einheitswissenschaft** verbleibt, muß die Praxis dem rückhaltlosen Betrieb der Weltgeschichte verfallen. Das von Zivilisation vollends erfaßte Selbst löst sich auf in ein Element jener Unmenschlichkeit, der Zivilisation von

[* »bloßen Hilfsmittel... Wirtschaftsapparatur« / 1944: »Apparat im perpetuierenden Monopol«.]
[** das im Wiener Kreis vor allem von Neurath und Carnap propagierte Postulat der »Einheit der Wissenschaft«.]

Anbeginn zu entrinnen trachtete. Die älteste Angst geht in Erfüllung, die vor dem Verlust des eignen Namens. Rein natürliche Existenz, animalische und vegetative, bildete der Zivilisation die absolute Gefahr. Mimetische, mythische, metaphysische Verhaltensweisen galten nacheinander als überwundene Weltalter, auf die hinabzusinken mit dem Schrecken behaftet war, daß das Selbst in jene bloße Natur zurückverwandelt werde, der es sich mit unsäglicher Anstrengung entfremdet hatte, und die ihm eben darum unsägliches Grauen einflößte. Die lebendige Erinnerung an die Vorzeit, schon an die nomadischen, um wie viel mehr an die eigentlich präpatriarchalischen Stufen, war mit den furchtbarsten Strafen in allen Jahrtausenden aus dem Bewußtsein der Menschen ausgebrannt worden. Der aufgeklärte Geist ersetzte Feuer und Rad durch das Stigma, das er aller Irrationalität aufprägte, da sie ins Verderben führt. Der Hedonismus war maßvoll, die Extreme ihm nicht weniger verhaßt als dem Aristoteles. Das bürgerliche Ideal der Natürlichkeit meint nicht die amorphe Natur, sondern die Tugend der Mitte. Promiskuität und Askese, Überfluß und Hunger sind trotz der Gegensätzlichkeit unmittelbar identisch als Mächte der Auflösung. Durch die Unterstellung des gesamten Lebens unter die Erfordernisse seiner Erhaltung garantiert die befehlende Minorität mit ihrer eigenen Sicherheit auch den Fortbestand des Ganzen. Zwischen der Szylla des Rückfalls in einfache Reproduktion und der Charybdis der fessellosen Erfüllung will der herrschende Geist von Homer bis zur Moderne hindurchsteuern; jedem anderen Leitstern als dem des kleineren Übels hat er von je mißtraut. Die deutschen Neuheiden und Verwalter der Kriegsstimmung wollen die Lust wieder freigeben.* Da sie aber im Arbeitsdruck der Jahrtausende sich hassen gelernt hatte, bleibt sie in der totalitären Emanzipation durch Selbstverachtung gemein und verstümmelt.** Sie bleibt der Selbsterhal-

[* Anspielung auf die nationalsozialistische Propagierung von Körperkultur mit rassisch-erbbiologischer Zielsetzung, die mit der Aufhebung bestimmter Tabus gegenüber der sexuellen Privatsphäre einherging (»Kraft durch Freude«, »Lebensborn e. V.« u. a.). Vgl. dazu Friedrich Pollock, ›Is National Socialism a New Order?‹, in: *Studies in Philosophy and Social Science* Bd. IX, 1941, S. 448f.]

[** »Die deutschen… verstümmelt.« / 1944: »Die Lust, welche die Neuheiden und die Verwalter der Kriegsstimmung wieder freigeben wollen, hat auf dem Weg ihrer totalitären Emanzipation die Gemeinheit, in welche die Arbeitsdisziplin sie hinabgestoßen, als Selbstverachtung verinnerlicht.«]

tung verhaftet, zu der sie die inzwischen abgesetzte Vernunft vordem erzogen hat. An den Wendestellen der westlichen Zivilisation, vom Übergang zur olympischen Religion bis zu Renaissance, Reformation und bürgerlichem Atheismus, wann immer neue Völker und Schichten den Mythos entschiedener verdrängten, wurde die Furcht vor der unerfaßten, drohenden Natur, Konsequenz von deren eigener Verstofflichung und Vergegenständlichung, zum animistischen Aberglauben herabgesetzt und die Beherrschung der Natur drinnen und draußen zum absoluten Lebenszweck gemacht. Ist am Ende Selbsterhaltung automatisiert, so wird Vernunft von denen entlassen, die als Lenker der Produktion ihr Erbe antraten und sie nun an den Enterbten fürchten. Das Wesen der Aufklärung ist die Alternative, deren Unausweichlichkeit die der Herrschaft ist. Die Menschen hatten immer zu wählen zwischen ihrer Unterwerfung unter Natur oder der Natur unter das Selbst. Mit der Ausbreitung der bürgerlichen Warenwirtschaft wird der dunkle Horizont des Mythos von der Sonne der kalkulierenden Vernunft aufgehellt, unter deren eisigen Strahlen die Saat der neuen Barbarei heranreift. Unter dem Zwang der Herrschaft hat die menschliche Arbeit seit je vom Mythos hinweggeführt, in dessen Bannkreis sie unter der Herrschaft stets wieder geriet.

In einer homerischen Erzählung ist die Verschlingung von Mythos, Herrschaft und Arbeit aufbewahrt. Der zwölfte Gesang der Odyssee berichtet von der Vorbeifahrt an den Sirenen. Ihre Lockung ist die des sich Verlierens im Vergangenen. Der Held aber, an den sie ergeht, ist im Leiden mündig geworden. In der Vielfalt der Todesgefahren, in denen er sich durchhalten mußte, hat sich ihm die Einheit des eigenen Lebens, die Identität der Person gehärtet. Wie Wasser, Erde und Luft scheiden sich ihm die Bereiche der Zeit. Ihm ist die Flut dessen, was war, vom Felsen der Gegenwart zurückgetreten, und die Zukunft lagert wolkig am Horizont. Was Odysseus hinter sich ließ, tritt in die Schattenwelt: so nahe noch ist das Selbst dem vorzeitlichen Mythos, dessen Schoß es sich entrang, daß ihm die eigene erlebte Vergangenheit zur mythischen Vorzeit wird. Durch feste Ordnung der Zeit sucht es, dem zu begegnen. Das dreigeteilte Schema soll den gegenwärtigen Augenblick von der Macht der Vergangenheit befreien, indem es diese hinter die absolute Grenze des Unwiederbringlichen verweist und als praktikables

Wissen dem Jetzt zur Verfügung stellt. Der Drang, Vergangenes als Lebendiges zu erretten, anstatt als Stoff des Fortschritts zu benützen, stillte sich allein in der Kunst, der selbst Geschichte als Darstellung vergangenen Lebens zugehört. Solange Kunst darauf verzichtet, als Erkenntnis zu gelten, und sich dadurch von der Praxis abschließt, wird sie von der gesellschaftlichen Praxis toleriert wie die Lust. Der Gesang der Sirenen aber ist noch nicht zur Kunst entmächtigt. Sie wissen »alles, was irgend geschah auf der viel ernährenden Erde«[33], zumal woran Odysseus selbst teilhatte, »wie viel in den Ebenen Trojas Argos' Söhn' und die Troer vom Rat der Götter geduldet«.[34] Indem sie jüngst Vergangenes unmittelbar beschwören, bedrohen sie mit dem unwiderstehlichen Versprechen von Lust, als welches ihr Gesang vernommen wird, die patriarchale Ordnung, die das Leben eines jeden nur gegen sein volles Maß an Zeit zurückgibt. Wer ihrem Gaukelspiel folgt, verdirbt, wo einzig immerwährende Geistesgegenwart der Natur die Existenz abtrotzt. Wenn die Sirenen von allem wissen, was geschah, so fordern sie die Zukunft als Preis dafür, und die Verheißung der frohen Rückkehr ist der Trug, mit dem das Vergangene den Sehnsüchtigen einfängt. Odysseus ist gewarnt von Kirke, der Gottheit der Rückverwandlung ins Tier, der er widerstand, und die ihn dafür stark macht, anderen Mächten der Auflösung zu widerstehen. Aber die Lockung der Sirenen bleibt übermächtig. Keiner, der ihr Lied hört, kann sich entziehen. Furchtbares hat die Menschheit sich antun müssen, bis das Selbst, der identische, zweckgerichtete, männliche Charakter des Menschen geschaffen war, und etwas davon wird noch in jeder Kindheit wiederholt. Die Anstrengung, das Ich zusammenzuhalten, haftet dem Ich auf allen Stufen an, und stets war die Lockung, es zu verlieren, mit der blinden Entschlossenheit zu seiner Erhaltung gepaart. Der narkotische Rausch, der für die Euphorie, in der das Selbst suspendiert ist, mit todähnlichem Schlaf büßen läßt, ist eine der ältesten gesellschaftlichen Veranstaltungen, die zwischen Selbsterhaltung und -vernichtung vermitteln, ein Versuch des Selbst, sich selber zu überleben. Die Angst, das Selbst zu verlieren und mit dem Selbst die Grenze zwischen sich und anderem Leben aufzuheben,

33 *Odyssee*. XII, 191.
34 A. a. O. XII, 189–90.

die Scheu vor Tod und Destruktion, ist einem Glücksversprechen verschwistert, von dem in jedem Augenblick die Zivilisation bedroht war. Ihr Weg war der von Gehorsam und Arbeit, über dem Erfüllung immerwährend bloß als Schein, als entmachtete Schönheit leuchtet. Der Gedanke des Odysseus, gleich feind dem eigenen Tod und eigenen Glück, weiß darum. Er kennt nur zwei Möglichkeiten des Entrinnens. Die eine schreibt er den Gefährten vor. Er verstopft ihnen die Ohren mit Wachs, und sie müssen nach Leibeskräften rudern. Wer bestehen will, darf nicht auf die Lockung des Unwiederbringlichen hören, und er vermag es nur, indem er sie nicht zu hören vermag. Dafür hat die Gesellschaft stets gesorgt. Frisch und konzentriert müssen die Arbeitenden nach vorwärts blicken und liegenlassen, was zur Seite liegt. Den Trieb, der zur Ablenkung drängt, müssen sie verbissen in zusätzliche Anstrengung sublimieren. So werden sie praktisch. – Die andere Möglichkeit wählt Odysseus selber, der Grundherr, der die anderen für sich arbeiten läßt. Er hört, aber ohnmächtig an den Mast gebunden, und je größer die Lockung wird, um so stärker läßt er sich fesseln, so wie nachmals die Bürger auch sich selber das Glück um so hartnäkkiger verweigerten, je näher es ihnen mit dem Anwachsen der eigenen Macht rückte. Das Gehörte bleibt für ihn folgenlos, nur mit dem Haupt vermag er zu winken, ihn loszubinden, aber es ist zu spät, die Gefährten, die selbst nicht hören, wissen nur von der Gefahr des Lieds, nicht von seiner Schönheit, und lassen ihn am Mast, um ihn und sich zu retten. Sie reproduzieren das Leben des Unterdrückers in eins mit dem eigenen, und jener vermag nicht mehr aus seiner gesellschaftlichen Rolle herauszutreten. Die Bande, mit denen er sich unwiderruflich an die Praxis gefesselt hat, halten zugleich die Sirenen aus der Praxis fern: ihre Lockung wird zum bloßen Gegenstand der Kontemplation neutralisiert, zur Kunst. Der Gefesselte wohnt einem Konzert bei, reglos lauschend wie später die Konzertbesucher, und sein begeisterter Ruf nach Befreiung verhallt schon als Applaus. So treten Kunstgenuß und Handarbeit im Abschied von der Vorwelt auseinander. Das Epos enthält bereits die richtige Theorie. Das Kulturgut steht zur kommandierten Arbeit in genauer Korrelation, und beide gründen im unentrinnbaren Zwang zur gesellschaftlichen Herrschaft über die Natur.

Maßnahmen, wie sie auf dem Schiff des Odysseus im Angesicht der

Sirenen durchgeführt werden, sind die ahnungsvolle Allegorie der Dialektik der Aufklärung. Wie Vertretbarkeit das Maß von Herrschaft ist und jener der Mächtigste, der sich in den meisten Verrichtungen vertreten lassen kann, so ist Vertretbarkeit das Vehikel des Fortschritts und zugleich der Regression. Unter den gegebenen Verhältnissen bedeutet das Ausgenommensein von Arbeit, nicht bloß bei Arbeitslosen sondern selbst am sozialen Gegenpol, auch Verstümmelung. Die Oberen erfahren das Dasein, mit dem sie nicht mehr umzugehen brauchen, nur noch als Substrat und erstarren ganz zum kommandierenden Selbst. Der Primitive erfuhr das Naturding bloß als sich entziehenden Gegenstand der Begierde, »der Herr aber, der den Knecht zwischen es und sich eingeschoben, schließt sich dadurch nur mit der Unselbständigkeit des Dinges zusammen und genießt es rein; die Seite der Selbständigkeit aber überläßt er dem Knechte, der es bearbeitet«.[35] Odysseus wird in der Arbeit vertreten. Wie er der Lockung zur Selbstpreisgabe nicht nachgeben kann, so entbehrt er als Eigentümer zuletzt auch der Teilnahme an der Arbeit, schließlich selbst ihrer Lenkung, während freilich die Gefährten bei aller Nähe zu den Dingen die Arbeit nicht genießen können, weil sie sich unter Zwang, verzweifelt, bei gewaltsam verschlossenen Sinnen vollzieht. Der Knecht bleibt unterjocht an Leib und Seele, der Herr regrediert. Keine Herrschaft noch hat es vermocht, diesen Preis abzudingen, und die Kreisähnlichkeit der Geschichte in ihrem Fortschritt wird miterklärt von solcher Schwächung, dem Äquivalent der Macht. Die Menschheit, deren Geschicklichkeit und Kenntnis mit der Arbeitsteilung sich differenziert, wird zugleich auf anthropologisch primitivere Stufen zurückgezwungen, denn die Dauer der Herrschaft bedingt bei technischer Erleichterung des Daseins die Fixierung der Instinkte durch stärkere Unterdrückung. Die Phantasie verkümmert. Nicht daß die Individuen hinter der Gesellschaft oder ihrer materiellen Produktion zurückgeblieben seien, macht das Unheil aus. Wo die Entwicklung der Maschine in die der Herrschaftsmaschinerie schon umgeschlagen ist, so daß technische und gesellschaftliche Tendenz, von je verflochten, in der totalen Erfassung der Menschen konvergieren, vertreten die Zurückgebliebenen nicht bloß die Unwahrheit. Dem-

35 Hegel, *Phänomenologie des Geistes* a. a. O. S. 146.

gegenüber involviert Anpassung an die Macht des Fortschritts den Fortschritt der Macht, jedes Mal aufs neue jene Rückbildungen, die nicht den mißlungenen sondern gerade den gelungenen Fortschritt seines eigenen Gegenteils überführen. Der Fluch des unaufhaltsamen Fortschritts ist die unaufhaltsame Regression.

Diese beschränkt sich nicht auf die Erfahrung der sinnlichen Welt, die an leibhafte Nähe gebunden ist, sondern affiziert zugleich den selbstherrlichen Intellekt, der von der sinnlichen Erfahrung sich trennt, um sie zu unterwerfen. Die Vereinheitlichung der intellektuellen Funktion, kraft welcher die Herrschaft über die Sinne sich vollzieht, die Resignation des Denkens zur Herstellung von Einstimmigkeit, bedeutet Verarmung des Denkens so gut wie der Erfahrung; die Trennung beider Bereiche läßt beide als beschädigte zurück. In der Beschränkung des Denkens auf Organisation und Verwaltung, von den Oberen seit dem schlauen Odysseus bis zu den naiven Generaldirektoren eingeübt, ist die Beschränktheit mitgesetzt, welche die Großen befällt, sobald es nicht bloß um die Manipulation der Kleinen geht. Der Geist wird in der Tat zum Apparat der Herrschaft und Selbstbeherrschung, als den ihn die bürgerliche Philosophie seit je verkannte. Die tauben Ohren, die den fügsamen Proletariern seit dem Mythos blieben, haben vor der Unbewegtheit des Gebieters nichts voraus. Von der Unreife der Beherrschten lebt die Überreife der Gesellschaft. Je komplizierter und feiner die gesellschaftliche, ökonomische und wissenschaftliche Apparatur, auf deren Bedienung das Produktionssystem den Leib längst abgestimmt hat, um so verarmter die Erlebnisse, deren er fähig ist. Die Eliminierung der Qualitäten, ihre Umrechnung in Funktionen überträgt sich von der Wissenschaft vermöge der rationalisierten Arbeitsweisen auf die Erfahrungswelt der Völker und ähnelt sie tendenziell wieder der der Lurche an. Die Regression der Massen heute ist die Unfähigkeit, mit eigenen Ohren Ungehörtes hören, Unergriffenes mit eigenen Händen tasten zu können, die neue Gestalt der Verblendung, die jede besiegte mythische ablöst. Durch die Vermittlung der totalen, alle Beziehungen und Regungen erfassenden Gesellschaft hindurch werden die Menschen zu eben dem wieder gemacht, wogegen sich das Entwicklungsgesetz der Gesellschaft, das Prinzip des Selbst gekehrt hatte: zu bloßen Gattungswesen, einander gleich durch Isolierung in der zwangshaft gelenkten Kollektivität. Die Ruderer, die nicht zueinander sprechen können, sind einer wie der andere im gleichen Takte eingespannt wie der moderne Arbeiter in der Fabrik, im Kino und im Kollektiv. Die konkreten Arbeitsbedingungen in der Gesellschaft* erzwingen den Konformismus und nicht die bewußten Beeinflussungen, welche zusätzlich die unterdrückten Menschen dumm machten und von der Wahrheit abzögen. Die Ohnmacht der Arbeiter ist nicht bloß eine Finte der Herrschenden, sondern die logische Konsequenz der Industriegesellschaft, in die das antike Fatum unter der Anstrengung, ihm zu entgehen, sich schließlich gewandelt hat.

Diese logische Notwendigkeit aber ist keine endgültige. Sie bleibt an die Herrschaft gefesselt, als deren Abglanz und Werkzeug zugleich. Daher ist ihre Wahrheit nicht weniger fragwürdig als ihre Evidenz unausweichbar. Die eigene Fragwürdigkeit konkret zu bezeichnen freilich hat Denken stets wieder ausgereicht. Es ist der Knecht, dem der Herr nicht nach Belieben Einhalt tun kann. Indem die Herrschaft, seit die Menschen seßhaft wurden, und dann in der Warenwirtschaft, zu Gesetz und Organisation sich verdinglichte, mußte sie sich beschränken. Das Instrument gewinnt Selbständigkeit: die vermittelnde Instanz des Geistes mildert unabhängig vom Willen der Lenker** die Unmittelbarkeit des ökonomischen Unrechts***. Die Instrumente der Herrschaft, die alle erfassen sollen, Sprache, Waffen, schließlich Maschinen, müssen sich von allen erfassen lassen. So setzt sich in der Herrschaft das Moment der Rationalität als ein von ihr auch verschiedenes durch. Die Gegenständlichkeit des Mittels, die es universal verfügbar macht, seine »Objektivität« für alle, impliziert bereits die Kritik von Herrschaft, als deren Mittel Denken erwuchs. Auf dem Weg von der Mythologie zur Logistik hat Denken das Element der Reflexion auf sich verloren, und die Maschinerie verstümmelt die Menschen heute, selbst wenn sie sie ernährt. In der Gestalt der Maschinen aber bewegt die entfremdete Ratio auf eine Gesellschaft sich zu, die das Denken in seiner Verfestigung als materielle wie intellektuelle Apparatur mit dem befreiten Lebendigen versöhnt und auf die Gesellschaft selbst als

[* »Gesellschaft« / 1944: »Klassengesellschaft«.]
[** »Lenker« / 1944: »Verfügenden«.]
[*** »des... Unrechts« / 1944: »der Ausbeutung«.]

sein reales Subjekt bezieht. Seit je war der partikulare Ursprung des Denkens und seine universale Perspektive untrennbar. Heute ist, mit der Verwandlung der Welt in Industrie, die Perspektive des Allgemeinen, die gesellschaftliche Verwirklichung des Denkens, so weit offen, daß ihretwegen Denken von den Herrschenden selber als bloße Ideologie verleugnet wird. Es ist der verräterische Ausdruck des schlechten Gewissens der Cliquen, in denen am Ende die ökonomische Notwendigkeit sich verkörpert*, daß seine Offenbarungen, von den Intuitionen des Führers bis zur dynamischen Weltanschauung, in entschlossenem Gegensatz zur früheren bürgerlichen Apologetik die eigenen Untathandlungen nicht mehr als notwendige Konsequenzen gesetzlicher Zusammenhänge anerkennen. Die mythologischen Lügen von Sendung und Schicksal**, die sie dafür einsetzen, sprechen nicht einmal ganz die Unwahrheit: es sind nicht mehr die objektiven Marktgesetze, die in den Handlungen der Unternehmer walteten und zur Katastrophe trieben. Vielmehr vollstreckt die bewußte Entscheidung der Generaldirektoren*** als Resultante, die an Zwangsläufigkeit den blindesten Preismechanismen nichts nachgibt, das alte Wertgesetz und damit das Schicksal des Kapitalismus. Die Herrschenden selbst glauben an keine objektive Notwendigkeit, wenn sie auch zuweilen so nennen, was sie aushecken. Sie spielen sich als die Ingenieure der Weltgeschichte auf. Nur die Beherrschten nehmen die Entwicklung, die sie mit jeder dekretierten Steigerung der Lebenshaltung um einen Grad ohnmächtiger macht, als unantastbar notwendige hin. Nachdem man den Lebensunterhalt derer, die zur Bedienung der Maschinen überhaupt noch**** gebraucht werden, mit einem minimalen Teil der Arbeitszeit verfertigen kann, die den Herren der Gesellschaft zur Verfügung steht, wird jetzt der überflüssige Rest, die ungeheure Masse der Bevölkerung als zusätzliche Garde fürs System gedrillt, um dessen großen Plänen heute und morgen als Material

[* »der Cliquen... verkörpert« / 1944: »des Monopols, der letzten Inkarnation der ökonomischen Notwendigkeit«.]

[** »Intuitionen«, »dynamische Weltanschauung«, »Sendung« und »Schicksal« waren häufig gebrauchte Ausdrücke in der ›gebildeten‹ nationalsozialistischen Phraseologie.]

[*** »Generaldirektoren« / 1944: »Monopolherren«.]

[**** »derer, die... noch« / 1944: »der Hände, die zur Bedienung des anwachsenden konstanten Kapitals«.]

zu dienen. Sie werden durchgefüttert als Armee der Arbeitslosen. Ihre Herabsetzung zu bloßen Objekten des Verwaltungswesens, die jede Sparte des modernen Lebens bis in Sprache und Wahrnehmung präformiert, spiegelt ihnen die objektive Notwendigkeit vor, gegen die sie nichts zu vermögen glauben. Das Elend* als Gegensatz von Macht und Ohnmacht wächst ins Ungemessene zusammen mit der Kapazität, alles Elend dauernd abzuschaffen. Undurchdringlich für jeden Einzelnen ist der Wald von Cliquen und Institutionen, die von den obersten Kommandohöhen der Wirtschaft** bis zu den letzten professionellen Rackets*** für die grenzenlose Fortdauer des Status sorgen. Ein Proletarier ist schon vor dem Gewerkschaftsbonzen, fällt er diesem einmal auf, geschweige vor dem Manager, nichts mehr als ein überzähliges Exemplar, während der Bonze wiederum vor seiner eigenen Liquidation erzittern muß.
Die Absurdität des Zustandes, in dem die Gewalt des Systems über die Menschen mit jedem Schritt wächst, der sie aus der Gewalt der Natur herausführt, denunziert die Vernunft der vernünftigen**** Gesellschaft als obsolet. Ihre Notwendigkeit ist Schein, nicht weniger als die Freiheit der Unternehmer, die ihre zwangshafte Natur zuletzt in deren unausweichlichen Kämpfen und Abkommen offenbart. Solchen***** Schein, in dem die restlos aufgeklärte Menschheit sich verliert, vermag das Denken nicht aufzulösen, das als Organ der Herrschaft zwischen Befehl und Gehorsam zu wählen hat. Ohne sich der Verstrickung, in der es in der Vorgeschichte****** befangen bleibt, entwinden zu können, reicht es jedoch hin, die Logik des Entweder-Oder, Konsequenz und Antinomie, mit der es von Natur radikal sich emanzipierte, als diese Natur, unversöhnt und sich selbst entfremdet, wiederzuerkennen. Denken, in dessen Zwangsmechanismus Natur sich reflektiert und fortsetzt, reflektiert eben vermöge seiner unaufhaltsamen Konsequenz auch sich selber als ihrer selbst vergessene Natur, als Zwangsmechanismus.

[* »Das Elend« / 1944: »Die Verelendung«.]
[** »der Wirtschaft« / 1944: »des Kapitals«.]
[*** Systeme der Erpressung von Schutzgeld; im weiteren Sinn herrschaftssichernde Gruppen. Zur Bedeutung dieses Begriffs vgl. Nachwort des Hrsg., hier S. 439ff.]
[**** »die Vernunft der vernünftigen« / 1944: »diese«.]
[***** »offenbart. Solchen« / 1944: »der Machthaber offenbart. Solchen doppelten«.]
[****** im Anschluß an den Marxschen Begriff der Geschichte, soweit sie der sozialistischen Gesellschaft vorangeht. (A. d. i. Ü.)]

Zwar ist Vorstellung nur ein Instrument. Die Menschen distanzieren denkend sich von Natur, um sie so vor sich hinzustellen, wie sie zu beherrschen ist. Gleich dem Ding, dem materiellen Werkzeug, das in verschiedenen Situationen als dasselbe festgehalten wird und so die Welt als das Chaotische, Vielseitige, Disparate vom Bekannten, Einen, Identischen scheidet, ist der Begriff das ideelle Werkzeug, das in die Stelle an allen Dingen paßt, wo man sie packen kann. Denken wird denn auch illusionär, wann immer es die trennende Funktion, Distanzierung und Vergegenständlichung, verleugnen will. Alle mystische Vereinigung bleibt Trug, die ohnmächtig inwendige Spur der abgedungenen Revolution. Indem aber Aufklärung gegen jede Hypostasierung der Utopie recht behält und die Herrschaft als Entzweiung ungerührt verkündet, wird der Bruch von Subjekt und Objekt, den sie zu überdecken verwehrt, zum Index der Unwahrheit seiner selbst und der Wahrheit.* Die Verfemung des Aberglaubens hat stets mit dem Fortschritt der Herrschaft zugleich deren Bloßstellung bedeutet. Aufklärung ist mehr als Aufklärung, Natur, die in ihrer Entfremdung vernehmbar wird. In der Selbsterkenntnis des Geistes als mit sich entzweiter Natur ruft wie in der Vorzeit Natur sich selber an, aber nicht mehr unmittelbar mit ihrem vermeintlichen Namen, der die Allmacht bedeutet, als Mana, sondern als Blindes, Verstümmeltes. Naturverfallenheit besteht in der Naturbeherrschung, ohne die Geist nicht existiert. Durch die Bescheidung, in der dieser als Herrschaft sich bekennt und in Natur zurücknimmt, zergeht ihm der herrschaftliche Anspruch, der ihn gerade der Natur versklavt. Vermag die Menschheit in der Flucht vor der Notwendigkeit, in Fortschritt und Zivilisation, auch nicht innezuhalten, ohne Erkenntnis selbst preiszugeben, so verkennt sie die Wälle, die sie gegen die Notwendigkeit aufführt, die Institutionen, die Praktiken der Beherrschung, die von der Unterjochung der Natur auf die Gesellschaft seit je zurückgeschlagen haben, wenigstens nicht mehr als Garanten der kommenden Freiheit. Jeder Fortschritt der Zivilisation hat mit der Herrschaft auch jene Perspektive auf deren Beschwichtigung erneuert. Während jedoch die reale Geschichte aus dem realen Leiden gewo-

[* Die Autoren umschreiben hier die bekannte scholastische Formulierung »verum index sui et falsi«. (A. d. i. Ü.)]

ben ist, das keineswegs proportional mit dem Anwachsen der Mittel zu seiner Abschaffung geringer wird, ist die Erfüllung der Perspektive auf den Begriff angewiesen. Denn er distanziert nicht bloß, als Wissenschaft, die Menschen von der Natur, sondern als Selbstbesinnung eben des Denkens, das in der Form der Wissenschaft an die blinde ökonomische Tendenz gefesselt bleibt, läßt er die das Unrecht verewigende Distanz ermessen. Durch solches Eingedenken der Natur im Subjekt, in dessen Vollzug die verkannte Wahrheit aller Kultur beschlossen liegt, ist Aufklärung der Herrschaft überhaupt engegengesetzt und der Ruf, der Aufklärung Einhalt zu tun, ertönte auch zu Vaninis Zeiten weniger aus Angst vor der exakten Wissenschaft als aus Haß gegen den zuchtlosen Gedanken, der aus dem Banne der Natur heraustritt, indem er als deren eigenes Erzittern vor ihr selbst sich bekennt. Die Priester haben Mana stets an dem Aufklärer gerächt, der Mana versöhnte, indem er vorm Schrekken, der so hieß, erschrak, und die Auguren der Aufklärung waren in der Hybris mit den Priestern einig. Aufklärung hatte als bürgerliche längst vor Turgot und d'Alembert sich an ihr positivistisches Moment verloren. Sie war vor der Verwechslung der Freiheit mit dem Betrieb der Selbsterhaltung nie gefeit. Die Suspension des Begriffs, gleichviel ob sie im Namen des Fortschritts oder der Kultur erfolgte, die sich insgeheim schon lange gegen die Wahrheit verständigt hatten, gab der Lüge das Feld frei. Diese war in einer Welt, die nur Protokollsätze verifizierte und den zur Leistung großer Denker entwürdigten Gedanken als eine Art verjährter Schlagzeile aufbewahrte, von der zum Kulturgut neutralisierten Wahrheit nicht mehr zu unterscheiden.

Die Herrschaft bis ins Denken selbst hinein als unversöhnte Natur zu erkennen aber vermöchte jene Notwendigkeit zu lockern, welcher als Zugeständnis an den reaktionären common sense der Sozialismus selbst vorschnell die Ewigkeit bestätigte.* Indem er für alle Zukunft die Notwendigkeit zur Basis erhob und den Geist auf gut idealistisch zur höchsten Spitze depravierte, hielt er das Erbe der bürgerlichen Philosophie allzu krampfhaft fest. So bliebe das Verhältnis der Notwendigkeit zum Reich der Freiheit bloß quantitativ, mechanisch, und Natur, als ganz fremd gesetzt, wie in der ersten

[* Vgl. Karl Marx, *Das Kapital* Bd. III, MEW Bd. 25, Berlin 1959, S. 829.]

Mythologie, würde totalitär und absorbierte die Freiheit samt dem Sozialismus. Mit der Preisgabe des Denkens, das in seiner verdinglichten Gestalt als Mathematik, Maschine, Organisation an den seiner vergessenden Menschen sich rächt, hat Aufklärung ihrer eigenen Verwirklichung entsagt. Indem sie alles Einzelne in Zucht nahm, ließ sie dem unbegriffenen Ganzen die Freiheit, als Herrschaft über die Dinge auf Sein und Bewußtsein der Menschen zurückzuschlagen. Umwälzende wahre Praxis aber hängt ab von der Unnachgiebigkeit der Theorie gegen die Bewußtlosigkeit, mit der die Gesellschaft das Denken sich verhärten läßt. Nicht die materiellen Voraussetzungen der Erfüllung, die losgelassene Technik* als solche, stellen die Erfüllung in Frage. Das behaupten die Soziologen, die nun wieder auf ein Gegenmittel sinnen, und sei es kollektivistischen Schlages, um des Gegenmittels Herr zu werden.[36] Schuld ist ein gesellschaftlicher Verblendungszusammenhang. Der mythische wissenschaftliche Respekt der Völker vor dem Gegebenen, das sie doch immerzu schaffen, wird schließlich selbst zur positiven Tatsache, zur Zwingburg, der gegenüber noch die revolutionäre Phantasie sich als Utopismus vor sich selber schämt und zum fügsamen Vertrauen auf die objektive Tendenz der Geschichte entartet. Als Organ solcher Anpassung, als bloße Konstruktion von Mitteln ist Aufklärung so destruktiv, wie ihre romantischen Feinde es ihr nachsagen. Sie kommt erst zu sich selbst, wenn sie dem letzten Einverständnis mit diesen absagt und das falsche Absolute, das Prinzip der blinden Herrschaft, aufzuheben wagt. Der Geist solcher unnachgiebigen Theorie vermöchte den des erbarmungslosen Fortschritts selber an seinem Ziel umzuwenden. Sein Herold Bacon hat von den vielen Dingen geträumt, »welche Könige mit all ihren Schätzen nicht kaufen können, über die ihr Befehl nicht gebietet, von denen ihre Kundschafter und Zuträger keine Nachricht bringen«**. Wie er es wünschte, sind sie den Bürgern zugefallen, den

[* »losgelassene Technik« / 1944: »losgelassenen technischen Produktivkräfte«.]
[** S. Anm. 2, S. 26.]

36 »The supreme question which confronts our generation today – the question to which all other problems are merely corollaries – is whether technology can be brought under control... Nobody can be sure of the formula by which this end can be achieved... We must draw on all the resources to which access can be had...« (*The Rockefeller Foundation. A Review for 1943.* New York 1944. S. 33 ff.)

aufgeklärten Erben der Könige. Indem die bürgerliche Wirtschaft die Gewalt durch die Vermittlung des Marktes vervielfachte, hat sie auch ihre Dinge und Kräfte so vervielfacht, daß es zu deren Verwaltung nicht bloß der Könige, sondern auch der Bürger nicht mehr bedarf: nur noch Aller. Sie lernen an der Macht der Dinge, der Macht endlich zu entraten. Aufklärung vollendet sich und hebt sich auf, wenn die nächsten praktischen Zwecke als das erlangte Fernste sich enthüllen, und die Länder, »von denen ihre Kundschafter und Zuträger keine Nachricht bringen«, nämlich die von der herrschaftlichen Wissenschaft verkannte Natur, als die des Ursprungs erinnert werden. Heute, da Bacons Utopie, daß wir »der Natur in der Praxis gebieten«, in tellurischem Maßstab sich erfüllt hat, wird das Wesen des Zwanges offenbar, den er der unbeherrschten zuschrieb. Es war Herrschaft selbst. In ihre Auflösung vermag das Wissen, in dem nach Bacon die »Überlegenheit des Menschen« ohne Zweifel bestand, nun überzugehen. Angesichts solcher Möglichkeit aber wandelt im Dienst der Gegenwart Aufklärung sich zum totalen Betrug der Massen um.

EXKURS I:

Odysseus oder Mythos und Aufklärung

Wie die Erzählung von den Sirenen die Verschränktheit von Mythos und rationaler Arbeit in sich beschließt, so legt die Odyssee insgesamt Zeugnis ab von der Dialektik der Aufklärung. Das Epos zeigt, zumal in seiner ältesten Schicht, an den Mythos sich gebunden: die Abenteuer stammen aus der volksmäßigen Überlieferung. Aber indem der homerische Geist der Mythen sich bemächtigt, sie »organisiert«, tritt er in Widerspruch zu ihnen. Die gewohnte Gleichsetzung von Epos und Mythos, die ohnehin von der neueren klassischen Philologie aufgelöst ward, erweist sich vollends der philosophischen Kritik als Trug. Beide Begriffe treten auseinander. Sie markieren zwei Phasen eines historischen Prozesses, der an den Nahtstellen der homerischen Redaktion selber noch sich erkennen läßt. Die homerische Rede schafft Allgemeinheit der Sprache, wenn sie sie nicht bereits voraussetzt; sie löst die hierarchische Ordnung der Gesellschaft durch die exoterische Gestalt ihrer Darstellung auf, selbst und gerade wo sie jene verherrlicht; vom Zorn des Achill und der Irrfahrt des Odysseus Singen ist bereits sehnsüchtige Stilisierung dessen, was sich nicht mehr singen läßt, und der Held der Abenteuer erweist sich als Urbild eben des bürgerlichen Individuums, dessen Begriff in jener einheitlichen Selbstbehauptung entspringt, deren vorweltliches Muster der Umgetriebene abgibt. Am Epos, dem geschichtsphilosophischen Widerspiel zum Roman, treten schließlich die romanähnlichen Züge hervor, und der ehrwürdige Kosmos der sinnerfüllten homerischen Welt offenbart sich als Leistung der ordnenden Vernunft, die den Mythos zerstört gerade vermöge der rationalen Ordnung, in der sie ihn spiegelt.

Die Einsicht in das bürgerlich aufklärerische Element Homers ist von der spätromantisch-deutschen Interpretation der Antike, die Nietzsches frühen Schriften folgte, unterstrichen worden. Nietzsche hat wie wenige seit Hegel die Dialektik der Aufklärung erkannt. Er hat ihr zwiespältiges Verhältnis zur Herrschaft formuliert. Man soll »die Aufklärung ins Volk treiben, daß die Priester alle mit schlechtem Gewissen Priester werden –, ebenso muß man es mit dem Staate machen. Das ist Aufgabe der Aufklärung, den Fürsten und Staatsmännern ihr ganzes Gebaren zur absichtlichen Lüge zu machen ...«[1] Andererseits war die Aufklärung seit je ein Mittel der »großen Regierungskünstler (Konfuzius in China, das Imperium Romanum, Napoleon, das Papsttum, zur Zeit, wo es der Macht und nicht nur der Welt sich zugekehrt hatte)... Die Selbsttäuschung der Menge über diesen Punkt, z. B. in aller Demokratie, ist äußerst wertvoll: die Verkleinerung und Regierbarkeit der Menschen wird als ›Fortschritt‹ erstrebt!«[2] Indem solcher Doppelcharakter der Aufklärung als historisches Grundmotiv hervortritt, wird ihr Begriff, als der fortschreitenden Denkens, bis zum Beginn überlieferter Geschichte ausgedehnt. Während jedoch Nietzsches Verhältnis zur Aufklärung, und damit zu Homer, selber zwiespältig blieb; während er in der Aufklärung sowohl die universale Bewegung souveränen Geistes erblickte, als deren Vollender er sich empfand, wie die lebensfeindliche, »nihilistische« Macht, ist bei seinen vorfaschistischen Nachfahren das zweite Moment allein übriggeblieben und zur Ideologie pervertiert. Diese wird zum blinden Lob des blinden Lebens, dem die gleiche Praxis sich verschreibt, von der alles Lebendige unterdrückt wird. Das kommt an der Stellung der Kulturfaschisten zu Homer zum Ausdruck. Sie wittern in der homerischen Darstellung feudaler Verhältnisse ein Demokratisches, stempeln das Werk als eines von Seefahrern und Händlern und verwerfen das jonische Epos als allzu rationale Rede und geläufige Kommunikation. Der böse Blick derer, die mit aller scheinbar unmittelbaren Herrschaft sich einig fühlen und alle Vermittlung, den »Liberalismus« jeglicher Stufe verfemen, hat ein Richtiges gewahrt. In der Tat erstrecken die Linien von Vernunft, Liberalität, Bürgerlichkeit sich unvergleichlich viel weiter, als die historische Vorstellung annimmt, die den Begriff des Bürgers erst vom Ende der mittelalterlichen Feudalität her datiert. Indem die neuromantische Reaktion den Bürger dort noch identifiziert, wo der ältere bürgerliche Humanismus hei-

1 Nietzsche, *Nachlaß*. Werke, Großoktavausgabe. Band XIV. Leipzig 1904. S. 206.
2 A. a. O. Band XV. S. 235.

lige Frühe wähnt, die ihn selber legitimieren soll, sind Weltgeschichte und Aufklärung in eins gesetzt. Die modische Ideologie, welche Liquidation von Aufklärung zu ihrer eigensten Sache macht, erweist ihr widerwillig die Reverenz. Noch in der entlegensten Ferne ist sie gezwungen, aufgeklärtes Denken anzuerkennen. Gerade seine älteste Spur droht dem schlechten Gewissen der heutigen Archaiker, den ganzen Prozeß noch einmal zu entbinden, den zu ersticken sie sich vorgenommen haben, während sie bewußtlos zugleich ihn vollstrecken.

Aber die Einsicht in den antimythologischen, aufgeklärten Charakter Homers, seinen Gegensatz zur chthonischen Mythologie, bleibt unwahr als beschränkte. Im Dienste der repressiven Ideologie hält etwa Rudolf Borchardt*, der bedeutendste und darum ohnmächtigste unter den Esoterikern der deutschen Schwerindustrie, mit der Analyse allzu früh inne. Er sieht nicht, daß die gepriesenen Ursprungsmächte selbst bereits eine Stufe von Aufklärung darstellen. Indem er allzu umstandslos das Epos als Roman denunziert, entgeht ihm, was Epos und Mythos in der Tat gemein haben: Herrschaft und Ausbeutung. Das Unedle, das er am Epos verdammt, Vermittlung und Zirkulation, ist nur die Entfaltung jenes fragwürdig Edlen, das er am Mythos vergöttert, der nackten Gewalt. Der vorgeblichen Echtheit, dem archaischen Prinzip von Blut und Opfer, haftet schon etwas vom schlechten Gewissen und der Schlauheit der Herrschaft an, die der nationalen Erneuerung eigen sind, welche heute der Urzeit als Reklame sich bedient. Schon der originale Mythos enthält das Moment der Lüge, das im Schwindelhaften des Faschismus triumphiert, und das dieser der Aufklärung aufbürdet. Kein Werk aber legt von der Verschlungenheit von Aufklärung und Mythos beredteres Zeugnis ab als das homerische, der Grundtext der europäischen Zivilisation. Bei Homer treten Epos und Mythos, Form und Stoff nicht sowohl einfach auseinander, als daß sie sich auseinandersetzten. Der ästhetische Dualismus bezeugt die geschichtsphilosophische Tendenz. »Der apollinische Homer ist nur der Fortset-

[* In einer früheren Fassung des Manuskripts (Theodor W. Adorno Archiv) wird verwiesen auf Borchardts Nachwort zu den von ihm übersetzten *Pindarischen Gedichten*, München 1929/30 (Privatdruck), S. 99, 103 und 93; vgl. ›Einleitung in das Verständnis der Pindarischen Poesie‹, in: *Gesammelte Werke*, Prosa II, Stuttgart 1959, S. 161 ff.]

zer jenes allgemein menschlichen Kunstprozesses, dem wir die Individuation verdanken.«[3]
In den Stoffschichten Homers haben die Mythen sich niedergeschlagen; der Bericht von ihnen aber, die Einheit, die den diffusen Sagen abgezwungen ward, ist zugleich die Beschreibung der Fluchtbahn des Subjekts vor den mythischen Mächten. Das gilt im tieferen Sinne bereits von der Ilias. Der Zorn des mythischen Sohns einer Göttin gegen den rationalen* Heerkönig und Organisator, die disziplinlose Untätigkeit jenes Helden, endlich die Erfassung des siegreich Todverfallenen durch die nationalhellenische, nicht länger mehr stammesmäßige Not, vermittelt durch die mythische Treue zum toten Gefährten, hält die Verschlingung von Prähistorie und Geschichte fest. Es gilt um soviel drastischer für die Odyssee, wie diese der Form des Abenteuerromans nähersteht. Im Gegensatz des einen überlebenden Ich zum vielfältigen Schicksal prägt sich derjenige der Aufklärung zum Mythos aus. Die Irrfahrt von Troja nach Ithaka ist der Weg des leibhaft gegenüber der Naturgewalt unendlich schwachen und im Selbstbewußtsein erst sich bildenden Selbst durch die Mythen. Die Vorwelt ist in den Raum säkularisiert, den er durchmißt, die alten Dämonen bevölkern den fernen Rand und die Inseln des zivilisierten Mittelmeers, zurückgescheucht in Felsgestalt und Höhle, woraus sie einmal im Schauder der Urzeit entsprangen. Die Abenteuer aber bedenken jeden Ort mit seinem Namen. Aus ihnen gerät die rationale Übersicht über den Raum. Der zitternde Schiffbrüchige nimmt die Arbeit des Kompasses vorweg. Seine Ohnmacht, der kein Ort des Meeres unbekannt mehr bleibt, zielt zugleich auf die Entmächtigung der Mächte. Die einfache Unwahrheit an den Mythen aber, daß nämlich Meer und Erde wahrhaft nicht von Dämonen bewohnt werden, Zaubertrug und Diffusion der überkommenen Volksreligion, wird unterm Blick des Mündigen zur »Irre« gegenüber der Eindeutigkeit des Zwecks seiner Selbsterhaltung, der Rückkehr zu Heimat und festem Besitz. Die Abenteuer, die Odysseus besteht, sind allesamt gefahrvolle Lockungen, die das Selbst aus der Bahn seiner Logik herausziehen. Er überläßt sich ihnen immer wieder aufs neue, probiert es als unbelehrbar Ler-

[* »rationalen« / 1944/47: »rationaleren«.]
3 Nietzsche a. a. O. Band IX. S. 289.

nender, ja zuweilen als töricht Neugieriger, wie ein Mime unersättlich seine Rollen ausprobiert. »Wo aber Gefahr ist, wächst / Das Rettende auch«[4]: das Wissen, in dem seine Identität besteht und das ihm zu überleben ermöglicht, hat seine Substanz an der Erfahrung des Vielfältigen, Ablenkenden, Auflösenden, und der wissend Überlebende ist zugleich der, welcher der Todesdrohung am verwegensten sich überläßt, an der er zum Leben hart und stark wird. Das ist das Geheimnis im Prozeß zwischen Epos und Mythos: das Selbst macht nicht den starren Gegensatz zum Abenteuer aus, sondern formt in seiner Starrheit sich erst durch diesen Gegensatz, Einheit bloß in der Mannigfaltigkeit dessen, was jene Einheit verneint.[5]

4 Hölderlin, ›Patmos‹. Gesamtausgabe des Inselverlags. Text nach Zinkernagel. Leipzig o. J. S. 230.

5 Dieser Prozeß hat sein unmittelbares Zeugnis gefunden im Anfang des zwanzigsten Gesanges. Odysseus bemerkt, wie die Mägde nachts zu den Freiern schleichen, »Und das Herz im Innersten bellt' ihm. / So wie die mutige Hündin, die zarten Jungen umwandelnd, / Jemand, den sie nicht kennt, anbellt und zum Kampf sich ereifert, / So in dem Busen ihm bellt' es, vor Grimm ob der schändlichen Frevel. / Er schlug an die Brust und strafte das Herz mit den Worten: / Dulde nun aus, mein Herz! noch Härteres hast du geduldet, / Jenes Tags, da in Wut der ungeheure Kyklop mir / Fraß die tapferen Freund'; allein du ertrugst, bis ein Ratschluß / Dich aus der Höhle geführt, wo Todesgraun du zuvorsahst! / Also sprach er, das Herz im wallenden Busen bestrafend; / Bald nun blieb in der Fassung das Herz ihm, und unerschüttert / Dauert' es aus. Doch er selbst noch wälzete sich hierhin und dorthin« (XX, 13/24). Noch ist das Subjekt nicht in sich fest, identisch gefügt. Unabhängig von ihm regen sich die Affekte, Mut und Herz. »Im Anfang des y bellt die kradie oder auch das etor (die beiden Wörter sind synonym 17.22), und Odysseus schlägt an seine Brust, also gegen sein Herz und redet es an. Herzklopfen hat er, also regt sich der Körperteil wider seinen Willen. Da ist seine Anrede nicht eine bloße Form, wie wenn bei Euripides Hand und Fuß angeredet werden, weil sie in Tätigkeit treten sollen, sondern das Herz handelt selbständig.« (Wilamowitz-Moellendorff, *Die Heimkehr des Odysseus.* Berlin 1927. S. 189.) Der Affekt wird dem Tier gleichgesetzt, das der Mensch unterjocht: das Gleichnis von der Hündin gehört derselben Erfahrungsschicht an wie die Verwandlung der Gefährten in Schweine. Das Subjekt, aufgespalten noch und zur Gewalt gegen die Natur in sich gezwungen wie gegen die draußen, »straft« das Herz, indem es zur Geduld angehalten und ihm, im Vorblick auf die Zeit, die unmittelbare Gegenwart verwehrt wird. Sich an die Brust schlagen ist später zur Geste des Triumphs geworden: der Sieger drückt aus, daß sein Sieg stets einer über die eigene Natur ist. Die Leistung wird vollbracht von der selbsterhaltenden Vernunft. »... zunächst dachte der Redende noch an das ungebärdig klopfende Herz; dem war die metis überlegen, die also geradezu eine andere innere Kraft ist: sie hat den Odysseus gerettet. Die späteren Philosophen würden sie als nus oder logistikon dem unverständigen Seelenteile gegenübergestellt haben.« (Wilamowitz a. a. O. S. 190.) Vom »Selbst« – autos – aber ist an der Stelle erst im Vers 24 die Rede: nachdem die Bändigung des Triebs durch die Vernunft gelungen ist. Mißt man der Wahl und Folge der Worte Beweiskraft zu, so wäre das identische Ich von Homer erst als das Resultat der innermenschlichen Naturbeherrschung angesehen. Dies neue Selbst erzittert in sich, ein Ding, der Körper, nachdem

Odysseus, wie die Helden aller eigentlichen Romane nach ihm, wirft sich weg gleichsam, um sich zu gewinnen; die Entfremdung von der Natur, die er leistet, vollzieht sich in der Preisgabe an die Natur, mit der er in jedem Abenteuer sich mißt, und ironisch triumphiert die Unerbittliche, der er befiehlt, indem er als Unerbittlicher nach Hause kommt, als Richter und Rächer der Erbe der Gewalten, denen er entrann. So sehr ist auf der homerischen Stufe die Identität des Selbst Funktion des Unidentischen, der dissoziierten, unartikulierten Mythen, daß sie diesen sich entlehnen muß. Noch ist die innerliche Organisationsform von Individualität, Zeit, so schwach, daß die Einheit der Abenteuer äußerlich, ihre Folge der räumliche Wechsel von Schauplätzen, den Orten von Lokalgottheiten bleibt, nach welchen der Sturm verschlägt. Wann immer das Selbst geschichtlich solche Schwächung später wiederum erfahren hat, oder die Darstellung solche Schwäche beim Leser voraussetzt, ist die Erzählung des Lebens abermals in die Abfolge von Abenteuern abgeglitten. Mühselig und widerruflich löst sich im Bilde der Reise historische Zeit ab aus dem Raum, dem unwiderruflichen Schema aller mythischen Zeit.

Das Organ des Selbst, Abenteuer zu bestehen, sich wegzuwerfen, um sich zu behalten, ist die List. Der Seefahrer Odysseus übervorteilt die Naturgottheiten wie einmal der zivilisierte Reisende die Wilden, denen er bunte Glasperlen für Elfenbein bietet. Nur zuweilen freilich tritt er als Tauschender auf. Dann werden Gastgeschenke gegeben und genommen. Das homerische Gastgeschenk hält die Mitte zwischen Tausch und Opfer. Wie eine Opferhandlung soll es verwirktes Blut, sei es des Fremdlings, sei es des vom Piraten besiegten Ansässigen abgelten und Urfehde stiften. Zugleich aber kündigt sich im Gastgeschenk das Prinzip des Äquivalents an: der Wirt erhält real oder symbolisch den Gegenwert seiner Leistung, der Gast eine Wegzehrung, die ihn grundsätzlich dazu befähigen soll, nach Hause zu gelangen. Wenn der Wirt auch dafür kein unmittelbares Entgelt empfängt, so kann er doch damit rechnen, daß er selber oder seine Anverwandten einmal ebenso aufgenommen werden: als

das Herz in ihm gestraft ward. Auf jeden Fall scheint die von Wilamowitz im einzelnen analysierte Nebeneinanderstellung der Seelenmomente, die oftmals zueinander reden, die lose ephemere Fügung des Subjekts zu bestätigen, dessen Substanz einzig die Gleichschaltung jener Momente ist.

Opfer an Elementargottheiten ist das Gastgeschenk zugleich eine rudimentäre Versicherung vor ihnen. Die ausgebreitete, doch gefahrvolle Schiffahrt des frühen Griechentums bietet dafür die pragmatische Voraussetzung. Poseidon selber, der elementare Feind des Odysseus, denkt in Äquivalenzbegriffen, indem er immer wieder Beschwerde darüber führt, daß jener auf den Stationen seiner Irrfahrt mehr an Gastgeschenken erhalte, als sein voller Anteil an der Beute von Troja gewesen wäre, wenn er ihn ohne Behinderung durch Poseidon hätte transferieren können. Solche Rationalisierung aber läßt sich bei Homer bis auf die eigentlichen Opferhandlungen zurückverfolgen. Es wird für Hekatomben bestimmter Größenordnung je mit dem Wohlwollen der Gottheiten gerechnet. Ist der Tausch die Säkularisierung des Opfers, so erscheint dieses selber schon wie das magische Schema rationalen Tausches, eine Veranstaltung der Menschen, die Götter zu beherrschen, die gestürzt werden gerade durch das System der ihnen widerfahrenden Ehrung.[6]

Das Moment des Betrugs im Opfer ist das Urbild der odysseischen List, wie denn viele Listen des Odysseus gleichsam einem Opfer an

6 Den Zusammenhang von Opfer und Tausch hat gegen Nietzsches materialistische Interpretation Klages ganz magisch aufgefaßt: »Das Opfernmüssen schlechthin betrifft einen jeden, weil jeder, wie wir gesehen haben, vom Leben und allen Gütern des Lebens den ihm umfaßbaren Anteil – das ursprüngliche suum cuique – nur dadurch empfängt, daß er beständig gibt und wiedergibt. Es ist aber nicht vom Tauschen im Sinne des gewöhnlichen Gütertauschs die Rede (der freilich uranfänglich gleichfalls vom Opfergedanken die Weihe erhält), sondern vom Austausch der Fluiden oder Essenzen durch Hingebung der eigenen Seele an das tragende und nährende Leben der Welt.« (Ludwig Klages, *Der Geist als Widersacher der Seele.* Leipzig 1932. Band III. Teil 2. S. 1409.) Der Doppelcharakter des Opfers jedoch, die magische Selbstpreisgabe des Einzelnen ans Kollektiv – wie immer es damit bestellt sei – und die Selbsterhaltung durch die Technik solcher Magie, impliziert einen objektiven Widerspruch, der auf die Entfaltung gerade des rationalen Elements im Opfer drängt. Unterm fortbestehenden magischen Bann wird Rationalität, als Verhaltensweise des Opfernden, zur List. Klages selbst, der eifernde Apologet von Mythos und Opfer, ist darauf gestoßen und sieht sich gezwungen, noch im Idealbild des Pelasgertums zwischen der echten Kommunikation mit der Natur und der Lüge zu unterscheiden, ohne daß er es doch vermöchte, aus dem mythischen Denken selber heraus dem Schein magischer Naturbeherrschung ein Gegenprinzip entgegenzusetzen, weil solcher Schein eben das Wesen des Mythos ausmacht. »Es ist nicht mehr heidnischer Glaube allein, es ist auch schon heidnischer Aberglaube, wenn etwa bei der Thronbesteigung der Gottkönig schwören muß, er werde hinfort die Sonne scheinen und das Feld sich mit Früchten bedecken lassen.« (Klages a. a. O. S. 1408.)

Naturgottheiten eingelegt sind.[7] Überlistet werden die Naturgottheiten wie vom Heros so von den solaren Göttern. Die olympischen Freunde des Odysseus benutzen den Aufenthalt des Poseidon bei den Äthiopiern, den Hinterwäldlern, die ihn noch ehren und ihm gewaltige Opfer darbringen, dazu, ihren Schützling ungefährdet zu geleiten. Betrug ist schon im Opfer selber involviert, das Poseidon mit Behagen annimmt: die Einschränkung des amorphen Meeresgottes auf eine bestimmte Lokalität, den heiligen Bezirk, schränkt zugleich seine Macht ein, und für die Sättigung an den äthiopischen Ochsen muß er darauf verzichten, an Odysseus seinen Mut zu kühlen. Alle menschlichen Opferhandlungen, planmäßig betrieben, betrügen den Gott, dem sie gelten: sie unterstellen ihn dem Primat der menschlichen Zwecke, lösen seine Macht auf, und der Betrug an ihm geht bruchlos über in den, welchen die ungläubigen Priester an der gläubigen Gemeinde vollführen. List entspringt im Kultus. Odysseus selber fungiert als Opfer und Priester zugleich. Durch Kalkulation des eigenen Einsatzes bewirkt er die Negation der Macht, an welche der Einsatz geschieht. So dingt er sein verfallenes Leben ab. Keineswegs aber stehen Betrug, List und Rationalität in einfachem Gegensatz zur Archaik des Opfers. Durch Odysseus wird einzig das Moment des Betrugs am Opfer, der innerste Grund vielleicht für den Scheincharakter des Mythos, zum Selbstbewußtsein erhoben. Uralt muß die Erfahrung sein, daß die symbolische Kommunikation mit der Gottheit durchs Opfer nicht real ist. Die im Opfer gelegene Stellvertretung, verherrlicht von neumodischen Irrationalisten, ist nicht zu trennen von der Vergottung des Geopferten, dem Trug der priesterlichen Rationalisierung des Mordes durch Apotheose des Erwählten. Etwas von solchem Trug, der gerade die hinfällige Person zum Träger der göttlichen Substanz erhöht, ist seit je am Ich zu spüren, das sich selbst dem Opfer des Augenblicks an die Zukunft verdankt. Seine Substantialität ist Schein

7 Dazu stimmt, daß Menschenopfer im eigentlichen Sinn bei Homer nicht vorkommen. Die zivilisatorische Tendenz des Epos macht sich in der Auswahl der berichteten Begebenheiten geltend. »With one exception... both Iliad and Odyssey are completely expurgated of the abomination of Human Sacrifice.« (Gilbert Murray, *The Rise of the Greek Epic*. Oxford 1911. S. 150.)

wie die Unsterblichkeit des Hingeschlachteten. Nicht umsonst galt Odysseus vielen als Gottheit.*

Solange Einzelne geopfert werden, solange das Opfer den Gegensatz von Kollektiv und Individuum einbegreift, solange ist objektiv der Betrug am Opfer mitgesetzt. Bedeutet der Glaube an die Stellvertretung durchs Opfer die Erinnerung an das nicht Ursprüngliche, Herrschaftsgeschichtliche am Selbst, so wird er zugleich dem ausgebildeten Selbst gegenüber zur Unwahrheit: das Selbst ist gerade der Mensch, dem nicht mehr magische Kraft der Stellvertretung zugetraut wird. Die Konstitution des Selbst durchschneidet eben jenen fluktuierenden Zusammenhang mit der Natur, den das Opfer des Selbst herzustellen beansprucht. Jedes Opfer ist eine Restauration, die von der geschichtlichen Realität Lügen gestraft wird, in der man sie unternimmt. Der ehrwürdige Glaube ans Opfer aber ist wahrscheinlich bereits ein eingedrilltes Schema, nach welchem die Unterworfenen das ihnen angetane Unrecht sich selber nochmals antun, um es ertragen zu können. Es rettet nicht durch stellvertretende Rückgabe die unmittelbare, nur eben unterbrochene Kommunikation, welche die heutigen Mythologen ihm zuschreiben, sondern die Institution des Opfers selber ist das Mal einer historischen Katastrophe, ein Akt von Gewalt, der Menschen und Natur gleichermaßen widerfährt. Die List ist nichts anderes als die subjektive Entfaltung solcher objektiven Unwahrheit des Opfers, das sie ablöst. Vielleicht ist jene Unwahrheit nicht stets nur Unwahrheit gewesen. Auf einer Stufe[8] der Vorzeit mögen die Opfer

[* »Die im Opfer… Gottheit.« / 1944: »Der im Opfer gelegene Begriff der magischen Stellvertretung, den er bejaht, ist von dem der Auserwähltheit nicht zu trennen. Auserwähltheit aber ist die priesterliche Versetzung dessen, an dem die Untat verübt wird, in den Götterhimmel. Etwas solcher Projektion, die gerade die hinfällige Person zum Träger der göttlichen Substanz erhöht, ist seit je am Ich zu spüren, das selbst seinen Ursprung der Projektion verdankt. Es trägt die Züge des vergötzten Opfers: nicht umsonst hat man Odysseus stets wieder als säkularisierte Gottheit angeschaut.«]

8 Schwerlich auf der ältesten. »Die Sitte des Menschenopfers… ist unter Barbaren und halbzivilisierten Völkern viel verbreiteter als unter echten Wilden, und auf den niedrigsten Kulturstufen kennt man sie überhaupt kaum. Es ist beobachtet worden, daß sie bei manchen Völkern im Laufe der Zeit immer mehr überhandgenommen hat«, auf den Gesellschaftsinseln, in Polynesien, in Indien, bei den Azteken. »Bezüglich der Afrikaner sagt Winwood Reade: ›Je mächtiger die Nation, desto bedeutender die Opfer‹.« (Eduard Westermarck, *Ursprung und Entwicklung der Moralbegriffe*. Leipzig 1913. Band I. S. 363.)

eine Art blutige Rationalität besessen haben, die freilich schon damals kaum von der Gier des Privilegs zu trennen war. Die heute vorherrschende Theorie des Opfers bezieht es auf die Vorstellung des Kollektivleibs, des Stammes, in den das vergossene Blut des Stammesmitglieds als Kraft zurückströmen soll. Während der Totemismus schon zu seiner Zeit Ideologie war, markiert er doch einen realen Zustand, wo die herrschende Vernunft der Opfer bedurfte. Es ist ein Zustand archaischen Mangels, in dem Menschenopfer und Kannibalismus kaum sich scheiden lassen. Das numerisch angewachsene Kollektiv kann zuzeiten sich am Leben erhalten nur durch den Genuß von Menschenfleisch; vielleicht war die Lust mancher ethnischer oder sozialer Gruppen in einer Weise dem Kannibalismus verbunden, von der nur der Abscheu vorm Menschenfleisch heute Zeugnis ablegt. Gebräuche aus späterer Zeit wie der des ver sacrum, wo in Zeiten des Hungers ein ganzer Jahrgang von Jünglingen unter rituellen Veranstaltungen zur Auswanderung gezwungen wird, bewahren deutlich genug die Züge solcher barbarischen und verklärten Rationalität. Längst vor Ausbildung der mythischen Volksreligionen muß sie als illusorisch sich enthüllt haben: wie die systematische Jagd dem Stamm genug Tiere zutrieb, um das Verzehren der Stammesmitglieder überflüssig zu machen, müssen die gewitzigten Jäger und Fallensteller irre geworden sein am Gebot der Medizinmänner, jene müßten sich verspeisen lassen.[9] Die magisch kollektive Interpretation des Opfers, die dessen Rationalität ganz verleugnet, ist seine Rationalisierung; die geradlinig aufgeklärte Annahme aber, es könne, was heute Ideologie sei, einmal die Wahrheit gewesen sein, zu harmlos[10]: die neuesten Ideologien sind nur Repri-

9 Bei kannibalischen Völkern wie denen Westafrikas durften »weder Weiber noch Jünglinge... von der Delikatesse genießen«. (Westermarck a. a. O. Leipzig 1909. Band II. S. 459.)

10 Wilamowitz setzt den nus in »scharfen Gegensatz« zum logos. (*Glaube der Hellenen.* Berlin 1931. Band I. S. 41 f.) Der Mythos ist ihm eine »Geschichte, wie man sie sich erzählt«, Kinderfabel, Unwahrheit, oder, ungeschieden davon, die unbeweisbare oberste Wahrheit wie bei Platon. Während Wilamowitz des Scheincharakters der Mythen sich bewußt ist, setzt er sie der Dichtung gleich. Mit anderen Worten: er sucht sie erst in der signifikativen Sprache, die zu ihrer Intention bereits in einen objektiven Widerspruch getreten ist, den sie als Dichtung zu versöhnen trachtet: »Mythos ist zuerst die gesprochene Rede, ihren Inhalt geht das Wort niemals an.« (A. a. O.) Indem er diesen späten Begriff des Mythos hypostasiert, der Vernunft als sein explizites Widerspiel bereits voraussetzt, gelangt er – in unausdrücklicher Polemik gegen Bach-

sen der ältesten, die hinter die vorher bekannten um ebensoviel zurückgreifen, wie die Entwicklung der Klassengesellschaft die zuvor sanktionierten Ideologien Lügen straft. Die vielberufene Irrationalität des Opfers ist nichts anderes als der Ausdruck dafür, daß die Praxis der Opfer länger währte als ihre selber schon unwahre, nämlich partikulare rationale Notwendigkeit. Es ist dieser Spalt zwischen Rationalität und Irrationalität des Opfers, den die List als Griff benutzt. Alle Entmythologisierung hat die Form der unaufhaltsamen Erfahrung von der Vergeblichkeit und Überflüssigkeit von Opfern.

Erweist das Prinzip des Opfers um seiner Irrationalität willen sich als vergänglich, so besteht es zugleich fort kraft seiner Rationalität. Diese hat sich gewandelt, sie ist nicht verschwunden. Das Selbst trotzt der Auflösung in blinde Natur sich ab, deren Anspruch das Opfer stets wieder anmeldet. Aber es bleibt dabei gerade dem Zusammenhang des Natürlichen verhaftet, Lebendiges, das gegen Lebendiges sich behaupten möchte. Die Abdingung des Opfers durch selbsterhaltende Rationalität ist Tausch nicht weniger, als das Opfer es war. Das identisch beharrende Selbst, das in der Überwindung des Opfers entspringt, ist unmittelbar doch wieder ein hartes,

ofen, den er als Mode verhöhnt, ohne doch den Namen zu nennen – zur bündigen Scheidung von Mythologie und Religion (a. a. O. S. 5.), bei der Mythos nicht als die ältere, sondern gerade die jüngere Stufe erscheint: »Ich mache den Versuch, das Werden, die Wandlungen und das Übergehen aus dem Glauben in den Mythos... zu verfolgen.« (A. a. O. S. 1.) Der verstockt departementale Hochmut des Graecisten verwehrt ihm die Einsicht in die Dialektik von Mythos, Religion und Aufklärung: »Ich verstehe die Sprachen nicht, aus denen die zurzeit beliebten Wörter, Tabu und Totem, Mana und Orenda, entlehnt sind, halte es aber auch für einen zulässigen Weg, mich an die Griechen zu halten und über Griechisches griechisch zu denken.« (A. a. O. S. 10.) Wie damit, nämlich der unvermittelten Meinung, »im ältesten Hellenentum lag der Keim der platonischen Gottheit«, die von Kirchhoff vertretene und von Wilamowitz übernommene historische Ansicht vereinbar sein soll, die gerade in den mythischen Begegnungen des Nostos den ältesten Kern des odysseischen Buches erblickt, bleibt unausgemacht, wie denn der zentrale Begriff des Mythos selber bei Wilamowitz der zureichenden philosophischen Artikulation enträt. Dennoch ist in seinem Widerstand gegen den Irrationalismus, der den Mythos verhimmelt, und in seiner Insistenz auf der Unwahrheit der Mythen große Einsicht unverkennbar. Der Widerwille gegen primitives Denken und Vorgeschichte läßt um so deutlicher die Spannung hervortreten, die zwischen dem trugvollen Wort und der Wahrheit stets schon bestand. Was Wilamowitz den späteren Mythen vorwirft, die Willkür der Erfindung, muß in den ältesten bereits vermöge des Pseudos der Opfer enthalten gewesen sein. Dies Pseudos ist gerade jener platonischen Gottheit verwandt, die Wilamowitz aufs archaische Hellenentum zurückdatiert.

steinern festgehaltenes Opferritual, das der Mensch, indem er dem Naturzusammenhang sein Bewußtsein entgegensetzt, sich selber zelebriert. Soviel ist wahr an der berühmten Erzählung der nordischen Mythologie, derzufolge Odin als Opfer für sich selbst am Baum hing, und an der These von Klages, daß jegliches Opfer das des Gottes an den Gott sei, wie es noch in der monotheistischen Verkleidung des Mythos, der Christologie, sich darstellt.[11] Nur daß die Schicht der Mythologie, in welcher das Selbst als das Opfer an sich selbst erscheint, nicht sowohl die ursprüngliche Konzeption der Volksreligion ausdrückt, als vielmehr die Aufnahme des Mythos in die Zivilisation. In der Klassengeschichte schloß die Feindschaft des Selbst gegens Opfer ein Opfer des Selbst ein, weil sie mit der Verleugnung der Natur im Menschen bezahlt ward um der Herrschaft über die außermenschliche Natur und über andere Menschen willen. Eben diese Verleugnung, der Kern aller zivilisatorischen Rationalität, ist die Zelle der fortwuchernden mythischen Irrationalität: mit der Verleugnung der Natur im Menschen wird nicht bloß das Telos der auswendigen Naturbeherrschung sondern das Telos des eigenen Lebens verwirrt und undurchsichtig. In dem Augenblick, in dem der Mensch das Bewußtsein seiner selbst als Natur sich abschneidet, werden alle die Zwecke, für die er sich am Leben erhält, der gesellschaftliche Fortschritt, die Steigerung aller materiellen und geistigen Kräfte, ja Bewußtsein selber, nichtig, und die Inthronisierung des Mittels als Zweck, die im späten Kapitalismus den Charakter des offenen Wahnsinns annimmt, ist schon in der Urgeschichte der Subjektivität wahrnehmbar. Die Herrschaft des Menschen über sich selbst, die sein Selbst begründet, ist virtuell allemal die Vernichtung des Subjekts, in dessen Dienst sie geschieht, denn die beherrschte, unterdrückte und durch Selbsterhaltung aufgelöste Substanz ist gar nichts anderes als das Lebendige, als dessen Funktion die Leistungen der Selbsterhaltung einzig sich bestimmen, eigentlich gerade das, was erhalten werden soll. Die Widervernunft des totalitären Kapitalismus, dessen Technik, Bedürfnisse zu befriedigen, in ihrer vergegenständlichten, von Herrschaft determinierten Gestalt die Befriedigung der Bedürfnisse unmöglich macht und zur

11 Die Auffassung des Christentums als heidnischer Opferreligion liegt wesentlich Werner Hegemanns *Gerettetem Christus* (Potsdam 1928) zugrunde.

Ausrottung der Menschen treibt – diese Widervernunft ist prototypisch im Heros ausgebildet, der dem Opfer sich entzieht, indem er sich opfert. Die Geschichte der Zivilisation ist die Geschichte der Introversion des Opfers. Mit anderen Worten: die Geschichte der Entsagung. Jeder Entsagende gibt mehr von seinem Leben als ihm zurückgegeben wird, mehr als das Leben, das er verteidigt. Das entfaltet sich im Zusammenhang der falschen Gesellschaft. In ihr ist jeder zu viel und wird betrogen. Aber es ist die gesellschaftliche Not*, daß der, welcher dem universalen, ungleichen und ungerechten Tausch sich entziehen, nicht entsagen, sogleich das ungeschmälerte Ganze ergreifen würde, eben damit alles verlöre, noch den kargen Rest, den Selbsterhaltung ihm gewährt. Es bedarf all der überflüssigen Opfer: gegen das Opfer. Auch Odysseus ist eines, das Selbst, das immerzu sich bezwingt[12] und darüber das Leben versäumt, das es rettet und bloß noch als Irrfahrt erinnert. Dennoch ist er zugleich Opfer für die Abschaffung des Opfers. Seine herrschaftliche Entsagung, als Kampf mit dem Mythos, ist stellvertretend für eine Gesellschaft, die der Entsagung und der Herrschaft nicht mehr bedarf: die ihrer selbst mächtig wird, nicht um sich und andern Gewalt anzutun, sondern zur Versöhnung.

[* »gesellschaftliche Not« / 1944: »Not der gesamten Klassengeschichte«.]

12 So etwa, wenn er davon absteht, den Polyphem sogleich zu töten (IX, 302); wenn er die Mißhandlung des Antinoos über sich ergehen läßt, um sich nicht zu verraten (XVII, 460ff.). Vergleiche weiter die Episode mit den Winden (X, 50ff.) und die Prophezeiung des Teiresias in der ersten Nekyia (XI, 105ff.), die die Heimkehr von der Bändigung des Herzens abhängig macht. Freilich hat der Verzicht des Odysseus noch nicht den Charakter des Definitiven, sondern lediglich den des Aufschubs: die Rachetaten, die er sich verwehrt, verübt er meist später um so gründlicher: der Dulder ist der Geduldige. In seinem Verhalten liegt noch einigermaßen offen, als naturwüchsiger Zweck, zutage, was später in der totalen, imperativischen Entsagung sich versteckt, um damit erst unwiderstehliche Gewalt anzunehmen, die der Unterjochung alles Natürlichen. Mit der Verlegung ins Subjekt, der Emanzipation vom mythisch vorgegebenen Inhalt, wird solche Unterjochung »objektiv«, dinghaft selbständig gegenüber jedem besonderen Zweck des Menschen, sie wird zum allgemeinen rationalen Gesetz. Schon in der Geduld des Odysseus, deutlich nach dem Freiermord geht die Rache in die juridische Prozedur über: gerade die endliche Erfüllung des mythischen Dranges wird zum sachlichen Instrument der Herrschaft. Recht ist die entsagende Rache. Indem jedoch solche richterliche Geduld an einem außerhalb ihrer selbst Liegenden, der Sehnsucht nach der Heimat sich bildet, gewinnt sie die Züge des Menschlichen, fast des Vertrauenden, die über die je verschobene Rache hinausweisen. In der entfalteten bürgerlichen Gesellschaft dann wird beides kassiert: mit dem Gedanken an Rache verfällt auch die Sehnsucht dem Tabu, und das eben ist die Inthronisierung der Rache, vermittelt als Rache des Selbst an sich.

Die Transformation des Opfers in Subjektivität findet im Zeichen jener List statt, die am Opfer stets schon Anteil hatte. In der Unwahrheit der List wird der im Opfer gesetzte Betrug zum Element des Charakters, zur Verstümmelung des »Verschlagenen« selber, dessen Physiognomie von den Schlägen geprägt ward, die er zur Selbsterhaltung gegen sich führte. Es drückt darin das Verhältnis von Geist und physischer Kraft sich aus. Der Träger des Geistes, der Befehlende, als welcher der listige Odysseus fast stets vorgestellt wird, ist trotz aller Berichte über seine Heldentaten jedenfalls physisch schwächer als die Gewalten der Vorzeit, mit denen er ums Leben zu ringen hat. Die Gelegenheiten, bei denen die nackte Körperstärke des Abenteurers gefeiert wird, der von den Freiern protegierte Faustkampf mit dem Bettler Iros und das Spannen des Bogens, sind sportlicher Art. Selbsterhaltung und Körperstärke sind auseinandergetreten: die athletischen Fähigkeiten des Odysseus sind die des gentleman, der, praktischer Sorgen bar, herrschaftlich-beherrscht trainieren kann. Die von der Selbsterhaltung distanzierte Kraft gerade kommt der Selbsterhaltung zugute: im Agon mit dem schwächlichen, verfressenen, undisziplinierten Bettler oder mit denen, die sorglos auf der faulen Haut liegen, tut Odysseus den Zurückgebliebenen symbolisch nochmals an, was die organisierte Grundherrschaft real ihnen längst zuvor antat, und legitimiert sich als Edelmann. Wo er jedoch auf vorweltliche Mächte trifft, die weder domestiziert noch erschlafft sind, hat er es schwerer. Niemals kann er den physischen Kampf mit den exotisch fortexistierenden mythischen Gewalten selber aufnehmen. Er muß die Opferzeremoniale, in die er immer wieder gerät, als gegeben anerkennen: zu brechen vermag er sie nicht. Statt dessen macht er sie formal zur Voraussetzung der eigenen vernünftigen Entscheidung. Diese vollzieht sich stets gleichsam innerhalb des urgeschichtlichen Urteilsspruchs, der der Opfersituation zugrundeliegt. Daß das alte Opfer selbst mittlerweile irrational ward, präsentiert sich der Klugheit des Schwächeren als Dummheit des Rituals. Es bleibt akzeptiert, sein Buchstabe wird strikt innegehalten. Aber der sinnlos gewordene Spruch widerlegt sich daran, daß seine eigene Satzung je und je Raum gewährt, ihm auszuweichen. Gerade vom naturbeherrschenden Geiste wird die Superiorität der Natur im Wettbewerb stets vindiziert. Alle bürgerliche Aufklärung ist sich einig in der Forderung nach Nüchternheit, Tatsachensinn, der rechten Einschätzung von Kräfteverhältnissen. Der Wunsch darf nicht Vater des Gedankens sein. Das rührt aber daher, daß jegliche Macht in der Klassengesellschaft ans nagende Bewußtsein von der eigenen Ohnmacht gegenüber der physischen Natur und deren gesellschaftlichen Nachfolgern, den Vielen, gebunden ist. Nur die bewußt gehandhabte Anpassung an die Natur bringt diese unter die Gewalt des physisch Schwächeren. Die Ratio, welche die Mimesis verdrängt, ist nicht bloß deren Gegenteil. Sie ist selber Mimesis: die ans Tote. Der subjektive Geist, der die Beseelung der Natur auflöst, bewältigt die entseelte nur, indem er ihre Starrheit imitiert und als animistisch sich selber auflöst. Nachahmung tritt in den Dienst der Herrschaft, indem noch der Mensch vorm Menschen zum Anthropomorphismus wird. Das Schema der odysseischen List ist Naturbeherrschung durch solche Angleichung. In der Einschätzung der Kräfteverhältnisse, welche das Überleben vorweg gleichsam vom Zugeständnis der eigenen Niederlage, virtuell vom Tode abhängig macht, ist in nuce bereits das Prinzip der bürgerlichen Desillusion gelegen, das auswendige Schema für die Verinnerlichung des Opfers, die Entsagung. Der Listige überlebt nur um den Preis seines eigenen Traums, den er abdingt, indem er wie die Gewalten draußen sich selbst entzaubert. Er eben kann nie das Ganze haben, er muß immer warten können, Geduld haben, verzichten, er darf nicht vom Lotos essen und nicht von den Rindern des heiligen Hyperion, und wenn er durch die Meerenge steuert, muß er den Verlust der Gefährten einkalkulieren, welche Szylla aus dem Schiff reißt. Er windet sich durch, das ist sein Überleben, und aller Ruhm, den er selbst und die anderen ihm dabei gewähren, bestätigt bloß, daß die Heroenwürde nur gewonnen wird, indem der Drang zum ganzen, allgemeinen, ungeteilten Glück sich demütigt.

Es ist die Formel für die List des Odysseus, daß der abgelöste, instrumentale Geist, indem er der Natur resigniert sich einschmiegt, dieser das Ihre gibt und sie eben dadurch betrügt. Die mythischen Ungetüme, in deren Machtbereich er gerät, stellen allemal gleichsam versteinerte Verträge, Rechtsansprüche aus der Vorzeit dar. So präsentiert sich zur entwickelt patriarchalen Zeit die ältere Volksreligion in ihren zerstreuten Relikten: unterm olympischen Himmel sind sie Figuren des abstrakten Schicksals, der sinnfernen Notwendigkeit geworden. Daß es unmöglich wäre, etwa eine andere Route zu wählen als die zwischen Szylla und Charybdis, mag man rationalistisch als die mythische Transformation der Übermacht der Meeresströmung über die kleinen altertümlichen Schiffe auffassen. Aber in der mythisch vergegenständlichenden Übertragung hat das Naturverhältnis von Stärke und Ohnmacht bereits den Charakter eines Rechtsverhältnisses angenommen. Szylla und Charybdis haben einen Anspruch auf das, was ihnen zwischen die Zähne kommt, so wie Kirke einen, den Ungefeiten zu verwandeln, oder Polyphem den auf die Leiber seiner Gäste. Eine jegliche der mythischen Figuren ist gehalten, immer wieder das Gleiche zu tun. Jede besteht in Wiederholung: deren Mißlingen wäre ihr Ende. Alle tragen Züge dessen, was in den Strafmythen der Unterwelt, Tantalos, Sisyphos, den Danaiden durch olympischen Richtspruch begründet wird. Sie sind Figuren des Zwanges: die Greuel, die sie begehen, sind der Fluch, der auf ihnen lastet. Mythische Unausweichlichkeit wird definiert durch die Äquivalenz zwischen jenem Fluch, der Untat, die ihn sühnt, und der aus ihr erwachsenden Schuld, die den Fluch reproduziert. Alles Recht in der bisherigen Geschichte trägt die Spur dieses Schemas. Im Mythos gilt jedes Moment des Kreislaufs das voraufgehende ab und hilft damit, den Schuldzusammenhang als Gesetz zu installieren. Dem tritt Odysseus entgegen. Das Selbst repräsentiert rationale Allgemeinheit wider die Unausweichlichkeit des Schicksals. Weil er aber Allgemeines und Unausweichliches ineinander verschränkt vorfindet, nimmt seine Rationalität notwendig beschränkende Form an, die der Ausnahme. Er muß sich den ihn einschließenden und bedrohenden Rechtsverhältnissen entziehen, die gewissermaßen einer jeglichen mythischen Figur einbeschrieben sind. Er tut der Rechtssatzung Genüge derart, daß sie die Macht über ihn verliert, indem er ihr diese Macht einräumt. Es ist unmöglich, die Sirenen zu hören und ihnen nicht zu verfallen: es läßt sich ihnen nicht trotzen. Trotz und Verblendung sind eines, und wer ihnen trotzt, ist damit eben an den Mythos verloren, dem er sich stellt. List aber ist der rational gewordene Trotz. Odysseus versucht nicht, einen andern Weg zu fahren als den an der Sireneninsel vorbei. Er versucht auch nicht, etwa auf die Überlegenheit seines Wissens zu pochen und frei den Versucherinnen zuzuhören, wähnend, seine Freiheit genüge als Schutz. Er macht sich ganz klein, das Schiff nimmt seinen vorbestimmten, fatalen Kurs, und er realisiert, daß er, wie sehr auch bewußt von Natur distanziert, als Hörender ihr verfallen bleibt. Er hält den Vertrag seiner Hörigkeit inne und zappelt noch am Mastbaum, um in die Arme der Verderberinnen zu stürzen. Aber er hat eine Lücke im Vertrag aufgespürt, durch die er bei der Erfüllung der Satzung dieser entschlüpft. Im urzeitlichen Vertrag ist nicht vorgesehen, ob der Vorbeifahrende gefesselt oder nicht gefesselt dem Lied lauscht. Fesselung gehört erst einer Stufe an, wo man den Gefangenen nicht sogleich mehr totschlägt. Odysseus erkennt die archaische Übermacht des Liedes an, indem er, technisch aufgeklärt, sich fesseln läßt. Er neigt sich dem Liede der Lust und vereitelt sie wie den Tod. Der gefesselt Hörende will zu den Sirenen wie irgendein anderer. Nur eben hat er die Veranstaltung getroffen, daß er als Verfallener ihnen nicht verfällt. Er kann mit aller Gewalt seines Wunsches, die die Gewalt der Halbgöttinnen selber reflektiert, nicht zu ihnen, denn die rudernden Gefährten mit Wachs in den Ohren sind taub nicht bloß gegen die Halbgöttinnen, sondern auch gegen den verzweifelten Schrei des Befehlshabers. Die Sirenen haben das Ihre, aber es ist in der bürgerlichen Urgeschichte schon neutralisiert zur Sehnsucht dessen, der vorüberfährt. Das Epos schweigt darüber, was den Sängerinnen widerfährt, nachdem das Schiff entschwunden ist. In der Tragödie aber müßte es ihre letzte Stunde gewesen sein, wie die der Sphinx es war, als Ödipus das Rätsel löste, ihr Gebot erfüllend und damit sie stürzend. Denn das Recht der mythischen Figuren, als das des Stärkeren, lebt bloß von der Unerfüllbarkeit ihrer Satzung. Geschieht dieser Genüge, so ist es um die Mythen bis zur fernsten Nachfolge geschehen. Seit der glücklich-mißglückten Begegnung des Odysseus mit den Sirenen sind alle Lieder erkrankt, und die gesamte abendländische Musik laboriert an dem Widersinn von Gesang in der Zivilisation, der doch zugleich wieder die bewegende Kraft aller Kunstmusik abgibt.

Mit der Auflösung des Vertrags durch dessen wörtliche Befolgung ändert sich der geschichtliche Standort der Sprache: sie beginnt in Bezeichnung überzugehen. Das mythische Schicksal, Fatum, war eins mit dem gesprochenen Wort. Der Vorstellungskreis, dem die von den mythischen Figuren unabänderlich vollstreckten Schicksalsprüche angehören, kennt noch nicht den Unterschied von Wort und Gegenstand. Das Wort soll unmittelbare Macht haben über die

Sache, Ausdruck und Intention fließen ineinander. List jedoch besteht darin, den Unterschied auszunutzen. Man klammert sich ans Wort, um die Sache zu ändern. So entspringt das Bewußtsein der Intention: in seiner Not wird Odysseus des Dualismus inne, indem er erfährt, daß das identische Wort Verschiedenes zu bedeuten vermag. Weil sich dem Namen Udeis sowohl der Held wie Niemand unterschieben läßt, vermag jener den Bann des Namens zu brechen. Die unabänderlichen Worte bleiben Formeln für den unerbittlichen Naturzusammenhang. In der Magie schon sollte ihre Starrheit der des Schicksals, das von ihr zugleich gespiegelt wurde, die Stirn bieten. Darin bereits war der Gegensatz zwischen dem Wort und dem, woran es sich anglich, beschlossen. Auf der homerischen Stufe wird er bestimmend. Odysseus entdeckt an den Worten, was in der entfalteten bürgerlichen Gesellschaft Formalismus heißt: ihre perennierende Verbindlichkeit wird damit bezahlt, daß sie sich vom je erfüllenden Inhalt distanzieren, im Abstand auf allen möglichen Inhalt sich beziehen, auf Niemand wie auf Odysseus selbst. Aus dem Formalismus der mythischen Namen und Satzungen, die gleichgültig wie Natur über Menschen und Geschichte gebieten wollen, tritt der Nominalismus hervor, der Prototyp bürgerlichen Denkens. Selbsterhaltende List lebt von jenem zwischen Wort und Sache waltenden Prozeß. Die beiden widersprechenden Akte des Odysseus in der Begegnung mit Polyphem, sein Gehorsam gegen den Namen und seine Lossage von ihm, sind doch wiederum das Gleiche. Er bekennt sich zu sich selbst, indem er sich als Niemand verleugnet, er rettet sein Leben, indem er sich verschwinden macht. Solche Anpassung ans Tote durch die Sprache enthält das Schema der modernen Mathematik.

Die List als Mittel eines Tausches, wo alles mit rechten Dingen zugeht, wo der Vertrag erfüllt wird und dennoch der Partner betrogen, weist auf einen wirtschaftlichen Typus zurück, der, wenn nicht in der mythischen Vorzeit, zumindest doch in der frühen Antike auftritt: den uralten »Gelegenheitstausch« zwischen geschlossenen Hauswirtschaften. »Überschüsse werden gelegentlich ausgetauscht, aber der Schwerpunkt der Versorgung ruht in Selbsterzeugtem.«[13] An die Verhaltensweise des Gelegenheitstauschenden ge-

13 Max Weber, *Wirtschaftsgeschichte*. München und Leipzig 1924. S. 3.

mahnt die des Abenteurers Odysseus. Noch im pathetischen Bilde des Bettlers trägt der Feudale die Züge des orientalischen Kaufmanns[14], der mit unerhörtem Reichtum zurückkehrt, weil er erstmals traditionswidrig aus dem Umkreis der Hauswirtschaft heraustritt, »sich einschifft«. Das abenteuerliche Element seiner Unternehmungen ist ökonomisch nichts anderes als der irrationale Aspekt seiner Ratio gegenüber der noch vorwaltenden traditionalistischen Wirtschaftsform. Diese Irrationalität der Ratio hat ihren Niederschlag in der List gefunden als der Angleichung der bürgerlichen Vernunft an jede Unvernunft, die ihr als noch größere Gewalt gegenübertritt. Der listige Einzelgänger ist schon der homo oeconomicus, dem einmal alle Vernünftigen gleichen: daher ist die Odyssee schon eine Robinsonade. Die beiden prototypischen Schiffbrüchigen machen aus ihrer Schwäche – der des Individuums selber, das von der Kollektivität sich scheidet – ihre gesellschaftliche Stärke. Dem Zufall des Wellengangs ausgeliefert, hilflos isoliert, diktiert ihnen ihre Isoliertheit die rücksichtslose Verfolgung des atomistischen Interesses. Sie verkörpern das Prinzip der kapitalistischen Wirtschaft*, schon ehe sie sich eines Arbeiters bedienen**; was sie aber an gerettetem Gut zur neuen Unternehmung mitbringen, verklärt die Wahrheit, daß der Unternehmer*** in die Konkurrenz von je mit mehr eingetreten ist als dem Fleiß seiner Hände. Ihre Ohnmacht der Natur gegenüber fungiert bereits als Ideologie für ihre gesellschaftliche Vormacht. Die Wehrlosigkeit des Odysseus gegenüber der Meeresbrandung klingt wie die Legitimation der Bereicherung des Reisenden am Eingeborenen. Das hat die bürgerliche Ökonomik späterhin festgehalten im Begriff des Risikos: die Möglichkeit des Untergangs soll den Profit moralisch begründen.**** Vom Standpunkt der entwickelten Tauschgesellschaft und ihrer Individuen aus sind die Abenteuer des Odysseus nichts als die Darstellung der Risiken, welche die Bahn zum Erfolg ausmachen. Odys-

[* »kapitalistischen Wirtschaft« / 1944: »Ausbeutung«.]
[** »sich ... bedienen« / 1944: »einen zum Ausbeuten haben«.]
[*** »Unternehmer« / 1944: »Kapitalist«.]
[**** »Profit ... begründen.« / 1944: »Raub moralisch begründen, den die Privilegierten einstreichen.«]

14 Victor Bérard hat mit besonderem Nachdruck, freilich nicht ohne einige apokryphe Konstruktion, das semitische Element der Odyssee hervorgehoben. Vgl. das Kapitel ›Les Phéniciens et l'Odyssée‹ in der *Résurrection d'Homère*. Paris 1930. S. 111 ff.

seus lebt nach dem Urprinzip, das einmal die bürgerliche Gesellschaft konstituierte. Man hatte die Wahl, zu betrügen oder unterzugehen. Betrug war das Mal der Ratio, an dem ihre Partikularität sich verriet. Daher gehört zur universalen Vergesellschaftung, wie sie der Weltreisende Odysseus und der Solofabrikant Robinson entwerfen, ursprünglich schon die absolute Einsamkeit, die am Ende der bürgerlichen Ära offenbar wird. Radikale Vergesellschaftung heißt radikale Entfremdung. Odysseus und Robinson haben es beide mit der Totalität zu tun: jener durchmißt, dieser erschafft sie. Beide vollbringen es nur vollkommen abgetrennt von allen anderen Menschen. Diese begegnen beiden bloß in entfremdeter Gestalt, als Feinde oder als Stützpunkte, stets als Instrumente, Dinge.

Eines der ersten Abenteuer des eigentlichen Nostos* freilich greift weit dahinter zurück, weit selbst hinters barbarische Zeitalter von Dämonenfratzen und Zaubergöttern. Es handelt sich um die Erzählung von den Lotophagen, den Lotosessern. Wer von ihrer Speise genießt, ist verfallen wie der den Sirenen Lauschende oder der vom Stab der Kirke Berührte. Aber dem Erliegenden soll nichts Übles bereitet sein: »Doch von den Lotophagen geschah nichts Leides den Männern / Unserer Schar.«[15] Nur Vergessen soll ihm drohen und das Aufgeben des Willens. Der Fluch verdammt zu nichts anderem als zum Urstand ohne Arbeit und Kampf in der »fruchtbaren Flur«[16]: »Wer des Lotos Gewächs nun kostete, süßer als Honig, / Nicht an Verkündigung weiter gedachte der, noch an Zurückkunft; / Sondern sie trachteten dort in der Lotophagen Gesellschaft, / Lotos pflückend zu bleiben und abzusagen der Heimat.«[17] Solche Idylle, die doch ans Glück der Rauschgifte mahnt, mit deren Hilfe in verhärteten Gesellschaftsordnungen unterworfene Schichten Unerträgliches zu ertragen fähig gemacht wurden, kann die selbsterhaltende Vernunft bei den Ihren nicht zugeben. Jene ist in der Tat der bloße Schein von Glück, dumpfes Hinvegetieren, dürftig wie das Dasein der Tiere. Im besten Falle wäre es die Absenz des Bewußtseins von Unglück. Glück aber enthält Wahrheit in sich. Es ist

[* Griech.: Fahrt, Heimkehr.]
15 *Odyssee.* IX, 92f.
16 A.a.O. XXIII, 311.
17 A.a.O. IX, 94ff.

wesentlich ein Resultat. Es entfaltet sich am aufgehobenen Leid. So ist der Dulder im Recht, den es bei den Lotophagen nicht duldet. Gegen diese vertritt er ihre eigene Sache, die Verwirklichung der Utopie, durch geschichtliche Arbeit, während das einfache Verweilen im Bild der Seligkeit ihr die Kraft entzieht. Indem aber Rationalität, Odysseus, dies Recht wahrnimmt, tritt sie zwangshaft in den Zusammenhang des Unrechts ein. Als unmittelbares erfolgt sein eigenes Handeln zugunsten der Herrschaft. Dies Glück »an den Rändern der Welt«[18] kann selbsterhaltende Vernunft so wenig zugeben wie das gefährlichere aus späteren Phasen. Die Faulen werden aufgescheucht und auf die Galeeren transportiert: »Aber ich führt' an die Schiffe die Weinenden wieder mit Zwang hin, / Zog sie in räumige Schiff' und band sie unter den Bänken.«[19] Lotos ist eine orientalische Speise. Heute noch spielen die fein geschnittenen Scheibchen ihre Rolle in der chinesischen und indischen Küche. Vielleicht ist die Versuchung, die ihr zugeschrieben wird, keine andere als die der Regression auf die Phase des Sammelns von Früchten der Erde[20] wie des Meeres, älter als Ackerbau, Viehzucht und selbst Jagd, kurz als jede Produktion. Kaum ist es Zufall, daß die Epopöe die Vorstellung des Schlaraffenlebens an das Essen von Blumen heftet, wären es auch solche, denen heute nichts davon mehr angemerkt werden kann. Das Essen von Blumen, wie es noch beim Nachtisch des nahen Ostens gebräuchlich, europäischen Kindern vom Backen mit Rosenwasser, von den kandierten Veilchen bekannt ist, verheißt einen Zustand, in dem die Reproduktion des Lebens von der bewußten Selbsterhaltung, die Seligkeit des Satten von der Nützlichkeit planvoller Ernährung unabhängig ist. Die Erinnerung des fernsten und ältesten Glücks, die dem Geruchssinn aufblitzt, verschränkt sich noch mit der äußersten Nähe des Einverleibens. Sie weist auf die Urgeschichte zurück. Gleichgültig, welche Fülle der Qual den Menschen in ihr widerfuhr, sie vermögen doch kein Glück

18 Jacob Burckhardt, *Griechische Kulturgeschichte*. Stuttgart o. J. Band III. S. 95.
19 *Odyssee*. IX, 98f.
20 In der indischen Mythologie ist Lotos die Erdgöttin. (Vgl. Heinrich Zimmer, *Maja*. Stuttgart und Berlin 1936. S. 105f.) Wenn ein Zusammenhang mit der mythischen Überlieferung besteht, auf der der alte homerische Nostos sich erhebt, so wäre auch die Begegnung mit den Lotophagen als eine Station in der Auseinandersetzung mit den chthonischen Mächten zu bestimmen.

zu denken, das nicht vom Bilde jener Urgeschichte zehrte: »Also steuerten wir fürder hinweg, schwermütigen Herzens.«[21]
Die nächste Gestalt, zu der Odysseus verschlagen wird – verschlagen werden und verschlagen sein sind bei Homer Äquivalente –, der Kyklop Polyphem, trägt sein eines rädergroßes Auge als Spur der gleichen Vorwelt: das eine Auge mahnt an Nase und Mund, primitiver als die Symmetrie der Augen und Ohren[22], welche in der Einheit zweier zur Deckung gelangender Wahrnehmungen Identifikation, Tiefe, Gegenständlichkeit überhaupt erst bewirkt. Aber er repräsentiert dennoch den Lotophagen gegenüber ein späteres, das eigentlich barbarische Weltalter als eines von Jägern und Hirten. Die Bestimmung der Barbarei fällt für Homer zusammen mit der, daß kein systematischer Ackerbau betrieben werde und darum noch keine systematische, über die Zeit disponierende Organisation von Arbeit und Gesellschaft erreicht sei. Er nennt die Kyklopen »ungesetzliche Frevler«[23], weil sie, und darin liegt etwas wie ein geheimes Schuldbekenntnis der Zivilisation selber, »der Macht unsterblicher Götter vertrauend, / Nirgend baun mit Händen, zu Pflanzungen oder zu Feldfrucht; / Sondern ohn' Anpflanzer und Ackerer steigt das Gewächs auf, / Weizen sowohl und Gerst', als edele Reben, belastet / Mit großtraubigem Wein, und Kronions Regen ernährt ihn.«[24] Die Fülle bedarf des Gesetzes nicht, und fast klingt die zivilisatorische Anklage der Anarchie wie eine Denunziation der Fülle: »Dort ist weder Gesetz, noch Ratsversammlung des Volkes, / Sondern all' umwohnen die Felsenhöhn der Gebirge, / Rings in gewölbeten Grotten; und jeglicher richtet nach Willkür / Weiber und Kinder allein; und niemand achtet des andern.«[25] Es ist eine bereits patriarchale Sippengesellschaft, basierend auf der Unterdrückung der physisch Schwächeren, aber noch nicht organisiert nach dem Maße des festen Eigentums und seiner Hierarchie, und es ist die Unverbundenheit der in der Höhle Hausenden, die den Mangel an objektivem Gesetz und damit den homerischen Vorwurf der wech-

21 *Odyssee.* IX, 105.
22 Wilamowitz zufolge sind die Kyklopen »eigentlich Tiere«. (*Glaube der Hellenen.* Band I. S. 14.)
23 *Odyssee.* IX, 106.
24 A. a. O. 107ff.
25 A. a. O. 112ff.

selseitigen Nichtachtung, des wilden Zustands, eigentlich begründet. Dabei dementiert an einer späteren Stelle die pragmatische Treue des Erzählers sein zivilisiertes Urteil: auf den Schreckensruf des Geblendeten kommt seine Sippe trotz jener Nichtachtung herbei, ihm zu helfen, und nur der Namenstrick des Odysseus hält die Törichten davon ab, ihresgleichen beizustehen[26]. Dummheit und Gesetzlosigkeit erscheinen als die gleiche Bestimmung: wenn Homer den Kyklopen das »gesetzlos denkende Scheusal«[27] nennt, so heißt das nicht bloß, daß er in seinem Denken die Gesetze der Gesittung nicht respektiert, sondern auch daß sein Denken selber gesetzlos, unsystematisch, rhapsodisch sei, wie er denn die bürgerliche Denkaufgabe, auf welche Weise seine ungebetenen Gäste aus der Höhle zu entkommen vermögen, indem sie sich nämlich am Bauch der Schafe festhalten, anstatt auf ihnen zu reiten, nicht zu lösen vermag, auch des sophistischen Doppelsinns im falschen Namen des Odysseus nicht innewird. Polyphem, der der Macht der Unsterblichen vertraut, ist freilich ein Menschenfresser, und dem entspricht, daß er trotz jenes Vertrauens den Göttern die Verehrung weigert: »Thöricht bist du, o Fremdling, wo nicht von ferne du herkamst« – in späteren Zeiten hat man den Toren und den Fremdling weniger gewissenhaft unterschieden und die Unkenntnis des Gebrauchs gleich aller Fremdheit unvermittelt als Torheit gestempelt –, »Der du die Götter zu scheun mich ermahnst und die Rache der Götter! / Nichts ja gilt den Kyklopen der Donnerer Zeus Kronion, / Noch die seligen Götter, denn weit vortrefflicher sind wir!«[28] »Vortrefflicher«, höhnt der berichtende Odysseus. Gemeint aber war wohl: älter; die Macht des solaren Systems wird anerkannt, aber etwa so wie ein Feudaler die des bürgerlichen Reichtums anerkennt, während er stillschweigend sich als den Vornehmeren fühlt, ohne zu erkennen, daß das Unrecht, das ihm angetan ward, vom Schlage des Unrechts ist, das er selber vertritt. Der nahe Meergott Poseidon, der Vater des Polyphem und der Feind des Odysseus, ist älter als der universale, distanzierte Himmelsgott Zeus, und es wird gleichsam auf dem Rücken des Subjekts die Fehde zwischen der elementa-

26 Vgl. a. a. O. 403 ff.
27 A. a. O. 428.
28 A. a. O. 273 ff.

rischen Volksreligion und der logozentrischen Gesetzesreligion ausgetragen. Der gesetzlose Polyphem aber ist nicht einfach der Bösewicht, zu dem ihn die Tabus der Zivilisation machen, wie sie ihn in der Fabelwelt der aufgeklärten Kindheit zum Riesen Goliath stellen. In dem armen Bereich, in dem seine Selbsterhaltung Ordnung und Gewohnheit angenommen hat, gebricht es ihm nicht an Versöhnendem. Wenn er die Säuglinge seiner Schafe und Ziegen ihnen ans Euter legt, so schließt die praktische Handlung die Sorge für die Kreatur selber ein, und die berühmte Rede des Geblendeten an den Leithammel, den er seinen Freund nennt und befragt, warum er diesmal als letzter die Höhle verlasse, und ob ihn etwa das Mißgeschick seines Herrn jammere, ist von einer Gewalt der Rührung, wie sie nur an der höchsten Stelle der Odyssee, beim Wiedererkennen des Heimkehrenden durch den alten Hund Argos, noch einmal erreicht wird, trotz der abscheulichen Roheit, mit der die Rede endet. Noch hat das Verhalten des Riesen sich nicht zum Charakter objektiviert. Auf die Ansprache des flehenden Odysseus antwortet er nicht einfach mit dem Ausdruck des wilden Hasses, sondern nur mit der Weigerung des Gesetzes, das ihn noch nicht recht erfaßt hat: er will des Odysseus und der Gefährten nicht schonen: »wo nicht mein Herz mir gebietet«[29], und ob er wirklich, wie der berichtende Odysseus behauptet, arglistig redet, steht dahin. Aufschneiderisch und verzückt verspricht der Berauschte dem Odysseus Gastgeschenke[30], und erst die Vorstellung des Odysseus als Niemand bringt ihn auf den bösen Gedanken, das Gastgeschenk abzugelten, indem er den Anführer als letzten frißt – darum vielleicht, weil dieser sich Niemand genannt hat und also für den schwachen Witz des Kyklopen nicht als existent zählt.[31] Die physische Roheit des Überkräftigen ist sein allemal umspringendes Vertrauen. Daher wird die Erfüllung der mythischen Satzung, stets Unrecht gegen den Gerichteten, zum Unrecht auch gegen die rechtsetzende Naturgewalt. Polyphem und die anderen Ungetüme, denen Odysseus ein Schnippchen schlägt, sind schon Modelle der prozessierenden dummen

29 A. a. O. 278.
30 Vgl. a. a. O. 355 ff.
31 »Endlich könnte die häufige Läppischkeit des Dementen im Lichte eines totgeborenen Humors erscheinen.« (Klages a. a. O. S. 1469.)

Teufel des christlichen Zeitalters bis hinauf zu Shylock und Mephistopheles. Die Dummheit des Riesen, Substanz seiner barbarischen Roheit, solange es ihm gut geht, repräsentiert das Bessere, sobald sie gestürzt wird von dem, der es besser wissen müßte. Odysseus schmiegt dem Vertrauen Polyphems sich ein und damit dem von ihm vertretenen Beuterecht aufs Menschenfleisch, nach jenem Schema der List, das mit der Erfüllung der Satzung diese sprengt: »Nimm, o Kyklop, und trink'; auf Menschenfleisch ist der Wein gut, / Daß du lernst, wie köstlich den Trunk hier hegte das Meerschiff, / Welches uns trug«[32], empfiehlt der Kulturträger.

Die Angleichung der Ratio an ihr Gegenteil, einen Bewußtseinsstand, dem noch keine feste Identität sich auskristallisiert hat – der tolpatschige Riese vertritt ihn –, vollendet sich aber in der List des Namens. Sie gehört weitverbreiteter Folklore an. Im Griechischen handelt es sich um ein Wortspiel; in dem einen festgehaltenen Wort treten Namen – Odysseus – und Intention – Niemand – auseinander. Modernen Ohren noch klingt Odysseus und Udeis ähnlich, und man mag sich wohl vorstellen, daß in einem der Dialekte, in denen die Geschichte von der Heimkehr nach Ithaka überliefert war, der Name des Inselkönigs in der Tat dem des Niemand gleichlautete. Die Berechnung, daß nach geschehener Tat Polyphem auf die Frage seiner Sippe nach dem Schuldigen mit Niemand antworte und so die Tat verbergen und den Schuldigen der Verfolgung entziehen helfe, wirkt als dünne rationalistische Hülle. In Wahrheit verleugnet das Subjekt Odysseus die eigene Identität, die es zum Subjekt macht, und erhält sich am Leben durch die Mimikry ans Amorphe. Er nennt sich Niemand, weil Polyphem kein Selbst ist, und die Verwirrung von Name und Sache verwehrt es dem betrogenen Barbaren, der Schlinge sich zu entziehen: sein Ruf als der nach Vergeltung bleibt magisch gebunden an den Namen dessen, an dem er sich rächen will, und dieser Name verurteilt den Ruf zur Ohnmacht. Denn indem Odysseus dem Namen die Intention einlegt, hat er ihn dem magischen Bereich entzogen. Seine Selbstbehauptung aber ist wie in der ganzen Epopöe, wie in aller Zivilisation, Selbstverleugnung. Damit gerät das Selbst in eben den zwangshaf-

32 *Odyssee*, a. a. O. 347f.

ten Zirkel des Naturzusammenhanges, dem es durch Angleichung zu entrinnen trachtet. Der um seiner selbst willen Niemand sich nennt und die Anähnelung an den Naturstand als Mittel zur Naturbeherrschung manipuliert, verfällt der Hybris. Der listige Odysseus kann nicht anders: auf der Flucht, noch im Bannkreis der schleudernden Hände des Riesen, verhöhnt er ihn nicht bloß, sondern offenbart ihm seinen wahren Namen und seine Herkunft, als hätte über ihn, den allemal eben gerade Entronnenen, die Vorwelt noch solche Macht, daß er, einmal Niemand geheißen, fürchten müßte, Niemand wieder zu werden, wenn er nicht die eigene Identität vermöge des magischen Wortes wiederherstellt, das von rationaler Identität gerade abgelöst ward. Die Freunde suchen ihn vor der Dummheit zu bewahren, als gescheit sich zu bekennen, aber es gelingt ihnen nicht, und mit genauer Not entgeht er den Felsblöcken, während die Nennung seines Namens wahrscheinlich den Haß des Poseidon – der kaum als allwissend vorgestellt ist – auf ihn lenkt. Die List, die darin besteht, daß der Kluge die Gestalt der Dummheit annimmt, schlägt in Dummheit um, sobald er diese Gestalt aufgibt. Das ist die Dialektik der Beredsamkeit. Von der Antike bis zum Faschismus hat man Homer das Geschwätz vorgeworfen, das der Helden sowohl wie des Erzählers. Alten und neuen Spartanern jedoch hat der Ionier prophetisch darin überlegen sich gezeigt, daß er das Verhängnis darstellte, welches die Rede des Listigen, des Mittelsmanns über diesen bringt. Die Rede, welche die physische Gewalt übervorteilt, vermag nicht innezuhalten. Ihr Fluß begleitet als Parodie den Bewußtseinsstrom, Denken selber: dessen unbeirrte Autonomie gewinnt ein Moment von Narrheit – das manische –, wenn sie durch Rede in Realität eintritt, als wären Denken und Realität gleichnamig, während doch jenes bloß durch Distanz Gewalt hat über diese. Solche Distanz ist aber zugleich Leiden. Darum ist der Gescheite – dem Sprichwort entgegen – immer in Versuchung, zuviel zu reden. Ihn bestimmt objektiv die Angst, es möchte, wenn er den hinfälligen Vorteil des Worts gegen die Gewalt nicht unablässig festhält, von dieser der Vorteil ihm wieder entzogen werden. Denn das Wort weiß sich als schwächer denn die Natur, die es betrog. Zuviel Reden läßt Gewalt und Unrecht als das eigene Prinzip durchscheinen und reizt so den, der zu fürchten ist, genau stets zur gefürchteten Handlung. Der mythische Zwang des Worts in der

Vorzeit wird perpetuiert in dem Unheil, welches das aufgeklärte Wort gegen sich selber herbeizieht. Udeis, der zwangshaft sich als Odysseus einbekennt, trägt bereits die Züge des Juden, der noch in der Todesangst auf die Überlegenheit pocht, die aus der Todesangst stammt, und die Rache am Mittelsmann steht nicht erst am Ende der bürgerlichen Gesellschaft sondern an ihrem Anfang als die negative Utopie, der jegliche Gewalt immer wieder zustrebt.

Gegenüber den Erzählungen vom Entrinnen aus dem Mythos als der Barbarei des Menschenfressers weist die Zaubergeschichte von der Kirke wieder auf die eigentlich magische Stufe. Magie desintegriert das Selbst, das ihr wieder verfällt und damit in eine ältere biologische Gattung zurückgestoßen wird. Die Gewalt seiner Auflösung ist abermals eine des Vergessens. Sie ergreift mit der festen Ordnung der Zeit den festen Willen des Subjekts, der an jener Ordnung sich ausrichtet. Kirke verführt die Männer, dem Trieb sich zu überlassen, und von jeher hat man die Tiergestalt der Verführten damit in Zusammenhang gebracht und Kirke zum Prototyp der Hetäre gemacht, motiviert wohl durch die Verse des Hermes, die ihr als Selbstverständlichkeit die erotische Initiative zuschieben: »Sieh, die Erschrockene, wird jetzt nötigen, daß du dich lagerst. / Dann nicht länger hinfort dich gesträubt vor dem Lager der Göttin.«[33] Die Signatur der Kirke ist Zweideutigkeit, wie sie denn in der Handlung nacheinander als Verderberin und Helferin auftritt; Zweideutigkeit wird selbst von ihrem Stammbaum ausgedrückt: sie ist die Tochter des Helios und die Enkelin des Okeanos.[34] Ungeschieden sind in ihr die Elemente Feuer und Wasser, und es ist diese Ungeschiedenheit als Gegensatz zum Primat eines bestimmten Aspekts der Natur – sei's des mütterlichen, sei's des patriarchalen –, welche das Wesen von Promiskuität, das Hetärische ausmacht, widerscheinend noch im Blick der Dirne, dem feuchten Reflex des Gestirns.[35] Die Hetäre gewährt Glück und zerstört die Autonomie des Beglückten, das ist ihre Zweideutigkeit. Aber sie vernichtet ihn nicht notwendig: sie

33 A. a. O. X, 296/7.

34 Vgl. a. a. O. 138f. Vgl. auch F. C. Bauer, *Symbolik und Mythologie.* Stuttgart 1824. Band I. S. 47.

35 Vgl. Baudelaire, ›Le vin du solitaire‹, *Les fleurs du mal.*

hält eine ältere Form von Leben fest.[36] Gleich den Lotophagen tut Kirke ihren Gästen nichts Tödliches an, und noch jene, die ihr zu wilden Tieren wurden, sind friedlich: »Rings auch waren umher Bergwölf' und mähnige Löwen, / Welche sie selbst umschuf, da schädliche Säfte sie darbot. / Doch nicht stürzeten jen' auf die Männer sich, sondern wie schmeichelnd / Standen mit langem Schwanze die rings anwedelnden aufrecht. / So wie wohl Haushunde den Herrn, der vom Schmause zurückkehrt, / Wedelnd umstehn, weil immer erfreuliche Bissen er mitbringt, / So umringten sie dort starkklauige Wölf' und Löwen / Wedelnd.«[37] Die bezauberten Menschen verhalten sich ähnlich wie die wilden Tiere, die dem Spiel des Orpheus lauschen. Das mythische Gebot, dem sie verfallen, entbindet zugleich die Freiheit eben der unterdrückten Natur in ihnen. Was in ihrem Rückfall auf den Mythos widerrufen wird, ist selber Mythos. Die Unterdrückung des Triebs, die sie zum Selbst macht und vom Tier trennt, war die Introversion der Unterdrükkung im hoffnungslos geschlossenen Kreislauf der Natur, auf den, einer älteren Auffassung zufolge, der Name Kirke anspielt. Der gewalttätige Zauber dagegen, der an die idealisierte Urgeschichte sie gemahnt, bewirkt mit der Tierheit, wie die Idylle der Lotophagen, den wie sehr auch selber befangenen Schein der Versöhnung. Weil jedoch sie einmal schon Menschen gewesen sind, weiß die zivilisatorische Epopöe was ihnen widerfuhr nicht anders denn als unheilvollen Sturz darzustellen, und kaum ist an der homerischen Darstellung die Spur der Lust selber noch zu gewahren. Sie wird um so nachdrücklicher getilgt, je zivilisierter die Opfer selber sind.[38] Die Gefährten des Odysseus werden nicht wie frühere Gäste zu heiligen Geschöpfen der Wildnis, sondern zu unreinen Haustieren, zu Schweinen. Vielleicht spielt in der Geschichte von der Kirke das Gedächtnis an den chthonischen Kult der Demeter herein, der das Schwein heilig war.[39] Vielleicht ist es aber auch der Gedanke an die menschenähnliche Anatomie des Schweins und an seine Nacktheit,

36 Vgl. J. A. K. Thomson, *Studies in the Odyssey.* Oxford 1914. S. 153.

37 *Odyssee*, a. a. O. 212 ff.

38 Murray handelt von den »sexual expurgations«, denen die homerischen Gedichte bei der Redaktion unterworfen worden seien. (Vgl. a. a. O. S. 141 ff.)

39 »Schweine sind die Opfertiere Demeters allgemein.« (Wilamowitz-Moellendorff, *Der Glaube der Hellenen.* Band II. S. 53.)

der das Motiv erklärt: als läge bei den Ioniern über der Vermischung mit dem Ähnlichen das gleiche Tabu, das bei den Juden sich erhielt. Man mag endlich an das Verbot des Kannibalismus denken, da, wie bei Juvenal, immer wieder der Geschmack von Menschenfleisch als dem der Schweine ähnlich beschrieben wird. Jedenfalls hat späterhin alle Zivilisation mit Vorliebe diejenigen Schweine genannt, deren Trieb auf andere Lust sich besinnt als die von der Gesellschaft für ihre Zwecke sanktionierte. Zauber und Gegenzauber bei der Verwandlung der Gefährten sind an Kraut und Wein gebunden, Rausch und Erwachen ans Riechen als den immer mehr unterdrückten und verdrängten Sinn, der wie dem Geschlecht so dem Eingedenken der Vorzeit am nächsten liegt.[40] Im Bilde des Schweins aber ist jenes Glück des Geruchs entstellt schon zum unfreien Schnüffeln[41] dessen, der die Nase am Boden hat und des aufrechten Ganges sich begibt. Es ist, als wiederhole die zaubernde Hetäre in dem Ritual, dem sie die Männer unterwirft, nochmals jene, dem die patriarchale Gesellschaft sie selber immer aufs neue unterwirft. Gleich ihr sind unterm Druck der Zivilisation Frauen vorab geneigt, das zivilisatorische Urteil über die Frau sich zu eigen zu machen und den Sexus zu diffamieren. In der Auseinandersetzung von Aufklärung und Mythos, deren Spuren die Epopöe aufbewahrt, ist die mächtige Verführerin zugleich schon schwach, obsolet, angreifbar und bedarf der hörigen Tiere als ihrer Eskorte.[42] Als Repräsentantin der Natur ist die Frau in der bürgerlichen Gesellschaft zum Rätselbild von Unwiderstehlichkeit[43] und Ohnmacht geworden. So spiegelt sie der Herrschaft die eitle Lüge wider, die anstelle der Versöhnung der Natur deren Überwindung setzt.

Die Ehe ist der mittlere Weg der Gesellschaft, damit sich abzufin-

40 Vgl. Freud, ›Das Unbehagen in der Kultur‹, in: *Gesammelte Werke*, Band XIV. Frankfurt am Main [4]1968. S. 459 Fußnote.

41 In einer Anmerkung von Wilamowitz wird überraschend auf den Zusammenhang zwischen dem Begriff des Schnüffelns und dem des noos, der autonomen Vernunft hingewiesen: »Schwyzer hat ganz überzeugend noos mit Schnauben und Schnüffeln zusammengebracht.« (Wilamowitz-Moellendorff, *Die Heimkehr des Odysseus.* S. 191.) Wilamowitz bestreitet freilich, daß die etymologische Verwandtschaft etwas für die Bedeutung ergebe.

42 Vgl. *Odyssee.* X, 434.

43 Das Bewußtsein der Unwiderstehlichkeit hat sich später im Kultus der Aphrodite Peithon ausgedrückt, »deren Zauber keine Ablehnung duldet«. (Wilamowitz-Moellendorff, *Der Glaube der Hellenen.* Band II. S. 152.)

den: die Frau bleibt die Ohnmächtige, indem ihr die Macht nur vermittelt durch den Mann zufällt. Etwas davon zeichnet sich in der Niederlage der hetärischen Göttin der Odyssee ab, während die ausgebildete Ehe mit Penelope, literarisch jünger, eine spätere Stufe der Objektivität patriarchaler Einrichtung repräsentiert. Mit dem Auftreten des Odysseus in Äa* nimmt der Doppelsinn im Verhältnis des Mannes zur Frau, Sehnsucht und Gebot, bereits die Form eines durch Verträge geschützten Tausches an. Entsagung ist dafür die Voraussetzung. Odysseus widersteht dem Zauber der Kirke. Darum wird ihm gerade zuteil, was ihr Zauber nur trugvoll denen verheißt, die ihr nicht widerstehen. Odysseus schläft mit ihr. Zuvor aber verhält er sie zum großen Eide der Seligen, zum olympischen. Der Eid soll den Mann vor der Verstümmelung schützen, der Rache fürs Verbot der Promiskuität und für die männliche Herrschaft, die ihrerseits als permanenter Triebverzicht die Selbstverstümmelung des Mannes symbolisch noch vollzieht. Dem, der ihr widerstand, dem Herrn, dem Selbst, dem Kirke um seiner Unverwandelbarkeit willen vorwirft, er trüge »im Busen ein Herz von unreizbarem Starrsinn«[44], will Kirke zu Willen sein: »Auf denn, stecke das Schwert in die Scheide dir; laß dann zugleich uns / Unsere Lager besteigen, damit wir, beide vereinigt / Hier durch Lager und Liebe, Vertraun zu einander gewinnen.«[45] Auf die Lust, die sie gewährt, setzt sie den Preis, daß die Lust verschmäht wurde; die letzte Hetäre bewährt sich als erster weiblicher Charakter. Beim Übergang von der Sage zur Geschichte leistet sie einen entscheidenden Beitrag zur bürgerlichen Kälte. Ihr Verhalten praktiziert das Liebesverbot, das späterhin um so mächtiger sich durchgesetzt hat, je mehr Liebe als Ideologie über den Haß der Konkurrenten betrügen mußte. In der Welt des Tausches hat der Unrecht, der mehr gibt; der Liebende aber ist allemal der mehr Liebende. Während das Opfer, das er bringt, glorifiziert wird, wacht man eifersüchtig darüber, daß dem Liebenden das Opfer nicht erspart bleibe. Gerade in der Liebe selber wird der Liebende ins Unrecht gesetzt und bestraft. Die Unfähigkeit zur Herrschaft über sich und andere, die seine Liebe be-

[* Insel der Kirke; alter Name von Kolchis.]
44 *Odyssee.* X, 329.
45 A. a. O. 333 ff.

zeugt, ist Grund genug, ihm die Erfüllung zu verweigern. Mit der Gesellschaft reproduziert sich erweitert die Einsamkeit. Noch in den zartesten Verzweigungen des Gefühls setzt der Mechanismus sich durch, bis Liebe selber, um überhaupt noch zum andern finden zu können, so sehr zur Kälte getrieben wird, daß sie über der eigenen Verwirklichung zerfällt. – Die Kraft Kirkes, welche die Männer als Hörige sich unterwirft, geht über in ihre Hörigkeit dem gegenüber, der als Entsagender ihr die Unterwerfung aufkündigte. Der Einfluß auf Natur, den der Dichter der Göttin Kirke zuschreibt, schrumpft zusammen zur priesterlichen Weissagung und gar zur klugen Voraussicht in kommende nautische Schwierigkeiten. Das lebt fort in der Fratze der weiblichen Klugheit. Die Prophezeiungen der depotenzierten Zauberin über Sirenen, Szylla und Charybdis kommen am Ende doch wieder nur der männlichen Selbsterhaltung zugute.

Wie teuer jedoch die Herstellung geordneter Generationsverhältnisse zu stehen kam, davon verraten einiges nur die dunklen Verse, die das Verhalten der Freunde beschreiben, die Kirke im Auftrag ihres Vertragsherrn zurückverwandelt. Erst heißt es: »Männer wurden sie schnell und jüngere, denn sie gewesen, / Auch weit schönerer Bildung und weit erhabneren Ansehns.«[46] Aber die also Bestätigten und in ihrer Männlichkeit Bestärkten sind nicht glücklich: »Alle durchdrang Wehmut, süßschmerzende, daß die Behausung / Rings von Klagen erscholl.«[47] So mag das älteste Hochzeitslied geklungen haben, die Begleitung zum Mahle, das die rudimentäre Ehe zelebriert, die ein Jahr währt. Die eigentliche mit Penelope hat mit jener mehr gemeinsam, als sich vermuten ließe. Dirne und Ehefrau sind die Komplemente der weiblichen Selbstentfremdung in der patriarchalen Welt: die Ehefrau verrät Lust an die feste Ordnung von Leben und Besitz, während die Dirne, was die Besitzrechte der Gattin unbesetzt lassen, als deren geheime Bundesgenossin nochmals dem Besitzverhältnis unterstellt und Lust verkauft. Kirke wie Kalypso, die Buhlerinnen, werden, mythischen Schicksalsmächten[48] wie bürgerlichen Hausfrauen gleich, schon als emsige Weberinnen

46 A. a. O. 395 f.
47 A. a. O. 398 f.
48 Vgl. Bauer a. a. O. und S. 49.

eingeführt, während Penelope wie eine Dirne den Heimgekehrten mißtrauisch abschätzt, ob er nicht wirklich nur ein alter Bettler oder gar ein abenteuernder Gott sei. Die vielgerühmte Wiedererkennungsszene mit Odysseus freilich ist wahrhaft patrizischer Art: »Lange verstummt saß jene, denn ganz nahm Staunen ihr Herz ein. / Bald nun fand sie ihn ähnlich, genau anschauend das Antlitz, / Bald mißkannte sie wieder, da schlechte Gewand' ihn umhüllet.«[49] Keine spontane Regung kommt auf, sie will nur keinen Fehler begehen, kann es sich auch unterm Druck der auf ihr lastenden Ordnung kaum gestatten. Der junge Telemachos, der sich noch nicht recht seiner zukünftigen Stellung angepaßt hat, ärgert sich darüber, fühlt sich aber doch schon Manns genug, die Mutter zurechtzuweisen. Der Vorwurf des Starrsinns und der Härte, den er gegen sie erhebt, ist genau der gleiche, den Kirke zuvor gegen Odysseus vorbrachte. Macht die Hetäre die patriarchale Wertordnung sich zu eigen, so ist die monogame Gattin selbst damit nicht zufrieden und ruht nicht, bis sie sich dem männlichen Charakter selber gleichgemacht hat. So verständigen sich die Verheirateten. Der Test, dem sie den Heimkehrenden unterzieht, hat zum Inhalt die unverrückbare Stellung des Ehebetts, das der Gatte in seiner Jugend um einen Ölbaum zimmerte, Symbol der Einheit von Geschlecht und Besitz. Mit rührender Schlauheit redet sie, als könne dies Bett von seiner Stelle bewegt werden, und »unmutsvoll« antwortet ihr der Gemahl mit der umständlichen Erzählung von seiner dauerhaften Bastelei: als prototypischer Bürger hat er in seiner Smartheit ein hobby. Es besteht in der Wiederholung handwerklicher Arbeit, von der er im Rahmen der differenzierten Eigentumsverhältnisse notwendig längst ausgenommen ist. Er erfreut sich ihrer, weil die Freiheit, das ihm Überflüssige zu tun, ihm die Verfügungsgewalt über jene bestätigt, die solche Arbeiten verrichten müssen, wenn sie leben wollen. Daran erkennt ihn die sinnige Penelopeia und schmeichelt ihm mit dem Lob seines exzeptionellen Verstandes. An die Schmeichelei aber, in der schon etwas vom Hohn steckt, fügen in jäher Zäsur, durchbrechend, die Worte sich an, die den Grund für alles Leiden der Gatten im Neid der Götter auf jenes Glück suchen, das nur von Ehe ver-

49 A. a. O. XXIII, 93 ff.

bürgt wird, den »bestätigten Gedanken der Dauer«[50]: »Die Ewigen gaben uns Elend / Welche zu groß es geachtet, daß wir beisammen in Eintracht / Uns der Jugend erfreuten und sanft annahten dem Alter.«[51] Ehe heißt nicht bloß die vergeltende Ordnung des Lebendigen, sondern auch: solidarisch, gemeinsam dem Tod standhalten. Versöhnung wächst in ihr um Unterwerfung, wie in der Geschichte bisher stets das Humane gerade und allein am Barbarischen gedeiht, das von Humanität verhüllt wird. Dingt der Vertrag zwischen den Gatten mühsam nur eben uralte Feindschaft ab, so verschwinden doch dann die friedlich Alternden im Bild von Philemon und Baucis, wie der Rauch des Opferaltars sich verwandelt in den heilsamen des Herds. Wohl gehört die Ehe zum Urgestein des Mythos auf dem Grunde von Zivilisation. Aber ihre mythische Härte und Festigkeit entragt dem Mythos wie das kleine Inselreich dem unendlichen Meer.

Die äußerste Station der eigentlichen Irrfahrt ist keine solche Zufluchtsstätte. Es ist der Hades. Die Bilder, die der Abenteurer in der ersten Nekyia* anschaut, sind vorweg jene matriarchalen[52], welche die Lichtreligion verbannt: nach der eigenen Mutter, der gegenüber Odysseus zur patriarchalen zweckvollen Härte sich zwingt[53], die uralten Heldinnen. Jedoch das Bild der Mutter ist ohnmächtig, blind und sprachlos[54], ein Wahngebild gleichwie die epische Erzählung in den Momenten, in denen sie die Sprache ans Bild preisgibt. Es bedarf des geopferten Bluts als Unterpfandes lebendiger Erinnerung, um dem Bilde die Sprache zu verleihen, durch die es, wie immer auch vergeblich und ephemer, der mythischen Stummheit sich entringt. Erst indem Subjektivität in der Erkenntnis der Nichtigkeit der Bilder ihrer selbst mächtig wird, gewinnt sie

[* Griech.: Totenopfer; Titel des elften Buches der *Odyssee*.]

50 Goethe, *Wilhelm Meisters Lehrjahre*. Jubiläumsausgabe. Stuttgart und Berlin o. J. Band I. 16. Kapitel. S. 70.

51 *Odyssee*. XXIII, 210 ff.

52 Vgl. Thomson a. a. O. S. 28

53 »Diese schaut' ich, Thränen im Blick, und bedauerte herzlich; / Dennoch verwehrt' ich auch ihr, ob zwar voll inniger Wehmut, / Näher dem Blute zu gehn, bevor ich Teiresias fragte.« (*Odyssee*. XI, 87 ff.)

54 »Dort erblick' ich die Seele der abgeschiedenen Mutter; / Doch wie sprachlos sitzt sie am Blut, und den eigenen Sohn nicht / Achtet sie anzuschaun, noch irgend ein Wort zu reden. / Sprich, wie beginn' ich, Herrscher, daß jen' als solchen mich kenne?« (A. a. O. 141 ff.)

Anteil an der Hoffnung, welche die Bilder vergeblich bloß versprechen. Das gelobte Land des Odysseus ist nicht das archaische Bilderreich. Alle die Bilder geben ihm endlich als Schatten in der Totenwelt ihr wahres Wesen frei, den Schein. Er wird ihrer ledig, nachdem er einmal als Tote sie erkannt und mit der herrischen Geste der Selbsterhaltung vom Opfer fortgewiesen hat, das er nur denen zukommen läßt, die ihm Wissen gewähren, dienstbar seinem Leben, darin die Gewalt des Mythos nur noch als Imagination, in Geist versetzt, sich behauptet. Das Totenreich, wo die depotenzierten Mythen sich versammeln, ist der Heimat am fernsten. Nur in der äußersten Ferne kommuniziert es mit ihr. Folgt man Kirchhoff in der Annahme, daß der Besuch des Odysseus in der Unterwelt zur ältesten, eigentlich sagenhaften Schicht des Epos gehört[55], so ist es diese älteste Schicht zugleich, in welcher ein Zug – so wie in der Überlieferung von den Unterweltsfahrten des Orpheus und des Herakles – über den Mythos am entschiedensten hinausgeht, wie denn das Motiv der Sprengung der Höllenpforten, der Abschaffung des Todes die innerste Zelle jeglichen antimythologischen Gedankens ausmacht. Dies Antimythologische ist enthalten in der Weissagung des Teiresias von der möglichen Versöhnung des Poseidon. Odysseus soll ein Ruder über der Schulter tragend wandern und wandern, bis er zu Menschen gelangt, »welche das Meer nicht / Kennen und nimmer mit Salz gewürzete Speise genießen«[56]. Wenn ihm ein Wanderer begegnet und ihm sagt, er trüge eine Wurfschaufel über der Schulter, so sei der rechte Ort erreicht, um dem Poseidon das versöhnende Opfer zu bringen. Der Kern der Weissagung ist das Verkennen des Ruders als Schaufel. Es muß dem Ionier als bezwingend komisch erschienen sein. Diese Komik aber, von der die Versöhnung abhängig gemacht wird, kann nicht Menschen zubestimmt sein, sondern dem zürnenden Poseidon.[57] Das Mißverständnis soll

55 »Ich kann daher nicht umhin, das Ganze des elften Buches mit Ausnahme einiger Stellen ... für ein nur in der Lage verschobenes Bruchstück des alten Nostos und somit des ältesten Theiles der Dichtung zu halten.« (Kirchhoff, *Die homerische Odyssee*. Berlin 1879. S. 226.)
»Whatever else is original in the myth of Odysseus, the Visit to Death is.« (Thomson a. a. O. S. 95.)

56 *Odyssee*. XI, 122f.

57 Er war ursprünglich »Gatte der Erde« (vgl. Wilamowitz, *Glaube der Hellenen*. Band I. S. 112ff.) und ist erst spät zum Meergott geworden. Die Prophezeiung des

den grimmigen Elementargott zum Lachen bringen, auf daß in seinem Gelächter der Zorn sich löse. Das wäre ein Analogon zum Rate der Nachbarin bei Grimm, wie eine Mutter den Wechselbalg loswerden könne: »Sie sollte den Wechselbalg in die Küche tragen, auf den Herd setzen, Feuer anmachen und in zwei Eierschalen Wasser kochen: das bringe den Wechselbalg zum Lachen, und wenn er lache, dann sei es aus mit ihm.«[58] Ist Lachen bis heute* das Zeichen der Gewalt, der Ausbruch blinder, verstockter Natur, so hat es doch das entgegengesetzte Element in sich, daß mit Lachen die blinde Natur ihrer selbst als solcher gerade innewerde und damit der zerstörenden Gewalt sich begebe. Dieser Doppelsinn des Lachens steht dem des Namens nahe, und vielleicht sind die Namen nichts als versteinerte Gelächter, so wie heute noch die Spitznamen, die einzigen, in denen etwas vom ursprünglichen Akt der Namengebung fortlebt. Lachen ist der Schuld der Subjektivität verschworen, aber in der Suspension des Rechts, die es anmeldet, deutet es auch über die Verstricktheit hinaus. Es verspricht den Weg in die Heimat. Heimweh ist es, das die Abenteuer entbindet, durch welche Subjektivität, deren Urgeschichte die Odyssee gibt, der Vorwelt entrinnt. Daß der Begriff der Heimat dem Mythos entgegensteht, den die Faschisten zur Heimat umlügen möchten, darin ist die innerste Paradoxie der Epopöe beschlossen. Es schlägt sich darin die Erinnerung an Geschichte nieder, welche Seßhaftigkeit, die Voraussetzung aller Heimat, aufs nomadische Zeitalter folgen ließ. Wenn die feste Ordnung des Eigentums, die mit der Seßhaftigkeit gegeben ist, die Entfremdung der Menschen begründet, in der alles Heimweh und

[* »bis heute« / 1944: »die Klassengeschichte hindurch«.]

Teiresias mag auf sein Doppelwesen anspielen. Denkbar wäre, daß seine Versöhnung durch ein Erdopfer, weit weg von allem Meer, auf der symbolischen Restauration seiner chthonischen Macht beruht. Diese Restauration mag die Ablösung der Beutefahrt zur See durch den Ackerbau ausdrücken: die Kulte des Poseidon und der Demeter gingen ineinander über. (Vgl. Thomson a. a. O. S. 96. Fußnote.)

58 Brüder Grimm, *Kinder- und Hausmärchen.* Leipzig o. J. S. 208. Nahe verwandte Motive sind aus der Antike überliefert, und zwar gerade von der Demeter. Als diese »auf der Suche nach ihrer geraubten Tochter nach Eleusis« gekommen war, fand sie »Aufnahme bei Dysaules und seiner Frau Baubo, verweigerte aber in ihrer tiefen Trauer, Speise und Trank zu berühren. Da brachte sie die Wirtin Baubo zum Lachen, indem sie plötzlich ihr Kleid aufhob und ihren Leib enthüllte.« (Freud, *Gesammelte Werke.* Band X. S. 399. Vgl. Salomon Reinach, *Cultes, Mythes et Religions.* Paris 1912. Band IV. S. 115 ff.)

alle Sehnsucht nach dem verlorenen Urzustand entspringt, dann ist es doch zugleich Seßhaftigkeit und festes Eigentum, an dem allein der Begriff von Heimat sich bildet, auf den alle Sehnsucht und alles Heimweh sich richtet. Die Definition des Novalis, derzufolge alle Philosophie Heimweh sei, behält recht nur, wenn dies Heimweh nicht im Phantasma eines verlorenen Ältesten aufgeht, sondern die Heimat, Natur selber als das dem Mythos erst Abgezwungene vorstellt. Heimat ist das Entronnensein. Darum ist der Vorwurf, die homerischen Sagen seien jene, »die der Erde sich entfernen«, eine Bürgschaft ihrer Wahrheit. »Sie kehren zu der Menschheit sich.«[59] Die Versetzung der Mythen in den Roman, wie sie in der Abenteuererzählung sich vollzieht, verfälscht nicht sowohl jene, als daß sie den Mythos mitreißt in die Zeit, den Abgrund aufdeckend, der ihn von Heimat und Versöhnung trennt. Furchtbar ist die Rache, die Zivilisation an der Vorwelt übt, und in ihr, wie sie bei Homer das gräßlichste Dokument im Bericht von der Verstümmelung des Ziegenhirten Melanthios gefunden hat, gleicht sie der Vorwelt selber. Wodurch sie jener entragt, ist nicht der Inhalt der berichteten Taten. Es ist die Selbstbesinnung, welche Gewalt innehalten läßt im Augenblick der Erzählung. Rede selber, die Sprache in ihrem Gegensatz zum mythischen Gesang, die Möglichkeit, das geschehene Unheil erinnernd festzuhalten, ist das Gesetz des homerischen Entrinnens. Nicht umsonst wird der entrinnende Held als Erzählender immer wieder eingeführt. Die kalte Distanz der Erzählung, die noch das Grauenhafte vorträgt, als wäre es zur Unterhaltung bestimmt, läßt zugleich das Grauen erst hervortreten, das im Liede zum Schicksal feierlich sich verwirrt. Das Innehalten in der Rede aber ist die Zäsur, die Verwandlung des Berichteten in längst Vergangenes, kraft deren der Schein von Freiheit aufblitzt, den Zivilisation seitdem nicht mehr ganz ausgelöscht hat. Im XXII. Gesang der Odyssee wird die Strafe beschrieben, die der Sohn des Inselkönigs an den treulosen Mägden, den ins Hetärentum Zurückgefallenen, vollstrecken läßt. Mit ungerührter Gelassenheit, unmenschlich wie nur die impassibilité der größten Erzähler des neunzehnten Jahrhunderts, wird das Los der Gehenkten dargestellt und ausdruckslos

59 Hölderlin, ›Der Herbst‹ a. a. O. S. 1066.

dem Tod von Vögeln in der Schlinge verglichen, mit jenem Schweigen, dessen Erstarrung der wahre Rest aller Rede ist. Daran schließt sich der Vers, der berichtet, die aneinander Gereihten »zappelten dann mit den Füßen ein weniges, aber nicht lange«[60]. Die Genauigkeit des Beschreibers, die schon die Kälte von Anatomie und Vivisektion ausstrahlt[61], führt romanmäßig Protokoll über die Zuckung der Unterworfenen, die im Zeichen von Recht und Gesetz in jenes Reich hinabgestoßen werden, aus dem der Richter Odysseus entkam. Als Bürger, der der Hinrichtung nachsinnt, tröstet Homer sich und die Zuhörer, die eigentlich Leser sind, mit der gesicherten Feststellung, daß es nicht lange währte, ein Augenblick und alles war vorüber.[62] Aber nach dem »Nicht lange« steht der innere Fluß der Erzählung still. Nicht lange? fragt die Geste des Erzählers und straft seine Gelassenheit Lügen. Indem sie den Bericht aufhält, verwehrt sie es, die Gerichteten zu vergessen, und deckt die unnennbare ewige Qual der einen Sekunde auf, in der die Mägde mit dem Tod kämpfen. Als Echo bleibt vom »Nicht lange« nichts zurück als das Quo usque tandem, das die späteren Rhetoren nichtsahnend entweihten, indem sie die Geduld sich selber zusprachen. Hoffnung aber knüpft sich im Bericht von der Untat daran, daß es schon lange her ist. Für die Verstrickung von Urzeit, Barbarei und Kultur hat Homer die tröstende Hand im Eingedenken von Es war einmal. Erst als Roman geht das Epos ins Märchen über.

60 *Odyssee.* XXII, 473.
61 Wilamowitz meint, das Strafgericht sei »vom Dichter mit Behagen ausgeführt«. (*Die Heimkehr des Odysseus* a. a. O. S. 67.) Wenn freilich der autoritäre Philologe sich dafür begeistert, das Gleichnis des Dohnenstiegs gebe »trefflich und... modern wieder, wie die Leichen der gehenkten Mägde baumeln« (a. a. O., vgl. auch a. a. O. S. 76), so scheint das Behagen zum guten Teil sein eigenes. Die Schriften von Wilamowitz gehören zu den eindringlichsten Dokumenten der deutschen Verschränkung von Barbarei und Kultur. Sie liegt auf dem Grunde des neueren Philhellenismus.
62 Auf die tröstende Intention des Verses macht Gilbert Murray aufmerksam. Seiner Theorie zufolge sind in Homer durch zivilisatorische Zensur Folterszenen getilgt. Stehen geblieben seien der Tod des Melanthios und der Mägde. (A. a. O. S. 146.)

EXKURS II:
Juliette oder Aufklärung und Moral

Aufklärung ist in Kants Worten »der Ausgang des Menschen aus seiner selbstverschuldeten Unmündigkeit. Unmündigkeit ist das Unvermögen, sich seines Verstandes ohne Leitung eines anderen zu bedienen.«[1] »Verstand ohne Leitung eines anderen« ist von Vernunft geleiteter Verstand. Das heißt nichts anderes, als daß er vermöge der eigenen Konsequenz die einzelnen Erkenntnisse zum System zusammenfügt. »Die Vernunft hat … nur den Verstand und dessen zweckmäßige Anstellung zum Gegenstand.«[2] Sie setzt »eine gewisse kollektive Einheit zum Ziel der Verstandeshandlungen«[3], und diese ist das System. Ihre Vorschriften sind die Anweisungen zum hierarchischen Aufbau der Begriffe. Bei Kant nicht anders als bei Leibniz und Descartes besteht die Rationalität darin, »daß man sowohl im Aufsteigen zu höheren Gattungen, als im Herabsteigen zu niederen Arten, den systematischen Zusammenhang vollende«[4]. Das »Systematische« der Erkenntnis ist »der Zusammenhang derselben aus einem Prinzip«[5]. Denken ist im Sinn der Aufklärung die Herstellung von einheitlicher, wissenschaftlicher Ordnung und die Ableitung von Tatsachenerkenntnis aus Prinzipien, mögen diese als willkürlich gesetzte Axiome, eingeborene Ideen oder höchste Abstraktionen gedeutet werden. Die logischen Gesetze stellen die allgemeinsten Beziehungen innerhalb der Ordnung her, sie definieren sie. Die Einheit liegt in der Einstimmigkeit. Der Satz vom Widerspruch ist das System in nuce. Erkenntnis besteht in der Subsumtion unter Prinzipien. Sie ist eins mit dem Urteil, das dem System eingliedert. Anderes Denken als solches, das aufs System sich richtet,

1 Kant, ›Beantwortung der Frage: Was ist Aufklärung?‹, Kants *Werke*. Akademie-Ausgabe. Band VIII. S. 35.
2 *Kritik der reinen Vernunft* a. a. O. Band III. (2. Aufl.) S. 427.
3 A. a. O.
4 A. a. O. S. 435 f.
5 A. a. O. S. 428.

ist direktionslos oder autoritär. Nichts wird von der Vernunft beigetragen als die Idee systematischer Einheit, die formalen Elemente festen begrifflichen Zusammenhangs. Jedes inhaltliche Ziel, auf das die Menschen sich berufen mögen, als sei es eine Einsicht der Vernunft, ist nach dem strengen Sinn der Aufklärung Wahn, Lüge, »Rationalisierung«, mögen die einzelnen Philosophen sich auch die größte Mühe geben, von dieser Konsequenz hinweg aufs menschenfreundliche Gefühl zu lenken. Die Vernunft ist »ein Vermögen … das Besondere aus dem Allgemeinen abzuleiten«[6]. Die Homogenität des Allgemeinen und Besonderen wird nach Kant durch den »Schematismus des reinen Verstandes« garantiert. So heißt das unbewußte Wirken des intellektuellen Mechanismus, der die Wahrnehmung schon dem Verstand entsprechend strukturiert. Der Verstand prägt die Verständlichkeit der Sache, die das subjektive Urteil an ihr findet, ihr als objektive Qualität schon auf, ehe sie ins Ich noch eintritt. Ohne solchen Schematismus, kurz ohne Intellektualität der Wahrnehmung, paßte kein Eindruck zum Begriff, keine Kategorie zum Exemplar, es herrschte nicht einmal die Einheit des Denkens, geschweige des Systems, auf die doch alles abzielt. Diese herzustellen ist die bewußte Aufgabe der Wissenschaft. Wenn »alle empirischen Gesetze … nur besondere Bestimmungen der reinen Gesetze des Verstandes«[7] sind, muß die Forschung stets darauf achten, daß die Prinzipien mit den Tatsachenurteilen richtig verbunden bleiben. »Diese Zusammenstimmung der Natur zu unserem Erkenntnisvermögen wird von der Urteilskraft … a priori vorausgesetzt.«[8] Sie ist der »Leitfaden«[9] für die organisierte Erfahrung.

Das System muß in Harmonie mit der Natur gehalten werden; wie die Tatsachen aus ihm vorhergesagt werden, müssen sie es bestätigen. Tatsachen aber gehören der Praxis an; sie bezeichnen überall den Kontakt des einzelnen Subjekts mit der Natur als gesellschaftlichem Objekt: Erfahren ist allemal reales Handeln und Leiden. In der Physik zwar ist die Wahrnehmung, durch die eine Theorie sich prüfen läßt, gewöhnlich auf den elektrischen Funken reduziert, der

6 A.a.O. S.429.
7 A.a.O. Band IV. (1. Aufl.) S.93.
8 *Kritik der Urteilskraft* a.a.O. Band V. S.185.
9 A.a.O.

in der experimentellen Apparatur aufleuchtet. Sein Ausbleiben ist in der Regel ohne praktische Konsequenz, es zerstört allein eine Theorie oder allenfalls die Karriere des Assistenten, dem die Versuchsanordnung oblag. Die Bedingungen des Laboratoriums aber sind die Ausnahme. Denken, das System und Anschauung nicht in Einklang hält, verstößt gegen mehr als gegen isolierte Gesichtseindrücke, es kommt mit der realen Praxis in Konflikt. Nicht allein bleibt das erwartete Ereignis aus, sondern das unerwartete geschieht: die Brücke stürzt, die Saat verkümmert, die Medizin macht krank. Der Funke, der am prägnantesten den Mangel an systematischem Denken, den Verstoß gegen die Logik anzeigt, ist keine flüchtige Wahrnehmung, sondern der plötzliche Tod. Das System, das der Aufklärung im Sinne liegt, ist die Gestalt der Erkenntnis, die mit den Tatsachen am besten fertig wird, das Subjekt am wirksamsten bei der Naturbeherrschung unterstützt. Seine Prinzipien sind die der Selbsterhaltung. Unmündigkeit erweist sich als das Unvermögen, sich selbst zu erhalten. Der Bürger in den sukzessiven Gestalten des Sklavenhalters, freien Unternehmers, Administrators, ist das logische Subjekt der Aufklärung.

Die Schwierigkeiten im Begriff der Vernunft, die daraus hervorgehen, daß ihre Subjekte, die Träger ein und derselben Vernunft, in realen Gegensätzen stehen, sind in der westlichen Aufklärung hinter der scheinbaren Klarheit ihrer Urteile versteckt. In der *Kritik der reinen Vernunft* dagegen kommen sie im unklaren Verhältnis des transzendentalen zum empirischen Ich und den anderen unversöhnten Widersprüchen zum Ausdruck. Kants Begriffe sind doppelsinnig. Vernunft als das transzendentale überindividuelle Ich enthält die Idee eines freien Zusammenlebens der Menschen, in dem sie zum allgemeinen Subjekt sich organisieren und den Widerstreit zwischen der reinen und empirischen Vernunft in der bewußten Solidarität des Ganzen aufheben. Es stellt die Idee der wahren Allgemeinheit dar, die Utopie. Zugleich jedoch bildet Vernunft die Instanz des kalkulierenden Denkens, das die Welt für die Zwecke der Selbsterhaltung zurichtet und keine anderen Funktionen kennt als die der Präparierung des Gegenstandes aus bloßem Sinnenmaterial zum Material der Unterjochung. Die wahre Natur des Schematismus, der Allgemeines und Besonderes, Begriff und Einzelfall von außen aufeinander abstimmt, erweist sich schließlich in der aktuellen Wissenschaft als das Interesse der Industriegesellschaft. Das Sein wird unter dem Aspekt der Verarbeitung und Verwaltung angeschaut. Alles wird zum wiederholbaren, ersetzbaren Prozeß, zum bloßen Beispiel für die begrifflichen Modelle des Systems, auch der einzelne Mensch, vom Tier zu schweigen. Dem Konflikt zwischen der administrativen, verdinglichenden Wissenschaft, zwischen dem öffentlichen Geist und der Erfahrung des Einzelnen ist durch die Umstände vorgebeugt. Die Sinne sind vom Begriffsapparat je schon bestimmt, bevor die Wahrnehmung erfolgt, der Bürger sieht a priori die Welt als den Stoff, aus dem er sie sich herstellt. Kant hat intuitiv vorweggenommen, was erst Hollywood bewußt verwirklichte: die Bilder werden schon bei ihrer eigenen Produktion nach den Standards des Verstandes vorzensiert, dem gemäß sie nachher angesehen werden sollen. Die Wahrnehmung, durch die das öffentliche Urteil sich bestätigt findet, war von ihm schon zugerichtet, ehe sie noch aufkam. Blickte die geheime Utopie im Begriff der Vernunft durch die zufälligen Unterschiede der Subjekte auf ihr verdrängtes identisches Interesse hin, so ebnet die Vernunft, wie sie im Zug der Zwecke bloß als systematische Wissenschaft funktioniert, mit den Unterschieden gerade das identische Interesse ein. Sie läßt keine andere Bestimmung gelten als die Klassifikationen des gesellschaftlichen Betriebs. Keiner ist anders, als wozu er geworden ist: ein brauchbares, erfolgreiches, gescheitertes Mitglied von Berufs- und nationalen Gruppen. Er ist der beliebige Repräsentant seines geographischen, psychologischen, soziologischen Typs. Die Logik ist demokratisch, in ihr haben die Großen vor den Kleinen dabei nichts voraus. Jene gehören zu den Prominenten wie diese zu den prospektiven Gegenständen der Wohlfahrtspflege. Wissenschaft im allgemeinen verhält sich zur Natur und zu den Menschen nicht anders als die Versicherungswissenschaft im besonderen zu Leben und Tod. Wer stirbt, ist gleichgültig, es kommt aufs Verhältnis der Vorfälle zu den Verpflichtungen der Kompanie an. Das Gesetz der großen Zahl, nicht die Einzelheit kehrt in der Formel wieder. Die Übereinstimmung des Allgemeinen und Besonderen ist in einem Intellekt auch nicht mehr verborgen enthalten, der das Besondere je nur als Fall des Allgemeinen wahrnimmt und das Allgemeine nur als die Seite des Besonderen, bei der es sich fassen und handhaben läßt. Wissenschaft selbst hat kein Bewußtsein von sich, sie ist ein Werkzeug. Aufklärung aber ist die Philosophie, die Wahrheit mit wissenschaftlichem System gleichsetzt. Der Versuch, diese Identität zu begründen, den Kant noch aus philosophischer Absicht unternahm, führte zu Begriffen, die wissenschaftlich keinen Sinn ergeben, weil sie nicht bloße Anweisungen zu Manipulationen gemäß den Spielregeln sind. Der Begriff des Sichselbstverstehens der Wissenschaft widerstreitet dem Begriff der Wissenschaft selbst. Kants Werk transzendiert Erfahrung als bloßes Operieren, weshalb es von der Aufklärung heute nach seinen eigenen Prinzipien als dogmatisch verleugnet wird. Mit der von Kant als Resultat vollzogenen Bestätigung des wissenschaftlichen Systems als Gestalt der Wahrheit besiegelt der Gedanke seine eigene Nichtigkeit, denn Wissenschaft ist technische Übung, von Reflexion auf ihr eigenes Ziel so weit entfernt wie andere Arbeitsarten unter dem Druck des Systems.

Die Morallehren der Aufklärung zeugen von dem hoffnungslosen Streben, an Stelle der geschwächten Religion einen intellektuellen Grund dafür zu finden, in der Gesellschaft auszuhalten, wenn das Interesse versagt. Die Philosophen paktieren als echte Bürger in der Praxis mit den Mächten, die nach ihrer Theorie verurteilt sind. Die Theorien sind konsequent und hart, die Morallehren propagandistisch und sentimental, auch wo sie rigoristisch klingen, oder sie sind Gewaltstreiche aus dem Bewußtsein der Unableitbarkeit eben der Moral wie Kants Rekurs auf die sittlichen Kräfte als Tatsache. Sein Unterfangen, die Pflicht der gegenseitigen Achtung, wenn auch noch vorsichtiger als die ganze westliche Philosophie, aus einem Gesetz der Vernunft abzuleiten, findet keine Stütze in der Kritik. Es ist der übliche Versuch des bürgerlichen Denkens, die Rücksicht, ohne welche Zivilisation nicht existieren kann, anders zu begründen als durch materielles Interesse und Gewalt, sublim und paradox wie keiner vorher, und ephemer wie sie alle. Der Bürger, der aus dem kantischen Motiv der Achtung vor der bloßen Form des Gesetzes allein einen Gewinn sich entgehen ließe, wäre nicht aufgeklärt, sondern abergläubisch – ein Narr. Die Wurzel des kantischen Optimismus, nach dem moralisches Handeln auch dort vernünftig sei, wo das niederträchtige gute Aussicht habe, ist das Entsetzen vor dem Rückfall in die Barbarei. Sollte, schreibt Kant im Anschluß an Haller[10], eine dieser großen sittlichen Kräfte, Wechselliebe und

10 *Metaphysische Anfänge der Tugendlehre* a. a. O. Band VI. S. 449.

Achtung, sinken, »so würde dann das Nichts (der Immoralität) mit aufgesperrtem Schlund der (moralischen) Wesen ganzes Reich wie einen Tropfen Wasser trinken«. Aber die sittlichen Kräfte sind ja Kant zufolge vor der wissenschaftlichen Vernunft nicht weniger neutrale Triebe und Verhaltensweisen als die unsittlichen, in die sie auch sogleich umschlagen, wenn sie anstatt auf jene verborgene Möglichkeit auf die Versöhnung mit der Macht gerichtet sind. Aufklärung verweist den Unterschied aus der Theorie. Sie betrachtet die Leidenschaften »ac si quaestio de lineis, planis aut de corporibus esset«[11]. Die totalitäre Ordnung hat damit ganz Ernst gemacht. Von der Kontrolle durch die eigene Klasse befreit, die den Geschäftsmann des neunzehnten Jahrhunderts bei der kantischen Achtung und Wechselliebe hielt, braucht der Faschismus, der* seinen Völkern die moralischen Gefühle durch eiserne Disziplin erspart, keine Disziplin mehr zu wahren. Entgegen dem kategorischen Imperativ und in desto tieferem Einklang mit der reinen Vernunft behandelt er die Menschen als Dinge, Zentren von Verhaltensweisen. Gegen den Ozean der offenen Gewalt, der in Europa wirklich hereingebrochen ist, hatten die Herrschenden die bürgerliche Welt nur so lange abdämmen wollen, als die ökonomische Konzentration noch nicht genügend fortgeschritten war. Vorher waren nur die Armen und die Wilden den entfesselten kapitalistischen Elementen ausgesetzt. Die totalitäre Ordnung aber setzt kalkulierendes Denken ganz in seine Rechte ein und hält sich an die Wissenschaft als solche. Ihr Kanon ist die eigene blutige Leistungsfähigkeit**. Die Hand der Philosophie hatte es an die Wand geschrieben, von Kants *Kritik* bis zu Nietzsches *Genealogie der Moral*; ein einziger hat es bis in die Einzelheiten durchgeführt. Das Werk des Marquis de Sade zeigt den »Verstand ohne Leitung eines anderen«, das heißt, das von Bevormundung befreite bürgerliche Subjekt.

Selbsterhaltung ist das konstitutive Prinzip der Wissenschaft, die Seele der Kategorientafel, auch wenn sie idealistisch deduziert werden soll wie bei Kant. Selbst das Ich, die synthetische Einheit der Apperzeption, die Instanz, die Kant den höchsten Punkt nennt, an

[* »der Faschismus, der« / 1944: »das Monopol, das«.]
[** »Leistungsfähigkeit« / 1944: »efficiency«.]
11 Spinoza, *Ethica*, Pars III. Praefatio.

dem man die ganze Logik aufhängen müsse[12], ist in Wahrheit das Produkt sowohl wie die Bedingung der materiellen Existenz. Die Individuen, die selbst für sich zu sorgen haben, entwickeln das Ich als die Instanz des reflektierenden Vor- und Überblicks, es erweitert sich und schrumpft mit den Aussichten wirtschaftlicher Selbständigkeit und produktiven Eigentums durch die Reihe der Generationen hindurch. Schließlich geht es von den enteigneten Bürgern auf die totalitären Trustherrn über, deren Wissenschaft ganz zum Inbegriff von Reproduktionsmethoden der unterworfenen Massengesellschaft geworden ist. Sade hat ihrem Sinn fürs Planen ein frühes Denkmal gesetzt. Die Verschwörung der Machthaber gegen die Völker mittels ihrer unentwegten Organisation liegt dem aufgeklärten Geist seit Machiavelli und Hobbes so nahe wie die bürgerliche Republik. Feind ist er der Autorität nur dann, wenn sie nicht die Kraft hat, sich Gehorsam zu erzwingen, der Gewalt, die kein Faktum ist. Solange man davon absieht, wer Vernunft anwendet, hat sie nicht mehr Affinität zur Gewalt als zur Vermittlung, je nach der Lage von Individuum und Gruppen läßt sie Frieden oder Krieg, Toleranz oder Repression als das Gegebene erscheinen. Da sie inhaltliche Ziele als Macht der Natur über den Geist, als Beeinträchtigung ihrer Selbstgesetzgebung entlarvt, steht sie, formal wie sie ist, jedem natürlichen Interesse zur Verfügung. Das Denken wird völlig zum Organ, es ist in Natur zurückversetzt. Für die Herrschenden aber werden die Menschen zum Material wie die gesamte Natur für die Gesellschaft. Nach dem kurzen Zwischenspiel des Liberalismus, in dem die Bürger sich gegenseitig in Schach hielten, offenbart sich die Herrschaft als archaischer Schrecken in faschistisch rationalisierter Gestalt.* »Man muß also«, sagt der Fürst von Francavilla in einer Gesellschaft beim König Ferdinand von Neapel, »die religiösen Schimären durch den äußersten Terror ersetzen; man befreie das Volk von der Furcht vor der zukünftigen Hölle, so wird es sogleich, nachdem sie zerstört ist, allem sich hingeben; aber man ersetze diese schimärische Furcht durch Strafgesetze von gewaltiger Strenge, die freilich nur es selber treffen, denn es allein stiftet die Unruhe im

[* »offenbart … Gestalt.« / 1944: »wächst das Monopol in faschistisch rationalisierter Gestalt über sich hinaus.«]

12 *Kritik der reinen Vernunft* a. a. O. Band III. (2. Aufl.) S. 109.

Staat: allein in der untersten Klasse werden die Unzufriedenen geboren. Was kümmert den Reichen die Vorstellung eines Zügels, den er niemals an sich selbst verspürt, wenn er mit diesem leeren Schein das Recht erhält, nun seinerseits alle jene auszupressen, die unter seinem Joch leben? Ihr werdet keinen in jener Klasse finden, der nicht erlaubte, daß man den dichtesten Schatten der Tyrannei auf ihn lege, solange sie in Wirklichkeit auf den anderen liegt.«[13] Vernunft ist das Organ der Kalkulation, des Plans, gegen Ziele ist sie neutral, ihr Element ist die Koordination. Was Kant transzendental begründet hat, die Affinität von Erkenntnis und Plan, die der noch in den Atempausen durchrationalisierten bürgerlichen Existenz in allen Einzelheiten den Charakter unentrinnbarer Zweckmäßigkeit aufprägt, hat mehr als ein Jahrhundert vor dem Sport Sade schon empirisch ausgeführt. Die modernen Sportsriegen, deren Zusammenspiel genau geregelt ist, so daß kein Mitglied über seine Rolle einen Zweifel hegt und für jeden ein Ersatzmann bereit steht, finden in den sexuellen teams der Juliette, bei denen kein Augenblick ungenützt, keine Körperöffnung vernachlässigt, keine Funktion untätig bleibt, ihr genaues Modell. Im Sport wie in allen Zweigen der Massenkultur herrscht angespannte, zweckvolle Betriebsamkeit, ohne daß der nicht ganz eingeweihte Zuschauer den Unterschied der Kombinationen, den Sinn der Wechselfälle zu erraten vermöchte, der sich an den willkürlich gesetzten Regeln mißt. Die eigene architektonische Struktur des kantischen Systems kündigt wie die Turnerpyramiden der Sadeschen Orgien und das Prinzipienwesen der frühen bürgerlichen Logen – ihr zynisches Spiegelbild ist das strenge Reglement der Libertingesellschaft aus den *120 Journées* – die vom inhaltlichen Ziel verlassene Organisation des gesamten Lebens an. Mehr noch als auf den Genuß scheint es in solchen Veranstaltungen auf seinen geschäftigen Betrieb, die Organisation anzukommen, wie schon in anderen entmythologisierten Epochen, dem Rom der Kaiserzeit und der Renaissance wie dem Barock, das Schema der Aktivität schwerer als ihr Inhalt wog. In der Neuzeit hat Aufklärung die Ideen der Harmonie und Vollendung aus ihrer Hypostasierung im religiösen Jenseits gelöst und dem menschlichen Streben unter der Form des Systems als Kriterien gegeben. Nach-

13 *Histoire de Juliette,* Hollande 1797. Band V. S. 319 f.

dem die Utopie, die der französischen Revolution die Hoffnung verlieh, mächtig zugleich und ohnmächtig in die deutsche Musik und Philosophie eingegangen war, hat die etablierte bürgerliche Ordnung Vernunft vollends funktionalisiert. Sie ist zur zwecklosen Zweckmäßigkeit geworden, die eben deshalb sich in alle Zwecke spannen läßt. Sie ist der Plan an sich betrachtet. Der totalitäre Staat handhabt die Nationen. »Das ist's, erwiderte der Fürst«, heißt es bei Sade, »die Regierung muß selbst die Bevölkerung regeln, sie muß in ihren Händen alle Mittel haben, um sie zu vertilgen, wenn sie sie fürchtet, um sie zu vermehren, wenn sie es für nötig hält, und es darf niemals ein anderes Gleichgewicht ihrer Gerechtigkeit geben, als das ihrer Interessen oder ihrer Leidenschaften, einzig verbunden mit den Leidenschaften und Interessen derer, die, wie wir gesagt haben, von ihr so viel Machtfülle erhalten haben als notwendig ist, um die eigene zu vervielfachen.«[14] Der Fürst weist den Weg, den der Imperialismus, als die furchtbarste Gestalt der Ratio, seit je beschritten hat. »... Nehmt dem Volk, das ihr unterjochen wollt, seinen Gott und demoralisiert es; solange es keinen anderen Gott als euch anbetet, keine anderen Sitten als die euren hat, werdet ihr immer sein Herr bleiben ... laßt ihm dafür selbst die ausgedehnteste verbrecherische Fähigkeit; bestraft es niemals, als wenn seine Stacheln sich gegen euch selbst kehren.«[15]

Da die Vernunft keine inhaltlichen Ziele setzt, sind die Affekte alle gleich weit von ihr entfernt. Sie sind bloß natürlich. Das Prinzip, demzufolge die Vernunft allem Unvernünftigen bloß entgegengesetzt ist, begründet den wahren Gegensatz zwischen Aufklärung und Mythologie. Diese kennt den Geist nur als den in die Natur versenkten, als Naturmacht. Wie die Kräfte draußen sind ihr die Regungen im Inneren lebendige Mächte göttlichen oder dämonischen Ursprungs. Aufklärung dagegen nimmt Zusammenhang, Sinn, Leben ganz in die Subjektivität zurück, die sich in solcher Zurücknahme eigentlich erst konstituiert. Vernunft ist ihr das chemische Agens, das die eigene Substanz der Dinge in sich aufsaugt und in die bloße Autonomie der Vernunft selbst verflüchtigt. Um der abergläubischen Furcht vor der Natur zu entgehen, hat sie die

14 A.a.O. S. 322f.
15 A.a.O. S. 324.

objektiven Wirkungseinheiten und Gestalten ohne Rest als Verhüllungen eines chaotischen Materials bloßgestellt und dessen Einfluß auf die menschliche Instanz als Sklaverei verflucht, bis das Subjekt der Idee nach ganz zur einzigen unbeschränkten, leeren Autorität geworden war. Alle Kraft der Natur wurde zur bloßen, unterschiedslosen Resistenz für die abstrakte Macht des Subjekts. Die besondere Mythologie, mit der die westliche Aufklärung, auch als Calvinismus, aufzuräumen hatte, war die katholische Lehre vom ordo und die heidnische Volksreligion, die unter ihr noch fortwucherte. Von ihr die Menschen zu befreien, war das Ziel der bürgerlichen Philosophie. Die Befreiung aber reichte weiter, als es ihren humanen Urhebern in den Sinn kam. Die entfesselte Marktwirtschaft war zugleich die aktuelle Gestalt der Vernunft und die Macht, an der Vernunft zuschanden wurde. Die romantischen Reaktionäre sprachen nur aus, was die Bürger selbst erfuhren: daß die Freiheit in ihrer Welt zur organisierten Anarchie hintrieb. Die Kritik der katholischen Konterrevolution behielt gegen die Aufklärung recht, wie diese gegen den Katholizismus. Die Aufklärung hatte sich auf den Liberalismus festgelegt. Wenn alle Affekte einander wert sind, so scheint die Selbsterhaltung, von der die Gestalt des Systems ohnehin beherrscht ist, auch die wahrscheinlichste Maxime des Handelns abzugeben. Sie sollte in der freien Wirtschaft freigegeben werden. Die dunklen Schriftsteller der bürgerlichen Frühzeit, wie Machiavelli, Hobbes, Mandeville, die dem Egoismus des Selbst das Wort redeten, haben eben damit die Gesellschaft als das zerstörende Prinzip erkannt, die Harmonie denunziert, ehe sie von den hellen, den Klassikern, zur offiziellen Doktrin erhoben war. Jene priesen die Totalität der bürgerlichen Ordnung als das Grauen an, das am Ende beides, Allgemeines und Besonderes, Gesellschaft und Selbst verschlang. Mit der Entfaltung des Wirtschaftssystems*, in dem die Herrschaft privater Gruppen über den Wirtschaftsapparat die Menschen spaltet, erwies die von Vernunft identisch festgehaltene Selbsterhaltung, der vergegenständlichte Trieb des individuellen Bürgers sich als destruktive Naturgewalt, die von der Selbstzerstörung gar nicht mehr zu trennen war. Sie gingen trübe ineinander über. Die reine Vernunft wurde zur Unvernunft, zur fehler- und

[* »Wirtschaftssystems« / 1944: »Kapitalismus«.]

inhaltslosen Verfahrungsweise. Jene Utopie aber, die zwischen Natur und Selbst die Versöhnung ankündigte, trat mit der revolutionären Avantgarde aus ihrem Versteck in der deutschen Philosophie, irrational und vernünftig zugleich, als Idee des Vereins freier Menschen* hervor und zog alle Wut der Ratio auf sich. In der Gesellschaft wie sie ist bleibt trotz der armseligen moralistischen Versuche, die Menschlichkeit als rationalstes Mittel zu propagieren, Selbsterhaltung frei von der als Mythos denunzierten Utopie. Schlaue Selbsterhaltung bei den Oberen ist der Kampf um die faschistische Macht, und bei den Individuen die Anpassung ans Unrecht um jeden Preis. Die aufgeklärte Vernunft findet so wenig ein Maß, einen Trieb in sich selbst und gegen andere Triebe abzustufen, wie das Weltall in Sphären zu ordnen. Hierarchie in der Natur ist von ihr zu Recht als ein Reflex der mittelalterlichen Gesellschaft aufgedeckt, und die späteren Unternehmen, eine neue objektive Wertrangordnung nachzuweisen, tragen den Stempel der Lüge an der Stirn. Der Irrationalismus, wie er in solchen nichtigen Rekonstruktionen sich bekundet, ist weit davon entfernt, der industriellen Ratio** zu widerstehen. Hatte, mit Leibniz und Hegel, die große Philosophie auch in solchen subjektiven und objektiven Äußerungen, die nicht selbst schon Gedanken sind, in Gefühlen, Institutionen, Werken der Kunst, den Anspruch auf Wahrheit entdeckt, so isoliert der Irrationalismus, darin wie in anderem dem letzten Abhub der Aufklärung, dem modernen Positivismus verwandt, das Gefühl, wie Religion und Kunst, von allem was Erkenntnis heißt. Er schränkt zwar die kalte Vernunft zugunsten des unmittelbaren Lebens ein, macht es jedoch zu einem dem Gedanken bloß feindlichen Prinzip. Im Scheine solcher Feindschaft wird Gefühl und schließlich aller menschliche Ausdruck, ja Kultur überhaupt der Verantwortung vor dem Denken entzogen, verwandelt sich aber dadurch zum neutralisierten Element der allumspannenden Ratio des längst irrational gewordenen ökonomischen Systems.*** Sie hat sich seit den Anfängen auf ihre Anziehungskraft allein nicht verlas-

[* Anspielung auf die Formulierung von Marx in *Das Kapital* Bd. 1, MEW Bd. 23, Berlin 1968, S. 92.]
[** »der industriellen Ratio« / 1944: »dem Monopol und seiner Vernunft«.]
[*** »Systems.« / 1944/47: »Systems, der Ratio des Kapitals.«]

sen können und diese durch den Kultus der Gefühle ergänzt. Wo sie zu diesen aufruft, richtet sie sich gegen ihr eigenes Medium, das Denken, das ihr selbst, der sich entfremdeten Vernunft, immer auch verdächtig war. Der Überschwang der zärtlich Liebenden im Film fungiert schon als Hieb auf die ungerührte Theorie, er setzt sich fort im sentimentalen Argument gegen den Gedanken, der das Unrecht attackiert. Indem so die Gefühle zur Ideologie aufsteigen, wird die Verachtung, der sie in der Wirklichkeit unterliegen, nicht aufgehoben. Daß sie, verglichen mit der Sternenhöhe, in welche die Ideologie sie transponiert, stets als zu vulgär erscheinen, hilft noch zu ihrer Verbannung mit. Das Verdikt über die Gefühle war in der Formalisierung der Vernunft schon eingeschlossen. Noch Selbsterhaltung hat als Naturtrieb wie andere Regungen ein schlechtes Gewissen, nur die Betriebsamkeit und die Institutionen, die ihr dienen sollen, das heißt verselbständigte Vermittlung, der Apparat, die Organisation, das Systematische, genießt wie in der Erkenntnis auch in der Praxis das Ansehen, vernünftig zu sein; die Emotionen sind darin eingegliedert.

Die Aufklärung der neueren Zeit stand von Anbeginn im Zeichen der Radikalität: das unterscheidet sie von jeder früheren Stufe der Entmythologisierung. Wenn mit einer neuen Weise des gesellschaftlichen Seins eine neue Religion und Gesinnung in der Weltgeschichte Platz griff, wurden mit den alten Klassen, Stämmen und Völkern in der Regel auch die alten Götter in den Staub geworfen. Besonders aber wo ein Volk auf Grund des eigenen Schicksals, zum Beispiel die Juden, zu einer neuen Form gesellschaftlichen Lebens überging, wurden die altgeliebten Gewohnheiten, die heiligen Handlungen und Gegenstände der Verehrung in abscheuliche Untaten und Schreckgespenster verzaubert. Die Ängste und Idiosynkrasien heute, die verhöhnten und verabscheuten Charakterzüge können als Male gewaltsamer Fortschritte in der menschlichen Entwicklung entziffert werden. Vom Ekel vor den Exkrementen und dem Menschenfleisch bis zur Verachtung des Fanatismus, der Faulheit, der Armut, geistiger und materieller, führt eine Linie von Verhaltensweisen, die aus adäquaten und notwendigen in Scheußlichkeiten verwandelt wurden. Diese Linie ist die der Zerstörung und der Zivilisation zugleich. Jeder Schritt war ein Fortschritt, eine Etappe der Aufklärung. Während aber alle früheren Veränderungen, vom Präanimismus zur Magie, von der matriarchalen zur patriarchalen Kultur, vom Polytheismus der Sklavenhalter zur katholischen Hierarchie, neue, wenn auch aufgeklärte Mythologien an die Stelle der älteren setzten, den Gott der Heerscharen an Stelle der großen Mutter, die Verehrung des Lammes an Stelle des Totems, zerging vor dem Licht der aufgeklärten Vernunft jede Hingabe als mythologisch, die sich für objektiv, in der Sache begründet hielt. Alle vorgegebenen Bindungen verfielen damit dem tabuierenden Verdikt, nicht ausgenommen solche, die zur Existenz der bürgerlichen Ordnung selbst notwendig waren. Das Instrument, mit dem das Bürgertum zur Macht gekommen war, Entfesselung der Kräfte, allgemeine Freiheit, Selbstbestimmung, kurz, die Aufklärung, wandte sich gegen das Bürgertum, sobald es als System der Herrschaft zur Unterdrückung gezwungen war. Aufklärung macht ihrem Prinzip nach selbst vor dem Minimum an Glauben nicht halt, ohne das die bürgerliche Welt nicht existieren kann. Sie leistet der Herrschaft nicht die zuverlässigen Dienste, die ihr von den alten Ideologien stets erwiesen wurden. Ihre anti-autoritäre Tendenz, die, freilich bloß unterirdisch, mit jener Utopie im Vernunftbegriff kommuniziert, macht sie dem etablierten Bürgertum schließlich so feind wie der Aristokratie, mit der es sich denn auch recht bald verbündet hat. Das anti-autoritäre Prinzip muß schließlich ins eigene Gegenteil, in die Instanz gegen die Vernunft selber umschlagen: die Abschaffung alles von sich aus Verbindlichen, die es leistet, erlaubt es der Herrschaft, die ihr jeweils adäquaten Bindungen souverän zu dekretieren und zu manipulieren. Nach Bürgertugend und Menschenliebe, für die sie schon keine guten Gründe hatte, hat denn auch die Philosophie Autorität und Hierarchie als Tugenden verkündigt, als diese längst auf Grund der Aufklärung zu Lügen geworden waren. Aber auch gegen solche Perversion ihrer selbst besaß die Aufklärung kein Argument, denn die lautere Wahrheit genießt vor der Entstellung, die Rationalisierung vor der Ratio keinen Vorzug, wenn sie nicht etwa einen praktischen für sich aufzuweisen hat. Mit der Formalisierung der Vernunft wird Theorie selbst, soweit sie mehr als ein Zeichen für neutrale Verfahrungsweisen sein will, zum unverständlichen Begriff, und Denken gilt als sinnvoll nur nach Preisgabe des Sinns. Eingespannt in die herrschende Produktionsweise löst die Aufklärung, die zur Unterminierung der repressiv gewordenen Ordnung strebt, sich selber auf. In den frühen Angriffen auf Kant, den Alleszermalmer, welche die gängige Aufklärung unternahm, ist das schon ausgedrückt. Wie Kants Moralphilosophie seine aufklärerische Kritik begrenzte, um die Möglichkeit der Vernunft zu retten, so strebte umgekehrt das unreflektiert aufgeklärte Denken aus Selbsterhaltung stets danach, sich selbst in Skeptizismus aufzuheben, um für die bestehende Ordnung genügend Platz zu bekommen.

Das Werk Sades, wie dasjenige Nietzsches, bildet dagegen die intransigente Kritik der praktischen Vernunft, der gegenüber die des Alleszermalmers selbst als Revokation des eignen Denkens erscheint. Sie steigert das szientifische Prinzip ins Vernichtende. Kant hatte freilich das moralische Gesetz in mir schon so lang von jedem heteronomen Glauben gereinigt, bis der Respekt entgegen Kants Versicherungen bloß noch eine psychologische Naturtatsache war, wie der gestirnte Himmel über mir eine physikalische. »Ein Faktum der Vernunft« nennt er es selbst[16], »Un instinct général de société« hieß es bei Leibniz.[17] Tatsachen aber gelten dort nichts, wo sie nicht vorhanden sind. Sade leugnet ihr Vorkommen nicht. Justine, die gute der beiden Schwestern, ist eine Märtyrerin des Sittengesetzes. Juliette freilich zieht die Konsequenz, die das Bürgertum vermeiden wollte: sie dämonisiert den Katholizismus als jüngste Mythologie und mit ihm Zivilisation überhaupt. Die Energien, die aufs Sakrament bezogen waren, bleiben verkehrt dem Sakrileg zugewandt. Diese Verkehrung aber wird auf Gemeinschaft schlechthin übertragen. In all dem verfährt Juliette keineswegs fanatisch wie der Katholizismus mit den Inkas, sie besorgt nur aufgeklärt, geschäftig den Betrieb des Sakrilegs, das auch den Katholiken von archaischen Zeiten her noch im Blute lag. Die urgeschichtlichen Verhaltensweisen, auf welche Zivilisation ein Tabu gelegt, hatten, unter dem Stigma der Bestialität in destruktive transformiert, ein unterirdisches Dasein geführt. Juliette betätigt sie nicht mehr als natürliche, sondern als die tabuierten. Sie kompensiert das Werturteil gegen sie, das unbegründet war, weil alle Werturteile unbegründet sind, durch seinen Gegensatz. Wenn sie so die primitiven Reaktionen wiederholt, sind es darum nicht mehr die

16 *Kritik der praktischen Vernunft* a. a. O. Band V. S. 31, 47, 55 u. a. m.
17 *Nouveaux Essais sur L'Entendement Humain.* Ed. Erdmann. Berlin 1840. Buch 1. Kapitel II. § 9. S. 215.

primitiven sondern die bestialischen. Juliette, nicht unähnlich der Merteuil aus den *Liaisons Dangereuses*[18], verkörpert, psychologisch ausgedrückt, weder unsublimierte noch regredierte libido, sondern intellektuelle Freude an der Regression, amor intellectualis diaboli, die Lust, Zivilisation mit ihren eigenen Waffen zu schlagen. Sie liebt System und Konsequenz. Sie handhabt das Organ des rationalen Denkens ausgezeichnet. Was die Selbstbeherrschung angeht, verhalten sich ihre Anweisungen zu denen Kants zuweilen wie die spezielle Anwendung zum Grundsatz. »Die Tugend also«, heißt es bei diesem[19], »sofern sie auf innere Freiheit begründet ist, enthält für die Menschen auch ein bejahendes Gebot, nämlich alle seine Vermögen und Neigungen unter seine (der Vernunft) Gewalt zu bringen, mithin der Herrschaft über sich selbst, welche(s) über das Verbot, nämlich von seinen Gefühlen und Neigungen sich nicht beherrschen zu lassen, (der Pflicht der Apathie) hinzukommt: weil, ohne daß die Vernunft die Zügel der Regierung in die Hände nimmt, jene über den Menschen den Meister spielen.« Juliette doziert über die Selbstzucht des Verbrechers. »Erwägen Sie zuerst Ihren Plan einige Tage im voraus, überlegen Sie alle seine Folgen, prüfen Sie mit Aufmerksamkeit, was Ihnen dienen kann ... was Sie möglicherweise verraten könnte, und wägen Sie diese Dinge mit derselben Kaltblütigkeit ab, wie wenn Sie sicher wären, entdeckt zu werden.«[20] Das Gesicht des Mörders muß die größte Ruhe verraten. »... lassen Sie auf Ihren Zügen Ruhe und Gleichgültigkeit sich zeigen, versuchen Sie, die größtmögliche Kaltblütigkeit in dieser Lage zu erwerben ... wären Sie nicht sicher, keinerlei Gewissensbisse zu haben, und Sie werden es nur durch die Gewohnheit des Verbrechens sein, wenn, sage ich, Sie darüber nicht sehr sicher wären, würden Sie erfolglos daran arbeiten, Meister Ihres Mienenspiels zu werden ...«[21] Die Freiheit von Gewissensbissen ist vor der formalistischen Vernunft so essentiell wie die von Liebe oder Haß. Reue setzt das Vergangene, das dem Bürgertum entgegen der populären Ideologie seit je für Nichts galt, als ein Sein; sie ist der Rückfall, vor dem zu bewahren ihre einzige Rechtfertigung vor der

18 Vgl. Heinrich Manns Einleitung zur Ausgabe im Inselverlag.
19 *Metaphysische Anfänge der Tugendlehre* a.a.O. Band VI. S. 408.
20 *Juliette* a.a.O. Band IV. S. 58.
21 A.a.O. S. 60f.

bürgerlichen Praxis wäre. Spricht es doch Spinoza den Stoikern nach: »Poenitentia virtus non est, sive ex ratione non oritur, sed is, quem facti poenitet, bis miser seu impotens est.«[22] Ganz im Sinne jenes Fürsten von Francavilla fügt er freilich sogleich »terret vulgus, nisi metuat«[23] hinzu und meint daher als guter Machiavellist, daß Demut und Reue wie Furcht und Hoffnung trotz aller Vernunftwidrigkeit recht nützlich seien. »Zur Tugend wird Apathie (als Stärke betrachtet) notwendig vorausgesetzt«, sagt Kant[24], indem er, Sade nicht unähnlich, diese »moralische Apathie« von der Fühllosigkeit im Sinn der Indifferenz gegen sinnliche Reize unterscheidet. Enthusiasmus ist schlecht. Ruhe und Entschlußkraft bilden die Stärke der Tugend. »Das ist der Zustand der Gesundheit im moralischen Leben; dagegen der Affekt, selbst wenn er durch die Vorstellung des Guten aufgeregt wird, eine augenblickliche glänzende Erscheinung ist, welche Mattigkeit hinterläßt.«[25] Juliettes Freundin Clairwil stellt ganz dasselbe vom Laster fest.[26] »Meine Seele ist hart, und ich bin weit davon entfernt, Empfindsamkeit der glücklichen Apathie, der ich mich erfreue, vorzuziehen. Oh Juliette ... du täuschst dich vielleicht über die gefährliche Empfindsamkeit, auf die sich so viele Toren etwas zugute tun.« Apathie tritt an jenen Wendestellen der bürgerlichen Geschichte, auch der antiken auf, wo angesichts der übermächtigen historischen Tendenz die pauci beati der eigenen Ohnmacht gewahr werden. Sie bezeichnet den Rückzug der einzelmenschlichen Spontaneität aufs Private, das dadurch erst als die eigentlich bürgerliche Existenzform gestiftet wird. Stoa, und das ist die bürgerliche Philosophie, macht es den Privilegierten im Angesicht des Leidens der anderen leichter, der eigenen Bedrohung ins Auge zu sehen. Sie hält das Allgemeine fest, indem sie die private Existenz als Schutz vor ihm zum Prinzip erhebt. Die Privatsphäre des Bürgers* ist herabgesunkenes Kulturgut der Oberklasse.

Juliette hat die Wissenschaft zum Credo. Scheußlich ist ihr jede Verehrung, deren Rationalität nicht zu erweisen ist: der Glaube an Gott

[* »Bürgers« / 1944: »Bürgers in der Demokratie«.]

22 Spinoza, *Ethica*. Pars IV. Prop. LIV. S. 368.

23 A. a. O. Schol.

24 *Metaphysische Anfänge der Tugendlehre* a. a. O. Band VI. S. 408.

25 A. a. O. S. 409.

26 *Juliette* a. a. O. Band II. S. 114.

und seinen toten Sohn, der Gehorsam gegen die Zehn Gebote, der Vorzug des Guten vor dem Bösen, des Heils vor der Sünde. Angezogen wird sie von den Reaktionen, die von den Legenden der Zivilisation mit einem Bann belegt waren. Sie operiert mit Semantik und logischer Syntax wie der modernste Positivismus, aber nicht wie dieser Angestellte der jüngsten Administration richtet sie ihre Sprachkritik vornehmlich gegen Denken und Philosophie, sondern als Tochter der kämpfenden Aufklärung gegen die Religion. »Ein toter Gott!« sagt sie von Christus[27], »nichts ist komischer als diese zusammenhanglose Wortfolge des katholischen Wörterbuchs: Gott, will heißen ewig; Tod, will heißen nicht ewig. Idiotische Christen, was wollt ihr denn mit eurem toten Gott machen?« Die Umwandlung des ohne wissenschaftlichen Beweis Verdammten in Erstrebenswertes wie des beweislos Anerkannten in den Gegenstand des Abscheus, die Umwertung der Werte, der »Mut zum Verbotenen«[28] ohne Nietzsches verräterisches »Wohlan!«, ohne seinen biologischen Idealismus, ist ihre spezifische Leidenschaft. »Bedarf es denn der Vorwände, um ein Verbrechen zu begehen?« ruft die Fürstin Borghese, ihre gute Freundin, ganz in seinem Sinne aus.[29] Nietzsche verkündigt die Quintessenz ihrer Doktrin.[30] »Die Schwachen und Mißratnen sollen zugrunde gehen: erster Satz *unsrer* Menschenliebe. Und man soll ihnen noch dazu helfen. Was ist schädlicher als irgendein Laster – das Mitleiden der Tat mit allen Mißratnen und Schwachen – das Christentum ...«[31] Dieses, »merkwürdig daran interessiert, die Tyrannen zu meistern und sie auf Prinzipien der Brüderlichkeit zu reduzieren ... spielt dabei das Spiel des Schwachen; es vertritt ihn, es muß sprechen wie er ... Wir dürfen überzeugt sein, daß jenes Band in Wahrheit vom Schwachen, wie es auch vorgeschlagen, so in Kraft gesetzt wurde, als der Zufall ihm einmal die Gewalt des Priesters in die Hände spielte.«[32] Das trägt Noirceuil, Juliettes Mentor, zur Genealogie der Moral bei. Bösartig feiert Nietzsche die Mächtigen und

27 A. a. O. Band III. S. 282.
28 Fr. Nietzsche, *Umwertung aller Werte. Werke.* Kröner. Band VIII. S. 213.
29 *Juliette* a. a. O. Band IV. S. 204.
30 E. Dühren hat in den *Neuen Forschungen* (Berlin 1904. S. 453 ff.) auf die Verwandtschaft hingewiesen.
31 Nietzsche a. a. O. Band VIII. S. 218.
32 *Juliette* a. a. O. Band I. S. 315 f.

ihre Grausamkeit »nach außen hin, dort, wo die Fremde beginnt«, das heißt gegenüber allem, was nicht zu ihnen selbst gehört. »Sie genießen da die Freiheit von allem sozialen Zwang, sie halten sich in der Wildnis schadlos für die Spannung, welche eine lange Einschließung und Einfriedigung in den Frieden der Gemeinschaft gibt, sie treten in die Unschuld des Raubtier-Gewissens zurück, als frohlokkende Ungeheuer, welche vielleicht von einer scheußlichen Abfolge von Mord, Niederbrennung, Schändung, Folterung mit einem Übermute und seelischen Gleichgewicht davongehen, wie als ob nur ein Studentenstreich vollbracht sei, überzeugt davon, daß die Dichter für lange nun wieder etwas zu singen und zu rühmen haben ... Diese ›Kühnheit‹ vornehmer Rassen, toll, absurd, plötzlich, wie sie sich äußert, das Unberechenbare, das Unwahrscheinliche selbst ihrer Unternehmungen ... ihre Gleichgültigkeit und Verachtung gegen Sicherheit, Leib, Leben, Behagen, ihre entsetzliche Heiterkeit und Tiefe der Lust in allem Zerstören, in allen Wollüsten des Siegs und der Grausamkeit«[33], diese Kühnheit, die Nietzsche herausschreit, hat auch Juliette hingerissen. »Gefährlich leben« ist auch ihre Botschaft: »... oser tout dorénavant sans peur«[34]. Es gibt die Schwachen und die Starken, es gibt Klassen, Rassen und Nationen, welche herrschen, und es gibt die, welche unterlegen sind. »Wo ist, ich bitte Sie«, ruft Herr von Verneuil aus[35], »der Sterbliche, der dumm genug wäre, um entgegen allem Augenschein zu versichern, die Menschen würden nach Recht und Tatsache gleich geboren! Es war einem Menschenfeind wie Rousseau vorbehalten, ein solches Paradox aufzustellen, weil er, höchst schwach, wie er selbst war, die zu sich herabziehen wollte, zu denen er sich nicht erheben konnte. Aber mit welcher Stirn, frage ich Sie, könnte der vier Fuß zwei Zoll hohe Pygmäe sich dem Modell an Wuchs und Stärke vergleichen, dem die Natur die Kraft und Gestalt eines Herkules verleiht? Hieße das nicht dasselbe, wie daß die Fliege dem Elefanten gleicht? Stärke, Schönheit, Wuchs, Beredsamkeit: das waren die Tugenden, die im Beginn der Gesellschaft beim Übergang der Autorität an die Herrschenden bestim-

33 *Genealogie der Moral* a. a. O. Band VII. S. 321 ff.
34 *Juliette* a. a. O. Band I. S. 300.
35 *Histoire de Justine.* Hollande 1797. Band IV. S. 4. (Auch zitiert bei Dühren a. a. O. S. 452.)

mend waren.« – »Von der Stärke verlangen«, fährt Nietzsche fort[36], »daß sie sich *nicht* als Stärke äußere, daß sie *nicht* ein Überwältigen-Wollen, ein Niederwerfen-Wollen, ein Herrwerden-Wollen, ein Durst nach Feind und Widerstand und Triumphen sei, ist gerade so widersinnig, als von der Schwäche verlangen, daß sie sich als Stärke äußere.« – »Wie in der Tat wollen Sie«, sagt Verneuil[37], »daß der welcher von der Natur die höchste Anlage zum Verbrechen erhalten hat, sei es durch die Überlegenheit seiner Kräfte, die Feinheit seiner Organe, sei es infolge seiner standesgemäßen Erziehung oder seiner Reichtümer; wie wollen Sie, sage ich, daß dieses Individuum nach demselben Gesetz gerichtet werde, wie jenes, das alles zur Tugend oder zur Mäßigung verhält? Wäre das Gesetz gerechter, das beide Männer gleich bestrafte? Ist es natürlich, daß der, den alles einlädt Übles zu tun, wie jener behandelt wird, den alles dazu treibt, sich mit Vorsicht zu betragen?«

Nachdem die objektive Ordnung der Natur als Vorurteil und Mythos sich erledigt hat, bleibt Natur als Masse von Materie übrig. Nietzsche weiß von keinem Gesetz, »welches wir nicht nur erkennen, sondern auch über uns erkennen«[38]. Soweit Verstand, der am Richtmaß der Selbsterhaltung groß wurde, ein Gesetz des Lebens wahrnimmt, ist es das des Stärkeren. Kann es für die Menschheit wegen des Formalismus der Vernunft auch kein notwendiges Vorbild abgeben, so genießt es den Vorzug der Tatsächlichkeit gegenüber der verlogenen Ideologie. Schuldig, das ist Nietzsches Lehre, sind die Schwachen, sie umgehen durch ihre Schlauheit das natürliche Gesetz. »Die Krankhaften sind des Menschen große Gefahr: nicht die Bösen, nicht die ›Raubtiere‹. Die von vornherein Verunglückten, Niedergeworfenen, Zerbrochenen – sie sind es, die Schwachen sind es, welche am meisten das Leben unter Menschen unterminieren, welche unser Vertrauen zum Leben, zu Menschen, zu uns, am gefährlichsten vergiften und in Frage stellen.«[39] Sie haben das Christentum über die Welt gebracht, das Nietzsche nicht weniger verabscheut und haßt als Sade. »... nicht die Repressalien des Schwachen über den Starken sind wahrhaft in

36 *Genealogie der Moral* a.a.O. Band VII. S. 326f.
37 *Justine* a.a.O. Band IV. S. 7.
38 *Nachlaß* a.a.O. Band XI. S. 214.
39 *Genealogie der Moral* a.a.O. Band VII. S. 433.

der Natur; sie sind im Geistigen, aber nicht im Körperlichen; um solche Repressalien anzuwenden, muß er Kräfte gebrauchen, die er nicht erhalten hat; er muß einen Charakter annehmen, der ihm keineswegs gegeben ist, in gewisser Weise der Natur Zwang antun. Aber was wahrhaft in den Gesetzen dieser weisen Mutter ist, das ist die Verletzung des Schwachen durch den Starken, weil, um zu diesem Verfahren zu kommen, er nur die Gaben benutzen muß, die er erhalten hat; er bekleidet sich nicht wie der Schwache mit einem anderen Charakter als dem eigenen; er setzt nur die Äußerungen dessen, den er von Natur erhalten hat, in Aktion. Alles, was daraus resultiert, ist also natürlich: seine Unterdrückung, seine Gewalttaten, seine Grausamkeiten, seine Tyranneien, seine Ungerechtigkeiten ... sind rein wie die Hand, die sie ihm aufprägte; und wenn er von all seinen Rechten Gebrauch macht, um den Schwachen zu unterdrücken und zu berauben, begeht er nur die natürlichste Sache der Welt ... Wir sollten also niemals Skrupel über das haben, was wir dem Schwachen nehmen können, denn nicht wir begehen das Verbrechen, dieses wird vielmehr durch die Verteidigung oder Rache des Schwachen charakterisiert.«[40] Wenn der Schwache sich wehrt, so begeht er damit ein Unrecht, »das nämlich, aus seinem Charakter der Schwäche herauszutreten, den die Natur ihm einsenkte: sie schuf ihn, um Sklave und arm zu sein, er will sich nicht unterwerfen, das ist sein Unrecht«[41]. In solchen magistralen Reden entwickelt Dorval, das Haupt eines respektablen Pariser Gangs, vor Juliette das geheime Credo aller Herrscherklassen, das Nietzsche, um die Psychologie des Ressentiments vermehrt, der Gegenwart vorhielt. Er bewundert wie Juliette »das schöne Schreckliche der Tat«[42], wenn er auch als deutscher Professor von Sade sich dadurch unterscheidet, daß er den Kriminellen desavouiert, weil dessen Egoismus »sich auf so niedere Ziele richtet und auf sie beschränkt. Sind die Ziele groß, so hat die Menschheit einen anderen Maßstab und schätzt ›Verbrechen‹ nicht als solche, selbst die furchtbarsten Mittel.«[43] Von solchem Vorurteil fürs Große, das in der Tat die bürgerliche Welt kennzeichnet, ist die aufgeklärte Juliette noch frei, ihr ist der Racketeer nicht deshalb

40 *Juliette* a. a. O. Band I. S. 208 ff.
41 A. a. O. S. 211 f.
42 *Jenseits von Gut und Böse* a. a. O. Band III. S. 100.
43 *Nachlaß* a. a. O. Band XII. S. 108.

weniger sympathisch als der Minister, weil seine Opfer der Zahl nach geringer sind. Dem Deutschen aber geht die Schönheit von der Tragweite aus, er kann inmitten aller Götzendämmerung von der idealistischen Gewohnheit nicht lassen, die den kleinen Dieb hängen sehen, aus imperialistischen Raubzügen welthistorische Missionen machen möchte. Indem der deutsche Faschismus den Kultus der Stärke zur welthistorischen Doktrin erhob, hat er ihn zugleich zur eigenen Absurdität geführt. Als Einspruch gegen die Zivilisation vertrat die Herrenmoral verkehrt die Unterdrückten: der Haß gegen die verkümmerten Instinkte denunziert objektiv die wahre Natur der Zuchtmeister, die an ihren Opfern nur zum Vorschein kommt. Als Großmacht aber und Staatsreligion verschreibt sich die Herrenmoral vollends den zivilisatorischen powers that be, der kompakten Majorität, dem Ressentiment und allem, wogegen sie einmal stand. Nietzsche wird durch seine Verwirklichung widerlegt und zugleich die Wahrheit an ihm freigesetzt, die trotz allem Jasagen zum Leben dem Geist der Wirklichkeit feind war.

Wenn schon die Reue als widervernünftig galt, so ist Mitleid die Sünde schlechthin. Wer ihm nachgibt, »pervertiert das allgemeine Gesetz: woraus folgt, daß das Mitleid, weit entfernt, eine Tugend zu sein, ein wirkliches Laster wird, sobald es uns dazu bringt, eine Ungleichheit zu stören, die durch die Naturgesetze gefordert ist«[44]. Sade und Nietzsche erkannten, daß nach der Formalisierung der Vernunft das Mitleid gleichsam als das sinnliche Bewußtsein der Identität von Allgemeinem und Besonderem, als die naturalisierte Vermittlung, noch übrig war. Es bildet das zwingendste Vorurteil, »quamvis pietatis specimen prae se ferre videatur«, wie Spinoza sagt[45], »denn wer anderen Hilfe zu bringen weder durch Vernunft, noch durch Mitleid bewogen wird, der wird mit Recht Unmensch genannt«[46]. Commiseratio ist Menschlichkeit in unmittelbarer Gestalt, aber zugleich »mala et inutilis«[47], nämlich als das Gegenteil der männlichen Tüchtigkeit, die von der römischen virtus über die Medicis bis zur efficiency unter den Fords stets die einzig wahre bür-

44 *Juliette* a.a.O. Band I. S. 313.
45 *Ethica*. Pars IV. Appendix. Cap. XVI.
46 A.a.O. Prop. L. Schol.
47 A.a.O. Prop. L.

gerliche Tugend war. Weibisch und kindisch nennt Clairwil das Mitleid, ihres »Stoizismus« sich rühmend, der »Ruhe der Leidenschaften«, die ihr erlaube, »alles zu tun und alles durchzuhalten ohne Erschütterung«[48]. »... das Mitleid ist nichts weniger als eine Tugend, es ist eine Schwäche, geboren aus Angst und Unglück, eine Schwäche, die man vor allem dann überwinden muß, wenn man daran arbeitet, die zu große Feinnervigkeit zu überwinden, die mit den Maximen der Philosophie unvereinbar ist.«[49] Vom Weibe stammen die »Ausbrüche von unbegrenztem Mitleid«[50]. Sade und Nietzsche wußten, daß ihre Lehre von der Sündhaftigkeit des Mitleids altes bürgerliches Erbgut war. Dieser verweist auf alle »starken Zeiten«, auf die »vornehmen Kulturen«, jener auf Aristoteles[51] und die Peripatetiker[52]. Das Mitleid hält vor der Philosophie nicht stand. Auch Kant selbst hat keine Ausnahme gemacht. Es sei »eine gewisse Weichmütigkeit« und habe »die Würde der Tugend nicht an sich«[53]. Er übersieht jedoch, daß auch der Grundsatz der »allgemeinen Wohlgewogenheit gegen das menschliche Geschlecht«[54], durch den er im Gegensatz zum Rationalismus der Clairwil das Mitleid zu ersetzen trachtet, demselben Fluch der Irrationalität anheimfällt, wie »diese gutartige Leidenschaft«, die den Menschen leicht dazu verführen kann, »ein weichmütiger Müßiggänger« zu werden. Aufklärung läßt sich nicht täuschen, in ihr hat das allgemeine vor dem besonderen Faktum, die umspannende Liebe vor der begrenzten, keinen Vorzug. Mitleid ist anrüchig. Wie Sade zieht auch Nietzsche die ars poetica zur Beurteilung heran. »Die Griechen litten nach Aristoteles öfter an einem Übermaß von Mitleid: daher die notwendige Entladung durch die Tragödie. Wir sehen, wie verdächtig diese Neigung ihnen vorkam. Sie ist staatsgefährlich, nimmt die nötige Härte und Straffheit, macht, daß Heroen sich gebärden wie heulende Weiber usw.«[55] Zarathustra predigt: »So viel Güte, so viel Schwäche sehe ich. So viel

48 *Juliette* a. a. O. Band II. S. 125.
49 A. a. O.
50 *Nietzsche contra Wagner* a. a. O. Band VIII. S. 204.
51 *Juliette* a. a. O. Band I. S. 313.
52 A. a. O. Band II. S. 126.
53 *Beobachtungen über das Gefühl des Schönen und Erhabenen* a. a. O. Band II. S. 215 f.
54 A. a. O.
55 *Nachlaß* a. a. O. Band XI. S. 227 f.

Gerechtigkeit und Mitleiden, so viel Schwäche.«[56] In der Tat hat Mitleid ein Moment, das der Gerechtigkeit widerstreitet, mit der Nietzsche freilich es zusammenwirft. Es bestätigt die Regel der Unmenschlichkeit durch die Ausnahme, die es praktiziert. Indem Mitleid die Aufhebung des Unrechts der Nächstenliebe in ihrer Zufälligkeit vorbehält, nimmt es das Gesetz der universalen Entfremdung, die es mildern möchte, als unabänderlich hin. Wohl vertritt der Mitleidige als Einzelner den Anspruch des Allgemeinen, nämlich den zu leben, gegen das Allgemeine, gegen Natur und Gesellschaft, die ihn verweigern. Aber die Einheit mit dem Allgemeinen, als dem Inneren, die der Einzelne betätigt, erweist an seiner eigenen Schwäche sich als trügerisch. Nicht die Weichheit sondern das Beschränkende am Mitleid macht es fragwürdig, es ist immer zu wenig. Wie die stoische Apathie, an der die bürgerliche Kälte, das Widerspiel des Mitleids, sich schult, dem Allgemeinen, von dem sie sich zurückzog, noch eher die armselige Treue hielt, als die teilnehmende Gemeinheit, die dem All sich adaptierte, so bekannten, die das Mitleid bloßstellten, negativ sich zur Revolution. Die narzißtischen Deformationen des Mitleids, wie die Hochgefühle des Philanthropen und das moralische Selbstbewußtsein des Sozialfürsorgers, sind noch die verinnerlichte Bestätigung des Unterschieds von arm und reich. Daß freilich Philosophie unvorsichtig die Lust an der Härte ausplauderte, hat sie für jene verfügbar gemacht, die ihr das Geständnis am wenigsten verziehen. Die faschistischen Herren* der Welt haben die Perhorreszierung des Mitleids in die der politischen Nachsicht und den Appell ans Standrecht übersetzt, worin sie sich mit Schopenhauer, dem Metaphysiker des Mitleids, trafen. Diesem galt die Hoffnung auf die Einrichtung der Menschheit als der vermessene Wahnsinn dessen, der nur auf Unglück hoffen darf. Die Mitleidsfeinde wollten den Menschen mit Unglück nicht identisch setzen. Ihnen war die Existenz des Unglücks Schande. Ihre feinfühlige Ohnmacht litt es nicht, daß der Mensch bedauert werde. Verzweifelt schlug sie um ins Lob der Macht, von der sie doch in der Praxis sich lossagten, wo immer sie ihnen Brücken baute.

Güte und Wohltun werden zur Sünde, Herrschaft und Unterdrük-

[* »faschistischen Herren« / 1944: »Herren«.]

56 *Also Sprach Zarathustra* a. a. O. Band VI. S. 248.

kung zur Tugend. »Alle guten Dinge waren ehemals schlimme Dinge; aus jeder Erbsünde ist eine Erbtugend geworden.«[57] Damit macht Juliette nun auch in der neuen Epoche ernst, sie betreibt die Umwertung zum erstenmal bewußt. Nachdem alle Ideologien vernichtet sind, erhebt sie, was der Christenheit in der Ideologie, freilich nicht stets in der Praxis, als scheußlich galt, zu ihrer eigenen Moral. Als gute Philosophin bleibt sie dabei kühl und reflektiert. Alles geschieht ohne Illusion. Auf einen Vorschlag Clairwils zu einem Sakrileg gibt sie zur Antwort: »Sobald wir nicht an Gott glauben, meine Liebe, sagte ich ihr, sind die Entweihungen, die du wünschst, nichts mehr als ganz unnütze Kindereien ... Ich bin vielleicht noch fester als du; mein Atheismus ist auf der Spitze. Bilde dir also nicht ein, daß ich der Kindereien bedarf, die du mir vorschlägst, um mich darin zu befestigen; ich werde sie begehen, weil sie dir Spaß machen, aber rein zum Amüsement« – die amerikanische Mörderin Annie Henry* würde gesagt haben just for fun – »und niemals als etwas Notwendiges, sei es um meine Denkart zu stärken, sei es um die anderen davon zu überzeugen.«[58] Verklärt durch die ephemere Freundlichkeit gegen die Komplizin läßt sie ihre Prinzipien walten. Selbst noch Unrecht, Haß, Zerstörung werden zum Betrieb, seitdem durch Formalisierung der Vernunft alle Ziele den Charakter der Notwendigkeit und Objektivität als Blendwerk verloren haben. Der Zauber geht aufs bloße Tun, aufs Mittel über, kurz, auf die Industrie. Die Formalisierung der Vernunft ist bloß der intellektuelle Ausdruck der maschinellen Produktionsweise. Das Mittel wird fetischisiert: es absorbiert die Lust. Wie Aufklärung die Ziele, mit denen alte Herrschaft sich verbrämte, theoretisch zu Illusionen macht, entzieht sie, durch die Möglichkeit des Überflusses, ihr den praktischen Grund. Herrschaft überlebt als Selbstzweck, in Form ökonomischer Gewalt. Genuß zeigt schon die Spur des Veralteten, Unsachlichen gleich der Metaphysik, die ihn verbot. Juliette spricht über die Motive des Verbrechens.[59] Sie

[* Sie erschoß 1940 einen Mann, von dem sie und ein Gefährte zu einer Spazierfahrt mitgenommen worden waren, nachdem sie ihn über Stunden mit einer Pistole bedroht und gedemütigt hatte; vgl. *Los Angeles Examiner* vom 29.11.1942.]

57 *Genealogie der Moral* a. a. O. Band VII. S. 421.

58 *Juliette* a. a. O. Band III. S. 78f.

59 A. a. O. Band IV. S. 126f.

selbst ist nicht weniger ehrgeizig und geldgierig als ihr Freund Sbrigani, aber sie vergöttert das Verbotene. Sbrigani, dieser Mann des Mittels und der Pflicht, ist fortgeschrittener. »Uns bereichern, darauf kommt es an, und wir machen uns höchst schuldig, wenn wir dieses Ziel verfehlen; nur wenn man schon richtig auf dem Weg ist, reich zu werden, kann man sich gestatten, die Vergnügungen zu ernten: bis dahin muß man sie vergessen.« Bei aller rationalen Überlegenheit hält Juliette noch einen Aberglauben fest. Sie erkennt die Naivität des Sakrilegs, zieht aber schließlich doch Genuß aus ihm. Jeder Genuß aber verrät eine Vergötzung: er ist Selbstpreisgabe an ein Anderes. Natur kennt nicht eigentlich Genuß: sie bringt es nicht weiter als zur Stillung des Bedürfnisses. Alle Lust ist gesellschaftlich in den unsublimierten Affekten nicht weniger als in den sublimierten. Sie stammt aus der Entfremdung. Auch wo Genuß des Wissens ums Verbot entbehrt, das er verletzt, geht er aus Zivilisation, der festen Ordnung erst hervor, aus der er sich zur Natur, vor der sie ihn beschützt, zurücksehnt. Erst wenn aus dem Zwang der Arbeit, aus der Bindung des Einzelnen an eine bestimmte gesellschaftliche Funktion und schließlich an ein Selbst, der Traum in die herrschaftslose, zuchtlose Vorzeit zurückführt, empfinden die Menschen den Zauber des Genusses. Das Heimweh des in Zivilisation Verstrickten, die »objektive Verzweiflung« derer, die sich zum Element gesellschaftlicher Ordnung machen mußten, war es, von der die Liebe zu Göttern und Dämonen sich nährte, an sie als die verklärte Natur wandten sie sich in der Anbetung. Denken entstand im Zuge der Befreiung aus der furchtbaren Natur, die am Schluß ganz unterjocht wird. Der Genuß ist gleichsam ihre Rache. In ihm entledigen die Menschen sich des Denkens, entrinnen der Zivilisation. In den ältesten Gesellschaften war solche Rückkehr als gemeinsame in den Festen vorgesehen. Die primitiven Orgien sind der kollektive Ursprung des Genusses. »Dieser Zwischenakt universeller Verwirrung, den das Fest darstellt«, sagt Roger Caillois, »erscheint damit wirklich wie der Augenblick, in dem die Weltordnung aufgehoben ist. Deshalb sind in ihm alle Exzesse erlaubt. Man muß gegen die Regeln handeln, alles soll verkehrt geschehen. In der mythischen Epoche war der Lauf der Zeit umgekehrt: man wurde als Greis geboren, man starb als Kind ... so werden alle Vorschriften, welche die gute natürliche und soziale Ordnung schützen, systematisch verletzt.«[60] Man gibt sich den verklärten Mächten des Ursprungs hin; vom suspendierten Verbot her aber hat dieses Tun den Charakter der Ausschweifung und des Wahnsinns.[61] Erst mit zunehmender Zivilisation und Aufklärung macht das erstarkte Selbst und die gesicherte Herrschaft das Fest zur bloßen Farce. Die Herrschenden führen den Genuß als rationalen ein, als Zoll an die nicht ganz gebändigte Natur, sie suchen ihn für sich selbst zu entgiften zugleich und zu erhalten in der höheren Kultur; den Beherrschten gegenüber zu dosieren, wo er nicht ganz entzogen werden kann. Der Genuß wird zum Gegenstand der Manipulation, solange bis er endlich ganz in den Veranstaltungen untergeht. Die Entwicklung verläuft vom primitiven Fest bis zu den Ferien. »Je mehr die Kompliziertheit des sozialen Organismus sich geltend macht, desto weniger duldet sie den Stillstand des gewohnten Gangs des Lebens. Heut wie gestern und morgen wie heute muß alles weiter laufen. Das allgemeine Überwallen ist nicht mehr möglich. Die Periode der Turbulenz hat sich individualisiert. Die Ferien haben das Fest abgelöst.«[62] Sie werden im Faschismus ergänzt vom kollektiven Talmirausch, erzeugt durch Radio, Schlagzeilen und Benzedrin*. Sbrigani ahnt etwas davon. Er gestattet sich Vergnügung »sur la route de la fortune«, als Ferien. Juliette dagegen hält es mit dem Ancien Régime. Sie vergottet die Sünde. Ihre Libertinage steht unter dem Bann des Katholizismus wie die Ekstase der Nonne unter dem des Heidentums.

Nietzsche weiß, daß jeder Genuß noch mythisch ist. In der Hingabe an Natur entsagt der Genuß dem, was möglich wäre, wie das Mitleid der Veränderung des Ganzen. Beide enthalten ein Moment der Resignation. Nietzsche spürt ihn in allen Schlupfwinkeln auf, als Selbstgenuß in der Einsamkeit, als masochistischen in den Depressionen des Selbstquälers. »Gegen alle bloß Genießenden!«[63] Juliette sucht ihn zu retten, indem sie die hingebende Liebe verwirft, die bürgerliche, die als Widerstand gegen die Klugheit des Bürgertums für sein letztes Jahrhundert charakteristisch ist. In der Liebe war

[* Starkes Anregungsmittel, das von den nazistischen Befehlshabern ihren Truppen verabreicht wurde (A.d.i. Ü.)]

60 ›Théorie de la Fête‹. *Nouvelle Revue Française*. Jan. 1940. S. 49.

61 Vgl. Caillois a. a. O.

62 A. a. O. S. 58f.

63 *Nachlaß* a. a. O. Band XII. S. 364.

Genuß verknüpft mit der Vergötterung des Menschen, der ihn gewährte, sie war die eigentlich humane Leidenschaft. Schließlich wird sie als durchs Geschlecht bedingtes Werturteil revoziert. In der schwärmerischen Adoration des Liebhabers wie der schrankenlosen Bewunderung, die ihm die Geliebte zollte, verklärte sich stets erneut die tatsächliche Knechtschaft der Frau. Auf Grund der Anerkennung dieser Knechtschaft söhnten die Geschlechter je und je sich wieder aus: die Frau schien die Niederlage frei auf sich zu nehmen, der Mann den Sieg ihr zuzusprechen. Durch das Christentum ward die Hierarchie der Geschlechter, das Joch, das die männliche Eigentumsordnung dem weiblichen Charakter auferlegt, zur Vereinigung der Herzen in der Ehe verklärt, die Erinnerung an die vorpatriarchale bessere Vergangenheit des Geschlechts beschwichtigt. Unter der großen Industrie* wird die Liebe kassiert. Der Zerfall des mittleren Eigentums, der Untergang des freien Wirtschaftssubjekts betrifft die Familie: sie ist nicht länger die ehedem gerühmte Zelle der Gesellschaft, weil sie nicht mehr die Basis der wirtschaftlichen Existenz des Bürgers abgibt. Die Aufwachsenden haben die Familie nicht mehr als ihren Lebenshorizont, die Selbständigkeit des Vaters verschwindet und mit ihr der Widerstand gegen seine Autorität. Früher entzündete die Knechtschaft im Vaterhaus beim Mädchen die Leidenschaft, die in die Freiheit zu führen schien, erfüllte sie sich auch weder in der Ehe noch irgendwo draußen. Indem sich für das Mädchen die Aussicht auf den job eröffnet, versperrt sich ihr die Liebe. Je allgemeiner das System der modernen Industrie** von jedem verlangt, daß er sich an es verdingen muß, um so mehr wird alles, was nicht zum Meer des white trash*** gehört, in das die unqualifizierte Arbeitslosigkeit und Arbeit übergeht, zum kleinen Experten, zur Existenz, die für sich selbst sich umschauen muß. Als qualifizierte Arbeit breitet die Selbständigkeit des Unternehmers, die vergangen ist, über alle als Produzierende Zugelassenen, und damit auch über die »berufstätige« Frau, als deren Charakter sich aus. Die Selbstachtung der Menschen wächst proportional mit ihrer

[* »beschwichtigt... Industrie« / 1944: »überhaupt als vollzogene Versöhnung hypostatiert. Unter dem Monopol«.]
[** »System... Industrie« / 1944: »Monopol«.]
[*** weißes Gesindel; abwertender Ausdruck für Arbeiter weißer Hautfarbe.]

Fungibilität. Trotz gegen die Familie ist so wenig mehr ein Wagnis, wie das Freizeitverhältnis zum boy-friend den Himmel aufschließt. Die Menschen gewinnen das rationale, kalkulierende Verhältnis zum eigenen Geschlecht, das in Juliettes aufgeklärtem Kreise als alte Weisheit längst verkündet wurde. Geist und Körper werden in Wirklichkeit getrennt, wie jene Libertins als die indiskreten Bürger gefordert hatten. »Noch einmal, es scheint mir«, dekretiert Noirceuil rationalistisch[64], »daß es eine höchst verschiedene Sache ist, zu lieben und zu genießen ... denn die Gefühle der Zärtlichkeit entsprechen den Beziehungen von Laune und Schicklichkeit, aber sie entspringen keineswegs der Schönheit eines Halses oder der hübschen Rundung einer Hüfte; und diese Gegenstände, die je nach unserem Geschmack die physischen Affekte lebhaft erregen können, haben doch, so scheint mir, kein Recht auf die geistigen. Um meine Gedanken zu vollenden, Bélize ist häßlich, vierzig Jahre alt, hat keine Grazie in ihrer ganzen Person, keinen regelmäßigen Zug, nichts von Anmut; aber Bélize hat Geist, einen köstlichen Charakter, eine Million Dinge, die sich mit meinen Gefühlen und Vorlieben verknüpfen; ich werde keinen Wunsch haben, mit Bélize zu schlafen, aber ich werde sie trotzdem bis zum Wahnsinn lieben; Araminthe dagegen werde ich stark begehren, aber herzlich verabscheuen, sobald das Fieber des Wunsches vergangen ist...« Die unvermeidliche Konsequenz, die mit der cartesianischen Aufteilung des Menschen in denkende und ausgedehnte Substanz schon implizit gesetzt war, wird in aller Klarheit als Destruktion der romantischen Liebe ausgesprochen. Diese gilt als Verhüllung, Rationalisierung des körperlichen Triebs, »eine falsche und immer gefährliche Metaphysik«[65], wie der Graf von Belmor in seiner großen Rede über die Liebe erklärt. Juliettes Freunde fassen, bei aller Libertinage, die Sexualität gegen die Zärtlichkeit, die irdische gegen die himmlische Liebe nicht bloß als ein Gran zu mächtig sondern auch als zu harmlos auf. Die Schönheit des Halses und die Rundung der Hüfte wirken auf die Sexualität nicht als geschichtslose, bloß natürliche Fakten sondern als Bilder ein, in denen alle gesellschaftliche Erfahrung enthalten ist; in dieser Erfahrung lebt die Intention auf

64 *Juliette* a.a.O. Band II. S. 81f.
65 *Juliette* a.a.O. Band III. S. 172f.

das, was anders ist als Natur, die nicht aufs Geschlecht beschränkte Liebe. Zärtlichkeit aber, die unkörperlichste noch, ist verwandelte Sexualität, das Streichen der Hand übers Haar, der Kuß auf die Stirn, die den Wahnsinn der geistigen Liebe ausdrücken, sind das befriedete Schlagen und Beißen beim Geschlechtsakt der australischen Wilden. Die Trennung ist abstrakt. Metaphysik verfälsche, lehrt Belmor, die Tatbestände, sie verhindere, den Geliebten zu sehen wie er ist, sie stamme aus Magie, sie sei ein Schleier. »Und ich soll ihn nicht von den Augen reißen! Das ist Schwäche ... Kleinmut. Wir wollen sie analysieren, wenn der Genuß vorbei ist, diese Göttin, die mich vorher blendete.«[66] Die Liebe selbst ist ein unwissenschaftlicher Begriff: »... immer leiten uns falsche Definitionen in die Irre«, erklärt Dolmance im denkwürdigen 5. Dialog der *Philosophie dans le Boudoir*, »ich weiß nicht was das ist: das Herz. Ich nenne bloß die Schwäche des Geistes so.«[67] »Laßt uns einen Augenblick, wie Lucrez sagt, zu den ›Hintergründen des Lebens‹ übergehen«, das heißt zur kaltblütigen Analyse, »und wir werden finden, daß weder die Erhöhung der Geliebten noch das romantische Gefühl der Analyse standhält. ... es ist der Körper allein, den ich liebe, und es ist der Körper allein, den ich beklage, obgleich ich ihn in jedem Augenblick wiederfinden könnte.«[68] Wahr ist an all dem die Einsicht in die Dissoziation der Liebe, das Werk des Fortschritts. Durch solche Dissoziation, welche die Lust mechanisiert und die Sehnsucht in den Schwindel verzerrt, wird Liebe im Kern angegriffen. Indem Juliette das Lob der genitalen und perversen Sexualität zum Tadel des Unnatürlichen, Immateriellen, Illusionären macht, hat sich die Libertine selbst zu jener Normalität geschlagen, die mit dem utopischen Überschwang der Liebe auch den physischen Genuß, mit dem Glück der höchsten Höhe auch das der nächsten Nähe schmälert. Der illusionslose Wüstling, für den Juliette eintritt, verwandelt sich mittels des Sexualpädagogen, Psychoanalytikers und Hormonphysiologen in den aufgeschlossenen Mann der Praxis, der sein Bekenntnis zu Sport und Hygiene auch aufs Geschlechtsleben ausdehnt. Juliettes Kritik ist zwiespältig wie die Aufklärung selbst. Sofern die frevelnde Zerstörung der Tabus,

66 A. a. O. S. 176f.
67 Edition privée par Helpey. S. 267.
68 *Juliette* a. a. O.

die einmal der bürgerlichen Revolution sich verband, nicht zur neuen Realitätsgerechtigkeit geworden ist, lebt sie mit der sublimen Liebe zusammen fort als Treue zur nahe gerückten Utopie, die den physischen Genuß für alle freigibt.

»Der lächerliche Enthusiasmus«, der uns dem bestimmten Individuum als einzigem verschrieb, die Erhöhung des Weibs in der Liebe leitet hinter das Christentum auf matriarchale Stufen zurück. »... es ist gewiß, daß unser Geist der ritterlichen Werbung, der dem Gegenstand, der nur für unser Bedürfnis gemacht ist, lächerlicherweise unsere Huldigung bietet, es ist sicher, sage ich, daß dieser Geist der Ehrfurcht entstammt, die unsere Vorfahren ehemals für die Frauen hatten, infolge ihres Prophetinnenberufs, den sie in Stadt und Land ausübten: durch den Schrecken kam man von der Scheu zum Kult, und die Ritterlichkeit entstand im Schoß des Aberglaubens. Aber diese Ehrfurcht war niemals in der Natur, es wäre Zeitverlust, sie dort zu suchen. Die Inferiorität dieses Geschlechts gegen das unsere ist allzu fest begründet, als daß es jemals ein solides Motiv in uns erregen könnte, es zu respektieren, und die Liebe, die aus dieser blinden Ehrfurcht entsteht, ist nur ein Vorurteil wie sie selbst.«[69]

Auf der Gewalt, wie sehr sie legalistisch verhüllt sein mag, beruht zuletzt die gesellschaftliche Hierarchie. Die Herrschaft über die Natur reproduziert sich innerhalb der Menschheit. Nie hat die christliche Zivilisation, welche die Idee, den körperlich Schwachen zu schützen, der Ausnutzung des starken Knechts zugute kommen ließ, die Herzen der bekehrten Völker ganz zu gewinnen vermocht. Zu sehr wurde das Prinzip der Liebe vom scharfen Verstand und den noch schärferen Waffen der christlichen Herren desavouiert, bis das Luthertum den Gegensatz von Staat und Lehre tilgte, indem es Schwert und Zuchtrute zur Quintessenz des Evangeliums machte. Es hat die geistige Freiheit unmittelbar mit der Bejahung der realen Unterdrückung gleichgesetzt. Die Frau aber ist durch Schwäche gebrandmarkt, auf Grund der Schwäche ist sie in der Minorität, auch wo sie an Zahl dem Mann überlegen ist. Wie bei den unterjochten Ureinwohnern in den frühen Staatswesen, wie bei den Eingeborenen der Kolonien, die an Organisation und Waffen hinter den Er-

69 A. a. O. S. 178 f.

oberern zurückstehen, wie bei den Juden unter den Ariern, bildet ihre Wehrlosigkeit den Rechtstitel ihrer Unterdrückung. Sade formuliert die Reflexionen Strindbergs. »Zweifeln wir nicht, daß es einen so sicheren, so wichtigen Unterschied zwischen Mann und Weib gibt wie zwischen dem Menschen und dem Affen in den Wäldern. Wir hätten ebenso gute Gründe, den Frauen zu verweigern, einen Teil unserer Art zu bilden wie jenem Affen, unser Bruder zu sein. Man prüfe aufmerksam eine nackte Frau neben einem Mann ihres Alters, nackt wie sie, und man wird sich leicht von dem beträchtlichen Unterschied überzeugen, der (vom Geschlecht abgesehen) in der Struktur der beiden Wesen besteht, man wird klar sehen, daß die Frau nur einen niederen Grad des Mannes bildet; die Unterschiede bestehen gleichermaßen im Inneren, und die anatomische Zergliederung der einen wie der anderen Art, wenn man sie zugleich und mit peinlichster Aufmerksamkeit vornimmt, bringt diese Wahrheit ans Tageslicht.«[70] Der Versuch des Christentums, die Unterdrückung des Geschlechts ideologisch durch die Ehrfurcht vor dem Weibe zu kompensieren und so die Erinnerung ans Archaische zu veredeln anstatt bloß zu verdrängen, wird durch die Rancune gegen das erhöhte Weib und gegen die theoretisch emanzipierte Lust quittiert. Der Affekt, der zur Praxis der Unterdrückung paßt, ist Verachtung, nicht Verehrung, und stets hat in den christlichen Jahrhunderten hinter der Nächstenliebe der verbotene zwangshaft gewordene Haß gegen das Objekt gelauert, durch das die vergebliche Anstrengung stets wieder in Erinnerung gerufen ward: das Weib. Es hat für den Madonnenkult durch den Hexenwahn gebüßt, der Rache am Erinnerungsbild jener vorchristlichen Prophetin, das die geheiligte patriarchale Herrschaftsordnung insgeheim in Frage stellte. Das Weib erregt die wilde Wut des halb bekehrten Mannes, der sie ehren, wie der Schwache überhaupt die Todfeindschaft des oberflächlich zivilisierten Starken, der ihn schonen soll. Sade macht den Haß bewußt. »Ich habe niemals geglaubt«, sagt Graf Ghigi, der Vorsteher der römischen Polizei, »daß aus der Verbindung von zwei Körpern jemals die von zwei Herzen hervorgehen könne. Ich sehe in dieser physischen Verbindung starke Motive der Verachtung ...

70 A.a.O. S. 188–99.

des Abscheus, aber kein einziges der Liebe.«[71] Und Saint-Fonds, der Minister, ruft, als ein von ihm, dem königlichen Vollzugsbeamten, terrorisiertes Mädchen in Tränen ausbricht, »das ist es, wie ich die Frauen gern habe ... warum kann ich sie nicht auf Grund eines einzigen Wortes samt und sonders auf diesen Zustand reduzieren!«[72] Der Mann als Herrscher versagt der Frau die Ehre, sie zu individuieren. Die Einzelne ist gesellschaftlich Beispiel der Gattung, Vertreterin ihres Geschlechts und darum, als von der männlichen Logik ganz Erfaßte, steht sie für Natur, das Substratum nie endender Subsumtion in der Idee, nie endender Unterwerfung in der Wirklichkeit. Das Weib als vorgebliches Naturwesen ist Produkt der Geschichte, die es denaturiert. Der verzweifelte Vernichtungswille aber gegen alles, was die Lockung der Natur, des physiologisch, biologisch, national, sozial Unterlegenen verkörpert, zeigt an, daß der Versuch des Christentums verunglückt ist. »... que ne puis-je, d'un mot, les réduire toutes en cet état!« Die verhaßte übermächtige Lockung, in die Natur zurückzufallen, ganz ausrotten, das ist die Grausamkeit, die der mißlungenen Zivilisation entspringt, Barbarei, die andere Seite der Kultur. »Alle!« Denn Vernichtung will Ausnahmslosigkeit, der Vernichtungswille ist totalitär, und totalitär ist nur der Wille zur Vernichtung. »Ich bin so weit«, sagt Juliette zum Papst, »wie Tiberius zu wünschen, oh hätte die ganze Menschheit nur einen einzigen Kopf, daß ich die Lust hätte, ihn mit einem Hiebe abzuschlagen!«[73] Die Zeichen der Ohnmacht, die hastigen unkoordinierten Bewegungen, Angst der Kreatur, Gewimmel, fordern die Mordgier heraus. Die Erklärung des Hasses gegen das Weib als die schwächere an geistiger und körperlicher Macht, die an ihrer Stirn das Siegel der Herrschaft trägt, ist zugleich die des Judenhasses. Weibern und Juden sieht man es an, daß sie seit Tausenden von Jahren nicht geherrscht haben. Sie leben, obgleich man sie beseitigen könnte, und ihre Angst und Schwäche, ihre größere Affinität zur Natur durch perennierenden Druck, ist ihr Lebenselement. Das reizt den Starken, der die Stärke mit der angespannten Distanzierung zur Natur bezahlt und ewig sich die

71 *Juliette* a.a.O. Band IV. S. 261.
72 A.a.O. Band II. S. 273.
73 *Juliette* a.a.O. Band IV. S. 379.

Angst verbieten muß, zu blinder Wut. Er identifiziert sich mit Natur, indem er den Schrei, den er selbst nicht ausstoßen darf, in seinen Opfern tausendfach erzeugt. »Die verrückten Geschöpfe«, schreibt der Präsident Blammont in *Aline et Valcour* über die Frauen, »wie liebe ich es, sie in meinen Händen zappeln zu sehen! Es ist das Lamm unter dem Zahn des Löwen.«[74] Und im selben Brief: »Es ist ähnlich wie bei der Eroberung einer Stadt, man muß der Anhöhen sich bemächtigen ... man richtet sich in allen beherrschenden Punkten ein, und von da fällt man über den Platz her, ohne den Widerstand noch zu füchten.«[75] Was unten liegt, zieht den Angriff auf sich: Erniedrigung anzutun macht dort die größte Freude, wo schon Unglück getroffen hat. Je weniger Gefahr für den oben, desto ungestörter die Lust an der Qual, die ihm nun zu Diensten steht: erst an der ausweglosen Verzweiflung des Opfers wird Herrschaft zum Spaß und triumphiert im Widerruf ihres eigenen Prinzips, der Disziplin. Die Angst, die einem selbst nicht mehr droht, explodiert im herzhaften Lachen, dem Ausdruck der Verhärtung des Individuums in sich selbst, das richtig erst im Kollektiv sich auslebt. Das schallende Gelächter hat zu jeder Zeit die Zivilisation denunziert. »Von aller Lava, die der menschliche Mund, dieser Krater, auswirft, ist die verzehrendste die Fröhlichkeit«, sagt Victor Hugo in dem Kapitel mit der Überschrift »Menschenstürme schlimmer als die des Ozeans«[76]. »Auf das Unglück«, lehrt Juliette[77], »muß man, soweit es nur möglich ist, das Gewicht seiner Bosheiten fallen lassen; die Tränen, die man dem Elend entreißt, haben eine Schärfe, von der die Nervensubstanz übermächtig aufgerüttelt wird ...«[78] Die Lust geht anstatt mit der Zärtlichkeit mit der Grausamkeit einen Bund ein, und aus der Geschlechtsliebe wird, was sie nach Nietzsche[79] schon immer war, »in ihren Mitteln der Krieg, in ihrem Grunde der Todhaß der Geschlechter«. »Beim Männchen und Weibchen«, lehrt uns die Zoologie, »ist ›Liebe‹ oder geschlechtliche Anziehung ursprünglich und hauptsächlich ›sadistisch‹; zweifellos gehört zu ihr

74 *Aline et Valcour*. Bruxelles 1883. Band I. S. 58.
75 A. a. O. S. 57.
76 Victor Hugo, *L'Homme qui rit*. Band VIII. Kapitel 7.
77 *Juliette* a. a. O. Band IV. S. 199.
78 Vgl. *Les 120 Journées de Sodome*. Paris 1935. Band II. S. 308.
79 *Der Fall Wagner* a. a. O. Band VIII. S. 10.

die Zufügung von Schmerz; sie ist so grausam wie Hunger.«[80] So führt Zivilisation als auf ihr letztes Ergebnis auf die furchtbare Natur zurück. Die tödliche Liebe, auf die bei Sade alles Licht der Darstellung fällt, und Nietzsches schamhaft-unverschämte Großmut, die dem Leidenden um jeden Preis die Beschämung ersparen möchte: die Einbildung von Grausamkeit wie die von Größe verfährt in Spiel und Phantasie so hart mit den Menschen wie dann der deutsche Faschismus in der Realität.* Während jedoch der bewußtlose Koloß des Wirklichen, der subjektlose Kapitalismus, die Vernichtung blind durchführt, läßt sich der Wahn des rebellischen Subjekts von ihr seine Erfüllung verdanken und strahlt so mit der schneidenden Kälte gegen die als Dinge mißbrauchten Menschen zugleich die verkehrte Liebe aus, die in der Welt von Dingen den Platz der unmittelbaren hält. Krankheit wird zum Symptom des Genesens. Der Wahn erkennt in der Verklärung der Opfer ihre Erniedrigung. Er macht sich dem Ungeheuer der Herrschaft gleich, das er leibhaft nicht überwinden kann. Als Grauen sucht Imagination dem Grauen standzuhalten. Das römische Sprichwort, demzufolge die strenge Sache die wahre Lust sei, ist nicht bloß Antreiberei. Es drückt auch den unauflöslichen Widerspruch der Ordnung aus, die Glück in seine Parodie verwandelt, wo sie es sanktioniert, und es schafft bloß, wo sie es verfemt. Diesem Widerspruch, den Sade und Nietzsche verewigten, haben sie doch damit zum Begriff verholfen.

Vor der Ratio erscheint die Hingabe ans angebetete Geschöpf als Götzendienst. Daß die Vergötterung zergehen muß, folgt aus dem Mythologieverbot, wie es im jüdischen Monotheismus erlassen ist und von seiner säkularisierten Form, der Aufklärung, in der Geschichte des Denkens an den wechselnden Gestalten der Verehrung vollzogen wurde. Im Zerfall der ökonomischen Realität, die jeweils dem Aberglauben zugrunde lag, wurden die spezifischen Kräfte der Negation freigesetzt. Das Christentum aber hat die Liebe propagiert: die reine Anbetung Jesu. Es hat den blinden Geschlechtstrieb durch Heiligung der Ehe zu erheben, wie das kristallhelle Gesetz durch himmlische Gnade der Erde näherzubringen gesucht. Die

[* »dann ... Realität.« / 1944: »die Klassengesellschaft in Wirklichkeit.«]
80 R. Briffault, *The Mothers*. New York 1927. Band I. S. 119.

Versöhnung der Zivilisation mit Natur, die es durch die Lehre vom gekreuzigten Gott vorzeitig erkaufen wollte, blieb dem Judentum so fremd wie dem Rigorismus der Aufklärung. Moses und Kant haben nicht das Gefühl verkündigt, ihr kaltes Gesetz kennt weder Liebe noch Scheiterhaufen. Nietzsches Kampf gegen den Monotheismus trifft die christliche tiefer als die jüdische Doktrin. Er leugnet freilich das Gesetz, aber er will dem »höheren Selbst«[81] angehören, nicht dem natürlichen sondern dem mehr-als-natürlichen. Er will Gott durch den Übermenschen ersetzen, weil der Monotheismus, vollends seine gebrochene, christliche Form, als Mythologie durchschaubar geworden sei. Wie aber im Dienste dieses höheren Selbst die alten asketischen Ideale als die Selbstüberwindung »zur Ausbildung der herrschenden Kraft«[82] von Nietzsche gepriesen werden, so erweist sich das höhere Selbst als verzweifelter Versuch zur Rettung Gottes, der gestorben sei, als die Erneuerung von Kants Unternehmen, das göttliche Gesetz in Autonomie zu transformieren, um die europäische Zivilisation zu retten, die in der englischen Skepsis den Geist aufgab. Kants Prinzip, »alles aus der Maxime seines Willens als eines solchen zu tun, der zugleich sich selbst als allgemein gesetzgebenden zum Gegenstand haben könnte«[83], ist auch das Geheimnis des Übermenschen. Sein Wille ist nicht weniger despotisch als der kategorische Imperativ. Beide Prinzipien zielen auf die Unabhängigkeit von äußeren Mächten, auf die als Wesen der Aufklärung bestimmte unbedingte Mündigkeit. Indem freilich die Furcht vor der Lüge, die Nietzsche in den hellsten Augenblicken selbst noch als »Don-Quixoterie«[84] verschrieen hat, das Gesetz durch die Selbstgesetzgebung ablöst und alles so durchsichtig wird wie ein einziger großer aufgedeckter Aberglaube, wird Aufklärung selbst, ja Wahrheit in jeglicher Gestalt zum Götzen, und wir erkennen, »daß auch wir Erkennenden von heute, wir Gottlosen und Antimetaphysiker, auch *unser* Feuer noch von dem Brande nehmen, den ein Jahrtausende alter Glaube entzündet hat, jener Christenglaube, der auch der Glaube Platos war, daß Gott die Wahrheit ist,

81 *Nachlaß* a.a.O. Band XI. S. 216.
82 A.a.O. Band XIV. S. 273.
83 *Grundlegung zur Metaphysik der Sitten* a.a.O. Band IV. S. 432.
84 *Die Fröhliche Wissenschaft* a.a.O. Band V. S. 275. Vgl. *Genealogie der Moral* a.a.O. Band VII. S. 267–71.

daß die Wahrheit göttlich ist«[85]. Noch die Wissenschaft also verfällt der Kritik an der Metaphysik. Die Leugnung Gottes enthält in sich den unaufhebbaren Widerspruch, sie negiert das Wissen selbst. Sade hat den Gedanken der Aufklärung nicht bis an diesen Punkt des Umschlags weitergetrieben. Die Reflexion der Wissenschaft auf sich selbst, das Gewissen der Aufklärung, war der Philosophie, das heißt, den Deutschen vorbehalten. Für Sade ist Aufklärung nicht so sehr ein geistiges wie ein soziales Phänomen. Er trieb die Auflösung der Bande, die Nietzsche idealistisch durch das höhere Selbst zu überwinden wähnte, die Kritik an der Solidarität mit Gesellschaft, Amt, Familie[86], bis zur Verkündigung der Anarchie. Sein Werk enthüllt den mythologischen Charakter der Prinzipien, auf denen nach der Religion die Zivilisation beruht: des Dekalogs, der väterlichen Autorität, des Eigentums. Es ist genau die Umkehrung der Gesellschaftstheorie, die Le Play nach hundert Jahren ausgesponnen hat.[87] Jedes einzelne der Zehn Gebote erfährt den Nachweis seiner Nichtigkeit vor der Instanz der formalen Vernunft. Sie werden ohne Rest als Ideologien nachgewiesen. Das Plädoyer zu Gunsten des Mordes hält der Papst auf Juliettes Wunsch hin selbst.[88] Er hat es leichter, die unchristlichen Taten zu rationalisieren, als je die christlichen Prinzipien, nach denen sie vom Teufel sind, durchs natürliche Licht zu rechtfertigen waren. Der »philosophe mitré«, der den Mord begründet, muß zu weniger Sophismen greifen als Maimonides und der heilige Thomas, die ihn verdammen. Mehr noch als der Preußengott hält es die römische Vernunft mit den stärkeren Bataillonen. Das Gesetz aber ist entthront und die Liebe, die es vermenschlichen sollte, als Rückkehr zum Götzendienst entlarvt. Nicht bloß die romantische Geschlechtsliebe verfiel der Wissenschaft und Industrie als Metaphysik, sondern jede Liebe überhaupt, denn vor Vernunft vermag keine standzuhalten: die der Frau zum Mann so wenig wie die des Liebhabers zur Geliebten, die Eltern- so wenig wie die Kindesliebe. Der Herzog von Blangis verkündigt den Untergebenen, daß die mit den Gebietern Verwandten, Töchter und Gattinnen, so

85 *Die Fröhliche Wissenschaft* a. a. O.
86 Vgl. Nietzsche, *Nachlaß* a. a. O. Band XI. S. 216.
87 Vgl. Le Play, *Les Ouvriers Européens.* Paris 1879. Band I. Besonders S. 133 ff.
88 *Juliette* a. a. O. Band IV. S. 303 ff.

streng, ja noch strenger behandelt würden als die anderen, »und das gerade deshalb, um euch zu zeigen, wie verächtlich in unseren Augen die Bande sind, an die ihr uns vielleicht gefesselt glaubt«[89]. Die Liebe der Frau wird abgelöst wie die des Manns. Die Regeln der Libertinage, die Saint-Fonds Juliette mitteilt, sollen für alle Frauen gelten.[90] Dolmance gibt die materialistische Entzauberung der Elternliebe. »Die letzteren Bande entstammen der Angst der Eltern, in ihrem Alter verlassen zu sein, und der interessierte Anteil, den sie an uns in unserer Kindheit nehmen, soll ihnen dieselben Aufmerksamkeiten in ihrem Alter einbringen.«[91] Sades Argument ist so alt wie das Bürgertum. Demokrit schon hat die menschliche Elternliebe als ökonomisch denunziert.[92] Sade aber entzaubert auch die Exogamie, die Grundlage der Zivilisation. Der Inzest hat nach ihm keine rationalen Gründe gegen sich[93], und das hygienische Argument, das dagegen stand, ist von der fortgeschrittenen Wissenschaft am Ende eingezogen worden. Sie hat Sades kühles Urteil ratifiziert. »... es ist keineswegs bewiesen, daß inzestuöse Kinder mehr als andere dazu tendieren, als Kretins, Taubstumme, Rachitische, usw. geboren zu werden.«[94] Die Familie, zusammengehalten nicht durch die romantische Geschlechtsliebe, sondern durch die Mutterliebe, die den Grund aller Zärtlichkeit und sozialen Gefühle bildet[95], gerät mit der Gesellschaft selbst in Konflikt. »Bildet euch nicht ein, gute Republikaner zu machen, so lange ihr die Kinder, die nur dem Gemeinwesen gehören sollen, in ihrer Familie isoliert ... Wenn es den größten Nachteil mit sich bringt, die Kinder so in ihren Familien Interessen einsaugen zu lassen, die häufig von denen des Vaterlands stark verschieden sind, so hat es also den größten Vorteil, sie davon zu trennen.«[96] Die »Bande des Hymen« sind aus gesellschaftlichen Gründen zu zerstören, den Kindern ist die Kenntnis des Vaters »absolument inter-

89 *Les 120 Journées de Sodome* a. a. O. Band I. S. 72.
90 Vgl. *Juliette* a. a. O. Band II. S. 234. Anm.
91 *La Philosophie dans le Boudoir* a. a. O. S. 185.
92 Vgl. Demokrit. Diels Fragment 278. Berlin 1912. Band II. S. 117f.
93 *La Philosophie dans le Boudoir* a. a. O. S. 242.
94 S. Reinach, ›La prohibition de l'inceste et le sentiment de la pudeur‹, in: *Cultes, Mythes et Religions*. Paris 1905. Band I. S. 157.
95 *La Philosophie dans le Boudoir* a. a. O. S. 238.
96 A. a. O. S. 238–49.

dite«, sie sind »uniquement les enfants de la patrie«[97], und die Anarchie, der Individualismus, die Sade im Kampf gegen die Gesetze verkündigt hat[98], mündet in die absolute Herrschaft des Allgemeinen, der Republik. Wie der gestürzte Gott in einem härteren Götzen wiederkehrt, so der alte bürgerliche Nachtwächterstaat in der Gewalt des faschistischen Kollektivs. Sade hat den Staatssozialismus zu Ende gedacht, bei dessen ersten Schritten St. Just und Robespierre gescheitert sind. Wenn das Bürgertum sie, seine treuherzigsten Politiker, auf die Guillotine schickte, so hat es seinen offenherzigsten Schriftsteller in die Hölle der Bibliothèque Nationale verbannt. Denn die chronique scandaleuse Justines und Juliettes, die, wie am laufenden Band produziert, im Stil des achtzehnten Jahrhunderts die Kolportage des neunzehnten und die Massenliteratur des zwanzigsten vorgebildet hat, ist das homerische Epos, nachdem es die letzte mythologische Hülle noch abgeworfen hat: die Geschichte des Denkens als Organs der Herrschaft. Indem es nun im eigenen Spiegel vor sich selbst erschrickt, eröffnet es den Blick auf das, was über es hinaus liegt. Nicht das harmonische Gesellschaftsideal, das auch für Sade in der Zukunft dämmert: »gardez vos frontières et restez chez vous«[99], nicht einmal die sozialistische Utopie, die in der Geschichte von Zamé entwickelt ist[100], sondern daß Sade es nicht den Gegnern überließ, die Aufklärung sich über sich selbst entsetzen zu lassen, macht sein Werk zu einem Hebel ihrer Rettung.

Die dunklen Schriftsteller des Bürgertums haben nicht wie seine Apologeten die Konsequenzen der Aufklärung durch harmonistische Doktrinen abzubiegen getrachtet. Sie haben nicht vorgegeben, daß die formalistische Vernunft in einem engeren Zusammenhang mit der Moral als mit der Unmoral stünde. Während die hellen das unlösliche Bündnis von Vernunft und Untat, von bürgerlicher Gesellschaft und Herrschaft durch Leugnung schützten, sprachen jene rücksichtslos die schockierende Wahrheit aus. »... In die von Gattinnen- und Kindermord, von Sodomie, Mordtaten, Prostitution

97 A. a. O.
98 *Juliette* a. a. O. Band IV. S. 240–44.
99 *La Philosophie dans le Boudoir* a. a. O. S. 263.
100 *Aline et Valcour* a. a. O. Band II. S. 181 ff.

und Infamien besudelten Hände legt der Himmel diese Reichtümer; um mich für diese Schandtaten zu belohnen, stellt er sie mir zur Verfügung«, sagt Clairwil im Resumé der Lebensgeschichte ihres Bruders.[101] Sie übertreibt. Die Gerechtigkeit der schlechten Herrschaft ist nicht ganz so konsequent, nur die Scheußlichkeiten zu belohnen. Aber nur die Übertreibung ist wahr. Das Wesen der Vorgeschichte* ist die Erscheinung des äußersten Grauens im Einzelnen. Hinter der statistischen Erfassung der im Pogrom Geschlachteten, die auch die barmherzig Erschossenen einschließt, verschwindet das Wesen, das an der genauen Darstellung der Ausnahme, der schlimmsten Folterung, allein zutagetritt. Das glückliche Dasein in der Welt des Grauens wird durch deren bloße Existenz als ruchlos widerlegt. Diese wird damit zum Wesen, jenes zum Nichtigen. Zur Tötung der eigenen Kinder und Gattinnen, zur Prostitution und Sodomie, ist es bei den Oberen gewiß in der bürgerlichen Ära seltener gekommen als bei den Regierten, von denen die Sitten der Herren aus früheren Tagen übernommen wurden. Dafür haben diese, wenn es um die Macht ging, selbst in späten Jahrhunderten Berge von Leichen getürmt. Vor der Gesinnung und den Taten der Herren im Faschismus, in dem die Herrschaft zu sich selbst gekommen ist, sinkt die enthusiastische Schilderung des Lebens Brisa-Testas, an dem jene freilich sich erkennen lassen, zu familiärer Harmlosigkeit herab. Die privaten Laster sind bei Sade wie schon bei Mandeville die vorwegnehmende Geschichtsschreibung der öffentlichen Tugenden der totalitären Ära. Die Unmöglichkeit, aus der Vernunft ein grundsätzliches Argument gegen den Mord vorzubringen, nicht vertuscht, sondern in alle Welt geschrieen zu haben, hat den Haß entzündet, mit dem gerade die Progressiven Sade und Nietzsche heute noch verfolgen. Anders als der logische Positivismus nahmen beide die Wissenschaft beim Wort. Daß sie entschiedener noch als jener auf der Ratio beharren, hat den geheimen Sinn, die Utopie aus ihrer Hülle zu befreien, die wie im kantischen Vernunftbegriff in jeder großen Philosophie enthalten ist: die einer Menschheit, die, selbst nicht mehr entstellt, der Entstellung nicht länger bedarf. Indem die mitleidlosen Lehren die Identität von Herrschaft

[* Vgl. Anm.******, S. 62.]
101 *Juliette* a. a. O. Band V. S. 232.

und Vernunft verkünden, sind sie barmherziger als jene der moralischen Lakaien des Bürgertums. »Wo liegen deine größten Gefahren?« hat Nietzsche sich einmal gefragt[102], »im Mitleiden«. Er hat in seiner Verneinung das unbeirrbare Vertrauen auf den Menschen gerettet, das von aller tröstlichen Versicherung Tag für Tag verraten wird.

102 *Die Fröhliche Wissenschaft* a. a. O. Band V. S. 205.

Kulturindustrie

Aufklärung als Massenbetrug

Die soziologische Meinung, daß der Verlust des Halts in der objektiven Religion, die Auflösung der letzten vorkapitalistischen Residuen, die technische und soziale Differenzierung und das Spezialistentum in kulturelles Chaos übergegangen sei, wird alltäglich Lügen gestraft. Kultur heute schlägt alles mit Ähnlichkeit. Film, Radio, Magazine machen ein System aus. Jede Sparte ist einstimmig in sich und alle zusammen. Die ästhetischen Manifestationen noch der politischen Gegensätze verkünden gleichermaßen das Lob des stählernen Rhythmus. Die* dekorativen Verwaltungs- und Ausstellungsstätten der Industrie sind in den autoritären und den anderen Ländern kaum verschieden. Die allenthalben emporschießenden hellen Monumentalbauten repräsentieren die sinnreiche Planmäßigkeit der staatenumspannenden Konzerne, auf die bereits das losgelassene Unternehmertum zuschoß, dessen Denkmale die umliegenden düsteren Wohn- und Geschäftshäuser der trostlosen Städte sind. Schon erscheinen die älteren Häuser rings um die Betonzentren als Slums, und die neuen Bungalows am Stadtrand verkünden schon wie die unsoliden Konstruktionen auf internationalen Messen das Lob des technischen Fortschritts und fordern dazu heraus, sie nach kurzfristigem Gebrauch wegzuwerfen wie Konservenbüchsen. Die städtebaulichen Projekte aber, die in hygienischen Kleinwohnungen das Individuum als gleichsam selbständiges perpetuieren sollen, unterwerfen es seinem Widerpart, der totalen Kapitalmacht**, nur um so gründlicher. Wie die Bewohner zwecks Arbeit und Vergnügen, als Produzenten und Konsumenten, in die Zentren entboten werden, so kristallisieren sich die Wohnzellen bruchlos zu wohlorganisierten Komplexen. Die augenfällige Ein-

[* »Die« / 1944: »Der deutsche und der russische Pavillon der Pariser Weltausstellung (von 1937, Hrsg.) schienen desselben Wesens, und die«.]
[** »der totalen Kapitalmacht« / 1944: »dem Monopol«.]

heit von Makrokosmos und Mikrokosmos demonstriert den Menschen das Modell ihrer Kultur: die falsche Identität von Allgemeinem und Besonderem. Alle Massenkultur unterm Monopol ist identisch, und ihr Skelett, das von jenem fabrizierte begriffliche Gerippe, beginnt sich abzuzeichnen. An seiner Verdeckung sind die Lenker gar nicht mehr so sehr interessiert, seine Gewalt verstärkt sich, je brutaler sie sich einbekennt. Lichtspiele und Rundfunk brauchen sich nicht mehr als Kunst auszugeben. Die Wahrheit, daß sie nichts sind als Geschäft, verwenden sie als Ideologie, die den Schund legitimieren soll, den sie vorsätzlich herstellen. Sie nennen sich selbst Industrien, und die publizierten Einkommensziffern ihrer Generaldirektoren schlagen den Zweifel an der gesellschaftlichen Notwendigkeit der Fertigprodukte nieder.

Von Interessenten wird die Kulturindustrie gern technologisch erklärt. Die Teilnahme der Millionen an ihr erzwinge Reproduktionsverfahren, die es wiederum unabwendbar machten, daß an zahllosen Stellen gleiche Bedürfnisse mit Standardgütern beliefert werden. Der technische Gegensatz weniger Herstellungszentren zur zerstreuten Rezeption bedinge Organisation und Planung durch die Verfügenden. Die Standards seien ursprünglich aus den Bedürfnissen der Konsumenten hervorgegangen: daher würden sie so widerstandslos akzeptiert. In der Tat ist es der Zirkel von Manipulation und rückwirkendem Bedürfnis, in dem die Einheit des Systems immer dichter zusammenschießt. Verschwiegen wird dabei, daß der Boden, auf dem die Technik Macht über die Gesellschaft gewinnt, die Macht der ökonomisch Stärksten* über die Gesellschaft ist. Technische Rationalität heute ist die Rationalität der Herrschaft selbst. Sie ist der Zwangscharakter der sich selbst entfremdeten Gesellschaft. Autos, Bomben und Film halten so lange das Ganze zusammen, bis ihr nivellierendes Element am Unrecht selbst, dem es diente, seine Kraft erweist. Einstweilen hat es die Technik der Kulturindustrie bloß zur Standardisierung und Serienproduktion gebracht und das geopfert, wodurch die Logik des Werks von der des gesellschaftlichen Systems sich unterschied. Das aber ist keinem Bewegungsgesetz der Technik als solcher aufzubürden, sondern ihrer

[* »der ökonomisch Stärksten« / 1944: »des Kapitals«.]

Funktion in der Wirtschaft heute*. Das Bedürfnis, das der zentralen Kontrolle etwa sich entziehen könnte, wird schon von der des individuellen Bewußtseins verdrängt. Der Schritt vom Telephon zum Radio hat die Rollen klar geschieden. Liberal ließ jenes den Teilnehmer noch die des Subjekts spielen. Demokratisch macht dieses alle gleichermaßen zu Hörern, um sie autoritär den unter sich gleichen Programmen der Stationen auszuliefern. Keine Apparatur der Replik hat sich entfaltet, und die privaten Sendungen werden zur Unfreiheit verhalten. Sie beschränken sich auf den apokryphen Bereich der »Amateure«, die man zudem noch von oben her organisiert. Jede Spur von Spontaneität des Publikums im Rahmen des offiziellen Rundfunks aber wird von Talentjägern, Wettbewerben vorm Mikrophon, protegierten Veranstaltungen aller Art in fachmännischer Auswahl gesteuert und absorbiert. Die Talente gehören dem Betrieb, längst ehe er sie präsentiert: sonst würden sie nicht so eifrig sich einfügen. Die Verfassung des Publikums, die vorgeblich und tatsächlich das System der Kulturindustrie begünstigt, ist ein Teil des Systems, nicht dessen Entschuldigung. Wenn eine Kunstbranche nach demselben Rezept verfährt wie eine dem Medium und dem Stoff nach weit von ihr entlegene: wenn schließlich der dramatische Knoten in den »Seifenopern«** des Radios zum pädagogischen Beispiel für die Bewältigung technischer Schwierigkeiten wird, die als »jam« ebenso wie auf den Höhepunkten des Jazzlebens gemeistert werden, oder wenn die antastende »Adaptation« eines Beethovenschen Satzes nach dem gleichen Modus sich vollzieht wie die eines Tolstoiromans durch den Film, so wird der Rekurs auf spontane Wünsche des Publikums zur windigen Ausrede. Der Sache näher kommt schon die Erklärung durchs Eigengewicht des technischen und personellen Apparats, der freilich in jeder Einzelheit als Teil des ökonomischen Selektionsmechanismus zu verstehen ist.*** Hinzutritt die Verabredung, zumindest die gemeinsame

[* »Wirtschaft heute« / 1944: »Profitwirtschaft«.]

[** Unter »Seifenopern« versteht man die Zusammenstellungen von Musikstücken mit billigen Effekten, die während der Stunden gesendet wurden, in denen die Hausfrauen ihre Arbeit zu verrichten pflegen, vor allem das Waschen: daher der Name. (A.d.i.Ü.)]

[*** »ist.« / 1944: »ist. Der Betrieb der großen Studios, auch die Qualität des hochbezahlten Menschenmaterials, das sie bevölkert, ist ein Produkt des Monopolwesens, dem es sich einfügt.«]

Entschlossenheit der Exekutivgewaltigen, nichts herzustellen oder durchzulassen, was nicht ihren Tabellen, ihrem Begriff von Konsumenten, vor allem ihnen selber gleicht.

Wenn die objektive gesellschaftliche Tendenz in diesem Weltalter sich in den subjektiven dunklen Absichten der Generaldirektoren inkarniert, so sind es originär die der mächtigsten Sektoren der Industrie, Stahl, Petroleum, Elektrizität, Chemie. Die Kulturmonopole sind mit ihnen verglichen schwach und abhängig. Sie müssen sich sputen, es den wahren Machthabern recht zu machen, damit ihre Sphäre in der Massengesellschaft, deren spezifischer Warentypus ohnehin noch zuviel mit gemütlichem Liberalismus und jüdischen Intellektuellen zu tun hat, nicht einer Folge von Säuberungsaktionen unterworfen* wird. Die Abhängigkeit der mächtigsten Sendegesellschaft von der Elektroindustrie, oder die des Films von den Banken, charakterisiert die ganze Sphäre, deren einzelne Branchen wiederum untereinander ökonomisch verfilzt sind. Alles liegt so nahe beieinander, daß die Konzentration des Geistes ein Volumen erreicht, das es ihr erlaubt, über die Demarkationslinie der Firmentitel und technischen Sparten hinwegzurollen. Die rücksichtslose Einheit der Kulturindustrie bezeugt die heraufziehende der Politik. Emphatische Differenzierungen wie die von A- und B-Filmen oder von Geschichten in Magazinen verschiedener Preislagen gehen nicht sowohl aus der Sache hervor, als daß sie der Klassifikation, Organisation und Erfassung der Konsumenten dienen. Für alle ist etwas vorgesehen, damit keiner ausweichen kann, die Unterschiede werden eingeschliffen und propagiert. Die Belieferung des Publikums mit einer Hierarchie von Serienqualitäten dient nur der um so lückenloseren Quantifizierung. Jeder soll sich gleichsam spontan seinem vorweg durch Indizien bestimmten »level« gemäß verhalten und nach der Kategorie des Massenprodukts greifen, die für seinen Typ fabriziert ist. Die Konsumenten werden als statistisches Material auf der Landkarte der Forschungsstellen, die von denen der Propaganda nicht mehr zu unterscheiden sind, in Einkommensgruppen, in rote, grüne und blaue Felder, aufgeteilt.

Der Schematismus des Verfahrens zeigt sich daran, daß schließlich

[* »einer Folge ... unterworfen« / 1944: »schon vor dem Faschismus enteignet«.]

die mechanisch differenzierten Erzeugnisse als allemal das Gleiche sich erweisen. Daß der Unterschied der Chrysler- von der General-Motors-Serie im Grunde illusionär ist, weiß schon jedes Kind, das sich für den Unterschied begeistert. Was die Kenner als Vorzüge und Nachteile besprechen, dient nur dazu, den Schein von Konkurrenz und Auswahlmöglichkeit zu verewigen. Mit den Präsentationen der Warner Brothers und Metro Goldwyn Mayers verhält es sich nicht anders. Aber auch zwischen den teureren und billigeren Sorten der Musterkollektion der gleichen Firma schrumpfen die Unterschiede immer mehr zusammen: bei den Autos auf solche von Zylinderzahl, Volumen, Patentdaten der gadgets*, bei den Filmen auf solche der Starzahl, der Üppigkeit des Aufwands an Technik, Arbeit und Ausstattung, und der Verwendung jüngerer psychologischer Formeln. Der einheitliche Maßstab des Wertes besteht in der Dosierung der conspicuous production, der zur Schau gestellten Investition. Die budgetierten Wertdifferenzen der Kulturindustrie haben mit sachlichen, mit dem Sinn der Erzeugnisse überhaupt nichts zu tun. Auch die technischen Medien untereinander werden zur unersättlichen Uniformität getrieben. Das Fernsehen zielt auf eine Synthese von Radio und Film, die man aufhält, solange sich die Interessenten noch nicht ganz geeinigt haben, deren unbegrenzte Möglichkeiten aber die Verarmung der ästhetischen Materialien so radikal zu steigern verspricht, daß die flüchtig getarnte Identität aller industriellen Kulturprodukte morgen schon offen triumphieren mag, hohnlachende Erfüllung des Wagnerschen Traums vom Gesamtkunstwerk. Die Übereinstimmung von Wort, Bild und Musik gelingt um so viel perfekter als im *Tristan*, weil die sinnlichen Elemente, die einspruchslos allesamt die Oberfläche der gesellschaftlichen Realität protokollieren, dem Prinzip nach im gleichen technischen Arbeitsgang produziert werden und dessen Einheit als ihren eigentlichen Gehalt ausdrücken. Dieser Arbeitsgang integriert alle Elemente der Produktion, von der auf den Film** schielenden Konzeption des Romans bis zum letzten Geräuscheffekt. Er ist der Triumph des investierten Kapitals. Seine Allmacht den enteigneten Anwär-

[* Zubehör, im Sinn von technischer Spielerei.]
[** »auf den Film« / 1944: »aufs Filmmonopol«.]

tern auf jobs als die ihres Herrn ins Herz zu brennen, macht den Sinn aller Filme aus, gleichviel welches plot die Produktionsleitung jeweils ausersieht.

An der Einheit der Produktion soll der Freizeitler sich ausrichten. Die Leistung, die der kantische Schematismus noch von den Subjekten erwartet hatte, nämlich die sinnliche Mannigfaltigkeit vorweg auf die fundamentalen Begriffe zu beziehen, wird dem Subjekt von der Industrie abgenommen. Sie betreibt den Schematismus als ersten Dienst am Kunden. In der Seele sollte ein geheimer Mechanismus wirken, der die unmittelbaren Daten bereits so präpariert, daß sie ins System der Reinen Vernunft hineinpassen. Das Geheimnis ist heute enträtselt. Ist auch die Planung des Mechanismus durch die, welche die Daten beistellen, die Kulturindustrie, dieser selber durch die Schwerkraft der trotz aller Rationalisierung irrationalen Gesellschaft aufgezwungen, so wird doch die verhängnisvolle Tendenz bei ihrem Durchgang durch die Agenturen des Geschäfts in dessen* eigene gewitzigte Absichtlichkeit verwandelt. Für den Konsumenten gibt es nichts mehr zu klassifizieren, was nicht selbst im Schematismus der Produktion vorweggenommen wäre. Die traumlose Kunst fürs Volk erfüllt jenen träumerischen Idealismus, der dem kritischen zu weit ging. Alles kommt aus dem Bewußtsein, bei Malebranche und Berkeley aus dem Gottes, in der Massenkunst aus dem der irdischen Produktionsleitung. Nicht nur werden die Typen von Schlagern, Stars, Seifenopern zyklisch als starre Invarianten durchgehalten, sondern der spezifische Inhalt des Spiels, das scheinbar Wechselnde ist selber aus ihnen abgeleitet. Die Details werden fungibel. Die kurze Intervallfolge, die in einem Schlager als einprägsam sich bewährte, die vorübergehende Blamage des Helden, die er als good sport zu ertragen weiß, die zuträglichen Prügel, die die Geliebte von der starken Hand des männlichen Stars empfängt, seine rüde Sprödheit gegen die verwöhnte Erbin sind wie alle Einzelheiten fertige Clichés, beliebig hier und dort zu verwenden, und allemal völlig definiert durch den Zweck, der ihnen im Schema zufällt. Es zu bestätigen, indem sie es zusammensetzen, ist ihr ganzes Leben. Durchweg ist dem Film sogleich anzusehen, wie er ausgeht,

[* »Agenturen ... dessen« / 1944: »monopolistischen Agenturen in deren«.]

wer belohnt, bestraft, vergessen wird, und vollends in der leichten Musik kann das präparierte Ohr nach den ersten Takten des Schlagers die Fortsetzung raten und fühlt sich glücklich, wenn es wirklich so eintrifft. An der durchschnittlichen Wortzahl der Short Story ist nicht zu rütteln. Selbst gags, Effekte und Witze sind kalkuliert wie ihr Gerüst. Sie werden von besonderen Fachleuten verwaltet, und ihre schmale Mannigfaltigkeit läßt grundsätzlich im Büro sich aufteilen. Die Kulturindustrie hat sich entwickelt mit der Vorherrschaft des Effekts, der handgreiflichen Leistung, der technischen Details übers Werk, das einmal die Idee trug und mit dieser liquidiert wurde. Indem das Detail sich emanzipierte, war es aufsässig geworden und hatte sich, von der Romantik bis zum Expressionismus, als ungebändigter Ausdruck, als Träger des Einspruchs gegen die Organisation aufgeworfen. Die harmonische Einzelwirkung hatte in der Musik das Bewußtsein des Formganzen, die partikulare Farbe in der Malerei die Bildkomposition, die psychologische Eindringlichkeit im Roman die Architektur verwischt. Dem macht die Kulturindustrie durch Totalität ein Ende. Während sie nichts mehr kennt als die Effekte, bricht sie deren Unbotmäßigkeit und unterwirft sie der Formel, die das Werk ersetzt. Ganzes und Teile schlägt sie gleichermaßen. Das Ganze tritt unerbittlich und beziehungslos den Details gegenüber, etwa als die Karriere eines Erfolgreichen, der alles als Illustration und Beweisstück dienen soll, während sie doch selbst nichts anderes als die Summe jener idiotischen Ereignisse ist. Die sogenannte übergreifende Idee ist eine Registraturmappe und stiftet Ordnung, nicht Zusammenhang. Gegensatzlos und unverbunden tragen Ganzes und Einzelheit die gleichen Züge. Ihre vorweg garantierte Harmonie verhöhnt die errungene des großen bürgerlichen Kunstwerks. In Deutschland lag über den heitersten Filmen der Demokratie schon die Kirchhofsruhe der Diktatur.

Die ganze Welt wird durch das Filter der Kulturindustrie geleitet. Die alte Erfahrung des Kinobesuchers, der die Straße draußen als Fortsetzung des gerade verlassenen Lichtspiels wahrnimmt, weil dieses selber streng die alltägliche Wahrnehmungswelt wiedergeben will, ist zur Richtschnur der Produktion geworden. Je dichter und lückenloser ihre Techniken die empirischen Gegenstände verdoppeln, um so leichter gelingt heute die Täuschung, daß die Welt draußen die bruchlose Verlängerung derer sei, die man im Lichtspiel kennenlernt. Seit der schlagartigen Einführung des Tonfilms ist die mechanische Vervielfältigung ganz und gar diesem Vorhaben dienstbar geworden. Das Leben soll der Tendenz nach vom Tonfilm nicht mehr sich unterscheiden lassen. Indem er, das Illusionstheater weit überbietend, der Phantasie und dem Gedanken der Zuschauer keine Dimension mehr übrigläßt, in der sie im Rahmen des Filmwerks und doch unkontrolliert von dessen exakten Gegebenheiten sich ergehen und abschweifen könnten, ohne den Faden zu verlieren, schult er den ihm Ausgelieferten, ihn unmittelbar mit der Wirklichkeit zu identifizieren. Die Verkümmerung der Vorstellungskraft und Spontaneität des Kulturkonsumenten heute braucht nicht auf psychologische Mechanismen erst reduziert zu werden. Die Produkte selber, allen voran das charakteristischste, der Tonfilm, lähmen ihrer objektiven Beschaffenheit nach jene Fähigkeiten. Sie sind so angelegt, daß ihre adäquate Auffassung zwar Promptheit, Beobachtungsgabe, Versiertheit erheischt, daß sie aber die denkende Aktivität des Betrachters geradezu verbieten, wenn er nicht die vorbeihuschenden Fakten versäumen will. Die Anspannung freilich ist so eingeschliffen, daß sie im Einzelfall gar nicht erst aktualisiert zu werden braucht und doch die Einbildungskraft verdrängt. Wer vom Kosmos des Films, von Geste, Bild und Wort so absorbiert wird, daß er ihm das nicht hinzuzufügen vermag, wodurch er doch erst zum Kosmos würde, muß nicht notwendig im Augenblick der Aufführung von den besonderen Leistungen der Maschinerie ganz und gar besetzt sein. Von allen anderen Filmen und anderen Kulturfabrikaten her, die er kennen muß, sind die geforderten Leistungen der Aufmerksamkeit so vertraut, daß sie automatisch erfolgen. Die Gewalt der Industriegesellschaft* wirkt in den Menschen ein für allemal. Die Produkte der Kulturindustrie können darauf rechnen, selbst im Zustand der Zerstreuung alert konsumiert zu werden. Aber ein jegliches ist ein Modell der ökonomischen Riesenmaschinerie**, die alle von Anfang an, bei der Arbeit und der ihr ähnlichen Erholung, in Atem hält. Jedem beliebigen Tonfilm, jeder beliebigen Radiosendung läßt sich entnehmen, was keiner einzelnen, sondern allen zusammen in der Gesellschaft als Wirkung zuzuschreiben

[* »Industriegesellschaft« / 1944: »Maschinerie«.]
[** »ökonomischen Riesenmaschinerie« / 1944: »Riesenmaschine des Monopols«.]

wäre. Unweigerlich reproduziert jede einzelne Manifestation der Kulturindustrie die Menschen als das, wozu die ganze sie gemacht hat. Darüber, daß der Prozeß der einfachen Reproduktion des Geistes ja nicht in die erweiterte hineinführe, wachen alle seine Agenten, vom producer bis zu den Frauenvereinen.

Die Klagen der Kunsthistoriker und Kulturanwälte übers Erlöschen der stilbildenden Kraft im Abendland sind zum Erschrecken unbegründet. Die stereotype Übersetzung von allem, selbst dem noch gar nicht Gedachten ins Schema der mechanischen Reproduzierbarkeit übertrifft die Strenge und Geltung jedes wirklichen Stils, mit dessen Begriff die Bildungsfreunde die vorkapitalistische Vergangenheit als organische verklären. Kein Palestrina konnte die unvorbereitete und unaufgelöste Dissonanz puristischer verfolgen als der Jazzarrangeur jede Wendung, die nicht genau in den Jargon paßt. Verjazzt er Mozart, so ändert er ihn ab nicht bloß, wo jener zu schwierig oder ernsthaft wäre, sondern auch, wo er die Melodie bloß anders, ja wo er sie einfacher harmonisierte als heute der Brauch. Kein mittelalterlicher Bauherr kann die Sujets der Kirchenfenster und Plastiken argwöhnischer durchmustert haben als die Hierarchie der Studios einen Stoff von Balzac oder Victor Hugo, ehe er das Imprimatur des Gangbaren erhält. Kein Kapitel konnte den Teufelsfratzen und den Qualen der Verdammten sorgfältiger ihren Platz dem ordo der allerhöchsten Liebe gemäß zuteilen als die Produktionsleitung der Tortur des Helden oder dem hochgehobenen Rock der leading lady in der Litanei des Großfilms. Der ausdrückliche und implizite, exoterische und esoterische Katalog des Verbotenen und Tolerierten* reicht so weit, daß er den freigelassenen Bereich nicht nur umgrenzt sondern durchwaltet. Nach ihm werden noch die letzten Einzelheiten gemodelt. Die Kulturindustrie legt, wie ihr Widerpart, die avancierte Kunst, durch die Verbote positiv ihre eigene Sprache fest, mit Syntax und Vokabular. Der permanente Zwang zu neuen Effekten, die doch ans alte Schema gebunden bleiben, vermehrt bloß, als zusätzliche Regel, die Gewalt des Hergebrachten, der jeder einzelne Effekt entschlüpfen möchte. Alles Erscheinende ist so gründlich gestempelt, daß nachgerade nichts mehr vorkommen kann, was nicht vorweg die Spur des Jar-

[* »Tolerierten« / 1944: »Tolerierten, den das Monopol benutzt,«.]

gons trüge, auf den ersten Blick als approbiert sich auswiese. Die Matadore aber, produzierende und reproduzierende, sind die, welche den Jargon so leicht und frei und freudig sprechen, als ob er die Sprache wäre, die er doch längst verstummen ließ. Das ist das Ideal des Natürlichen in der Branche. Es macht um so gebieterischer sich geltend, je mehr die perfektionierte Technik die Spannung zwischen dem Gebilde und dem alltäglichen Dasein herabsetzt. Die Paradoxie der in Natur travestierten Routine läßt allen Äußerungen der Kulturindustrie sich anhören, und in vielen ist sie mit Händen zu greifen. Ein Jazzmusiker, der ein Stück ernster Musik, das einfachste Menuett Beethovens zu spielen hat, synkopiert es unwillkürlich und läßt nur souverän lächelnd sich dazu bewegen, mit dem Taktteil einzusetzen. Solche Natur, kompliziert durch die immer gegenwärtigen und sich selbst übertreibenden Ansprüche des spezifischen Mediums, macht den neuen Stil aus, nämlich »ein System der Nicht-Kultur, der man selbst eine gewisse ›Einheit des Stils‹ zugestehen dürfte, falls es nämlich noch einen Sinn hat, von einer stilisierten Barbarei zu reden« [1].

Die allgemeine Verbindlichkeit dieser Stilisierung mag bereits die der offiziösen Vorschriften und Verbote übertreffen; einem Schlager wird heute eher nachgesehen, wenn er sich nicht an die 32 Takte oder den Umfang der None hält, als wenn er das geheimste melodische oder harmonische Detail bringt, das aus dem Idiom herausfällt. Alle Verstöße gegen die Usancen des Metiers, die Orson Welles begeht, werden ihm verziehen, weil sie als berechnete Unarten die Geltung des Systems um so eifriger bekräftigen. Der Zwang des technisch bedingten Idioms, das die Stars und Direktoren als Natur produzieren müssen, auf daß die Nation es zur ihrigen mache, bezieht sich auf so feine Nuancen, daß sie fast die Subtilität der Mittel eines Werks der Avantgarde erreichen, durch die es im Gegensatz zu jenen der Wahrheit dient. Die seltene Fähigkeit, minutiös den Verpflichtungen des Idioms der Natürlichkeit in allen Sparten der Kulturindustrie nachzukommen, wird zum Maß der Könnerschaft. Was und wie sie es sagen, soll an der Alltagssprache kontrollierbar sein, wie im logischen Positivismus. Die Produzenten sind Exper-

1 Nietzsche, *Unzeitgemäße Betrachtungen. Werke.* Großoktavausgabe. Leipzig 1917, Band I. S. 187.

ten. Das Idiom verlangt die erstaunlichste Produktivkraft, absorbiert und vergeudet sie. Es hat die kulturkonservative Unterscheidung von echtem und künstlichem Stil satanisch überholt. Künstlich könnte allenfalls ein Stil heißen, der von außen den widerstrebenden Regungen der Gestalt aufgeprägt ist. In der Kulturindustrie aber entspringt der Stoff bis in seine letzten Elemente derselben Apparatur wie der Jargon, in den er eingeht. Die Händel, in welche die künstlerischen Spezialisten mit Sponsor und Zensor über eine allzu unglaubwürdige Lüge geraten, zeugen nicht so sehr von innerästhetischer Spannung wie von einer Divergenz der Interessen. Das Renommee des Spezialisten, in dem ein letzter Rest von sachlicher Autonomie zuweilen noch Zuflucht findet, stößt mit der Geschäftspolitik der Kirche oder des Konzerns zusammen, der die Kulturware herstellt. Die Sache jedoch ist dem eigenen Wesen nach schon als gangbare verdinglicht, ehe es nur zum Streit der Instanzen kommt. Noch bevor Zanuck* sie erwarb, leuchtete die heilige Bernadette im Blickfeld ihres Dichters als Reklame für alle interessierten Konsortien auf. Das ist aus den Regungen der Gestalt geworden. Darum ist der Stil der Kulturindustrie, der an keinem widerstrebenden Material mehr sich zu erproben hat, zugleich die Negation von Stil. Die Versöhnung von Allgemeinem und Besonderem, von Regel und spezifischem Anspruch des Gegenstands, in deren Vollzug Stil allein Gehalt gewinnt, ist nichtig, weil es zur Spannung zwischen den Polen gar nicht mehr kommt: die Extreme, die sich berühren, sind in trübe Identität übergegangen, das Allgemeine kann das Besondere ersetzen und umgekehrt.

Dennoch aber macht dies Zerrbild des Stils etwas über den vergangenen echten aus. Der Begriff des echten Stils wird in der Kulturindustrie als ästhetisches Äquivalent der Herrschaft durchsichtig. Die Vorstellung vom Stil als bloß ästhetischer Gesetzmäßigkeit ist eine romantische Rückphantasie. In der Einheit des Stils nicht nur des christlichen Mittelalters sondern auch der Renaissance drückt die je verschiedene Struktur der sozialen Gewalt sich aus, nicht die dunkle Erfahrung der Beherrschten, in der das Allgemeine verschlossen war. Die großen Künstler waren niemals jene, die Stil am bruchlosesten und vollkommensten verkörperten, sondern jene, die den Stil

[* Filmproduzent, Mitbegründer der 20th Century Pictures.]

als Härte gegen den chaotischen Ausdruck von Leiden, als negative Wahrheit, in ihr Werk aufnahmen. Im Stil der Werke gewann der Ausdruck die Kraft, ohne die das Dasein ungehört zerfließt. Jene selbst, welche die klassischen heißen, wie Mozarts Musik, enthalten objektive Tendenzen, welche es anders wollten als der Stil, den sie inkarnieren. Bis zu Schönberg und Picasso haben die großen Künstler sich das Mißtrauen gegen den Stil bewahrt und im Entscheidenden sich weniger an diesen als an die Logik der Sache gehalten. Was Expressionisten und Dadaisten polemisch meinten, die Unwahrheit am Stil als solchem, triumphiert heute im Singjargon des Crooners*, in der wohlgetroffenen Grazie des Filmstars, ja in der Meisterschaft des photographischen Schusses auf die Elendshütte des Landarbeiters. In jedem Kunstwerk ist sein Stil ein Versprechen. Indem das Ausgedrückte durch Stil in die herrschenden Formen der Allgemeinheit, die musikalische, malerische, verbale Sprache eingeht, soll es mit der Idee der richtigen Allgemeinheit sich versöhnen. Dies Versprechen des Kunstwerks, durch Einprägung der Gestalt in die gesellschaftlich tradierten Formen Wahrheit zu stiften, ist so notwendig wie gleißnerisch. Es setzt die realen Formen des Bestehenden absolut, indem es vorgibt, in ihren ästhetischen Derivaten die Erfüllung vorwegzunehmen. Insofern ist der Anspruch der Kunst stets auch Ideologie. Auf keine andere Weise jedoch als in jener Auseinandersetzung mit der Tradition, die im Stil sich niederschlägt, findet Kunst Ausdruck für das Leiden. Das Moment am Kunstwerk, durch das es über die Wirklichkeit hinausgeht, ist in der Tat vom Stil nicht abzulösen; doch es besteht nicht in der geleisteten Harmonie, der fragwürdigen Einheit von Form und Inhalt, Innen und Außen, Individuum und Gesellschaft, sondern in jenen Zügen, in denen die Diskrepanz erscheint, im notwendigen Scheitern der leidenschaftlichen Anstrengung zur Identität. Anstatt diesem Scheitern sich auszusetzen, in dem der Stil des großen Kunstwerks seit je sich negierte, hat das schwache immer an die Ähnlichkeit mit anderen sich gehalten, an das Surrogat der Identität. Kulturindustrie endlich setzt die Imitation absolut. Nur noch Stil, gibt sie dessen Geheimnis preis, den Gehorsam gegen die gesellschaftliche Hierarchie. Die ästhetische Barbarei heute vollendet, was den geistigen

[* Sänger von sentimentalen Schlagern.]

Gebilden droht, seitdem man sie als Kultur zusammengebracht und neutralisiert hat. Von Kultur zu reden war immer schon wider die Kultur. Der Generalnenner Kultur enthält virtuell bereits die Erfassung, Katalogisierung, Klassifizierung, welche die Kultur ins Reich der Administration hineinnimmt. Erst die industrialisierte, die konsequente Subsumtion, ist diesem Begriff von Kultur ganz angemessen. Indem sie alle Zweige der geistigen Produktion in gleicher Weise dem einen Zweck unterstellt, die Sinne der Menschen vom Ausgang aus der Fabrik am Abend bis zur Ankunft bei der Stechuhr am nächsten Morgen mit den Siegeln jenes Arbeitsganges zu besetzen, den sie den Tag über selbst unterhalten müssen, erfüllt sie höhnisch den Begriff der einheitlichen Kultur, den die Persönlichkeitsphilosophen der Vermassung entgegenhielten.

So erweist sich Kulturindustrie, der unbeugsamste Stil von allen, als das Ziel eben des Liberalismus, dem der Mangel an Stil vorgeworfen wird. Nicht bloß sind ihre Kategorien und Inhalte aus der liberalen Sphäre hervorgegangen, dem domestizierten Naturalismus so gut wie der Operette und Revue: die modernen Kulturkonzerne sind der ökonomische Ort, an dem mit den entsprechenden Unternehmertypen einstweilen noch ein Stück der sonst im Abbau begriffenen Zirkulationssphäre überlebt. Dort kann schließlich einer noch sein Glück machen, sofern er nur nicht allzu unverwandt auf seine Sache blickt, sondern mit sich reden läßt. Was widersteht, darf überleben nur, indem es sich eingliedert. Einmal in seiner Differenz von der Kulturindustrie registriert, gehört es schon dazu wie der Bodenreformer zum Kapitalismus. Realitätsgerechte Empörung wird zur Warenmarke dessen, der dem Betrieb eine neue Idee zuzuführen hat. Die Öffentlichkeit der gegenwärtigen Gesellschaft* läßt es zu keiner vernehmbaren Anklage kommen, an deren Ton die Hellhörigen nicht schon die Prominenz witterten, in deren Zeichen der Empörte sich mit ihnen aussöhnt. Je unausmeßbarer die Kluft zwischen dem Chorus und der Spitze wird, um so gewisser ist an dieser für jeden Platz, der durch gut organisierte Auffälligkeit seine Superiorität bekundet. Damit überlebt auch in der Kulturindustrie die Tendenz des Liberalismus, seinen Tüchtigen freie Bahn zu gewähren.

[* »gegenwärtigen Gesellschaft« / 1944: »Monopolgesellschaft«.]

Sie jenen Könnern heute aufzuschließen, ist noch die Funktion des sonst bereits weithin regulierten Marktes, dessen Freiheit schon zu seiner Glanzzeit in der Kunst wie sonstwo für die Dummen in der zum Verhungern bestand. Nicht umsonst stammt das System der Kulturindustrie aus den liberaleren Industrieländern, wie denn alle ihre charakteristischen Medien, zumal Kino, Radio, Jazz und Magazin, dort triumphieren. Ihr Fortschritt freilich entsprang den allgemeinen Gesetzen des Kapitals. Gaumont und Pathé*, Ullstein und Hugenberg** waren nicht ohne Glück dem internationalen Zug gefolgt; die wirtschaftliche Abhängigkeit des Kontinents von den USA nach Krieg und Inflation tat dabei das ihrige. Der Glaube, die Barbarei der Kulturindustrie sei eine Folge des »cultural lag«, der Zurückgebliebenheit des amerikanischen Bewußtseins hinter dem Stand der Technik, ist ganz illusionär. Zurückgeblieben hinter der Tendenz zum Kulturmonopol war das vorfaschistische Europa. Gerade solcher Zurückgebliebenheit aber hatte der Geist einen Rest von Selbständigkeit, seine letzten Träger ihre wie immer auch gedrückte Existenz zu verdanken. In Deutschland hatte die mangelnde Durchdringung des Lebens mit demokratischer Kontrolle paradox gewirkt. Vieles blieb von jenem Marktmechanismus ausgenommen, der in den westlichen Ländern entfesselt wurde. Das deutsche Erziehungswesen samt den Universitäten, die künstlerisch maßgebenden Theater, die großen Orchester, die Museen standen unter Protektion. Die politischen Mächte, Staat und Kommunen, denen solche Institutionen als Erbe vom Absolutismus zufielen, hatten ihnen ein Stück jener Unabhängigkeit von den auf dem Markt deklarierten Herrschaftsverhältnissen bewahrt, die ihnen bis ins neunzehnte Jahrhundert hinein die Fürsten und Feudalherren schließlich noch gelassen hatten. Das stärkte der späten Kunst den Rücken gegen das Verdikt von Angebot und Nachfrage und steigerte ihre Resistenz weit über die tatsächliche Protektion hinaus. Auf dem Markt selbst setzte der Tribut an unverwertbare und nicht schon kurrente Qualität in Kaufkraft sich um: daher konnten anständige literarische und musikalische Verleger etwa Autoren pflegen, die nicht viel mehr einbrachten als die Achtung des Kenners.

[* französische Filmindustrielle.]
[** Gründer deutscher Verlagskonzerne.]

Erst der Zwang, unablässig unter der drastischsten Drohung als ästhetischer Experte dem Geschäftsleben sich einzugliedern, hat den Künstler ganz an die Kandare genommen. Ehemals zeichneten sie wie Kant und Hume die Briefe mit »untertänigster Knecht« und unterminierten die Grundlagen von Thron und Altar. Heute nennen sie Regierungshäupter mit Vornamen und sind mit jeder künstlerischen Regung dem Urteil ihrer illiteraten Prinzipale untertan. Die Analyse, die Tocqueville vor hundert Jahren gab, hat sich mittlerweile ganz bewahrheitet. Unterm privaten Kulturmonopol läßt in der Tat »die Tyrannei den Körper frei und geht geradewegs auf die Seele los. Der Herrscher sagt dort nicht mehr: du sollst denken wie ich oder sterben. Er sagt: es steht dir frei, nicht zu denken wie ich, dein Leben, deine Güter, alles soll dir bleiben, aber von diesem Tage an bist du ein Fremdling unter uns.«[2] Was nicht konformiert, wird mit einer ökonomischen Ohnmacht geschlagen, die sich in der geistigen des Eigenbrötlers fortsetzt. Vom Betrieb ausgeschaltet, wird er leicht der Unzulänglichkeit überführt. Während heute in der materiellen Produktion der Mechanismus von Angebot und Nachfrage sich zersetzt, wirkt er im Überbau als Kontrolle zugunsten der Herrschenden. Die Konsumenten sind die Arbeiter und Angestellten, die Farmer und Kleinbürger. Die kapitalistische Produktion hält sie mit Leib und Seele so eingeschlossen, daß sie dem, was ihnen geboten wird, widerstandslos verfallen. Wie freilich die Beherrschten die Moral, die ihnen von den Herrschenden kam, stets ernster nahmen als diese selbst, verfallen heute die betrogenen Massen mehr noch als die Erfolgreichen dem Mythos des Erfolgs. Sie haben ihre Wünsche. Unbeirrbar bestehen sie auf der Ideologie, durch die man sie versklavt. Die böse Liebe des Volks zu dem, was man ihm antut, eilt der Klugheit der Instanzen noch voraus. Sie übertrifft den Rigorismus des Hays Office*, wie es in großen Zeiten größere gegen es gerichtete Instanzen, den Terror der Tribunale, befeuert hat. Es fordert Mickey Rooney** gegen die tragische Garbo und Donald Duck gegen Betty Boop. Die Industrie fügt sich dem von ihr heraufbeschworenen Votum. Was für die Firma, die dann zuweilen den

[* Amt für freiwillige Zensur. (A. d. i. Ü.) Es wurde 1934 in Hollywood eingerichtet.]
[** S. Anm.*, S. 183.]
2 A. de Tocqueville, *De la Démocratie en Amérique*. Paris 1864. Band II. S. 151.

Kontrakt mit dem sinkenden Star nicht voll verwerten kann, faux frais bedeutet, sind legitime Kosten für das ganze System. Durch die abgefeimte Sanktionierung der Forderung von Schund inauguriert es die totale Harmonie. Kennerschaft und Sachverständnis verfallen der Acht als Anmaßung dessen, der sich besser dünkt als die anderen, wo doch die Kultur so demokratisch ihr Privileg an alle verteilt. Angesichts des ideologischen Burgfriedens gewinnt der Konformismus der Abnehmer wie die Unverschämtheit der Produktion, die sie im Gang halten, das gute Gewissen. Er bescheidet sich bei der Reproduktion des Immergleichen.

Immergleichheit regelt auch das Verhältnis zum Vergangenen. Das Neue der massenkulturellen Phase gegenüber der spätliberalen ist der Ausschluß des Neuen. Die Maschine rotiert auf der gleichen Stelle. Während sie schon den Konsum bestimmt, scheidet sie das Unerprobte als Risiko aus. Mißtrauisch blicken die Filmleute auf jedes Manuskript, dem nicht schon ein bestseller beruhigend zu Grunde liegt. Darum gerade ist immerzu von idea, novelty und surprise die Rede, dem, was zugleich allvertraut wäre und nie dagewesen. Ihm dient Tempo und Dynamik. Nichts darf beim Alten bleiben, alles muß unablässig laufen, in Bewegung sein. Denn nur der universale Sieg des Rhythmus von mechanischer Produktion und Reproduktion verheißt, daß nichts sich ändert, nichts herauskommt, was nicht paßte. Zusätze zum erprobten Kulturinventar sind zu spekulativ. Die gefrorenen Formtypen wie Sketch, Kurzgeschichte, Problemfilm, Schlager sind der normativ gewandte, drohend oktroyierte Durchschnitt des spätliberalen Geschmacks. Die Gewaltigen der Kulturagenturen, die harmonieren wie nur ein Manager mit dem anderen, gleichviel ob er aus der Konfektion oder dem* College hervorging, haben längst den objektiven Geist saniert und rationalisiert. Es ist, als hätte eine allgegenwärtige Instanz** das Material gesichtet und den maßgebenden Katalog der kulturellen Güter aufgestellt, der die lieferbaren Serien bündig aufführt. Die

[* »Konfektion oder dem« / 1944: »jüdischen Kleiderbranche oder dem episkopalen«.]

[** »eine allgegenwärtige Instanz« / 1944: »ein Rockefeller-Institut, nur um ein weniges allgegenwärtiger als das in Radio City,«. – »Radio City«: Seit Beginn der dreißiger Jahre Bezeichnung eines Teils der Rockefeller Center in New York, der mehrere Theater, Rundfunkstudios und die Radio City Music Hall umfaßte.]

Ideen sind an den Kulturhimmel geschrieben, in dem sie bei Platon schon gezählt, ja Zahlen selbst, unvermehrbar und unveränderlich beschlossen waren.

Amusement, alle Elemente der Kulturindustrie, hat es längst vor dieser gegeben. Jetzt werden sie von oben ergriffen und auf die Höhe der Zeit gebracht. Die Kulturindustrie kann sich rühmen, die vielfach unbeholfene Transposition der Kunst in die Konsumsphäre energisch durchgeführt, zum Prinzip erhoben, das Amusement seiner aufdringlichen Naivitäten entkleidet und die Machart der Waren verbessert zu haben. Je totaler sie wurde, je unbarmherziger sie jeden Outsider sei's zum Bankrott sei's ins Syndikat zwang, um so feiner und gehobener ist sie zugleich geworden, bis sie schließlich in der Synthese von Beethoven und Casino de Paris* terminiert. Ihr Sieg ist doppelt: was sie als Wahrheit draußen auslöscht, kann sie drinnen als Lüge beliebig reproduzieren. »Leichte« Kunst als solche, Zerstreuung, ist keine Verfallsform. Wer sie als Verrat am Ideal reinen Ausdrucks beklagt, hegt Illusionen über die Gesellschaft**. Die Reinheit der bürgerlichen Kunst, die sich als Reich der Freiheit im Gegensatz zur materiellen Praxis hypostasierte, war von Anbeginn mit dem Ausschluß der Unterklasse erkauft, deren Sache, der richtigen Allgemeinheit, die Kunst gerade durch die Freiheit von den Zwecken der falschen Allgemeinheit die Treue hält. Ernste Kunst hat jenen sich verweigert, denen Not und Druck des Daseins den Ernst zum Hohn macht und die froh sein müssen, wenn sie die Zeit, die sie nicht am Triebrad stehen, dazu benutzen können, sich treiben zu lassen. Leichte Kunst hat die autonome als Schatten begleitet. Sie ist das gesellschaftlich schlechte Gewissen der ernsten. Was diese auf Grund ihrer gesellschaftlichen Voraussetzungen an Wahrheit verfehlen mußte, gibt jener den Schein sachlichen Rechts. Die Spaltung selbst ist die Wahrheit: sie spricht zumindest die Negativität der Kultur aus, zu der die Sphären sich addieren. Der Gegensatz läßt am wenigsten sich versöhnen, indem man die leichte in die ernste aufnimmt oder umgekehrt. Das aber versucht die Kulturindustrie. Die Exzentrizität von Zirkus, Panoptikum und Bordell zur Gesellschaft ist ihr so peinlich wie die von Schönberg und Karl

[* Music-hall in Paris, berühmt wegen ihrer luxuriösen Ausstattung.]
[** »Gesellschaft« / 1944: »Klassengesellschaft«.]

Kraus. Dafür muß der Jazzführer Benny Goodman mit dem Budapester Streichquartett auftreten, rhythmisch pedantischer als irgendein philharmonischer Klarinettist, während die Budapester dazu so glatt vertikal und süß spielen wie Guy Lombardo*. Bezeichnend sind nicht krude Unbildung, Dummheit und Ungeschliffenheit. Der Pofel von ehedem wurde von der Kulturindustrie durch die eigene Perfektion, durch Verbot und Domestizierung des Dilettantischen abgeschafft, obwohl sie unablässig grobe Schnitzer begeht, ohne die das Niveau des Gehobenen überhaupt nicht gedacht werden kann. Neu aber ist, daß die unversöhnlichen Elemente der Kultur, Kunst und Zerstreuung durch ihre Unterstellung unter den Zweck auf eine einzige falsche Formel gebracht werden: die Totalität der Kulturindustrie. Sie besteht in Wiederholung. Daß ihre charakteristischen Neuerungen durchweg bloß in Verbesserungen der Massenreproduktion bestehen, ist dem System nicht äußerlich. Mit Grund heftet sich das Interesse ungezählter Konsumenten an die Technik, nicht an die starr repetierten, ausgehöhlten und halb schon preisgegebenen Inhalte. Die gesellschaftliche Macht, welche die Zuschauer anbeten, bezeugt sich wirksamer in der von Technik erzwungenen Allgegenwart des Stereotypen als in den abgestandenen Ideologien, für welche die ephemeren Inhalte einstehen müssen.

Trotzdem bleibt die Kulturindustrie der Amüsierbetrieb. Ihre Verfügung über die Konsumenten ist durchs Amusement vermittelt; nicht durchs blanke Diktat, sondern durch die dem Prinzip des Amusements einwohnende Feindschaft gegen das, was mehr wäre als es selbst, wird es schließlich aufgelöst. Da die Verkörperung aller Tendenzen der Kulturindustrie in Fleisch und Blut des Publikums durch den gesamten Gesellschaftsprozeß zustandekommt, wirkt das Überleben des Markts in der Branche auf jene Tendenzen noch befördernd ein. Nachfrage ist noch nicht durch simplen Gehorsam ersetzt. War doch die große Reorganisation des Films kurz vor dem ersten Weltkrieg, die materielle Voraussetzung seiner Expansion, gerade die bewußte Angleichung an die kassenmäßig registrierten Publikumsbedürfnisse, die man in den Pioniertagen der Leinwand

[* Orchesterleiter, wurde besonders bekannt durch alljährliche Radioübertragungen der Silvestermusik.]

kaum glaubte in Rechnung stellen zu müssen. Den Kapitänen des Films, die freilich immer nur die Probe auf ihr Exempel, die mehr oder minder phänomenalen Schlager, und wohlweislich niemals aufs Gegenbeispiel, die Wahrheit, machen, erscheint es auch heute noch so. Ihre Ideologie ist das Geschäft. Soviel ist richtig daran, daß die Gewalt der Kulturindustrie in ihrer Einheit mit dem erzeugten Bedürfnis liegt, nicht im einfachen Gegensatz zu ihm, wäre es selbst auch der von Allmacht und Ohnmacht. – Amusement ist die Verlängerung der Arbeit unterm Spätkapitalismus. Es wird von dem gesucht, der dem mechanisierten Arbeitsprozeß ausweichen will, um ihm von neuem gewachsen zu sein. Zugleich aber hat die Mechanisierung solche Macht über den Freizeitler und sein Glück, sie bestimmt so gründlich die Fabrikation der Amüsierwaren, daß er nichts anderes mehr erfahren kann als die Nachbilder des Arbeitsvorgangs selbst. Der vorgebliche Inhalt ist bloß verblaßter Vordergrund; was sich einprägt, ist die automatisierte Abfolge genormter Verrichtungen. Dem Arbeitsvorgang in Fabrik und Büro ist auszuweichen nur in der Angleichung an ihn in der Muße. Daran krankt unheilbar alles Amusement. Das Vergnügen erstarrt zur Langeweile, weil es, um Vergnügen zu bleiben, nicht wieder Anstrengung kosten soll und daher streng in den ausgefahrenen Assoziationsgeleisen sich bewegt. Der Zuschauer soll keiner eigenen Gedanken bedürfen: das Produkt zeichnet jede Reaktion vor: nicht durch seinen sachlichen Zusammenhang – dieser zerfällt, soweit er Denken beansprucht – sondern durch Signale. Jede logische Verbindung, die geistigen Atem voraussetzt, wird peinlich vermieden. Entwicklungen sollen möglichst aus der unmittelbar vorausgehenden Situation erfolgen, ja nicht aus der Idee des Ganzen. Es gibt keine Handlung, die der Beflissenheit der Mitarbeiter widerstünde, aus der einzelnen Szene herauszuholen, was sich aus ihr machen läßt. Schließlich erscheint selbst noch das Schema gefährlich, soweit es einen wie immer auch armseligen Sinnzusammenhang gestiftet hatte, wo einzig die Sinnlosigkeit akzeptiert werden soll. Oft wird der Handlung hämisch der Fortgang verweigert, den Charaktere und Sache nach dem alten Schema heischten. Statt dessen wird als nächster Schritt jeweils der scheinbar wirkungsvollste Einfall der Schreiber zur gegebenen Situation gewählt. Stumpfsinnig ausgeklügelte Überraschung bricht in die Filmhandlung ein. Die Tendenz des Produkts, auf den puren Blödsinn böse zurückzugreifen, an dem die volkstümliche Kunst, Posse und Clownerie bis zu Chaplin und den Marx Brothers legitimen Anteil hatte, tritt am sinnfälligsten in den weniger gepflegten Genres hervor. Während die Greer Garson- und Bette Davis-Filme aus der Einheit des sozialpsychologischen Falls noch so etwas wie den Anspruch auf einstimmige Handlung ableiten, hat sich jene Tendenz im Text des novelty song*, im Kriminalfilm und in den Cartoons ganz durchgesetzt. Der Gedanke selber wird, gleich den Objekten der Komik und des Grauens, massakriert und zerstückelt. Die novelty songs lebten seit je vom Hohn auf den Sinn, den sie als Vor- und Nachfahren der Psychoanalyse aufs Einerlei der sexuellen Symbolik reduzieren. In den Kriminal- und Abenteuerfilmen wird dem Zuschauer heute nicht mehr gegönnt, dem Gang der Aufklärung beizuwohnen. Er muß auch in den unironischen Produktionen des Genres mit dem Schrecken der kaum mehr notdürftig verbundenen Situationen vorliebnehmen.

Die Trickfilme waren einmal Exponenten der Phantasie gegen den Rationalismus. Sie ließen den durch ihre Technik elektrisierten Tieren und Dingen zugleich Gerechtigkeit widerfahren, indem sie den Verstümmelten ein zweites Leben liehen. Heute bestätigen sie bloß noch den Sieg der technologischen Vernunft über die Wahrheit. Vor wenigen Jahren hatten sie konsistente Handlungen, die erst in den letzten Minuten im Wirbel der Verfolgung sich auflösten. Ihre Verfahrungsweise glich darin dem alten Brauch der slapstick comedy. Nun aber haben sich die Zeitrelationen verschoben. Gerade noch in den ersten Sequenzen des Trickfilms wird ein Handlungsmotiv angegeben, damit an ihm während des Verlaufs die Zerstörung sich betätigen kann: unterm Hallo des Publikums wird die Hauptgestalt wie ein Lumpen herumgeschleudert. So schlägt die Quantität des organisierten Amusements in die Qualität der organisierten Grausamkeit** um. Die selbsterkorenen Zensoren der Filmindustrie, ihre Wahlverwandten, wachen über der Länge der*** als Hatz ausgedehnten Untat. Die Lustigkeit schneidet jene Lust ab, welche der Anblick der Umarmung vermeintlich gewähren könnte und ver-

[* Schlager mit komischen Elementen.]
[** »Grausamkeit« / 1944: »Mordlust«.]
[*** »der« / 1944: »des Kusses, aber nicht über die Länge der«.]

schiebt die Befriedigung auf den Tag des Pogroms. Sofern die Trickfilme neben Gewöhnung der Sinne ans neue Tempo noch etwas leisten, hämmern sie die alte Weisheit in alle Hirne, daß die kontinuierliche Abreibung, die Brechung allen individuellen Widerstandes, die Bedingung des Lebens in dieser Gesellschaft ist. Donald Duck in den Cartoons wie die Unglücklichen in der Realität erhalten ihre Prügel, damit die Zuschauer sich an die eigenen gewöhnen.

Der Spaß an der Gewalt, die dem Dargestellten widerfährt, geht über in Gewalt gegen den Zuschauer, Zerstreuung in Anstrengung. Dem müden Auge darf nichts entgehen, was die Sachverständigen als Stimulans sich ausgedacht haben, man darf sich vor der Durchtriebenheit der Darbietung in keinem Augenblick als dumm erweisen, muß überall mitkommen und selber jene Fixigkeit aufbringen, welche die Darbietung zur Schau stellt und propagiert. Damit ist fraglich geworden, ob die Kulturindustrie selbst die Funktion der Ablenkung noch erfüllt, deren sie laut sich rühmt. Würde der größte Teil der Radios und Kinos stillgelegt, so müßten wahrscheinlich die Konsumenten gar nicht so viel entbehren. Der Schritt von der Straße ins Kino führt ohnehin nicht mehr in den Traum, und sobald die Institutionen nicht mehr durch ihr bloßes Dasein zur Benutzung verpflichteten, regte sich gar kein so großer Drang, sie zu benutzen.* Solche Stillegung wäre keine reaktionäre Maschinenstürmerei. Das Nachsehen hätten nicht so sehr die Enthusiasten als die, an denen ohnehin alles sich rächt, die Zurückgebliebenen. Der Hausfrau gewährt das Dunkel des Kinos trotz der Filme, die sie weiter integrieren sollen, ein Asyl, wo sie ein paar Stunden unkontrolliert dabeisitzen kann, wie sie einmal, als es noch Wohnungen und Feierabend gab, zum Fenster hinausblickte. Die Beschäftigungslosen der großen Zentren finden Kühle im Sommer, Wärme im Winter an den Stätten der regulierten Temperatur. Sonst macht selbst nach dem Maß des Bestehenden die aufgedunsene Vergnügungsapparatur den Menschen das Leben nicht menschenwürdiger. Der Gedanke des »Ausschöpfens« gegebener technischer Möglichkeiten**, der Vollausnutzung von Kapazitäten für ästhetischen

[* Der hier ausgedrückte Gedanke entstammt einer Zeit, in der das Fernsehen noch nicht verbreitet war. (A. d. i. Ü.)]
[** »Möglichkeiten« / 1944: »Produktivkräfte«.]

Massenkonsum gehört dem ökonomischen System an, das die Ausnutzung der Kapazitäten verweigert, wo es um die Abschaffung des Hungers geht.

Immerwährend betrügt die Kulturindustrie ihre Konsumenten um das, was sie immerwährend verspricht. Der Wechsel auf die Lust, den Handlung und Aufmachung ausstellen, wird endlos prolongiert: hämisch bedeutet das Versprechen, in dem die Schau eigentlich nur besteht, daß es zur Sache nicht kommt, daß der Gast an der Lektüre der Menükarte sein Genügen finden soll. Der Begierde, die all die glanzvollen Namen und Bilder reizen, wird zuletzt bloß die Anpreisung des grauen Alltags serviert, dem sie entrinnen wollte. Auch die Kunstwerke bestanden nicht in sexuellen Exhibitionen. Indem sie jedoch die Versagung als ein Negatives gestalteten, nahmen sie die Erniedrigung des Triebs gleichsam zurück und retteten das Versagte als Vermitteltes. Das ist das Geheimnis der ästhetischen Sublimierung: Erfüllung als gebrochene darzustellen. Kulturindustrie* sublimiert nicht, sondern unterdrückt. Indem sie das Begehrte immer wieder exponiert, den Busen im Sweater und den nackten Oberkörper des sportlichen Helden, stachelt sie bloß die unsublimierte Vorlust auf, die durch die Gewohnheit der Versagung längst zur masochistischen verstümmelt ist. Keine erotische Situation, die nicht mit Anspielung und Aufreizung den bestimmten Hinweis vereinigte, daß es nie und nimmer so weit kommen darf. Das Hays Office** bestätigt bloß das Ritual, das die Kulturindustrie ohnehin eingerichtet hat: das des Tantalus. Kunstwerke sind asketisch und schamlos, Kulturindustrie ist pornographisch und prüde. So reduziert sie Liebe auf romance. Und reduziert wird vieles zugelassen, selbst Libertinage als gängige Spezialität, auf Quote und mit der Warenmarke »daring«. Die Serienproduktion des Sexuellen leistet automatisch seine Verdrängung. Der Filmstar, in den man sich verlieben soll, ist in seiner Ubiquität von vornherein seine eigene Kopie. Jede Tenorstimme klingt nachgerade wie eine Carusoplatte, und die Mädchengesichter aus Texas gleichen schon als naturwüchsige den arrivierten Modellen, nach denen sie in Hollywood getypt würden. Die mechanische Reproduktion des Schö-

[* »Kulturindustrie« / 1944: »Massenkultur«.]
[** S. Anm.*, S. 158.]

nen, der die reaktionäre Kulturschwärmerei in ihrer methodischen Vergötzung der Individualität freilich um so unausweichlicher dient, läßt der bewußtlosen Idolatrie, an deren Vollzug das Schöne gebunden war, keinen Spielraum mehr übrig. Der Triumph übers Schöne wird vom Humor vollstreckt, der Schadenfreude über jede gelungene Versagung. Gelacht wird darüber, daß es nichts zu lachen gibt. Allemal begleitet Lachen, das versöhnte wie das schreckliche, den Augenblick, da eine Furcht vergeht.* Es zeigt Befreiung an, sei es aus leiblicher Gefahr, sei es aus den Fängen der Logik. Das versöhnte Lachen ertönt als Echo des Entronnenseins aus der Macht, das schlechte bewältigt die Furcht, indem es zu den Instanzen überläuft, die zu fürchten sind. Es ist das Echo der Macht als unentrinnbarer. Fun ist ein Stahlbad. Die Vergnügungsindustrie verordnet es unablässig. Lachen in ihr wird zum Instrument des Betrugs am Glück. Die Augenblicke des Glücks kennen es nicht, nur Operetten und dann die Filme stellen den Sexus mit schallendem Gelächter vor. Baudelaire aber ist so humorlos wie nur Hölderlin. In der falschen Gesellschaft hat Lachen als Krankheit das Glück befallen und zieht es in ihre nichtswürdige Totalität hinein. Das Lachen über etwas ist allemal das Verlachen, und das Leben, das da Bergson zufolge die Verfestigung durchbricht, ist in Wahrheit das einbrechende barbarische, die Selbstbehauptung, die beim geselligen Anlaß ihre Befreiung vom Skrupel zu feiern wagt. Das Kollektiv der Lacher parodiert die Menschheit. Sie sind Monaden, deren jede dem Genuß sich hingibt, auf Kosten jeglicher anderen, und mit der Majorität im Rückhalt, zu allem entschlossen zu sein. In solcher Harmonie bieten sie das Zerrbild der Solidarität. Das Teuflische des falschen Lachens liegt eben darin, daß es selbst das Beste, Versöhnung, zwingend parodiert. Lust jedoch ist streng: res severa verum gaudium.** Die Ideologie der Klöster, daß nicht Askese sondern der Geschlechtsakt den Verzicht auf die erreichbare Seligkeit bekunde, wird negativ vom Ernst des Liebenden bestätigt, der ahnungsvoll an den entrinnenden Augenblick sein Leben hängt. Kulturindustrie setzt joviale Versagung anstelle des Schmerzes, der in Rausch wie Askese gegen-

[** Zu dieser doppelten Funktion des Lachens vgl. S. 100f. (A. d. i. Ü.)]
[** Seneca, 23. Brief; dt.: *Briefe an Lucilius*, Bd. 1, Reinbek bei Hamburg 1965, S. 57.]

wärtig ist. Oberstes Gesetz ist, daß sie um keinen Preis zum Ihren kommen, und daran gerade sollen sie lachend ihr Genüge haben. Die permanente Versagung, die Zivilisation auferlegt, wird den Erfaßten unmißverständlich in jeder Schaustellung der Kulturindustrie nochmals zugefügt und demonstriert. Ihnen etwas bieten und sie darum bringen ist dasselbe. Das leistet die erotische Betriebsamkeit. Gerade weil er nie passieren darf, dreht sich alles um den Koitus. Im Film etwa eine illegitime Beziehung zuzugestehen, ohne daß die Inkulpanten von der Strafe ereilt würden, ist mit einem strengeren Tabu belegt, als daß der zukünftige Schwiegersohn des Millionärs in der Arbeiterbewegung sich betätigt. Im Gegensatz zur liberalen Ära kann sich die industrialisierte Kultur so gut wie die völkische die Entrüstung über den Kapitalismus gestatten; nicht jedoch die Absage an die Kastrationsdrohung. Diese macht ihr ganzes Wesen aus.* Sie überdauert die organisierte Lockerung der Sitten gegenüber Uniformträgern in den für sie produzierten heiteren Filmen und schließlich in der Realität. Entscheidend heute ist nicht mehr der Puritanismus, obwohl er in Gestalt der Frauenorganisationen immer noch sich geltend macht, sondern die im System liegende** Notwendigkeit, den Konsumenten nicht auszulassen, ihm keinen Augenblick die Ahnung von der Möglichkeit des Widerstands zu geben. Das Prinzip gebietet, ihm zwar alle Bedürfnisse als von der Kulturindustrie erfüllbare vorzustellen, auf der anderen Seite aber diese Bedürfnisse vorweg so einzurichten, daß er in ihnen sich selbst nur noch als ewigen Konsumenten, als Objekt der Kulturindustrie erfährt. Nicht bloß redet sie ihm ein, ihr Betrug wäre die Befriedigung, sondern sie bedeutet ihm darüber hinaus, daß er, sei's wie es sei, mit dem Gebotenen sich abfinden müsse. Mit der Flucht aus dem Alltag, welche die gesamte Kulturindustrie in allen ihren Zweigen zu besorgen verspricht, ist es bestellt wie mit der Entführung der Tochter im amerikanischen Witzblatt: der Vater selbst hält im Dunklen die Leiter. Kulturindustrie bietet als Paradies denselben Alltag wieder an. Escape wie elopement sind von vornherein dazu bestimmt, zum Ausgangspunkt zurückzuführen. Das Vergnügen befördert die Resignation, die sich in ihm vergessen will.

[* Vgl. Adorno, ›Über Jazz‹ (1937), in: *Gesammelte Schriften* Bd. 17, Frankfurt am Main 1982, S. 98.]
[** »im System liegende« / 1944: »in der Monopolgesellschaft herrschende«.]

Amusement, ganz entfesselt, wäre nicht bloß der Gegensatz zur Kunst sondern auch das Extrem, das sie berührt. Die Mark Twainsche Absurdität, mit der die amerikanische Kulturindustrie zuweilen liebäugelt, könnte ein Korrektiv der Kunst bedeuten. Je ernster diese es mit dem Widerspruch zum Dasein meint, um so mehr ähnelt sie dem Ernst des Daseins, ihrem Gegensatz: je mehr Arbeit sie daran wendet, aus dem eigenen Formgesetz sich rein zu entfalten, um so mehr verlangt sie vom Verständnis wiederum Arbeit, während sie deren Last gerade negieren wollte. In manchen Revuefilmen, vor allem aber in der Groteske und den Funnies* blitzt für Augenblicke die Möglichkeit dieser Negation selber auf. Zu ihrer Verwirklichung darf es freilich nicht kommen. Das reine Amusement in seiner Konsequenz, das entspannte sich Überlassen an bunte Assoziation und glücklichen Unsinn wird vom gängigen Amusement beschnitten: es wird durch das Surrogat eines zusammenhängenden Sinns gestört, den Kulturindustrie ihren Produktionen beizugeben sich versteift und zugleich augenzwinkernd als bloßen Vorwand fürs Erscheinen der Stars mißhandelt. Biographische und andere Fabeln flicken die Fetzen des Unsinns zur schwachsinnigen Handlung zusammen. Es klirrt nicht die Schellenkappe des Narren, sondern der Schlüsselbund der kapitalistischen Vernunft, die selbst im Bild noch die Lust an die Zwecke des Fortkommens schließt. Jeder Kuß im Revuefilm muß zur Laufbahn des Boxers oder sonstiger Schlagerexperten beitragen, dessen Karriere gerade verherrlicht wird. Nicht also daß die Kulturindustrie Amusement aufwartet, macht den Betrug aus, sondern daß sie durch geschäftstüchtige Befangenheit in den ideologischen Clichés der sich selbst liquidierenden Kultur den Spaß verdirbt. Ethik und Geschmack schneiden das ungehemmte Amusement als »naiv« ab – Naivität gilt für so schlimm wie Intellektualismus – und beschränken selbst noch die technische Potentialität. Verderbt ist die Kulturindustrie, aber nicht als Sündenbabel sondern als Kathedrale des gehobenen Vergnügens. Auf allen ihren Stufen, von Hemingway zu Emil Ludwig**, von Mrs. Miniver*** zum Lone

[* Unterhaltungsseiten mit Witzen und Comic strips in Zeitungen.]
[** Verfasser vor allem von populären Biographien.]
[*** Titelfigur einer Radio-Familienserie; auch verfilmt.]

Ranger*, von Toscanini zu Guy Lombardo** haftet die Unwahrheit am Geist, der von Kunst und Wissenschaft fertig bezogen wird. Die Spur des Besseren bewahrt Kulturindustrie in den Zügen, die sie dem Zirkus annähern, in der eigensinnig-sinnverlassenen Könnerschaft von Reitern, Akrobaten und Clowns, der »Verteidigung und Rechtfertigung körperlicher Kunst gegenüber geistiger Kunst«[3]. Aber die Schlupfwinkel der seelenlosen Artistik, die gegen den gesellschaftlichen Mechanismus das Menschliche vertritt, werden unerbittlich von einer planenden Vernunft aufgestöbert, die alles nach Bedeutung und Wirkung sich auszuweisen zwingt. Sie läßt das Sinnlose drunten so radikal verschwinden wie oben den Sinn der Kunstwerke.

Die Fusion von Kultur und Unterhaltung heute vollzieht sich nicht nur als Depravation der Kultur, sondern ebensosehr als zwangsläufige Vergeistigung des Amusements. Sie liegt schon darin, daß man ihr nur noch im Abbild, als Kinophotographie oder Radioaufnahme beiwohnt. Im Zeitalter der liberalen Expansion lebte Amusement vom ungebrochenen Glauben an die Zukunft: es würde so bleiben und doch besser werden. Heute wird der Glaube noch einmal vergeistigt; er wird so fein, daß er jedes Ziel aus den Augen verliert und bloß noch im Goldgrund besteht, der hinters Wirkliche projiziert wird. Er setzt sich zusammen aus den Bedeutungsakzenten, mit denen, genau parallel zum Leben selbst, im Spiel noch einmal der prächtige Kerl, der Ingenieur, das tüchtige Mädel, die als Charakter verkleidete Rücksichtslosigkeit, das Sportinteresse und schließlich die Autos und Zigaretten versehen werden, auch wo die Unterhaltung nicht aufs Reklamekonto der unmittelbaren Hersteller sondern auf das des Systems als ganzen kommt. Amusement selber reiht sich unter die Ideale ein, es tritt an die Stelle der hohen Güter, die es den Massen vollends austreibt, indem es sie noch stereotyper als die privat bezahlten Reklamephrasen wiederholt. Innerlichkeit, die subjektiv beschränkte Gestalt der Wahrheit, war stets schon den äußeren Herren mehr als sie ahnte untertan. Von der Kulturindustrie wird sie zur offenen Lüge hergerichtet. Sie wird nur noch als

[* Titelfigur einer Radio-Westernserie, Typ des einsamen, für das Gute kämpfenden Cowboys; auch verfilmt.]
[** S. Anm.*, S. 161.]
3 Frank Wedekind, *Gesammelte Werke*. München 1921. Band IX. S. 426.

Salbaderei erfahren, die man sich in religiösen bestsellers, in psychologischen Filmen und women serials* als peinlich-wohlige Zutat gefallen läßt, um im Leben die eigene menschliche Regung desto sicherer beherrschen zu können. In diesem Sinn leistet Amusement die Reinigung des Affekts, die Aristoteles schon der Tragödie und Mortimer Adler** wirklich dem Film zuschreibt. Wie über den Stil enthüllt die Kulturindustrie die Wahrheit über die Katharsis.

Je fester die Positionen der Kulturindustrie werden, um so summarischer kann sie mit dem Bedürfnis der Konsumenten verfahren, es produzieren, steuern, disziplinieren, selbst das Amusement einziehen: dem kulturellen Fortschritt sind da keine Schranken gesetzt. Aber die Tendenz dazu ist dem Prinzip des Amusements, als einem bürgerlich-aufgeklärten, selbst immanent. War das Amusementbedürfnis weithin von der Industrie hervorgebracht, die den Massen das Werk durchs Sujet, den Öldruck durch den dargestellten Lekkerbissen und umgekehrt das Puddingpulver durch den abgebildeten Pudding anpries, so ist dem Amusement immer schon das geschäftlich Angedrehte anzumerken, der sales talk, die Stimme des Marktschreiers vom Jahrmarkt. Die ursprüngliche Affinität aber von Geschäft und Amusement zeigt sich in dessen eigenem Sinn: der Apologie der Gesellschaft. Vergnügtsein heißt Einverstandensein. Es ist möglich nur, indem es sich gegenüber dem Ganzen des gesellschaftlichen Prozesses abdichtet, dumm macht und von Anbeginn den unentrinnbaren Anspruch jedes Werks, selbst des nichtigsten, widersinnig preisgibt: in seiner Beschränkung das Ganze zu reflektieren. Vergnügen heißt allemal: nicht daran denken müssen, das Leiden vergessen, noch wo es gezeigt wird. Ohnmacht liegt ihm zu Grunde. Es ist in der Tat Flucht, aber nicht, wie es behauptet, Flucht vor der schlechten Realität, sondern vor dem letzten Gedanken an Widerstand, den jene noch übriggelassen hat. Die Befreiung, die Amusement verspricht, ist die von Denken als von Negation. Die Unverschämtheit der rhetorischen Frage, »Was wollen die

[* Unterhaltungsromane in Frauenzeitschriften.]
[** Neuthomistischer Popularphilosoph, der den Film mit Argumenten aus der scholastischen Philosophie verteidigte. (A.d.i.Ü.) – Vgl. dazu auch Horkheimer, ›Neue Kunst und Massenkultur‹, in: *Gesammelte Schriften* Bd. 4.]

Leute haben!« besteht darin, daß sie auf dieselben Leute als denkende Subjekte sich beruft, die der Subjektivität zu entwöhnen ihre spezifische Aufgabe darstellt. Noch dort, wo das Publikum einmal gegen die Vergnügungsindustrie aufmuckt, ist es die konsequent gewordene Widerstandslosigkeit, zu der es jene selbst erzogen hat. Trotzdem ist es mit dem bei der Stange Halten immer schwieriger geworden. Der Fortschritt der Verdummung darf hinter dem gleichzeitigen Fortschritt der Intelligenz nicht zurückbleiben. Im Zeitalter der Statistik sind die Massen zu gewitzigt, um sich mit dem Millionär auf der Leinwand zu identifizieren, und zu stumpfsinnig, um vom Gesetz der großen Zahl auch nur abzuschweifen. Die Ideologie versteckt sich in der Wahrscheinlichkeitsrechnung. Nicht zu jedem soll das Glück einmal kommen, sondern zu dem, der das Los zieht, vielmehr zu dem, der von einer höheren Macht – meist der Vergnügungsindustrie selber, die unablässig auf der Suche vorgestellt wird – dazu designiert ist. Die von den Talentjägern aufgespürten und dann vom Studio groß herausgebrachten Figuren sind Idealtypen des neuen abhängigen Mittelstands. Das weibliche starlet soll die Angestellte symbolisieren, so freilich, daß ihm zum Unterschied von der wirklichen der große Abendmantel schon zubestimmt scheint. So hält es nicht nur für die Zuschauerin die Möglichkeit fest, daß sie selber auf der Leinwand gezeigt werden könnte, sondern eindringlicher noch die Distanz. Nur eine kann das große Los ziehen, nur einer ist prominent, und haben selbst mathematisch alle gleiche Aussicht, so ist sie doch für jeden Einzelnen so minimal, daß er sie am besten gleich abschreibt und sich am Glück des anderen freut, der er ebenso gut selber sein könnte und dennoch niemals selber ist. Wo die Kulturindustrie noch zu naiver Identifikation einlädt, wird diese sogleich wieder dementiert. Niemand kann sich mehr verlieren. Einmal sah der Zuschauer beim Film die eigene Hochzeit in der anderen. Jetzt sind die Glücklichen auf der Leinwand Exemplare derselben Gattung wie jeder aus dem Publikum, aber in solcher Gleichheit ist die unüberwindliche Trennung der menschlichen Elemente gesetzt. Die vollendete Ähnlichkeit ist der absolute Unterschied. Die Identität der Gattung verbietet die der Fälle. Die Kulturindustrie* hat den Menschen als Gattungswesen hämisch verwirklicht. Jeder ist nur

[* »Die Kulturindustrie« / 1944: »Der Monopolismus«.]

noch, wodurch er jeden anderen ersetzen kann: fungibel, ein Exemplar. Er selbst, als Individuum, ist das absolut Ersetzbare, das reine Nichts, und eben das bekommt er zu spüren, wenn er mit der Zeit der Ähnlichkeit verlustig geht. Damit ändert sich die innere Zusammensetzung der Erfolgsreligion, an der im übrigen stramm festgehalten wird. Anstelle des Weges per aspera ad astra, der Not und Anstrengung voraussetzt, tritt mehr und mehr die Prämie. Das Element von Blindheit in der routinemäßigen Entscheidung darüber, welcher song zum Schlager, welche Statistin zur Heroine taugt, wird von der Ideologie gefeiert. Die Filme unterstreichen den Zufall. Indem sie die essentielle Gleichheit ihrer Charaktere, mit Ausnahme des Schurken, bis zur Ausscheidung widerstrebender Physiognomien erzwingt, solcher etwa, die wie Garbo nicht aussehen, als ob man sie mit »Hello sister« begrüßen könnte, wird zwar den Zuschauern zunächst das Leben leichter gemacht. Es wird ihnen versichert, daß sie gar nicht anders zu sein brauchen, als sie sind, und es ihnen ebenso gut gelingen könnte, ohne daß ihnen zugemutet würde, wozu sie sich unfähig wissen. Aber zugleich wird ihnen der Wink erteilt, daß die Anstrengung auch zu gar nichts helfe, weil selbst das bürgerliche Glück keinen Zusammenhang mit dem berechenbaren Effekt ihrer eigenen Arbeit mehr hat. Sie verstehen den Wink. Im Grunde erkennen alle den Zufall, durch den einer sein Glück macht, als die andere Seite der Planung*. Eben weil die Kräfte der Gesellschaft schon so weit zur Rationalität entfaltet sind, daß jeder einen Ingenieur und Manager abgeben könnte, ist es vollends irrational geworden, in wen die Gesellschaft Vorbildung oder Vertrauen für solche Funktionen investiert. Zufall und Planung werden identisch, weil angesichts der Gleichheit der Menschen Glück und Unglück des Einzelnen bis hinauf zu den Spitzen jede ökonomische Bedeutung verliert. Der Zufall selber wird geplant; nicht daß er diesen oder jenen bestimmten Einzelnen betrifft, sondern gerade, daß man an sein Walten glaubt. Er dient als Alibi der Planenden und erweckt den Anschein, das Gewebe von Transaktionen und Maßnahmen, in die das Leben verwandelt wurde**, lasse für spontane unmittelbare Beziehungen zwischen den Menschen Raum. Solche Freiheit wird in den verschiedenen

[* »Planung« / 1944: »Planung des Monopols«.]
[** »Leben... wurde« / 1944: »Monopol das Leben verwandelt hat«.]

Medien der Kulturindustrie durch das willkürliche Herausgreifen von Durchschnittsfällen symbolisiert. In den detaillierten Magazinberichten über die vom Magazin veranstalteten bescheiden-glanzvollen Vergnügungsfahrten des Glücksvogels, vorzugsweise einer Stenotypistin, die ihren Wettbewerb wahrscheinlich auf Grund der Beziehung zu lokalen Größen gewonnen hat, spiegelt sich die Ohnmacht aller wider. Sie sind so sehr bloßes Material, daß die Verfügenden* einen in ihren Himmel aufnehmen und wieder fortwerfen können**: mit seinem Recht und seiner Arbeit kann er vertrocknen. Die Industrie*** ist an den Menschen bloß als an ihren Kunden und Angestellten interessiert und hat in der Tat die Menschheit als ganze wie jedes ihrer Elemente auf diese erschöpfende Formel gebracht. Je nachdem, welcher Aspekt gerade maßgebend ist, wird in der Ideologie Plan oder Zufall, Technik oder Leben, Zivilisation oder Natur betont. Als Angestellte werden sie an die rationale Organisation erinnert und dazu angehalten, ihr mit gesundem Menschenverstand sich einzufügen. Als Kunden wird ihnen Freiheit der Wahl, der Anreiz des Unerfaßten, an menschlich-privaten Ereignissen sei's auf der Leinwand sei's in der Presse demonstriert. Objekte bleiben sie in jedem Fall.

Je weniger die Kulturindustrie zu versprechen hat, je weniger sie das Leben als sinnvoll erklären kann, um so leerer wird notwendig die Ideologie, die sie verbreitet. Selbst die abstrakten Ideale der Harmonie und Güte der Gesellschaft sind im Zeitalter der universalen Reklame zu konkret. Gerade die Abstracta hat man als Kundenwerbung zu identifizieren gelernt. Sprache, die sich bloß auf Wahrheit beruft, erweckt einzig die Ungeduld, rasch zum Geschäftszweck zu gelangen, den sie in Wirklichkeit verfolge. Das Wort, das nicht Mittel ist, erscheint als sinnlos, das andere als Fiktion, als unwahr. Werturteile werden entweder als Reklame oder als Geschwätz vernommen. Die dadurch zur vagen Unverbindlichkeit getriebene Ideologie wird doch nicht durchsichtiger und auch nicht schwächer. Ihre Vagheit gerade, die fast szientifische Abneigung, sich auf irgend etwas festzulegen, das sich nicht verifizieren läßt, fungiert als In-

[* »die Verfügenden« / 1944: »das Monopol«.]
[** »können« / 1944: »kann«.]
[*** »Die Industrie« / 1944: »Das Monopol«.]

strument der Beherrschung. Sie wird zur nachdrücklichen und planvollen Verkündigung dessen, was ist. Kulturindustrie hat die Tendenz, sich zum Inbegriff von Protokollsätzen zu machen und eben dadurch zum unwiderlegbaren Propheten des Bestehenden. Zwischen den Klippen der nennbaren Fehlinformation und der offenbaren Wahrheit windet sie sich meisterlich hindurch, indem sie getreu die Erscheinung wiederholt, durch deren Dichte die Einsicht versperrt und die bruchlos allgegenwärtige Erscheinung als Ideal installiert wird. Die Ideologie wird gespalten in die Photographie des sturen Daseins und die nackte Lüge von seinem Sinn, die nicht ausgesprochen, sondern suggeriert und eingehämmert wird. Zur Demonstration seiner Göttlichkeit wird das Wirkliche immer bloß zynisch wiederholt. Solcher photologische Beweis* ist zwar nicht stringent, aber überwältigend. Wer angesichts der Macht der Monotonie noch zweifelt, ist ein Narr. Kulturindustrie schlägt den Einwand gegen sich so gut nieder wie den gegen die Welt, die sie tendenzlos verdoppelt. Man hat nur die Wahl, mitzutun oder hinterm Berg zu bleiben: die Provinziellen, die gegen Kino und Radio zur ewigen Schönheit und zur Liebhaberbühne greifen, sind politisch schon dort, wo die Massenkultur die Ihren erst hintreibt. Sie ist gestählt genug, die alten Wunschträume selber, das Vaterideal nicht weniger als das unbedingte Gefühl, als Ideologie je nach Bedarf zu verhöhnen und auszuspielen. Die neue Ideologie hat die Welt als solche zum Gegenstand. Sie macht vom Kultus der Tatsache Gebrauch, indem sie sich darauf beschränkt, das schlechte Dasein durch möglichst genaue Darstellung ins Reich der Tatsachen zu erheben. Durch solche Übertragung wird das Dasein selber zum Surrogat von Sinn und Recht. Schön ist, was immer die Kamera reproduziert. Der enttäuschten Aussicht, man könne selber die Angestellte sein, der die Weltreise zufällt, entspricht die enttäuschende Ansicht der exakt photographierten Gegenden, durch welche die Reise führen könnte. Geboten wird nicht Italien, sondern der Augenschein, daß es existiert. Der Film kann es sich leisten, das Paris, in dem die junge Amerikanerin ihre Sehnsucht zu stillen gedenkt, in trostloser Öde zu zeigen, um sie desto unerbittlicher dem smarten

[* Anspielung auf die verschiedenen philosophisch-theologischen (ontologischen, kosmologischen u. a.) Gottesbeweise.]

amerikanischen Jungen zuzutreiben, dessen Bekanntschaft sie schon zuhause hätte machen können. Daß es überhaupt weitergeht, daß das System selbst in seiner jüngsten Phase das Leben derer, in denen es besteht, reproduziert, anstatt sie gleich abzuschaffen, wird ihm auch noch als Sinn und Verdienst verbucht. Weitergehen und Weitermachen überhaupt wird zur Rechtfertigung für den blinden Fortbestand des Systems, ja für seine Unabänderlichkeit. Gesund ist, was sich wiederholt, der Kreislauf in Natur und Industrie. Ewig grinsen die gleichen Babies aus den Magazinen, ewig stampft die Jazzmaschine. Bei allem Fortschritt der Darstellungstechnik, der Regeln und Spezialitäten, bei allem zappelnden Betrieb bleibt das Brot, mit dem Kulturindustrie die Menschen speist, der Stein der Stereotypie. Sie zehrt vom Kreislauf, von der freilich begründeten Verwunderung darüber, daß die Mütter trotz allem immer noch Kinder gebären, die Räder immer noch nicht stillstehen. Daran wird die Unabänderlichkeit der Verhältnisse erhärtet. Die wogenden Ährenfelder am Ende von Chaplins Hitlerfilm desavouieren die antifaschistische Freiheitsrede. Sie gleichen der blonden Haarsträhne des deutschen Mädels, dessen Lagerleben im Sommerwind von der Ufa photographiert wird. Natur wird dadurch, daß der gesellschaftliche Herrschaftsmechanismus sie als heilsamen Gegensatz zur Gesellschaft erfaßt, in die unheilbare gerade hineingezogen und verschachert. Die bildliche Beteuerung, daß die Bäume grün sind, der Himmel blau und die Wolken ziehen, macht sie schon zu Kryptogrammen für Fabrikschornsteine und Gasolinstationen. Umgekehrt müssen Räder und Maschinenteile ausdrucksvoll blinken, entwürdigt zu Trägern solcher Baum- und Wolkenseele. So werden Natur und Technik gegen den Muff mobilisiert, das gefälschte Erinnerungsbild der liberalen Gesellschaft, in der man angeblich in schwülen Plüschzimmern sich herumdrückte, anstatt, wie es heute der Brauch, asexuelle Freiluftbäder zu nehmen, oder in vorweltlichen Benzmodellen Pannen erlitt, anstatt raketenschnell von dort, wo man ohnehin ist, dahin zu gelangen, wo es nicht anders ist. Der Triumph des Riesenkonzerns* über die Unternehmerinitiative wird von der Kulturindustrie als Ewigkeit der Unternehmerinitiative besungen. Bekämpft wird der Feind, der bereits geschlagen ist, das

[* »Riesenkonzerns« / 1944: »Monopols«.]

denkende Subjekt*. Die Resurrektion des spießerfeindlichen *Hans Sonnenstößer*** in Deutschland und das Behagen im Angesicht von *Life with Father**** sind eines Sinnes.

In einem freilich läßt die ausgehöhlte Ideologie nicht mit sich spaßen: es wird gesorgt. »Keiner darf hungern und frieren; wer's doch tut, kommt ins Konzentrationslager«: der Witz aus Hitlers Deutschland könnte als Maxime über allen Portalen der Kulturindustrie leuchten. Sie setzt naiv-schlau den Zustand voraus, der die jüngste Gesellschaft**** kennzeichnet: daß sie die Ihrigen gut herauszufinden weiß. Die formale Freiheit eines jeden ist garantiert. Keiner hat sich offiziell für das zu verantworten*****, was er denkt. Dafür sieht jeder sich von früh an in einem System von Kirchen, Klubs, Berufsvereinen und sonstigen Beziehungen eingeschlossen, die das empfindsamste Instrument sozialer Kontrolle darstellen. Wer sich nicht ruinieren will, muß dafür sorgen, daß er, nach der Skala dieses Apparats gewogen, nicht zu leicht befunden wird. Sonst kommt er im Leben zurück und muß schließlich zu Grunde gehen. Daß in jeder Laufbahn, vor allem aber in den freien Berufen, fachliche Kenntnisse mit vorschriftsmäßiger Gesinnung in der Regel verbunden sind, läßt leicht die Täuschung aufkommen, die fachlichen Kenntnisse täten es allein. In Wahrheit gehört es zur irrationalen Planmäßigkeit dieser Gesellschaft, daß sie nur das Leben ihrer Getreuen einigermaßen reproduziert. Die Stufenleiter des Lebensstandards entspricht recht genau der inneren Verbundenheit der Schichten und Individuen mit dem System. Auf den Manager kann man sich verlassen, zuverlässig ist noch der kleine Angestellte, Dagwood******, wie er im Witzblatt und der Wirklichkeit lebt. Wer hungert und friert, gar wenn er einmal gute Aussichten hatte,

[* »das denkende Subjekt« / 1944: »der Liberalismus««.]
[** *Hans Sonnenstößers Höllenfahrt. Ein heiteres Traumspiel.* Hörspiel von Paul Apel (1931), Neufassung von Gustaf Gründgens (1937).]
[*** beliebte amerikanische Radio-Familienserie nach einem Bühnenstück von Clarence Day.]
[**** »jüngste Gesellschaft« / 1944: »Gesellschaft des Monopols«.]
[***** »Die formale ... verantworten / 1944: »Bürgerliche Demokratie garantiert die formale Freiheit eines jeden. Niemand ist der Regierung offiziell verantwortlich für das«.]
[****** Gestalt im Comic strip *Blondie*.]

ist gezeichnet. Er ist ein Outsider, und, von Kapitalverbrechen zuweilen abgesehen, ist es die schwerste Schuld, Outsider zu sein. Im Film wird er günstigenfalls zum Original, dem Objekt böse nachsichtigen Humors; meist zum villain, den schon sein erstes Auftreten, längst ehe die Handlung soweit hält, als solchen identifiziert, damit nicht einmal zeitweilig der Irrtum aufkommen kann, die Gesellschaft kehre sich gegen die, welche guten Willens sind. In der Tat verwirklicht sich heute* eine Art Wohlfahrtsstaat auf höherer Stufenleiter. Um die eigene Position zu behaupten, hält man die Wirtschaft in Gang, in der auf Grund der äußerst gesteigerten Technik die Massen des eigenen Landes dem Prinzip nach als Produzenten schon überflüssig sind. Die Arbeiter, die eigentlichen Ernährer, werden, so will es der ideologische Schein, von den Wirtschaftsführern**, den Ernährten, ernährt. Die Stellung des Einzelnen wird damit prekär. Im Liberalismus galt der Arme für faul, heute wird er automatisch verdächtig. Der, für den man draußen nicht sorgt, gehört ins Konzentrationslager, jedenfalls in die Hölle der niedrigsten Arbeit und der slums. Die Kulturindustrie aber reflektiert die positive und negative Fürsorge*** für die Verwalteten als die unmittelbare Solidarität der Menschen in der Welt der Tüchtigen. Niemand wird vergessen, überall sind Nachbarn, Sozialfürsorger, Dr. Gillespies und Heimphilosophen mit dem Herzen auf dem rechten Fleck, die aus der gesellschaftlich perpetuierten Misere durch gütiges Eingreifen von Mensch zu Mensch heilbare Einzelfälle machen, soweit nicht die persönliche Verderbtheit der Betroffenen dem entgegensteht. Die betriebswissenschaftliche Kameradschaftspflege, die schon jede Fabrik zur Steigerung der Produktion sich angelegen sein läßt, bringt noch die letzte private Regung unter gesellschaftliche Kontrolle, gerade indem sie die Verhältnisse der Menschen in der Produktion dem Schein nach unmittelbar macht, reprivatisiert. Solche seelische Winterhilfe**** wirft ihren versöhnlichen Schatten auf die Seh- und Hörstreifen der Kulturindustrie, längst ehe jene

[* »sich heute« / 1944: »das Monopol«.]
[** »Wirtschaftsführern« / 1944: »Monopolisten«.]
[*** »Fürsorge« / 1944: »Fürsorge des Monopols«.]
[**** Winterhilfswerk: nationalsozialistische Organisation zur Unterstützung Arbeitsloser und anderer Bedürftiger unter der Leitung des Propagandaministeriums.]

aus der Fabrik totalitär auf die Gesellschaft übergreift. Die großen Helfer und Wohltäter der Menschheit aber, deren wissenschaftliche Leistungen die Schreiber geradeswegs als Taten des Mitleids aufziehen müssen, um ihnen ein fiktives menschliches Interesse abzugewinnen, fungieren als Platzhalter der Führer der Völker, die schließlich die Abschaffung des Mitleids dekretieren und jeder Ansteckung vorzubeugen wissen, nachdem noch der letzte Paralytiker ausgerottet ist.

Der Nachdruck auf dem goldnen Herzen ist die Weise, wie Gesellschaft das von ihr geschaffene Leiden eingesteht: alle wissen, daß sie im System nicht mehr sich selbst helfen können, und dem muß die Ideologie Rechnung tragen. Weit entfernt davon, das Leiden unter der Hülle improvisatorischer Kameradschaft einfach zuzudecken, setzt die Kulturindustrie ihren Firmenstolz darein, ihm mannhaft ins Auge zu sehen und es in schwer bewahrter Fassung zuzugeben. Das Pathos der Gefaßtheit rechtfertigt die Welt, die jene notwendig macht. So ist das Leben, so hart, aber darum auch so wundervoll, so gesund. Die Lüge schreckt vor der Tragik nicht zurück. Wie die totale Gesellschaft das Leiden ihrer Angehörigen nicht abschafft, aber registriert und plant, so verfährt Massenkultur mit der Tragik. Darum die hartnäckigen Anleihen bei der Kunst. Sie liefert die tragische Substanz, die das pure Amusement von sich aus nicht beistellen kann, deren es aber doch bedarf, wenn es dem Grundsatz, die Erscheinung exakt zu verdoppeln, irgend treu bleiben will. Tragik, zum einkalkulierten und bejahten Moment der Welt gemacht, schlägt ihr zum Segen an. Sie schützt vorm Vorwurf, man nähme es mit der Wahrheit nicht genau, während man doch zynisch-bedauernd diese sich zueignet. Sie macht die Fadheit des zensierten Glücks interessant und die Interessantheit handlich. Sie offeriert demjenigen Konsumenten, der kulturell bessere Tage gesehen hat, das Surrogat der längst abgeschafften Tiefe und dem regulären Besucher den Bildungsabhub, über den er zu Prestigezwecken verfügen muß. Allen gewährt sie den Trost, daß auch * das starke, echte Menschenschicksal noch möglich und dessen rückhaltlose Darstellung unumgänglich sei. Das lückenlos geschlossene Dasein, in dessen Verdopplung die Ideologie heute aufgeht, wirkt um so großartiger,

[* »auch« / 1944: »auch unterm Monopol«.]

herrlicher und mächtiger, je gründlicher es mit notwendigem Leiden versetzt wird. Es nimmt den Aspekt von Schicksal an. Tragik wird auf die Drohung nivelliert, den zu vernichten, der nicht mitmacht, während ihr paradoxer Sinn einmal im hoffnungslosen Widerstand gegen die mythische Drohung bestand. Das tragische Schicksal geht in die gerechte Strafe über, in die es zu transformieren seit je die Sehnsucht der bürgerlichen Ästhetik war. Die Moral der Massenkultur ist die herabgesunkene der Kinderbücher von gestern. In der erstklassigen Produktion wird etwa der Bösewicht in die Hysterikerin kostümiert, die in einer Studie von vermeintlich klinischer Genauigkeit die realitätsgerechtere Gegenspielerin um ihr Lebensglück zu betrügen sucht und selber dabei einen ganz untheatralischen Tod findet. So wissenschaftlich geht es freilich nur an der Spitze zu. Weiter unten sind die Unkosten geringer. Dort werden der Tragik ohne Sozialpsychologie die Zähne ausgebrochen. Wie jede rechtschaffene ungarisch-wienerische Operette im zweiten Akt ihr tragisches Finale haben mußte, das dem dritten nichts übrigließ als die Berichtigung der Mißverständnisse, so weist die Kulturindustrie der Tragik ihre feste Stelle in der Routine zu. Die offenkundige Existenz des Rezepts allein schon genügt, um die Sorge zu beschwichtigen, daß die Tragik ungebändigt sei. Die Beschreibung der dramatischen Formel durch jene Hausfrau: getting into trouble and out again umspannt die ganze Massenkultur vom schwachsinnigen women serial* bis zur Spitzenleistung. Selbst der schlechteste Ausgang, der es einmal besser meinte, bestätigt noch die Ordnung und korrumpiert die Tragik, sei es, daß die unvorschriftsmäßig Liebende ihr kurzes Glück mit dem Tod bezahlt, sei es, daß das traurige Ende im Bilde die Unverwüstlichkeit des faktischen Lebens desto heller leuchten läßt. Tragisches Lichtspiel wird wirklich zur moralischen Besserungsanstalt. Die von der Existenz unterm Systemzwang** demoralisierten Massen, die Zivilisation nur in krampfhaft eingeschliffenen Verhaltensweisen zeigen, durch die allenthalben Wut und Widerspenstigkeit durchscheint, sollen durch den Anblick des unerbittlichen Lebens und des vorbildlichen Benehmens der Betroffenen zur Ordnung

[* S. Anm.*, S. 170.]
[** »Systemzwang« / 1944: »Monopol«.]

verhalten werden. Zur Bändigung der revolutionären wie der barbarischen Instinkte hat Kultur seit je beigetragen. Die industrialisierte tut ein übriges. Die Bedingung, unter der man das unerbittliche Leben überhaupt fristen darf, wird von ihr eingeübt. Das Individuum soll seinen allgemeinen Überdruß als Triebkraft verwerten, sich an die kollektive Macht aufzugeben, deren es überdrüssig ist. Die permanent verzweifelten Situationen, die den Zuschauer im Alltag zermürben, werden in der Wiedergabe, man weiß nicht wie, zum Versprechen, daß man weiter existieren darf. Man braucht nur der eigenen Nichtigkeit innezuwerden, nur die Niederlage zu unterschreiben, und schon gehört man dazu. Die Gesellschaft ist eine von Desperaten und daher die Beute von Rackets. An einigen der bedeutendsten deutschen Romane des Vorfaschismus wie *Berlin Alexanderplatz* und *Kleiner Mann, was nun* kam die Tendenz so drastisch zutage wie am durchschnittlichen Film und an der Verfahrungsweise des Jazz. Im Grunde geht es dabei überall um die Selbstverhöhnung des Mannes. Die Möglichkeit, zum ökonomischen Subjekt, Unternehmer, Eigentümer zu werden, ist vollends liquidiert. Bis hinab zum Käseladen geriet das selbständige Unternehmen, auf dessen Führung und Vererbung die bürgerliche Familie und die Stellung ihres Oberhaupts beruht hatte, in aussichtslose Abhängigkeit. Alle werden zu Angestellten, und in der Angestelltenzivilisation hört die ohnehin zweifelhafte Würde des Vaters auf. Das Verhalten des Einzelnen zum Racket, sei es Geschäft, Beruf oder Partei, sei es vor oder nach der Zulassung, die Gestik des Führers vor der Masse, des Liebhabers vor der Umworbenen nimmt eigentümlich masochistische Züge an. Die Haltung, zu der jeder gezwungen ist, um seine moralische Eignung für diese Gesellschaft immer aufs neue unter Beweis zu stellen, gemahnt an jene Knaben, die bei der Aufnahme in den Stamm unter den Schlägen des Priesters stereotyp lächelnd sich im Kreis bewegen. Das Existieren im Spätkapitalismus ist ein dauernder Initiationsritus. Jeder muß zeigen, daß er sich ohne Rest mit der Macht identifiziert, von der er geschlagen wird. Das liegt im Prinzip der Synkope des Jazz, der das Stolpern zugleich verhöhnt und zur Norm erhebt. Die eunuchenhafte Stimme des Crooners im Radio, der gut aussehende Galan der Erbin, der mit dem Smoking ins Schwimmbassin fällt, sind Vorbilder für die Menschen, die sich selbst zu dem machen sollen, wozu das

System* sie bricht. Jeder kann sein wie die allmächtige Gesellschaft, jeder kann glücklich werden, wenn er sich nur mit Haut und Haaren ausliefert, den Glücksanspruch zediert. In seiner Schwäche erkennt die Gesellschaft ihre Stärke wieder und gibt ihm davon ab. Seine Widerstandslosigkeit qualifiziert ihn als zuverlässigen Kantonisten. So wird die Tragik abgeschafft. Einmal war der Gegensatz des Einzelnen zur Gesellschaft ihre Substanz. Sie verherrlichte »die Tapferkeit und Freiheit des Gefühls vor einem mächtigen Feinde, vor einem erhabenen Ungemach, vor einem Problem, das Grauen erweckt«[4]. Heute ist Tragik in das Nichts jener falschen Identität von Gesellschaft und Subjekt zergangen, deren Grauen gerade noch im nichtigen Schein des Tragischen flüchtig sichtbar wird. Das Wunder der Integration aber, der permanente Gnadenakt des Verfügenden**, den Widerstandslosen aufzunehmen, der seine Renitenz hinunterwürgt, meint*** den Faschismus. Er wetterleuchtet in der Humanität, mit der Döblin seinen Biberkopf unterschlupfen läßt, ebenso gut wie in sozial getönten Filmen. Die Fähigkeit zum Durch- und Unterschlupfen selber, zum Überstehen des eigenen Untergangs, von der die Tragik überholt wird, ist die der neuen Generation; sie sind zu jeder Arbeit tüchtig, weil der Arbeitsprozeß sie keiner verhaften läßt. Es erinnert an die traurige Geschmeidigkeit des heimkehrenden Soldaten, den der Krieg nichts anging, des Gelegenheitsarbeiters, der schließlich in die Bünde und paramilitärischen Organisationen eintritt. Die Liquidation der Tragik bestätigt die Abschaffung des Individuums.

In der Kulturindustrie ist das Individuum illusionär nicht bloß wegen der Standardisierung ihrer Produktionsweise. Es wird nur so weit geduldet, wie seine rückhaltlose Identität mit dem Allgemeinen außer Frage steht. Von der genormten Improvisation im Jazz bis zur originellen Filmpersönlichkeit, der die Locke übers Auge hängen muß, damit man sie als solche erkennt, herrscht Pseudoindividualität. Das Individuelle reduziert sich auf die Fähigkeit des Allgemei-

[* »System« / 1944: »Monopol«.]
[** »Verfügenden« / 1944: »Monopols«.]
[*** »meint« / 1944: »verkündet«.]
4 Nietzsche *Götzendämmerung*. *Werke*. Band VIII. S. 136.]

nen, das Zufällige so ohne Rest zu stempeln, daß es als dasselbe festgehalten werden kann. Gerade die trotzige Verschlossenheit oder das gewählte Auftreten des je ausgestellten Individuums werden serienweise hergestellt wie die Yaleschlösser*, die sich nach Bruchteilen von Millimetern unterscheiden. Die Besonderheit des Selbst ist ein gesellschaftlich bedingtes Monopolgut, das als natürliches vorgespiegelt wird. Sie ist auf den Schnurrbart reduziert, den französischen Akzent, die tiefe Stimme der Lebefrau, den Lubitsch touch: gleichsam Fingerabdrücke auf den sonst gleichen Ausweiskarten, in die Leben und Gesicht aller Einzelnen, vom Filmstar bis zum leiblich Inhaftierten, vor der Macht des Allgemeinen sich verwandelt. Pseudoindividualität wird für die Erfassung und Entgiftung der Tragik vorausgesetzt: nur dadurch, daß die Individuen gar keine sind, sondern bloße Verkehrsknotenpunkte der Tendenzen des Allgemeinen, ist es möglich, sie bruchlos in die Allgemeinheit zurückzunehmen. Massenkultur entschleiert damit den fiktiven Charakter, den die Form des Individuums im bürgerlichen Zeitalter seit je aufwies, und tut unrecht nur daran, daß sie mit solcher trüben Harmonie von Allgemeinem und Besonderem sich brüstet. Das Prinzip der Individualität war widerspruchsvoll von Anbeginn. Einmal ist es zur Individuation gar nicht wirklich gekommen. Die klassenmäßige Gestalt der Selbsterhaltung hat alle auf der Stufe bloßer Gattungswesen festgehalten. Jeder bürgerliche** Charakter drückte trotz seiner Abweichung und gerade in ihr dasselbe aus: die Härte der Konkurrenzgesellschaft. Der Einzelne, auf den die Gesellschaft sich stützte, trug ihren Makel an sich; in seiner scheinbaren Freiheit war er das Produkt ihrer ökonomischen und sozialen Apparatur. An die je herrschenden Machtverhältnisse appellierte die Macht, wenn sie den Spruch der von ihr Betroffenen einholte. Zugleich hat in ihrem Gang die bürgerliche Gesellschaft das Individuum auch entfaltet. Wider den Willen ihrer Lenker hat die Technik die Menschen aus Kindern zu Personen gemacht. Jeder solche Fortschritt der Individuation aber ist auf Kosten der Individualität gegangen, in deren Namen er erfolgte, und hat von ihm nichts übriggelassen als den Entschluß, nichts als den je eigenen Zweck zu verfolgen. Der Bürger, dessen Leben sich in Ge-

[* Yale: ein Markenname.]
[** »bürgerliche« / 1944: »deutsche bürgerliche«.]

schäft und Privatleben, dessen Privatleben sich in Repräsentation und Intimität, dessen Intimität sich in die mürrische Gemeinschaft der Ehe und den bitteren Trost spaltet, ganz allein zu sein, mit sich und allen zerfallen, ist virtuell schon der Nazi, der zugleich begeistert ist und schimpft, oder der heutige Großstädter, der sich Freundschaft nur noch als »social contact«, als gesellschaftliche Berührung innerlich Unberührter vorstellen kann. Nur darum kann die Kulturindustrie so erfolgreich mit der Individualität umspringen, weil in ihr seit je die Brüchigkeit der Gesellschaft sich reproduzierte. In den nach Schnittmustern von Magazinumschlägen konfektionierten Gesichtern der Filmhelden und Privatpersonen zergeht ein Schein, an den ohnehin keiner mehr glaubt, und die Liebe zu jenen Heldenmodellen nährt sich von der geheimen Befriedigung darüber, daß man endlich der Anstrengung der Individuation durch die freilich atemlosere der Nachahmung enthoben sei. Eitel die Hoffnung, daß die in sich widerspruchsvolle, zerfallende Person nicht Generationen überdauern könne, das System an solcher psychologischen Spaltung zerbrechen müsse, den Menschen die lügenhafte Unterschiebung des Stereotypen fürs Individuelle von selber unerträglich werde. Die Einheit der Persönlichkeit war als Schein durchschaut seit Shakespeares Hamlet. In den synthetisch hergestellten Physiognomien heute ist schon vergessen, daß es überhaupt einmal den Begriff des Menschenlebens gab. Jahrhundertelang hat sich die Gesellschaft auf Victor Mature und Mickey Rooney* vorbereitet. Indem sie auflösen, kommen sie, um zu erfüllen.

Die Heroisierung der Durchschnittlichen gehört zum Kultus des Billigen. Die höchstbezahlten Stars gleichen Werbebildern für ungenannte Markenartikel. Nicht umsonst werden sie oft aus der Schar der kommerziellen Modelle ausgewählt. Der herrschende Geschmack bezieht sein Ideal von der Reklame, der Gebrauchsschönheit. So hat sich das Sokratische Wort, das Schöne sei das Brauchbare, am Ende ironisch erfüllt. Das Kino wirbt für den Kulturkonzern** als Totalität, im Radio werden die Waren, um derentwillen das Kulturgut existiert, auch einzeln angepriesen. Um fünfzig Kupfer sieht man den Millionenfilm, um zehn erhält man den Kau-

[* bekannte Filmschauspieler, Verkörperungen des Helden bzw. des Antihelden.]
[** »Kulturkonzern« / 1944: »Kulturkonzern und das Monopol«.]

gummi, hinter dem aller Reichtum der Welt steht und mit dessen Absatz er sich verstärkt. In absentia, doch durch allgemeine Abstimmung eruiert man den Schatz von Armeen, ohne freilich im Hinterland Prostitution zu dulden. Die besten Kapellen der Welt, die es nicht sind, werden gratis ins Haus geliefert. All das gleicht höhnisch dem Schlaraffenland wie die Volksgemeinschaft der menschlichen. Allen wird etwas aufgewartet.* Die Konstatierung des provinziellen Besuchers des alten Berliner Metropoltheaters, es sei doch erstaunlich, was die Leute für das Geld alles leisten, ist längst von der Kulturindustrie aufgegriffen und zur Substanz der Produktion selber erhoben worden. Nicht bloß begleitet sich diese immerzu mit dem Triumph darüber, daß sie möglich sei, sie ist in weitem Maße dieser Triumph selber. Show heißt allen zeigen, was man hat und kann. Sie ist auch heute noch Jahrmarkt, nur unheilbar erkrankt an Kultur. Wie die Menschen dort, von der Stimme der Anpreiser gelockt, die Enttäuschung in den Buden mit tapferem Lächeln überwanden, weil man es schließlich im voraus wußte, so hält der Kinobesucher verständnisvoll zur Institution. Mit der Billigkeit der Serienprodukte de luxe aber und ihrem Komplement, dem universalen Schwindel, bahnt eine Veränderung im Warencharakter der Kunst selber sich an. Nicht er ist das Neue: nur daß er heute geflissentlich sich einbekennt, und daß Kunst ihrer eigenen Autonomie abschwört, sich stolz unter die Konsumgüter einreiht, macht den Reiz der Neuheit aus. Kunst als getrennter Bereich war von je nur als bürgerliche möglich. Selbst ihre Freiheit bleibt als Negation der gesellschaftlichen Zweckmäßigkeit, wie sie über den Markt sich durchsetzt, wesentlich an die Voraussetzung der Warenwirtschaft gebunden. Die reinen Kunstwerke, die den Warencharakter der Gesellschaft allein dadurch schon verneinen, daß sie ihrem eigenen Gesetz folgen, waren immer zugleich auch Waren: sofern, bis ins achtzehnte Jahrhundert, der Schutz der Auftraggeber die Künstler vor dem Markt behütete, waren sie dafür den Auftraggebern und deren Zwecken untertan. Die Zwecklosigkeit des großen neueren Kunstwerks lebt von der Anonymität des Marktes. So vielfach vermittelt sind dessen Forderungen, daß der Künstler von der bestimmten Zumutung, freilich nur in gewissem Maße, dispensiert bleibt, denn

[* »Allen...aufgewartet« / 1944: »Das Monopol wartet allen etwas auf«.]

seiner Autonomie, als einer bloß geduldeten, war durch die ganze bürgerliche Geschichte hindurch ein Moment der Unwahrheit beigesellt, das sich schließlich zur gesellschaftlichen Liquidation der Kunst entfaltet hat. Der todkranke Beethoven, der einen Roman von Walter Scott mit dem Ruf: »Der Kerl schreibt ja für Geld« von sich schleudert, und gleichzeitig noch in der Verwertung der letzten Quartette, der äußersten Absage an den Markt, als überaus erfahrener und hartnäckiger Geschäftsmann sich zeigt, bietet das großartigste Beispiel der Einheit der Gegensätze Markt und Autonomie in der bürgerlichen Kunst. Der Ideologie verfallen gerade jene, die den Widerspruch verdecken, anstatt ihn ins Bewußtsein der eigenen Produktion aufzunehmen wie Beethoven: er hat die Wut um den verlorenen Groschen nachimprovisiert und jenes metaphysische Es Muß Sein, das den Zwang der Welt ästhetisch aufzuheben trachtet, indem es ihn auf sich nimmt, von der Forderung der Haushälterin nach dem Monatsgeld abgeleitet. Das Prinzip der idealistischen Ästhetik, Zweckmäßigkeit ohne Zweck*, ist die Umkehrung des Schemas, dem gesellschaftlich die bürgerliche Kunst gehorcht: der Zwecklosigkeit für Zwecke, die der Markt deklariert. Schließlich hat in der Forderung nach Unterhaltung und Entspannung der Zweck das Reich der Zwecklosigkeit aufgezehrt. Indem aber der Anspruch der Verwertbarkeit von Kunst total wird, beginnt eine Verschiebung in der inneren ökonomischen Zusammensetzung der Kulturwaren** sich anzukündigen. Der Nutzen nämlich, den die Menschen in der antagonistischen Gesellschaft vom Kunstwerk sich versprechen, ist weithin selber eben das Dasein des Nutzlosen, das doch durch die völlige Subsumtion unter den Nutzen abgeschafft wird. Indem das Kunstwerk ganz dem Bedürfnis sich angleicht, betrügt es die Menschen vorweg um eben die Befreiung vom Prinzip der Nützlichkeit, die es leisten soll. Was man den Gebrauchswert in der Rezeption der Kulturgüter nennen könnte, wird*** durch den Tauschwert ersetzt, anstelle des Genusses tritt Dabeisein und Be-

[* Vgl. Kant: *Kritik der Urteilskraft*, in: *Werke* (Akademieausgabe) Bd. V, Berlin 1968, u. a. S. 220.]

[** »inneren ... Kulturwaren« / 1944: »Zusammensetzung der Kulturwaren nach Gebrauchswert und Tauschwert«.]

[*** »Was man ... wird« / 1944: »Der Gebrauchswert wird in der Rezeption der Kulturgüter«.]

scheidwissen, Prestigegewinn anstelle der Kennerschaft. Der Konsument wird zur Ideologie der Vergnügungsindustrie, deren Institutionen er nicht entrinnen kann.* Mrs. Miniver** muß man gesehen haben, wie man *Life* und *Time* halten muß. Alles wird nur unter dem Aspekt wahrgenommen, daß es zu etwas anderem dienen kann, wie vage dies andere auch im Blick steht. Alles hat nur Wert, sofern man es eintauschen kann, nicht sofern es selbst etwas ist. Der Gebrauchswert der Kunst, ihr Sein, gilt ihnen als Fetisch, und der Fetisch, ihre gesellschaftliche Schätzung, die sie als Rang der Kunstwerke verkennen, wird zu ihrem einzigen Gebrauchswert, der einzigen Qualität, die sie genießen. So zerfällt der Warencharakter der Kunst, indem er sich vollends realisiert. Sie ist eine Warengattung, zugerichtet, erfaßt, der industriellen Produktion angeglichen, käuflich und fungibel, aber die Warengattung Kunst, die davon lebte, verkauft zu werden und doch unverkäuflich zu sein, wird ganz zum gleißnerisch Unverkäuflichen, sobald das Geschäft nicht mehr bloß ihre Absicht, sondern ihr einziges Prinzip ist. Die Toscaniniaufführung übers Radio ist gewissermaßen unverkäuflich. Man hört sie umsonst, und es wird gleichsam zu jedem Ton der Symphonie noch die sublime Reklame beigegeben, daß die Symphonie nicht durch Reklame unterbrochen wird – »this concert is brought to you as a public service«. Die Täuschung*** vollzieht sich indirekt über den Profit aller vereinigten Auto- und Seifenfabrikanten, aus deren Zahlungen die Stationen sich erhalten, und natürlich über den gesteigerten Umsatz der Elektroindustrie als der Herstellerin der Empfangsgeräte. Durchweg zieht der Rundfunk, der progressive Spätling der Massenkultur, Konsequenzen, die dem Film sein Pseudomarkt einstweilen verwehrt. Die technische Struktur des kommerziellen Radiosystems**** macht ihn gegen liberale Abweichungen, wie die Filmindustriellen sie auf dem eigenen Feld noch sich gestatten können, immun. Er ist ein privates Unternehmen, das schon das souveräne Ganze***** repräsentiert, darin den anderen Einzelkonzer-

[* »Der Konsument ... entrinnen kann.« / 1944: (fehlt).]
[** S. Anm.***, S. 168.]
[*** »Die Täuschung« / 1944: »Der Nepp«.]
[**** »kommerziellen Radiosystems« / 1944/47: »Rundfunks«.]
[***** »souveräne Ganze« / 1944: »Monopol als souveränes Ganzes«.]

nen* um einiges voraus. Chesterfield ist bloß die Zigarette der Nation, das Radio aber ihr Sprachrohr. In der totalen Hereinziehung der Kulturprodukte in die Warensphäre verzichtet das Radio überhaupt darauf, seine Kulturprodukte selber als Waren an den Mann zu bringen. Es erhebt in Amerika keine Gebühren vom Publikum. Dadurch gewinnt es die trügerische Form desinteressierter, überparteilicher Autorität, die für den Faschismus wie gegossen ist. Dort wird das Radio zum universalen Maul des Führers; in den Straßenlautsprechern geht seine Stimme über ins Geheul der Panik verkündenden Sirenen, von denen moderne Propaganda ohnehin schwer zu unterscheiden ist. Die Nationalsozialisten selber wußten, daß der Rundfunk ihrer Sache Gestalt verlieh wie die Druckerpresse der Reformation. Das von der Religionssoziologie** erfundene metaphysische Charisma des Führers hat sich schließlich als die bloße Allgegenwart seiner Radioreden erwiesen, welche die Allgegenwart des göttlichen Geistes dämonisch parodiert. Das gigantische Faktum, daß die Rede überall hindringt, ersetzt ihren Inhalt, wie die Wohltat jener Toscaniniübertragung anstelle ihres Inhalts, der Symphonie, tritt. Ihren wahren Zusammenhang vermag kein Hörer mehr aufzufassen, während die Führerrede ohnehin die Lüge ist. Das menschliche Wort absolut zu setzen, das falsche Gebot, ist die immanente Tendenz des Radios. Empfehlung wird zum Befehl. Die Anpreisung der immergleichen Waren unter verschiedenen Markennamen, das wissenschaftlich fundierte Lob des Abführmittels in der geschleckten Stimme des Ansagers zwischen der Traviata- und Rienzi-Ouvertüre ist allein schon wegen seiner Läppischkeit unhaltbar geworden. Endlich kann einmal das durch den Schein der Auswahlmöglichkeit verhüllte Diktat der Produktion, die spezifische Reklame, ins offene Kommando des Führers übergehen. In einer Gesellschaft faschistischer Großrackets, die sich darüber verständigten, was der Notdurft der Völker vom Sozialprodukt zuzuteilen sei, erschiene es schließlich als anachronistisch, zum Gebrauch eines bestimmten Seifenpulvers einzuladen.

[* »Einzelkonzernen« / 1944: »Einzelmonopolen«.]
[** Anspielung auf Max Webers Begriff der charismatischen Herrschaft; vgl. *Wirtschaft und Gesellschaft* (1922), Tübingen 1976, S. 140ff.]

Der Führer ordnet moderner, ohne Umstände, den Opfergang wie den Bezug des Pofels direkt an.

Schon heute werden von der Kulturindustrie die Kunstwerke, wie politische Losungen, entsprechend aufgemacht, zu reduzierten Preisen einem widerstrebenden Publikum eingeflößt, ihr Genuß wird dem Volke zugänglich wie Parks. Aber die Auflösung ihres genuinen Warencharakters bedeutet nicht, daß sie im Leben einer freien Gesellschaft aufgehoben wären, sondern daß nun auch der letzte Schutz gegen ihre Erniedrigung zu Kulturgütern gefallen ist. Die Abschaffung des Bildungsprivilegs durch Ausverkauf leitet die Massen nicht in die Bereiche, die man ihnen ehedem vorenthielt, sondern dient, unter den bestehenden gesellschaftlichen Bedingungen, gerade dem Zerfall der Bildung, dem Fortschritt der barbarischen Beziehungslosigkeit. Wer im neunzehnten und beginnenden zwanzigsten Jahrhundert Geld ausgab, um ein Drama zu sehen oder ein Konzert zu hören, zollte der Darbietung wenigstens soviel Achtung wie dem ausgegebenen Geld. Der Bürger, der etwas davon haben wollte, mochte zuweilen eine Beziehung zum Werk suchen. Die sogenannte Leitfadenliteratur zu den Wagnerschen Musikdramen etwa und die Faustkommentare legen dafür Zeugnis ab. Sie leiten erst über zu der biographischen Glasur und den anderen Praktiken, denen heute das Kunstwerk unterzogen werden muß. Selbst in der Jugendblüte des Geschäfts hatte der Tauschwert* den Gebrauchswert nicht als seinen bloßen Appendix mitgeschleift, sondern ihn als seine eigene Voraussetzung auch entwickelt, und das ist den Kunstwerken gesellschaftlich zugutegekommen. Kunst hat den Bürger solange noch in einigen Schranken gehalten, wie sie teuer war. Damit ist es aus. Ihre schrankenlose, durch kein Geld mehr vermittelte Nähe zu den ihr Ausgesetzten vollendet die Entfremdung und ähnelt beide einander an im Zeichen triumphaler Dinglichkeit. In der Kulturindustrie verschwindet wie die Kritik so der Respekt: jene wird von der mechanischen Expertise, dieser vom vergeßlichen Kultus der Prominenz beerbt. Den Konsumenten ist nichts mehr teuer. Dabei ahnen sie doch, daß ihnen um so weniger etwas geschenkt wird, je weniger es kostet. Das doppelte Mißtrauen gegen die traditionelle Kultur als Ideologie vermischt sich mit dem gegen

[* »Selbst ... Tauschwert« / 1944: »Der Tauschwert hatte«.]

die industrialisierte als Schwindel. Zur bloßen Zugabe gemacht, werden die depravierten Kunstwerke mit dem Schund zusammen, dem das Medium sie angleicht, insgeheim von den Beglückten verworfen. Diese dürfen ihre Freude daran haben, daß es so viel zu sehen und zu hören gibt. Eigentlich ist alles zu haben. Die Screenos und Vaudevilles* im Kino, die Wettbewerbe musikalischer Wiedererkenner, die Gratisheftchen, Belohnungen und Geschenkartikel, die den Hörern bestimmter Radioprogramme zuteilwerden, sind nicht bloße Akzidentien, sondern setzen fort, was mit den Kulturprodukten selber sich zuträgt. Die Symphonie wird zur Prämie dafür, daß man überhaupt Radio hört, und hätte die Technik ihren Willen, der Film würde bereits nach dem Vorbild des Radios ins apartment geliefert.** Er steuert dem »commercial system« zu. Das Fernsehen deutet den Weg einer Entwicklung an, die leicht genug die Gebrüder Warner*** in die ihnen gewiß unwillkommene Position von Kammerspielern und Kulturkonservativen drängen könnte. Im Verhalten der Konsumenten aber hat das Prämienwesen bereits sich niedergeschlagen. Indem Kultur als Dreingabe sich darstellt, deren private und soziale Zuträglichkeit freilich außer Frage steht, wird ihre Rezeption zum Wahrnehmen von Chancen. Sie drängen sich aus Angst, man könne etwas versäumen. Was, ist dunkel, jedenfalls hat die Chance nur, wer sich nicht ausschließt. Der Faschismus aber hofft**** darauf, die von der Kulturindustrie trainierten Gabenempfänger in seine reguläre Zwangsgefolgschaft umzuorganisieren.

Kultur ist eine paradoxe Ware. Sie steht so völlig unterm Tauschgesetz, daß sie nicht mehr getauscht wird; sie geht so blind im Gebrauch auf, daß man sie nicht mehr gebrauchen kann. Daher verschmilzt sie mit der Reklame. Je sinnloser diese unterm Monopol scheint, um so allmächtiger wird sie. Die Motive sind ökonomisch genug. Zu gewiß könnte man ohne die ganze Kulturindustrie leben,

[* kurze Wettbewerbe unter den Zuschauern, die zwischen den Vorstellungen abgehalten wurden. (A. d. i. Ü.)]

[** Als die Autoren schrieben, war das Fernsehen noch in seinen Anfängen. (A. d. i. Ü.)]

[*** Inhaber großer Filmstudios.]

[**** »hofft« / 1944: »wartet«.]

zu viel Übersättigung und Apathie muß sie unter den Konsumenten erzeugen. Aus sich selbst vermag sie wenig dagegen. Reklame ist ihr Lebenselixier. Da aber ihr Produkt unablässig den Genuß, den es als Ware verheißt, auf die bloße Verheißung reduziert, so fällt es selber schließlich mit der Reklame zusammen, deren es um seiner Ungenießbarkeit willen bedarf. In der Konkurrenzgesellschaft leistete sie den gesellschaftlichen Dienst, den Käufer am Markt zu orientieren, sie erleichterte die Auswahl und half dem leistungsfähigeren unbekannten Lieferanten, seine Ware an den richtigen Mann zu bringen. Sie kostete nicht bloß, sondern ersparte Arbeitszeit. Heute, da der freie Markt zu Ende geht, verschanzt sich in ihr die Herrschaft des Systems.* Sie verfestigt das Band, das die Konsumenten an die großen Konzerne schmiedet. Nur wer die exorbitanten Gebühren, welche die Reklameagenturen, allen voran das Radio selbst, erheben, laufend bezahlen kann, also wer schon dazu gehört oder auf Grund des Beschlusses von Bank- und Industriekapital kooptiert wird, darf überhaupt den Pseudomarkt als Verkäufer betreten. Die Reklamekosten, die schließlich in die Taschen der Konzerne** zurückfließen, ersparen das umständliche Niederkonkurrieren unliebsamer Außenseiter; sie garantieren, daß die Maßgebenden unter sich bleiben; nicht unähnlich jenen Wirtschaftsratsbeschlüssen***, durch die im totalitären Staat Eröffnung und Weiterführung von Betrieben kontrolliert wird. Reklame ist heute ein negatives Prinzip, eine Sperrvorrichtung: alles, was nicht ihren Stempel an sich trägt, ist wirtschaftlich anrüchig. Die allumfassende Reklame ist keineswegs notwendig, damit die Menschen die Sorten kennenlernen, auf die das Angebot sowieso beschränkt ist. Sie dient dem Absatz nur indirekt. Der Abbau einer gängigen Reklamepraxis durch eine einzelne Firma bedeutet einen Prestigeverlust, in Wahrheit einen Verstoß gegen die Disziplin, welche die maßgebende Clique den Ihren auferlegt. Im Krieg wird weiter Reklame gemacht für Waren, die schon nicht mehr lieferbar sind, bloß um der Schaustellung der industriellen Macht willen. Wichtiger als die Wiederholung des

[* »Arbeitszeit … Systems« / 1944: »gesellschaftliche Arbeitszeit. Heute, da der freie Markt zu Ende ist, verschanzt sich in ihr das Monopol«.]

[** »der Konzerne« / 1944: »des Monopols«.]

[*** »Maßgebenden … Wirtschaftsratsbeschlüssen« / 1944: »Klasse unter sich bleibt, als Vorform jener Wirtschaftsratsbeschlüsse der Industriellen«.]

Namens ist dann die Subvention der ideologischen Medien.* Indem unterm Zwang des Systems jedes Produkt Reklametechnik verwendet, ist diese ins Idiom, den »Stil« der Kulturindustrie einmarschiert. So vollkommen ist ihr Sieg, daß sie an den entscheidenden Stellen nicht einmal mehr ausdrücklich wird: die Monumentalbauten der Größten**, steingewordene Reklame im Scheinwerferlicht, sind reklamefrei und stellen allenfalls noch auf den Zinnen, lapidar leuchtend, des Selbstlobs enthoben, die Initialen des Geschäfts zur Schau. Die vom neunzehnten Jahrhundert überlebenden Häuser dagegen, deren Architektur die Verwendbarkeit als Konsumgut, der Wohnzweck noch beschämend anzumerken ist, werden vom Parterre bis übers Dach hinaus mit Plakaten und Transparenten gespickt; die Landschaft wird zum bloßen Hintergrund für Schilder und Zeichen. Reklame wird zur Kunst schlechthin, mit der Goebbels ahnungsvoll sie in eins setzte, l'art pour l'art, Reklame für sich selber, reine Darstellung der gesellschaftlichen Macht. In den maßgebenden amerikanischen Magazinen *Life* und *Fortune* kann der flüchtige Blick Bild und Text der Reklame von denen des redaktionellen Teils schon kaum mehr unterscheiden. Redaktionell ist der begeisterte und unbezahlte Bildbericht über Lebensgewohnheit und Körperpflege des Prominenten, der diesem neue fans zuführt, während die Reklameseiten auf so sachliche und lebenswahre Photographien und Angaben sich stützen, daß sie das Ideal der Information darstellen, dem der redaktionelle Teil erst nachstrebt. Jeder Film ist die Vorschau auf den nächsten, der das gleiche Heldenpaar unter der gleichen exotischen Sonne abermals zu vereinen verspricht: wer zu spät kommt, weiß nicht, ob er der Vorschau oder der Sache selbst beiwohnt. Der Montagecharakter der Kulturindustrie, die synthetische, dirigierte Herstellungsweise ihrer Produkte, fabrikmäßig nicht bloß im Filmstudio sondern virtuell auch bei der Kompilation der billigen Biographien, Reportageromane und Schlager, schickt sich vorweg zur Reklame: indem das Einzelmoment ablösbar, fun-

[* »Sie dient... Medien.« / 1944: »Ihre Einstellung seitens einer einzelnen Firma bedeutet nur einen Prestigeverlust, in Wahrheit einen Verstoß gegen die Klassendisziplin, die das Monopol den Seinen auferlegt. Im Krieg wird weiter Reklame gemacht für Waren, die schon nicht mehr lieferbar sind, bloß um die Institution, und selbstverständlich auch die Kriegskonjunktur weiter im Gang zu halten.«]
[** »der Größten« / 1944: »des Monopols, Wrigleys und Rockefellers Hochhäuser«.]

gibel wird, jedem Sinnzusammenhang auch technisch entfremdet, gibt es sich zu Zwecken außerhalb des Werkes her. Effekt, Trick, die isolierte und wiederholbare Einzelleistung sind von je der Ausstellung von Gütern zu Reklamezwecken verschworen gewesen, und heute ist jede Großaufnahme der Filmschauspielerin zur Reklame für ihren Namen geworden, jeder Schlager zum plug* seiner Melodie. Technisch so gut wie ökonomisch verschmelzen Reklame und Kulturindustrie. Hier wie dort erscheint das Gleiche an zahllosen Orten, und die mechanische Repetition desselben Kulturprodukts ist schon die desselben Propaganda-Schlagworts. Hier wie dort wird unterm Gebot von Wirksamkeit Technik zur Psychotechnik, zum Verfahren der Menschenbehandlung. Hier wie dort gelten die Normen des Auffälligen und doch Vertrauten, des Leichten und doch Einprägsamen, des Versierten und doch Simplen; um die Überwältigung des als zerstreut oder widerstrebend vorgestellten Kunden ist es zu tun.

Durch die Sprache, die er spricht, trägt er selber zum Reklamecharakter der Kultur das Seine bei. Je vollkommener nämlich die Sprache in der Mitteilung aufgeht, je mehr die Worte aus substantiellen Bedeutungsträgern zu qualitätslosen Zeichen werden, je reiner und durchsichtiger sie das Gemeinte vermitteln, desto undurchdringlicher werden sie zugleich. Die Entmythologisierung der Sprache schlägt, als Element des gesamten Aufklärungsprozesses, in Magie zurück. Unterschieden voneinander und unablösbar waren Wort und Gehalt einander gesellt. Begriffe wie Wehmut, Geschichte, ja: das Leben, wurden im Wort erkannt, das sie heraushob und bewahrte. Seine Gestalt konstituierte und spiegelte sie zugleich. Die entschlossene Trennung, die den Wortlauf als zufällig und die Zuordnung zum Gegenstand als willkürlich erklärt, räumt mit der abergläubischen Vermischung von Wort und Sache auf. Was an einer festgelegten Buchstabenfolge über die Korrelation zum Ereignis hinausgeht, wird als unklar und als Wortmetaphysik verbannt. Damit aber wird das Wort, das nur noch bezeichnen und nichts mehr bedeuten darf, so auf die Sache fixiert, daß es zur Formel erstarrt. Das betrifft gleichermaßen Sprache und Gegenstand. Anstatt den

[* eine wohlwollende oder anpreisende Äußerung über eine Schallplatte, ein Buch etc., die im Radio (bzw. Fernsehen) zu Werbezwecken verbreitet wird.]

Gegenstand zur Erfahrung zu bringen, exponiert ihn das gereinigte Wort als Fall eines abstrakten Moments, und alles andere, durch den Zwang zu unbarmherziger Deutlichkeit vom Ausdruck abgeschnitten, den es nicht mehr gibt, verkümmert damit auch in der Realität. Der Linksaußen beim Fußball, das Schwarzhemd*, der Hitlerjunge und ihresgleichen sind nichts mehr als das, was sie heißen. Hatte das Wort vor seiner Rationalisierung mit der Sehnsucht auch die Lüge entfesselt, so ist das rationalisierte zur Zwangsjacke geworden für die Sehnsucht mehr noch als für die Lüge. Die Blindheit und Stummheit der Daten, auf welche der Positivismus die Welt reduziert, geht auf die Sprache selber über, die sich auf die Registrierung jener Daten beschränkt. So werden die Bezeichnungen selbst undurchdringlich, sie erhalten eine Schlagkraft, eine Gewalt der Adhäsion und Abstoßung, die sie ihrem extremen Gegensatz, den Zaubersprüchen, ähnlich macht. Sie wirken wieder als eine Art von Praktiken, sei es, daß der Name der Diva im Studio nach statistischer Erfahrung kombiniert wird, sei es, daß man die Wohlfahrtsregierung durch tabuierende Namen wie Bürokraten und Intellektuelle bannt, sei es, daß sich die Gemeinheit durch den Landesnamen feit. Der Name überhaupt, an den Magie vornehmlich sich knüpft, unterliegt heute einer chemischen Veränderung. Er verwandelt sich in willkürliche und handhabbare Bezeichnungen, deren Wirkkraft nun zwar berechenbar, aber gerade darum ebenso eigenmächtig ist, wie die des archaischen. Vornamen, die archaischen Überbleibsel, hat man auf die Höhe der Zeit gebracht, indem man sie entweder zu Reklamemarken stilisierte – bei den Filmstars sind auch die Nachnamen Vornamen – oder kollektiv standardisierte. Veraltet klingt dafür der bürgerliche, der Familienname, der, anstatt Warenzeichen zu sein, den Träger durch Beziehung auf eigene Vorgeschichte individualisierte. Er erweckt in Amerikanern eine seltsame Befangenheit. Um die unbequeme Distanz zwischen besonderen Menschen zu vertuschen,** nennen sie sich Bob und Harry, als fungible Mitglieder von teams. Solcher Komment bringt die Beziehungen der Menschen auf die Brüderlichkeit des Sportpublikums hinab, die vor der rich-

[* Bezeichnung für Faschisten nach den schwarzen Hemden ihrer Uniformen, vor allem in Italien, aber auch in anderen Ländern.]
[** »vertuschen« / 1944: »vertuschen, die noch das Leben in der Monopolgesellschaft bestimmt,«.]

tigen schützt. Die Signifikation, als einzige Leistung des Worts von Semantik zugelassen, vollendet sich im Signal. Ihr Signalcharakter verstärkt sich durch die Raschheit, mit welcher Sprachmodelle von oben her in Umlauf gesetzt werden. Wenn die Volkslieder zu Recht oder Unrecht herabgesunkenes Kulturgut der Oberschicht genannt wurden, so haben ihre Elemente jedenfalls erst in einem langen, vielfach vermittelten Prozeß der Erfahrung ihre populäre Gestalt angenommen. Die Verbreitung von popular songs dagegen geschieht schlagartig. Der amerikanische Ausdruck »fad« für epidemisch auftretende – nämlich durch hochkonzentrierte ökonomische Mächte entzündete – Moden bezeichnete das Phänomen, längst ehe totalitäre Reklamechefs die jeweiligen Generallinien der Kultur durchsetzten. Wenn an einem Tag die deutschen Faschisten ein Wort wie »untragbar« durch die Lautsprecher lancieren, sagt morgen das ganze Volk »untragbar«. Nach demselben Schema haben die Nationen, auf die der deutsche Blitzkrieg es abgesehen hatte, ihn in ihren Jargon aufgenommen. Die allgemeine Wiederholung der Bezeichnungen für die Maßnahmen macht diese gleichsam vertraut, wie zur Zeit des freien Marktes der Warenname in aller Mund den Absatz erhöhte. Das blinde und rapid sich ausbreitende Wiederholen designierter Worte verbindet die Reklame mit der totalitären Parole. Die Schicht der Erfahrung, welche die Worte zu denen der Menschen machte, die sie sprachen, ist abgegraben, und in der prompten Aneignung nimmt die Sprache jene Kälte an, die ihr bislang nur an Litfaßsäulen und im Annonceteil der Zeitungen eigen war. Unzählige gebrauchen Worte und Redewendungen, die sie entweder überhaupt nicht mehr verstehen oder nur ihrem behavioristischen Stellenwert nach benutzen, so wie Schutzzeichen, die sich schließlich um so zwangshafter an ihre Objekte heften, je weniger ihr sprachlicher Sinn mehr erfaßt wird. Der Minister für Volksaufklärung redet unwissend von dynamischen Kräften, und die Schlager singen unablässig von rêverie und rhapsody und heften ihre Popularität gerade an die Magie des Unverständlichen als an den Schauer vom höheren Leben. Andere Stereotypen, wie memory, werden noch einigermaßen kapiert, aber entgleiten der Erfahrung, die sie erfüllen könnte. Wie Enklaven ragen sie in die gesprochene Sprache hinein. Im deutschen Rundfunk Fleschs und Hitlers sind sie an dem affektierten Hochdeutsch des Ansagers zu erkennen, welcher der Nation

»Auf Wiederhören« oder »Hier spricht die Hitlerjugend« und sogar »der Führer« in einem Tonfall vorsagt, der zum Mutterlaut von Millionen wird. In solchen Wendungen ist das letzte Band zwischen sedimentierter Erfahrung und Sprache durchschnitten, wie es im neunzehnten Jahrhundert im Dialekt noch seine versöhnende Wirkung übte. Dem Redakteur, der es mit seiner geschmeidigen Gesinnung zum deutschen Schriftleiter* gebracht hat, erstarren dafür die deutschen Wörter unter der Hand zu fremden. An jedem Wort läßt sich unterscheiden, wie weit es von der faschistischen Volksgemeinschaft verschandelt ist. Nachgerade freilich ist solche Sprache** schon allumfassend, totalitär geworden. Man vermag den Worten die Gewalt nicht mehr anzuhören, die ihnen widerfährt. Der Rundfunkansager hat es nicht nötig, gespreizt zu reden; ja er wäre unmöglich, wenn sein Tonfall von dem der ihm zubestimmten Hörergruppe der Art nach sich unterschiede. Aber dafür sind Sprache und Gestik der Hörer und Zuschauer bis in Nuancen, an welche bislang keine Versuchsmethoden heranreichen, vom Schema der Kulturindustrie noch stärker durchsetzt als je zuvor. Heute hat sie die zivilisatorische Erbschaft der Frontier- und Unternehmerdemokratie angetreten, deren Sinn für geistige Abweichungen auch nicht allzu zart entwickelt war. Alle sind frei, zu tanzen und sich zu vergnügen, wie sie, seit der geschichtlichen Neutralisierung der Religion, frei sind, in eine der zahllosen Sekten einzutreten. Aber die Freiheit in der Wahl der Ideologie, die stets den wirtschaftlichen Zwang zurückstrahlt, erweist sich in allen Sparten als die Freiheit zum Immergleichen. Die Art, in der ein junges Mädchen das obligatorische date annimmt und absolviert, der Tonfall am Telephon und in der vertrautesten Situation, die Wahl der Worte im Gespräch, ja das ganze nach den Ordnungsbegriffen der heruntergekommenen Tiefenpsychologie aufgeteilte Innenleben bezeugt den Versuch, sich selbst zum erfolgsadäquaten Apparat zu machen, der bis in die Triebregungen hinein dem von der Kulturindustrie präsentierten Modell entspricht. Die intimsten Reaktionen der Menschen sind ihnen selbst gegenüber so vollkommen verdinglicht, daß die Idee des

[* Der Ausdruck »Schriftleiter« wurde von den Nationalsozialisten dem *Fremd*-Wort »Redakteur« vorgezogen. (A.d.i.Ü.)]
[** »solche Sprache« / 1944: »die Sprache des Monopols«.]

ihnen Eigentümlichen nur in äußerster Abstraktheit noch fortbesteht: personality bedeutet ihnen kaum mehr etwas anderes als blendend weiße Zähne und Freiheit von Achselschweiß und Emotionen. Das ist der Triumph der Reklame in der Kulturindustrie, die zwangshafte Mimesis der Konsumenten an die zugleich durchschauten Kulturwaren.*

[* »Kulturwaren.« / 1944/47: »Kulturwaren.« nach Absatz: »(fortzusetzen)«.]

Elemente des Antisemitismus

Grenzen der Aufklärung

I

Der Antisemitismus heute gilt den einen als Schicksalsfrage der Menschheit, den anderen als bloßer Vorwand. Für die Faschisten sind die Juden nicht eine Minorität, sondern die Gegenrasse, das negative Prinzip als solches; von ihrer Ausrottung soll das Glück der Welt abhängen. Extrem entgegengesetzt ist die These, die Juden, frei von nationalen oder Rassemerkmalen, bildeten eine Gruppe durch religiöse Meinung und Tradition, durch nichts sonst. Jüdische Kennzeichen bezögen sich auf Ostjuden, jedenfalls bloß auf noch nicht ganz Assimilierte. Beide Doktrinen sind wahr und falsch zugleich.

Die erste ist wahr in dem Sinn, daß der Faschismus sie wahr gemacht hat. Die Juden sind heute die Gruppe, die praktisch wie theoretisch den Vernichtungswillen auf sich zieht, den die falsche gesellschaftliche Ordnung aus sich heraus produziert. Sie werden vom absolut Bösen als das absolut Böse gebrandmarkt. So sind sie in der Tat das auserwählte Volk. Während es der Herrschaft ökonomisch nicht mehr bedürfte,* werden die Juden als deren absolutes Objekt bestimmt, mit dem bloß noch verfahren werden soll. Den Arbeitern**, auf die es zuletzt freilich abgesehen ist, sagt es aus guten Gründen keiner ins Gesicht; die Neger will man dort halten, wo sie hingehören, von den Juden aber soll die Erde gereinigt werden, und im Herzen aller prospektiven Faschisten aller Länder findet der Ruf, sie wie Ungeziefer zu vertilgen, Widerhall. Im Bild des Juden, das die Völkischen vor der Welt aufrichten, drücken sie ihr eigenes Wesen aus. Ihr Gelüste ist ausschließlicher Besitz, Aneignung***,

[* »Während ... bedürfte,« / 1944: »In dem Zeitalter, in dem Herrschaft ökonomisch überholt ist,«.]
[** »Arbeitern« / 1944: »Proletariern«.]
[*** »Aneignung« / 1944: »Ausbeutung«.]

Macht ohne Grenzen, um jeden Preis. Den Juden, mit dieser ihrer Schuld beladen, als Herrscher verhöhnt, schlagen sie ans Kreuz, endlos das Opfer wiederholend, an dessen Kraft sie nicht glauben können.

Die andere, die liberale These ist wahr als Idee. Sie enthält das Bild jener Gesellschaft, in der nicht länger Wut sich reproduziert und nach Eigenschaften sucht, an denen sie sich betätigen kann.* Indem aber die liberale These die Einheit der Menschen als prinzipiell bereits verwirklicht ansetzt, hilft sie zur Apologie des Bestehenden. Der Versuch, durch Minoritätenpolitik und demokratische Strategie die äußerste Bedrohung abzuwenden, ist zweideutig wie die Defensive der letzten liberalen Bürger überhaupt. Ihre Ohnmacht zieht den Feind der Ohnmacht an. Dasein und Erscheinung der Juden kompromittiert die bestehende Allgemeinheit durch mangelnde Anpassung. Das unabänderliche Festhalten an ihrer eigenen Ordnung des Lebens brachte sie zur herrschenden in ein unsicheres Verhältnis. Sie erwarteten, von ihr erhalten zu werden, ohne ihrer doch mächtig zu sein. Ihre Beziehung zu den Herrenvölkern war die der Gier und der Furcht. Wann immer jedoch sie die Differenz zum herrschenden Wesen preisgaben, tauschten die Arrivierten den kalten, stoischen Charakter dafür ein, den die Gesellschaft bis heute** den Menschen aufzwingt. Die dialektische Verschlingung von Aufklärung und Herrschaft, das Doppelverhältnis des Fortschritts zu Grausamkeit und Befreiung, das die Juden bei den großen Aufklärern wie den demokratischen Volksbewegungen zu fühlen bekamen, zeigt sich auch im Wesen der Assimilierten selbst. Die aufgeklärte Selbstbeherrschung, mit der die angepaßten Juden die peinlichen Erinnerungsmale der Beherrschung durch andere, gleichsam die zweite Beschneidung, an sich überwanden, hat sie aus ihrer eigenen, verwitterten Gemeinschaft vorbehaltlos zum neuzeitlichen Bürgertum geführt, das schon unaufhaltsam zum Rückfall in die bare Unterdrückung, zu seiner Reorganisation als hundertprozentige Rasse vorwärts schritt. Rasse ist nicht, wie die Völkischen es wollen, unmittelbar das naturhaft Besondere. Vielmehr ist sie die Reduktion aufs Naturhafte, auf bloße Gewalt, die verstockte Parti-

[* »kann.« / 1944: »kann. Das wäre die klassenlose Gesellschaft.«]
[** »Gesellschaft bis heute« / 1944: »Klassengesellschaft«.]

kularität, die im Bestehenden* gerade das Allgemeine ist. Rasse heute ist die Selbstbehauptung des bürgerlichen Individuums, integriert im barbarischen Kollektiv. Die Harmonie der Gesellschaft, zu der die liberalen Juden sich bekannten, mußten sie zuletzt als die der Volksgemeinschaft an sich selbst erfahren. Sie meinten, der Antisemitismus erst entstelle die Ordnung, die doch in Wahrheit ohne Entstellung der Menschen nicht leben kann. Die Verfolgung der Juden, wie Verfolgung überhaupt, ist von solcher Ordnung** nicht zu trennen. Deren Wesen, wie sehr es sich zu Zeiten verstecke, ist die Gewalt, die heute sich offenbart.

II

Der Antisemitismus als Volksbewegung war stets, was seine Anstifter den Sozialdemokraten vorzuwerfen liebten: Gleichmacherei. Denen, die keine Befehlsgewalt haben, soll es ebenso schlecht gehen wie dem Volk. Vom deutschen Beamten bis zu den Negern in Harlem haben die gierigen Nachläufer im Grunde immer gewußt, sie würden am Ende selber nichts davon haben als die Freude, daß die andern auch nicht mehr haben. Die Arisierung des jüdischen Eigentums, die ohnehin meist den Oberen zugute kam, hat den Massen im Dritten Reich kaum größeren Segen gebracht als den Kosaken die armselige Beute, die sie aus den gebrandschatzten Judenvierteln mitschleppten. Der reale Vorteil war halbdurchschaute Ideologie. Daß die Demonstration seiner ökonomischen Vergeblichkeit die Anziehungskraft des völkischen Heilmittels eher steigert als mildert, weist auf seine wahre Natur: es hilft nicht den Menschen, sondern ihrem Drang nach Vernichtung. Der eigentliche Gewinn, auf den der Volksgenosse rechnet, ist die Sanktionierung seiner Wut durchs Kollektiv. Je weniger sonst herauskommt, um so verstockter hält man sich wider die bessere Erkenntnis an die Bewegung. Gegen das Argument mangelnder Rentabilität hat sich der Antisemitismus immun gezeigt. Für das Volk ist er ein Luxus.

[* »Bestehenden« / 1944: »Kapitalismus«.]
[** »solcher Ordnung« / 1944: »der Klassengesellschaft«.]

Seine Zweckmäßigkeit für die Herrschaft liegt zutage. Er wird als Ablenkung, billiges Korruptionsmittel, terroristisches Exempel verwandt. Die respektablen Rackets unterhalten ihn, und die irrespektablen* üben ihn aus. Die Gestalt des Geistes aber, des gesellschaftlichen wie des individuellen, die im Antisemitismus erscheint, die urgeschichtlich-geschichtliche Verstrickung, in die er als verzweifelter Versuch des Ausbruchs gebannt bleibt, ist ganz im Dunkel. Wenn einem der Zivilisation so tief innewohnenden Leiden sein Recht in der Erkenntnis nicht wird, vermag es auch der Einzelne in der Erkenntnis nicht zu beschwichtigen, wäre er auch so gutwillig wie nur das Opfer selbst. Die bündig rationalen, ökonomischen und politischen Erklärungen und Gegenargumente – so Richtiges sie immer bezeichnen – vermögen es nicht, denn die mit Herrschaft verknüpfte Rationalität liegt selbst auf dem Grunde des Leidens. Als blind Zuschlagende und blind Abwehrende gehören Verfolger und Opfer noch dem gleichen Kreis des Unheils an. Die antisemitische Verhaltensweise wird in den Situationen ausgelöst, in denen verblendete, der Subjektivität beraubte Menschen als Subjekte losgelassen werden. Was sie tun, sind – für die Beteiligten – tödliche und dabei sinnleere Reaktionen, wie Behavioristen sie feststellen, ohne sie zu deuten. Der Antisemitismus ist ein eingeschliffenes Schema, ja ein Ritual der Zivilisation, und die Pogrome sind die wahren Ritualmorde. In ihnen wird die Ohnmacht dessen demonstriert, was ihnen Einhalt gebieten könnte, der Besinnung, des Bedeutens, schließlich der Wahrheit. Im läppischen Zeitvertreib des Totschlags wird das sture Leben bestätigt, in das man sich schickt.

Erst die Blindheit des Antisemitismus, seine Intentionslosigkeit, verleiht der Erklärung, er sei ein Ventil, ihr Maß an Wahrheit. Die Wut entlädt sich auf den, der auffällt ohne Schutz. Und wie die Opfer untereinander auswechselbar sind, je nach der Konstellation: Vagabunden**, Juden, Protestanten, Katholiken, kann jedes von ihnen anstelle der Mörder treten, in derselben blinden Lust des Totschlags, sobald es als die Norm sich mächtig fühlt. Es gibt keinen genuinen Antisemitismus, gewiß keine geborenen Antisemiten. Die

[* »Die respektablen ... irrespektablen« / 1944: »Das Monopol, die respektablen Rackets, unterhalten ihn, und die Faschisten, die irrespektablen Rackets,«.]
[** »Vagabunden« / 1944: »Neger, mexikanische Ringvereine«.]

Erwachsenen, denen der Ruf nach Judenblut zur zweiten Natur geworden ist, wissen so wenig warum, wie die Jugend, die es vergießen soll. Die hohen Auftraggeber freilich, die es wissen, hassen die Juden nicht und lieben nicht die Gefolgschaft. Diese aber, die weder ökonomisch noch sexuell auf ihre Kosten kommt, haßt ohne Ende; sie will keine Entspannung dulden, weil sie keine Erfüllung kennt. So ist es in der Tat eine Art dynamischer Idealismus, der die organisierten Raubmörder beseelt. Sie ziehen aus, um zu plündern, und machen eine großartige Ideologie dazu, faseln von der Rettung der Familie, des Vaterlandes, der Menschheit. Da sie aber die Geprellten bleiben, was sie freilich insgeheim schon ahnten, fällt schließlich ihr erbärmliches rationales Motiv, der Raub, dem die Rationalisierung dienen sollte, ganz fort und diese wird ehrlich wider Willen. Der unerhellte Trieb, dem sie von Anfang an verwandter war als der Vernunft, ergreift von ihnen ganz Besitz. Die rationale Insel wird überschwemmt, und die Verzweifelten erscheinen einzig noch als die Verteidiger der Wahrheit, als die Erneuerer der Erde, die auch den letzten Winkel noch reformieren müssen. Alles Lebendige wird zum Material ihrer scheußlichen Pflicht, der keine Neigung mehr Eintrag tut. Die Tat wird wirklich autonomer Selbstzweck, sie bemäntelt ihre eigene Zwecklosigkeit. Immer ruft der Antisemitismus erst noch zu ganzer Arbeit auf. Zwischen Antisemitismus und Totalität bestand von Anbeginn der innigste Zusammenhang. Blindheit erfaßt alles, weil sie nichts begreift.

Der Liberalismus hatte den Juden Besitz gewährt, aber ohne Befehlsgewalt. Es war der Sinn der Menschenrechte, Glück auch dort zu versprechen, wo keine Macht ist. Weil die betrogenen Massen ahnen, daß dies Versprechen, als allgemeines, Lüge bleibt, solange es Klassen gibt, erregt es ihre Wut; sie fühlen sich verhöhnt. Noch als Möglichkeit, als Idee müssen sie den Gedanken an jenes Glück immer aufs neue verdrängen, sie verleugnen ihn um so wilder, je mehr er an der Zeit ist. Wo immer er inmitten der prinzipiellen Versagung als verwirklicht erscheint, müssen sie die Unterdrückung wiederholen, die der eigenen Sehnsucht galt. Was zum Anlaß solcher Wiederholung wird, wie unglücklich selbst es auch sein mag, Ahasver und Mignon, Fremdes, das ans verheißene Land, Schönheit, die ans Geschlecht erinnert, das als widerwärtig verfemte Tier, das an Promiskuität gemahnt, zieht die Zerstörungslust der Zivilisierten auf sich, die den schmerzlichen Prozeß der Zivilisation nie ganz vollziehen konnten. Denen, die Natur krampfhaft beherrschen, spiegelt die gequälte aufreizend den Schein von ohnmächtigem Glück wider. Der Gedanke an Glück ohne Macht ist unerträglich, weil es überhaupt erst Glück wäre. Das Hirngespinst von der Verschwörung lüsterner jüdischer Bankiers, die den Bolschewismus finanzieren, steht als Zeichen eingeborener Ohnmacht, das gute Leben als Zeichen von Glück. Dazu gesellt sich das Bild des Intellektuellen; er scheint zu denken, was die anderen sich nicht gönnen, und vergießt nicht den Schweiß von Mühsal und Körperkraft. Der Bankier wie der Intellektuelle, Geld und Geist, die Exponenten der Zirkulation, sind das verleugnete Wunschbild der durch Herrschaft Verstümmelten, dessen die Herrschaft sich zu ihrer eigenen Verewigung bedient.

III

Die heutige Gesellschaft, in der religiöse Urgefühle und Renaissancen ebenso wie die Erbmasse von Revolutionen am Markte feilstehen, in der die faschistischen Führer hinter verschlossenen Türen Land und Leben der Nationen aushandeln, während das gewiegte Publikum am Radioempfänger den Preis nachrechnet, die Gesellschaft, in der noch das Wort, das sie entlarvt, sich eben damit als Empfehlung zur Aufnahme in ein politisches Racket legitimiert: diese Gesellschaft, in der nicht bloß mehr die Politik ein Geschäft ist, sondern das Geschäft die ganze Politik – sie entrüstet sich über das zurückgebliebene Händlergebaren des Juden und bestimmt ihn als den Materialisten, den Schacherer, der dem Feuergeist derer weichen soll, die das Geschäft zum Absoluten erhoben haben.

Der bürgerliche Antisemitismus hat einen spezifischen ökonomischen Grund: die Verkleidung der Herrschaft in Produktion. Waren in früheren Epochen die Herrschenden unmittelbar repressiv, so daß sie den Unteren nicht nur die Arbeit ausschließlich überließen, sondern die Arbeit als die Schmach deklarierten, die sie unter der Herrschaft immer war, so verwandelt sich im Merkantilismus der absolute Monarch in den größten Manufakturherrn. Produktion wird hoffähig. Die Herren als Bürger haben schließlich den bunten

Rock ganz ausgezogen und Zivil angelegt. Arbeit schändet nicht, sagten sie, um der der andern rationaler sich zu bemächtigen.* Sie selbst reihten sich unter die Schaffenden ein, während sie doch die Raffenden** blieben wie ehedem. Der Fabrikant wagte und strich ein wie Handelsherr und Bankier. Er kalkulierte, disponierte, kaufte, verkaufte. Am Markt konkurrierte er mit jenen um den Profit, der seinem Kapital entsprach. Nur raffte er nicht bloß am Markt sondern an der Quelle ein: als Funktionär der Klasse sorgte er dafür, daß er bei der Arbeit seiner Leute nicht zu kurz kam. Die Arbeiter hatten so viel wie möglich abzuliefern. Als der wahre Shylock bestand er auf seinem Schein. Auf Grund des Besitzes der Maschinen und des Materials erzwang er, daß die andern produzierten. Er nannte sich den Produzenten, aber er wie jeder wußte insgeheim die Wahrheit. Die produktive Arbeit des Kapitalisten, ob er seinen Profit mit dem Unternehmerlohn wie im Liberalismus oder dem Direktorengehalt wie heute rechtfertigte, war die Ideologie, die das Wesen des Arbeitsvertrags und die raffende Natur des Wirtschaftssystems überhaupt*** zudeckte.

Darum schreit man: haltet den Dieb! und zeigt auf den Juden. Er ist in der Tat der Sündenbock, nicht bloß für einzelne Manöver und Machinationen, sondern in dem umfassenden Sinn, daß ihm das ökonomische Unrecht der ganzen Klasse aufgebürdet wird. Der Fabrikant hat seine Schuldner, die Arbeiter, in der Fabrik unter den Augen und kontrolliert ihre Gegenleistung, ehe er noch das Geld vorstreckt. Was in Wirklichkeit vorging, bekommen sie erst zu spüren, wenn sie sehen, was sie dafür kaufen können: der kleinste Magnat kann über ein Quantum von Diensten und Gütern verfügen wie kein Herrscher zuvor; die Arbeiter jedoch erhalten das sogenannte kulturelle Minimum. Nicht genug daran, daß sie am Markt erfahren, wie wenig Güter auf sie entfallen, preist der Verkäufer noch an, was sie sich nicht leisten können. Im Verhältnis des Lohns

[* »der der anderen ... bemächtigen« / 1944: »die der anderen rationaler anzueignen«.]

[** Anspielung auf die propagandistisch-antikapitalistische Unterscheidung der Nazis zwischen »schaffendem« und »raffendem« Kapital, d. h. zwischen Industrie- und Bankkapital; vgl. dazu etwa Franz Neumann, *Behemoth* (1942), dt. Frankfurt am Main 1977, S. 376.]

[*** »des Wirtschaftssystems überhaupt« / 1944: »jeglichen Kapitals«.]

zu den Preisen erst drückt sich aus, was den Arbeitern vorenthalten wird.* Mit ihrem Lohn nahmen sie zugleich das Prinzip der Entlohnung an. Der Kaufmann präsentiert ihnen den Wechsel, den sie dem Fabrikanten unterschrieben haben. Jener ist der Gerichtsvollzieher fürs ganze System und nimmt das Odium für die andern auf sich. Die Verantwortlichkeit der Zirkulationssphäre für die Ausbeutung ist gesellschaftlich notwendiger Schein.

Die Juden hatten die Zirkulationssphäre nicht allein besetzt. Aber sie waren allzu lange in sie eingesperrt, als daß sie nicht den Haß, den sie seit je ertrugen, durch ihr Wesen zurückspiegelten. Ihnen war im Gegensatz zum arischen Kollegen der Zugang zum Ursprung des Mehrwerts weithin verschlossen. Zum Eigentum an Produktionsmitteln hat man sie nur schwer und spät gelangen lassen. Freilich haben es die getauften Juden in der Geschichte Europas und noch im deutschen Kaiserreich zu hohen Stellungen in Verwaltung und Industrie gebracht. Immer jedoch hatten sie es mit doppelter Ergebenheit, beflissenem Aufwand, hartnäckiger Selbstverleugnung zu rechtfertigen. Man ließ sie heran nur, wenn sie durch ihr Verhalten das Verdikt über die andern Juden stillschweigend sich zueigneten und nochmals bestätigten: das ist der Sinn der Taufe. Alle Großtaten der Prominenten haben die Aufnahme des Juden in die Völker Europas nicht bewirkt, man ließ ihn keine Wurzeln schlagen und schalt ihn darum wurzellos. Stets blieb er Schutzjude, abhängig von Kaisern, Fürsten oder dem absolutistischen Staat. Sie alle waren einmal ökonomisch avanciert gegenüber der zurückgebliebenen Bevölkerung. Soweit sie den Juden als Vermittler brauchen konnten, schützten sie ihn gegen die Massen, welche die Zeche des Fortschritts zu zahlen hatten. Die Juden waren Kolonisatoren des Fortschritts. Seit sie als Kaufleute römische Zivilisation im gentilen Europa verbreiten halfen, waren sie im Einklang mit ihrer patriarchalen Religion die Vertreter städtischer, bürgerlicher, schließlich industrieller Verhältnisse. Sie trugen kapitalistische Existenzformen in die Lande und zogen den Haß derer auf sich, die unter jenen zu leiden hatten. Um des wirtschaftlichen Fortschritts willen, an dem sie heute zu Grunde gehen, waren die Juden von Anbeginn den Handwerkern und Bauern, die der Kapitalismus de-

[* »den Arbeitern … wird.« / 1944: »das Kapital den Arbeitern vorenthält.«]

klassierte, ein Dorn im Auge. Seinen ausschließenden, partikularen Charakter erfahren sie nun an sich selber. Die immer die ersten sein wollten, werden weit zurückgelassen. Selbst der jüdische Regent eines amerikanischen Vergnügungstrusts lebt in seinem Glanz in hoffnungsloser Defensive. Der Kaftan war das geisterhafte Überbleibsel uralter Bürgertracht. Heute zeigt er an, daß seine Träger an den Rand der Gesellschaft* geschleudert wurden, die, selber vollends aufgeklärt, die Gespenster ihrer Vorgeschichte austreibt. Die den Individualismus, das abstrakte Recht, den Begriff der Person propagierten, sind nun zur Spezies degradiert. Die das Bürgerrecht, das ihnen die Qualität der Menschheit zusprechen sollte, nie ganz ohne Sorge besitzen durften, heißen wieder Der Jude, ohne Unterschied. Auf das Bündnis mit der Zentralgewalt blieb der Jude auch im neunzehnten Jahrhundert angewiesen. Das allgemeine, vom Staat geschützte Recht war das Unterpfand seiner Sicherheit, das Ausnahmegesetz sein Schreckbild. Er blieb Objekt, der Gnade ausgeliefert, auch wo er auf dem Recht bestand. Der Handel war nicht sein Beruf, er war sein Schicksal. Er war das Trauma des Industrieritters, der sich als Schöpfer aufspielen** muß. Aus dem jüdischen Jargon hört er heraus, wofür er sich insgeheim verachtet: sein Antisemitismus ist Selbsthaß, das schlechte Gewissen des Parasiten.

IV

Der völkische Antisemitismus will von der Religion absehen. Er behauptet, es gehe um Reinheit von Rasse und Nation. Sie merken, daß die Menschen der Sorge ums ewige Heil längst entsagt haben.*** Der durchschnittliche Gläubige ist heute schon so schlau wie früher bloß ein Kardinal. Den Juden vorzuwerfen, sie seien verstockte Ungläubige, bringt keine Masse mehr in Bewegung. Schwerlich aber ist die religiöse Feindschaft, die für zweitausend

[* »Gesellschaft« / 1944: »Klasse«.]
[** »Industrieritters... aufspielen« / 1944: »kapitalistischen Aussaugers, der sich als Schöpfer rechtfertigen«.]
[*** »haben.« / 1944/47: »haben, seitdem die Kirchen vollends auf die soziale Kontrollfunktion reduziert sind.«]

Jahre zur Judenverfolgung antrieb, ganz erloschen. Eher bezeugt der Eifer, mit dem der Antisemitismus seine religiöse Tradition verleugnet, daß sie ihm insgeheim nicht weniger tief innewohnt als dem Glaubenseifer früher einmal die profane Idiosynkrasie. Religion ward als Kulturgut eingegliedert, nicht aufgehoben. Das Bündnis von Aufklärung und Herrschaft hat dem Moment ihrer Wahrheit den Zugang zum Bewußtsein abgeschnitten und ihre verdinglichten Formen konserviert. Beides kommt zuletzt dem Faschismus zugute: die unbeherrschte Sehnsucht wird als völkische Rebellion kanalisiert, die Nachfahren der evangelistischen Schwarmgeister werden nach dem Modell der Wagnerschen Gralsritter in Verschworene der Blutsgemeinschaft und Elitegarden verkehrt, die Religion als Institution teils unmittelbar mit dem System verfilzt, teils ins Gepränge von Massenkultur und Aufmärschen transponiert. Der fanatische Glaube, dessen Führer und Gefolgschaft sich rühmen, ist kein anderer als der verbissene, der früher die Verzweifelten bei der Stange hielt, nur sein Inhalt ist abhanden gekommen. Von diesem lebt einzig noch der Haß gegen die, welche den Glauben nicht teilen. Bei den deutschen Christen* blieb von der Religion der Liebe nichts übrig als der Antisemitismus.

Das Christentum ist nicht bloß ein Rückfall hinter das Judentum. Dessen Gott hat beim Übergang von der henotheistischen in die universale Gestalt die Züge des Naturdämons noch nicht völlig abgeworfen. Der Schrecken, der aus präanimistischer Vorzeit stammt, geht aus der Natur in den Begriff des absoluten Selbst über, das als ihr Schöpfer und Beherrscher die Natur vollends unterwirft. In all seiner unbeschreiblichen Macht und Herrlichkeit, die ihm solche Entfremdung verleiht, ist er doch dem Gedanken erreichbar, der eben durch die Beziehung auf ein Höchstes, Transzendentes universal wird. Gott als Geist tritt der Natur als das andere Prinzip entgegen, das nicht bloß für ihren blinden Kreislauf einsteht wie alle mythischen Götter, sondern aus ihm befreien kann. Aber in seiner Abstraktheit und Ferne hat sich zugleich der Schrecken des Inkommensurablen verstärkt, und das eherne Wort Ich bin, das nichts neben sich duldet, überbietet an unausweichlicher Gewalt den blinde-

[* Die protestantische Bewegung der »Deutschen Christen« strebte eine Zusammenführung von Kirche und Nationalsozialismus an.]

ren, aber darum auch vieldeutigeren Spruch des anonymen Schicksals. Der Gott des Judentums fordert, was ihm gebührt, und rechnet mit dem Säumigen ab. Er verstrickt sein Geschöpf ins Gewebe von Schuld und Verdienst. Demgegenüber hat das Christentum das Moment der Gnade hervorgehoben, das freilich im Judentum selber im Bund Gottes mit den Menschen und in der messianischen Verheißung enthalten ist. Es hat den Schrecken des Absoluten gemildert, indem die Kreatur in der Gottheit sich selbst wiederfindet: der göttliche Mittler wird mit einem menschlichen Namen gerufen und stirbt einen menschlichen Tod. Seine Botschaft ist: Fürchtet euch nicht; das Gesetz zergeht vor dem Glauben; größer als alle Majestät wird die Liebe, das einzige Gebot.

Aber kraft der gleichen Momente, durch welche das Christentum den Bann der Naturreligion fortnimmt, bringt es die Idolatrie, als vergeistigte, nochmals hervor. Um soviel wie das Absolute dem Endlichen genähert wird, wird das Endliche verabsolutiert. Christus, der fleischgewordene Geist, ist der vergottete Magier. Die menschliche Selbstreflexion im Absoluten, die Vermenschlichung Gottes durch Christus ist das proton pseudos. Der Fortschritt über das Judentum ist mit der Behauptung erkauft, der Mensch Jesus sei Gott gewesen. Gerade das reflektive Moment des Christentums, die Vergeistigung der Magie ist schuld am Unheil. Es wird eben das als geistigen Wesens ausgegeben, was vor dem Geist als natürlichen Wesens sich erweist. Genau in der Entfaltung des Widerspruchs gegen solche Prätention von Endlichem besteht der Geist. So muß das schlechte Gewissen den Propheten als Symbol empfehlen, die magische Praxis als Wandlung. Das macht das Christentum zur Religion, in gewissem Sinn zur einzigen: zur gedanklichen Bindung ans gedanklich Suspekte, zum kulturellen Sonderbereich. Wie die großen asiatischen Systeme war das vorchristliche Judentum der vom nationalen Leben, von der allgemeinen Selbsterhaltung kaum geschiedene Glaube. Die Umformung des heidnischen Opferrituals vollzog sich weder bloß im Kultus noch bloß im Gemüt, sie bestimmte die Form des Arbeitsvorganges. Als dessen Schema wird das Opfer rational. Das Tabu wandelt sich in die rationale Regelung des Arbeitsprozesses. Es ordnet die Verwaltung in Krieg und Frieden, das Säen und Ernten, Speisebereitung und Schlächterei. Entspringen die Regeln auch nicht aus rationaler Überlegung, so entspringt doch aus ihnen Rationalität. Die Anstrengung, aus der unmittelbaren Furcht sich zu befreien, schuf beim Primitiven die Veranstaltung des Rituals, sie läutert sich im Judentum zum geheiligten Rhythmus des familiären und staatlichen Lebens. Die Priester waren zu Wächtern darüber bestimmt, daß der Brauch befolgt werde. Ihre Funktion in der Herrschaft war in der theokratischen Praxis offenbar; das Christentum aber wollte geistlich bleiben, auch wo es nach der Herrschaft trachtete. Es hat die Selbsterhaltung durchs letzte Opfer, das des Gottmenschen, in der Ideologie gebrochen, eben damit aber das entwertete Dasein der Profanität überantwortet: das mosaische Gesetz wird abgeschafft, aber dem Kaiser wie dem Gott je das Seine gegeben. Die weltliche Obrigkeit wird bestätigt oder usurpiert, das Christliche als das konzessionierte Heilsressort betrieben. Die Überwindung der Selbsterhaltung durch die Nachahmung Christi wird verordnet. So wird die aufopfernde Liebe der Naivität entkleidet, von der natürlichen getrennt und als Verdienst gebucht. Die durchs Heilswissen vermittelte soll dabei doch die unmittelbare sein; Natur und Übernatur seien in ihr versöhnt. Darin liegt ihre Unwahrheit: in der trügerisch affirmativen Sinngebung des Selbstvergessens.

Die Sinngebung ist trügerisch, weil zwar die Kirche davon lebt, daß die Menschen in der Befolgung ihrer Lehre, fordere sie Werke wie die katholische oder den Glauben wie die protestantische Version, den Weg zur Erlösung sehen, aber doch das Ziel nicht garantieren kann. Die Unverbindlichkeit des geistlichen Heilsversprechens, dieses jüdische und negative Moment in der christlichen Doktrin, durch das Magie und schließlich noch die Kirche relativiert ist, wird vom naiven Gläubigen im stillen fortgewiesen, ihm wird das Christentum, der Supranaturalismus, zum magischen Ritual, zur Naturreligion. Er glaubt nur, indem er seinen Glauben vergißt. Er redet sich Wissen und Gewißheit ein wie Astrologen und Spiritisten. Das ist nicht notwendig das Schlechtere gegenüber der vergeistigten Theologie. Das italienische Mütterchen, das dem heiligen Gennaro für den Enkel im Krieg in gläubiger Einfalt eine Kerze weiht, mag der Wahrheit näher sein als die Popen und Oberpfarrer, die frei vom Götzendienst die Waffen segnen, gegen die der heilige Gennaro machtlos ist. Der Einfalt aber wird die Religion selbst zum Religionsersatz. Die Ahnung davon war dem Christentum seit seinen ersten Tagen beigesellt, aber nur die paradoxen Christen, die antioffiziellen, von Pascal über Lessing und Kierkegaard bis Barth machten sie zum Angelpunkt ihrer Theologie. In solchem Bewußtsein waren sie nicht bloß die Radikalen sondern auch die Duldsamen. Die anderen aber, die es verdrängten und mit schlechtem Gewissen das Christentum als sicheren Besitz sich einredeten, mußten sich ihr ewiges Heil am weltlichen Unheil derer bestätigen, die das trübe Opfer der Vernunft nicht brachten. Das ist der religiöse Ursprung des Antisemitismus. Die Anhänger der Vaterreligion werden von denen des Sohnes gehaßt als die, welche es besser wissen. Es ist die Feindschaft des sich als Heil verhärtenden Geistes gegen den Geist. Das Ärgernis für die christlichen Judenfeinde ist die Wahrheit, die dem Unheil standhält, ohne es zu rationalisieren und die Idee der unverdienten Seligkeit gegen Weltlauf und Heilsordnung festhält, die sie angeblich bewirken sollen. Der Antisemitismus soll bestätigen, daß das Ritual von Glaube und Geschichte recht hat, indem er es an jenen vollstreckt, die solches Recht verneinen.

V

»Ich kann dich ja nicht leiden – Vergiß das nicht so leicht«, sagt Siegfried zu Mime, der um seine Liebe wirbt. Die alte Antwort aller Antisemiten ist die Berufung auf Idiosynkrasie. Davon, ob der Inhalt der Idiosynkrasie zum Begriff erhoben, das Sinnlose seiner selbst innewird, hängt die Emanzipation der Gesellschaft vom Antisemitismus ab. Idiosynkrasie aber heftet sich an Besonderes. Als natürlich gilt das Allgemeine, das, was sich in die Zweckzusammenhänge der Gesellschaft einfügt. Natur aber, die sich nicht durch die Kanäle der begrifflichen Ordnung zum Zweckvollen geläutert hat, der schrille Laut des Griffels auf Schiefer, der durch und durch geht, der haut goût, der an Dreck und Verwesung gemahnt, der Schweiß, der auf der Stirn des Beflissenen sichtbar wird; was immer nicht ganz mitgekommen ist oder die Verbote verletzt, in denen der Fortschritt der Jahrhunderte sich sedimentiert, wirkt penetrant und fordert zwangshaften Abscheu heraus.

Die Motive, auf die Idiosynkrasie anspricht, erinnern an die Herkunft. Sie stellen Augenblicke der biologischen Urgeschichte her: Zeichen der Gefahr, bei deren Laut das Haar sich sträubte und das Herz stillstand. In der Idiosynkrasie entziehen sich einzelne Organe wieder der Herrschaft des Subjekts; selbständig gehorchen sie biologisch fundamentalen Reizen. Das Ich, das in solchen Reaktionen, wie der Erstarrung von Haut, Muskel, Glied sich erfährt, ist ihrer doch nicht ganz mächtig. Für Augenblicke vollziehen sie die Angleichung an die umgebende unbewegte Natur. Indem aber das Bewegte dem Unbewegten, das entfaltetere Leben bloßer Natur sich nähert, entfremdet es sich ihr zugleich, denn unbewegte Natur, zu der, wie Daphne, Lebendiges in höchster Erregung zu werden trachtet, ist einzig der äußerlichsten, der räumlichen Beziehung fähig. Der Raum ist die absolute Entfremdung. Wo Menschliches werden will wie Natur, verhärtet es sich zugleich gegen sie. Schutz als Schrecken ist eine Form der Mimikry. Jene Erstarrungsreaktionen am Menschen sind archaische Schemata der Selbsterhaltung: das Leben zahlt den Zoll für seinen Fortbestand durch Angleichung ans Tote.

Zivilisation hat anstelle der organischen Anschmiegung ans andere, anstelle des eigentlich mimetischen Verhaltens, zunächst in der magischen Phase, die organisierte Handhabung der Mimesis und schließlich, in der historischen, die rationale Praxis, die Arbeit, gesetzt. Unbeherrschte Mimesis wird verfemt. Der Engel mit dem feurigen Schwert, der die Menschen aus dem Paradies auf die Bahn des technischen Fortschritts trieb, ist selbst das Sinnbild solchen Fortschritts. Die Strenge, mit welcher im Laufe der Jahrtausende die Herrschenden ihrem eigenen Nachwuchs wie den beherrschten Massen den Rückfall in mimetische Daseinsweisen abschnitten, angefangen vom religiösen Bildverbot über die soziale Ächtung von Schauspielern und Zigeunern bis zur Pädagogik, die den Kindern abgewöhnt, kindisch zu sein, ist die Bedingung der Zivilisation. Gesellschaftliche und individuelle Erziehung bestärkt die Menschen in der objektivierenden Verhaltensweise von Arbeitenden und bewahrt sie davor, sich wieder aufgehen zu lassen im Auf und Nieder der umgebenden Natur. Alles Abgelenktwerden, ja, alle Hingabe hat einen Zug von Mimikry. In der Verhärtung dagegen ist das Ich geschmiedet worden. Durch seine Konstitution vollzieht sich der Übergang von reflektorischer Mimesis zu beherrschter Reflexion.

Anstelle der leiblichen Angleichung an Natur tritt die »Rekognition im Begriff«*, die Befassung des Verschiedenen unter Gleiches. Die Konstellation aber, unter der Gleichheit sich herstellt, die unmittelbare der Mimesis wie die vermittelte der Synthesis, die Angleichung ans Ding im blinden Vollzug des Lebens wie die Vergleichung des Verdinglichten in der wissenschaftlichen Begriffsbildung, bleibt die des Schreckens. Die Gesellschaft setzt die drohende Natur fort als den dauernden, organisierten Zwang, der, in den Individuen als konsequente Selbsterhaltung sich reproduzierend, auf die Natur zurückschlägt als gesellschaftliche Herrschaft über die Natur. Wissenschaft ist Wiederholung, verfeinert zu beobachteter Regelmäßigkeit, aufbewahrt in Stereotypen. Die mathematische Formel ist bewußt gehandhabte Regression, wie schon der Zauber-Ritus war; sie ist die sublimierteste Betätigung von Mimikry. Technik vollzieht die Anpassung ans Tote im Dienste der Selbsterhaltung nicht mehr wie Magie durch körperliche Nachahmung der äußeren Natur, sondern durch Automatisierung der geistigen Prozesse, durch ihre Umwandlung in blinde Abläufe. Mit ihrem Triumph werden die menschlichen Äußerungen sowohl beherrschbar als zwangsmäßig. Von der Angleichung an die Natur bleibt allein die Verhärtung gegen diese übrig. Die Schutz- und Schreckfarbe heute ist die blinde Naturbeherrschung, die mit der weitblickenden Zweckhaftigkeit identisch ist.

In der bürgerlichen Produktionsweise wird das untilgbar mimetische Erbe aller Praxis dem Vergessen überantwortet. Das erbarmungslose Verbot des Rückfalls wird selber zum bloßen Verhängnis, die Versagung ist so total geworden, daß sie nicht mehr zum bewußten Vollzug gelangt. Die von Zivilisation Geblendeten erfahren ihre eigenen tabuierten mimetischen Züge erst an manchen Gesten und Verhaltensweisen, die ihnen bei anderen begegnen, und als isolierte Reste, als beschämende Rudimente in der rationalisierten Umwelt auffallen. Was als Fremdes abstößt, ist nur allzu vertraut.[1] Es ist die ansteckende Gestik der von Zivilisation unterdrückten Unmittelbarkeit: Berühren, Anschmiegen, Beschwichtigen, Zure-

[* Kant, *Kritik der reinen Vernunft*, in: *Werke* (Akademieausgabe) Bd. IV, Berlin 1968, S. 79ff.]

1 Vgl. Freud, ›Das Unheimliche‹. *Gesammelte Werke*. Band XII. S. 254, 259 u. a.

den. Anstößig heute ist das Unzeitgemäße jener Regungen. Sie scheinen die längst verdinglichten menschlichen Beziehungen wieder in persönliche Machtverhältnisse zurückzuübersetzen, indem sie den Käufer durch Schmeicheln, den Schuldner durch Drohen, den Gläubiger durch Flehen zu erweichen suchen. Peinlich wirkt schließlich jede Regung überhaupt, Aufregung ist minder. Aller nicht-manipulierte Ausdruck erscheint als die Grimasse, die der manipulierte – im Kino, bei der Lynch-Justiz, in der Führer-Rede – immer war. Die undisziplinierte Mimik aber ist das Brandzeichen der alten Herrschaft, in die lebende Substanz der Beherrschten eingeprägt und kraft eines unbewußten Nachahmungsprozesses durch jede frühe Kindheit hindurch auf Generationen vererbt, vom Trödeljuden auf den Bankier. Solche Mimik fordert die Wut heraus, weil sie angesichts der neuen Produktionsverhältnisse die alte Angst zur Schau trägt, die man, um in ihnen zu überleben, selbst vergessen mußte. Auf das zwangshafte Moment, auf die Wut des Quälers und des Gequälten, die ungeschieden in der Grimasse wieder erscheinen, spricht die eigene Wut im Zivilisierten an. Dem ohnmächtigen Schein antwortet die tödliche Wirklichkeit, dem Spiel der Ernst.

Gespielt wirkt die Grimasse, weil sie, anstatt ernsthaft Arbeit zu tun, lieber die Unlust darstellt. Sie scheint sich dem Ernst des Daseins zu entziehen, indem sie ihn fessellos eingesteht: so ist sie unecht. Aber Ausdruck ist der schmerzliche Widerhall einer Übermacht, Gewalt, die laut wird in der Klage. Er ist stets übertrieben, wie aufrichtig er auch sei, denn, wie in jedem Werk der Kunst, scheint in jedem Klagelaut die ganze Welt zu liegen. Angemessen ist nur die Leistung. Sie und nicht Mimesis vermag dem Leiden Abbruch zu tun. Aber ihre Konsequenz ist das unbewegte und ungerührte Antlitz, schließlich am Ende des Zeitalters das Baby-Gesicht der Männer der Praxis, der Politiker, Pfaffen, Generaldirektoren und Racketeers. Die heulende Stimme faschistischer Hetzredner und Lagervögte zeigt die Kehrseite desselben gesellschaftlichen Sachverhalts. Das Geheul ist so kalt wie das Geschäft. Sie enteignen noch den Klagelaut der Natur und machen ihn zum Element ihrer Technik. Ihr Gebrüll ist fürs Pogrom, was die Lärmvorrichtung für die deutsche Fliegerbombe ist: der Schreckensschrei, der Schrecken bringt, wird angedreht. Vom Wehlaut des Opfers, der zuerst Gewalt beim Namen rief, ja, vom bloßen Wort, das die Opfer meint: Franzose, Neger, Jude, lassen sie sich absichtlich in die Verzweiflung von Verfolgten versetzen, die zuschlagen müssen. Sie sind das falsche Konterfei der schreckhaften Mimesis. Sie reproduzieren die Unersättlichkeit der Macht in sich, vor der sie sich fürchten. Alles soll gebraucht werden, alles soll ihnen gehören. Die bloße Existenz des anderen ist das Ärgernis. Jeder andere »macht sich breit« und muß in seine Schranken verwiesen werden, die des schrankenlosen Grauens. Was Unterschlupf sucht, soll ihn nicht finden; denen, die ausdrücken, wonach alle süchtig sind, den Frieden, die Heimat, die Freiheit: den Nomaden und Gauklern hat man seit je das Heimatrecht verwehrt. Was einer fürchtet, wird ihm angetan. Selbst die letzte Ruhe soll keine sein. Die Verwüstung der Friedhöfe ist keine Ausschreitung des Antisemitismus, sie ist er selbst. Die Vertriebenen erwecken zwangshaft die Lust zu vertreiben. Am Zeichen, das Gewalt an ihnen hinterlassen hat, entzündet endlos sich Gewalt. Getilgt soll werden, was bloß vegetieren will. In den chaotisch-regelhaften Fluchtreaktionen der niederen Tiere, in den Figuren des Gewimmels, in den konvulsivischen Gesten von Gemarterten stellt sich dar, was am armen Leben trotz allem sich nicht ganz beherrschen läßt: der mimetische Impuls. Im Todeskampf der Kreatur, am äußersten Gegenpol der Freiheit, scheint die Freiheit unwiderstehlich als die durchkreuzte Bestimmung der Materie durch. Dagegen richtet sich die Idiosynkrasie, die der Antisemitismus als Motiv vorgibt.

Die seelische Energie, die der politische Antisemitismus einspannt, ist solche rationalisierte Idiosynkrasie. Alle die Vorwände, in denen Führer und Gefolgschaft sich verstehen, taugen dazu, daß man ohne offenkundige Verletzung des Realitätsprinzips, gleichsam in Ehren, der mimetischen Verlockung nachgeben kann. Sie können den Juden nicht leiden und imitieren ihn immerzu. Kein Antisemit, dem es nicht im Blute läge, nachzuahmen, was ihm Jude heißt. Das sind immer selbst mimetische Chiffren: die argumentierende Handbewegung, der singende Tonfall, wie er unabhängig vom Urteilssinn ein bewegtes Bild von Sache und Gefühl malt, die Nase, das physiognomische principium individuationis, ein Schriftzeichen gleichsam, das dem Einzelnen den besonderen Charakter ins Gesicht schreibt. In den vieldeutigen Neigungen der Riechlust lebt die alte

Sehnsucht nach dem Unteren fort, nach der unmittelbaren Vereinigung mit umgebender Natur, mit Erde und Schlamm. Vor allen Sinnen zeugt der Akt des Riechens, das angezogen wird, ohne zu vergegenständlichen, am sinnlichsten von dem Drang, ans andere sich zu verlieren und gleich zu werden. Darum ist Geruch, als Wahrnehmung wie als Wahrgenommenes – beide werden eins im Vollzug – mehr Ausdruck als andere Sinne. Im Sehen bleibt man, wer man ist, im Riechen geht man auf. So gilt der Zivilisation Geruch als Schmach, als Zeichen niederer sozialer Schichten, minderer Rassen und unedler Tiere. Dem Zivilisierten ist Hingabe an solche Lust nur gestattet, wenn das Verbot durch Rationalisierung im Dienst wirklich oder scheinbar praktischer Zwecke suspendiert wird. Man darf dem verpönten Trieb frönen, wenn außer Zweifel steht, daß es seiner Ausrottung gilt. Das ist die Erscheinung des Spaßes oder des Ulks. Er ist die elende Parodie der Erfüllung. Als verachtete, sich selbst verachtende, wird die mimetische Funktion hämisch genossen. Wer Gerüche wittert, um sie zu tilgen, »schlechte« Gerüche, darf das Schnuppern nach Herzenslust nachahmen, das am Geruch seine unrationalisierte Freude hat. Indem der Zivilisierte die versagte Regung durch seine unbedingte Identifikation mit der versagenden Instanz desinfiziert, wird sie durchgelassen. Wenn sie die Schwelle passiert, stellt Lachen sich ein. Das ist das Schema der antisemitischen Reaktionsweise. Um den Augenblick der autoritären Freigabe des Verbotenen zu zelebrieren, versammeln sich die Antisemiten, er allein macht sie zum Kollektiv, er konstituiert die Gemeinschaft der Artgenossen. Ihr Getöse ist das organisierte Gelächter. Je grauenvoller Anklagen und Drohungen, je größer die Wut, um so zwingender zugleich der Hohn. Wut, Hohn und vergiftete Nachahmung sind eigentlich dasselbe. Der Sinn des faschistischen Formelwesens, der ritualen Disziplin, der Uniformen und der gesamten vorgeblich irrationalen Apparatur ist es, mimetisches Verhalten zu ermöglichen. Die ausgeklügelten Symbole, die jeder konterrevolutionären Bewegung eigen sind, die Totenköpfe und Vermummungen, der barbarische Trommelschlag, das monotone Wiederholen von Worten und Gesten sind ebensoviel organisierte Nachahmung magischer Praktiken, die Mimesis der Mimesis. Der Führer mit dem Schmierengesicht und dem Charisma der andrehbaren Hysterie führt den Reigen. Seine

Vorstellung leistet stellvertretend und im Bilde, was allen anderen in der Realität verwehrt ist. Hitler kann gestikulieren wie ein Clown, Mussolini falsche Töne wagen wie ein Provinztenor, Goebbels geläufig reden wie der jüdische Agent, den er zu ermorden empfiehlt, Coughlin * Liebe predigen wie nur der Heiland, dessen Kreuzigung er darstellt, auf daß stets wieder Blut vergossen werde. Der Faschismus ist totalitär auch darin, daß er die Rebellion der unterdrückten Natur gegen die Herrschaft unmittelbar der Herrschaft nutzbar zu machen strebt.

Dieser Mechanismus bedarf der Juden. Ihre künstlich gesteigerte Sichtbarkeit wirkt auf den legitimen Sohn der gentilen Zivilisation gleichsam als magnetisches Feld. Indem der Verwurzelte an seiner Differenz vom Juden die Gleichheit, das Menschliche, gewahrt, wird in ihm das Gefühl des Gegensatzes, der Fremdheit, induziert. So werden die tabuierten, der Arbeit in ihrer herrschenden Ordnung zuwiderlaufenden Regungen in konformierende Idiosynkrasien umgesetzt. Die ökonomische Position der Juden, der letzten betrogenen Betrüger der liberalistischen Ideologie, bietet dagegen keinen zuverlässigen Schutz. Da sie zur Erzeugung jener seelischen Induktionsströme so geeignet sind, werden sie zu solchen Funktionen willenlos bereitgestellt. Sie teilen das Schicksal der rebellierenden Natur, für die sie der Faschismus einsetzt: sie werden blind und scharfsichtig gebraucht. Es verschlägt wenig, ob die Juden als Individuen wirklich noch jene mimetischen Züge tragen, die böse Ansteckung bewirken, oder ob sie jeweils unterschoben werden. Haben die ökonomischen Machthaber ihre Angst vor der Heranziehung faschistischer Sachwalter erst einmal überwunden, so stellt sich den Juden gegenüber die Harmonie der Volksgemeinschaft automatisch her. Sie werden von der Herrschaft preisgegeben, wenn diese kraft ihrer fortschreitenden Entfremdung von Natur in bloße Natur zurückschlägt. Den Juden insgesamt wird der Vorwurf der verbotenen Magie, des blutigen Rituals gemacht. Verkleidet als Anklage erst feiert das unterschwellige Gelüste der Einheimischen, zur mimetischen Opferpraxis zurückzukehren, in deren eigenem Bewußtsein fröhliche Urständ. Ist alles Grauen der zivilisatorisch erle-

[* Charles Edward Coughlin, katholischer Priester, demagogischer, antisemitischer Rundfunkprediger.]

digten Vorzeit durch Projektion auf die Juden als rationales Interesse rehabilitiert, so gibt es kein Halten mehr. Es kann real vollstreckt werden, und die Vollstreckung des Bösen übertrifft noch den bösen Inhalt der Projektion. Die völkischen Phantasien jüdischer Verbrechen, der Kindermorde und sadistischen Exzesse, der Volksvergiftung und internationalen Verschwörung definieren genau den antisemitischen Wunschtraum und bleiben hinter seiner Verwirklichung zurück. Ist es einmal so weit, dann erscheint das bloße Wort Jude als die blutige Grimasse, deren Abbild die Hakenkreuzfahne – Totenschädel und gerädertes Kreuz in einem – entrollt; daß einer Jude heißt, wirkt als die Aufforderung, ihn zuzurichten, bis er dem Bilde gleicht.

Zivilisation ist der Sieg der Gesellschaft über Natur, der alles in bloße Natur verwandelt. Die Juden selber haben daran durch die Jahrtausende teilgehabt, mit Aufklärung nicht weniger als mit Zynismus. Das älteste überlebende Patriarchat, die Inkarnation des Monotheismus, haben sie die Tabus in zivilisatorische Maximen verwandelt, da die anderen noch bei der Magie hielten. Den Juden schien gelungen, worum das Christentum vergebens sich mühte: die Entmächtigung der Magie vermöge ihrer eigenen Kraft, die als Gottesdienst sich wider sich selber kehrt. Sie haben die Angleichung an Natur nicht sowohl ausgerottet als sie aufgehoben in den reinen Pflichten des Rituals. Damit haben sie ihr das versöhnende Gedächtnis bewahrt, ohne durchs Symbol in Mythologie zurückzufallen. So gelten sie der fortgeschrittenen Zivilisation für zurückgeblieben und allzu weit voran, für ähnlich und unähnlich, für gescheit und dumm. Sie werden dessen schuldig gesprochen, was sie, als die ersten Bürger, zuerst in sich gebrochen haben: der Verführbarkeit durchs Untere, des Dranges zu Tier und Erde, des Bilderdienstes. Weil sie den Begriff des Koscheren erfunden haben, werden sie als Schweine verfolgt. Die Antisemiten machen sich zu Vollstreckern des alten Testaments: sie sorgen dafür, daß die Juden, da sie vom Baum der Erkenntnis gegessen haben, zu Erde werden.

VI

Der Antisemitismus beruht auf falscher Projektion. Sie ist das Widerspiel zur echten Mimesis, der verdrängten zutiefst verwandt, ja vielleicht der pathische Charakterzug, in dem diese sich niederschlägt. Wenn Mimesis sich der Umwelt ähnlich macht, so macht falsche Projektion die Umwelt sich ähnlich. Wird für jene das Außen zum Modell, dem das Innen sich anschmiegt, das Fremde zum Vertrauten, so versetzt diese das sprungbereite Innen ins Äußere und prägt noch das Vertrauteste als Feind. Regungen, die vom Subjekt als dessen eigene nicht durchgelassen werden und ihm doch eigen sind, werden dem Objekt zugeschrieben: dem prospektiven Opfer. Dem gewöhnlichen Paranoiker steht dessen Wahl nicht frei, sie gehorcht den Gesetzen seiner Krankheit. Im Faschismus wird dies Verhalten von Politik ergriffen, das Objekt der Krankheit wird realitätsgerecht bestimmt, das Wahnsystem zur vernünftigen Norm in der Welt, die Abweichung zur Neurose gemacht. Der Mechanismus, den die totalitäre Ordnung in Dienst nimmt, ist so alt wie die Zivilisation. Dieselben geschlechtlichen Regungen, die das Menschengeschlecht unterdrückte, wußten bei Einzelnen wie bei Völkern in der vorstellungsmäßigen Verwandlung der Umwelt in ein diabolisches System sich zu erhalten und durchzusetzen. Stets hat der blind Mordlustige im Opfer den Verfolger gesehen, von dem er verzweifelt sich zur Notwehr treiben ließ, und die mächtigsten Reiche haben den schwächsten Nachbarn als unerträgliche Bedrohung empfunden, ehe sie über ihn herfielen. Die Rationalisierung war eine Finte und zwangshaft zugleich. Der als Feind Erwählte wird schon als Feind wahrgenommen. Die Störung liegt in der mangelnden Unterscheidung des Subjekts zwischen dem eigenen und fremden Anteil am projizierten Material.

In gewissem Sinn ist alles Wahrnehmen Projizieren. Die Projektion von Eindrücken der Sinne ist ein Vermächtnis der tierischen Vorzeit, ein Mechanismus für die Zwecke von Schutz und Fraß, verlängertes Organ der Kampfbereitschaft, mit der die höheren Tierarten, lustvoll und unlustvoll, auf Bewegung reagierten, unabhängig von der Absicht des Objekts. Projektion ist im Menschen automatisiert wie andere Angriffs- und Schutzleistungen, die Reflexe wurden. So konstituiert sich seine gegenständliche Welt, als Produkt jener »verborgenen Kunst in den Tiefen der menschlichen Seele, deren wahre Handgriffe wir der Natur schwerlich jemals abraten und sie unverdeckt vor Augen legen werden«[2]. Das System der Dinge, das feste Universum, von dem die Wissenschaft bloß den abstrakten Ausdruck bildet, ist, wenn man die kantische Erkenntniskritik anthropologisch wendet, das bewußtlos zustandekommende Erzeugnis des tierischen Werkzeugs im Lebenskampf, jener selbsttätigen Projektion. In der menschlichen Gesellschaft aber, wo mit der Herausbildung des Individuums das affektive wie das intellektuelle Leben sich differenziert, bedarf der Einzelne steigender Kontrolle der Projektion, er muß sie zugleich verfeinern und hemmen lernen. Indem er unter ökonomischem Zwang zwischen fremden und eigenen Gedanken und Gefühlen unterscheiden lernt, entsteht der Unterschied von außen und innen, die Möglichkeit von Distanzierung und Identifikation, das Selbstbewußtsein und das Gewissen. Um die in Kontrolle genommene Projektion und ihre Entartung zur falschen zu verstehen, die zum Wesen des Antisemitismus gehört, bedarf es der genaueren Überlegung.

Die physiologische Lehre von der Wahrnehmung, die von den Philosophen seit dem Kantianismus als naiv realistisch und als Zirkelschluß verachtet wurde, erklärt die Wahrnehmungswelt als die vom Intellekt gelenkte Rückspiegelung der Daten, die das Gehirn von den wirklichen Gegenständen empfängt. Nach dieser Ansicht erfolgt die Anordnung der aufgenommenen punktuellen Indizes, der Eindrücke, durch Verstand. Beharren auch die Gestaltleute darauf, daß die physiologische Substanz nicht bloß Punkte sondern schon Struktur empfange, so haben Schopenhauer und Helmholtz trotz und gerade wegen des Zirkels doch mehr von der verschränkten Beziehung von Subjekt und Objekt gewußt als die offizielle Folgerichtigkeit der Schule, der neupsychologischen wie der neukantischen: das Wahrnehmungsbild enthält in der Tat Begriffe und Urteile. Zwischen dem wahrhaften Gegenstand und dem unbezweifelbaren Sinnesdatum, zwischen innen und außen, klafft ein Abgrund, den das Subjekt, auf eigene Gefahr, überbrükken muß. Um das Ding zu spiegeln, wie es ist, muß das Subjekt ihm mehr zurückgeben, als es von ihm erhält. Das Subjekt schafft

2 Kant, *Kritik der reinen Vernunft*. 2. Auflage. *Werke*. Band III. S. 180f.

die Welt außer ihm noch einmal aus den Spuren, die sie in seinen Sinnen zurückläßt: die Einheit des Dinges in seinen mannigfaltigen Eigenschaften und Zuständen; und es konstituiert damit rückwirkend das Ich, indem es nicht bloß den äußeren sondern auch den von diesen allmählich sich sondernden inneren Eindrücken synthetische Einheit zu verleihen lernt. Das identische Ich ist das späteste konstante Projektionsprodukt. In einem Prozeß, der geschichtlich erst mit den entfalteten Kräften der menschlichen physiologischen Konstitution sich vollziehen konnte, hat es als einheitliche und zugleich exzentrische Funktion sich entfaltet. Auch als selbständig objektiviertes freilich ist es nur, was ihm die Objektwelt ist. In nichts anderem als in der Zartheit und dem Reichtum der äußeren Wahrnehmungswelt besteht die innere Tiefe des Subjekts. Wenn die Verschränkung unterbrochen wird, erstarrt das Ich. Geht es, positivistisch, im Registrieren von Gegebenem auf, ohne selbst zu geben, so schrumpft es zum Punkt, und wenn es, idealistisch, die Welt aus dem grundlosen Ursprung seiner selbst entwirft, erschöpft es sich in sturer Wiederholung. Beide Male gibt es den Geist auf. Nur in der Vermittlung, in der das nichtige Sinnesdatum den Gedanken zur ganzen Produktivität bringt, deren er fähig ist, und andererseits der Gedanke vorbehaltlos dem übermächtigen Eindruck sich hingibt, wird die kranke Einsamkeit überwunden, in der die ganze Natur befangen ist. Nicht in der vom Gedanken unangekränkelten Gewißheit, nicht in der vorbegrifflichen Einheit von Wahrnehmung und Gegenstand, sondern in ihrem reflektierten Gegensatz zeigt die Möglichkeit von Versöhnung sich an. Die Unterscheidung geschieht im Subjekt, das die Außenwelt im eigenen Bewußtsein hat und doch als anderes erkennt. Daher vollzieht sich jenes Reflektieren, das Leben der Vernunft, als bewußte Projektion.

Das Pathische am Antisemitismus ist nicht das projektive Verhalten als solches, sondern der Ausfall der Reflexion darin. Indem das Subjekt nicht mehr vermag, dem Objekt zurückzugeben, was es von ihm empfangen hat, wird es selbst nicht reicher sondern ärmer. Es verliert die Reflexion nach beiden Richtungen: da es nicht mehr den Gegenstand reflektiert, reflektiert es nicht mehr auf sich und verliert so die Fähigkeit zur Differenz. Anstatt der Stimme des Gewissens hört es Stimmen; anstatt in sich zu gehen, um das Protokoll der eigenen Machtgier aufzunehmen, schreibt es die Protokolle der Weisen von Zion den andern zu. Es schwillt über und verkümmert zugleich. Grenzenlos belehnt es die Außenwelt mit dem, was in ihm ist; aber womit es sie belehnt, ist das vollkommen Nichtige, das aufgebauschte bloße Mittel, Beziehungen, Machenschaften, die finstere Praxis ohne den Ausblick des Gedankens. Herrschaft selber, die, auch als absolute, dem Sinn nach immer nur Mittel ist, wird in der hemmungslosen Projektion zugleich zum eigenen und zum fremden Zweck, ja zum Zweck überhaupt. In der Erkrankung des Individuums wirkt der geschärfte intellektuelle Apparat des Menschen gegen Menschen wieder als das blinde Feindwerkzeug der tierischen Vorzeit, als das bei der Gattung er gegen die ganze übrige Natur zu funktionieren nie aufgehört hat. Wie seit ihrem Aufstieg die species Mensch den anderen sich zeigt, als die entwicklungsgeschichtlich höchste und daher furchtbarste Vernichtung, wie innerhalb der Menschheit die fortgeschritteneren Rassen den primitiveren, die technisch besser ausgerüsteten Völker den langsameren, so tritt der kranke Einzelne dem anderen Einzelnen gegenüber, im Größen- wie im Verfolgungswahn. Beide Male ist das Subjekt im Zentrum, die Welt bloße Gelegenheit für seinen Wahn; sie wird zum ohnmächtigen oder allmächtigen Inbegriff des auf sie Projizierten. Der Widerstand, über den der Paranoiker bei jedem Schritt wahllos sich beklagt, ist die Folge der Widerstandslosigkeit, der Leere, die der sich Abblendende rings erzeugt. Er kann nicht aufhören. Die Idee, die keinen festen Halt an der Realität findet, insistiert und wird zur fixen.

Indem der Paranoiker die Außenwelt nur perzipiert, wie es seinen blinden Zwecken entspricht, vermag er immer nur sein zur abstrakten Sucht entäußertes Selbst zu wiederholen. Das nackte Schema der Macht als solcher, gleich überwältigend gegen andere wie gegen das eigene mit sich zerfallene Ich, ergreift, was sich ihm bietet, und fügt es, ganz gleichgültig gegen seine Eigenart, in sein mythisches Gewebe ein. Die Geschlossenheit des Immergleichen wird zum Surrogat von Allmacht. Es ist, als hätte die Schlange, die den ersten Menschen sagte: ihr werdet sein wie Gott, im Paranoiker ihr Versprechen eingelöst. Er schafft alle nach seinem Bilde. Keines Lebendigen scheint er zu bedürfen und fordert doch, daß alle ihm dienen sollen. Sein Wille durchdringt das All, nichts darf der Beziehung zu ihm entbehren. Seine Systeme sind lückenlos. Als Astrologe stattet er die Sterne mit Kräften aus, die das Verderben des Sorglosen herbeiführen, sei es im vorklinischen Stadium des fremden, sei es im klinischen des eigenen Ichs. Als Philosoph macht er die Weltgeschichte zur Vollstreckerin unausweichlicher Katastrophen und Untergänge. Als vollendet Wahnsinniger oder absolut Rationaler vernichtet er den Gezeichneten durch individuellen Terrorakt oder durch die wohlüberlegte Strategie der Ausrottung. So hat er Erfolg. Wie Frauen den ungerührten paranoiden Mann anbeten, sinken die Völker vor dem totalitären Faschismus in die Knie. In den Hingegebenen selber spricht das Paranoische auf den Paranoiker als den Unhold an, die Angst vor dem Gewissen aufs Gewissenlose, dem sie dankbar sind. Sie folgen dem, der an ihnen vorbeisieht, der sie nicht als Subjekte nimmt, sondern dem Betrieb der vielen Zwecke überläßt. Mit aller Welt haben jene Frauen die Besetzung großer und kleiner Machtpositionen zu ihrer Religion gemacht und sich selbst zu den bösen Dingen, zu denen die Gesellschaft sie stempelt. So muß der Blick, der sie an Freiheit mahnt, sie als der des allzu naiven Verführers treffen. Ihre Welt ist verkehrt. Zugleich aber wissen sie wie die alten Götter, die den Blick ihrer Gläubigen scheuten, daß hinter dem Schleier Totes wohnt. Im nicht paranoischen, im vertrauenden Blick werden sie jenes Geistes eingedenk, der in ihnen erstorben ist, weil sie draußen bloß die kalten Mittel ihrer Selbsterhaltung sehen. Solche Berührung weckt in ihnen Scham und Wut. Der Irre jedoch erreicht sie nicht, selbst wenn er wie der Führer ihnen ins Antlitz blickt. Er entflammt sie bloß. Der sprichwörtliche Blick ins Auge bewahrt nicht wie der freie die Individualität. Er fixiert. Er verhält die anderen zur einseitigen Treue, indem er sie in die fensterlosen Monadenwälle ihrer eigenen Person weist. Er weckt nicht das Gewissen, sondern zieht vorweg zur Verantwortung. Der durchdringende und der vorbeisehende Blick, der hypnotische und der nichtachtende, sind vom gleichen Schlage, in beiden wird das Subjekt ausgelöscht. Weil solchen Blicken die Reflexion fehlt, werden die Reflexionslosen davon elektrisiert. Sie werden verraten: die Frauen weggeworfen, die Nation ausgebrannt. So bleibt der Verschlossene das Spottbild der göttlichen Gewalt. Wie ihm in seiner souveränen Gebärde das schaffende Vermögen in der Realität ganz abgeht, so fehlen ihm gleich dem Teufel die Attribute des Prinzips, das er usurpiert: eingedenkende Liebe und in sich ruhende Freiheit. Er ist böse, von Zwang getrieben und so schwach wie seine Stärke. Wenn es von der göttlichen Allmacht heißt, sie ziehe das Geschöpf zu sich, so zieht die satanische, eingebildete alles in ihre Ohnmacht hinein. Das ist das Geheimnis ihrer Herrschaft. Das zwangshaft projizierende Selbst kann nichts projizieren als das eigene Unglück, von dessen ihm selbst einwohnendem Grund es doch in seiner Reflexionslosigkeit abgeschnitten ist. Daher sind die Produkte der falschen Projektion, die stereotypen Schemata des Gedankens und der Realität, solche des Unheils. Dem Ich, das im sinnleeren Abgrund seiner selbst versinkt, werden die Gegenstände zu Allegorien des Verderbens, in denen der Sinn seines eigenen Sturzes beschlossen liegt.

Die psychoanalytische Theorie der pathischen Projektion hat als deren Substanz die Übertragung gesellschaftlich tabuierter Regungen des Subjekts auf das Objekt erkannt. Unter dem Druck des Über-Ichs projiziert das Ich die vom Es ausgehenden, durch ihre Stärke ihm selbst gefährlichen Aggressionsgelüste als böse Intentionen in die Außenwelt und erreicht es dadurch, sie als Reaktion auf solches Äußere loszuwerden, sei es in der Phantasie durch Identifikation mit dem angeblichen Bösewicht, sei es in der Wirklichkeit durch angebliche Notwehr. Das in Aggression umgesetzte Verpönte ist meist homosexueller Art. Aus Angst vor der Kastration wurde der Gehorsam gegen den Vater bis zu deren Vorwegnahme in der Angleichung des bewußten Gefühlslebens ans kleine Mädchen getrieben und der Vaterhaß als ewige Rankünе verdrängt. In der Paranoia treibt dieser Haß zur Kastrationslust als allgemeinem Zerstörungsdrang. Der Erkrankte regrediert auf die archaische Ungeschiedenheit von Liebe und Überwältigung. Ihm kommt es auf physische Nähe, Beschlagnahmen, schließlich auf die Beziehung um jeden Preis an. Da er die Begierde sich nicht zugestehen darf, rückt er dem anderen als Eifersüchtiger oder Verfolger auf den Leib, wie dem Tier der verdrängende Sodomit als Jäger oder Antreiber. Die Anziehung stammt aus allzu gründlicher Bindung oder stellt sich her auf den ersten Blick, sie kann von den Großen ausgehen wie beim Querulanten und Präsidentenmörder oder von den Ärmsten wie beim echten Pogrom. Die Objekte der Fixierung sind substituierbar wie die Vaterfiguren in der Kindheit; wohin es trifft, trifft es; noch der Beziehungswahn greift beziehungslos um sich. Die pathische Projektion ist eine verzweifelte Veranstaltung des Ichs, dessen Reizschutz Freud zufolge nach innen unendlich viel schwächer als nach außen ist: unter dem Druck der gestauten homosexuellen Aggression vergißt der seelische Mechanismus seine phylogenetisch späteste Errungenschaft, die Selbstwahrnehmung, und erfährt jene Aggression als den Feind in der Welt, um ihr besser gewachsen zu sein.

Dieser Druck aber lastet auch auf dem gesunden Erkenntnisvorgang als Moment von dessen unreflektierter und zur Gewalt treibender Naivität. Wo immer die intellektuellen Energien absichtsvoll aufs Draußen konzentriert sind, also überall, wo es ums Verfolgen, Feststellen, Ergreifen zu tun ist, um jene Funktionen, die aus der primitiven Überwältigung des Getiers zu den wissenschaftlichen Methoden der Naturbeherrschung sich vergeistigt haben, wird in der Schematisierung leicht vom subjektiven Vorgang abgesehen und das System als die Sache selbst gesetzt. Das vergegenständlichende Denken enthält wie das kranke die Willkür des der Sache fremden subjektiven Zwecks, es vergißt die Sache und tut ihr eben damit schon die Gewalt an, die ihr später in der Praxis geschieht. Der unbedingte Realismus der zivilisierten Menschheit, der im Faschismus kulminiert, ist ein Spezialfall paranoischen Wahns, der die Natur entvölkert und am Ende die Völker selbst. In jenem Abgrund der Ungewißheit, den jeder objektivierende Akt überbrücken muß, nistet sich die Paranoia ein. Weil es kein absolut zwingendes Argument gegen materialfalsche Urteile gibt, läßt die verzerrte Wahrnehmung, in der sie geistern, sich nicht heilen. Jede Wahrnehmung enthält bewußtlos begriffliche, wie jedes Urteil unaufgehellt phänomenalistische Elemente. Weil also zur Wahrheit Einbildungskraft gehört, kann es dem an dieser Beschädigten stets vorkommen, als ob die Wahrheit phantastisch und seine Illusion die Wahrheit sei. Der Beschädigte zehrt von dem der Wahrheit selbst immanenten Element der Einbildung, indem er es unablässig exponiert. Demokratisch besteht er auf der Gleichberechtigung für seinen Wahn, weil in der Tat auch die Wahrheit nicht stringent ist. Wenn der Bürger schon zugibt, daß der Antisemit im Unrecht ist, so will er wenigstens, daß auch das Opfer schuldig sei. So verlangt Hitler die Lebensberechtigung für den Massenmord im Namen des völkerrechtlichen Prinzips der Souveränität, das jede Gewalttat im anderen Lande* toleriert. Wie jeder Paranoiker profitiert er von der gleißnerischen Identität von Wahrheit und Sophistik; ihre Trennung ist so wenig zwingend, wie sie doch streng bleibt. Wahrnehmung ist nur möglich, insofern das Ding schon als bestimmtes, etwa als Fall einer Gattung wahrgenommen wird. Sie ist vermittelte Unmittelbarkeit, Gedanke in der verführerischen Kraft der Sinnlichkeit. Subjektives wird von ihr blind in die scheinbare Selbstgegebenheit des Objekts verlegt. Einzig die ihrer selbst bewußte Arbeit des Gedankens kann sich diesem Halluzinatorischen wieder entziehen, dem Leibniz'schen und Hegelschen Idealismus zufolge die Philosophie. Indem der Gedanke im Gang der Erkenntnis die in der Wahrnehmung unmittelbar gesetzten und daher zwingenden Begriffsmomente als begriffliche identifiziert, nimmt er sie stufenweise ins Subjekt zurück und entkleidet sie der anschaulichen Gewalt. In solchem Gange erweist sich jede frühere Stufe, auch die der Wissenschaft, gegenüber der Philosophie noch gleichsam als Wahrnehmung, als ein mit unerkannten intellektuellen Elementen durchsetztes, entfremdetes Phänomen; dabei zu verharren, ohne Negation, gehört der Pathologie der Erkenntnis zu. Der naiv Verabsolutierende, und sei er noch so universal tätig, ist ein Leidender, er unterliegt der verblendenden Macht falscher Unmittelbarkeit.

Solche Verblendung aber ist ein konstitutives Element jeglichen Urteils, ein notwendiger Schein. Jedes Urteil, auch das negative, ist versichernd. Wie sehr auch ein Urteil zur Selbstkorrektur seine eigene Isoliertheit und Relativität hervorkehren möge, es muß den eigenen wenn auch noch so vorsichtig formulierten Inhalt, das Behauptete, als nicht bloß isoliert und relativ behaupten. Darin besteht sein Wesen als Urteil, in der Klausel verschanzt sich bloß der Anspruch. Die Wahrheit hat keine Grade wie die Wahrscheinlichkeit. Der negierende Schritt über das einzelne Urteil hinaus, der seine Wahrheit rettet, ist möglich nur, sofern es sich selbst für wahr nahm und sozusagen paranoisch war. Das wirklich Verrückte liegt erst im Unverrückbaren, in der Unfähigkeit des Gedankens zu solcher Negativität, in welcher entgegen dem verfestigten Urteil das Denken recht eigentlich besteht. Die paranoische Überkonsequenz, die

[* »jede... Lande« / 1944: »auch Lynchakte«.]

schlechte Unendlichkeit des immergleichen Urteils, ist ein Mangel an Konsequenz des Denkens; anstatt das Scheitern des absoluten Anspruchs gedanklich zu vollziehen und dadurch sein Urteil weiter zu bestimmen, verbeißt der Paranoiker sich in dem Anspruch, der es scheitern ließ. Anstatt weiter zu gehen, indem es in die Sache eindringt, tritt das ganze Denken in den hoffnungslosen Dienst des partikularen Urteils. Dessen Unwiderstehlichkeit ist dasselbe wie seine ungebrochene Positivität und die Schwäche des Paranoikers die des Gedankens selbst. Die Besinnung nämlich, die beim Gesunden die Macht der Unmittelbarkeit bricht, ist nie so zwingend wie der Schein, den sie aufhebt. Als negative, reflektierte, nicht geradeaus gerichtete Bewegung entbehrt sie der Brutalität, die dem Positiven innewohnt. Wenn die psychische Energie der Paranoia aus jener libidinösen Dynamik stammt, welche die Psychoanalyse bloßlegt, so ist ihre objektive Unangreifbarkeit in der Vieldeutigkeit begründet, die vom vergegenständlichenden Akt gar nicht abzulösen ist; ja, dessen halluzinatorische Gewalt wird ursprünglich entscheidend gewesen sein. In der Sprache der Selektionstheorie ließe sich verdeutlichend sagen, es hätten während der Entstehungsperiode des menschlichen Sensoriums jene Individuen überlebt, bei denen die Kraft der Projektionsmechanismen am weitesten in die rudimentären logischen Fähigkeiten hineinreichte, oder am wenigsten durch allzu frühe Ansätze der Reflexion gemindert war. Wie noch heute praktisch fruchtbare wissenschaftliche Unternehmungen der unangekränkelten Fähigkeit zur Definition bedürfen, der Fähigkeit, den Gedanken an einer durchs gesellschaftliche Bedürfnis designierten Stelle stillzulegen, ein Feld abzugrenzen, das dann bis ins kleinste durchforscht wird, ohne daß man es transzendierte, so vermag der Paranoiker einen durch sein psychologisches Schicksal designierten Interessenkomplex nicht zu überschreiten. Sein Scharfsinn verzehrt sich in dem von der fixen Idee gezogenen Kreis, wie das Ingenium der Menschheit im Bann der technischen Zivilisation sich selbst liquidiert. Die Paranoia ist der Schatten der Erkenntnis.

So verhängnisvoll wohnt die Bereitschaft zur falschen Projektion dem Geiste ein, daß sie, das isolierte Schema der Selbsterhaltung, alles zu beherrschen droht, was über diese hinausgeht: die Kultur. Falsche Projektion ist der Usurpator des Reiches der Freiheit wie der Bildung; Paranoia ist das Symptom des Halbgebildeten. Ihm werden alle Worte zum Wahnsystem, zum Versuch, durch Geist zu besetzen, woran seine Erfahrung nicht heranreicht, gewalttätig der Welt Sinn zu geben, die ihn selber sinnlos macht, zugleich aber den Geist und die Erfahrung zu diffamieren, von denen er ausgeschlossen ist, und ihnen die Schuld aufzubürden, welche die Gesellschaft trägt, die ihn davon ausschließt. Halbbildung, die im Gegensatz zur bloßen Unbildung das beschränkte Wissen als Wahrheit hypostasiert, kann den ins Unerträgliche gesteigerten Bruch von innen und außen, von individuellem Schicksal und gesellschaftlichem Gesetz, von Erscheinung und Wesen nicht aushalten. In diesem Leiden ist zwar ein Element von Wahrheit enthalten gegenüber dem bloßen Hinnehmen des Gegebenen, auf das die überlegene Vernünftigkeit sich vereidigt hat. Stereotyp jedoch greift Halbbildung in ihrer Angst nach der ihr jeweils eigenen Formel, um bald das geschehene Unheil zu begründen, bald die Katastrophe, zuweilen als Regeneration verkleidet, vorherzusagen. Die Erklärung, in welcher der eigene Wunsch als objektive Macht auftritt, ist immer so äußerlich und sinnleer, wie das isolierte Geschehen selbst, läppisch zugleich und sinister. Die obskuren Systeme heute leisten, was dem Menschen im Mittelalter der Teufelsmythos der offiziellen Religion ermöglichte: die willkürliche Besetzung der Außenwelt mit Sinn, die der einzelgängerische Paranoiker nach privatem, von niemand geteiltem und eben deshalb erst als eigentlich verrückt erscheinendem Schema zuwege bringt. Davon entheben die fatalen Konventikel und Panazeen, die sich wissenschaftlich aufspielen und zugleich Gedanken abschneiden: Theosophie, Numerologie, Naturheilkunde, Eurhythmie, Abstinenzlertum, Yoga und zahllose andere Sekten, konkurrierend und auswechselbar, alle mit Akademien, Hierarchien, Fachsprachen, dem fetischisierten Formelwesen von Wissenschaft und Religion. Sie waren, im Angesicht der Bildung, apokryph und unrespektabel. Heute aber, wo Bildung überhaupt aus ökonomischen Gründen abstirbt, sind in ungeahntem Maßstab neue Bedingungen für die Paranoia der Massen gegeben. Die Glaubenssysteme der Vergangenheit, die von den Völkern als geschlossen paranoide Formen ergriffen wurden, hatten weitere Maschen. Gerade infolge ihrer rationalen Durchgestaltung und Bestimmtheit ließen sie, wenigstens nach oben, Raum für Bildung und Geist, deren Begriff ihr eigenes Medium war. Ja sie haben in gewisser Weise der Paranoia entgegengewirkt. Freud nennt, hier sogar mit Recht, die Neurosen »asoziale Bildungen«; »sie suchen mit privaten Mitteln zu leisten, was in der Gesellschaft durch kollektive Arbeit entstand«[3]. Die Glaubenssysteme halten etwas von jener Kollektivität fest, welche die Individuen vor der Erkrankung bewahrt. Diese wird sozialisiert: im Rausch vereinter Ekstase, ja als Gemeinde überhaupt, wird Blindheit zur Beziehung und der paranoische Mechanismus beherrschbar gemacht, ohne die Möglichkeit des Schreckens zu verlieren. Vielleicht war das einer der großen Beiträge der Religionen zur Selbsterhaltung der Art. Die paranoiden Bewußtseinsformen streben zur Bildung von Bünden, Fronden und Rackets. Die Mitglieder haben Angst davor, ihren Wahnsinn allein zu glauben. Projizierend sehen sie überall Verschwörung und Proselytenmacherei. Zu anderen verhielt sich die etablierte Gruppe stets paranoisch; die großen Reiche, ja die organisierte Menschheit als ganze haben darin vor den Kopfjägern nichts voraus. Jene, die ohne eigenen Willen von der Menschheit ausgeschlossen waren, wußten es, wie jene, die aus Sehnsucht nach der Menschheit von ihr sich selbst ausschlossen: an ihrer Verfolgung stärkte sich der krankhafte Zusammenhalt. Das normale Mitglied aber löst seine Paranoia durch die Teilnahme an der kollektiven ab und klammert leidenschaftlich sich an die objektivierten, kollektiven, bestätigten Formen des Wahns. Der horror vacui, mit dem sie sich ihren Bünden verschreiben, schweißt sie zusammen und verleiht ihnen die fast unwiderstehliche Gewalt.

Mit dem bürgerlichen Eigentum hatte auch die Bildung sich ausgebreitet. Sie hatte die Paranoia in die dunklen Winkel von Gesellschaft und Seele gedrängt. Da aber die reale Emanzipation der Menschen nicht zugleich mit der Aufklärung des Geistes erfolgte, erkrankte die Bildung selber. Je weniger das gebildete Bewußtsein von der gesellschaftlichen Wirklichkeit eingeholt wurde, desto mehr unterlag es selbst einem Prozeß der Verdinglichung. Kultur wurde vollends zur Ware, informatorisch verbreitet, ohne die noch zu durchdringen, die davon lernten. Das Denken wird kurzatmig, beschränkt sich auf die Erfassung des isoliert Faktischen. Gedankliche Zusammenhänge werden als unbequeme und unnütze Anstrengung fortgewiesen. Das Entwicklungsmoment im Gedanken,

3 Freud, *Totem und Tabu. Gesammelte Werke.* Band IX. S. 91.

alles Genetische und Intensive darin, wird vergessen und aufs unvermittelt Gegenwärtige, aufs Extensive nivelliert. Die Lebensordnung heute läßt dem Ich keinen Spielraum für geistige Konsequenzen. Der aufs Wissen abgezogene Gedanke wird neutralisiert, zur bloßen Qualifikation auf spezifischen Arbeitsmärkten und zur Steigerung des Warenwerts der Persönlichkeit eingespannt. So geht jene Selbstbesinnung des Geistes zugrunde, die der Paranoia entgegenarbeitet. Schließlich ist unter den Bedingungen des Spätkapitalismus die Halbbildung zum objektiven Geist geworden. In der totalitären Phase der Herrschaft ruft diese die provinziellen Scharlatane der Politik und mit ihnen das Wahnsystem als ultima ratio zurück und zwingt es der durch die große und die Kulturindustrie* ohnehin schon mürbe gemachten Mehrheit der Verwalteten auf. Der Widersinn der Herrschaft ist heute fürs gesunde Bewußtsein so einfach zu durchschauen, daß sie des kranken Bewußtseins bedarf, um sich am Leben zu erhalten. Nur Verfolgungswahnsinnige lassen sich die Verfolgung, in welche Herrschaft übergehen muß, gefallen, indem sie andere verfolgen dürfen.

Ohnehin ist im Faschismus, wo die von bürgerlicher Zivilisation mühsam gezüchtete Verantwortung für Weib und Kind hinter dem dauernden Sichausrichten jedes Einzelnen nach dem Reglement wieder verschwindet, das Gewissen liquidiert. Es bestand – anders als Dostojewskij und deutsche Innerlichkeitsapostel sich vorstellten – in der Hingabe des Ichs an das Substantielle draußen, in der Fähigkeit, das wahre Anliegen der anderen zum eigenen zu machen. Diese Fähigkeit ist die zur Reflexion als der Durchdringung von Rezeptivität und Einbildungskraft. Indem die große Industrie** durch Abschaffung des unabhängigen ökonomischen Subjekts, teils durch Einziehung der selbständigen Unternehmer, teils durch Transformation der Arbeiter*** in Gewerkschaftsobjekte unaufhaltsam der moralischen Entscheidung den wirtschaftlichen Boden entzieht, muß auch die Reflexion verkümmern. Seele, als Möglichkeit zu dem sich selber offenen Gefühl der Schuld, zergeht. Gewissen wird gegenstandslos, denn anstelle der Verantwortung des

[* »die große ... Kulturindustrie« / 1944: »Wirtschafts- und Kulturmonopol«.]
[** »die große Industrie« / 1944: »das Monopol«.]
[*** »Arbeiter« / 1944: »Proletarier«.]

Individuums für sich und die Seinen tritt, wenn auch unter dem alten moralischen Titel, schlechtweg seine Leistung für den Apparat. Es kommt nicht mehr zum Austrag des eigenen Triebkonflikts, in welchem die Gewissensinstanz sich ausbildet. Statt der Verinnerlichung des gesellschaftlichen Gebots, die es nicht nur verbindlicher und zugleich geöffneter macht, sondern auch von der Gesellschaft emanzipiert, ja gegen diese wendet, erfolgt prompte, unmittelbare Identifikation mit den stereotypen Wertskalen. Die vorbildliche deutsche Frau, die das Weibliche, und der echte deutsche Mann, der das Männliche gepachtet hat, wie ihre anderwärtigen Versionen, sind Typen konformierender Asozialer. Trotz und wegen der offenbaren Schlechtigkeit der Herrschaft ist diese so übermächtig geworden, daß jeder Einzelne in seiner Ohnmacht sein Schicksal nur durch blinde Fügsamkeit beschwören kann.

In solcher Macht bleibt es dem von der Partei gelenkten Zufall überlassen, wohin die verzweifelte Selbsterhaltung die Schuld an ihrem Schrecken projiziert. Vorbestimmt für solche Lenkung sind die Juden. Die Zirkulationssphäre, in der sie ihre ökonomischen Machtpositionen besaßen, ist im Schwinden begriffen. Die liberalistische Form des Unternehmens hatte den zersplitterten Vermögen noch politischen Einfluß gestattet. Jetzt werden die eben erst Emanzipierten den mit dem Staatsapparat verschmolzenen, der Konkurrenz entwachsenen Kapitalmächten ausgeliefert. Gleichgültig wie die Juden an sich selber beschaffen sein mögen, ihr Bild, als das des Überwundenen, trägt die Züge, denen die totalitär gewordene Herrschaft todfeind sein muß: des Glückes ohne Macht, des Lohnes ohne Arbeit, der Heimat ohne Grenzstein, der Religion ohne Mythos. Verpönt sind diese Züge von der Herrschaft, weil die Beherrschten sie insgeheim ersehnen. Nur solange kann jene bestehen, wie die Beherrschten selber das Ersehnte zum Verhaßten machen. Das gelingt ihnen mittels der pathischen Projektion, denn auch der Haß führt zur Vereinigung mit dem Objekt, in der Zerstörung. Er ist das Negativ der Versöhnung. Versöhnung ist der höchste Begriff des Judentums und dessen ganzer Sinn die Erwartung; der Unfähigkeit zu dieser entspringt die paranoische Reaktionsform. Die Antisemiten sind dabei, ihr negativ Absolutes aus eigner Macht zu verwirklichen, sie verwandeln die Welt in die Hölle, als welche sie sie schon immer sahen. Die Umwendung hängt davon ab, ob die Beherrschten im Angesicht des absoluten Wahnsinns ihrer selbst mächtig werden und ihm Einhalt gebieten. In der Befreiung des Gedankens von der Herrschaft, in der Abschaffung der Gewalt, könnte sich erst die Idee verwirklichen, die bislang* unwahr blieb, daß der Jude ein Mensch sei. Es wäre der Schritt aus der antisemitischen Gesellschaft, die den Juden wie die andern in die Krankheit treibt, zur menschlichen. Solcher Schritt erfüllte zugleich die faschistische Lüge, als deren eigenen Widerspruch: die Judenfrage erwiese sich in der Tat als Wendepunkt der Geschichte**. Mit der Überwindung der Krankheit des Geistes, die auf dem Nährboden der durch Reflexion ungebrochenen Selbstbehauptung wuchert, würde die Menschheit aus der allgemeinen Gegenrasse zu der Gattung, die als Natur doch mehr ist als bloße Natur, indem sie ihres eigenen Bildes innewird. Die individuelle und gesellschaftliche Emanzipation von Herrschaft ist die Gegenbewegung zur falschen Projektion, und kein Jude, der diese je in sich zu beschwichtigen wüßte, wäre noch dem Unheil ähnlich, das über ihn, wie über alle Verfolgten, Tiere und Menschen, sinnlos hereinbricht.

*VII****

Aber es gibt keine Antisemiten mehr. Sie waren zuletzt Liberale, die ihre antiliberale Meinung sagen wollten. Die altkonservative Distanz des Adels und der Offizierskorps von den Juden war im ausgehenden neunzehnten Jahrhundert bloß reaktionär. Zeitgemäß waren die Ahlwardts und Knüppelkunzes****. Sie hatten zur Ge-

[* »bislang« / 1944: »im Liberalismus«.]
[** Anspielung auf Marx' ›Zur Judenfrage‹, in: *Aus den Deutsch-Französischen Jahrbüchern* (1843/44).]
[*** Der gesamte Abschnitt VII (»Aber ... zu durchbrechen.«) ist in der Ausgabe von 1944 noch nicht enthalten.]
[**** Hermann Ahlwardt: Verfasser antisemitischer Pamphlete, Reichstagsabgeordneter zu Ende des neunzehnten Jahrhunderts; mit seinem Auftreten waren jahrelang Tumulte und Skandale verbunden.
Hermann Kunze: Militärtheoretiker, Lehrer an der Kadettenschule, Vorsitzender der Deutsch-Sozialen Partei, antisemitischer Demagoge zu Ende des neunzehnten Jahrhunderts; er gelangte zu seinem Spitznamen, weil es in seinen Versammlungen häufig zu Schlägereien kam.]

folgschaft schon das Menschenmaterial des Führers, aber ihren Rückhalt bei den boshaften Charakteren und Querköpfen im ganzen Land. Wurde antisemitische Gesinnung laut, so fühlte sie sich als bürgerlich und aufsässig zugleich. Das völkische Schimpfen war noch die Verzerrung von ziviler Freiheit. In der Bierbankpolitik der Antisemiten kam die Lüge des deutschen Liberalismus zum Vorschein, von dem sie zehrte und dem sie schließlich das Ende bereitete. Wenn sie auch gegen Juden ihre eigene Mittelmäßigkeit als Freibrief für das Prügeln geltend machten, das schon den universalen Mord in sich hatte, so sahen sie ökonomisch doch noch genug vor sich selber, um das Risiko des Dritten Reichs gegen die Vorteile einer feindseligen Duldung einstweilen abzuwägen. Der Antisemitismus war noch ein konkurrierendes Motiv in subjektiver Wahl. Die Entscheidung bezog sich spezifisch auf ihn. In der Annahme der völkischen These freilich war immer schon das ganze chauvinistische Vokabular mitgesetzt. Seit je zeugte antisemitisches Urteil von Stereotypie des Denkens. Heute ist diese allein übrig. Gewählt wird immer noch, aber einzig zwischen Totalitäten. Anstelle der antisemitischen Psychologie ist weithin das bloße Ja zum faschistischen Ticket* getreten, dem Inventar der Parolen der streitbaren Großindustrie. Wie auf dem Wahlzettel der Massenpartei dem Wähler von der Parteimaschine die Namen derer oktroyiert werden, die seiner Erfahrung entrückt sind und die er nur en bloc wählen kann, so sind die ideologischen Kernpunkte auf wenigen Listen kodifiziert. Für eine von ihnen muß man en bloc optieren, wenn nicht die eigene Gesinnung einem selbst als so vergeblich erscheinen soll wie die Splitterstimmen am Wahltag gegenüber den statistischen Mammutziffern. Antisemitismus ist kaum mehr eine selbständige Regung, sondern eine Planke der Plattform: wer irgend dem Faschismus die Chance gibt, subskribiert mit der Zerschlagung der Gewerkschaften und dem Kreuzzug gegen den Bolschewismus automatisch auch die Erledigung der Juden. Die wie sehr auch verlogene Überzeugung des Antisemiten ist in die vorentschiedenen Reflexe der subjektlosen Exponenten ihrer Standorte übergegangen. Wenn die Massen das reaktionäre Ticket annehmen, das den Punkt gegen die Juden enthält, gehorchen sie sozialen Mechanis-

[* ticket: Einheitsliste einer Partei im amerikanischen Wahlsystem.]

men, bei denen die Erfahrungen der Einzelnen mit Juden keine Rolle spielen. Es hat sich tatsächlich gezeigt, daß der Antisemitismus in judenreinen * Gegenden nicht weniger Chancen hat als selbst in Hollywood. Anstelle von Erfahrung tritt das Cliché, anstelle der in jener tätigen Phantasie fleißige Rezeption. Bei Strafe rapiden Untergangs ist den Mitgliedern jeder Schicht ihr Pensum an Orientierung vorgeschrieben. Orientieren müssen sie sich sowohl im Sinn des Wissens ums neueste Flugzeug wie im Sinn des Anschlusses an eine der vorgegebenen Instanzen der Macht.

In der Welt als Serienproduktion ersetzt deren Schema, Stereotypie, die kategoriale Arbeit. Das Urteil beruht nicht mehr auf dem wirklichen Vollzug der Synthesis, sondern auf blinder Subsumtion. Hat auf einer historisch frühen Stufe Urteilen einmal im raschen Unterscheiden bestanden, das den giftigen Pfeil sogleich in Bewegung setzte, so hatten inzwischen Tausch und Rechtspflege das Ihre getan. Urteilen war durch die Stufe des Abwägens hindurchgegangen, das dem Urteilssubjekt gegen die brutale Identifikation mit dem Prädikat einigen Schutz gewährte. In der spätindustriellen Gesellschaft wird auf den urteilslosen Vollzug des Urteils regrediert. Als im Faschismus die beschleunigte Prozedur das umständliche Gerichtsverfahren im Strafprozeß ablöste, waren die Zeitgenossen ökonomisch darauf vorbereitet; sie hatten gelernt, besinnungslos die Dinge durch die Denkmodelle hindurch zu sehen, durch die termini technici, welche beim Zerfall der Sprache jeweils die eiserne Ration ausmachen. Der Wahrnehmende ist im Prozeß der Wahrnehmung nicht mehr gegenwärtig. Er bringt die tätige Passivität des Erkennens nicht mehr auf, in der die kategorialen Elemente vom konventionell vorgeformten »Gegebenen« und dieses von jenen neu, angemessen sich gestalten lassen, so daß dem wahrgenommenen Gegenstand sein Recht wird. Auf dem Felde der Sozialwissenschaften wie in der Erlebniswelt des Einzelnen werden blinde Anschauung und leere Begriffe starr und unvermittelt zusammengebracht.** Im Zeitalter der dreihundert Grundworte verschwindet

[* Ausdruck aus der nationalsozialistischen Terminologie.]

[** Anspielung auf den Satz Kants: »Gedanken ohne Inhalt sind leer, Anschauungen ohne Begriffe sind blind.« *Kritik der reinen Vernunft*, in: *Werke* (Akademieausgabe) Bd. IV, Berlin 1968, S. 48.]

die Fähigkeit zur Anstrengung des Urteilens und damit der Unterschied zwischen wahr und falsch. Sofern nicht Denken in höchst spezialisierter Form noch in manchen Sparten der Arbeitsteilung ein Stück beruflicher Ausrüstung bildet, wird es als altmodischer Luxus verdächtig: »armchair thinking«. Man soll etwas vor sich bringen. Je mehr die Entwicklung der Technik körperliche Arbeit überflüssig macht, desto eifriger wird diese zum Vorbild der geistigen erhoben, welche nicht in Versuchung kommen darf, eben daraus die Konsequenzen zu ziehen. Das ist das Geheimnis der Verdummung, die dem Antisemitismus zugutekommt. Wenn selbst innerhalb der Logik der Begriff dem Besonderen nur als ein bloß Äußerliches widerfährt, muß erst recht in der Gesellschaft erzittern, was den Unterschied repräsentiert. Die Spielmarke wird aufgeklebt: jeder zu Freund oder Feind. Der Mangel an Rücksicht aufs Subjekt macht es der Verwaltung leicht. Man versetzt Volksgruppen in andere Breiten, schickt Individuen mit dem Stempel Jude in die Gaskammer.

Die Gleichgültigkeit gegens Individuum, die in der Logik sich ausdrückt, zieht die Folgerung aus dem Wirtschaftsprozeß. Es wurde zum Hemmnis der Produktion. Die Ungleichzeitigkeit in der technischen und menschlichen Entwicklung, das »cultural lag«, über das sich die Soziologen aufhielten, beginnt zu verschwinden. Ökonomische Rationalität, das gepriesene Prinzip des kleinsten Mittels formt unablässig noch die letzten Einheiten der Wirtschaft um: den Betrieb wie den Menschen. Die je fortgeschrittenere Form wird zur vorherrschenden. Einmal enteignete das Warenhaus das Spezialgeschäft alten Stils. Der merkantilistischen Regulierung entwachsen, hatte dieses Initiative, Disposition, Organisation in sich hineingenommen und war, wie die alte Mühle und Schmiede, zur kleinen Fabrik, selbst zur freien Unternehmung geworden. In ihm ging es umständlich, kostspielig, mit Risiken zu. Daher setzte dann Konkurrenz die leistungsfähigere zentralisierte Form des Detailgeschäfts durch, eben das Warenhaus. Dem psychologischen Kleinbetrieb, dem Individuum ergeht es nicht anders. Es war entstanden als Kraftzelle ökonomischer Aktivität. Von der Bevormundung auf früheren Wirtschaftsstufen emanzipiert, sorgte es für sich allein: als Proletarier durch Verdingung über den Arbeitsmarkt und fortwährende Anpassung an neue technische Bedingungen, als Unternehmer durch unermüdliche Verwirklichung des Idealtyps homo oeconomicus. Die Psychoanalyse hat den inneren Kleinbetrieb, der so zustandekam, als komplizierte Dynamik von Unbewußtem und Bewußtem, von Es, Ich und Über-Ich dargestellt. In Auseinandersetzung mit dem Über-Ich, der gesellschaftlichen Kontrollinstanz im Individuum, hält das Ich die Triebe in den Grenzen der Selbsterhaltung. Die Reibungsflächen sind groß und die Neurosen, die faux frais solcher Triebökonomie, unvermeidlich. Dennoch hat die umständliche seelische Apparatur das einigermaßen freie Zusammenspiel der Subjekte ermöglicht, in dem die Marktwirtschaft bestand. In der Ära der großen Konzerne und Weltkriege aber erweist sich die Vermittlung des Gesellschaftsprozesses durch die zahllosen Monaden hindurch als rückständig. Die Subjekte der Triebökonomie werden psychologisch expropriiert und diese rationeller von der Gesellschaft selbst betrieben. Was der Einzelne jeweils tun soll, braucht er sich nicht erst mehr in einer schmerzhaften inneren Dialektik von Gewissen, Selbsterhaltung und Trieben abzuringen. Für den Menschen als Erwerbstätigen wird durch die Hierarchie der Verbände bis hinauf zur nationalen Verwaltung entschieden, in der Privatsphäre durchs Schema der Massenkultur, das noch die letzten inwendigen Regungen ihrer Zwangskonsumenten in Beschlag nimmt. Als Ich und Über-Ich fungieren die Gremien und Stars, und die Massen, selbst des Scheins der Persönlichkeit entäußert, formen sich viel reibungsloser nach den Losungen und Modellen, als je die Instinkte nach der inneren Zensur. Gehörte im Liberalismus Individuation eines Teils der Bevölkerung zur Anpassung der Gesamtgesellschaft an den Stand der Technik, so fordert heute das Funktionieren der wirtschaftlichen Apparatur die durch Individuation unbehinderte Direktion von Massen. Die ökonomisch bestimmte Richtung der Gesamtgesellschaft, die seit je in der geistigen und körperlichen Verfassung der Menschen sich durchsetzte, läßt die Organe des Einzelnen verkümmern, die im Sinne der autonomen Einrichtung seiner Existenz wirkten. Seitdem Denken ein bloßer Sektor der Arbeitsteilung wurde, haben die Pläne der zuständigen Experten und Führer die ihr eigenes Glück planenden Individuen überflüssig gemacht. Die Irrationalität der widerstandslosen und emsigen Anpassung an die Realität wird für den Einzelnen vernünftiger als die Vernunft. Wenn vordem Bürger den Zwang als Gewissenspflicht sich selbst und den Arbeitern introjiziert hatten, so wurde inzwischen der ganze Mensch zum Subjekt-Objekt der Repression. Im Fortschritt der Industriegesellschaft, die doch das von ihr selbst gezeitigte Gesetz der Verelendung hinweggezaubert haben soll, wird nun der Begriff zuschanden, durch den das Ganze sich rechtfertigte: der Mensch als Person, als Träger der Vernunft. Die Dialektik der Aufklärung schlägt objektiv in den Wahnsinn um.

Der Wahnsinn ist zugleich einer der politischen Realität. Als dichtes Gewebe neuzeitlicher Kommunikation ist die Welt so einheitlich geworden, daß die Unterschiede der Diplomatenfrühstücke in Dumbarton Oaks und Persien als nationales Timbre erst ausgesonnen werden müssen und die nationale Eigenart vornehmlich an den nach Reis hungernden Millionen erfahren wird, die durch die engen Maschen gefallen sind. Während die Fülle der Güter, die überall und zur gleichen Zeit produziert werden könnten, den Kampf um Rohmaterialien und Absatzgebiete stets anachronistischer erscheinen läßt, ist doch die Menschheit in ganz wenige bewaffnete Machtblöcke aufgeteilt. Sie konkurrieren erbarmungsloser als je die Firmen anarchischer Warenproduktion und streben der wechselseitigen Liquidierung zu. Je aberwitziger der Antagonismus, desto starrer die Blöcke. Nur indem die totale Identifikation mit diesen Machtungeheuern den in ihren Großräumen Anbetroffenen als zweite Natur aufgeprägt wird und alle Poren des Bewußtseins verstopft, werden die Massen zu der Art absoluter Apathie verhalten, die sie zu den Wunderleistungen befähigt. Sofern den Einzelnen Entscheidung noch überlassen scheint, ist diese doch wesentlich vorentschieden. Die von den Politikern der Lager ausposaunte Unversöhnlichkeit der Ideologien ist selber nur noch eine Ideologie der blinden Machtkonstellation. Das Ticketdenken, Produkt der Industrialisierung und ihrer Reklame, mißt den internationalen Beziehungen sich an. Ob ein Bürger das kommunistische oder das faschistische Ticket zieht, richtet sich bereits danach, ob er mehr von der roten Armee oder den Laboratorien des Westens sich imponieren läßt. Die Verdinglichung, kraft deren die einzig durch die Passivität der Massen ermöglichte Machtstruktur diesen selbst als eiserne Wirklichkeit entgegentritt, ist so dicht geworden, daß jede Spontaneität, ja die bloße Vorstellung vom wahren Sachverhalt notwendig zur verstiegenen Utopie, zum abwegigen Sektierertum geworden ist. Der Schein hat sich so konzentriert, daß ihn zu durchschauen objektiv den Charakter der Halluzination gewinnt. Ein Ticket wählen dagegen heißt die Anpassung an den zur Wirklichkeit versteinerten Schein vollziehen, der durch solche Anpassung sich unabsehbar reproduziert. Eben deshalb wird schon der Zögernde als Deserteur verfemt. Seit Hamlet war den Neueren das Zaudern Zeichen von Denken und Humanität. Die verschwendete Zeit repräsentierte und vermittelte zugleich den Abstand zwischen Individuellem und Allgemeinem, wie in der Ökonomie die Zirkulation zwischen Konsum und Produktion. Heute erhalten die Einzelnen ihre Tickets fertig von den Mächten, wie die Konsumenten ihr Automobil von den Verkaufsfilialen der Fabrik. Realitätsgerechtigkeit, Anpassung an die Macht, ist nicht mehr Resultat eines dialektischen Prozesses zwischen Subjekt und Realität, sondern wird unmittelbar vom Räderwerk der Industrie hergestellt. Der Vorgang ist einer der Liquidation anstatt der Aufhebung, der formalen anstatt der bestimmten Negation. Nicht indem sie ihm die ganze Befriedigung gewährten, haben die losgelassenen Produktionskolosse das Individuum überwunden, sondern indem sie es als Subjekt auslöschten. Eben darin besteht ihre vollendete Rationalität, die mit ihrer Verrücktheit zusammenfällt. Das auf die Spitze getriebene Mißverhältnis zwischen dem Kollektiv und den Einzelnen vernichtet die Spannung, aber der ungetrübte Einklang zwischen Allmacht und Ohnmacht ist selber der unvermittelte Widerspruch, der absolute Gegensatz von Versöhnung.

Mit dem Individuum sind daher nicht auch seine psychologischen Determinanten, seit je schon die innermenschlichen Agenturen der falschen Gesellschaft, verschwunden. Aber die Charaktertypen finden jetzt im Aufriß des Machtbetriebs ihre genaue Stelle. Ihr Wirkungs- wie ihr Reibungskoeffizient sind einkalkuliert. Das Ticket selbst ist ein Zahnrad. Was am psychologischen Mechanismus von je zwangshaft, unfrei und irrational war, ist präzis darauf eingepaßt. Das reaktionäre Ticket, das den Antisemitismus enthält, ist dem destruktiv-konventionellen Syndrom angemessen. Sie reagieren nicht sowohl ursprünglich gegen die Juden, als daß sie eine Triebrichtung ausgebildet haben, die erst durch das Ticket das adäquate Objekt der Verfolgung empfängt. Die erfahrungsmäßigen »Elemente des Antisemitismus«, außer Kraft gesetzt durch den Erfahrungsverlust, der im Ticketdenken sich anzeigt, werden vom Ticket nochmals mobilisiert. Als bereits zersetzte schaffen sie dem Neo-Antisemiten das schlechte Gewissen und damit die Unersättlichkeit des Bösen. Eben weil die Psychologie der Einzelnen sich selbst und ihre Inhalte nur noch durch die gesellschaftlich gelieferten synthetischen Schemata herstellen läßt, gewinnt der zeitgemäße Antisemitismus das nichtige, undurchdringliche Wesen. Der jüdische Mittelsmann wird erst ganz zum Bild des Teufels, nachdem es ihn ökonomisch eigentlich nicht mehr gibt; das macht den Triumph leicht und noch den antisemitischen Familienvater zum verantwortungsfreien Zuschauer der unaufhaltsamen geschichtlichen Tendenz, der nur zugreift, wo es seine Rolle als Angestellter der Partei oder der Zyklonfabriken erfordert. Die Verwaltung totalitärer Staaten, die unzeitgemäße Volksteile der Ausrottung zuführt, ist bloß der Nachrichter längst gefällter ökonomischer Verdikte. Die Angehörigen anderer Sparten der Arbeitsteilung können mit der Gleichgültigkeit zusehen, die der Zeitungsleser angesichts der Meldung über Aufräumungsarbeiten am Schauplatz der Katastrophe von gestern nicht verliert. Die Eigenart, um derentwillen die Opfer erschlagen werden, ist denn auch selber längst weggewischt. Die Menschen, die als Juden unters Dekret fallen, müssen durch umständliche Fragebogen erst eruiert werden, nachdem unter dem nivellierenden Druck der spätindustriellen Gesellschaft die feindlichen Religionen, die einst den Unterschied konstituierten, durch erfolgreiche Assimilation bereits in bloße Kulturgüter umgearbeitet worden sind. Die jüdischen Massen selber entziehen sich dem Ticketdenken so wenig wie nur irgend die feindlichen Jugendverbände. Der faschistische Antisemitismus muß sein Objekt gewissermaßen erst erfinden. Die Paranoia verfolgt ihr Ziel nicht mehr auf Grund der individuellen Krankengeschichte des Verfolgers; zum gesellschaftlichen Existential geworden, muß sie es vielmehr im Verblendungszusammenhang der Kriege und Konjunkturen selbst setzen, ehe die psychologisch prädisponierten Volksgenossen als Patienten sich innerlich und äußerlich darauf stürzen können.

Daß, der Tendenz nach, Antisemitismus nur noch als Posten im auswechselbaren Ticket vorkommt, begründet unwiderleglich die Hoffnung auf sein Ende. Die Juden werden zu einer Zeit ermordet, da die Führer die antisemitische Planke so leicht ersetzen könnten, wie die Gefolgschaften von einer Stätte der durchrationalisierten

Produktion in eine andere überzuführen sind. Die Basis der Entwicklung, die zum Ticketdenken führt, ist ohnehin die universale Reduktion aller spezifischen Energie auf die eine, gleiche, abstrakte Arbeitsform vom Schlachtfeld bis zum Studio. Der Übergang von solchen Bedingungen zum menschlicheren Zustand aber kann nicht geschehen, weil dem Guten dasselbe wie dem Bösen widerfährt. Die Freiheit auf dem progressiven Ticket ist den machtpolitischen Strukturen, auf welche die progressiven Entscheidungen notwendig hinauslaufen, so äußerlich wie die Judenfeindschaft dem chemischen Trust. Zwar werden die psychologisch Humaneren von jenem angezogen, doch verwandelt der sich ausbreitende Verlust der Erfahrung auch die Anhänger des progressiven Tickets am Ende in Feinde der Differenz. Nicht erst das antisemitische Ticket ist antisemitisch, sondern die Ticketmentalität überhaupt. Jene Wut auf die Differenz, die ihr teleologisch innewohnt, steht als Ressentiment der beherrschten Subjekte der Naturbeherrschung auf dem Sprung gegen die natürliche Minderheit, auch wo sie fürs erste die soziale bedrohen. Die gesellschaftlich verantwortliche Elite ist ohnehin weit schwieriger zu fixieren als andere Minderheiten. Im Nebel der Verhältnisse von Eigentum, Besitz, Verfügung und Management entzieht sie sich mit Erfolg der theoretischen Bestimmung. An der Ideologie der Rasse und der Wirklichkeit der Klasse erscheint gleichermaßen bloß noch die abstrakte Differenz gegen die Majorität. Wenn aber das fortschrittliche Ticket dem zustrebt, was schlechter ist als sein Inhalt, so ist der Inhalt des faschistischen so nichtig, daß er als Ersatz des Besseren nur noch durch verzweifelte Anstrengung der Betrogenen aufrecht erhalten werden kann. Sein Grauen ist das der offenkundigen und doch fortbestehenden Lüge. Während es keine Wahrheit zuläßt, an der es gemessen werden könnte, tritt im Unmaß seines Widersinns die Wahrheit negativ zum Greifen nahe, von der die Urteilslosen einzig durch die volle Einbuße des Denkens getrennt zu halten sind. Die ihrer selbst mächtige, zur Gewalt werdende Aufklärung selbst vermöchte die Grenzen der Aufklärung zu durchbrechen.

Aufzeichnungen und Entwürfe

Gegen Bescheidwissen

Zu den Lehren der Hitlerzeit gehört die von der Dummheit des Gescheitseins. Aus wie vielen sachverständigen Gründen haben ihm die Juden noch die Chancen des Aufstiegs bestritten, als dieser so klar war wie der Tag. Mir ist ein Gespräch in Erinnerung, in welchem ein Nationalökonom aus den Interessen der bayrischen Bierbrauer die Unmöglichkeit der Uniformierung Deutschlands bewies. Dann sollte nach den Gescheiten der Faschismus im Westen unmöglich sein. Die Gescheiten haben es den Barbaren überall leicht gemacht, weil sie so dumm sind. Es sind die orientierten, weitblickenden Urteile, die auf Statistik und Erfahrung beruhenden Prognosen, die Feststellungen, die damit beginnen »Schließlich muß ich mich hier auskennen«, es sind die abschließenden und soliden statements, die unwahr sind.
Hitler war gegen den Geist und widermenschlich. Es gibt aber auch einen Geist, der widermenschlich ist: sein Merkmal ist wohlorientierte Überlegenheit.

Zusatz

Daß Gescheitsein zur Dummheit wird, liegt in der historischen Tendenz. Das Vernünftige, in dem Sinne, der noch Chamberlain leitete, als er zur Zeit von Godesberg* Hitlers Forderungen unreasonable nannte, besagt soviel, wie daß Äquivalenz von Geben und Nehmen innegehalten werden soll. Solche Vernunft ist am Tausch gebildet. Zwecke soll man nur vermittelt, gewissermaßen über den Markt erreichen, vermöge des kleinen Vorteils, den die

[* Chamberlain konferierte im September 1938 dreimal mit Hitler; das zweite Treffen fand in Bad Godesberg statt.]

Macht unter Anerkennung der Spielregel Konzession gegen Konzession herauszuschlagen vermag. Das Gescheitsein wird hinfällig, sobald die Macht der Spielregel nicht mehr gehorcht und zur unmittelbaren Aneignung schreitet. Das Medium der bürgerlich traditionellen Intelligenz, die Diskussion, zergeht. Schon die Individuen können sich nicht mehr unterhalten und wissen es: darum haben sie das Spiel zu einer ernsten und verantwortlichen Institution gemacht, die alle Kräfte verlangt, so daß es weder mehr zum Gespräch kommt noch das Verstummen erfahren wird. Im Großen vollends geht es nicht anders zu. Dem Faschisten läßt sich nicht gut zureden. Wenn der andere das Wort ergreift, empfindet er es als unverschämte Unterbrechung. Er ist der Vernunft unzugänglich, weil er sie bloß im Nachgeben der anderen erblickt.

Der Widerspruch von der Dummheit des Gescheitseins ist notwendig. Denn die bürgerliche Ratio muß Universalität beanspruchen und zugleich zu deren Beschränkung sich entfalten. Wie im Tausch jeder das Seine bekommt und doch das soziale Unrecht sich dabei ergibt, so ist auch die Reflexionsform der Tauschwirtschaft, die herrschende Vernunft, gerecht, allgemein und doch partikularistisch, das Instrument des Privilegs in der Gleichheit. Ihr präsentiert der Faschist die Rechnung. Er vertritt offen das Partikulare und enthüllt damit die Ratio, die zu Unrecht auf ihre Allgemeinheit pocht, als selber begrenzt. Daß dann mit einem Mal die Gescheiten die Dummen sind, überführt die Vernunft ihrer eigenen Unvernunft.

Aber auch der Faschist laboriert an dem Widerspruch. Denn die bürgerliche Vernunft ist in der Tat nicht bloß partikular, sondern auch allgemein, und ihre Allgemeinheit ereilt den Faschismus, indem er sie verleugnet. Die in Deutschland zur Macht kamen, waren gescheiter als die Liberalen und dümmer. Der Fortschritt zur neuen Ordnung wurde weithin von denen getragen, deren Bewußtsein beim Fortschritt nicht mitkam, von Bankrotteuren, Sektierern, Narren. Gegen das Fehlermachen sind sie gefeit, solange ihre Macht jegliche Konkurrenz verhindert. In der Konkurrenz der Staaten aber sind die Faschisten nicht nur ebenso fähig, Fehler zu machen, sondern treiben mit Eigenschaften wie Kurzsichtigkeit, Verbohrtheit, Unkenntnis der ökonomischen Kräfte, vor allem aber durch die Unfähigkeit, das Negative zu sehen und in die Einschätzung der Gesamtlage aufzunehmen, auch subjektiv zur Katastrophe, die sie im innersten stets erwartet haben.

Zwei Welten

Hierzulande* gibt es keinen Unterschied zwischen dem wirtschaftlichen Schicksal und den Menschen selbst. Keiner ist etwas anderes als sein Vermögen, sein Einkommen, seine Stellung, seine Chancen. Die wirtschaftliche Charaktermaske und das, was darunter ist, dekken sich im Bewußtsein der Menschen, den Betroffenen eingeschlossen, bis aufs kleinste Fältchen. Jeder ist so viel wert wie er verdient, jeder verdient so viel er wert ist. Was er ist, erfährt er durch die Wechselfälle seiner wirtschaftlichenExistenz. Er kennt sich nicht als ein anderes. Hatte die materialistische Kritik der Gesellschaft dem Idealismus einst entgegengehalten, daß nicht das Bewußtsein das Sein, sondern das Sein das Bewußtsein bestimme, daß die Wahrheit über die Gesellschaft nicht in ihren idealistischen Vorstellungen von sich selbst, sondern in ihrer Wirtschaft zu finden sei, so hat das zeitgemäße Selbstbewußtsein solchen Idealismus mittlerweile abgeworfen. Sie beurteilen ihr eigenes Selbst nach seinem Marktwert und lernen, was sie sind, aus dem, wie es ihnen in der kapitalistischen Wirtschaft ergeht. Ihr Schicksal, und wäre es das traurigste, ist ihnen nicht äußerlich, sie erkennen es an. Der Chinese, der Abschied nahm,

> »Sprach mit umflorter Stimme: Du mein Freund
> Mir war das Glück in dieser Welt nicht hold.
> Wohin ich geh? Ich wandere in die Berge,
> Ich suche Ruhe für mein einsam Herz.« **

I am a failure, sagt der Amerikaner. – And that is that.

[* in Amerika (A. d. i. Ü.).]
[** Zitat aus: *Die chinesische Flöte*, Nachdichtungen von Hans Bethge, Insel-Bücherei, S. 17. (A. d. i. Ü.)]

Verwandlung der Idee in Herrschaft

Aus der ältesten exotischen Geschichte springen zuweilen Tendenzen der jüngsten und vertrautesten heraus und werden durch Distanz besonders deutlich.

In seiner Erklärung zur Içâ-Upanishad weist Deussen[1] darauf hin, daß der Schritt, den das indische Denken darin über frühere hinaus vollzog, demjenigen ähnlich sei, den Jesus nach dem Evangelium Matthäi[2] über Johannes den Täufer und die Stoiker über die Kyniker hinaus getan hätten. Die Bemerkung ist historisch allerdings deshalb einseitig, weil die kompromißlosen Ideen Johannes des Täufers und der Kyniker, nicht weniger als die Ansichten, gegen die jene ersten Verse der Içâ-Upanishad den Fortschritt bilden sollen[3], viel eher nach linken, von mächtigen Cliquen und Parteien abgespaltenen Sezessionsströmungen aussehen, als nach Hauptlinien geschichtlicher Bewegungen, aus denen dann die europäische Philosophie, das Christentum und die lebenskräftige Vedische Religion sich erst abgezweigt hätten. In den indischen Sammlungen pflegt denn auch, wie Deussen selbst berichtet, die Içâ-Upanishad als erste zu stehen, also lang vor denen, deren Überwindung sie sein soll. Dennoch haftet diesem ersten Stück, von dem die Rede ist, tatsächlich etwas vom Verrat an jugendlichem Radikalismus, an revolutionärer Opposition gegen die herrschende Wirklichkeit an.

Der Schritt zum organisationsfähigen Vedantismus, Stoizismus und Christentum besteht in der Teilnahme an gesellschaftlicher Wirksamkeit, im Ausbau eines einheitlichen theoretischen Systems. Das wird vermittelt durch die Lehre, daß die aktive Rolle im Leben dem Seelenheil nicht schade, wenn man nur die richtige Gesinnung habe. So weit ist es im Christentum freilich erst auf der Paulinischen Stufe gekommen. Die vom Bestehenden distanzierende Idee geht über in Religion. Getadelt werden die Kompromißlosen. Sie standen »ab von dem Verlangen nach Kindern, von dem Verlangen nach Besitz, von dem Verlangen nach der Welt und wanderten umher als Bettler.

1 Paul Deussen, *Sechzig Upanishad's des Veda*. Leipzig 1905. S. 524.

2 II. Kapitel. Vers 17–19.

3 Vor allem Brihadâranyaka-Upanishad 3, 5, 1 und 4, 4, 22. Deussen a. a. O. S. 436f. und 479f.

Denn Verlangen nach Kindern ist Verlangen nach Besitz, und Verlangen nach Besitz ist Verlangen nach der Welt; denn eines wie das andere ist eitel Verlangen.«[4] Wer so redet, mag nach den Zivilisatoren die Wahrheit sprechen, aber er hält nicht Schritt mit dem Gang des gesellschaftlichen Lebens. Daher wurden sie zu Irren. Sie glichen in der Tat Johannes dem Täufer. Er »war bekleidet mit einem Gewand aus Kamelshaar und einem Ledergurt um seine Lenden und nährte sich von Heuschrecken und wildem Honig«[5]. »Die Kyniker«, sagt Hegel, »haben wenig philosophische Ausbildung, und zu einem System, zu einer Wissenschaft haben sie es nicht gebracht; später wurde es erst durch die Stoiker zu einer philosophischen Disziplin.«[6] »Schweinische, unverschämte Bettler«[7] nennt er ihre Nachfolger.

Die Kompromißlosen, von denen die Geschichte überhaupt Kunde gibt, entbehrten nicht jeder Art organisierter Gefolgschaft, sonst wären noch nicht einmal die Namen bis zur Gegenwart gelangt. Sie haben wenigstens ein Stück systematischer Lehre oder Verhaltungsregeln aufgestellt. Selbst die von jener ersten attackierten radikaleren Upanishads waren Verse und Opfersprüche von Priestergilden[8], Johannes hat es nicht zum Religionsstifter gebracht, doch hat er einen Orden gegründet.[9] Die Kyniker bildeten eine Philosophenschule; ihr Begründer Antisthenes hat sogar die Umrisse einer Staatstheorie gezeichnet.[10] Die theoretischen und praktischen Systeme solcher Außenseiter der Geschichte sind jedoch nicht so straff und zentralisiert, sie unterscheiden sich von den erfolgreichen durch einen Schuß von Anarchie. Die Idee und der Einzelne gelten ihnen mehr als die Verwaltung und das Kollektiv. So fordern sie die Wut heraus. Die Kyniker hat der Herrschaftsmann Plato im Auge, wenn er gegen die Gleichsetzung des Amts des Königs mit dem eines gemeinen Hirten und gegen die

4 A. a. O. S. 436.
5 Evang. Marci. Kapitel 1. Vers 6.
6 *Vorlesungen über die Geschichte der Philosophie*. 2. Band. *Werke*. Band XIV. S. 159 f.
7 A. a. O. S. 168.
8 Vgl. Deussen a. a. O. S. 373.
9 Vgl. Eduard Meyer, *Ursprung und Anfänge des Christentums*. Stuttgart und Berlin 1921. Band I. S. 90.
10 Diogenes Laertius, IV, 15.

lose organisierte Menschheit ohne nationale Grenzen als den Schweinestaat eifert.[11] Die Kompromißlosen mochten zur Vereinigung und Kooperation bereit sein, zum soliden Bau einer nach unten abgeschlossenen Hierarchie jedoch waren sie ungeschickt. Weder in ihrer Theorie, die der Einheitlichkeit und Konsequenz, noch in ihrer Praxis, die der stoßkräftigen Zusammenfassung ermangelte, reflektierte ihr eigenes Sein die Welt, wie sie wirklich war.

Das war die formale Differenz der radikalen von den konformistischen Bewegungen in Religion und Philosophie, sie lag nicht im isolierten Inhalt. Keineswegs etwa waren sie durch die Idee der Askese unterschieden. Die Sekte des Asketen Gotama hat die asiatische Welt erobert. Er bekundete eben schon zu Lebzeiten ein großes Talent der Organisation. Schließt er auch noch nicht, wie der Reformator Cankara, die Unteren von der Mitteilung der Lehre aus[12], so erkannte er doch das Eigentum an Menschen ausdrücklich an und rühmte sich der »Söhne edler Geschlechter«, die in seinen Orden eintraten, in dem es Pariahs »wenn überhaupt, so doch allem Anschein nach nur als seltene Ausnahme gegeben hat«[13]. Die Jünger waren gleich zu Anfang nach brahmanischem Vorbild gegliedert.[14] Krüppeln, Kranken, Verbrechern und vielen anderen war die Aufnahme versagt.[15] Hast Du, so wurde bei der Aufnahme gefragt, »Aussatz, Skrofeln, weißen Aussatz, Schwindsucht, Fallsucht? Bist Du ein Mensch? Bist Du ein Mann? Bist Du Dein eigener Herr? Hast Du keine Schulden? Stehst Du nicht in königlichen Diensten?« usw. Ganz im Einklang mit dem brutalen Patriarchalismus Indiens waren die Frauen vom urbuddhistischen Orden nur ungern als Jüngerinnen zugelassen. Sie mußten sich den Männern unterwerfen, blieben in der Tat unmündig.[16] Der ganze Orden erfreute sich der Gunst der Herrschenden, fügte sich dem indischen Leben vorzüglich ein.

11 Vgl. *Politeia*, 372; *Politikos*, 267ff. und Eduard Zeller, *Die Philosophie der Griechen*. Leipzig 1922. 2. Teil. 1. Abt. S. 325f. Anm.

12 Vgl. Deussen, *Das System des Vedanta*. Leipzig 1906. 2. Aufl. S. 63ff.

13 Hermann Oldenberg, *Buddha*. Stuttgart und Berlin 1914. S. 174f.

14 Vgl. a. a. O. S. 386.

15 A. a. O. S. 393f.

16 Vgl. a. a. O. S. 184ff. und S. 424ff.

Askese und Materialismus, die Gegensätze, sind in gleicher Weise doppelsinnig. Askese als Verweigerung des Mittuns am schlechten Bestehenden, fällt im Angesicht von Unterdrückung mit der materiellen Forderung der Massen zusammen, wie umgekehrt Askese als Mittel der Disziplin, von Cliquen auferlegt, die Anpassung ans Unrecht bezweckt. Die materialistische Einrichtung im Bestehenden, der partikulare Egoismus, war seit je mit Entsagung verknüpft, während der Blick des unbürgerlichen Schwarmgeists über das Bestehende hinaus, materialistisch zum Land von Milch und Honig schweift. Im wahren Materialismus ist die Askese und in der wahren Askese der Materialismus aufgehoben. Die Geschichte jener alten Religionen und Schulen, wie die der modernen Parteien und Revolutionen hingegen vermag zu lehren, daß der Preis fürs Überleben das praktische Mitmachen, die Verwandlung der Idee in Herrschaft ist.

Zur Theorie der Gespenster

Freuds Theorie, daß der Gespensterglaube aus den bösen Gedanken der Lebenden gegen die Verstorbenen kommt, aus der Erinnerung an alte Todeswünsche, ist zu plan. Der Haß gegen die Verstorbenen ist Eifersucht nicht weniger als Schuldgefühl. Der Zurückbleibende fühlt sich verlassen, er rechnet seinen Schmerz dem Toten an, der ihn verursacht. Auf den Stufen der Menschheit, auf denen der Tod noch unmittelbar als Fortsetzung der Existenz erschien, wirkt das Verlassen im Tod notwendig als Verrat, und selbst im Aufgeklärten pflegt der alte Glaube nicht ganz erloschen zu sein. Dem Bewußtsein ist es unangemessen, den Tod als absolutes Nichts zu denken, das absolute Nichts denkt sich nicht. Und wenn dann die Last des Lebens sich wieder auf den Hinterbliebenen legt, erscheint die Lage des Toten ihm leicht als der bessere Zustand. Die Weise, in der manche Hinterbliebene nach dem Tod eines Angehörigen ihr Leben neu organisieren, der betriebsame Kult mit dem Toten oder umgekehrt, das als Takt rationalisierte Vergessen, sind das moderne Gegenstück zum Spuk, der, unsublimiert, als Spiritismus weiterwuchert. Einzig das ganz bewußt gemachte Grauen vor der Vernichtung setzt das rechte Verhältnis zu den Toten: die Einheit mit ihnen, weil wir wie sie Opfer desselben Verhältnisses und derselben enttäuschten Hoffnung sind.

Zusatz

Das gestörte Verhältnis zu den Toten – daß sie vergessen werden und einbalsamiert – ist eines der Symptome fürs Kranksein der Erfahrung heute. Fast ließe sich sagen, es sei der Begriff des menschlichen Lebens selber, als der Einheit der Geschichte eines Menschen, hinfällig geworden: das Leben des Einzelnen wird bloß noch durch sein Gegenteil, die Vernichtung definiert, hat aber jede Einstimmigkeit, jede Kontinuität der bewußten Erinnerung und des unwillkürlichen Gedächtnisses – den Sinn verloren. Die Individuen reduzieren sich auf die bloße Abfolge punkthafter Gegenwarten, die keine Spur hinterlassen oder vielmehr: deren Spur, als irrational, überflüssig, im wörtlichsten Verstande überholt sie hassen. Wie jedes Buch suspekt ist, das nicht kürzlich erschien, wie der Gedanke an Geschichte, außerhalb des Branchebetriebs der historischen Wissenschaft, die zeitgemäßen Typen nervös macht, so bringt sie das Vergangene am Menschen in Wut. Was einer früher war und erfahren hat, wird annulliert gegenüber dem, was er jetzt ist, wozu er allenfalls gebraucht werden kann. Der häufig dem Emigranten zunächst erteilte wohlmeinend-drohende Rat, alles Gewesene zu vergessen, weil es ja doch nicht transferiert werden könne, und unter Abschreibung seiner Vorzeit ohne weitere Umstände ein neues Leben zu beginnen, möchte dem als gespenstisch empfundenen Eindringling nur mit einem Gewaltspruch antun, was man längst sich selber anzutun gelernt hat. Man verdrängt die Geschichte bei sich und anderen, aus Angst, daß sie einen an den Zerfall der eigenen Existenz gemahnen könne, der selber weitgehend im Verdrängen der Geschichte besteht. Was allen Gefühlen widerfährt, die Ächtung dessen, was keinen Marktwert hat, widerfährt am schroffsten dem, woraus nicht einmal die psychologische Wiederherstellung der Arbeitskraft zu ziehen ist, der Trauer. Sie wird zum Wundmal der Zivilisation, zur asozialen Sentimentalität, die verrät, daß es immer noch nicht ganz gelungen ist, die Menschen aufs Reich der Zwecke zu vereidigen. Darum wird Trauer mehr als alles andere verschandelt, bewußt zur gesellschaftlichen Formalität gemacht, welche die schöne Leiche den Verhärteten weithin schon immer war. Im funeral home und Krematorium, wo der Tote zur transportablen Asche, zum lästigen Eigentum verarbeitet wird, ist es in der Tat unzeitgemäß, sich gehen zu lassen, und jenes Mädchen, das stolz das Begräbnis erster Klasse der Großmutter beschrieb und hinzufügte: »a pity that daddy lost control«, weil dieser ein paar Tränen vergoß, drückt genau die Sachlage aus. In Wahrheit wird den Toten angetan, was den alten Juden als ärgster Fluch galt: nicht gedacht soll deiner werden. An den Toten lassen die Menschen die Verzweiflung darüber aus, daß sie ihrer selber nicht mehr gedenken.

Quand même

Zur Überwindung der eigenen Schwere, zur Produktion materieller und geistiger Werke sind die Menschen durch äußeren Druck gekommen. Darin haben die Denker von Demokrit bis Freud nicht unrecht. Der Widerstand der äußeren Natur, auf den der Druck letztlich zurückgeht, setzt sich innerhalb der Gesellschaft durch die Klassen fort und wirkt auf jedes Individuum von Kindheit an als Härte der Mitmenschen. Die Menschen sind weich, sofern sie von Stärkeren etwas wollen, abstoßend, sofern der Schwächere sie darum angeht. Das ist der Schlüssel zum Wesen der Person in der Gesellschaft bisher.

Der Schluß, daß Schrecken und Zivilisation untrennbar sind, den die Konservativen gezogen haben, ist wohl begründet. Was könnte die Menschen dazu bringen, sich so zu entfalten, daß sie komplizierte Reize positiv zu bewältigen vermögen, wenn nicht die eigene mit Anstrengung durchsetzte Entwicklung, die am äußeren Widerstand sich entzünden muß? Zuerst ist der antreibende Widerstand im Vater inkarniert, später wachsen ihm tausend Köpfe: der Lehrer, der Vorgesetzte, Kunde, Konkurrent, die Vertreter sozialer und staatlicher Mächte. Ihre Brutalität stimuliert die individuelle Spontaneität.

Daß in der Zukunft die Strenge dosiert werden könnte, daß man die blutigen Strafen, durch welche die Menschheit im Lauf der Jahrtausende gezähmt worden ist, durch Errichtung von Sanatorien abzulösen vermöchte, scheint ein Traum zu sein. Gespielter Zwang ist ohnmächtig. Im Zeichen des Henkers vollzog sich die Entwicklung der Kultur; die Genesis, die von der Vertreibung aus dem Paradies erzählt, und die *Soirées de Petersbourg** stimmen darin überein. Im Zeichen des Henkers stehen Arbeit und Genuß. Dem widersprechen heißt aller Wissenschaft, aller Logik ins Gesicht schlagen. Man kann nicht den Schrecken abschaffen und Zivilisation übrigbehalten. Schon jenen zu lockern bedeutet den Beginn der Auflösung. Verschiedenste Konsequenzen können daraus gezogen werden: von der Anbetung faschistischer Barbarei bis zur Zuflucht zu den Höllenkreisen**. Es gibt noch eine weitere: der Logik spotten, wenn sie gegen die Menschheit ist.

*Tierpsychologie****

Ein großer Hund steht am Highway. Er gerät unter ein Auto, wenn er, vertrauend, weitergeht. Sein friedlicher Ausdruck zeugt davon, daß er sonst besser behütet ist, ein Haustier, dem man nichts Böses zufügt. Aber haben die Söhne der oberen Bourgeoisie, denen man nichts Böses zufügt, einen friedlichen Ausdruck im Gesicht? Sie waren nicht schlechter behütet, als sonst der Hund, der jetzt überfahren wird.

Für Voltaire

Deine Vernunft ist einseitig, flüstert die einseitige Vernunft, du hast der Macht Unrecht getan. Die Schande der Tyrannei hast du pathetisch, weinerlich, sarkastisch, polternd ausposaunt; das Gute aber, das die Macht geschaffen hat, unterschlägst du. Ohne die Sicherheit,

[* Joseph de Maistre, *Les Soirées de Saint Pétersbourg* (1821).]
[** Anspielung auf Dantes *Göttliche Komödie*, Inferno III, 4ff. (A. d. i. Ü.)]
[*** Diese Aufzeichnung folgt in der Ausgabe von 1944 unmittelbar nach ›Gegen Bescheidwissen‹.]

welche nur die Macht aufrichten konnte, hätte es nie existieren können. Unter den Fittichen der Macht haben Leben und Liebe gespielt, sie haben der feindlichen Natur auch dein eigenes Glück abgetrotzt. – Was die Apologetik eingibt, ist wahr und falsch zugleich. Bei allen Großtaten der Macht kann doch allein Macht die Ungerechtigkeit begehen, denn ungerecht ist nur das Urteil, dem der Vollzug folgt, nicht die Rede des Anwalts, der nicht stattgegeben wird. Einzig sofern die Rede selbst auf Unterdrückung zielt und Macht verteidigt statt der Ohnmacht, nimmt sie am allgemeinen Unrecht teil. – Aber die Macht, flüstert weiter die einseitige Vernunft, wird von Menschen vertreten. Indem du jene bloßstellst, machst du diese zur Zielscheibe. Und nach ihnen werden vielleicht schlimmere kommen. – Die Lüge spricht wahr. Wenn die faschistischen Mörder schon warten, soll man das Volk nicht auf die schwache Regierung hetzen. Selbst das Bündnis aber mit der weniger brutalen Macht hat nicht das Verschweigen von Infamien zur sinnvollen Konsequenz. Die Chance, daß durch Denunziation des Unrechts, das einen vor dem Teufel schützt, die gute Sache leidet, war noch stets geringer als der Vorteil, den der Teufel davontrug, indem man ihm die Denunziation des Unrechts überließ. Wie weit muß eine Gesellschaft gekommen sein, in der bloß noch die Schurken die Wahrheit sprechen und Goebbels die Erinnerung ans lustig fortgesetzte Lynchen wachhält. Nicht das Gute sondern das Schlechte ist der Gegenstand der Theorie. Sie setzt die Reproduktion des Lebens in den je bestimmten Formen schon voraus. Ihr Element ist die Freiheit, ihr Thema die Unterdrückung. Wo Sprache apologetisch wird, ist sie schon korrumpiert, ihrem Wesen nach vermag sie weder neutral noch praktisch zu sein. – Kannst du nicht die guten Seiten darlegen und die Liebe als Prinzip verkündigen anstatt der endlosen Bitterkeit! – Es gibt nur einen Ausdruck für die Wahrheit: den Gedanken, der das Unrecht verneint. Ist das Beharren auf den guten Seiten nicht im negativen Ganzen aufgehoben, so verklärt es ihr eigenes Gegenteil: Gewalt. Ich kann mit Worten intrigieren, propagieren, suggerieren, das ist der Zug, durch den sie verstrickt sind wie alles Tun in der Wirklichkeit, und dieser ist es, den die Lüge einzig versteht. Sie insinuiert, daß auch der Widerspruch gegen das Bestehende im Dienst heraufdämmernder Gewalten, konkurrierender Bürokratien und Gewalthaber erfolgt. In ihrer namenlosen Angst kann und will sie nur sehen, was sie selber ist. Was in ihr Medium, die Sprache als bloßes Instrument, eingeht, wird mit der Lüge identisch wie die Dinge untereinander in der Finsternis. Aber so wahr es ist, daß es kein Wort gibt, dessen die Lüge sich schließlich nicht bedienen könnte, so leuchtet nicht durch sie, sondern einzig in der Härte des Gedankens gegen die Macht auch deren Güte noch auf. Der kompromißlose Haß gegen den an der letzten Kreatur verübten Terror macht die legitime Dankbarkeit der Verschonten aus. Die Anrufung der Sonne ist Götzendienst. Im Blick auf den in ihrer Glut verdorrten Baum erst lebt die Ahnung von der Majestät des Tags, der die Welt, die er bescheint, nicht zugleich versengen muß.

Klassifikation

Allgemeine Begriffe, von den einzelnen Wissenschaften auf Grund von Abstraktion oder axiomatisch geprägt, bilden das Material der Darstellung so gut wie Namen für Einzelnes. Der Kampf gegen Allgemeinbegriffe ist sinnlos. Wie es mit der Dignität des Allgemeinen steht, ist damit aber nicht ausgemacht. Was vielen Einzelnen gemeinsam ist, oder was im Einzelnen immer wiederkehrt, braucht noch lange nicht stabiler, ewiger, tiefer zu sein als das Besondere. Die Skala der Gattungen ist nicht zugleich die der Bedeutsamkeit. Das war gerade der Irrtum der Eleaten und aller, die ihnen folgten, Platon und Aristoteles voran.

Die Welt ist einmalig. Das bloße Nachsprechen der Momente, die immer und immer wieder als dasselbe sich aufdrängen, gleicht eher einer vergeblichen und zwangshaften Litanei als dem erlösenden Wort. Klassifikation ist Bedingung von Erkenntnis, nicht sie selbst, und Erkenntnis löst die Klassifikation wiederum auf.

Lawine

In der Gegenwart gibt es keine Wendung mehr. Wendung der Dinge ist immer die zum besseren. Wenn aber in Zeiten wie den heutigen die Not am höchsten ist, öffnet sich der Himmel und schleudert sein Feuer auf die, die ohnehin verloren sind.

Was man gemeinhin das Soziale, Politische nannte, vermittelt diesen Eindruck zuerst. Die Titelseite von Tagesblättern, die einmal glücklichen Frauen und Kindern fremd und vulgär erschienen sind – Zeitung erinnerte an Wirtshaus und Bramarbasieren –, der Fettdruck kam schließlich als wirkliche Drohung ins Haus. Aufrüstung, Übersee, Spannung im Mittelmeer, weiß nicht was für großspurige Begriffe versetzten schließlich die Menschen in wirkliche Angst, bis der erste Weltkrieg ausbrach. Dann kam, mit immer schwindelerregenderen Ziffern, die Inflation. Als die in ihrem Lauf innehielt, bedeutete es keine Wendung sondern ein noch größeres Unglück, Rationalisierung und Abbau. Als Hitlers Wahlziffern stiegen, bescheiden zuerst aber insistent, war es schon klar, daß es die Bewegung der Lawine war. Überhaupt sind Wahlziffern kennzeichnend für das Phänomen. Wenn am Abend des vorfaschistischen Wahltags die Resultate aus den Landesteilen eintreffen, so nimmt ein Achtel, ein Sechzehntel der Stimmen schon das Ganze vorweg. Haben zehn oder zwanzig Distrikte en masse eine Richtung eingeschlagen, so werden die übrigen hundert nicht dawider sein. Es ist schon ein uniformer Geist. Das Wesen der Welt kommt mit dem statistischen Gesetz überein, durch das ihre Oberfläche klassifiziert wird.

In Deutschland hat der Faschismus gesiegt unter kraß xenophober, kulturfeindlicher, kollektivistischer Ideologie. Jetzt, da er die Erde verwüstet, müssen die Völker gegen ihn kämpfen, es bleibt kein Ausweg. Aber wenn alles vorüber ist, braucht keine freiheitliche Gesinnung über Europa sich auszubreiten, seine Nationen können so xenophob, kulturfeindlich und pseudokollektivistisch werden, wie der Faschismus war, gegen den sie sich wehren mußten. Auch seine Niederlage bricht nicht notwendig die Bewegung der Lawine.

Der Grundsatz der liberalen Philosophie war der des Sowohl-Als auch. In der Gegenwart scheint Entweder-Oder zu gelten, aber so, als ob es je schon zum Schlechten entschieden wäre.

Isolierung durch Verkehr

Daß das Verkehrsmittel isoliert, gilt nicht bloß im geistigen Bezirk. Nicht bloß setzt sich die verlogene Sprache des Ansagers im Radio als Bild der Sprache im Gehirn fest und hindert die Menschen, zueinander zu sprechen, nicht bloß übertönt die Anpreisung von Pepsi-Cola die der Niederlegung von Kontinenten, nicht bloß steht das gespenstische Modell der Kinohelden vor der Umarmung der Halbwüchsigen und noch des Ehebruchs. Der Fortschritt hält die Menschen buchstäblich auseinander. Der kleine Schalter am Bahnhof oder auf der Bank machte es dem Angestellten möglich, mit dem Kollegen zu tuscheln und das karge Geheimnis mit ihm zu teilen; die Glasfenster moderner Büros, die Riesensäle, in denen zahllose Angestellte gemeinsam Platz finden und vom Publikum wie von den Managern leicht zu überwachen sind, gestatten keine Privatunterhaltungen und Idyllen mehr. Auch auf Ämtern ist der Steuerzahler nun vor Zeitvergeudung der Besoldeten geschützt. Sie sind im Kollektiv isoliert. Aber das Verkehrsmittel trennt die Menschen auch physisch. Die Eisenbahn wurde durch Autos abgelöst. Durch den eigenen Wagen werden Reisebekanntschaften auf halb-bedrohliche hitchhikers reduziert. Die Menschen reisen streng voneinander isoliert auf Gummireifen. Dafür wird in jedem Einfamilienwagen nur gesprochen, was im anderen erörtert wird; das Gespräch in der Einfamilie ist durch die praktischen Interessen reguliert. Wie jede Familie mit einem bestimmten Einkommen denselben Prozentsatz auf Wohnung, Kino, Zigaretten wendet, ganz wie Statistik es vorschreibt, so sind die Themen je nach den Wagenklassen schematisiert. Wenn sie an Sonntagen oder auf Reisen in den Gasthöfen zusammentreffen, deren Menus und Räume auf entsprechenden Preisniveaus miteinander identisch sind, so finden die Besucher, daß sie mit zunehmender Isolierung einander immer ähnlicher geworden sind. Die Kommunikation besorgt die Angleichung der Menschen durch ihre Vereinzelung.

Zur Kritik der Geschichtsphilosophie

Nicht die Menschengattung ist, wie man gesagt hat, ein Seitensprung der Naturgeschichte, eine Neben- und Fehlbildung durch Hypertrophie des Gehirnorgans. Das gilt bloß für die Vernunft in gewissen Individuen und vielleicht in kurzen Perioden sogar für einige Länder, in denen die Ökonomie solchen Individuen Spielraum ließ. Das Gehirnorgan, die menschliche Intelligenz, ist handfest genug, um eine reguläre Epoche der Erdgeschichte zu bilden. Die Menschengattung einschließlich ihrer Maschinen, Chemikalien, Organisationskräfte – und warum sollte man diese nicht zu ihr zählen wie die Zähne zum Bären, da sie doch dem gleichen Zweck dienen und nur besser funktionieren – ist in dieser Epoche le dernier cri der Anpassung. Die Menschen haben ihre unmittelbaren Vorgänger nicht nur überholt, sondern schon so gründlich ausgerottet wie wohl kaum je eine modernere species die andere, die fleischfressenden Saurier nicht ausgeschlossen.

Demgegenüber scheint es eine Art Schrulle zu sein, die Weltgeschichte, wie Hegel es getan hat, im Hinblick auf Kategorien wie Freiheit und Gerechtigkeit konstruieren zu wollen. Diese stammen in der Tat aus den abwegigen Individuen, jenen, die vom Gang des großen Ganzen aus gesehen, nichts bedeuten, es sei denn, daß sie vorübergehende gesellschaftliche Zustände herbeiführen helfen, in denen besonders viel Maschinen und Chemikalien zur Stärkung der Gattung und Unterjochung der anderen geschaffen werden. Im Sinn dieser ernsthaften Geschichte sind alle Ideen, Verbote, Religionen, politischen Bekenntnisse nur soweit interessant, als sie, aus mannigfachen Zuständen entstanden, die natürlichen Chancen der Menschengattung auf der Erde oder im Universum steigern oder vermindern. Die Befreiung der Bürger aus dem Unrecht feudalistischer und absolutistischer Vergangenheit diente durch den Liberalismus der Entfesselung der Maschinerie, wie die Emanzipation der Frau in ihre Durchtrainierung als Waffengattung mündet. Heillos ist der Geist und alles Gute in seinem Ursprung und Dasein in dieses Grauen verstrickt. Das Serum, das der Arzt dem kranken Kind reicht, verdankt sich der Attacke auf die wehrlose Kreatur. Im Kosewort der Liebenden wie den heiligsten Symbolen des Christentums klingt die Lust am Fleisch des Zickleins durch, wie in dieser der doppelsinnige Respekt vorm Totemtier. Noch das differenzierte Verständnis für Küche, Kirche und Theater ist eine Konsequenz der raffinierten Arbeitsteilung, die auf Kosten der Natur in- und außerhalb der menschlichen Gesellschaft geht. In der rückwirkenden Steigerung solcher Organisation liegt die geschichtliche Funktion der Kultur. Daher nimmt das echte Denken, das sich davon ablöst, die Vernunft in ihrer reinen Gestalt, den Zug des Wahnsinns an, den die Bodenständigen seit je bemerkten. Sollte jene in der Menschheit einen entscheidenden Sieg erfechten, so würde die Vormachtstellung der Gattung gefährdet. Die Theorie des Seitensprungs träfe schließlich noch zu. Aber sie, die zynisch der Kritik der anthropozentrischen Geschichtsphilosophie dienen wollte, ist selbst zu anthropozentrisch, um Recht zu behalten. Die Vernunft spielt die Rolle des Anpassungsinstruments und nicht des Quietivs, wie es nach dem Gebrauch, den das Individuum zuweilen von ihr machte, scheinen könnte. Ihre List besteht darin, die Menschen zu immer weiter reichenden Bestien zu machen, nicht die Identität von Subjekt und Objekt herbeizuführen.

Eine philosophische Konstruktion der Weltgeschichte hätte zu zeigen, wie sich trotz aller Umwege und Widerstände die konsequente Naturherrschaft immer entschiedener durchsetzt und alles Innermenschliche integriert. Aus diesem Gesichtspunkt wären auch Formen der Wirtschaft, der Herrschaft, der Kultur* abzuleiten. Nur im Sinn des Umschlags von Quantität zu Qualität kann der Gedanke des Übermenschen Anwendung finden. Ähnlich wie man den Flieger, der mit einem Räuchermittel in wenigen Flügen die letzten Kontinente von den letzten freien Tieren säubern kann, im Unterschied zum Troglodyten** Übermenschen heißen kann, mag schließlich ein menschliches Überamphibium entstehen, dem der Flieger von heute wie eine harmlose Schwalbe erscheint. Fragwürdig ist es, ob eine echte naturgeschichtlich nächsthöhere Gattung nach dem Menschen überhaupt entstehen kann. Denn soviel ist in der Tat am Anthropomorphismus richtig, daß die Naturgeschichte

[* »Formen… Kultur« / 1944: »Produktionsverhältnisse, Formen der Klassenherrschaft, Kulturen«.]
[** altsteinzeitlicher Höhlenbewohner.]

gleichsam mit dem glücklichen Wurf, der ihr im Menschen gelungen ist, nicht gerechnet hat. Seine Vernichtungsfähigkeit verspricht so groß zu werden, daß – wenn diese Art sich einmal erschöpft hat – tabula rasa gemacht ist. Entweder zerfleischt sie sich selbst, oder sie reißt die gesamte Fauna und Flora der Erde mit hinab, und wenn die Erde dann noch jung genug ist, muß – um ein berühmtes Wort* zu variieren – auf einer viel tieferen Stufe die ganze chose noch einmal anfangen.

Indem Geschichtsphilosophie die humanen Ideen als wirkende Mächte in die Geschichte selbst verlegte und diese mit deren Triumph endigen ließ, wurden sie der Arglosigkeit beraubt, die zu ihrem Inhalt gehört. Der Hohn, daß sie sich immer blamiert hätten, wenn die Ökonomie, das heißt, die Gewalt nicht mit ihnen war**, ist der Hohn gegenüber allem Schwachen, in ihm haben die Autoren sich wider Willen mit der Unterdrückung identifiziert, die sie abschaffen wollten. In der Geschichtsphilosophie wiederholt sich, was im Christentum geschah: das Gute, das in Wahrheit dem Leiden ausgeliefert bleibt, wird als Kraft verkleidet, die den Gang der Geschichte bestimmt und am Ende triumphiert. Es wird vergöttert, als Weltgeist oder doch als immanentes Gesetz. So aber wird nicht bloß Geschichte unmittelbar in ihr Gegenteil verkehrt, sondern die Idee selbst, welche die Notwendigkeit, den logischen Gang des Geschehens brechen sollte, entstellt. Die Gefahr des Seitensprungs wird abgewandt. Die als Macht verkannte Ohnmacht wird durch solche Erhöhung noch einmal verleugnet, gleichsam der Erinnerung entzogen. So tragen Christentum, Idealismus und Materialismus, die an sich auch die Wahrheit enthalten, doch auch ihre Schuld an den Schurkereien, die in ihrem Namen verübt worden sind. Als Verkünder der Macht – und sei es der des Guten – wurden sie selbst zu organisationskräftigen Geschichtsmächten und haben als solche ihre blutige Rolle in der wirklichen Geschichte der Menschengattung gespielt: die von Instrumenten der Organisation.

[* Vgl. Marx, *Die deutsche Ideologie*, in: *MEW* Bd. 3, Berlin 1969, S. 34f.]
[** Vgl. Marx, Engels, *Die Heilige Familie*, in: *MEW* Bd. 2, Berlin 1958, S. 85; auch: Marx, ›Zur Kritik der Hegelschen Rechtsphilosophie‹, in: *MEW* Bd. 1, Berlin 1957, S. 385f.]

Weil Geschichte als Korrelat einheitlicher Theorie, als Konstruierbares nicht das Gute, sondern eben das Grauen ist, so ist Denken in Wahrheit ein negatives Element. Die Hoffnung auf die besseren Verhältnisse, soweit sie nicht bloß Illusion ist, gründet weniger in der Versicherung, sie seien auch die garantierten, haltbaren und endgültigen, als gerade im Mangel an Respekt vor dem, was mitten im allgemeinen Leiden so fest gegründet ist. Die unendliche Geduld, der nie erlöschende zarte Trieb der Kreatur nach Ausdruck und Licht, der die Gewalt der schöpferischen Entwicklung in ihr selbst zu mildern und zu befrieden scheint, zeichnet nicht, wie die rationalen Geschichtsphilosophien, eine bestimmte Praxis als die heilsame vor, auch nicht die des Nichtwiderstrebens. Das erste Aufleuchten von Vernunft, das in solchem Trieb sich meldet und im erinnernden Denken des Menschen widerscheint, trifft auch am glücklichsten Tage seinen unaufhebbaren Widerspruch: das Verhängnis, das Vernunft allein nicht wenden kann.

Denkmale der Humanität

Immer noch war die Humanität eher in Frankreich zu Hause als anderswo. Aber die Franzosen wußten nichts mehr davon. Was in ihren Büchern stand, war Ideologie, die schon jeder erkannte. Das Bessere führte noch eine eigene abgespaltene Existenz: im Tonfall der Stimme, in der sprachlichen Wendung, im kunstreichen Essen, der Existenz von Bordellen, den gußeisernen Pissoirs. Solchem Respekt vor dem Einzelnen hat aber schon die Regierung Blum* den Kampf angesagt, und selbst die Konservativen taten nur wenig, um seine Denkmale zu schützen.

[* Volksfrontregierung 1936–37, leitete weitgehende soziale Reformen ein.]

Aus einer Theorie des Verbrechers *

...Wie der Verbrecher so war die Freiheitsstrafe bürgerlich. Im Mittelalter kerkerte man die Fürstenkinder ein, die einen unbequemen Erbanspruch symbolisierten. Der Verbrecher dagegen wurde zu Tode gefoltert, um der Masse der Bevölkerung Respekt für Ordnung und Gesetz einzuprägen, weil das Beispiel der Strenge und Grausamkeit die Strengen und Grausamen zur Liebe erzieht. Die reguläre Freiheitsstrafe setzt steigendes Bedürfnis an Arbeitskraft ** voraus. Sie spiegelt die bürgerliche Daseinsweise als Leiden wider. Die Reihen der Gefängniszellen im modernen Zuchthaus stellen Monaden im authentischen Sinne von Leibniz dar. »Die Monaden haben keine Fenster, durch die etwas hinein oder heraus kann. Die Akzidentien können sich nicht ablösen oder außerhalb der Substanzen umherspazieren, wie es ehemals die wahrnehmbaren Formen der Scholastiker taten. Weder Substanz noch Akzidenz kommt von außen in eine Monade hinein.«[1] Es gibt keinen direkten Einfluß der Monaden aufeinander, die Regelung und Koordinierung ihres Lebens erfolgt durch Gott, bzw. die Direktion.[2] Die absolute Einsamkeit, die gewaltsame Rückverweisung auf das eigene Selbst, dessen ganzes Sein in der Bewältigung von Material besteht, im monotonen Rhythmus der Arbeit, umreißen als Schreckgespenst die Existenz des Menschen in der modernen Welt. Radikale Isolierung und radikale Reduktion auf stets dasselbe hoffnungslose Nichts sind identisch. Der Mensch im Zuchthaus ist das virtuelle Bild des bürgerlichen Typus, zu dem er sich in der Wirklichkeit erst machen soll. Denen es draußen nicht gelingt, wird es drinnen in furchtbarer Reinheit angetan. Die Rationalisierung der Existenz von Zuchthäusern durch die Notwendigkeit, den Verbrecher von der Gesellschaft abzusondern, oder gar durch seine Besserung, trifft nicht den Kern. Sie sind das Bild der zu Ende gedachten bürgerlichen Arbeitswelt, das der Haß der Menschen gegen das, wozu sie sich machen müssen,

[* Vgl. die ungekürzte Aufzeichnung ›Theorie des Verbrechers‹ in: *Gesammelte Schriften* Bd. 12, Frankfurt am Main 1985, S. 266 ff.]

[** »steigendes... Arbeitskraft« / 1944: »reguläres Bedürfnis an Arbeitskraft, erweiterte Reproduktion,«.]

1 Leibniz, *La Monadologie*. Ed. Erdmann. Berlin 1840. § 7. S. 705.

2 Vgl. a. a. O. § 51 S. 709.

als Wahrzeichen in die Welt stellt. Der Schwache, Zurückgebliebene, Vertierte muß qualifiziert die Lebensordnung leiden, in die man selbst sich ohne Liebe findet, verbissen wird die introvertierte Gewalt an ihm wiederholt. Der Verbrecher, dem in seiner Tat die Selbsterhaltung über alles andere ging, hat in Wahrheit das schwächere, labilere Selbst, der Gewohnheitsverbrecher ist ein Debiler.
Gefangene sind Kranke. Ihre Schwäche hat sie in eine Situation geführt, die Körper und Geist schon angegriffen hat und immer weiter angreift. Die meisten waren schon krank, als sie die Tat begingen, die sie hineinführte: durch ihre Konstitution, durch die Verhältnisse. Andere haben gehandelt wie jeder Gesunde in der gleichen Konstellation der Reize und Motive gehandelt hätte, sie haben nur Unglück gehabt. Ein Rest war böser und grausamer als die meisten Freien, so böse und grausam in Person wie die faschistischen Herren der Welt durch ihre Stellung. Die Tat der gemeinen Verbrecher ist engstirnig, persönlich, unmittelbar destruktiv. Die Wahrscheinlichkeit ist, daß die lebendige Substanz, die in jedem dieselbe ist, auch bei den äußersten Taten dem gleich starken Druck der körperlichen Verfassung und des individuellen Schicksals von Geburt an, die den Verbrecher dazu führten, sich in keiner Gestalt hätte entziehen können, daß du und ich, ohne die Gnade der Einsicht, die uns durch Verkettung von Umständen zuteil geworden, gehandelt hätten wie jener, da er den Mord beging. Und nun als Gefangene sind sie bloß Leidende, und die Strafe an ihnen ist blind, ein entfremdetes Geschehen, ein Unglück wie der Krebs oder der Einfall eines Hauses. Gefängnis ist ein Siechtum. Das verraten auch ihre Mienen, der vorsichtige Gang, die umständliche Art des Denkens. Sie können wie Kranke nur von ihrer Krankheit sprechen.

Wo, wie in der Gegenwart, die Grenzen zwischen respektablen und illegalen Rackets objektiv fließend sind, gehen auch psychologisch die Gestalten ineinander über. Solange die Verbrecher aber noch Kranke waren, wie im neunzehnten Jahrhundert, stellte die Haft die Umkehrung ihrer Schwäche dar. Die Kraft, von der Umwelt sich als Individuum abzuheben und zugleich durch die konzessionierten Formen des Verkehrs mit ihr in Verbindung zu treten, um in ihr sich zu behaupten, war im Verbrecher angefressen. Er repräsentierte die dem Lebendigen tief einwohnende Tendenz, deren Überwindung das Kennzeichen aller Entwicklung ist: sich an die Umgebung zu verlieren anstatt sich tätig in ihr durchzusetzen, den Hang, sich gehen zu lassen, zurückzusinken in Natur. Freud hat sie den Todestrieb genannt, Caillois le mimétisme.[3] Süchtigkeit solcher Art durchzieht, was dem unentwegten Fortschritt zuwiderläuft, vom Verbrechen, das den Umweg über die aktuellen Arbeitsformen nicht gehen kann, bis zum sublimen Kunstwerk. Die Weichheit gegen die Dinge, ohne die Kunst nicht existiert, ist der verkrampften Gewalt des Verbrechers nicht so fern. Die Ohnmacht, nein zu sagen, mit der die Minderjährige der Prostitution verfällt, pflegt auch seine Laufbahn zu bedingen. Es ist beim Verbrecher die Negation, die den Widerstand nicht in sich hat. Gegen solches Verfließen, das ohne bestimmtes Bewußtsein, scheu und ohnmächtig noch in seiner brutalsten Form die unbarmherzige Zivilisation zugleich imitiert und zerstört, setzt diese die festen Mauern der Zucht- und Arbeitshäuser, ihr eigenes steinernes Ideal. Wie nach Tocqueville die bürgerlichen Republiken im Gegensatz zu den Monarchien nicht den Körper vergewaltigen, sondern direkt auf die Seele losgehen, so greifen die Strafen dieser Ordnung die Seele an. Ihre Gemarterten sterben nicht mehr aufs Rad geflochten die langen Tage und Nächte hindurch, sondern verenden geistig, als unsichtbares Beispiel still in den großen Gefängnisbauten, die von den Irrenhäusern fast nur der Name trennt.

Der Faschismus zieht beide ein. Die Konzentration des Kommandos über die gesamte Produktion bringt die Gesellschaft wieder auf die Stufe unmittelbarer Herrschaft zurück. Mit dem Umweg über den Markt im Innern der Nationen verschwinden auch die geistigen Vermittlungen, darunter das Recht. Denken, das an der Transaktion sich entfaltet hatte, als Resultat des Egoismus, der verhandeln mußte, wird vollends zum Planen der gewaltsamen Aneignung. Als reines Wesen des deutschen Fabrikanten trat der massenmörderische Faschist hervor, nicht länger vom Verbrecher anders unterschieden als durch die Macht. Der Umweg wurde unnötig. Das Zivilrecht, das zur Regelung von Differenzen der im Schatten der großen Industrie überlebenden Unternehmer unter sich noch weiter funktionierte, wurde eine Art Schiedsgericht, die Justiz an den Unteren, die nicht mehr, wenn auch noch so schlecht, die Interessen

3 Vgl. Caillois, *Le Mythe et l'Homme*. Paris 1938. S. 125ff.

der Betroffenen wahrnahm, bloßer Terror. Durch den Rechtsschutz aber, der nun verschwindet, war das Eigentum definiert. Das Monopol, als vollendetes Privateigentum, vernichtet dessen Begriff. Der Faschismus* läßt vom Staats- und Gesellschaftsvertrag, den er** im Verkehr der Mächte durch geheime Abmachungen ersetzt, im Inneren nur noch den Zwang des Allgemeinen gelten, den seine Diener aus freien Stücken am Rest der Menschheit vollstrecken. Im totalen Staat*** werden Strafe und Verbrechen als abergläubische Restbestände liquidiert, und die nackte Ausrottung des Widerstrebenden, ihres politischen Ziels gewiß, breitet sich unter dem Regime der Verbrecher über Europa aus. Das Zuchthaus mutet neben dem Konzentrationslager wie eine Erinnerung an aus guter alter Zeit, wie das Intelligenzblatt von ehedem, das freilich auch schon die Wahrheit verriet, neben dem Magazin auf Glanzpapier, dessen literarischer Inhalt – und handle es von Michelangelo – mehr noch als die Annoncen die Funktion von Geschäftsbericht, Herrschaftszeichen und Reklame erfüllt. Die Isolierung, die man den Gefangenen einmal von außen antat, hat sich in Fleisch und Blut der Individuen inzwischen allgemein durchgesetzt. Ihre wohltrainierte Seele und ihr Glück ist öde wie die Gefängniszelle, deren die Machthaber schon entraten können, weil die gesamte Arbeitskraft der Nationen ihnen als Beute zugefallen ist. Die Freiheitsstrafe verblaßt vor der gesellschaftlichen Wirklichkeit.

Le Prix du Progrès

In einem kürzlich aufgefundenen Briefe des französischen Physiologen Pierre Flourens, der einmal den traurigen Ruhm genoß, in der Konkurrenz mit Victor Hugo zur Französischen Akademie gewählt zu werden, findet sich ein merkwürdiger Passus:
»Noch immer kann ich mich nicht entschließen, der Anwendung des Chloroforms in der allgemeinen Praxis der Operationen zuzu-

[* »Der Faschismus« / 1944: »Es«.]
[** »er« / 1944: »es«.]
[*** »Im totalen Staat« / 1944: »In der totalitären Ordnung«.]

stimmen. Wie Ihnen bekannt sein dürfte, habe ich diesem Mittel ausgedehnte Studien gewidmet und auf Grund von Tierexperimenten als einer der ersten seine spezifischen Eigenschaften beschrieben. Meine Skrupel sind in der einfachen Tatsache begründet, daß die Operation mit Chloroform, ebenso wie vermutlich auch die anderen bekannten Formen der Narkose eine Täuschung darstellen. Die Mittel wirken lediglich auf gewisse motorische und Koordinationszentren sowie auf die residuale Fähigkeit der Nervensubstanz. Sie verliert unter dem Einfluß des Chloroforms einen bedeutenden Teil ihrer Eigenschaft, Spuren von Eindrücken aufzunehmen, keineswegs aber die Empfindungsfähigkeit als solche. Meine Beobachtungen weisen im Gegenteil darauf hin, daß in Verbindung mit der allgemeinen Innervationslähmung Schmerzen noch heftiger empfunden werden, als im normalen Zustand. Die Täuschung des Publikums ergibt sich aus der Unfähigkeit des Patienten, sich nach vollendeter Operation an die Vorgänge zu erinnern. Würden wir unseren Kranken die Wahrheit sagen, so würde sich wahrscheinlich keiner von ihnen für das Mittel entschließen, während sie jetzt, infolge unseres Stillschweigens, auf seinem Gebrauch zu insistieren pflegen.

Aber selbst abgesehen davon, daß der einzige fragwürdige Gewinn eine auf die Zeit des Eingriffs sich beziehende Gedächtnisschwäche ist, scheint mir die Ausdehnung dieser Praxis eine weitere ernsthafte Gefahr mit sich zu bringen. Bei der zunehmenden Oberflächlichkeit der allgemeinen akademischen Ausbildung unserer Ärzte mag die Medizin durch die unbegrenzte Anwendung des Mittels dazu ermutigt werden, sorglos immer kompliziertere und schwerere chirurgische Eingriffe zu unternehmen. Anstatt im Dienste der Forschung solche Experimente an Tieren auszuführen, werden dann unsere Patienten die ahnungslosen Versuchspersonen sein. Es ist denkbar, daß die schmerzhaften Erregungen, die infolge ihrer spezifischen Natur alle bekannten Sensationen dieser Art übertreffen mögen, einen dauernden seelischen Schaden in den Kranken herbeiführen oder gar in der Narkose selbst zu einem unbeschreiblich qualvollen Tod führen, dessen Eigentümlichkeiten den Angehörigen und der Welt auf ewig verborgen bleiben. Wäre das nicht ein allzu hoher Preis, den wir für den Fortschritt bezahlten?«

Hätte Flourens in diesem Briefe recht, so wären die dunklen Wege des göttlichen Weltregimes wenigstens einmal gerechtfertigt. Das Tier wäre durch die Leiden seiner Henker gerächt: jede Operation eine Vivisektion. Es entstünde der Verdacht, daß wir uns zu den Menschen, ja zur Kreatur überhaupt, nicht anders verhielten als zu uns selbst nach überstandener Operation, blind gegen die Qual. Der Raum, der uns von anderen trennt, bedeutete für die Erkenntnis dasselbe wie die Zeit zwischen uns und dem Leiden unserer eigenen Vergangenheit; die unüberwindbare Schranke. Die perennierende Herrschaft über die Natur aber, die medizinische und außermedizinische Technik schöpft ihre Kraft aus solcher Verblendung, sie wäre durch Vergessen erst möglich gemacht. Verlust der Erinnerung als transzendentale Bedingung der Wissenschaft. Alle Verdinglichung ist ein Vergessen.*

Leeres Erschrecken

Das Hinstarren aufs Unheil hat etwas von Faszination. Damit aber etwas vom geheimen Einverständnis. Das schlechte soziale Gewissen, das in jedem steckt, der am Unrecht teilhat, und der Haß gegen erfülltes Leben sind so stark, daß sie in kritischen Situationen als immanente Rache unmittelbar gegen das eigene Interesse sich kehren. Es gab eine fatale Instanz in den französischen Bürgern, die dem heroischen Ideal der Faschisten ironisch gleichsah: sie freuten sich an dem Triumph von ihresgleichen, wie er in Hitlers Aufstieg ausgedrückt war, auch wenn er ihnen selber mit Untergang drohte,

[* »gerächt: jede Operation... Vergessen.« / 1944: »gerächt. Aber daran nicht genug. Ist nicht der Tod die radikale Einbuße der »residualen Fähigkeit der Nervensubstanz«? Das Leben wäre kein Traum sondern eine Narkose. Wir verhielten uns zu anderen Menschen, von der übrigen Kreatur ganz zu schweigen, wie, nach Flourens Ansicht, der Kranke gegenüber jener Zeitspanne, da er unter der Wirkung der Mittel stand: wahnhaft. Die Narkose wirkte wie das principium individuationis. Die Positivisten aber könnten daran lernen, wie weit es mit ihrer Wissenschaft her ist: ihre Protokollsätze beschränkten sich prinzipiell auf Nachnarkose. Sie wären die Äußerung des Lebens, das sich unter der Wirkung von Betäubungsmitteln vergessen hat, oder vielmehr des Todes, aus dem man sich nicht mehr erinnern kann. Sie hätten es, in ihrer Dingsprache, mortifiziert. Die Realität verbliebe der Metaphysik und antiquierten französischen Physiologen. Die Prüfung der sachlichen Berechtigung solcher Spekulationen freilich erforderte eine differenzierende Analyse des schopenhauerschen Gedankens, der dem Positivismus Flourens noch allzu viel vorgibt.«]

ja sie nahmen ihren eigenen Untergang als Beweisstück für die Gerechtigkeit der Ordnung, die sie vertraten. Eine Vorform zu diesem Verhalten ist die Stellung vieler reicher Leute zur Verarmung, deren Bild sie unter der Rationalisierung der Sparsamkeit herbeiziehen, ihre latente Neigung, während sie zäh um jeden Pfennig kämpfen, gegebenenfalls kampflos auf all ihren Besitz zu verzichten oder ihn unverantwortlich aufs Spiel setzen. Im Faschismus gelingt ihnen die Synthese von Herrschgier und Selbsthaß, und das leere Erschrecken wird stets begleitet von dem Gestus: so hab ich mir das immer gedacht.

Interesse am Körper

Unter der bekannten Geschichte Europas läuft eine unterirdische. Sie besteht im Schicksal der durch Zivilisation verdrängten und entstellten menschlichen Instinkte und Leidenschaften. Von der faschistischen Gegenwart aus, in der das Verborgene ans Licht tritt, erscheint auch die manifeste Geschichte in ihrem Zusammenhang mit jener Nachtseite, die in der offiziellen Legende der Nationalstaaten und nicht weniger in ihrer progressiven Kritik übergangen wird.
Von der Verstümmelung betroffen ist vor allem das Verhältnis zum Körper. Die Arbeitsteilung, bei der die Nutznießung auf die eine und die Arbeit auf die andere Seite kam, belegte die rohe Kraft mit einem Bann. Je weniger die Herren die Arbeit der anderen entbehren konnten, als desto niedriger wurde sie erklärt. Wie der Sklave so erhielt die Arbeit ein Stigma. Das Christentum hat die Arbeit gepriesen, dafür aber erst recht das Fleisch als Quelle allen Übels erniedrigt. Es hat die moderne bürgerliche Ordnung im Einverständnis mit dem Heiden Machiavelli durch den Preis der Arbeit eingeläutet, die im alten Testament doch immerhin als Fluch bezeichnet war. Bei den Wüstenvätern, dem Dorotheus, Moses dem Räuber, Paulus dem Einfältigen und anderen Armen im Geist diente die Arbeit noch unmittelbar dem Eintritt ins Himmelreich. Bei Luther und Calvin war das Band, das die Arbeit mit dem Heil verknüpfte, schon so verschlungen, daß die reformatorische Arbeitstreiberei fast wie Hohn, wie der Tritt eines Stiefels gegen den Wurm erscheint.

Die Fürsten und Patrizier konnten über die religiöse Kluft, die zwischen ihren Erdentagen und ihrer ewigen Bestimmung aufgerissen war, mit dem Gedanken an die Einkünfte sich hinwegsetzen, die sie aus den Arbeitsstunden der anderen herausschlugen. Die Irrationalität der Gnadenwahl ließ ihnen ja die Möglichkeit der Erlösung offen. Auf jenen anderen aber lastete nur der verstärkte Druck. Sie ahnten dumpf, daß die Erniedrigung des Fleisches durch die Macht nichts anderes war als das ideologische Spiegelbild der an ihnen selbst verübten Unterdrückung. Was den Sklaven des Altertums geschah, erfuhren die Opfer bis zu den modernen Kolonialvölkern: sie mußten als die Schlechteren gelten. Es gab zwei Rassen von Natur, die Oberen und Unteren. Die Befreiung des europäischen Individuums erfolgte im Zusammenhang einer allgemeinen kulturellen Umwandlung, die im Innern der Befreiten die Spaltung desto tiefer eingrub, je mehr der physische Zwang von außen nachließ. Der ausgebeutete Körper sollte den Unteren als das Schlechte und der Geist, zu dem die andern Muße hatten, als das Höchste gelten. Durch diesen Hergang ist Europa zu seinen sublimsten kulturellen Leistungen befähigt worden, aber die Ahnung des Betrugs, der von Beginn an ruchbar war, hat mit der Kontrolle über den Körper zugleich die unflätige Bosheit, die Haßliebe gegen den Körper verstärkt, von der die Denkart der Massen in den Jahrhunderten durchsetzt ist, und die in Luthers Sprache ihren authentischen Ausdruck fand. Im Verhältnis des Einzelnen zum Körper, seinem eigenen wie dem fremden, kehrt die Irrationalität und Ungerechtigkeit der Herrschaft als Grausamkeit wieder, die vom einsichtigen Verhältnis, von glücklicher Reflexion so weit entfernt ist, wie jene von der Freiheit. In Nietzsches Theorie der Grausamkeit, erst recht bei Sade, ist das in seiner Tragweite erkannt, in Freuds Lehren von Narzißmus und Todestrieb psychologisch interpretiert.

Die Haßliebe gegen den Körper färbt alle neuere Kultur. Der Körper wird als Unterlegenes, Versklavtes noch einmal verhöhnt und gestoßen und zugleich als das Verbotene, Verdinglichte, Entfremdete begehrt. Erst Kultur kennt den Körper als Ding, das man besitzen kann, erst in ihr hat er sich vom Geist, dem Inbegriff der Macht und des Kommandos, als der Gegenstand, das tote Ding, »corpus«, unterschieden. In der Selbsterniedrigung des Menschen zum corpus rächt sich die Natur dafür, daß der Mensch sie zum Gegenstand der

Herrschaft, zum Rohmaterial erniedrigt hat. Der Zwang zur Grausamkeit und Destruktion entspringt aus organischer Verdrängung der Nähe zum Körper, ähnlich wie nach Freuds genialer Ahnung der Ekel entsprang, als mit dem aufrechten Gang, mit der Entfernung von der Erde, der Geruchssinn, der das männliche Tier zum menstruierenden Weibchen zog, organischer Verdrängung anheimfiel. In der abendländischen, wahrscheinlich in jeder Zivilisation ist das Körperliche tabuiert, Gegenstand von Anziehung und Widerwillen. Bei den Herren Griechenlands und im Feudalismus war das Verhältnis zum Körper noch durch persönliche Schlagfertigkeit als Bedingung der Herrschaft mitbedingt. Die Pflege des Leibs hatte, naiv, ihr gesellschaftliches Ziel. Der kalos kagathos war nur zum Teil ein Schein, zum Teil gehörte das Gymnasium zur realen Aufrechterhaltung der eignen Macht, wenigstens als Training zu herrschaftlicher Haltung. Mit dem völligen Übergang der Herrschaft in die durch Handel und Verkehr vermittelte bürgerliche Form, erst recht mit der Industrie, tritt ein formaler Wandel ein. Die Menschheit läßt sich anstatt durch das Schwert durch die gigantische Apparatur versklaven, die am Ende freilich wieder das Schwert schmiedet. So verschwand der rationale Sinn für die Erhöhung des männlichen Körpers; die romantischen Versuche einer Renaissance des Leibs im neunzehnten und zwanzigsten Jahrhundert idealisieren bloß ein Totes und Verstümmeltes. Nietzsche, Gauguin, George, Klages erkannten die namenlose Dummheit, die das Resultat des Fortschritts ist. Aber sie zogen den falschen Schluß. Sie denunzierten nicht das Unrecht, wie es ist, sondern verklärten das Unrecht, wie es war. Die Abkehr von der Mechanisierung wurde zum Schmuck der industriellen Massenkultur, die der edlen Geste nicht entraten kann. Die Künstler bereiteten das verlorene Bild der Leib-Seele-Einheit wider Willen für die Reklame zu. Die Lobpreisung der Vitalphänomene, von der blonden Bestie bis zum Südseeinsulaner, mündet unausweichlich in den Sarongfilm, die Vitamin- und Hautcremeplakate ein, die nur die Platzhalter des immanenten Ziels der Reklame sind: des neuen, großen, schönen, edlen Menschentypus: der Führer und ihrer Truppen. Die faschistischen Führer nehmen die Mordwerkzeuge wieder selbst in die Hand, sie exekutieren ihre Gefangenen mit Pistole und Reitpeitsche, aber nicht auf Grund ihrer überlegenen Kraft, sondern weil jener gigantische Apparat und seine wahren Machthaber, die es immer noch nicht tun, ihnen die Opfer der Staatsraison in die Keller der Hauptquartiere liefern.

Der Körper ist nicht wieder zurückzuverwandeln in den Leib. Er bleibt die Leiche, auch wenn er noch so sehr ertüchtigt wird. Die Transformation ins Tote, die in seinem Namen sich anzeigt, war ein Teil des perennierenden Prozesses, der Natur zu Stoff und Materie machte. Die Leistungen der Zivilisation sind das Produkt der Sublimierung, jener erworbenen Haßliebe gegen Körper und Erde, von denen die Herrschaft alle Menschen losriß. In der Medizin wird die seelische Reaktion auf die Verkörperlichung des Menschen, in der Technik die auf Verdinglichung der ganzen Natur produktiv. Der Mörder aber, der Totschläger, die vertierten Kolosse, die von den Machthabern, legalen und illegalen, großen und kleinen, als ihre Nachrichter im Verborgenen verwendet werden, die gewalttätigen Männer, die gleich da sind, wenn es einen zu erledigen gibt, die Lyncher und Klanmitglieder, der starke Kamerad, der aufsteht, wenn sich einer mausig macht, die furchtbaren Gestalten, denen immer jeder sogleich ausgeliefert ist, wenn die schützende Hand der Macht von ihm sich abzieht, wenn er Geld und Stellung verliert, alle die Werwölfe, die im Dunkel der Geschichte existieren und die Angst wachhalten, ohne die es keine Herrschaft gäbe: in ihnen ist die Haßliebe gegen den Körper kraß und unmittelbar, sie schänden, was sie anrühren, sie vernichten, was sie im Licht sehen, und diese Vernichtung ist die Rankünе für die Verdinglichung, sie wiederholen in blinder Wut am lebendigen Objekt, was sie nicht mehr ungeschehen machen können: die Spaltung des Lebens in den Geist und seinen Gegenstand. Sie zieht der Mensch unwiderstehlich an, sie wollen ihn auf den Körper reduzieren, nichts soll leben dürfen. Solche, von den Oberen, weltlichen wie geistlichen, einst sorgfältig gezogene und gehegte Feindschaft der Untersten gegen das ihnen verkümmerte Leben, mit dem diese, homosexuell und paranoisch, durch den Totschlag sich in Beziehung setzen, war stets ein unerläßliches Instrument der Regierungskunst. Die Feindschaft der Versklavten gegen das Leben ist eine unversiegbare historische Kraft der geschichtlichen Nachtsphäre. Noch der puritanische Exzeß, der Suff, nimmt am Leben verzweifelte Rache.

Die Natur- und Schicksalsliebe der totalitären Propaganda ist bloß die dünne Reaktionsbildung auf das dem Körper Verhaftetsein, auf die nicht gelungene Zivilisation. Man kann vom Körper nicht loskommen und preist ihn, wo man ihn nicht schlagen darf. Die »tragische« Weltanschauung des Faschisten* ist der ideologische Polterabend der realen Bluthochzeit. Die drüben den Körper priesen, die Turner und Geländespieler, hatten seit je zum Töten die nächste Affinität, wie die Naturliebhaber zur Jagd. Sie sehen den Körper als beweglichen Mechanismus, die Teile in ihren Gelenken, das Fleisch als Polsterung des Skeletts. Sie gehen mit dem Körper um, hantieren mit seinen Gliedern, als wären sie schon abgetrennt. Die jüdische Tradition vermittelt die Scheu, einen Menschen mit dem Meterstab zu messen, weil man die Toten messe – für den Sarg. Das ist es, woran die Manipulatoren des Körpers ihre Freude haben. Sie messen den anderen, ohne es zu wissen, mit dem Blick des Sargmachers. Sie verraten sich, wenn sie das Resultat aussprechen: sie nennen den Menschen lang, kurz, fett und schwer. Sie sind an der Krankheit interessiert, erspähen beim Essen schon den Tod des Tischgenossen, und ihr Interesse daran ist durch die Teilnahme an seiner Gesundheit nur dünn rationalisiert. Die Sprache hält mit ihnen Schritt. Sie hat den Spaziergang in Bewegung und die Speise in Kalorien verwandelt, ähnlich wie der lebendige Wald in der englischen und französischen Alltagssprache Holz heißt. Die Gesellschaft setzt mit der Sterblichkeitsziffer das Leben zum chemischen Prozeß herab.

In der teuflischen Demütigung des Häftlings im Konzentrationslager, die der moderne Henker ohne rationalen Sinn zum Martertod hinzufügt, kommt die unsublimierte und doch verdrängte Rebellion der verpönten Natur herauf. Sie trifft in ganzer Scheußlichkeit den Märtyrer der Liebe, den angeblichen Sexualverbrecher und Libertin, denn das Geschlecht ist der nicht reduzierte Körper, der Ausdruck, das, wonach jene insgeheim verzweifelt süchtig sind. In der freien Sexualität fürchtet der Mörder die verlorene Unmittelbarkeit, die ursprüngliche Einheit, in der er nicht mehr existieren kann. Sie ist das Tote, das aufsteht und lebt. Er macht nun alles zu einem,

[* Anspielung auf die vulgarisierte Nietzsche-Rezeption einiger nationalsozialistischer Autoren zu Beginn der dreißiger Jahre.]

indem er es zu nichts macht, weil er die Einheit in sich selbst erstikken muß. Das Opfer stellt für ihn das Leben dar, das die Trennung überstand, es soll gebrochen werden und das Universum nur Staub sein und abstrakte Macht.

Massengesellschaft

Zur Kultur der Stars gehört als Komplement der Prominenz der gesellschaftliche Mechanismus, der, was auffällt, gleichmacht, jene sind nur die Schnittmuster für die weltumspannende Konfektion und für die Schere der juristischen und ökonomischen Gerechtigkeit, mit der die letzten Fadenenden noch beseitigt werden.

Zusatz

Die Meinung, daß der Nivellierung und Standardisierung der Menschen auf der anderen Seite eine Steigerung der Individualität in den sogenannten Führerpersönlichkeiten, ihrer Macht entsprechend, gegenüberstehe, ist irrig und selber ein Stück der Ideologie. Die faschistischen Herren von heute sind nicht sowohl Übermenschen als Funktionen ihres eigenen Reklameapparats, Schnittpunkte der identischen Reaktionsweisen Ungezählter. Wenn in der Psychologie der heutigen Massen der Führer nicht sowohl den Vater mehr darstellt als die kollektive und ins Unmäßige gesteigerte Projektion des ohnmächtigen Ichs eines jeden Einzelnen, dann entsprechen dem die Führergestalten in der Tat. Sie sehen nicht umsonst wie Friseure, Provinzschauspieler und Revolverjournalisten aus. Ein Teil ihrer moralischen Wirkung besteht gerade darin, daß sie als an sich betrachtet Ohnmächtige, die jedem anderen gleichen, stellvertretend für jene die ganze Fülle der Macht verkörpern, ohne darum selber etwas anderes zu sein als die Leerstellen, auf die gerade die Macht gefallen ist. Sie sind nicht sowohl vom Zerfall der Individualität ausgenommen, als daß die zerfallene in ihnen triumphiert und gewissermaßen für ihren Zerfall belohnt wird. Die Führer sind ganz das geworden, was sie während der ganzen bürgerlichen Ära stets ein wenig schon waren, Führer-Darsteller. Der Abstand zwischen der Individualität Bismarcks und der Hitlers ist kaum geringer als der zwischen der Prosa der *Gedanken und Erinnerungen* und dem Kauderwelsch von *Mein Kampf*. Im Kampf gegen den Faschismus ist nicht das geringste Anliegen, die aufgedunsenen Führerimagines auf das Maß ihrer Nichtigkeit zurückzuführen. Chaplins Film* hat wenigstens in der Ähnlichkeit zwischen dem Gettobarbier und dem Diktator etwas Wesentliches getroffen.

Widersprüche

Eine Moral als System, mit Grund- und Folgesätzen, eiserner Schlüssigkeit, sicherer Anwendbarkeit auf jedes moralische Dilemma – das ist es, was man von den Philosophen verlangt. Sie haben die Erwartung in der Regel erfüllt. Selbst wenn sie kein praktisches System, keine entfaltete Kasuistik aufstellten, leiteten sie aus dem theoretischen gerade noch den Gehorsam gegen die Obrigkeit ab. Meist begründeten sie die ganze Skala der Werte, wie die öffentliche Praxis sie schon sanktioniert hatte, mit allem Komfort der differenzierten Logik, Schau und Evidenz noch einmal. »Verehrt die Götter durch die jeweils überlieferte heimische Religion«, sagt Epikur[1], und noch Hegel hat es nachgesprochen. An den, der zögert, sich so zu bekennen, wird die Forderung, ein allgemeines Prinzip an die Hand zu geben, noch energischer gestellt. Wenn das Denken die herrschenden Vorschriften nicht bloß noch einmal sanktioniert, so muß es noch selbstgewisser, universaler, autoritativer auftreten, als wenn es bloß rechtfertigt, was schon gilt. Du hältst die herrschende Macht für unrecht, willst du etwa, daß gar keine Macht sondern das Chaos herrscht? Du kritisierst die Uniformierung des Lebens und den Fortschritt? Sollen wir abends Wachskerzen anzünden, sollen unsere Städte vom Gestank des Abfalls erfüllt sein wie im Mittelalter? Du liebst die Schlachthäuser nicht, soll die Gesellschaft

[* *Der große Diktator* (1940).]
1 *Die Nachsokratiker.* (Herausgegeben von Wilhelm Nestle) Jena 1923. Band I. 72a. S. 195.

fortan rohes Gemüse essen? Die positive Antwort auf solche Fragen, absurd wie sie sein mag, findet Gehör. Der politische Anarchismus, die kunstgewerbliche Kulturreaktion, das radikale Vegetariertum, abwegige Sekten und Parteien, haben sogenannte Werbekraft. Die Lehre muß nur allgemein sein, selbstgewiß, universal und imperativisch. Unerträglich ist der Versuch, dem Entweder-Oder sich zu entwinden, das Mißtrauen gegen das abstrakte Prinzip, Unbeirrbarkeit ohne Doktrin.

Zwei junge Leute unterhalten sich:

A. Du willst kein Arzt werden?

B. Ärzte haben aus Profession so viel mit Sterbenden zu tun, das härtet ab. Bei der fortgeschrittenen Institutionalisierung vertritt zudem der Arzt dem Kranken gegenüber den Betrieb und seine Hierarchie. Oft steht er in Versuchung, wie der Sachwalter des Todes aufzutreten. Er wird zum Agenten des Großbetriebs* gegen die Verbraucher. Wenn es sich dabei um Autos handelt, ist es nicht so schlimm, aber wenn das Gut, das man verwaltet, das Leben ist und die Verbraucher die Leidenden, ist es eine Situation, in die ich nicht gern geraten möchte. Der Beruf des Hausarztes war vielleicht harmloser, aber er ist im Verfall.

A. Du denkst also, es sollte gar keine Ärzte geben, oder die alten Quacksalber sollten wiederkommen?

B. Das habe ich nicht gesagt. Mir graut nur davor, selbst Arzt zu werden, ganz besonders etwa ein sogenannter Chefarzt mit Kommandogewalt über ein Massenhospital. Trotzdem halte ich es natürlich für besser, daß es Ärzte und Hospitäler gibt, als daß man die Kranken verkommen läßt. Ich möchte ja auch kein öffentlicher Ankläger sein, und doch erschiene mir die freie Bahn für Raubmörder als ein weit größeres Übel denn die Existenz der Zunft, die jene ins Zuchthaus liefert. Justiz ist vernünftig. Ich bin nicht gegen die Vernunft, ich will nur die Gestalt erkennen, die sie angenommen hat.

A. Du befindest dich mit dir im Widerspruch. Du selbst machst von dem Nutzen fortwährend Gebrauch, den Ärzte und Richter stiften. Du bist so schuldig wie sie selbst. Nur willst du dich mit der Arbeit nicht belasten, die andre für dich tun. Deine eigene Existenz setzt das Prinzip voraus, dem du dich entwinden möchtest.

[* »Großbetriebs« / 1944: »Monopols«.]

B. Das leugne ich nicht, aber der Widerspruch ist notwendig. Er ist die Antwort auf den objektiven der Gesellschaft. In der Arbeitsteilung, die so differenziert ist wie heute, darf an einer Stelle auch Horror sich zeigen, den die Schuld aller hervorruft. Wenn er sich ausbreitet, ja, wenn er nur einem kleinen Teil der Menschen bewußt wird, könnten Irren- und Strafanstalten sich vielleicht vermenschlichen und Gerichtshöfe am Ende überflüssig werden. Aber das ist gar nicht der Grund, warum ich Schriftsteller werden will. Ich möchte mir nur klarer werden über den furchtbaren Zustand, in dem alles sich befindet.
A. Wenn aber alle so dächten wie du, und keiner sich die Hände schmutzig machen wollte, dann gäbe es weder Ärzte noch Richter und die Welt sähe noch entsetzlicher aus.
B. Gerade das scheint mir fraglich, denn, wenn alle so dächten wie ich, würden, so hoffe ich, nicht bloß die Mittel gegen das Übel sondern es selbst abnehmen. Die Menschheit hat noch andere Möglichkeiten. Ich bin ja nicht die ganze Menschheit und kann mich in meinen Gedanken nicht einfach für sie einsetzen. Die Moralvorschrift, daß jede meiner Handlungen zu einer allgemeinen Maxime taugen solle, ist sehr problematisch. Sie überspringt die Geschichte. Warum sollte meine Abneigung dagegen, Arzt zu werden, der Ansicht äquivalent sein, daß es keine geben solle? In Wirklichkeit sind ja so viele Menschen da, die zu guten Ärzten taugen und mehr als eine Chance haben, es zu werden. Wenn sie in den Grenzen, die heute dem Beruf gezogen sind, sich moralisch verhalten, finden sie meine Bewunderung. Vielleicht tragen sie sogar dazu bei, das Schlechte, das ich dir bezeichnet habe, zu vermindern, vielleicht jedoch vertiefen sie es auch trotz aller fachlichen Geschicklichkeit und Moralität. Meine Existenz, wie ich sie mir vorstelle, mein Horror und mein Wille zur Erkenntnis scheinen mir so berechtigt zu sein wie selbst der Beruf des Arztes, auch wenn ich unmittelbar niemand helfen kann.
A. Wenn du aber wüßtest, daß du durch das ärztliche Studium einmal einer geliebten Person das Leben retten könntest, das sie ohne dich ganz sicher verlieren müßte, würdest du es dann nicht sogleich ergreifen?
B. Wahrscheinlich, aber du siehst wohl nun selbst, daß du mit deiner Vorliebe für unerbittliche Konsequenz zum absurden Beispiel grei-

fen mußt, während ich mit meinem unpraktischen Eigensinn und meinen Widersprüchen beim gesunden Menschenverstand geblieben bin.

Dies Gespräch wiederholt sich überall, wo einer gegenüber der Praxis das Denken nicht aufgeben will. Er findet Logik und Konsequenz immer auf der Gegenseite. Wer gegen Vivisektion ist, soll keinen Atemzug mehr tun dürfen, der einem Bazillus das Leben kostet. Die Logik steht im Dienst des Fortschritts und der Reaktion, jedenfalls der Realität. Doch sind, im Zeitalter radikal realitätsgerechter Erziehung, Gespräche seltener geworden, und der neurotische Partner B. bedarf übermenschlicher Kraft, um nicht gesund zu werden.

Gezeichnet

Im Alter von 40 bis 50 Jahren pflegen Menschen eine seltsame Erfahrung zu machen. Sie entdecken, daß die meisten derer, mit denen sie aufgewachsen sind und Kontakt behielten, Störungen der Gewohnheiten und des Bewußseins zeigen. Einer läßt in der Arbeit so nach, daß sein Geschäft verkommt, einer zerstört seine Ehe, ohne daß die Schuld bei der Frau läge, einer begeht Unterschlagungen. Aber auch die, bei denen einschneidende Ereignisse nicht eintreten, tragen Anzeichen von Dekomposition. Die Unterhaltung mit ihnen wird schal, bramarbasierend, faselig. Während der Alternde früher auch von den anderen geistigen Elan empfing, erfährt er sich jetzt als den einzigen fast, der freiwillig ein sachliches Interesse zeigt.
Zu Beginn ist er geneigt, die Entwicklung seiner Altersgenossen als widrigen Zufall anzusehen. Gerade sie haben sich zum Schlechten verändert. Vielleicht liegt es an der Generation und ihrem besonderen äußeren Schicksal. Schließlich entdeckt er, daß die Erfahrung ihm vertraut ist, nur aus einem anderen Aspekt: dem der Jugend gegenüber den Erwachsenen. War er damals nicht überzeugt, daß bei diesem und jenem Lehrer, den Onkeln und Tanten, Freunden der Eltern, später bei den Professoren der Universität oder dem

Chef des Lehrlings etwas nicht stimmte! Sei es, daß sie einen lächerlichen verrückten Zug aufwiesen, sei es, daß ihre Gegenwart besonders öde, lästig, enttäuschend war.

Damals machte er sich keine Gedanken, nahm die Inferiorität der Erwachsenen einfach als Naturtatsache hin. Jetzt wird ihm bestätigt: unter den gegebenen Verhältnissen führt der Vollzug der bloßen Existenz bei Erhaltung einzelner Fertigkeiten, technischer oder intellektueller, schon im Mannesalter zum Kretinismus. Auch die Weltmännischen sind nicht ausgenommen. Es ist, als ob die Menschen zur Strafe dafür, daß sie die Hoffnungen ihrer Jugend verraten und sich in der Welt einleben, mit frühzeitigem Verfall geschlagen würden.

Zusatz

Der Zerfall der Individualität heute lehrt nicht bloß deren Kategorie als historisch verstehen, sondern weckt auch Zweifel an ihrem positiven Wesen. Das Unrecht, das dem Individuum widerfährt, war in der Konkurrenzphase dessen eigenes Prinzip. Das bezieht sich aber nicht nur auf die Funktion des Einzelnen und seiner partikularen Interessen in der Gesellschaft, sondern auch auf die innere Zusammensetzung von Individualität selber. In ihrem Zeichen stand die Tendenz zur Emanzipation des Menschen, aber sie ist zugleich das Resultat eben jener Mechanismen, von denen es die Menschheit zu emanzipieren gilt. In der Selbständigkeit und Unvergleichlichkeit des Individuums kristallisiert sich der Widerstand gegen die blinde, unterdrückende Macht des irrationalen Ganzen. Aber dieser Widerstand war historisch nur möglich durch die Blindheit und Irrationalität jenes selbständigen und unvergleichlichen Individuums. Umgekehrt jedoch bleibt, was dem Ganzen als Partikulares unbedingt sich entgegensetzt, schlecht und undurchsichtig dem Bestehenden verhaftet. Die radikal individuellen, unaufgelösten Züge an einem Menschen sind stets beides in eins, das vom je herrschenden System nicht ganz Erfaßte, glücklich Überlebende und die Male der Verstümmelung, welche das System seinen Angehörigen antut. In ihnen wiederholen sich übertreibend Grundbestimmungen des Systems: im Geiz etwa das feste Eigentum, in der eingebildeten Krankheit die reflexionslose Selbsterhaltung. Indem kraft solcher

Züge das Individuum sich gegen den Zwang von Natur und Gesellschaft, Krankheit und Bankrott, krampfhaft zu behaupten trachtet, nehmen jene Züge selber notwendig das Zwangshafte an. In seiner innersten Zelle stößt das Individuum auf die gleiche Macht, vor der es in sich selber flieht. Das macht seine Flucht zur hoffnungslosen Chimäre. Die Komödien Molières wissen von diesem Fluch der Individuation nicht weniger als die Zeichnungen Daumiers; die Nationalsozialisten aber, die das Individuum abschaffen, weiden sich behaglich an jenem Fluch und etablieren Spitzweg als ihren klassischen Maler.

Nur gegen die verhärtete Gesellschaft, nicht absolut, repräsentiert das verhärtete Individuum das Bessere. Es hält die Scham fest über das, was das Kollektiv dem Einzelnen immer wieder antut und was sich vollendet, wenn es keinen Einzelnen mehr gibt. Die entselbsteten Gefolgsleute von heute sind die Konsequenz der spleenigen Apotheker, passionierten Rosenzüchter und politischen Krüppel von Anno dazumal.

Philosophie und Arbeitsteilung

Der Platz der Wissenschaft in der gesellschaftlichen Arbeitsteilung ist leicht erkennbar. Sie hat Tatsachen und funktionale Zusammenhänge von Tatsachen in möglichst großen Quantitäten aufzustapeln. Die Lagerordnung muß übersichtlich sein. Sie soll es den einzelnen Industrien ermöglichen, die gewünschte intellektuelle Ware in der gesuchten Sortierung sogleich herauszufinden. Weitgehend erfolgt das Zusammentragen bereits im Hinblick auf bestimmte industrielle Orders.

Auch die historischen Werke sollen Material beibringen. Die Möglichkeit seiner Verwertbarkeit ist nicht unmittelbar in der Industrie sondern mittelbar in der Verwaltung zu suchen. Wie schon Machiavelli zum Gebrauch der Fürsten und Republiken schrieb, so wird heute für die ökonomischen und politischen Komitees gearbeitet. Die historische Form freilich ist dabei hinderlich geworden, man ordnet das historische Material besser sogleich unter dem Gesichtspunkt einer bestimmten Verwaltungsaufgabe: der Manipulation von

Warenpreisen oder von Gefühlsstimmungen der Massen. Neben der Verwaltung und den industriellen Konsortien treten auch die Gewerkschaften und Parteien als Interessenten auf.
Die offizielle Philosophie dient der so funktionierenden Wissenschaft. Sie soll, als eine Art Taylorismus des Geistes, seine Produktionsmethoden verbessern helfen, die Aufstapelung der Kenntnisse rationalisieren, die Vergeudung intellektueller Energie verhindern. Ihr ist in der Arbeitsteilung der Platz zugewiesen wie der Chemie oder Bakteriologie. Die paar philosophischen Restbestände, die zur Gottesverehrung des Mittelalters und zur Schau ewiger Wesenheiten zurückrufen, werden an weltlichen Universitäten gerade noch geduldet, weil sie so reaktionär sind. Des weiteren pflanzen sich noch einige Historiker der Philosophie fort, die unermüdlich Plato und Descartes vortragen und hinzufügen, daß sie schon veraltet sind. Ihnen gesellt sich da und dort ein Veteran des Sensualismus oder ein geeichter Personalist. Sie jäten aus dem Feld der Wissenschaft das dialektische Unkraut aus, das sonst hochschießen könnte.
Im Gegensatz zu ihren Verwaltern bezeichnet Philosophie mit anderem das Denken, sofern es vor der herrschenden Arbeitsteilung nicht kapituliert und seine Aufgaben von ihr sich nicht vorgeben läßt. Das Bestehende zwingt die Menschen nicht bloß durch physische Gewalt und materielle Interessen sondern durch übermächtige Suggestion. Philosophie ist nicht Synthese, Grundwissenschaft oder Dachwissenschaft, sondern die Anstrengung, der Suggestion zu widerstehen, die Entschlossenheit zur intellektuellen und wirklichen Freiheit.
Die Arbeitsteilung, wie sie unter der Herrschaft sich gebildet hat, wird dabei keineswegs ignoriert. Philosophie hört ihr nur die Lüge an, daß sie unausweichlich sei. Indem sie sich von der Übermacht nicht hypnotisieren läßt, folgt sie ihr in alle Schlupfwinkel der gesellschaftlichen Maschinerie, die a priori weder gestürmt, noch neu gesteuert, sondern frei vom Bann, den sie ausübt, begriffen werden soll. Wenn die Beamten, welche die Industrie in ihren intellektuellen Ressorts, den Universitäten, Kirchen und Zeitungen, unterhält, der Philosophie den Paß ihrer Prinzipien abverlangen, mittels deren sie ihr Umherspüren legitimiert, gerät sie in tödliche Verlegenheit. Sie erkennt keine abstrakten Normen oder Ziele an, die im Gegen-

satz zu den geltenden praktikabel wären. Ihre Freiheit von der Suggestion des Bestehenden liegt gerade darin, daß sie die bürgerlichen Ideale, ohne ein Einsehen zu haben, akzeptiert, seien es die, welche seine Vertreter wenn auch entstellt noch verkündigen, oder die, welche als objektiver Sinn der Institutionen, technischer wie kultureller, trotz aller Manipulierung noch erkennbar sind. Sie glaubt der Arbeitsteilung, daß sie für die Menschen da ist, und dem Fortschritt, daß er zur Freiheit führt. Deshalb gerät sie leicht mit der Arbeitsteilung und dem Fortschritt in Konflikt. Sie leiht dem Widerspruch von Glauben und Wirklichkeit die Sprache und hält sich dabei eng ans zeitbedingte Phänomen. Ihr ist nicht wie der Zeitung der gigantisch angelegte Massenmord wertvoller als die Erledigung einiger Asylinsassen. Sie zieht die Intrige des Staatsmannes, der sich mit dem Faschismus einläßt, keiner bescheidenen Lynchung, die Reklamewirbel der Filmindustrie keiner intimen Friedhofsannonce vor. Die Neigung fürs Große liegt ihr fern. So ist sie dem Bestehenden zugleich fremd und verständnisinnig. Ihre Stimme gehört dem Gegenstand, aber ohne seinen Willen; sie ist die des Widerspruchs, der ohne sie nicht laut würde, sondern stumm triumphierte.

Der Gedanke

Daß die Wahrheit einer Theorie dasselbe sei wie ihre Fruchtbarkeit, ist freilich ein Irrtum. Manche Menschen scheinen jedoch das Gegenteil davon anzunehmen. Sie meinen, Theorie habe so wenig nötig, im Denken Anwendung zu finden, daß sie es vielmehr überhaupt ersparen soll. Sie mißverstehen jede Äußerung im Sinn eines letzten Bekenntnisses, Gebots oder Tabus. Sie wollen sich der Idee unterwerfen wie einem Gott, oder sie attackieren sie wie einen Götzen. Es fehlt ihnen ihr gegenüber an Freiheit. Aber es gehört gerade zur Wahrheit, daß man selbst als tätiges Subjekt dabei ist. Es mag einer Sätze hören, die an sich wahr sind, er erfährt ihre Wahrheit nur, indem er dabei denkt und weiter denkt.

Heutzutage drückt jener Fetischismus sich drastisch aus. Man wird für den Gedanken zur Rechenschaft gezogen, als sei er die Praxis unmittelbar.* Nicht bloß das Wort, das die Macht treffen will, sondern auch das Wort, das tastend, experimentierend, mit der Möglichkeit des Irrtums spielend, sich bewegt, ist allein deshalb intolerabel. Aber: unfertig zu sein und es zu wissen, ist der Zug auch jenes Denkens noch und gerade jenes Denkens, mit dem es sich zu sterben lohnt. Der Satz, daß die Wahrheit das Ganze sei**, erweist sich als dasselbe wie sein Gegensatz, daß sie jeweils nur als Teil existiert. Die erbärmlichste Entschuldigung, die Intellektuelle für Henker gefunden haben – und sie sind im letzten Jahrhundert darin nicht müßig gewesen –, die erbärmlichste Entschuldigung ist die, daß der Gedanke des Opfers, für den es ermordet wird, ein Fehler gewesen sei.

Mensch und Tier

Die Idee des Menschen in der europäischen Geschichte drückt sich in der Unterscheidung vom Tier aus. Mit seiner Unvernunft beweisen sie die Menschenwürde. Mit solcher Beharrlichkeit und Einstimmigkeit ist der Gegensatz von allen Vorvorderen des bürgerlichen Denkens, den alten Juden, Stoikern und Kirchenvätern, dann durchs Mittelalter und die Neuzeit hergebetet worden, daß er wie wenige Ideen zum Grundbestand der westlichen Anthropologie gehört. Auch heute ist er anerkannt. Die Behavioristen haben ihn bloß scheinbar vergessen. Daß sie auf die Menschen dieselben Formeln und Resultate anwenden, die sie, entfesselt, in ihren scheußlichen physiologischen Laboratorien wehrlosen Tieren abzwingen, bekundet den Unterschied auf besonders abgefeimte Art. Der Schluß, den sie aus den verstümmelten Tierleibern ziehen, paßt nicht auf das Tier in Freiheit, sondern auf den Menschen heute***. Er bekundet, indem er sich am Tier vergeht, daß er, und nur er in der ganzen Schöpfung, freiwillig so mechanisch, blind und automatisch funk-

[* »unmittelbar.« / 1944/47: »unmittelbar. In Europa gibt es fast kein Land mehr, wo man für einen lapsus linguae nicht erschossen würde.«]
[** Hegel, *Phänomenologie des Geistes*, in: *Sämtliche Werke* (Jubiläumsausgabe) Bd. 2, Stuttgart 1927, S. 24.]
[*** »heute« / 1944: »unterm Monopol«.]

tioniert, wie die Zuckungen der gefesselten Opfer, die der Fachmann sich zunutze macht. Der Professor am Seziertisch definiert sie wissenschaftlich als Reflexe, der Mantiker am Altar hatte sie als Zeichen seiner Götter ausposaunt. Dem Menschen gehört die Vernunft, die unbarmherzig abläuft; das Tier, aus dem er den blutigen Schluß zieht, hat nur das unvernünftige Entsetzen, den Trieb zur Flucht, die ihm abgeschnitten ist.

Der Mangel an Vernunft hat keine Worte. Beredt ist ihr Besitz, der die offenbare Geschichte durchherrscht. Die ganze Erde legt für den Ruhm des Menschen Zeugnis ab. In Krieg und Frieden, Arena und Schlachthaus, vom langsamen Tod des Elefanten, den primitive Menschenhorden auf Grund der ersten Planung überwältigten, bis zur lückenlosen Ausbeutung der Tierwelt heute, haben die unvernünftigen Geschöpfe stets Vernunft erfahren. Dieser sichtbare Hergang verdeckt den Henkern den unsichtbaren: das Dasein ohne Licht der Vernunft, die Existenz der Tiere selbst. Sie wäre das echte Thema der Psychologie, denn nur das Leben der Tiere verläuft nach seelischen Regungen; wo Psychologie die Menschen erklären muß, sind sie regrediert und zerstört. Wo man unter Menschen Psychologie zu Hilfe ruft, wird der karge Bereich ihrer unmittelbaren Beziehungen nochmals verengt, sie werden sich auch darin noch zu Dingen. Der Rekurs auf Psychologie, um den anderen zu verstehen, ist unverschämt, zur Erklärung der eigenen Motive sentimental. Die Tierpsychologie aber hat ihren Gegenstand aus dem Gesicht verloren, über der Schikane ihrer Fallen und Labyrinthe vergessen, daß von Seele zu reden, sie zu erkennen, gerade und allein dem Tiere gegenüber ansteht. Selbst Aristoteles, der den Tieren eine, wenn auch inferiore Seele zusprach, hat aber lieber von den Körpern, von Teilen, Bewegungen und Zeugung gehandelt, als von der dem Tiere eigenen Existenz.

Die Welt des Tieres ist begriffslos. Es ist kein Wort da, um im Fluß des Erscheinenden das Identische festzuhalten, im Wechsel der Exemplare dieselbe Gattung, in den veränderten Situationen dasselbe Ding. Wenngleich die Möglichkeit von Wiedererkennen nicht mangelt, ist Identifizierung aufs vital Vorgezeichnete beschränkt. Im Fluß findet sich* nichts, das als bleibend bestimmt wäre, und doch

[* »Fluß findet sich« / 1944: »Vergehen gibt es«.]

bleibt alles ein und dasselbe, weil es kein festes Wissen ums Vergangene und keinen hellen Vorblick in die Zukunft gibt. Das Tier hört auf den Namen und hat kein Selbst, es ist in sich eingeschlossen und doch preisgegeben, immer kommt ein neuer Zwang, keine Idee reicht über ihn hinaus. Für den Entzug des Trostes tauscht das Tier nicht Milderung der Angst ein, für das fehlende Bewußtsein von Glück nicht die Abwesenheit von Trauer und Schmerz. Damit Glück substantiell werde, dem Dasein den Tod verleihe, bedarf es identifizierender Erinnerung, beschwichtigender Erkenntnis, der religiösen oder philosophischen Idee, kurz des Begriffs. Es gibt glückliche Tiere, aber welch kurzen Atem hat dieses Glück! Die Dauer des Tiers, vom befreienden Gedanken nicht unterbrochen, ist trübe und depressiv. Um dem bohrend leeren Dasein zu entgehen, ist ein Widerstand notwendig, dessen Rückgrat die Sprache ist. Noch das stärkste Tier ist unendlich debil. Die Lehre Schopenhauers, nach welcher der Pendel des Lebens zwischen Schmerz und Langeweile schlägt, zwischen punkthaften Augenblicken gestillten Triebs und endloser Sucht, trifft zu für das Tier, das dem Verhängnis nicht durch Erkennen Einhalt gebieten kann. In der Tierseele sind die einzelnen Gefühle und Bedürftigkeiten des Menschen, ja die Elemente des Geistes angelegt ohne den Halt, den nur die organisierende Vernunft verleiht. Die besten Tage verfließen im geschäftigen Wechsel wie ein Traum, den ohnehin das Tier vom Wachen kaum zu unterscheiden weiß. Es entbehrt des klaren Übergangs von Spiel zu Ernst; des glücklichen Erwachens aus dem Alpdruck zur Wirklichkeit.

In den Märchen der Nationen kehrt die Verwandlung von Menschen in Tiere als Strafe wieder. In einen Tierleib gebannt zu sein, gilt als Verdammnis. Kindern und Völkern ist die Vorstellung solcher Metamorphosen unmittelbar verständlich und vertraut. Auch der Glaube an die Seelenwanderung in den ältesten Kulturen erkennt die Tiergestalt als Strafe und Qual. Die stumme Wildheit im Blick des Tieres zeugt von demselben Grauen, das die Menschen in solcher Verwandlung fürchteten. Jedes Tier erinnert an ein abgründiges Unglück, das in der Urzeit sich ereignet hat. Das Märchen spricht die Ahnung der Menschen aus. Wenn aber dem Prinzen dort die Vernunft geblieben war, so daß er zur gegebenen Zeit sein Leiden sagen und die Fee ihn erlösen konnte, so bannt Mangel an Vernunft das Tier auf ewig in seine Gestalt, es sei denn, daß der Mensch, der durch Vergangenes mit ihm eins ist, den erlösenden Spruch findet und durch ihn das steinerne Herz der Unendlichkeit am Ende der Zeiten erweicht.

Die Sorge ums vernunftlose Tier aber ist dem Vernünftigen müßig. Die westliche Zivilisation hat sie den Frauen überlassen. Diese haben keinen selbständigen Anteil an der Tüchtigkeit, aus welcher diese Zivilisation hervorging. Der Mann muß hinaus ins feindliche Leben, muß wirken und streben.* Die Frau ist nicht Subjekt. Sie produziert nicht, sondern pflegt die Produzierenden, ein lebendiges Denkmal längst entschwundener Zeiten der geschlossenen Hauswirtschaft. Ihr war die vom Mann erzwungene Arbeitsteilung wenig günstig. Sie wurde zur Verkörperung der biologischen Funktion, zum Bild der Natur, in deren Unterdrückung der Ruhmestitel dieser Zivilisation bestand. Grenzenlos Natur zu beherrschen, den Kosmos in ein unendliches Jagdgebiet zu verwandeln, war der Wunschtraum der Jahrtausende. Darauf war die Idee des Menschen in der Männergesellschaft abgestimmt. Das war der Sinn der Vernunft, mit der er sich brüstete. Die Frau war kleiner und schwächer, zwischen ihr und dem Mann bestand ein Unterschied, den sie nicht überwinden konnte, ein von Natur gesetzter Unterschied, das Beschämendste, Erniedrigendste, was in der Männergesellschaft möglich ist. Wo Beherrschung der Natur das wahre Ziel ist, bleibt biologische Unterlegenheit das Stigma schlechthin, die von Natur geprägte Schwäche zur Gewalttat herausforderndes Mal. Die Kirche, die im Lauf der Geschichte kaum eine Gelegenheit versäumte, um bei populären Institutionen ihr führendes Wörtlein mitzureden, handelte es sich um Sklaverei, Kreuzzüge oder einfache Pogrome, hat trotz des Ave auch in der Einschätzung des Weibes an Platon sich angeschlossen. Das Bild der schmerzensreichen Mutter Gottes war die Konzession an matriarchale Restbestände. Doch hat die Kirche die Inferiorität der Frau, aus der das Bild erlösen sollte, mit seiner Hilfe auch sanktioniert. »Man braucht nur«, ruft ihr legitimer Sohn de Maistre aus, »in einem christlichen Land den Einfluß des göttlichen Gesetzes zu einem gewissen Grad auszulöschen, ja zu schwächen, indem man die Freiheit, die für die Frau daraus hervor-

[* Zitat aus Schillers ›Lied von der Glocke‹.]

ging, bestehen läßt, und man wird die an sich edle und rührende Freiheit bald genug in Schamlosigkeit degenerieren sehen. Sie würden zu funesten Werkzeugen eines allgemeinen Niedergangs, der in kurzer Zeit die lebenswichtigen Teile des Staats angriffe. Dieser würde in Fäulnis übergehen und mit seinem brandigen Zerfall Schande und Schrecken verbreiten.«[1] Das Terrormittel der Hexenprozesse, das die verbündeten feudalen Rackets, als sie sich in Gefahr sahen, gegen die Bevölkerung anwandten, war zugleich die Feier und Bestätigung des Siegs der Männerherrschaft über vorzeitliche matriarchale und mimetische Entwicklungsstufen. Die Autodafés waren die heidnischen Freudenfeuer der Kirche, der Triumph der Natur in Form der selbsterhaltenden Vernunft zum Ruhme der Herrschaft über die Natur.

Das Bürgertum heimste von der Frau Tugend und Sittsamkeit ein: als Reaktionsbildungen der matriarchalen Rebellion. Sie selbst erreichte für die ganze ausgebeutete Natur die Aufnahme in die Welt der Herrschaft, aber als gebrochene. Sie spiegelt, unterjocht, dem Sieger seinen Sieg in ihrer spontanen Unterwerfung wider: Niederlage als Hingabe, Verzweiflung als schöne Seele, das geschändete Herz als den liebenden Busen. Um den Preis der radikalen Lösung von der Praxis, um den des Rückzugs in gefeiten Bannkreis, empfängt Natur vom Herrn der Schöpfung seine Reverenz. Kunst, Sitte, sublime Liebe sind Masken der Natur, in denen sie verwandelt wiederkehrt und als ihr eigener Gegensatz zum Ausdruck wird. Durch ihre Masken gewinnt sie die Sprache; in ihrer Verzerrung erscheint ihr Wesen; Schönheit ist die Schlange, die die Wunde zeigt, wo einst der Stachel saß. Hinter der Bewunderung des Mannes für die Schönheit lauert jedoch stets das schallende Gelächter, der maßlose Hohn, die barbarische Zote des Potenten auf die Impotenz, mit denen er die geheime Angst betäubt, daß er der Impotenz, dem Tode, der Natur verfallen ist. Seit die verkrüppelten Narren, an deren Sprüngen und Schellenkappen einstmals das traurige Glück gebrochener Natur haftete, dem Dienst der Könige entronnen sind, hat man der Frau die planmäßige Pflege des Schönen zuerkannt. Die neuzeitliche Puritanerin nahm den Auftrag eifrig an. Sie identifizierte sich mit dem Geschehenen ganz und gar, nicht mit der wilden,

1 *Eclaircissement sur les Sacrifices. Œuvres.* Lyon 1892. Band V. S. 322f.

sondern der domestizierten Natur. Was vom Fächeln, Singen und Tanzen der Sklavinnen Roms noch übrig war, wurde in Birmingham endgültig aufs Klavierspiel und andere Handarbeit reduziert, bis auch die allerletzten Restbestände weiblicher Zügellosigkeit vollends zu Wahrzeichen patriarchaler Zivilisation sich veredelt hatten. Unterm Druck der universalen* Reklame wurden Puder und Lippenstift, ihren hetärischen Ursprung weit von sich weisend, zur Hautpflege, das Badetrikot zum Attribut der Hygiene. Es gibt kein Entrinnen. Der bloße Umstand, daß sie im durchorganisierten System der Herrschaft** sich vollzieht, prägt auch der Liebe das Fabrikzeichen auf. In Deutschland beweisen die Erfaßten noch durch Promiskuität, wie einstmals nur durch Sittsamkeit, den Gehorsam gegen das Bestehende, durch den wahllosen Geschlechtsakt die stramme Unterordnung unter die herrschende Vernunft.***

Als Fossil der bürgerlichen Hochschätzung der Frau ragt in die Gegenwart**** die Megäre herein. Keifend rächt sie seit endlosen Zeiten den Jammer, der ihr Geschlecht getroffen hat, im eignen Haus. In Ermangelung des Kniefalls, der ihr nicht zuteilward, herrscht auch außerhalb die böse Alte den Zerstreuten an, der nicht sogleich sich vor ihr erhebt, und schlägt ihm den Hut vom Kopf. Daß er rollen müsse, wie dem immer sei, hat sie in der Politik seit je gefordert, sei es aus Reminiszenz an die mänadische Vergangenheit, sei es in ohnmächtiger Wut den Mann und seine Ordnung überbietend. Der Blutdurst des Weibes im Pogrom überstrahlt den männlichen. Die unterdrückte Frau als Megäre hat die Epoche überlebt und zeigt die Fratze der verstümmelten Natur noch in einer Zeit, in der die Herrschaft schon den trainierten Körper beider Geschlechter modelliert, in dessen Uniformität die Fratze unterging. Auf dem Hintergrunde solcher Massenproduktion wird das Schelten der Megäre, die wenigstens ihr eigenes unterschiedenes Gesicht behielt, zum Zeichen der Humanität, die Häßlichkeit zur Spur des Geistes. Wenn das Mädchen in vergangenen Jahrhunderten ihre Unterwerfung in

[* »universalen« / 1944: »monopolistischen«.]
[** »durchorganisierten... Herrschaft« / 1944: »System der großen Rackets«.]
[*** Vgl. Anm. *, S. 54.]
[**** »Gegenwart« / 1944: »faschistische Gegenwart, in der sie nicht bildlich mehr die Männerhosen anzuziehen braucht, weil sie in desexualisierten Slacks schon selbst die Bomben dreht,« – »Slack«: Slangwort für Overall-Hose.]

den wehmütigen Zügen und der hingebenden Liebe trug, ein entfremdetes Bild der Natur, ein ästhetisches Kulturding, so hat freilich die Megäre noch am Ende einen neuen weiblichen Beruf entdeckt. Als soziale Hyäne verfolgt sie kulturelle Ziele aktiv. Ihr Ehrgeiz läuft nach Ehrungen und Publizität, aber ihr Sinn für männliche Kultur ist noch nicht so geschärft, daß bei dem ihr zugefügten Leid sie sich nicht vergriffe und zeigte, daß sie in der Zivilisation der Männer noch nicht heimisch ist. Die Einsame nimmt ihre Zuflucht zu Konglomeraten von Wissenschaft und Magie, zu Spottgeburten aus dem Ideal des Geheimrats und der nordischen Seherin. Sie fühlt sich zum Unheil hingezogen. Die letzte weibliche Opposition gegen den Geist der Männergesellschaft verkommt im Sumpf der kleinen Rackets, der Konventikel und Hobbies, sie wird zur pervertierten Aggression des social work und des theosophischen Klatsches, zur Betätigung der kleinen Ranküne in Wohltätigkeit und Christian Science. In diesem Sumpf drückt die Solidarität mit der Kreatur nicht so sehr im Tierschutzverein wie im Neubuddhismus und im Pekinesen sich aus, dessen entstelltes Gesicht heute noch wie auf den alten Bildern ans Antlitz jenes durch den Fortschritt überholten Narren gemahnt. Die Züge des Hündchens repräsentieren wie die ungelenken Sprünge des Höckers noch immer die verstümmelte Natur, während Massenindustrie und Massenkultur schon lernten, die Leiber der Zuchtstiere wie der Menschen nach wissenschaftlichen Methoden bereitzustellen. Die gleichgeschalteten Massen werden ihrer eigenen Transformation, an der sie doch krampfhaft mitwirken, so wenig mehr gewahr, daß sie deren symbolischer Schaustellung nicht mehr bedürfen. Unter den kleinen Nachrichten auf der zweiten und dritten Seite der Zeitungen, deren erste mit den grauenvollen Ruhmestaten der Menschen ausgefüllt ist, stehen zuweilen die Zirkusbrände und Vergiftungen der großen Tiere zu lesen. Es wird an die Tiere erinnert, wenn ihre letzten Exemplare, die Artgenossen des Narren aus dem Mittelalter, in unendlichen Qualen zugrunde gehen, als Kapitalverlust für den Besitzer, der die Treuen im Zeitalter des Betonbaus nicht feuersicher zu beschützen vermochte. Die große Giraffe und der weise Elefant sind »oddities«, an denen sich schon kaum mehr ein gewitzigter Schuljunge verlustiert. Sie bilden in Afrika, der letzten Erde, die ihre armen Herden vor der Zivilisation vergeblich schützen wollte, ein Verkehrshindernis für die Landung der Bomber im neuesten Krieg. Sie werden ganz abgeschafft. Auf der vernünftig gewordenen Erde ist die Notwendigkeit der ästhetischen Spiegelung weggefallen. Entdämonisierung vollzieht sich durch unmittelbare Prägung der Menschen. Herrschaft bedarf keiner numinosen Bilder mehr, sie produziert sie industriell und geht durch sie um so zuverlässiger in die Menschen ein.

Die Verzerrung, die zum Wesen jedes Kunstwerks gehört, wie das Verstümmelte zum Glanz der weiblichen Schönheit, eben jene Schaustellung der Wunde, in der beherrschte Natur sich wiedererkennt, wird vom Faschismus wieder betrieben, aber nicht als Schein. Sie wird den Verdammten unmittelbar angetan. In dieser Gesellschaft gibt es keinen Bereich mehr, in dem Herrschaft als Widerspruch sich deklarierte wie in der Kunst, keine Verdoppelung drückt mehr die Entstellung aus. Solcher Ausdruck aber hieß ehemals nicht bloß Schönheit, sondern Denken, Geist und Sprache selbst. Sprache heute berechnet, bezeichnet, verrät, gibt den Mord ein, sie drückt nicht aus. Kulturindustrie* hat ihren exakten Maßstab außerhalb ihrer selbst, an den sie sich halten kann, wie die Wissenschaft: die Tatsache. Filmstars sind Experten, ihre Leistungen Protokolle natürlichen Verhaltens, Klassifikationen von Reaktionsweisen; die Regisseure und Schreiber stellen Modelle für adaptiertes Verhalten her. Die Präzisionsarbeit der Kulturindustrie* schließt die Verzerrung als den bloßen Fehler, den Zufall, das schlechte Subjektive und Natürliche aus. Der Abweichung wird der praktische Grund abverlangt, der sie in die Vernunft eingliedert. Erst dann wird ihr verziehen. Mit der Spiegelung der Herrschaft durch die Natur ist das Tragische entschwunden, wie das Komische, die Herren bringen soviel Ernst auf, wie Widerstand zu überwinden ist, und soviel Humor, wie sie Verzweiflung sehen. Der geistige Genuß war ans stellvertretende Leiden geknüpft, sie aber spielen mit dem Grauen selbst. Die sublime Liebe hing an der Erscheinung der Kraft durch die Schwäche, an der Schönheit der Frau, sie aber hängen sich an die Kraft unmittelbar: das Idol der Gesellschaft heute ist das schnittig-edle Männergesicht. Das Weib dient der Arbeit, dem Gebären, oder erhöht als Präsentable das Ansehen ihres Mannes. Sie reißt den Mann nicht zum Überschwang hin. Anbetung fällt wieder

[* »Kulturindustrie« / 1944: »Massenkultur«.]

auf Eigenliebe zurück. Die Welt mit ihren Zwecken braucht den ganzen Mann. Keiner kann sich mehr verschenken, er muß drinnen bleiben. Natur aber gilt der Praxis als das, was draußen und drunten ist, als Gegenstand, wie im Volksmund schon seit je das Mädchen des Soldaten. Jetzt bleibt das Gefühl bei der auf sich als Macht bezogenen Macht. Der Mann streckt die Waffen vor dem Mann in seiner Kälte und finsteren Unentwegtheit wie zuvor das Weib. Er wird zum Weib, das auf die Herrschaft blickt. Im faschistischen Kollektiv* mit seinen Teams und Arbeitslagern ist von der zarten Jugend an ein jeder ein Gefangener in Einzelhaft, es züchtet Homosexualität. Das Tier noch soll die edlen Züge tragen. Das prononcierte Menschengesicht, das beschämend an die eigne Herkunft aus Natur und die Verfallenheit an sie erinnert, fordert unwiderstehlich nur noch zum qualifizierten Totschlag auf. Die Judenkarikatur hat es seit je gewußt, und noch der Widerwille Goethes gegen die Affen wies auf die Grenzen seiner Humanität. Wenn Industriekönige und Faschistenführer Tiere um sich haben, sind es keine Pinscher sondern dänische Doggen und Löwenjunge. Sie sollen die Macht durch den Schrecken würzen, den sie einflößen. So blind steht der Koloß des faschistischen Schlächters vor der Natur, daß er ans Tier nur denkt, um Menschen durch es zu erniedrigen. Für ihn gilt wirklich, was Nietzsche Schopenhauer und Voltaire zu Unrecht vorwarf, daß sie ihren »Haß gegen gewisse Dinge und Menschen als Barmherzigkeit gegen Tiere zu verkleiden wußten«[2]. Voraussetzung der Tier-, Natur- und Kinderfrommheit des Faschisten ist der Wille zur Verfolgung. Das lässige Streicheln über Kinderhaar und Tierfell heißt: die Hand hier kann vernichten. Sie tätschelt zärtlich das eine Opfer, bevor sie das andere niederschlägt, und ihre Wahl hat mit der eigenen Schuld des Opfers nichts zu tun. Die Liebkosung illustriert, daß alle vor der Macht dasselbe sind, daß sie kein eigenes Wesen haben. Dem blutigen Zweck der Herrschaft ist die Kreatur nur Material. So nimmt der Führer der Unschuldigen sich an, sie werden ohne ihr Verdienst herausgegriffen, wie man sie ohne ihr Verdienst erschlägt. Dreck ist die Natur. Allein die abgefeimte Kraft, die überlebt, hat Recht. Sie selbst ist wiederum Natur allein, die ganze ausgetüftelte

[* »faschistischen Kollektiv« / 1944: »Kollektiv des totalitären Monopols«.]
2 Nietzsche, *Die fröhliche Wissenschaft. Werke.* Band V. S. 133.

Maschinerie moderner Industriegesellschaft bloß Natur, die sich zerfleischt. Es gibt kein Medium mehr, das diesen Widerspruch zum Ausdruck brächte. Er vollzieht sich mit dem sturen Ernst der Welt, aus der die Kunst, der Gedanke, die Negativität entschwunden ist. Die Menschen sind einander und der Natur so radikal entfremdet, daß sie nur noch wissen, wozu sie sich brauchen und was sie sich antun. Jeder ist ein Faktor, das Subjekt oder Objekt irgendeiner Praxis, etwas mit dem man rechnet oder nicht mehr rechnen muß.

In dieser vom Schein befreiten Welt, in der die Menschen nach Verlust der Reflexion wieder zu den klügsten Tieren wurden, die den Rest des Universums unterjochen, wenn sie sich nicht gerade selbst zerreißen, gilt aufs Tier zu achten nicht mehr bloß als sentimental, sondern als Verrat am Fortschritt. In guter reaktionärer Tradition hat Göring den Tierschutz mit dem Rassenhaß verbunden, die lutherisch-deutsche Lust am fröhlichen Morden mit der gentilen Fairness des Herrenjägers. Klar sind die Fronten geschieden; wer gegen Hearst* und Göring kämpft, hält es mit Pawlow und Vivisektion, wer zögert, ist Freiwild für beide Seiten. Er soll Vernunft annehmen. Die Wahl ist vorgegeben und unausweichlich. Wer die Welt verändern will, soll um keinen Preis in jenem Sumpf der kleinen Rackets landen, wo mit den Wahrsagern auch politische Sektierer, Utopisten und Anarchisten verkommen. Der Intellektuelle, dessen Denken an keine wirkende historische Macht sich anschließe, keinen der Pole zur Orientierung nehme, auf welche die Industriegesellschaft zuläuft, verliere die Substanz, sein Denken werde bodenlos.** Vernünftig sei das Wirkliche. Wer nicht mitmacht, sagen auch die Progressiven, hilft keiner Maus. Alles hänge von der Gesellschaft ab, auch das genaueste Denken müsse sich den mächtigen sozialen Tendenzen verschreiben, ohne die es zur Schrulle werde. Dies Einverständnis verbindet alle Gerechten der Realität; es bekennt sich zur menschlichen Gesellschaft als einem Massenracket in der Natur. Das Wort, das nicht die Ziele einer seiner Branchen verfolgt, regt sie zur maßlosen Wut auf. Es gemahnt daran, daß noch eine Stimme hat, was nur sein soll, damit es gebrochen wird: an Natur, von der die Lügen der völkisch und folkloristisch Orientier-

[* William Randolph Hearst, Begründer des größten Pressekonzerns der USA.]
[** »bodenlos.« / 1944: »bodenlos, da sind sich Heidegger und Lukács einig.«]

ten überfließen. Wo sein Ton ihre Sprechchöre auf einen Augenblick unterbricht, wird das von ihnen überschrieene Grauen laut, das wie in jedem Tier selbst in den eignen rationalisierten und gebrochenen Herzen lebt. Die Tendenzen, die von solchem Wort ins Licht gehoben werden, sind allgegenwärtig und blind. Natur an sich ist weder gut, wie die alte, noch edel, wie die neue Romantik es will. Als Vorbild und Ziel bedeutet sie den Widergeist, die Lüge und Bestialität, erst als erkannte wird sie zum Drang des Daseins nach seinem Frieden, zu jenem Bewußtsein, das von Beginn an den unbeirrbaren Widerstand gegen Führer und Kollektiv begeistert hat. Der herrschenden Praxis und ihren unentrinnbaren Alternativen ist nicht die Natur gefährlich, mit der sie vielmehr zusammenfällt, sondern daß Natur erinnert wird.

Propaganda

Propaganda für die Änderung der Welt, welch ein Unsinn! Propaganda macht aus der Sprache ein Instrument, einen Hebel, eine Maschine. Propaganda fixiert die Verfassung der Menschen, wie sie unterm gesellschaftlichen Unrecht geworden sind, indem sie sie in Bewegung bringt. Sie rechnet damit, daß man mit ihnen rechnen kann. Im tiefsten weiß jeder, daß er durch das Mittel selber zum Mittel wird wie in der Fabrik. Die Wut, die sie in sich spüren, wenn sie ihr folgen, ist die alte Wut gegen das Joch, durch die Ahnung verstärkt, daß der Ausweg, den die Propaganda weist, der falsche ist. Die Propaganda manipuliert die Menschen; wo sie Freiheit schreit, widerspricht sie sich selbst. Verlogenheit ist unabtrennbar von ihr. Die Gemeinschaft der Lüge ist es, in der Führer und Geführte durch Propaganda sich zusammenfinden, auch wenn die Inhalte als solche richtig sind. Noch die Wahrheit wird ihr ein bloßes Mittel, zum Zweck Anhänger zu gewinnen, sie fälscht sie schon, indem sie sie in den Mund nimmt. Deshalb kennt wahre Resistenz keine Propaganda. Propaganda ist menschenfeindlich. Sie setzt voraus, daß der Grundsatz, Politik solle gemeinsamer Einsicht entspringen, bloß eine façon de parler sei.

In einer Gesellschaft, die dem drohenden Überfluß wohlweislich

Grenzen setzt, verdient, was jedem von anderen empfohlen wird, Mißtrauen. Die Warnung gegenüber der Geschäftsreklame, daß kein Unternehmen etwas verschenkt, gilt überall, nach der modernen Fusion von Geschäft und Politik vorab gegen diese. Das Maß der Anpreisung nimmt zu mit der Abnahme der Qualität, anders als ein Rolls Royce ist der Volkswagen auf Reklame angewiesen. Die Interessen von Industrie und Konsumenten harmonieren nicht einmal, wo jene ernsthaft etwas bieten will. Sogar die Propaganda der Freiheit kann sich als verwirrend herstellen, sofern sie die Differenz zwischen der Theorie und der partikularen Interessenlage der Angeredeten nivellieren muß. Die in Deutschland erschlagenen Arbeiterführer wurden vom Faschismus noch um die Wahrheit ihrer eigenen Aktion betrogen, weil jener die Solidarität durch die Selektion der Rache Lügen straft. Wenn der Intellektuelle im Lager zu Tode gequält wird, brauchen die Arbeiter draußen es nicht schlechter zu haben. Der Faschismus war nicht dasselbe für Ossietzky und das Proletariat. Die Propaganda hat beide betrogen.

Freilich: suspekt ist nicht die Darstellung der Wirklichkeit als Hölle, sondern die routinierte Aufforderung, aus ihr auszubrechen. Wenn die Rede heute an einen sich wenden kann, so sind es weder die sogenannten Massen, noch der Einzelne, der ohnmächtig ist, sondern eher ein eingebildeter Zeuge, dem wir es hinterlassen, damit es doch nicht ganz mit uns untergeht.

Zur Genese der Dummheit

Das Wahrzeichen der Intelligenz ist das Fühlhorn der Schnecke »mit dem tastenden Gesicht«, mit dem sie, wenn man Mephistopheles glauben darf[1], auch riecht. Das Fühlhorn wird vor dem Hindernis sogleich in die schützende Hut des Körpers zurückgezogen, es wird mit dem Ganzen wieder eins und wagt als Selbständiges erst zaghaft wieder sich hervor. Wenn die Gefahr noch da ist, verschwindet es aufs neue, und der Abstand bis zur Wiederholung des Versuchs vergrößert sich. Das geistige Leben ist in den Anfängen unendlich zart.

1 *Faust*. Erster Teil. 4068.

Der Sinn der Schnecke ist auf den Muskel angewiesen, und Muskeln werden schlaff mit der Beeinträchtigung ihres Spiels. Den Körper lähmt die physische Verletzung, den Geist der Schrecken. Beides ist im Ursprung gar nicht zu trennen.

Die entfalteteren Tiere verdanken sich selbst der größeren Freiheit, ihr Dasein bezeugt, daß einstmals Fühler nach neuen Richtungen ausgestreckt waren und nicht zurückgeschlagen wurden. Jede ihrer Arten ist das Denkmal ungezählter anderer, deren Versuch zu werden schon im Beginn vereitelt wurde; die dem Schrecken schon erlagen, als nur ein Fühler sich in der Richtung ihres Werdens regte. Die Unterdrückung der Möglichkeiten durch unmittelbaren Widerstand der umgebenden Natur ist nach innen fortgesetzt, durch die Verkümmerung der Organe durch den Schrecken. In jedem Blick der Neugier eines Tieres dämmert eine neue Gestalt des Lebendigen, die aus der geprägten Art, der das individuelle Wesen angehört, hervorgehen könnte. Nicht bloß die Prägung hält es in der Hut des alten Seins zurück, die Gewalt, die jenem Blick begegnet, ist die jahrmillionenalte, die es seit je auf seine Stufe bannte und in stets erneutem Widerstand die ersten Schritte, sie zu überschreiten, hemmt. Solcher erste tastende Blick ist immer leicht zu brechen, hinter ihm steht der gute Wille, die fragile Hoffnung, aber keine konstante Energie. Das Tier wird in der Richtung, aus der es endgültig verscheucht ist, scheu und dumm.

Dummheit ist ein Wundmal. Sie kann sich auf eine Leistung unter vielen oder auf alle, praktische und geistige, beziehen. Jede partielle Dummheit eines Menschen bezeichnet eine Stelle, wo das Spiel der Muskeln beim Erwachen gehemmt anstatt gefördert wurde. Mit der Hemmung setzte ursprünglich die vergebliche Wiederholung der unorganisierten und täppischen Versuche ein. Die endlosen Fragen des Kindes sind je schon Zeichen eines geheimen Schmerzes, einer ersten Frage, auf die es keine Antwort fand und die es nicht in rechter Form zu stellen weiß.[2] Die Wiederholung gleicht halb dem spielerischen Willen, wie wenn der Hund endlos an der Türe hochspringt, die er noch nicht zu öffnen weiß, und schließlich davon absteht, wenn die Klinke zu hoch ist, halb gehorcht sie hoffnungs-

2 Vgl. Karl Landauer, ›Intelligenz und Dummheit‹, in: *Das Psychoanalytische Volksbuch*. Bern 1939. S. 172.

losem Zwang, wie wenn der Löwe im Käfig endlos auf und ab geht und der Neurotiker die Reaktion der Abwehr wiederholt, die schon einmal vergeblich war. Sind die Wiederholungen beim Kind erlahmt, oder war die Hemmung zu brutal, so kann die Aufmerksamkeit nach einer anderen Richtung gehen, das Kind ist an Erfahrung reicher, wie es heißt, doch leicht bleibt an der Stelle, an der die Lust getroffen wurde, eine unmerkliche Narbe zurück, eine kleine Verhärtung, an der die Oberfläche stumpf ist. Solche Narben bilden Deformationen. Sie können Charaktere machen, hart und tüchtig, sie können dumm machen – im Sinn der Ausfallserscheinung, der Blindheit und Ohnmacht, wenn sie bloß stagnieren, im Sinn der Bosheit, des Trotzes und Fanatismus, wenn sie nach innen den Krebs erzeugen. Der gute Wille wird zum bösen durch erlittene Gewalt. Und nicht bloß die verbotene Frage, auch die verpönte Nachahmung, das verbotene Weinen, das verbotene waghalsige Spiel, können zu solchen Narben führen. Wie die Arten der Tierreihe, so bezeichnen die geistigen Stufen innerhalb der Menschengattung, ja die blinden Stellen in demselben Individuum Stationen, auf denen die Hoffnung zum Stillstand kam, und die in ihrer Versteinerung bezeugen, daß alles Lebendige unter einem Bann steht.

Schriften 1940–1950

Autoritärer Staat

(1940/1942)

Die historischen Voraussagen über das Schicksal der bürgerlichen Gesellschaft haben sich bewährt. Im System der freien Marktwirtschaft, das die Menschen zu arbeitsparenden Erfindungen und schließlich zur mathematischen Weltformel gebracht hat, sind seine spezifischen Erzeugnisse, die Maschinen, Destruktionsmittel nicht bloß im wörtlichen Sinn geworden: sie haben anstatt der Arbeit die Arbeiter überflüssig gemacht. Die Bourgeoisie selbst ist dezimiert, die Mehrzahl der Bürger hat ihre Selbständigkeit verloren; soweit sie nicht ins Proletariat oder vielmehr in die Masse der Arbeitslosen hinabgestoßen sind, gerieten sie in Abhängigkeit von den großen Konzernen oder vom Staat. Das Dorado der bürgerlichen Existenzen, die Sphäre der Zirkulation, wird liquidiert. Ihr Werk wird teils von den Trusts verrichtet, die ohne Hilfe der Banken sich selbst finanzieren, den Zwischenhandel ausschalten und die Generalversammlung in Zucht nehmen. Teils wird das Geschäft vom Staat besorgt. Als caput mortuum des Verwandlungsprozesses der Bourgeoisie ist die oberste industrielle und staatliche Bürokratie übrig geblieben. »So oder so, mit oder ohne Trust, muß schließlich der offizielle Repräsentant der kapitalistischen Gesellschaft, der Staat, die Leitung der Produktion übernehmen... Alle gesellschaftlichen Funktionen der Kapitalisten werden jetzt von besoldeten Angestellten versehen... Und der moderne Staat ist wieder nur die Organisation, welche sich die bürgerliche Gesellschaft gibt, um die allgemeinen äußeren Bedingungen der kapitalistischen Produktionsweise aufrechtzuerhalten gegen Übergriffe sowohl der Arbeiter wie der einzelnen Kapitalisten... Je mehr Produktivkräfte er in sein Eigentum übernimmt, desto mehr wird er wirklicher Gesamtkapitalist, desto mehr Staatsbürger beutet er aus. Die Arbeiter bleiben Lohnarbeiter, Proletarier. Das Kapitalverhältnis wird nicht aufgehoben, es wird vielmehr auf die Spitze getrieben.«[1] Im Übergang vom Monopol- zum Staatskapitalismus ist das letzte, was die bürgerliche Gesellschaft zu bieten hat, »Aneignung der großen Produktions- und Verkehrsorganismen, erst durch Aktiengesellschaften, später durch Trusts, sodann durch den Staat«.[2] Der Staatskapitalismus ist der autoritäre Staat der Gegenwart.

Dem natürlichen Ablauf der kapitalistischen Weltordnung ist nach der Theorie ein unnatürliches Ende bestimmt: die vereinigten Proletarier vernichten die letzte Form der Ausbeutung, die staatskapitalistische Sklaverei. Die Konkurrenz der Lohnarbeiter hatte das Gedeihen der privaten Unternehmer garantiert. Das war die Freiheit der Armen. Einmal war Armut ein Stand, dann wurde sie zur Panik. Die Armen sollten rennen und sich stoßen wie die Menge im brennenden Saal. Der Ausgang war der Eingang in die Fabrik, die Arbeit für den Unternehmer. Es konnte nicht genug Arme geben, ihre Zahl war ein Segen für das Kapital. Im gleichen Maße jedoch, in dem das Kapital die Arbeiter im Großbetrieb konzentriert, gerät es in die Krise und macht ihr Dasein aussichtslos. Sie können sich nicht einmal mehr verdingen. Ihr Interesse verweist sie auf den Sozialismus. Wenn einmal die herrschende Klasse den Arbeiter »ernähren muß, anstatt von ihm ernährt zu werden«, ist die Revolution an der Zeit. Diese Theorie des Endes entspringt einem Zustand, der noch mehrdeutig war; sie ist selbst doppelsinnig: Entweder sie rechnet mit dem Zusammenbruch durch die ökonomische Krise, dann ist die Fixierung durch den autoritären Staat ausgeschlossen, den Engels doch voraussieht. Oder sie erwartet den Sieg des autoritären Staats, dann ist nicht mit dem Zusammenbruch durch die Krise zu rechnen, denn sie war stets durch die Marktwirtschaft definiert. Der Staatskapitalismus beseitigt aber den Markt und hypostasiert die Krise für die Dauer des ewigen Deutschlands. In seiner »ökonomischen Unabweisbarkeit« bedeutet er einen Fortschritt, ein neues Atemholen für die Herrschaft. Die Arbeitslosigkeit wird organisiert. Einzig die schon gerichteten Teile der Bourgeoisie sind am Markt noch wahr-

1 Friedrich Engels, *Die Entwicklung des Sozialismus von der Utopie zur Wissenschaft*, Berlin 1924, S. 46 u. 47. Vgl. *Herrn Eugen Dührings Umwälzung der Wissenschaft*, 10. Aufl., Stuttgart 1919, S. 298 ff.

2 Friedrich Engels, *Die Entwicklung des Sozialismus von der Utopie zur Wissenschaft*, a. a. O., S. 55.

haft interessiert. Großindustrielle schreien heute nach dem Liberalismus nur, wo die etatistische Verwaltung noch zu liberal, nicht völlig unter ihrer Kontrolle ist. Die zeitgemäße Planwirtschaft kann die Masse besser ernähren und sich besser von ihr ernähren lassen als die Reste des Marktes. Eine Periode mit eigener gesellschaftlicher Struktur hat die freie Wirtschaft abgelöst. Sie zeigt ihre besonderen Tendenzen national und international.

Daß der Kapitalismus die Marktwirtschaft überleben kann, hat sich im Schicksal der proletarischen Organisationen längst angekündigt. Die Parole der Vereinigung in Gewerkschaften und Parteien war gründlich befolgt, aber diese führten weniger die unnatürlichen Aufgaben der vereinigten Proletarier durch, nämlich den Widerstand gegen die Klassengesellschaft überhaupt, als daß sie den natürlichen Bedingungen ihrer eigenen Entwicklung zur Massenorganisation gehorchten. Sie fügten sich den Wandlungen der Wirtschaft ein. Im Liberalismus hatten sie sich der Erzielung von Verbesserungen zugewandt. Der Einfluß einigermaßen gesicherter Arbeiterschichten gewann schon kraft ihrer Zahlungsfähigkeit in den Vereinen größeres Gewicht. Die Partei verwandte sich für eine soziale Gesetzgebung, der Arbeiterschaft sollte das Leben im Kapitalismus erleichtert werden. Die Gewerkschaft erkämpfte Vorteile für Berufsgruppen. Als ideologische Rechtfertigung bildeten sich die Phrasen der Betriebsdemokratie und des Hineinwachsens in den Sozialismus aus. Die Arbeit als Beruf: als die Plackerei, wie die Vergangenheit sie einzig kennt, wurde kaum mehr in Frage gestellt. Sie wurde aus des Bürgers Zierde zur Sehnsucht der Erwerbslosen. Die großen Organisationen förderten eine Idee der Vergesellschaftung, die von der Verstaatlichung, Nationalisierung, Sozialisierung im Staatskapitalismus kaum verschieden war. Das revolutionäre Bild der Entfesselung lebte nur noch in den Verleumdungen der Konterrevolutionäre fort. Wenn überhaupt die Phantasie sich vom Boden der Tatsachen entfernte, setzte sie an Stelle der vorhandenen staatlichen Apparatur die Bürokratien von Partei und Gewerkschaft, an Stelle des Profitprinzips die Jahrespläne der Funktionäre. Noch die Utopie war von Maßregeln ausgefüllt. Die Menschen wurden als Objekte vorgestellt, gegebenenfalls als ihre eigenen. Je größer die Vereine wurden, desto mehr verdankte ihre Führung einer Auslese der Tüchtigsten ihren Platz. Robuste Gesundheit, das Glück, dem durchschnittlichen Mitglied

erträglich und den herrschenden Gewalten nicht unerträglich zu sein, der zuverlässige Instinkt gegen das Abenteuer, die Gabe, mit der Opposition umzuspringen, die Bereitschaft, das Verstümmelte an der Menge und an ihnen selbst als Tugend auszuschreien, Nihilismus und Selbstverachtung sind notwendige Eigenschaften.
Diese leitenden Männer zu kontrollieren und zu ersetzen wird mit der Vergrößerung des Apparats aus technischen Gründen immer schwieriger. Zwischen der sachlichen Zweckmäßigkeit ihres Verbleibens und ihrer persönlichen Entschlossenheit, nicht abzutreten, herrscht prästabilierte Harmonie. Der führende Mann und seine Clique wird in der Arbeiterorganisation so unabhängig wie in dem anderen, dem Industriemonopol, das Direktoriat von der Generalversammlung. Die Machtmittel, hier die Reserven des Betriebs, dort die Kasse der Partei oder Gewerkschaft, stehen der Leitung im Kampf gegen Störenfriede zur Verfügung. Die Unzufriedenen sind zersplittert und auf die eigene Tasche angewiesen. Im äußersten Fall wird die Fronde geköpft, die der Generalversammlung durch Bestechung, die des Parteitags durch Ausschluß. Was unter der Herrschaft gedeihen will, steht in Gefahr, die Herrschaft zu reproduzieren. Soweit die proletarische Opposition in der Weimarer Republik nicht als Sekte zugrundeging, verfiel auch sie dem Geist der Administration. Die Institutionalisierung der Spitzen von Kapital und Arbeit hat denselben Grund: die Veränderung der Produktionsweise. Die monopolisierte Industrie, welche die Masse der Aktionäre zu Opfern und Parasiten macht, verweist die Masse der Arbeiter auf Warten und Unterstützung. Sie haben nicht so viel von ihrer Arbeit wie von der Protektion und Hilfeleistung der Vereine zu erwarten. In den restlichen Demokratien befinden sich die Leiter der großen Arbeiterorganisationen heute schon in einem ähnlichen Verhältnis zu ihren Mitgliedern wie im integralen Etatismus die Exekutive zur Gesamtgesellschaft: sie halten die Masse, die sie versorgen, in strenger Zucht, schließen sie gegen unkontrollierten Zuzug hermetisch ab, dulden Spontaneität bloß als Ergebnis ihrer eigenen Mache. Weit mehr noch als die vorfaschistischen Staatsmänner, die zwischen den Monopolisten der Arbeit und der Industrie vermitteln und von der Utopie einer humanitären Version des autoritären Staats nicht lassen können, streben sie nach ihrer Art Volksgemeinschaft.

An Rebellionen gegen diese Entwicklung der Arbeitervereine hat es nicht gefehlt. Die Proteste der sich absplitternden Gruppen glichen einander wie ihr Schicksal. Sie richten sich gegen die konformistische Politik der Leitung, gegen das Avancement zur Massenpartei, gegen die unentwegte Disziplin. Sie entdecken früh, daß das ursprüngliche Ziel, die Abschaffung der Beherrschung und Ausbeutung in jeder Form, im Mund der Funktionäre nur noch eine Propagandaphrase ist. Sie kritisieren in den Gewerkschaften den Tarifvertrag, weil er den Streik einschränkt, in der Partei die Mitarbeit an der kapitalistischen Gesetzgebung, weil sie korrumpiert, in beiden die Realpolitik. Sie erkennen, daß der Gedanke an die soziale Umwälzung bei den Instanzen um so stärker kompromittiert wird, je mehr Anhänger sie für ihn werben. Aber die Bürokraten an der Spitze sind kraft des Amtes auch die besseren Organisatoren, und wenn die Partei bestehen soll, geht es ohne eingespielte Fachleute nicht ab. Überall sind die oppositionellen Versuche gescheitert, die Verbände mitzureißen oder neue Formen der Resistenz auszubilden. Wo die oppositionellen Gruppen nach der Sezession größere Bedeutung erlangten, wandelten sie sich selbst in bürokratische Einrichtungen um. Anpassung ist der Preis, den Individuen und Vereine zahlen müssen, um im Kapitalismus aufzublühen. Selbst jene Gewerkschaften, deren Programm im Gegensatz zu allem Parlamentieren stand, sind mit der Zunahme ihrer Mitgliedschaft von den Extravaganzen des Generalstreiks und der direkten Aktion weit abgekommen. Durch Übernahme eines Munitionsministeriums haben sie schon im Ersten Weltkrieg ihre Bereitschaft zu friedlicher Kooperation dokumentiert. Sogar die Maximalisten blieben nach der Revolution nicht davor bewahrt, daß die schmähliche Soziologie des Parteiwesens am Ende noch recht behielt. Ob Revolutionäre die Macht wie den Raub oder den Räuber ergreifen, zeigt sich erst im Verlauf. Anstatt am Ende in der Demokratie der Räte aufzugehen, kann die Gruppe sich als Obrigkeit festsetzen. Arbeit, Disziplin und Ordnung können die Republik retten und mit der Revolution aufräumen. Wenngleich die Abschaffung der Staaten auf ihrem Banner stand, hat jene Partei ihr industriell zurückgebliebenes Vaterland ins geheime Vorbild jener Industriemächte umgewandelt, die an ihrem Parlamentarismus kränkelten und ohne den Faschismus nicht mehr leben konnten. Die revolutionäre Bewegung spiegelt den Zustand, den sie angreift, negativ wider. In der monopolistischen Periode durchdringen sich private und staatliche Verfügung über fremde Arbeit. Auf das private Moment zielt der sozialistische Kampf gegen die Anarchie der Marktwirtschaft, auf das private und staatliche zugleich der Widerstand gegen die letzte Form der Ausbeutung. Der historische Widerspruch, vernünftige Planung und Freiheit, Entfesselung und Regulierung zugleich zu fordern, kann überwunden werden; bei den Maximalisten jedoch hat schließlich die Autorität gesiegt und Wunder verrichtet.

Opposition als politische Massenpartei konnte eigentlich nur in der Marktwirtschaft existieren. Der Staat, der infolge der Zersplitterung des Bürgertums einige Selbständigkeit besaß, wurde mittels seiner Parteien bestimmt. Sie verfolgten teils das allgemeine bürgerliche Ziel, die alten Feudalmächte abzuwehren, teils vertraten sie besondere Gruppen. Von der Vermittlung der Herrschaft durch Parteien hat auch die proletarische Opposition profitiert. Die Zersplitterung der herrschenden Klasse, welche die Trennung der Gewalten und die verfassungsmäßigen Rechte der Individuen bedingte, war die Voraussetzung der Arbeitervereine. Die Freiheit der Versammlung gehörte in Europa zu den notwendigen Konzessionen der Klasse ans Individuum, solange die Individuen, aus denen sie bestand, noch nicht unmittelbar mit dem Staat koinzidierten und daher staatliche Übergriffe befürchten mußten. Auch im Anfang wurden bekanntlich die Achtung vor der Person, die Heiligkeit des Hausfriedens, die Unverletzlichkeit des Arrestanten und ähnliche Grundsätze mit Füßen getreten, sobald die Rücksicht auf die eigene Klasse wegfiel. Die Chronik der Zuchthausrevolten wie politischer Insurrektionen und besonders die Kolonialgeschichte sind Kommentare zur bürgerlichen Humanität. Soweit die Koalitionsfreiheit die Proletarier betraf, war sie von Anfang an ein Stiefkind unter den Menschenrechten. »Gewiß soll allen Bürgern erlaubt sein, sich zu versammeln«, sagte der Referent für Arbeitsfragen in der Konstituierenden Versammlung 1791, »aber es soll nicht erlaubt sein, daß sich Bürger bestimmter Berufe zwecks ihrer angeblichen, gemeinsamen Interessen versammeln.«[3] Im Namen der Abschaffung von

3 Bouchez et Roux, *Histoire Parlementaire de la Révolution Française*, tome 10, Paris 1834, S. 194.

Zünften und Korporationen haben die Liberalen den Zusammenschluß der Arbeiter erschwert, aber schließlich nicht verhindern können. Außer den Aufgaben bürgerlicher Parteien enthielt das Programm der sozialistischen Vereine noch die Revolution. Sie erschien als das abgekürzte Verfahren dazu, das ideologische Ziel des Bürgertums, den allgemeinen Wohlstand zu verwirklichen. Die Aufhebung des Privateigentums an Produktionsmitteln, die Überwindung der Kraft- und Materialvergeudung des Marktsystems durch Planwirtschaft, die Abschaffung des Erbrechts und so fort waren rationale Forderungen im Zug der Zeit. Die Sozialisten vertraten gegen das Bürgertum seine eigene fortgeschrittenere Phase und strebten schließlich eine bessere Regierung an. Die Einrichtung der Freiheit galt dann als mechanische, selbstverständliche Folge der Eroberung der Macht oder gar als Utopie.

Die Richtung auf den autoritären Staat war den radikalen Parteien in der bürgerlichen Ära seit jeher vorgezeichnet. In der französischen Revolution erscheint die spätere Geschichte zusammengedrängt. Robespierre hatte die Autorität im Wohlfahrtsausschuß zentralisiert, das Parlament zur Registrierkammer von Gesetzen herabgedrückt. Er hatte die Funktionen der Verwaltung und Beherrschung in der jakobinischen Parteileitung vereinigt. Der Staat regulierte die Wirtschaft. Die Volksgemeinschaft durchsetzte alle Lebensformen mit Brüderlichkeit und Denunziation. Der Reichtum war fast in die Illegalität gedrängt. Auch Robespierre und die Seinen planten, den inneren Feind zu enteignen, der wohl dirigierte Volkszorn gehörte zur politischen Maschinerie. Die französische Revoluion war der Tendenz nach totalitär. Ihr Kampf gegen die Kirche entsprang nicht der Antipathie gegen die Religion, sondern der Forderung, daß auch sie der patriotischen Ordnung sich einzugliedern und zu dienen habe. Die Kulte der Vernunft und des höchsten Wesens sind wegen der Renitenz des Klerus verbreitet worden. Der »Sansculotte Jesus« kündet den nordischen Christus an. Unter den Jakobinern kam der Staatskapitalismus über die blutigen Anfänge nicht hinaus.[4] Aber der Thermidor hat nicht seine Notwendigkeit beseitigt. Sie

4 Vgl. die Arbeiten von A. Mathiez, besonders *La Réaction Thermidorienne*, Paris 1929, S. 1ff. und *Contributions à l'Histoire Religieuse de la Révolution Française*, Paris 1907.

meldet sich in den Revolutionen des neunzehnten Jahrhunderts stets wieder an. In Frankreich haben die konsequent liberalen Regierungen immer nur ein kurzes Leben geführt. Um der etatistischen Tendenzen von unten Herr zu werden, mußte die Bourgeoisie rasch den Bonapartismus von oben rufen. Der Regierung Louis Blancs ist es nicht besser ergangen als dem Directoire. Und seitdem in der Junischlacht einmal die Nationalwerkstätten und das Recht auf Arbeit nur durch die Entfesselung der Generäle zu unterdrükken waren, hat sich die Marktwirtschaft als immer reaktionärer erwiesen. Setzte Rousseaus Einsicht, daß die großen Unterschiede des Eigentums dem Prinzip der Nation zuwiderliefen, schon seinen Schüler Robespierre in Gegensatz zum Liberalismus, so ließ sich das spätere Wachstum der kapitalistischen Vermögen mit dem allgemeinen Interesse nur noch im nationalökonomischen Kolleg zusammenbringen. Unter den Bedingungen der großen Industrie ging dann der Kampf darum, wer das Erbe der Konkurrenzgesellschaft antritt. Die hellsichtigen Lenker des Staates erfuhren nicht weniger als die Massen hinter den extremen Parteien, Arbeiter und ruinierte Kleinbürger, daß sie erledigt war. Die dunkle Beziehung von Lassalle, dem Begründer der deutschen sozialistischen Massenpartei, und Bismarck, dem Vater des deutschen Staatskapitalismus war symbolisch. Beide steuerten zur staatlichen Kontrolle hin. Regierungen und oppositionelle Parteibürokratien von rechts und links wurden je nach ihrer Stellung im Gesellschaftsprozeß auf irgend eine Form des autoritären Staats verwiesen. Für die Individuen freilich ist es entscheidend, welche Gestalt er schließlich annimmt. Arbeitslose, Rentner, Geschäftsleute, Intellektuelle erwarten Leben oder Tod, je nachdem ob Reformismus, Bolschewismus oder Faschismus siegt.

Die konsequenteste Art des autoritären Staats, die aus jeder Abhängigkeit vom privaten Kapital sich befreit hat, ist der integrale Etatismus oder Staatssozialismus. Er steigert die Produktion wie nur der Übergang von der merkantilistischen Periode in die liberalistische. Die faschistischen Länder bilden eine Mischform. Auch hier wird der Mehrwert zwar unter staatlicher Kontrolle gewonnen und verteilt, er fließt jedoch unter dem alten Titel des Profits in großen Mengen weiter an die Industriemagnaten und Grundbesitzer. Durch ihren Einfluß wird die Organisation gestört und abgelenkt.

Im integralen Etatismus ist die Vergesellschaftung dekretiert. Die privaten Kapitalisten sind abgeschafft. Coupons werden einzig noch von Staatspapieren abgeschnitten. Infolge der revolutionären Vergangenheit des Regimes ist der Kleinkrieg der Instanzen und Ressorts nicht wie im Faschismus durch Verschiedenheiten der sozialen Herkunft und Bindung innerhalb der bürokratischen Stäbe kompliziert, die dort so viel Reibungen erzeugt. Der integrale Etatismus bedeutet keinen Rückfall, sondern Steigerung der Kräfte, er kann leben ohne Rassenhaß. Aber die Produzenten, denen juristisch das Kapital gehört, »bleiben Lohnarbeiter, Proletarier«, mag noch so viel für sie getan werden. Das Betriebsreglement hat sich über die ganze Gesellschaft ausgebreitet. Spielte nicht die Armut an technischen Hilfsmitteln und die kriegerische Umwelt der Bürokratie in die Hände, so hätte der Etatismus sich schon überlebt. Im integralen Etatismus steht, wenn man von den kriegerischen Verwicklungen absieht, der Absolutismus der Ressorts, für deren Kompetenzen die Polizei das Leben bis in die letzten Zellen durchdringt, der freien Einrichtung der Gesellschaft entgegen. Zur Demokratisierung der Verwaltung bedarf es keiner ökonomischen oder juristischen Maßnahmen mehr, sondern des Willens der Regierten. Der circulus vitiosus von Armut, Herrschaft, Krieg und Armut umfängt sie solange, bis sie ihn selbst durchbrechen werden. Wo auch sonst in Europa Tendenzen im Sinn des integralen Etatismus sich regen, eröffnet sich die Aussicht, daß sie diesmal nicht wieder in bürokratischer Herrschaft sich verfangen werden. Wann es gelingt, ist nicht vorher zu entscheiden und auch nachher durch die Praxis nicht ein für allemal ausgemacht. Unwiderruflich ist in der Geschichte nur das Schlechte: die ungewordenen Möglichkeiten, das versäumte Glück, die Morde mit und ohne juristische Prozedur, das, was die Herrschaft den Menschen antut. Das andere steht immer in Gefahr.

In allen seinen Varianten ist der autoritäre Staat repressiv. Die maßlose Vergeudung wird nicht mehr durch ökonomische Mechanismen im klassischen Sinn bewirkt; sie entsteht jedoch aus den unverschämten Bedürfnissen des Machtapparats und aus der Vernichtung jeglicher Initiative der Beherrschten: Gehorsam ist nicht so produktiv. Trotz der sogenannten Krisenlosigkeit gibt es keine Harmonie. Auch sofern der Mehrwert nicht länger als Profit eingestrichen wird, geht es um ihn. Die Zirkulation wird abgeschafft, die Ausbeutung modifiziert. Der auf die Marktwirtschaft gemünzte Satz, daß der Anarchie in der Gesellschaft die straffe Ordnung in der Fabrik entspricht, bedeutet heute, daß der internationale Naturstand, der Kampf um den Weltmarkt, und die faschistische Disziplin der Völker wechselseitig sich bedingen. Auch wenn Eliten heute gemeinsam gegen ihre Völker verschworen sind, bleiben sie immer auf dem Sprung, sich von den Jagdgebieten etwas abzujagen. Wirtschafts- und Abrüstungskonferenzen schieben die Händel immer nur für eine Weile auf, das Prinzip der Herrschaft erweist sich im Äußeren als das der permanenten Mobilisation. Der Zustand bleibt weiterhin absurd. Freilich wird die Fesselung der Produktivkräfte von nun an als Bedingung der Herrschaft verstanden und mit Bewußtsein ausgeübt. Daß zwischen den Schichten der Beherrschten, sei es zwischen Gemeinen und Facharbeitern oder den Geschlechtern oder den Rassen, ökonomisch differenziert, daß die Isolierung der Individuen voneinander mit allen Verkehrsmitteln, mit Zeitung, Kino, Radio, systematisch betrieben werden muß, gehört zum Katechismus der autoritären Regierungskunst. Sie sollen allen zuhören, vom Führer bis zum Blockwart, nur nicht einander, sie sollen über alles orientiert sein, von der nationalen Friedenspolitik bis zur Verdunkelungslampe, nur nicht sich orientieren, sie sollen überall Hand anlegen, nur nicht an die Herrschaft. Die Menschheit wird allseitig ausgebildet und verstümmelt. Mag das Land, zum Beispiel die Vereinigten Staaten Europas, noch so groß und mächtig sein, die Unterdrückungsmaschinerie gegen den inneren Feind muß einen Vorwand in der Drohung mit dem äußeren finden. Wenn Hunger und Kriegsgefahr notwendige, unkontrollierte, wider Willen produzierte Folgen der freien Wirtschaft waren, werden sie vom autoritären Staat der Tendenz nach konstruktiv angewandt.

So unerwartet nach Ort und Zeit das Ende der letzten Phase kommen mag, es wird kaum durch eine wieder auferstandene Massenpartei herbeigeführt; sie würde die herrschende bloß ablösen. Die Aktivität politischer Gruppen und Vereinzelter mag zur Vorbereitung der Freiheit entscheidend beitragen; gegnerische Massenparteien hat der autoritäre Staat nur als konkurrierende zu fürchten. Sie rühren nicht ans Prinzip. In Wahrheit ist der innere Feind überall und nirgends. Nur im Anfang kommen die meisten Opfer des Polizeiapparates aus der unterlegenen Massenpartei. Später strömt das vergossene Blut aus dem geeinten Volk zusammen. Die Auslese, die man in den Lagern konzentriert, wird immer zufälliger. Ob die Menge der Insassen jeweils wächst oder abnimmt, ja ob man es sich zeitweise leisten kann, die leeren Plätze der Ermordeten gar nicht wieder zu belegen, eigentlich könnte jeder im Lager sein. Die Tat, die hineinführt, begeht jeder in Gedanken jeden Tag. Im Faschismus träumen alle den Führermord und marschieren in Reih und Glied. Sie folgen aus nüchterner Berechnung: nach dem Führer käme doch nur der Stellvertreter. Wenn die Menschen einmal nicht mehr marschieren, dann werden sie auch ihre Träume verwirklichen. Die vielberufene politische Müdigkeit der Massen, hinter der sich die Parteibonzen nicht selten verstecken, ist eigentlich nur die Skepsis gegen die Leitung. Die Arbeiter haben gelernt, daß von denen, die sie jeweils riefen und wieder nach Hause schickten, auch nach dem Sieg stets nur das gleiche zu gewärtigen war. In der französischen Revolution brauchten die Massen fünf Jahre, bis ihnen einerlei war, ob Barras oder Robespierre. Aus der gewitzigten Apathie, die den Widerwillen gegen die ganze politische Fassade enthält, ist kein Schluß für die Zukunft zu ziehen. Mit der Erfahrung, daß ihr politischer Wille durch die Veränderung der Gesellschaft wirklich ihr eigenes Dasein verändert, wird die Apathie der Massen verschwunden sein. Sie gehört dem Kapitalismus an, freilich allen seinen Phasen. Die generalisierende Soziologie hat daran gekrankt, daß sie zumeist von feineren Leuten betrieben worden ist. Diese differenzieren zu gewissenhaft. Die Millionen unten erfahren von Kindheit an, daß die Phasen des Kapitalismus zu demselben System gehören. Hunger, Polizeikontrolle, Soldatsein gibt es auf liberal und autoritär. Beim Faschismus sind die Massen vornehmlich daran interessiert, daß es nicht der Fremde schafft, denn die abhängige Nation hat die verstärkte Ausbeutung zu dulden. Hoffnung bietet ihnen gerade noch der integrale Etatismus, weil er an der Grenze des Besseren steht, und Hoffnung widerspricht der Apathie. Im Begriff der revolutionären Diktatur als Übergang war keineswegs beschlossen, daß irgendeine Elite aufs neue die Produktionsmittel monopolisiert. Solcher Gefahr kann die Energie und Wachsamkeit der Menschen selbst begegnen. Die Umwälzung, die der Herrschaft ein Ende macht, reicht so weit wie der Wille der Befreiten. Jede Resignation ist schon der Rückfall in die Vorgeschichte. Nach der Auflösung der alten Machtpositionen wird die Gesellschaft entweder ihre Angelegenheiten auf Grund freier Übereinkunft verwalten, oder die Ausbeutung geht weiter. Daß sich Reaktionen ereignen, daß der Ansatz zur Freiheit immer wieder vernichtet wird, ist theoretisch nicht auszuschließen, gewiß nicht so lang es eine feindliche Umwelt gibt. Es lassen sich keine patenten Systeme ausdenken, die selbsttätig Rückfälle verhindern. Die Modalitäten der neuen Gesellschaft finden sich erst im Lauf der Veränderung. Die theoretische Konzeption, die nach ihren Vorkämpfern der neuen Gesellschaft den Weg weisen soll, das Rätesystem, stammt aus der Praxis. Es geht auf 1871, 1905 und andere Ereignisse zurück. Die Umwälzung hat eine Tradition, auf deren Fortsetzung die Theorie verwiesen ist.

Nicht weil das künftige Zusammenleben auf einer raffinierteren Verfassung beruhte, hat es Aussicht auf Dauer, sondern weil die Herrschaft sich im Staatskapitalismus abnutzt. Dank seiner Praxis bereiten die zweckmäßige Leitung des Produktionsapparates, der Austausch von Stadt und Land, die Versorgung der großen Städte keine Schwierigkeiten mehr. Die Steuerung der Wirtschaft, die früher aus der trügerischen Initiative privater Unternehmer resultierte, wird schließlich in einfache Verrichtungen aufgelöst, die erlernbar sind wie Bau und Bedienung von Maschinen. Der Auflösung des Unternehmergenies folgt die der Führerweisheit. Ihre Funktionen können durchschnittlich geschulte Kräfte bewältigen. Ökonomische Fragen werden mehr und mehr zu technischen. Die Vorzugsstellung von Beamten der Verwaltung, technischen und planwirtschaftlichen Ingenieuren, verliert in der Zukunft ihre vernünftige Basis, die nackte Macht wird ihr einziges Argument. Daß die Rationalität der Herrschaft schon im Schwinden begriffen ist, wenn der autoritäre Staat die Gesellschaft übernimmt, ist der wahre Grund seiner Identität mit dem Terrorismus und zugleich der Engelsschen Theorie, daß die Vorgeschichte mit ihm zu Ende geht. Die Verfassung war, bevor sie in den faschistischen Ländern abstarb, ein Instrument der Herrschaft. Durch sie hatte seit der englischen und französischen Revolution das europäische Bürgertum die Regierung begrenzt und sein Eigentum gesichert. Daß die Rechte des Individuums nicht einer Gruppe vorbehalten bleiben konnten, sondern formelle Universalität gefordert war, macht sie heute zur Sehnsucht der Minoritäten. In einer neuen Gesellschaft wird sie nicht mehr Gewicht beanspruchen als Fahrpläne und Verkehrsregeln in der bestehenden. »Wie oft schon tat man«, klagt Dante über die Unbeständigkeit der Verfassung in Florenz, »Gesetze, Münzen, Ämter, Brauch in Bann, und deine Bürgerschaft sah neue Glieder.«[5] Was der zerfallenden Patrizierherrschaft gefährlich gewesen ist, wäre der klassenlosen Gesellschaft eigentümlich. Die Formen der freien Assoziation schließen sich nicht zum System zusammen.

So wenig das Denken aus sich heraus die Zukunft zu entwerfen vermag, so wenig bestimmt es den Zeitpunkt. Die Etappen des Weltgeistes folgen nach Hegel einander mit logischer Notwendigkeit, keine kann übersprungen werden. Marx ist ihm darin treu geblieben. Die Geschichte wird als unverbrüchliche Entwicklung vorgestellt. Das Neue kann nicht beginnen, ehe seine Zeit gekommen ist. Aber der Fatalismus beider Denker bezieht sich, merkwürdig genug, bloß auf die Vergangenheit. Ihr metaphysischer Irrtum, daß die Geschichte einem festen Gesetz gehorche, wird durch den historischen Irrtum aufgehoben, daß es zu ihrer Zeit erfüllt sei. Die Gegenwart und das Spätere steht nicht wieder unter dem Gesetz. Es hebt auch keine neue gesellschaftliche Periode an. Fortschritt gibt es in der Vorgeschichte. Er beherrscht die Etappen bis zur Gegenwart. Von geschichtlichen Unternehmungen, die vergangen sind, mag sich sagen lassen, daß die Zeit nicht reif für sie gewesen sei. In der Gegenwart verklärt die Rede von der mangelnden Reife das Einverständnis mit dem Schlechten. Für den Revolutionär ist die Welt schon immer reif gewesen. Was im Rückblick als Vorstufe, als unreife Verhältnisse erscheint, galt ihm einmal als letzte Chance der Veränderung. Er ist mit den Verzweifelten, die ein Urteil zum Richtplatz schickt, nicht mit denen, die Zeit haben. Die Berufung auf ein Schema von gesellschaftlichen Stufen, das die Ohnmacht einer vergangenen Epoche post festum demonstriert, war im betroffenen Augenblick verkehrt in der Theorie und niederträchtig in der Politik. Die Zeit, zu der sie gedacht wird, gehört zum Sinn der Theorie. Die Lehre vom Wachsen der Produktivkräfte, von der Abfolge der Produktionsweisen,

5 Dante, *Göttliche Komödie*, ›Fegefeuer‹, deutsch von K. zu Putlitz, Tempelausgabe, VI, Vers 145–48.

von der Aufgabe des Proletariats ist weder ein historisches Gemälde zum Anschauen noch eine naturwissenschaftliche Formel zur Vorausberechnung künftiger Tatsachen. Sie formuliert das richtige Bewußtsein in einer bestimmten Phase des Kampfs und ist als solches auch in späteren Konflikten wieder zu erkennen. Die als Eigentum erfahrene Wahrheit schlägt in ihr Gegenteil um, auf sie trifft der Relativismus zu, dessen kritischer Zug von demselben Sekuritätsideal herrührt wie die absolute Philosophie. Die kritische Theorie ist von anderem Schlag. Sie kehrt sich gegen das Wissen, auf das man pochen kann. Sie konfrontiert Geschichte mit der Möglichkeit, die stets konkret in ihr sichtbar wird. Die Reife ist das Thema probandum und probatum. Obgleich der spätere historische Verlauf die Girondisten gegen die Montagnards, Luther gegen Münzer bestätigt hat, wurde die Menschheit nicht durch die unzeitgemäßen Unternehmungen der Umstürzler, sondern durch die zeitgemäße Weisheit der Realisten verraten. Die Verbesserung der Produktionsmethoden mag wirklich nicht bloß die Chancen der Unterdrückung, sondern auch die ihrer Abschaffung verbessert haben. Aber die Konsequenz, die heute aus dem historischen Materialismus und damals aus Rousseau oder der Bibel folgte, nämlich die Einsicht, daß »Jetzt oder erst in hundert Jahren« das Grauen ein Ende findet, war in jedem Augenblick an der Zeit.

Die bürgerlichen Erhebungen hingen in der Tat von der Reife ab. Ihr Erfolg, von den Reformatoren bis zur legalen Revolution des Faschismus, war an die technischen und ökonomischen Errungenschaften gebunden, die den Fortschritt des Kapitalismus bezeichnen. Sie kürzen die vorbestimmte Entwicklung ab. Die Idee der Geburtshilfe entspricht genau der Geschichte des Bürgertums. Seine materiellen Existenzformen waren ausgebildet, ehe die politische Macht erobert war. Die Theorie der Abkürzung beherrscht die »politique scientifique« seit der französischen Revolution. Mit dem Imprimatur Saint-Simons hat Comte als politischen Leitsatz den Gedanken formuliert: »Es ist ein großer Unterschied, ob man dem Gang der Geschichte einfach folgt, ohne sich darüber Rechenschaft zu geben, oder mit Einsicht in die ursächlichen Verhältnisse. Die geschichtlichen Veränderungen greifen im ersten wie im zweiten Fall Platz, aber sie lassen länger auf sich warten, und sie geschehen vor allem nur, nachdem sie, je nach ihrer Art und Bedeutung, die

Gesellschaft erst entsprechend verhängnisvoll erschüttert haben.«[6] Die Kenntnis der historischen Gesetze, die den Ablauf der Gesellschaftsformen regeln, soll nach den Saint-Simonisten die Revolution mildern, nach den Marxisten verstärken. Beide schreiben ihnen die Funktion zu, einen Prozeß abzukürzen, der sich selbsttätig, gleichsam natürlich, vollzieht. »Die revolutionäre Umgestaltung«, sagt Bebel, »die alle Lebensbeziehungen der Menschen von Grund aus ändert und insbesondere auch die Stellung der Frau verändert, vollzieht sich also bereits vor unseren Augen. Es ist nur eine Frage der Zeit, daß die Gesellschaft diese Umgestaltung in größtem Maßstab in die Hand nimmt, und den Umwandlungsprozeß beschleunigt und verallgemeinert und damit alle ohne Ausnahme an seinen zahllosen vielgestaltigen Vorteilen teilnehmen läßt.«[7] So reduzierte sich die Revolution auf den intensiveren Übergang zum Staatskapitalismus, der damals schon sich anmeldete. Trotz des Bekenntnisses zur Hegelschen Logik von Sprung und Umschlag erschien die Veränderung wesentlich als Vergrößerung von Ausmaßen: die Ansätze zur Planung sollten verstärkt, die Distrubution vernünftiger gestaltet werden. Die Lehre vom Geburtshelfertum bringt die Revolution auf bloßen Fortschritt herunter.

Dialektik ist nicht identisch mit Entwicklung. Zwei entgegengesetzte Momente, der Übergang zur staatlichen Kontrolle und die Befreiung von ihr, sind im Begriff der sozialen Umwälzung in eins gefaßt. Sie bewirkt, was auch ohne Spontaneität geschehen wird: die Vergesellschaftung der Produktionsmittel, die planmäßige Leitung der Produktion, die Naturbeherrschung ins Ungemessene. Und sie bewirkt, was ohne aktive Resistenz und stets erneute Anstrengung der Freiheit nie eintritt: das Ende der Ausbeutung. Solches Ende ist keine Beschleunigung des Fortschritts mehr, sondern der Sprung aus dem Fortschritt heraus. Das Rationale ist nie vollständig deduzierbar. Es ist in der geschichtlichen Dialektik überall angelegt als der Bruch mit der Klassengesellschaft. Die theoretischen Argumente dafür, daß der Staatskapitalismus ihre letzte Etappe sei, beziehen sich darauf, daß die gegenwärtigen materiellen Verhältnisse

6 Auguste Comte, *Système de politique positive*, veröffentl. als 3. Heft in Saint-Simons *Catéchisme des industriels*, *Œuvres de Saint-Simon*, 9. Band, Paris 1873, S. 115.
7 August Bebel, *Die Frau und der Sozialismus*, Stuttgart 1919, S. 474.

den Sprung ermöglichen und fordern. Die Theorie, der sie entstammen, weist dem bewußten Willen die objektiven Möglichkeiten. Wenn sie die Phasen der bürgerlichen Wirtschaft, Blüte und Verfall, dartut wie ein immanentes Entwicklungsgesetz, so reißt mit dem Übergang zur Freiheit die Selbstbewegung ab. Man kann heute bestimmen, was die Führer der Massen ihnen noch antun werden, wenn man beide nicht abschafft. Das gehört zum immanenten Entwicklungsgesetz. Man kann nicht bestimmen, was eine freie Gesellschaft tun oder lassen wird. Die Selbstbewegung des Begriffs der Ware führt zum Begriff des Staatskapitalismus wie bei Hegel die sinnliche Gewißheit zum absoluten Wissen. Wenn aber bei Hegel die Stufen des Begriffs ohne weitere Umstände der physikalischen und gesellschaftlichen Natur entsprechen müssen, weil Begriff und Wirklichkeit wie am Ende so schon im Grund nicht bloß unterschieden, sondern auch dasselbe sind, so darf das materialistische Denken sich dieser Identität nicht für versichert halten. Der Eintritt von Verhältnissen, die aus dem Begriff abzulesen sind, legt dem Idealisten das Gefühl der Befriedigung, dem historischen Materialisten eher das der Empörung nah. Daß die menschliche Gesellschaft wirklich alle Phasen durchläuft, die als Umschlag des freien und gerechten Tauschs in Unfreiheit und Ungerechtigkeit aus seinem eigenen Begriff zu entfalten sind, enttäuscht ihn, wenn es wirklich so kommt. Die idealistische Dialektik konserviert das Erhabene, Gute, Ewige; jeder historische Zustand enthalte das Ideal, nur nicht explizit. Die Identität von Ideal und Wirklichkeit gilt als Voraussetzung und Ziel der Geschichte. Die materialistische Dialektik trifft das Gemeine, Schlechte, Zeitgemäße; jeder historische Zustand enthält das Ideal, nur nicht explizit. Die Identität von Ideal und Wirklichkeit ist die universale Ausbeutung. Deshalb besteht die Marxsche Wissenschaft in der Kritik der bürgerlichen Ökonomie und nicht im Entwurf der sozialistischen: den hat Marx Bebel überlassen. Er selbst erklärt die Wirklichkeit an ihrer Ideologie: durch die Entfaltung der offiziellen Ökonomik entdeckt er das Geheimnis der Ökonomie. Verhandelt wird über Smith und Ricardo, angeklagt ist die Gesellschaft.

Die Deduktion der kapitalistischen Phasen von der einfachen Warenproduktion bis zu Monopol und Staatskapitalismus ist freilich kein Gedankenexperiment. Das Tauschprinzip ist nicht bloß ersonnen, es hat die Wirklichkeit beherrscht. Die Widersprüche, welche die Kritik in ihm entdeckt, haben sich in der Geschichte drastisch bemerkbar gemacht. Im Tausch der Ware Arbeitskraft wird der Arbeiter entschädigt und betrogen zugleich. Die Egalität der Warenbesitzer ist ein ideologischer Schein, der im Industriesystem zergeht und im autoritären Staat der offenen Beherrschung weicht. Die Entwicklung der bürgerlichen Gesellschaft ist in ihrer Produktionsweise beschlossen, die durch jenes ökonomische Prinzip bezeichnet war. Trotz seiner realen Gültigkeit jedoch ist es zwischen seiner kritischen Darstellung und dem historischen Verlauf nie zu einer Dekkung gekommen, die nicht hätte durchbrochen werden können. Die Differenz von Begriff und Realität begründet die Möglichkeit der umwälzenden Praxis, nicht der bloße Begriff. Zwischen den Veränderungen in der Produktionsweise und dem Gang der Ideologie besteht in der Klassengesellschaft ein notwendiger Zusammenhang, den man begrifflich deduzieren kann. Aber die Zwangsläufigkeit der Vergangenheit legt so wenig den Willen zur Freiheit fest, der in ihr selbst sich meldet, wie den der Zukunft. Für jede Folgerung aus dem Glauben, daß die Geschichte einer aufsteigenden Linie folgen wird, gleichgültig, ob man sie nun als Gerade, Zickzack oder Spirale vorstellt, gibt es ein Gegenargument, das um nichts weniger gültig ist. Theorie erklärt wesentlich den Gang des Verhängnisses. Bei aller Konsequenz in der Entwicklung, welche sie zu erfassen vermag, bei aller Logik in der Abfolge der einzelnen gesellschaftlichen Epochen, bei aller Steigerung der materiellen Produktivkräfte, der Methoden und Geschicklichkeiten, sind in der Tat die kapitalistischen Antagonismen angewachsen. Durch sie werden schließlich die Menschen selbst definiert. Diese sind heute nicht nur fähiger zur Freiheit sondern auch unfähiger. Nicht bloß die Freiheit, auch künftige Formen der Unterdrückung sind möglich. Sie lassen theoretisch sich berechnen als Rückfall oder als neue ingeniöse Apparatur. Mit dem Staatskapitalismus kann die Macht neu sich befestigen. Auch er ist eine antagonistische, vergängliche Form. Das Gesetz seines Zusammenbruchs ist ihm leicht anzusehen: es gründet in der Hemmung der Produktivität durch die Existenz der Bürokratien. Aber die Ausbreitung der autoritären Formen hat noch viel vor sich, und es wäre nicht zum erstenmal, daß auf eine Periode größerer Selbständigkeit der Abhängigen eine lange Periode verstärkter

Unterdrückung folgt. Athenische Industrie und römischer Grundbesitz haben die Sklaverei großen Maßstabs eingeführt, als die freien Arbeiter zu anspruchsvoll und teuer wurden. Im ausgehenden Mittelalter wurde den Bauern die Freiheit, die sie wegen ihres numerischen Rückgangs bis zum vierzehnten Jahrhundert errungen hatten, wieder abgenommen. Die Empörung beim Gedanken, daß auch die beschränkte Freiheit des neunzehnten Jahrhunderts auf lange Dauer durch den Staatskapitalismus, durch die »Sozialisierung der Armut« abgelöst werden, geht auf die Erkenntnis zurück, daß dem gesellschaftlichen Reichtum keine Schranken mehr gesetzt sind. Aber auf den Bedingungen des gesellschaftlichen Reichtums beruht nicht bloß die Chance der Zertrümmerung, sondern ebenso sehr des Fortbestandes der modernen Sklaverei. Der objektive Geist ist jeweils das Produkt der Anpassung der Macht an ihre Existenzbedingungen. Trotz des offenen Gegensatzes zwischen Kirche und Staat im Mittelalter, zwischen den weltumspannenden Kartellen in der Gegenwart, haben sie weder einander umgebracht, noch fusionieren sie sich völlig. Beides wäre das Ende der Herrschaft, die den Antagonismus in sich selbst erhalten muß, wenn sie den zu den Beherrschten ertragen soll. Das Weltkartell ist unmöglich, es schlüge sogleich in die Freiheit um. Die paar großen Monopole, die bei gleichen Fabrikationsmethoden und Erzeugnissen ihre Konkurrenz aufrechterhalten, geben das Modell künftiger außenpolitischer Konstellationen ab. Zwei freundlich-feindliche Staatenblocks wechselnder Zusammensetzung könnten die ganze Welt beherrschen, ihrer Gefolgschaft auf Kosten der halb-kolonialen und kolonialen Massen neben dem Fascio auch bessere Rationen bieten und in ihrer gegenseitigen Bedrohung immer neue Gründe zum Fortgang der Aufrüstung finden. Die Ausdehnung der Produktion, die durch die bürgerlichen Eigentumsverhältnisse zuerst beschleunigt und später hintan gehalten wurde, entspricht an sich noch keineswegs den menschlichen Bedürfnissen. Heute wird sie zugunsten der Herrschaft gelenkt. Die Bäume sollen nicht in den Himmel wachsen. Solange auf der Welt noch Knappheit am Notwendigen, ja nur an Luxusmitteln besteht, nehmen die Herrschenden die Gelegenheit wahr, Personen und Gruppen, nationale und soziale Schichten, voneinander zu isolieren und ihre eigene Führerrolle zu reproduzieren. Die Bürokratie bekommt den ökonomischen Mechanismus wieder in die Hand, der unter der Herrschaft des reinen Profitprinzips der Bourgeoisie entglitt. Der fachwissenschaftliche Begriff der Ökonomie, der im Gegensatz zu ihrer Kritik mit dem Markt im Schwinden begriffen ist, enthält keine weiteren Einwände gegen die Existenzfähigkeit des Staatskapitalismus als die, welche Mises und die Seinen gegen den Sozialismus vorbrachten. Sie leben heute gerade noch vom Kampf gegen die sozialen Reformen in demokratischen Ländern und haben vollends ihr Gewicht verloren. Der Kern der liberalistischen Einwände bestand aus wirtschaftstechnischen Bedenken. Ohne einigermaßen unbehindertes Funktionieren der alten Mechanismen von Angebot und Nachfrage sollten unproduktive von produktiven industriellen Verfahrungsweisen nicht zu unterscheiden sein. Die beschränkte Gescheitheit, die sich auf solche Argumente gegen die Geschichte versteift, war so sehr dem Bestehenden verpflichtet, daß sie seinen Triumph im Faschismus übersah. Der Kapitalismus hat eine Frist, auch nachdem seine liberalistische Phase vorüber ist. Die faschistische freilich ist von denselben ökonomischen Tendenzen durchherrscht, die schon den Markt vernichteten. Nicht etwa die Unmöglichkeit der Rechnungslegung, sondern die internationale Krise, welche der autoritäre Staat perpetuiert, läßt der unter seinen Formen verkommenden Menschheit keine Wahl mehr. Das ewige System des autoritären Staats, wie furchtbar es auch droht, ist nicht realer als die ewige Harmonie der Marktwirtschaft. War der Tausch von Äquivalenten noch eine Hülle der Ungleichheit, so ist der faschistische Plan schon der offene Raub.

Die Möglichkeit heute ist nicht geringer als die Verzweiflung. Der Staatskapitalismus als jüngste Phase hat mehr Kräfte in sich, die wirtschaftlich zurückgebliebenen Territorien der Erde zu organisieren, als die vorhergehende, deren maßgebende Repräsentanten ihre verminderte Kraft und Initiative zur Schau stellen. Sie werden von der Angst bestimmt, ihre profitable soziale Stellung zu verlieren. Sie wollten gerne alles tun, um sich die Hilfe des zukünftigen Faschismus nicht auf die Dauer zu verscherzen. In ihm erscheint ihnen die regenerierte Gestalt der Herrschaft, sie ahnen die Kraft, die bei ihnen am Versiegen ist. Der seit Jahrhunderten akkumulierte Reichtum und die ihm zugehörige diplomatische Erfahrung wird darauf verwandt, daß die legitimen Beherrscher Europas seine Vereinigung selbst kontrollieren und den integralen Etatismus noch einmal draußen halten. Sowohl durch solche Rückfälle wie durch Versuche, wirkliche Freiheit herzustellen, kann die Ära des autoritären Staats unterbrochen werden. Diese Versuche, die ihrem Wesen nach keine Bürokratie dulden, können nur von den Vereinzelten kommen. Vereinzelt sind alle. Die verdrossene Sehnsucht der atomisierten Massen und der bewußte Wille der Illegalen weist in dieselbe Richtung. Genau so weit wie ihre Unbeirrbarkeit ging auch in früheren Revolutionen der kollektive Widerstand, der Rest war Gefolgschaft. Es führt eine Linie von den linken Gegnern des Etatismus Robespierres zum Komplott der Gleichen unter dem Directoire. Solange die Partei noch eine Gruppe, ihren antiautoritären Zielen noch nicht entfremdet ist, solange die Solidarität nicht durch Gehorsam ersetzt wird, solange sie die Diktatur des Proletariats noch nicht mit der Herrschaft der gerissensten Parteitaktiker verwechselt, wird ihre Generallinie von eben den Abweichungen bestimmt, von denen sie als herrschende Clique sich freilich rasch zu säubern weiß. Solange die Avantgarde ohne periodische Säuberungsaktionen zu handeln vermag, lebt mit ihr die Hoffnung auf den klassenlosen Zustand. Die zwei Phasen, in denen nach dem Wortlaut der Tradition er sich verwirklichen soll, haben mit der Ideologie, die heute der Verewigung des integralen Etatismus dient, nur wenig zu tun. Weil die unbegrenzte Menge der Konsum- und Luxusmittel noch als ein Traum erscheint, soll die Herrschaft, die bestimmt war, in der ersten Phase abzusterben, sich versteifen dürfen. Gesichert durch schlechte Ernten und Wohnungsnot verkündet man, die Regierung der Geheimpolizei werde verschwinden, wenn das Schlaraffenland verwirklicht sei. Engels ist dagegen ein Utopist, er setzt die Vergesellschaftung und das Ende der Herrschaft in eins: »Der erste Akt, worin der Staat wirklich als Repräsentant der ganzen Gesellschaft auftritt – die Besitzergreifung der Produktionsmittel im Namen der Gesellschaft – ist zugleich sein letzter selbständiger Akt als Staat. Das Eingreifen einer Staatsgewalt in die gesellschaftlichen Verhältnisse wird auf einem Gebiet nach dem anderen überflüssig und schläft dann von selbst ein.«[8] Er hat nicht daran geglaubt, daß die unbegrenzte Steigerung der materiellen Produktion die Voraus-

8 Friedrich Engels, a.a.O., S. 302.

setzung einer menschlichen Gesellschaft und die klassenlose Demokratie erst dann erreichbar sei, wenn die ganze Erde vollends mit Radios und Traktoren bevölkert ist. Die Praxis hat die Theorie zwar nicht widerlegt, aber interpretiert. Eingeschlafen sind die Feinde der Staatsgewalt, nur nicht von selbst. Mit jedem Stück erfüllter Planung sollte ursprünglich ein Stück Repression überflüssig werden. Statt dessen hat sich in der Kontrolle der Pläne immer mehr Repression auskristallisiert. Ob die Produktionssteigerung den Sozialismus verwirklicht oder liquidiert, kann nicht abstrakt entschieden werden.

Das Entsetzen in der Erwartung einer autoritären Weltperiode verhindert nicht den Widerstand. Die Ausübung von Verwaltungsfunktionen durch eine Klasse oder Partei kann nach der Abschaffung jedes Privilegs durch Formen einer klassenlosen Demokratie ersetzt werden, die vor der Erhöhung von administrativen zu Machtpositionen behüten können. Wenn ehemals die Bourgeoisie ihre Regierungen durch das Eigentum bei der Stange hielt, wird in einer neuen Gesellschaft die Verwaltung nur durch unnachgiebige Selbständigkeit der Nichtdelegierten davon abzuhalten sein, in Herrschaft umzuschlagen. Die Gefolgschaften bilden schon heute für den autoritären Staat keine geringere Gefahr als die freien Arbeiter für den Liberalismus. Bankerott ist der Glaube daran, daß man etwas hinter sich hat. Ihm huldigen auch nicht wenige Marxisten. Ohne das Gefühl, mit einer großen Partei, einem allverehrten Führer, der Weltgeschichte oder wenigstens der unfehlbaren Theorie zu sein, funktionierte ihr Sozialismus nicht. Die Hingabe an marschierende Massen, die beseligte Einordnung in die Kollektivität, der ganze Philistertraum, den Nietzsches Verachtung getroffen hat, feiert bei den autoritären Jugendverbänden fröhliche Auferstehung. Die Revolution, die ein Beruf war wie die Wissenschaft, hat ins Gefängnis oder nach Sibirien geführt. Seit dem Sieg aber winkt auch eine Laufbahn, wenn nirgendwo sonst, dann wenigstens in den Parteihierarchien. Es gibt nicht bloß Professoren sondern auch Revolutionäre von Prominenz. Der publizistische Betrieb assimiliert die Revolution, indem er ihre Spitzen in die Liste der großen Namen aufnimmt. Der Vereinzelte aber, der von keiner Macht berufen und gedeckt ist, hat auch keinen Ruhm zu erwarten. Dennoch ist er eine Macht, weil alle vereinzelt sind. Sie haben keine Waffe als das Wort.

Je mehr es von den Barbaren drinnen und den Kulturfreunden draußen verschachert wird, um so mehr kommt es doch wieder zu Ehren. Die ohnmächtige Äußerung im totalitären Staat ist bedrohlicher als die eindrucksvollste Parteikundgebung unter Wilhelm II. Daß die deutschen Geistigen nicht lange brauchen, um mit der fremden Sprache umzuspringen wie mit der eigenen, sobald diese ihnen die zahlenden Leser sperrt, rührt daher, daß ihnen Sprache immer schon mehr im Kampf ums Dasein als zum Ausdruck der Wahrheit diente. Im Verrat der Sprache an den Verkehr aber kündigt ihr Ernst sich aufs neue an. Es ist, als fürchteten sie, die deutsche Sprache könne sie am Ende doch weiter treiben, als ihnen mit ihrer tolerierten Existenz und den berechtigten Ansprüchen der Mäzenaten vereinbar dünkt. Die Aufklärer hatten viel weniger zu riskieren. Ihre Opposition harmonierte mit den Interessen der Bourgeoisie, die damals schon keine geringe Macht besaß. Voltaire und die Enzyklopädisten hatten ihre Beschützer. Jenseits jener Harmonie erst tat kein Minister mehr mit. Jean Meslier mußte zeit seines Lebens schweigen, und der Marquis hat das seine in Gefängnissen verbracht. Wenn aber das Wort ein Funke werden kann, so hat es heute noch nichts in Brand gesteckt. Es hat überhaupt nicht den Sinn von Propaganda und kaum den des Aufrufs. Es trachtet auszusagen, was alle wissen und zu wissen sich verbieten, es will nicht durch versierte Aufdeckung von Zusammenhängen imponieren, die nur die Mächtigen wissen. Der stellungslose Politiker der Massenpartei aber, dessen rhetorisches Pathos vom starken Arm verklungen ist, ergeht sich heute in Statistik, Nationalökonomie und inside stories. Seine Rede ist nüchtern und wohlinformiert geworden. Er behält den angeblichen Kontakt mit der Arbeiterschaft und drückt sich in Exportziffern und Ersatzstoffen aus. Er weiß es besser als der Faschismus und berauscht sich masochistisch an den Tatsachen, die ihn doch verlassen haben. Wenn man sich schon auf gar nichts Gewaltiges mehr berufen kann, muß die Wissenschaft herhalten.

Wem an der menschlichen Einrichtung der Welt liegt, der kann auf keine Appellationsinstanz blicken: weder auf bestehende noch auf zukünftige Macht. Die Frage, was »man« mit der Macht anfangen soll, wenn man sie einmal hat, dieselbe Frage, die für die Bürokraten der Massenpartei höchst sinnvoll war, verliert im Kampf gegen sie ihre Bedeutung. Die Frage setzt den Fortbestand dessen voraus, was verschwinden soll: die Verfügungsgewalt über fremde Arbeit. Wenn die Gesellschaft in Zukunft wirklich nicht mehr durch vermittelten oder unmittelbaren Zwang funktionieren, sondern aus Übereinkunft sich selbst bestimmen wird, so lassen die Ergebnisse der Übereinkunft sich nicht theoretisch vorwegnehmen. Entwürfe für die Besorgung der Wirtschaft über das hinaus, was im Staatskapitalismus schon vorliegt, können einmal nützlich werden. Das Nachdenken heute, das der veränderten Gesellschaft dienen soll, darf aber nicht überspringen, daß in der klassenlosen Demokratie das Ausgedachte weder durch Gewalt noch durch Routine vorweg zu oktroyieren ist, sondern seiner Substanz nach der Übereinkunft selber vorbehalten bleibt. Dies Bewußtsein wird keinen, der zur Möglichkeit der veränderten Welt steht, davon abhalten, zu überlegen, wie die Menschen am raschesten ohne Bevölkerungspolitik und Strafjustiz, ohne Musterbetriebe und unterdrückte Minoritäten leben können. Zwar ist es fraglicher, als neuhumanistische Deutsche sich ahnen lassen, ob die Absetzung der autoritären Bürokratien mit Volksfesten der Rache verbunden sein wird. Wenn aber die Entmachtung der Herrschenden sich nochmals unter Terrorakten vollzieht, so werden die Vereinzelten leidenschaftlich darauf dringen, daß sie ihre Bestimmung erfüllt. Nichts auf der Erde vermag länger die Gewalt zu rechtfertigen, als daß es ihrer bedarf, das Ende der Gewalt herbeizuführen. Wenn die Gegner damit recht haben, daß nach dem Sturz des faschistischen Terrorapparates nicht bloß für einen Augenblick sondern für die Dauer das Chaos anbräche, bis ein neuer an seine Stelle tritt, so ist die Menschheit verloren. Die Behauptung, daß ohne neue autoritäre Bürokratie die Maschinen, die Wissenschaft, die technischen und administrativen Methoden, die gesamte Versorgung, zu der man im autoritären Staat gekommen ist, vernichtet würden, ist ein Vorwand. Ihre erste Sorge, wenn sie an die Freiheit denken, ist die neue Strafjustiz, nicht ihre Abschaffung. »Die Massen«, heißt es in einem Pamphlet mit ›Schulungsmaterial‹, »werden die Unterdrücker anstelle der politischen Gefangenen in die Gefängnisse setzen.« Fachleute der Repression werden sich jedenfalls in Mengen zur Verfügung stellen. Ob sich das wieder verfestigt, hängt von den Nichtfachleuten ab. Um so bescheidener kann die Rolle der Spezialisten sein, als die Produktionsweise gar nicht so sehr anders weitergehen muß als die im integralen Etatismus schon entwickelte. Der Staatskapitalismus erscheint zuweilen fast als Parodie der klassenlosen Gesellschaft. Der Anzeichen freilich, daß auch seine zentralistische Produktionsweise aus technischen Gründen sich überlebt, sind nicht wenige. Wenn kleine Einheiten gegenüber der zentralen Instanz in der modernen industriellen Produktion und Strategie an Bedeutung zunehmen, so daß Elitearbeiter von der zentralistischen Spitze immer besser gefüttert werden müssen, so ist dies der sichtbare Ausdruck einer allgemeinen ökonomischen Umwälzung. Die Degradierung der Einzelnen zu bloßen Reaktionszentren, die auf alles ansprechen, bereitet zugleich ihre Emanzipation vom zentralen Kommando vor.

Auch die perfekten Waffen, die der Bürokratie zur Verfügung stehen, vermöchten die Veränderung nicht dauernd abzuwehren, hätten sie nicht eine andere als bloß unmittelbare Kraft. In Angst hat sich das Individuum historisch konstituiert. Es gibt eine Verstärkung der Angst über die Todesangst hinaus, vor der es sich wieder auflöst. Die Vollendung der Zentralisation in Gesellschaft und Staat treibt das Subjekt zu seiner Dezentralisation. Sie setzt die Lähmung fort, in die der Mensch durch seine steigende Entbehrlichkeit, durch seine Trennung von der produktiven Arbeit, durch das dauernde Zittern um die erbärmliche Notstandshilfe im Zeitalter der großen Industrie bereits geraten war. Der Gang des Fortschritts erscheint den Opfern so, als käme es für ihre Wohlfahrt auf Freiheit und Unfreiheit kaum mehr an. Es geht der Freiheit wie nach Valéry der Tugend. Sie wird nicht bestritten, sondern vergessen und allenfalls einbalsamiert wie die Parole der Demokratie nach dem letzten Krieg. Man ist sich darüber einig, daß das Wort Freiheit nur mehr als Phrase gebraucht werden darf, sie ernst nehmen gilt als utopisch. Einmal half die Kritik an der Utopie dazu, daß der Gedanke der Freiheit der ihrer Verwirklichung blieb. Heute wird die Utopie diffamiert, weil keiner mehr so recht die Verwirklichung will. Sie erdrosseln die Phantasie, der schon Bebel nicht hold war.[9] Wenn in Reichweite der Gestapo der Schrecken wenigstens auch subversive Tendenzen zeitigt, so unterhält er jenseits der Grenzen einen heillosen Respekt vor der Ewigkeit des Zwangs. Anstelle des antisemitischen, unnachgiebigen, aggressiven Staatskapitalismus wagt man

9 Vgl. Bebel, a.a.O., S. 141f.

gerade noch, sich einen zu erträumen, der von Gnaden der älteren Weltmächte das Volk verwaltet. »Es gibt keinen Sozialismus, der anders als durch autoritäre Mittel realisierbar wäre«, ist der Schluß, zu dem der Nationalökonom Pirou gelangt.[10] »In unserer Epoche wird die Autorität vom Staat im Rahmen der Nation ausgeübt. Der Sozialismus kann somit, auch wenn er internationalistisch ausgerichtet ist, in seinem Aktionsprogramm heute einzig national sein.« Nicht anders als der Beobachter denken die unmittelbar Interessierten. Wie ehrlich sie die »Arbeiterdemokratie« im Sinn haben mögen, die diktatorischen Maßnahmen, die deren Sicherung dienen sollen, die »Ersetzung« des heutigen Apparats durch den zukünftigen, der Glaube an die »Führungsqualität« der Partei, kurz die Kategorien der wahrscheinlich notwendigen Repression decken so genau den realistischen Vordergrund, daß das Bild am Horizont, auf das die sozialistischen Politiker hinweisen, als Fata Morgana verdächtig ist. Wie jene liberalen Kritiker des Strafvollzugs, die eine bürgerliche Revolution ins Justizministerium beruft, gewöhnlich nach zwei Jahren müde werden, weil an der Macht der Provinzbeamten ihre Kräfte erlahmen, scheinen die Politiker und Intellektuellen durch die Zähigkeit des Bestehenden zermürbt zu sein. Vom Faschismus und mehr noch vom Bolschewismus wäre zu lernen gewesen, daß eben, was der nüchternen Sachkenntnis verrückt erscheint, zuweilen das Gegebene ist und die Politik, nach einem Hitlerschen Wort, nicht die Kunst des Möglichen sondern des Unmöglichen. Zudem ist, worum es geht, lang nicht so wider die Erwartung, wie man gern glauben machte. Damit die Menschen einmal solidarisch ihre Angelegenheiten regeln, müssen sie sich weit weniger verändern, als sie vom Faschismus geändert wurden. Es wird sich zeigen, daß die bornierten und verschlagenen Wesen, die heute auf menschliche Namen hören, bloße Fratzen sind, bösartige Charaktermasken, hinter denen eine bessere Möglichkeit verkommt. Sie zu durchdringen muß die Vorstellung eine Kraft besitzen, die ihr freilich der Faschismus entzogen hat. Sie wird von der Anstrengung absorbiert, deren jeder einzelne bedarf, um weiter mitzumachen. Aber die materiellen Bedingungen sind erfüllt. Bei

10 Gaétan Pirou, *Neo-Liberalism, Neo-Corporatism, Neo-Socialism*, Paris 1939, S. 173.

aller Notwendigkeit von Übergang, Diktatur, Terrorismus, Arbeit, Opfer hängt das andere einzig noch vom Willen der Menschen ab. Was vor wenigen Jahrzehnten offiziell als unüberwindliche technische oder organisatorische Schranke verkündet wurde, ist, für jeden sichtbar, durchbrochen. Daher wurden die simplen Wirtschaftslehren, die so kurze Beine hatten, durch philosophische Anthropologien abgelöst. Wenn man Strümpfe aus der Luft machen kann, muß man schon zum Ewigen im Menschen greifen, nämlich psychologische Wesenheiten als Invarianten verklären, um die Ewigkeit der Herrschaft darzutun.

Daß selbst die Feinde des autoritären Staats Freiheit nicht mehr denken können, zerstört die Kommunikation. Sprache ist fremd, in der man nicht seinen eigenen Impuls erkennt oder die ihn nicht entzündet. Darum gibt die nichtkonformistische Literatur der Bourgeoisie ihr heute nicht einmal mehr ein Ärgernis; sie hat Tolstoi auf den Tonfilm und Maupassant in den Drugstore gebracht. Nicht bloß die Kategorien, in denen die Zukunft darzustellen, auch die, in denen die Gegenwart zu treffen ist, sind ideologisch geworden. So unmittelbar ist die Verwirklichung schon heute spruchreif, daß man nicht mehr sprechen kann. Mit Recht erweckt der Gedanke, der schwer nutzbar zu machen und zu etikettieren ist, stärkeres Mißtrauen bei den Instanzen von Wissenschaft und Literatur als das Bekenntnis selbst zu einer marxistischen Doktrin. Die Geständnisse, zu denen man ihn unter dem Vorfaschismus durch gütliches Zureden verlokken möchte, um ihn nachher für immer los zu sein – heraus mit der Sprache! – wären nutzlos auch für die Beherrschten. Die Theorie hat kein Programm für die nächste Wahlkampagne, ja noch nicht einmal eines für den Wiederaufbau Europas, den die Fachmänner schon besorgen werden. Der Bereitschaft zum Gehorsam, die sich auch an das Denken heranmacht, vermag sie nicht zu dienen. Bei aller Eindringlichkeit, mit der sie den Gang des gesellschaftlichen Ganzen bis zu den feinsten Differenzen zu verfolgen sucht, kann sie den einzelnen die Form ihrer Resistenz gegen das Unrecht nicht vorschreiben. Denken selbst ist schon ein Zeichen der Resistenz, die Anstrengung, sich nicht mehr betrügen zu lassen. Denken steht nicht gegen Befehl und Gehorsam schlechthin, sondern setzt sie jeweils zur Verwirklichung der Freiheit in Beziehung. Gefährdet ist diese Beziehung. Das auszudrücken, was den Revolutionären in den letzten Jahrzehnten geschehen ist, sind soziologische und psychologische Begriffe zu oberflächlich: die Intention auf Freiheit ist beschädigt, ohne die weder Erkenntnis noch Solidarität noch ein richtiges Verhältnis zwischen Gruppe und Führer denkbar ist.

Wenn es kein Zurück zum Liberalismus gibt, so scheint die richtige Form der Aktivität die Förderung des Staatskapitalismus zu sein. Daran mitzuarbeiten, ihn auszubreiten und überall bis zu den avanciertesten Formen weiter zu treiben, biete den Vorzug der Fortschrittlichkeit und alle Gewähr des Erfolges, die man für die politique scientifique nur wünschen mag. Weil das Proletariat von den alten Mächten nichts mehr zu erwarten habe, bleibe nichts übrig als der Bund mit den neuen. Damit, daß die Planwirtschaft, die die Führer und Väter der Völker machen, von der sozialistischen weniger entfernt ist als der Liberalismus, soll das Bündnis von Führern und Proletariern begründet werden. Es sei sentimental, der Erschlagenen wegen sich dauernd negativ zum Staatskapitalismus zu stellen. Die Juden seien schließlich meistens Kapitalisten gewesen, und die kleinen Nationen hätten keine Existenzberechtigung mehr. Der Staatskapitalismus sei das heute Mögliche. Solange das Proletariat seine eigene Revolution nicht mache, sei ihm und seinen Theoretikern keine Wahl gelassen, als dem Weltgeist auf dem Weg zu folgen, den er nun einmal gewählt hat. Solche Stimmen, an denen es nicht fehlt, sind nicht die dümmsten, nicht einmal die unehrlichsten. Soviel ist wahr, daß mit dem Rückfall in die alte Privatwirtschaft der ganze Schrecken wieder von vorne unter veränderter Firma beginnen würde. Aber das historische Schema solcher Raisonnements kennt nur die Dimension, in der sich Fortschritt und Rückschritt abspielt, es sieht vom Eingriff der Menschen ab. Es veranschlagt sie bloß als das, was sie im Kapitalismus sind: als soziale Größen, als Sachen. Solang die Weltgeschichte ihren logischen Gang geht, erfüllt sie ihre menschliche Bestimmung nicht.

Vernunft und Selbsterhaltung

(1942)

Die Stammbegriffe der westlichen Zivilisation sind dabei, zu zerfallen. Die neue Generation setzt nicht mehr viel Vertrauen in sie. Vom Faschismus wird sie im Verdacht bestärkt. Die Frage ist an der Zeit, wieweit die Begriffe noch haltbar sind. Zentral ist der Begriff der Vernunft. Das Bürgertum kennt keine höhere Idee. Vernunft sollte die Beziehungen der Menschen regeln, jede Leistung begründen, die von Individuen gefordert wurde, es wäre denn Sklavenarbeit. In ihrer Lobpreisung stimmten Aufklärer und Kirchenväter überein. »Das unbegreifliche Geschenk der Gottheit an die Menschheit« nennt sie Voltaire, »den Ursprung aller Gesellschaft, jeder Institution, jeder Ordnung«[1]. Um die Vernunft nicht zu entehren, dürfe man selbst schlechte Menschen nicht mit den Tieren vergleichen, sagt Origenes.[2] Vernunft liege den Ordnungen der Natur zugrunde. Auf die Vernunft sollten die Verfassungen der Völker und ihre Einrichtungen gegründet sein. Dem Altertum gilt sie als meisterhafter Schöpfer.[3] Trotz aller Rückfälle, dunklen Perioden und Umwege ist es nach Kant der Weltgeschichte geheimer Sinn, zum Sieg der Vernunft zu führen.[4] Mit ihr waren die Begriffe der Freiheit, Gerechtigkeit und Wahrheit verknüpft. Sie galten als Ideen, die der Vernunft eingeboren sind, von ihr erschaut oder notwendig gedacht werden. Das Zeitalter der Vernunft ist der Ehrentitel, den das Bürgertum für seine Welt in Anspruch nahm.

Bürgerliche Philosophie – es gibt keine andere, denn das Denken kommt in den Städten auf – ist ihrem Wesen nach rationalistisch.

1 ›Dialogue d'Ephémère‹. *Œuvres complètes*, Garnier Frères, Paris 1880, Tome 30, S. 488.

2 Cf. Origenes gegen Celsus, IV, 26. *Des Origenes Ausgewählte Schriften*, Bd. II, in: *Bibliothek der Kirchenväter*. München 1926, S. 326.

3 Cf. Aristoteles, *Politik*, I, 1260 a 18.

4 Cf. Kant, *Idee zu einer allgemeinen Geschichte in weltbürgerlicher Absicht*, Neunter Satz, Akademieausgabe Band VIII, S. 30.

Aber der Rationalismus kehrt sich gegen sein eigenes Prinzip und schlägt immer wieder in die Skepsis zurück. Welche Nuance, die dogmatische oder die skeptische, in einer Philosophie vorherrschte, hat über ihre Beziehung zu den gesellschaftlichen Mächten entschieden. Der Begriff der Vernunft hat von Anfang an zugleich den der Kritik in sich eingeschlossen. Unter Berufung auf Untrüglichkeit, Strenge, Klarheit und Deutlichkeit, die der Rationalismus selbst als Kriterien vernünftiger Erkenntnis aufstellte, traten ihm die skeptischen und empiristischen Lehren entgegen. Die Platonische Akademie wurde zu Lebzeiten ihres Stifters von der Sokratischen Linken der Superstition geziehen und ging dann selbst in Skepsis über. Dem Rationalismus Thomas von Aquins standen Siger von Brabant und Roger Bacon entgegen, bis sein eigener Orden mit Duns Scotus empiristischen Tendenzen Raum gab. Wider Descartes' Lehre von der geistigen Natur des Menschen erhoben fortschrittliche und reaktionäre Denker Einspruch: die materialistischen Ärzte und Gassendi, der Jesuit. Descartes' deduktives System enthält Vernunft als dieselbe Einheitlichkeit, die in der französischen Verwaltung gegen dissentierende Feudale sich durchsetzte. Frankreich meldet im siebzehnten Jahrhundert als sein Prinzip den straffen Zentralismus an, der ihm dann im zwanzigsten als Faschismus den Garaus macht. Der Skeptizismus aber gehört schon seit Beginn dazu. Er bezeichnet die Beschränkung der bürgerlichen Rationalität aufs Bestehende. Das deduktive System entwirft keine Utopie, seine allgemeinen Begriffe meinen nicht die Universalität der Freiheit, sondern der Kalkulation. Dabei hält sie der Skeptizismus fest. Kant bekam selbst in Deutschland zu hören, daß seine Lehre »sich ohne Fug und Recht und also prahlerischer Weise eines Siegs über Humes Skeptizismus rühme« [5].

Heute hat die skeptische Reinigung vom Vernunftbegriff nicht viel übriggelassen. Er ist abgebaut. Indem die Vernunft die Begriffsfetische zerstört, kassiert sie schließlich den Begriff ihrer selbst. Ehemals war sie das Organ der ewigen Ideen, denen Irdisches nur wie

5 Gottlob Ernst Schulze, *Aenesidemus oder über die Fundamente der von dem Herrn Professor Reinhold in Jena gelieferten Elementarphilosophie. Nebst einer Verteidigung des Skeptizismus gegen die Anmaßungen der Vernunftkritik*. 1792. In den Neudrucken der Kantgesellschaft, Berlin 1911, S. 135.

Schatten gleichen sollte. Die Vernunft sollte in den Ordnungen des Seins sich wiedererkennen, die unverrückbare Form der Wirklichkeit entdecken, in der die göttliche Vernunft zum Ausdruck kam. Durch die Jahrtausende haben die Philosophen solche Erkenntnis zu besitzen geglaubt. Jetzt sind sie eines Besseren belehrt. Keine der Kategorien des Rationalismus hat überlebt. Geist, Wille, Endursache, transzendentale Erzeugung, eingeborene Prinzipien, res extensa und res cogitans gelten der modernen Wissenschaft als Spuk, mehr noch als dem Galilei die Schrullen der Scholastik. Die Vernunft selbst erscheint als der Sprachgewohnheit entstiegenes Gespenst. Nach der neuesten logischen Auffassung ist die Grammatik der Umgangssprache noch immer dem animistischen Stadium angepaßt. Modalitäten, Zustände und Tätigkeiten mache sie zu Subjekten, so daß in ihr das Leben rufen, die Pflicht gebieten und das Nichts drohen könne. So komme auch Vernunft dazu, Entdeckungen zu machen, befriedigt zu werden, als eine und dieselbe in allen Menschen zugleich zu sein. Solche Vernunft gilt heute als sinnloses Zeichen. Sie steht da, eine allegorische Figur ohne Funktion. Sie, die ehemals bedeutungsverlassene historische Bruchstücke als Zeichen einer tieferen Einsicht verstand[6], kann sich selbst keinen Sinn mehr verleihen. Mit der Vernunft sind alle Ideen kompromittiert, soweit sie über die gegebene Wirklichkeit hinausweisen. Danach hat es wenig Wert, in humanitären Reden und Pamphleten Freiheit und Menschenwürde, selbst Wahrheit ins Feld zu führen; ihre Namen erwecken bloß den Argwohn, daß ernsthafte Gründe mangeln oder verschwiegen werden. Berufen Politiker heute sich auf Gott, so weiß man wenigstens, daß sie für furchterregende irdische Kräfte sprechen; appellieren die Unterliegenden an Vernunft, so gestehen sie bloß ihre Ohnmacht ein.

Trotz allem ist Vernunft nicht überhaupt aus einem zeitbewußten Vokabular gestrichen, wie etwa die Menschenrechte der französischen Revolution, mit denen ihr Begriff verknüpft war. Sie ist nur radikaler als je auf ihre instrumentale Bedeutung zurückgeführt. Verflogen sind die Thesen der rationalistischen Metaphysik, geblieben ist das zweckgerichtete Verhalten. »Das Wort Vernunft«,

6 Cf. Walter Benjamin, *Ursprung des deutschen Trauerspiels*. Berlin 1928, S. 182–183.

schrieb Locke[7], »hat im Englischen verschiedene Bedeutungen; zuweilen versteht man darunter richtige und klare Prinzipien, zuweilen klare und redliche Ableitungen aus diesen Prinzipien, und zuweilen die Ursache, insbesondere die Endursache.« Er fügt vier Stufen der Vernunfttätigkeit hinzu: die Auffindung neuer Wahrheiten, ihre übersichtliche Anordnung, Feststellung ihrer Zusammenhänge, und die Ableitung der Konsequenzen.[8] Abgesehen von der Endursache gelten diese Funktionen auch heute noch für rational. Vernunft in diesem Sinn ist in der modernen Kriegsführung so unentbehrlich wie sie bei der Leitung von Geschäften schon immer war. Ihre Bestimmungen, in eine zusammengefaßt, sind die optimale Anpassung der Mittel an den Zweck, das Denken als arbeitsparende Funktion. Sie ist ein Instrument, hat den Vorteil im Auge, Kälte und Nüchternheit als Tugenden. Der Glaube an sie beruht auf zwingenderen Motiven als auf Thesen der Metaphysik. Wenn zuweilen auch der Diktator der Vernunft gut zuredet, so meint er, daß er die meisten Tanks besitzt. Er war vernünftig genug, sie zu bauen; die anderen sollen vernünftig genug sein nachzugeben. Gegen solche Vernunft zu verstoßen ist der Frevel schlechthin. Auch sein Gott ist die Vernunft.

So eng wie sie darin an Praxis sich gebunden zeigt, ist sie es von je gewesen. Menschliche Zwecke liegen nicht unmittelbar in der Natur. Nur auf dem Weg über gesellschaftliche Instanzen kann der Einzelne seine natürlichen Bedürfnisse erfüllen. Tiere suchen ihre Nahrung, fliehen ihren Feind. Menschen verfolgen ihren Zweck. Der Nutzen ist eine gesellschaftliche Kategorie; ihn hat Vernunft in der Klassengesellschaft im Auge. Sie ist die Weise, wie das Individuum in ihr sich durchsetzt oder anpaßt, wie es seinen Weg macht. Sie begründet die Unterordnung des Einzelnen unter das Ganze, soweit seine Macht nicht ausreicht, es zu seinen Gunsten zu verändern, soweit das Individuum allein verloren ist. Was bei den Primitiven durch Instinkt sich vollzog: der Einsatz des Einzelnen für die Gesamtheit, geschieht in der bürgerlichen Gesellschaft, der Tendenz nach, durch das Bewußtsein der Individuen von ihrem Nut-

7 *Über den menschlichen Verstand*, übersetzt von Th. Schultze, Reclam, Leipzig o. J., IV. Buch, 17. Kapitel, § 1; Band 2, S. 373.
8 Loc. cit., § 3, S. 375.

zen. Der griechische Idealismus selbst war pragmatisch. Sokrates erklärte das Gute für dasselbe wie das Nützliche, das Schöne für nichts anderes als das Brauchbare[9], und Platon und Aristoteles sind ihm gefolgt. Wie sie jedoch den Nutzen als Prinzip der Vernunft behaupten, stellen sie den der Gesamtheit voran. Platon verwirft den Einwand, daß die Wächter seines utopischen Staates bei all ihrer Macht vielleicht nicht glücklich seien. Die Seligkeit des Machtbesitzes war ihm nicht verborgen. Überhaupt komme es jedoch gar nicht auf eine Gruppe, sondern auf das Wohlergehen der Gesamtheit an.[10] Ohne die Gesamtheit ist das Individuum nichts. Vernunft ist die Art und Weise, wie das Individuum in seinen Handlungen den Ausgleich zwischen seinem eigenen Nutzen und dem der Gesamtheit herstellt.

Die Anwesenheit des allgemeinen im besonderen Interesse, die Vorstellung ihrer Harmonie war das Ideal der griechischen Stadt. Die Städte des Mittelalters und die Politiker der beginnenden Neuzeit haben es übernommen. Wer unter Menschen leben will, muß den Gesetzen gehorchen. Darauf läuft die weltliche Moral des Abendlandes hinaus. Solange wir nicht zur Religion unsere Zuflucht nehmen, meint Montaigne unter Bezug auf Sokrates, haben wir nur den einen Leitfaden, daß »jeder allgemein die Gesetze seines Landes befolgt«[11]. Das sei der Ratschlag der Vernunft. In diesem einen Punkt stimmt selbst De Maistre mit der französischen Revolution überein. »Die Regierung ist eine wahre Religion: sie hat ihre Dogmen, ihre Mysterien, ihre Priester... Das erste Bedürfnis des Menschen ist, daß seine erwachende Vernunft... sich verliere in der nationalen, damit sie seine individuelle Existenz in eine andere allgemeine verwandle, wie ein Fluß, der sich in den Ozean stürzt, zwar immer in den Wassermassen noch existiert, aber ohne Namen und unterschiedene Wirklichkeit... Was ist der Patriotismus? – Es ist diese nationale Vernunft, von der ich spreche, die individuelle Selbstverneinung.«[12]

9 Cf. Xenophon, ›Memorabilia‹ IV, 6. Cf. E. Zeller, *Die Philosophie der Griechen*, II, 1, Leipzig 1921, S. 151 ff.

10 Platon, *Republik*, Anfang des IV. Buches. *Sämtliche Werke* Band II, Phaidon Verlag, Wien 1925, S. 188–189.

11 *Les Essais de Montaigne*, ed. Villey, Paris 1930, Tome II, ch. 12, p. 491–494.

12 De Maistre, ›Etude sur la Souveraineté‹, *Œuvres complètes*, Lyon 1891, Tome I, p. 367–377.

Sie war auch in den ihm verhaßten Kulten der Revolution gemeint. Die Religion der Vernunft, sagt Mathiez, der Apologet Robespierres, ist so intolerant wie die alte Religion. »Sie läßt keinen Widerspruch zu, fordert Eide, sie macht sich obligatorisch durch das Gefängnis, die Verbannung oder das Schafott. Wie die andere verkörpert sie sich in heiligen Zeichen, in bestimmten und ausschließlichen Symbolen, die von argwöhnischer Frömmigkeit umgeben sind.«[13] Die Gegner stimmen darin überein mit allem bürgerlichen Tiefsinn, auch dem Hegels; die Einheit der Epoche läßt die Differenz der Meinung vollends zurücktreten. Die Begeisterung der Gegenrevolutionäre und der Volksmänner haben nicht nur den Glauben ans Schafott gemein, sondern auch den, daß die Vernunft jederzeit, zumal von den Ärmsten, den Verzicht aufs Denken fordern dürfe. De Maistre, ein verspäteter Absolutist, predigt mit Hobbes die Abschwörung des eigenen Urteils für alle Zeit, aus Vernunft. Die anderen setzten die demokratische Kontrolle ein.

Das Individuum hat sich Gewalt anzutun. Es soll begreifen, daß das Leben der Gesamtheit die notwendige Bedingung seines eigenen sei. Aus vernünftiger Einsicht soll es die widerstrebenden Gefühle und Instinkte meistern. Erst die Hemmung der Triebe ermögliche menschliche Zusammenarbeit. Die Hemmung, die ursprünglich von außen kommt, soll vom eigenen Bewußtsein gesetzt werden. In der Antike war das Prinzip schon völlig ausgebildet. Der Fortschritt lag in seiner gesellschaftlichen Expansion. Die Arbeit der Sklaven war durch äußere Gewalt erzwungen. In der christlichen Ära soll jeder es sich selber zumuten. Die Reformation hat schließlich die Instanz von der Kirche ins Gewissen verlegt. Für die drunten freilich galt die Harmonie von Allgemeinem und Besonderem nur als Forderung. Sie waren von jenem Allgemeinen ausgenommen, das sie zu ihrer Sache machen sollten. Daß es für sie eigentlich nie vernünftig war, den Triebverzicht zu leisten, bedeutet, daß sie von der Zivilisation nie wirklich erreicht worden sind. Sie sind immer noch soziale Wesen durch Gewalt. Das liefert die Basis der Diktaturen. Die Bürger dagegen erkannten in politischen und spirituellen, in äußeren und inneren Obrigkeiten mit Recht ihre eigene Agentur. Sie

13 A. Mathiez, *Contributions à l'Histoire religieuse de la Révolution Française*, Paris 1907, p. 32.

verwirklichten für sich die Idee der rationalen Zivilisation; ihre Soziabilität ging aus der Erkenntnis des individuellen Interesses hervor. Im Bewußtsein solcher Harmonie konnte schon der Herrscher der erste Diener des Staates heißen, bis dann die sich selbst verwaltende Nation anstelle des Absolutismus trat. Auch die Massen haben politische Rechte in ihr. Der demokratische Staat soll der Idee nach die griechische Polis ohne Sklaven sein.

Wie sehr mit dem Individuum auch das Prinzip der Gesellschaft notwendig sogleich gesetzt ist, so bleibt das Selbstinteresse des bürgerlichen Individuums doch dessen rationales Kriterium. Die Schwierigkeiten der rationalistischen Philosophie entspringen insgeheim darin, daß die Allgemeinheit, die man der Vernunft zuschreibt, nichts anderes als die Übereinstimmung der Interessen aller Individuen bedeuten kann, während die Gesellschaft immer noch in Klassen aufgespalten ist. Weil die Allgemeinheit die Übereinstimmung der Interessen in einer Welt hypostasiert, in der sie noch unversöhnlich divergieren, trägt die theoretische Berufung aufs Allgemeine der Vernunft stets Züge der Unwahrheit, der Repression. Die Achtung vor der Vernunft als solcher setzt die Gegebenheit der richtigen Gesellschaft, die Wirklichkeit der Polis ohne Sklaven voraus. Daher haben die Empiristen gegen die Rationalisten recht, deren Idee die bürgerliche Gesellschaft freilich transzendiert. Die Rationalisten haben gegen die Empiristen recht, indem sie die Solidarität der Menschen, die sich in der bürgerlichen Gesellschaft nur gewaltsam und destruktiv durchsetzt, dieser im Begriff der Autonomie und Allgemeinheit positiv vorhalten. In der Praxis freilich fungierte das zum Positiven verklärte Allgemeine, die als Freiheit verkündete Notwendigkeit, als Apologie.

Daß die Vernunft beim Bürger schon immer durch Beziehung zur individuellen Selbsterhaltung definiert gewesen sei, läuft scheinbar Lockes exemplarischer Bestimmung zuwider, derzufolge Vernunft die Leitung der intellektuellen Tätigkeit bezeichnet, gleichgültig welchen Zwecken diese immer dienen möge. Aber die Vernunft ist weit entfernt davon, mit dieser Lossage von jedem bestimmten Zweck aus dem Bann des Selbstinteresses der Monade herauszutreten; sie bildet vielmehr nur Prozeduren aus, jedem beliebigen Zweck der Monade desto willfähriger zu dienen. Die anwachsende formale Allgemeinheit der bürgerlichen Vernunft bedeutet nicht das anwachsende Bewußtsein der universalen Solidarität. Sie drückt gerade die skeptische Trennung von Denken und Gegenstand aus. Das Denken wird, was es am Aristotelischen Anfang empirischer Wissenschaft war, ein »Organon«. Bei Locke, eigentlich selbst bei Kant, ist es zur beziehungslosen Instanz geworden, die nicht länger ihre Gegenstände konkret denkt, sondern sich begnügt, sie zu ordnen, zu klassifizieren. Mit dem Durchdringen des Nominalismus setzt sich auch sein vermeintlicher Gegensatz, der Formalismus, durch. Indem die Vernunft entschlossen sich dabei bescheidet, in den Objekten ein für allemal nur eine fremde Vielheit, ein »Chaos« zu sehen, konstituiert sie sich als eine Art Büromaschine, die analytische Urteile zurichtet. Den nivellierten Gegenständen gegenüber, auf deren eigenes Sosein die Praxis der allgemeinen Meßbarkeit am Geld keine Rücksicht mehr nimmt, wird die Erkenntnis zur Registrierung und ihr Fortgang zur technischen Umformung der einmal geleisteten Subsumtion. Die Species konnte in der neueren Philosophie zum Ordnungsbegriff werden, weil auf dem Markt die alte Ordnung des Spezifischen hinter dem Tauschwert verschwand. Je unqualifizierter die Realität sich selbst erfährt, desto ungehemmter läßt sie sich manipulieren. Das wird in der Konvergenz von Empirismus und Formalismus angezeigt. Nähe so wenig wie Distanz zu den Dingen wird gewahrt, sie werden nicht verstanden und nicht respektiert. Noch die sogenannte Weltoffenheit des Pluralismus der Zwecke ist Ideologie. Nach der pluralistischen Doktrin besteht zwischen den theoretischen Urteilen und dem Reich der Zwecke eine Kluft. Die Zwecke entsprängen der Willkür, im Denken herrsche Notwendigkeit. Das Werturteil habe mit Vernunft und Wissenschaft nichts zu tun. Das Subjekt setze nach Gutdünken das Ziel: ob es die Risiken der Freiheit auf sich nehmen wolle oder die des Gehorsams, ob ihm Demokratie oder Faschismus lieber sei, ob es Aufklärung oder Autorität, Massenkunst oder Wahrheit vorziehe. Wahlfreiheit war jedoch stets auf einen Fall eingeschränkt, der nur für kleine Gruppen bestand: den Überfluß. Den Privilegierten war es möglich, unter den sogenannten Kulturgütern auszuwählen, wofern diese die Vorzensur passiert hatten, ob sie auch, sei's noch so vermittelt, mit der Herrschaft harmonierten. Sonst hat es noch keine Vielheit der Zwecke gegeben. Je näher sie der gesellschaftlichen Basis kamen, desto unmittelbarer waren sie determiniert. Gegenüber Sklaven, Leibeigenen und Massen überhaupt herrschte der konzentrierte, mit den jeweiligen materiellen und intellektuellen Machtmitteln ausgestattete Selbsterhaltungswille der Oberen, wie sehr er auch durch ihre Rivalität und Konkurrenz zersplittert war. Ob mit anderen Klassen oder Völkern verhandelt oder gekämpft, ob eine konstitutionelle Regierung errichtet oder der Herrenstandpunkt durchgehalten werden sollte, entschied sich nach dem einzigen vernünftigen Kriterium: der Erhaltung des Privilegs. Geschichtlich relevante Entschlüsse unterschieden sich durch Weitsicht oder Blindheit, nicht durch die Natur ihres Ziels. Der wahre Pluralismus gehört dem Begriff einer zukünftigen Gesellschaft an.

Die Vielheit der charakterologischen Züge selbst entspringt heute bloß aus dieser einen Wurzel, der Selbsterhaltung. Vornehmheit, Haltung, Anstand, Ritterlichkeit sind bislang wirklich, wozu der Pragmatismus sie machen möchte, habituell gewordene Formen der Anpassung des Individuums an die gesellschaftliche Situation. Irgendwann einmal war auf ein anderes Verhalten als das, welches in solchen Eigenschaften sich inzwischen verfestigt hat, der Sturz in die tiefere Klasse gesetzt. Sie tragen auch heute, da sie als Rudimente alter Gesellschaftsformen sich im individuellen Charakter niedergeschlagen haben, den Index jenes Zustandes an sich, in dem die Individuen ohne sie verloren waren. Mit ihrer Zweckmäßigkeit verlieren sie ihre Kraft. Wie die Ornamente an Gebrauchsdingen auf vergangene Produktionstechniken verweisen, indem sie die Male von deren Unvollkommenheit als Schmuck bewahren, so überlebt in der Ohnmacht menschlicher Eigenschaften die Gewalt, welche die Herrschenden zu ihrer Zeit auch an sich verüben mußten. In den aristokratischen Eigenschaften tritt die Not nochmals ans Licht, der sie entsprungen sind, während die Form des Unrechts, das sie schufen, schon vor der zeitgemäßeren entschwunden ist. Durch ihre relative Ohnmacht in der gegenwärtigen Apparatur der Herrschaft gewinnen sie das Versöhnende der Zwecklosigkeit. Selbst die Zwecklosigkeit jedoch weiß sich in die Zwecke zu finden. Hat der Aristokrat dem Geschäftsmann den inneren Markt nicht abgewinnen können, so sucht er dafür in seinem Auftrag den Weltmarkt zu erobern. Bis zu den Revirements, die bei der Technisierung der modernen Heere unvermeidlich wurden, hielten die Adligen das Monopol, dem Bürger als seine militärischen Befehlshaber zu dienen in einer Zeit, in der bürgerliche Eigenschaften wie Sparsamkeit und Redlichkeit schon begannen, das Schicksal der aristokratischen zu teilen. Den Zauber, mit dem diese so lange umgeben waren, hatten die Feudalen vor allem dem Bestreben der Bourgeoisie zu verdanken, sich durch Verklärung ihrer Vorgänger fester ins Recht zu setzen. Sie ist mit abgetretenen Herrschaftsklassen gegen die Beherrschten solidarisch. Macht soll als ewig erscheinen, nicht als vergänglich. Es dient dem eigenen Ansehen, wenn neben bürgerlichen Funktionären wie Napoleon Bonaparte die großen Machthaber und Henker überhaupt im Pantheon der Geschichte bewundert werden. Zu Hause ahmen die Vermögenden nach, was sie Stil nennen; im Büro beachteten sie noch einen Ehrenkodex unter dem Titel der Geschäftsmoral, weil die Schicht ohne einige innere Disziplin nicht existieren konnte; gegen friedliche und kriegerische Konkurrenten draußen und gar den Feind drinnen zeigt sich, was sie in Wahrheit mit der Tradition verbindet, die totale Selbstbehauptung.

Als totale wendet sie sich auch gegen das sich behauptende Individuum selbst. Für den echten Bürger hatte das Allgemeine stets an seinem individuellen Interesse sich auszuweisen, mochte auch das Allgemeine als metaphysische Idee oder als Religion des Vaterlandes verkündet werden. Daß im Unterschied zum Tod für Moloch der fürs Vaterland vernünftig ist, liegt daran, daß auf dem modernen Schlachtfeld die Macht des Staats verteidigt werden muß, der allein die Existenz zu garantieren vermag, deren Opfer er heischt. Der nominalistisch gesäuberte Begriff der Vernunft, das Prinzip der Selbsterhaltung, hat bei allen Parteien in bürgerlicher Revolution und Gegenrevolution das Opfer, seinen eigenen Widerspruch begründet. Das Bestreben, jene transzendierenden Elemente aus der Vernunft auszuscheiden, ergreift am Ende der Neuzeit die gesamte Gesellschaft. Sie werden alle zu Nominalisten, die das unerhellte Allgemeine zum Götzen machen. Schon in heroischen Zeitaltern jedoch zerstörte das Individuum sein Leben für die Interessen und Symbole der Gruppe als der Voraussetzung seines Lebens. Von der Sippe bis zum Staat hat die Gruppe den Besitz repräsentiert. Er vermittelt für die Individuen, nachdem sie einmal das Bewußtsein des Todes als absoluter Katastrophe erlangt haben, die Vorstellung, daß sie ihn überstehen. Der Besitz dauert durch die Folge der Generationen. In feudalistischen Perioden gibt er ihnen den identischen

Namen, von dem ihr Sein und Selbstbewußtsein unablösbar ist. Der Name der Bürger emanzipiert sich von dem Ort, den sie besiedelten, und der Besitz wird zur Sache, durch deren Vererbung das abgelöste Individuum über sich hinaus greift. Mittels der bewußten Verfügung im Legat versichert das atomistische Individuum sich seiner Fortdauer nach dem Tode. Für den Staat aber, dessen Gesetze das Legat garantieren, sein Dasein preiszugeben, verstößt nicht gegen die Selbsterhaltung. Das Opfer wird rational. Die berühmten Römer, die sich der Roma darbrachten, sind schon Geschäftsleute, die sich für die Firma ruinieren.

Die Rationalität von Opfer und Triebverzicht differenzierte sich freilich genau nach dem gesellschaftlichen Status. Mit abnehmendem Besitz und geringerem Ausblick auf Glück nahm auch sie ab und der Zwang, das Opfer darzubringen, zu. Den Armen gegenüber war es stets vernünftig, der Vernunft durch irdische und himmlische Strafjustiz nachzuhelfen. Bei den anständigen Leuten wird die Vernunft triumphieren, gesteht Voltaire, »la canaille n'est pas faite pour elle«[14]. »Wir haben doch niemals beabsichtigt, Schuster und Dienstmädchen aufzuklären, das fällt Aposteln zu.«[15] Der intellektuelle Weg vom eigenen Nutzen zum Interesse an der Erhaltung der Gesellschaft in ihrer gegebenen Form war für den Angehörigen der Masse stets unabsehbar weit. Auf rationalen Triebverzicht allein war nie Verlaß. Ein Sklave, ja eine griechische Frau an der Stelle des Sokrates, der schließlich die Treue zu den Gesetzen durch seinen Tod doch über alles erhob, wären nicht Weise sondern Narren gewesen. In der Ära des Gewissens, das Sokrates verkündet hat, blieb die Rationalität relativ aufs Eigentum. Die rationale Begründung des Gehorsams bildete in den widersprechendsten Gestalten die Theorie des Staatsvertrags. Sie ist nicht darum so schlecht, weil sie als rationalistische Konstruktion die Geschichte verleugnete, vielmehr war sie der historischen Wirklichkeit nur zu adäquat. Die Vernunft des Vertrags bestand in der Übereinkunft zur Durchsetzung und Festigkeit eben der unvernünftigen Verhältnisse, auf deren Existenz die reaktionäre Kritik der Vertragstheorie sich beruft. Diese sprach die Wahrheit über die Beziehungen der Besitzenden unter-

14 Brief an D'Alembert, 4. Februar 1757, *Œuvres*, Tome 39, p. 167.
15 An denselben, 2. September 1768, *Œuvres*, Tome 46.

einander aus, auf welche die Besitzlosen verpflichtet werden sollten. Um deren materielle Wünsche in spirituelle Forderungen umzuwandeln, um sie zu den genügsamen Bauern und Arbeitern zu machen, auf denen die neuere Zivilisation basiert, hätte es freilich weder des Grotius noch des Hobbes bedurft, dafür haben Franciscus und Loyola, Luther und die Jansenisten gelebt.

Die gesellschaftliche Funktion des Protestantismus vor allem harmoniert mit der Wirksamkeit der zwecksetzenden Vernunft. Der Rationalismus darf sich über Luther ebensowenig beklagen wie über die Logiker von Port Royal. Luther nannte die Vernunft nur darum eine Bestie, weil sie die Gewalt, die das moderne Individuum sich antun muß, damals noch nicht aus eigenen Kräften hervorbringen konnte. Die religiöse Erneuerung hat den Menschen instand gesetzt, sein unmittelbares Leben entfernten Zielen unterzuordnen. Von der kindlichen Hingabe an den Augenblick haben sie die Massen zu sachlicher Erwägung, zäher Konsequenz und praktischem Verstand erzogen. Sie haben damit nicht bloß den Menschen im Widerstand gegen das Schicksal gestärkt, sondern darüber hinaus ihn befähigt, aus der Verstrickung zuweilen herauszutreten und über Eigeninteresse und Nutzen in der Kontemplation sich zu erheben. Solche kontemplativen Pausen haben jedoch nichts daran geändert, daß die Zwecke des Bestehenden immer tiefer verankert wurden. Der Protestantismus war die stärkste Macht zur Ausbreitung der kalten, rationalen Individualität. Vorher wurde im Bild des Kreuzes das Zeichen zugleich noch als Marterwerkzeug sinnlich unmittelbar angeschaut. Die protestantische Religiosität aber ist bilderfeindlich. Sie hat das Marterwerkzeug als unvertilgbaren Antrieb in die Seele des Menschen gesenkt, unter dem er nun die Werkzeuge der Aneignung von Arbeit und Lebensraum produziert. Die schlechte Verehrung der Dinge ist gebrochen und das Kreuz verinnerlicht, aber die Weltlichkeit, die dafür erstand, ist nun erst recht von den Dingen abhängig. Anstelle der Werke um der Seligkeit willen trat das Werk um des Werkes, der Profit um des Profits, die Herrschaft um der Herrschaft willen; die ganze Welt wurde zum bloßen Material. Fichte spricht das Prinzip des Protestantismus aus und ist dabei kein Verräter an dem des Rationalismus. Auch die protestantische Religion mag das Opium des Volkes gewesen sein, aber ein Opium, durch das es jenen vom Rationalismus verordneten Eingriff ertragen hat: die industrielle Revolution an Leib und Seele. Von Leonardo führte kein anderer Weg zu Henry Ford als der über die religiöse Introversion. Sie erzeugte den maschinenhaften Fleiß und die lenkbare Solidarität, wie sie auch im Sinne der weitgespannten ratio lagen, deren Anforderungen die Kräfte der Menschen überstiegen. Der theokratische Irrationalismus Calvins enthüllt sich schließlich als die List der technokratischen Vernunft, die ihr Menschenmaterial erst zu präparieren, ja zu produzieren hatte. Elend und qualifizierte Todesstrafen allein reichten nicht aus, die Arbeiter zum Fortschritt ins Industriezeitalter anzutreiben. Mittels der erneuerten Religion wurde der Schrecken durch die Sorge um Weib und Kind ergänzt, in welcher die moralische Selbständigkeit des verinnerlichten Subjektes eigentlich besteht. Am Ende behalten die Menschen als rationale Form der Selbsterhaltung die freiwillige Fügsamkeit übrig, die so indifferent gegen den politischen wie gegen den religiösen Inhalt ist. Durch sie verliert das Individuum die Freiheit, ohne sie das Dasein im totalitären Staat. Die Autonomie des Individuums entfaltet sich zu dessen Heteronomie.

Die neue Ordnung bezeichnet einen Sprung in der Transformation der bürgerlichen in unvermittelte Herrschaft und setzt doch die bürgerliche fort. Die Nationalsozialisten fallen aus der Entwicklung nicht heraus, wie die Rede, sie seien Gangster, es unterstellt. Sind sie schon Gangster, so nehmen sie eine Tendenz der monopolistischen Periode auf, in der jeder wirtschaftliche Außenseiter gleichsam als gesetzlos galt. Die These vom Gang ist weit ernster zu nehmen, als die Entrüstung es vermag, die an die Rückkehr normaler Verhältnisse glaubt, wenn einmal die Polizei des Alten die Auswüchse beseitigt hat. Nicht einbrechende Gangster haben in Deutschland die Herrschaft über die Gesellschaft sich angemaßt, sondern die gesellschaftliche Herrschaft geht aus ihrem eigenen ökonomischen Prinzip heraus in die Gangsterherrschaft über. Die Episode der freien industriellen Wirtschaft mit ihrer Dezentralisierung in die vielen Unternehmer, von denen keiner so groß war, daß er mit den anderen nicht hätte paktieren müssen, hat die Selbsterhaltung in Grenzen des Humanen verwiesen, die ihr ganz äußerlich sind. Das Monopol hat die Grenzen wieder gesprengt und mit ihm kehrt Herrschaft zu ihrem eigenen Wesen zurück, das gerade dort nur rein fortbestanden hatte, wo die Inhumanität die Schlupflöcher fand, die eine humanere Form der Herrschaft übrig ließ: bei den armseligen Rackets* und Ringvereinen der Großstädte. Sie respektieren kein anderes Gesetz, als die zur Brandschatzung der Klienten notwendige Disziplin. Zuhälter, Condottieri, Burgen, Verbände haben immer die Hörigen zugleich beschützt und ausgepreßt. Sie wachten in ihrem Bereich über die Reproduktion des Lebens. Schutz ist das Urphänomen von Herrschaft. Wenn nach dem liberalen Zwischenspiel die ökonomischen Tendenzen einmal so weit fortgeschritten sind, daß nur die Monopole übrig bleiben, sind diese imstande, die bürgerliche Teilung der Gewalten, das Gewebe von Garantien und Menschenrechten vollends zu zerreißen. In Europa bilden die Monopole mit ihrer Regierung ein undurchdringliches Dickicht gegen die Masse der Beherrschten, und die Größe und Vielfalt ihrer umspannenden Aufgaben, die sie dann noch von Rackets unterscheidet, schlägt einerseits in die Qualität weitausgreifender Planung, andererseits in den Anschlag auf die Menschheit um. Dazu treibt sie unweigerlich die ökonomische Entwicklung selbst. Sie gehorchen denselben Notwendigkeiten wie das Racket in der Großstadt. Dieses hatte früher mit anderen Rackets derselben Branche sich in die Beute geteilt. Bei der Entfaltung der Verkehrsmittel und der fortschreitenden Zentralisierung der Polizei kommt es mit bescheidenen Bestechungen, mit der Beschaffung neuer Hände und Revolver nicht mehr aus, sondern wird zur Mechanisierung des Betriebes und zum kostspieligen Einbau in politische Großorganisationen gezwungen. Solche Investitionen lohnen nur, wenn man den Gewinn nicht mit anderen Rackets teilen muß: es setzt sich wie im Geschäftsleben die Kartellierung einer Branche durch. Schließlich werden die Rackets der verschiedenen Branchen in den Städten und im ganzen Land zur Vereinigung getrieben, wenn es der Polizei vorher nicht gelingt, die außergesetzlichen Gangs überhaupt zu zerstreuen. Sobald, analog, die konzentrierte Macht des großen Eigentums eine Schwelle erreicht hat, reproduziert sich der Kampf auf einem weiteren Felde und artet am Ende, immer unter dem Druck der riesigen Investitionen, die zur Aufrechterhaltung der gewonnenen Stellung bei der fortgeschrittenen Technik not-

[* Vgl. Anm. ***, S. 62.]

wendig werden, in den Kampf um die Weltherrschaft aus, unterbrochen von Perioden des Einverständnisses. Von nun an treten in der autoritären Politik die Unterschiede von Zielen und Idealen hinter den Graden des Gehorsams und der Einordnung zurück. Die Machthaber müssen selbst gegen ihren Willen darauf sehen, daß von oben bis unten in der gesellschaftlichen Ordnung alles stramm ausgerichtet ist. Bei Vergebung von Vertrauensposten im inneren Bereich wie bei der Bildung von Regierungen in abhängigen Ländern entscheidet nicht so sehr die Organisationsform oder das politische System wie Zuverlässigkeit. Neben der Leistungsfähigkeit werden menschliche Qualitäten wieder geschätzt, zuhöchst die Entschlossenheit, es mit den Mächtigen um jeden Preis zu halten. Denn sie werden eingesetzt als Stellvertreter. Der zu Großem Berufene darf keine Spur mehr von dem in sich tragen, was die Vernunft in ihrer Selbstkritik vernichtet hat. Er muß die Selbsterhaltung des schlechten Ganzen inkarnieren, die mit der Destruktion des Menschlichen ganz eins geworden ist. Am Anfang der Geschichte des modernen Rackets stehen die Inquisitoren, am Ende die Führer des faschistischen Apparats. Unter ihnen, die selbst im Angesicht der Katastrophe existieren, muß der Handlanger so lange richtig reagieren, bis er dem vernünftigen Prinzip, keinen zu lange zu behalten, schließlich zum Opfer fällt.

Die zeitgemäße Verachtung des Begriffs der Vernunft bezieht sich keineswegs auf das zweckmäßige Verhalten. Das geistige Wesen erscheint heute nicht mehr bloß den Eingeweihten sondern allgemein als ein sinnloses Wort, wofern es nicht Koordinierung von Zweck und Mittel, sondern ein geistiges Vermögen oder gar ein objektives Prinzip bezeichnen soll. Die Vernichtung des rationalistischen Dogmatismus durch die Selbstkritik der Vernunft, die in den stets erneuten nominalistischen Bewegungen der Philosophiegeschichte sich vollzog, wird jetzt durch die historische Wirklichkeit sichtbar ratifiziert. Die Kategorie des Individuums, an die trotz aller Spannung die Idee der Autonomie geknüpft war, hat der großen Industrie nicht standgehalten. Die Vernunft ist soweit zerfallen, wie sie die ideologische Projektion eben der schlechten Allgemeinheit war, an der die scheinbar autonomen Subjekte jetzt ihre Nichtigkeit erfahren. Der Zerfall der Vernunft und der des Individuums sind eines.

»Das Ich ist unrettbar«[16] und der Selbsterhaltung entschwindet ihr Subjekt. Für wen soll eine Handlung nützlich sein, wenn das biologische Einzelwesen nicht mehr als identisches Ich seiner selbst sich bewußt wird. Der Körper hat in den verschiedenen Lebensaltern ohnehin nur fragwürdige Identität. Die Einheitlichkeit des individuellen Lebens war nicht natürlich, sondern begrifflich, also gesellschaftlich vermittelt. Indem nun diese vermittelte Einheitlichkeit geschwächt wird, verändert die Sorge des Individuums um seine eigene Erhaltung ihren Sinn. Alles was der Höherbildung und Entfaltung der Menschen diente, die Freude an Einsicht, das Leben in Erinnerung und Vorblick, die Lust an sich selbst und andern, sowohl Narzißmus als Liebe, werden gegenstandslos. Es gibt kein Gewissen und keinen Egoismus mehr. Das sittliche Gesetz erscheint im Mißverhältnis zum Sein derer, denen es heute etwa vorgehalten würde, wirklich als bloßer Betrug: die Instanz, an die es sich wendet, ist aufgelöst. Das Moralische mußte verschwinden, weil es seinem eigenen Prinzip nicht genügte. Es prätendierte vom empirischen Individuum unabhängig, schlechthin allgemein zu sein; die Form der allgemeinen Maxime jedoch verewigte gerade den Gegensatz der Individuen, die Herrschaft unter Menschen und gegen die Natur. Die Hoffnung auf Rückkehr zur Moral in besseren Zeiten ist eitel. Die Spur jedoch, die sie in den Menschen hinterlassen hat, ist frei von falscher Positivität. Sie besteht im nagenden Bewußtsein, daß die Realität, für die sie sterben, die falsche ist. Nietzsche hat das Ende der Moral proklamiert, die moderne Psychologie hat sie ausgeforscht. Die Psychologie war die realitätsgerechte Form der rationalistischen Skepsis, der sich selbst auflösenden Vernunft. Sie triumphierte über das Sittengesetz, indem sie den im Unbewußten als Überich kostümierten Vater und Onkel demaskierte. Der positivistische Zeitgeist nahm ihr diese oder ähnliche Theorien gerne ab. Die Tiefenpsychologie trat ihren Flug an, als für die Zirkulationssphäre, der ihre Kategorien entstammten, schon die Dämmerung angebrochen war. Das Bankier- und Kaufmannskapital war seiner selbst nicht mehr sicher. Mochte der Vater gerade noch ein Überich besitzen, das Kind schon hatte es entlarvt, zusammen mit Ich und

16 Ernst Mach, *Die Analyse der Empfindungen und das Verhältnis des Physischen zum Psychischen*, Jena 1922, S. 22.

Charakter. Was es etwa nachahmt, sind Leistungen, es nimmt keine Begriffe, sondern Tatsachen auf.

Mit dem Verschwinden der selbständigen Existenzen in der Wirtschaft verschwindet das Subjekt selbst als synthetische Einheit. Es ist töricht geworden, die Selbsterhaltung in die ferne Zukunft oder gar über sich hinaus für den Erben zu planen. Unter dem Monopol hat das Individuum immer nur Chancen auf kurze Frist. Mit dem festen Eigentum als möglichem Erwerbsziel schwindet der Zusammenhang der einzelnen Erfahrungen. Das Ich hat sich jeweils in der Sorge ums Eigentum konstituiert, wie sie unter einigermaßen stetigen Verhältnissen, bei geregelter Konkurrenz und allgemeinem Recht, sich betätigen kann. Weder Sklaven noch Paupers haben Individualität. Die »Prämisse... meines Handelns in der Sinnenwelt, von welcher dasselbe ausgeht, und welche es voraussetzt, kann, wenn ich unter mehreren freien Wesen lebe, nur ein Teil der Sinnenwelt sein. Dieser... heißt... mein Eigentum«[17]. Der Begriff des Ichs knüpft sich an den Willen, daß für die Person »ein künftiger Zustand sei und daß derselbe aus ihrem gegenwärtigen, nach der ihr bekannten Regel, auf welche sie in ihrer Wirksamkeit Rücksicht genommen, erfolge«[18]. Eigentum und Permanenz der bürgerlichen Gesellschaft vermitteln die Idee der eigenen Vergangenheit und Zukunft. Heute konstituiert sich die planende Verwaltung und die Konstitution des Ichs löst sich auf. Als Resultat der ökonomischen Zentralisation hat sich die kleine Gruppe industrieller Magnaten installiert. Trotz und wegen des unmäßigen Kapitals, über das sie verfügen sollen, können sie sich so wenig fassen wie die Unterworfenen. Diese stehen in Abteilungen, Gruppen und Verbände eingeteilt. In den Verbänden ist das Individuum nur ein Element und hat an sich selbst keine Bedeutung. Wenn es sich erhalten will, muß es nur überall zupacken können, in jedem Team mitmachen, zu allem geschickt sein. Es gehört immer einer Belegschaft an, in der Fabrik, beim Straßen- und Landbau, beim Sport, in der Armee. In jedem solchen Lager muß es unmittelbar seine physische Existenz verteidigen, beim Arbeiten, Essen, Schlafen seinen Platz behaupten, Püffe

17 J. G. Fichte, *System der Sittenlehre*, drittes Hauptstück, § 23, *Werke*, ed. Meiner, Band II, S. 686.

18 J. G. Fichte, *Grundlage des Naturrechts*, § 11, loc. cit., S. 121 f.

und Schläge nehmen und austeilen, unter der rauhsten Disziplin noch durchkommen. Anstelle der weitausholenden bürgerlichen Verantwortlichkeit für sich und die Seinen auf Generationen hinaus tritt die Anpassungsfähigkeit an mechanische Aufgaben jeder Art. Das Individuum zieht sich zusammen. Es ist stets wachsam und bereit, immer und überall von derselben Art Wachsamkeit und Bereitschaft, immer und überall auf unmittelbar Praktisches gerichtet, auf Sprache nur hörend wie auf Information, Orientierung, Anordnung, ohne Traum und ohne Geschichte. Die semantische Auflösung der Sprache in ein Zeichensystem, wie die Logistik sie betreibt, geht über den logischen Bereich hinaus. Sie zieht das Fazit aus einem Zustand, der die Sprache enteignet und ans Monopol transferiert. Die Menschen müssen den Spruchbändern von Radio, Film, Magazin nachreden, um überhaupt »tragbar« zu sein. In der Massengesellschaft steht jeder unter Anklage. Keiner erwirbt sich eigentlich seinen Unterhalt selbst, daher ist bereits die bloße Existenz verdächtig, jeder bedarf eines permanenten Alibis. Das Individuum hat nicht mehr die Zukunft zu überblicken, es muß bloß bereit dazu sein, sich einzufügen, jedem Wink zu genügen, jeden Hebel zu bedienen, immer Verschiedenes und immer dasselbe zu tun. Die Zelle der Gesellschaft ist nicht mehr die Familie, sondern das soziale Atom, das Individuum allein. Der Kampf ums Dasein besteht in der Entschlossenheit des einzelnen, in der Welt von Apparaten, Maschinen, Handgriffen nicht jeden Moment physisch vernichtet zu werden.

Körperstärke ist nicht die Hauptsache, aber wichtig genug. Sie selbst ist weithin keine natürliche Eigenschaft, sondern das Produkt der Verdinglichung, ein abgespaltenes Element, als dessen abstrakte Träger ganze Schichten der Gesellschaft zurückgeblieben sind, während diese selbst schon mit dem industriellen Fortschritt zur kapitalistischen Form der Stärke übergegangen war. Die Brutalität derer, die in den beherrschten Gruppen einen Überschuß an jener Qualität besaßen, spiegelte das Unrecht wider, daß dem Ochsen, der da drischt, seit je das Maul verbunden war. Kultur war der Versuch, das barbarische Prinzip der Körperstärke als das unmittelbarer Gewalt zu bändigen. Mit solcher Bändigung aber hat sie die physische Anstrengung als Kern der Arbeit verdeckt. Dem entsprach ihre Verklärung in der Ideologie, von der Verkündung der Größe als der positiven Qualität schlechthin, speziell der Geistesriesen, bis zur Verhimmelung des Bizeps erst auf Jahrmärkten, dann im Gesamtkunstwerk und schließlich im Stadion. Jetzt wird die Körperstärke, von den ideologischen Hüllen befreit, offen zum Prinzip erhoben: im Zeichen von Schlagkraft und Brachialgewalt. Mehr noch als der Muskeln freilich bedarf der Einzelne heute der Geistesgegenwart. Es entscheidet rasche Reaktionsfähigkeit, Affinität zu jeder Art Maschine, technischer, sportlicher, politischer. Anstatt wie früher bloß im Fabriksaal Anhängsel der Maschinen zu sein, müssen die Menschen sich jetzt zu Anhängseln überhaupt machen, in jedem Sektor. Reflektierendes Denken und gar Theorie verlieren für die Selbsterhaltung an Bedeutung. Vor fünfzig Jahren gab es Zahllose, für die psychologische Erfahrung, geschicktes Argumentieren, Überblick über die Wirtschafts- und Gesellschaftslage Mittel des Fortkommens waren. Selbst der Buchhalter bedurfte vor der Mechanisierung des Büros nicht bloß der Fertigkeit, sondern des Intellekts. Mit der totalen Eingliederung des Geschäfts in den Verfügungsbereich des Monopols aber verliert das Argument seine Kraft. Ihm ist das Mal des Anpreisens und Aufschwatzens eingebrannt, in dessen Dienst es stand und dessen der siegreiche Konzern sich entschlagen kann. Das Mißtrauen von Bauern und Kindern gegen den der Sprache Mächtigen hat in der Unmündigkeit seit je den Gedanken an das Unrecht bewahrt, von dem die Sprache als die Magd des Vorteils gezeichnet wurde. Die Stummheit der Menschen heute ist zugleich die Schuld der Sprache, die einmal gegen sie zu beredt gewesen ist. Man bedarf der Kenntnis von Tatsachen, der automatisierten Fähigkeit, sich richtig zu verhalten, nicht aber der ruhigen Erwägung verschiedener Möglichkeiten, die Freiheit der Wahl und Zeit zum Wählen voraussetzt. War auch die Freiheit, die der Markt den Produzenten, Konsumenten und dem unübersehbaren Heer ihrer Vermittler erlaubte, abstrakt und trügerisch, sie gewährte Spielraum zur Besinnung. Im Apparat wird keinem Zeit gelassen. Man muß sich rasch orientieren, prompt innervieren können. In der Planwirtschaft werden die Menschen noch unbeschränkter vom Produktionsmittel beherrscht als auf dem Umweg über den Markt. Mangel an Leistungsfähigkeit wird mit dem Tode bestraft. Die knappe Freizeit, die jedem noch gehörte, ist jetzt davor geschützt, verschleudert zu werden. Die Gefahr, daß sie in Muße ausartet, den aller Industrie verhaßten Zustand, ist abgewandt. Seit Descartes ist bürgerliche Philosophie schon ein einziger Versuch, als Wissenschaft sich in den Dienst der herrschenden Produktionsweise zu stellen, durchkreuzt nur von Hegel und seinesgleichen. Mit der Abschaffung der Muße und des Ichs gibt es kein nutzloses Denken mehr. Die sozialen Atome mögen insgeheim der Befreiung harren, sie haben im Guten wie im Schlechten den Sinn für Spekulationen verloren. Es ist schlecht um Philosophie bestellt. Kein philosophischer Gedanke ist vorstellbar, der nicht Muße fordert, um gedacht und verstanden werden zu können, während heute schon das Wort Muße obsolet und muffig klingt. Die argumentierende Haltung der traditionellen Philosophie wird zur provinzialen, verlorenen Umständlichkeit. In letzter Stunde unternahm die Phänomenologie den paradoxen Versuch, Denken ohne Argumente auszubilden; aber der Positivismus, aus dem sie entsprang, ist auch ihr Erbe, indem er Denken selber aus der Philosophie verweist und diese zur Technik nachvollziehender und abkürzender Organisation des Vorfindlichen reduziert. In ihm behauptet sich Vernunft durch ihre eigene Liquidation.

Mit dem Verfall des Ichs und seiner reflektierenden Vernunft nähern die menschlichen Beziehungen einer Grenze sich an, wo die Beherrschung aller persönlichen Verhältnisse durch die ökonomischen, die universale Vermittlung des Zusammenlebens durch die Ware, in eine neue Weise von Unmittelbarkeit umschlägt. Die isolierten Objekte der Herrschaft haben nichts mehr, was sie von einander trennt. Ohne den Rückhalt am mittleren Eigentum verlieren auch Schule und Haus ihre schützende Funktion. Es bedarf nicht mehr ihrer Vermittlung, um aufs Zusammenleben vorzubereiten: Leben und Vorbereitung werden eines, wie im Soldatenberuf. In der Schule triumphiert die geheime Hierarchie der Sport- und Spielstunde über die im Unterricht, die von den Kindern ohnehin nie ganz akzeptiert war. Die fragwürdige Autorität des Lehrers wird abgebaut zugunsten einer unbefragten und anonymen, doch allgegenwärtigen, deren Anforderungen das Vorrecht gewinnen. Es ist die Autorität der allmächtigen Zweckformen der Massengesellschaft. Die Qualitäten, deren es bedarf, werden dem Kind vom Kollektiv der Schulklasse eingeprägt und diese ist ein Ausschnitt der straff organisierten Gesellschaft selber. Der Lehrer hat die Wahl, sich, sei's auch durch Brutalität, anzubiedern oder verlacht zu werden. Gegenüber den

Fertigkeiten, auf die es ankommt, ist der Stoff, den der Lehrer anzubieten hat, heute ohnehin von recht untergeordnetem Wert. Die Kinder lernen rasch das Auto von unten und das Radiogerät von innen kennen. Mit solcher Kenntnis scheinen sie geboren und sie ist im Wesen von der Bedienung der kompliziertesten Maschine nicht verschieden, es bedarf nicht erst der Wissenschaft. Die vom Lehrer unterrichtete Physik ist doppelt veraltet: gleich weit entfernt von der mathematischen Konsequenz der Relativitäts- und Quantentheorie, die der Vorstellung längst entronnen ist, wie von der praktischen Fertigkeit, auf die es den Jugendlichen ankommen muß. Auch an der Vermittlung zwischen beiden findet der Lehrer keinen Bereich, da der erkennbare Übergang von der praktischen Beobachtung zur Theorie entfällt. Die höchste noch ist eine Art blinder Technik, die nur von anderen Spezialisten betrieben wird als die Reparaturwerkstätte. Die Schwierigkeit, die der theoretische Physiker erfährt, wenn er seinen mathematischen Synthesen auseinanderweisender Bereiche inhaltlichen Sinn geben soll, ist dieselbe wie die Ohnmacht des geschicktesten Automechanikers, von der Frage nach der Arbeitsweise des Motors zu der nach seinem Prinzip überzugehen. Daß das physikalische Wissen in eines von Handgriffen und eines von Feldern aufgespalten ward, ist ein Spezialfall der Arbeitsteilung. Aber er tangiert das Verhältnis der Jugendlichen zum Wissen selber. Anstelle des Ergründens der Bedeutung tritt überall die Feststellung der Funktion. Die animistischen Rückstände in der Theorie sind ausgerottet, und dieser Triumph wird mit dem Opfer des Intellekts bezahlt. Technik kommt ohne Physik aus, wie der Filmstar ohne Lehrzeit und der faschistische Staatsmann ohne Bildung. Erziehung ist kein Prozeß mehr, der zwischen einzelnen Menschen sich abspielte, wie zur Zeit, da der Vater den Sohn auf die Übernahme seines Eigentums vorbereitete und der Lehrer ihm dabei sekundierte. Sie wird von der Gesellschaft direkt betrieben und setzt sich hinter dem Rücken der Familie durch. Kindheit erweist sich als ein historisches Phänomen. Das Christentum hat ihre Idee in der Verklärung der Ohnmacht vorweggenommen und die bürgerliche Familie hat sie zuweilen verwirklicht. In den christlichen Jahrhunderten freilich hat am Kinde Vernunft im Sinne jenes Eingriffs sich betätigt, in dem Selbsterhaltung alles unter ihren Willen zwingt, was sich nicht wehren kann. Die Bildwerke des Mittelalters, die zwischen dem physisch und sozial Kleinen noch nicht zu differenzieren wissen, enthüllen das wahre Prinzip des ordo und der Hierarchie: wer wen noch ungehindert schlagen darf. Nachdem den Kleinen in der christlichen Welt die Hölle bereitet war, wird ihnen in der aufgeklärten der christliche Himmel reserviert. Sie sollen es gut haben, weil man sie als Bild der Unschuld auserkoren hat. In den eigenen Kindern darf man dem alten Glauben nachtrauern, ohne vernunftlos zu sein, sie verkörpern gleichzeitig die verlorene Vergangenheit und die verbürgte Zukunft. Der rationalistischen Gesellschaft des neunzehnten Jahrhunderts haben die Märchen und religiösen Legenden dazu gedient, den Kleinen den Glauben ans Paradies zu schenken, um ihn der glaubenslosen Bourgeoisie zurückzuspiegeln. Der reale Grund ist die Erstarkung des Proletariats. Die Bourgeoisie schuf die Kindheit als Ausflucht aus der Klemme zwischen nüchternem Erkennen und Ideologie, aus der sie angesichts der stets drohenden Revolution sich nicht befreien konnte. Am bürgerlichen Kind der Spätzeit scheint das Wahre in der Lüge wider, mit der die Unternehmer die Arbeiter bei der Stange halten mußten: die Utopie des ewigen Glücks. In ihr haben die Bürger sich den Glauben jener verfallenen Gesellschaftsformen erhalten, in denen sie selbst noch unten waren. Die Pubertät des Individuums wiederholt daher ontogenetisch den Übergang der Gesellschaft ins rationalistische Zeitalter. Die Gesellschaft des Monopols kennt sie nur noch als biologischen Vorgang, als Krisis existiert sie nicht, weil das Kind, wenn es nur gehen kann, schon ein Erwachsener ist, und der Erwachsene im Prinzip dabei stehen bleibt. Die Entwicklung fällt aus. Zur Zeit der Familie vertrat der Vater dem Kind gegenüber die Gesellschaft und die Pubertät brachte den Konflikt mit ihm. Heute aber, da das Kind der Gesellschaft unmittelbar gegenüber steht, ist der Konflikt entschieden, bevor er ausbricht. Die Welt ist so lückenlos besetzt von dem was ist und den angestrengten Verhaltensweisen, dem Seienden nachzukommen, daß Kritik, wie sie den Vater in seinem Widerspruch zur eigenen Ideologie noch angreifen konnte, gar nicht erst sich regt. Was in faschistischen Schulungslagern bewußt und planmäßig sich vollzieht, die Verhärtung der Menschen durch ihre Brechung, wird ihnen heute* überall schweigend und

[* »heute« / 1942: »unter dem Monopol«.]

mechanisch so früh schon angetan, daß alles bereits fertig ist, wenn sie zum Bewußtsein erwachen. Seit Freuds Zeiten hat sich denn auch das Verhältnis von Vater und Sohn verkehrt. Die rasch sich ändernde Gesellschaft, die den Alten ihr Schicksal bereitet, wird vom Kind vertreten. Mit ihm, nicht mit dem Vater, tritt die Realität ins Haus. Der furchtsame Respekt, den der Hitlerjunge bei den Eltern genießt, ist bloß die politische Zuspitzung eines universalen Tatbestandes. Selbst auf die allerersten Lebensjahre, in denen Vaterimago und Überich sich bilden sollen, strahlt jenes neue Verhältnis zurück, in dem der Vater nicht von einem anderen Individuum vertreten, sondern abgelöst ist durch Dingwelt und Kollektiv.

Die Erledigung des Konflikts durch Auslöschung des Widerstandes betrifft auch die Liebenden. Mit der familialen Autorität verschwindet die Gefahr einer Katastrophe vom Horizont. Die Drohung aber hatte zugleich die Hingabe entzündet. Heute scheint das Sexuelle freigegeben, während doch die Unterdrückung fortbesteht. Die gesellschaftliche Manipulation der Beziehungen zwischen den Geschlechtern ist in der Prägung des vorschriftsmäßig Normalen durch die verschiedenen Bereiche der Massenkultur schon weit gediehen, bevor sie in der völkischen Eugenik vollends ihre Züge offenbart.* Eugenik ist vorbereitet durch die Aufklärung. Realistische Wissenschaft hat das Geschlecht so lange objektiviert, bis es manipulierbar wurde. Kants Bestimmung der Ehe als Vertrag zum wechselseitigen Besitz der Geschlechtseigenschaften, deren inhumane Nüchternheit nach den Satzungen des Naturrechts dem inhumanen sexuellen Privileg das Urteil spricht, ist im neunzehnten Jahrhundert ins Handeln der Menschen übergegangen. In der Massengesellschaft werden die Geschlechter darin nivelliert, daß sie beide zu ihrem Sexus als zu einer Sache sich verhalten, über die sie kalt und illusionslos, anpreisend und vorsichtig verfügen. Das Mädchen sucht so schlau wie möglich in der Konkurrenz mit anderen abzuschneiden. Der Flirt dient dem Prestige mehr als der künftigen Lust. Es faßt mit Kant sein Geschlecht als Eigenschaft, die Tauschwert hat, doch nicht in dem entschiedenen Sinn, in dem einst Wedekind die Freiheit zur Prostitution gefordert hat, da die Frau den Vorsprung des Manns in seiner Gesellschaft nur durch bewußte Verwer-

[* Vgl. Anm. *, S. 54.]

tung ihres einzigen Monopols einholen könne, sondern gerade unter Ausnutzung des patriarchalen Tabus, das sie erniedrigt, indem es sie zum höheren Wesen macht. Der Sexus verliert die Gewalt über die Menschen, die ihn nach der Notwendigkeit der Situation einsetzen und abstellen, ohne sich selber je daran aufzugeben. Sie lassen von Liebe weder mehr sich rühren noch verblenden. Die amtliche Befürwortung des außerehelichen Geschlechtsverkehrs im Führerstaat bestätigt die private Arbeit des Coitus als solche der Klassengesellschaft, indem der Staat ihn in seine Regie nimmt. Die Kinder des Bürgertums, in den guten Zeiten als Erben trainiert, in den schlechten als mögliche Stützen für die Eltern aufgezogen, werden im Faschismus unter staatlicher Aufsicht als eine Art Steuer produziert und abgeliefert.* Unter den Eigentümern wirkt die Steuer heute als Beschleunigung des Zentralisationsprozesses, mit ihrer Hilfe wird die nicht ganz kräftige Konkurrenz vollends erledigt. Dem Volk gegenüber legt sie immer deutlicher die Geldform ab, unter der ihr Wesen verborgen war, und zeigt sich als reale Arbeit im Dienst realer Macht. Ein Teil ist die Gebärarbeit. Die gesellschaftliche Autorität verbietet dem Mädchen so strikt die Abweisung des Uniformträgers wie die Tabus in ihrer alten Form die Willfährigkeit verbaten. Nie hat in Deutschland das Bild der Jungfrau Maria den archaischen Kult des Weibes ganz absorbieren können. Im kollektiven Einverständnis gegen die alte Jungfer wie in der Parteinahme der Dichtung für das verlassene Mädchen war der verdrängte Volksgeist stets durchgeschlagen, längst ehe die Nationalsozialisten die Spröden verdammten und die außerehelichen Mütter groß aufmachten. Aber die aus der Erinnerung an die verschüttete Vorzeit gespeisten und vom Regime autorisierten Exzesse reichen doch selbst nicht an die Seligkeit der christlichen Jungfrau heran, die sich dem himmlischen Bräutigam vermählt. Denn das Regime nimmt die Vorzeit in seine Gewalt. Indem es das Verschüttete an den Tag hebt, benennt und für die großindustrielle Selbstbehauptung mobilisiert, wird es zerstört. Wo es sich scheute, die christliche Form zu durchbrechen und sich als germanisch zu deklarieren, hatte es der deutschen Philosophie und Musik ihren Ton verliehen. Erst die Entfesselung der als Erb-

[* »abgeliefert.« / 1942: »abgeliefert, soweit man von Steuern noch reden kann, wo eine Gruppe Trustmagnaten den Rest der Gesellschaft auspreßt.«]

masse aufgerufenen Seele hat sie vollends mechanisiert. So eitel es ist, den mythischen Gehalt des Nationalsozialismus als bloßen Schwindel abzutun, so unwahr ist doch der nationalsozialistische Anspruch, ihn zu bewahren. Die Scheinwerfer, die sie auf den überlebenden Mythos richten, holen an ihm mit einem Schlag das Vernichtungswerk nach, das anderswo die Kultur in Jahrhunderten vollbrachte. So führt denn auch der kommandierte Rausch aus der Angst der exogamen Ordnung nicht zur Promiskuität zurück, er ist nur der Hohn auf die Liebe. Diese ist der unversöhnte Feind der herrschenden Vernunft. Die Liebenden sind die, welche weder sich selbst noch das Kollektiv erhalten und beschützen. Sie werfen sich weg und dafür trifft sie der Zorn. Romeo und Julia starben gegen die Gesellschaft für das, was diese selbst verkündete. Indem sie unvernünftig sich preisgaben, behaupteten sie die Freiheit des Individuellen gegen die Herrschaft des sachlichen Eigentums. Ihnen hält die Treue, wer in Deutschland die Rassenschande begeht. In einer unmenschlichen Welt, die den Namen des Helden den schlauen Jugendlichen vorbehält, die im Zeugen, Gebären und Sterben sich hinhalten lassen, ersteht durch die Rassenschande, was einmal Heldentum hieß: Treue, die aussichtslos ist. Das traurige Stelldichein derer, die es nicht lassen können, verschließt sich der Vernunft, die draußen siegt. Die Helle des Morgengrauens, in dem die Henker die Vergessenen überraschen, beleuchtet die Fratze, die von der Vernunft noch übrig ist: Findigkeit, Orientiertheit, Schlagbereitschaft. Das Paar ist zurückgeblieben und Zurückgebliebene dürfen auf kein Erbarmen hoffen in der erneuerten Welt. Ihr Martertod, den der Gewitzigte des Dritten Reiches rechtens findet, weil sie so ungeschickt waren, steht als Wahrheit über der faschistischen Emanzipation des Geschlechts und dem ganzen konzessionierten Leben. Der hemmungslos gesunde Sexualtrieb von heute gehorcht derselben Rationalität, welche die Liebe zur Hölle macht. Noch der Winkelbuchhändler aber, der in Deutschland für seinen armseligen Profit das Leben riskiert, um Pornographie an den Mann zu bringen, dient dem wahren Anspruch des Geschlechts zu einer Zeit, da es sonst wehrpolitisch und mit progressiver Statistik gefördert wird.

Was der Faschismus denen antut, die er herausgreift, um das Grenzenlose seiner Gewalt allen vor Augen zu stellen, scheint jeglicher Vernunft zu spotten. Die Folterungen übersteigen die Kraft von

Vorstellung und Denken: der Gedanke, der es versuchte, der Untat zu folgen, erstarrt vor Entsetzen und wird ohnmächtig. Selbst das Bewußtsein der Unterdrückung schwindet. Je inkommensurabler die konzentrierte Kapitalmacht und die Ohnmacht des Einzelnen, desto schwieriger wird es für diesen, den menschlichen Ursprung seines Elends zu durchdringen. Anstelle des durchlöcherten Geldschleiers ist der noch dichtere technologische getreten: die von der Technik erzwungene Zentralisierung der Produktion verdeckt die freie Verständigung des Kapitals. Natürlicher, unumgänglicher erscheinen die Krisen, die unter lockenden Kriegszielen schon zur Aufreibung der Bevölkerung ganzer Erdteile als Surplusmaterials treiben. Die Auseinandersetzungen vollziehen sich in so unmenschlichen Proportionen, daß auch die überlebende theoretische Phantasie, die von wirtschaftlichen und gewerkschaftlichen Führern noch unverstümmelt wäre, vor der bündigen Ableitung des Zustands aus der gesellschaftlichen Herrschaft befangen wird. Die Formen der Repression sind nie von den Betrogenen gläubiger als übermenschliches Verhängnis hingenommen worden denn gegenwärtig, da jeder von der Erneuerung der Gesellschaft spricht. Der Gedanke an die Veränderung ist aufgezehrt vom Bewußtsein universalen Unheils. Alle fühlen, daß sie in Krieg und Frieden mit ihrer Arbeit eine Höllenmaschine bedienen. Dieser listen sie die Zeit zum Leben ab, die ihnen durch ihre Bedienung wiederum verlorengeht. So machen sie weiter, jeder Situation gewachsen und keine mehr verstehend, den Tod verachtend und doch stets auf der Flucht vor dem Untergang. Der Tod war die Grenze schlechthin des durch Selbsterhaltung konstituierten Individuums. Der Satz Hamlets »Der Rest ist Schweigen«, der auf den Tod ohne Hoffnung das Nichts folgen läßt, weist auf den Ursprung des bürgerlichen Ichs. Nicht umsonst hat man die Spuren des ersten neuzeitlichen Skeptikers, Montaignes, in Hamlets Reflexionen entdeckt. Dem Individuum war das Leben unendlich wichtig, weil der Tod die absolute Katastrophe wurde. Der Faschismus rührt an diesen Grundbestand der bürgerlichen Anthropologie. Er stößt, was ohnehin fällt, das Individuum: indem er es Schlimmeres fürchten lehrt als den Tod. Die Angst reicht weiter als die Einheit seines Bewußtseins. Es muß das Ich aufgeben und sich selbst leibhaft überleben. Die Objekte der Organisation werden als Subjekte desorganisiert. Das wird in

Deutschland eingeübt. Die Unidentität fast jedes Einzelnen mit sich selber, in der jeder gleichzeitig und unter Verzicht auf Konsistenz Nazi und Antinazi, überzeugt und skeptisch, tapfer und feig, klug und dumm ist – das ist die einzige Verhaltensweise, die der Realität wahrhaft Rechnung trägt, die nicht durch die verlogenen Pläne, sondern durch das Konzentrationslager definiert ist. Den Menschen vorzudemonstrieren, daß sie selbst nichts anderes sind als die Gebrochenen der Lager, ist die Methode im Wahnsinn. Sie produzieren eine Fernwirkung, die weit über die genaue Kenntnis der Vorgänge hinausreicht und mehr als alles andere dazu beiträgt, die Volksgemeinschaft zu kitten. Wenn aber aus den Lagern Entlassene den Jargon ihrer Henkersknechte annehmen und mit kühler Vernunft und irrem Einverständnis, das gleichsam der Preis des Überlebens war, davon reden, als könnte es nicht anders sein und sei ihnen nicht so schlecht bekommen; wenn die Unverhafteten sich benehmen, als ob sie bereits gefoltert worden wären und alles zugeständen, so reden dafür die Mörder die Sprache Ullsteins*, der Kabaretts und der Konfektion. Nachdem die reale Sphäre des Handels und Geschäfts nur in den Händen der ganz Großen fortexistiert und dem Einblick des gemeinen Manns, ja dem der Großen selbst, sich entzieht, sind im Faschismus die Siegel des dem Markt entsprungenen Intellekts, jüdische Floskeln, Sprachgesten von Vertretern und Reisenden, die damals schon sich ducken mußten, im Munde ihrer Exekutoren zurückgeblieben. Es ist die Sprache des zwangshaften Augenzwinkerns, der vertraulichen Andeutung, des Einverständnisses im Betrug. Pleite nennt der Nazi den Hereinfall, meschugge den, der nicht rechtzeitig für sich sorgt, und das antisemitische Hetzlied wirft den Amerikanern vor, daß sie nicht ahnten, »was sich tut«. Die Urheber des Pogroms begründen es damit, es wäre bei den Juden wieder einmal etwas nicht ganz koscher. Sich durchzuwinden, ist das geheime Ideal auch der SA-Männer, ihre Sehnsucht das jüdische Köpfchen, das sie einschlagen, weil es keines gewesen sei. Hinter der Wendigkeit, die sie parodieren, vermuten sie im Grunde selbst heute noch die Wahrheit, die sie sich verbieten und zerstören müs-

[* bedeutende liberale Berliner Presse- und Buchverlagsgruppe, jüdisches Familienunternehmen bis 1933, dann zwangsverkauft an den Zentralverlag der NSDAP, 1938–45 unter dem Namen Deutscher Verlag AG.]

sen. Hat man endlich dieser abgeschworen und zum Realitätsprinzip entschlossen sich bekehrt, ist moralfreie Vernunft, was ihre Durchsetzung auch koste, allmächtig geworden, so soll keiner außerhalb stehen und zuschauen dürfen. Die Existenz eines einzigen Unvernünftigen erhellt die Schande der ganzen Nation. Sein Dasein bezeugt die Relativität des Systems radikaler Selbsterhaltung, das man absolut setzt. Wenn man schon mit jedem Aberglauben so weit aufräumt, daß nur noch Aberglauben überhaupt möglich ist, so darf kein Dummer umhergehen und in seinem schwachen Verstand anderswo das Glück suchen als im unbarmherzigen Fortschritt. Das törichte Festhalten an jenem Gott, der sie zu jeder Zeit im Stich gelassen hat, die Unversöhnbarkeit des Prinzips, zu dem sie aufblikken, auch wenn sie es nicht mehr wissen, mit der Macht der Welt, begründet den Haß gegen die Juden, der mit der Mordlust gegen die Irren identisch ist. Der Verdacht des Wahnsinns ist die unversiegliche Quelle der Verfolgung. Sie entspringt dem Mißtrauen in die eigene gesäuberte Vernunft, an der die rationale Zivilisation zugrunde geht. Das Mittel aber, aus jenen intelligiblen Welten zurückzurufen, in die auszuschweifen Kant schon verbot, ist der Schmerz. Er hat seit je am sichersten Raison gelehrt. Er bringt die Widerstrebenden und Schweifenden, Phantasten und Utopisten zu sich selbst, ja er reduziert sie auf den Leib, auf einen Teil des Leibs. Im Schmerz wird alles eingeebnet, jeder wird jedem gleich, Mensch und Mensch, Mensch und Tier. Der Schmerz saugt das ganze Leben des Wesens auf, das er ergriffen hat: sie sind nichts mehr als Hüllen von Schmerz. Es vollzieht sich jene Reduktion des Ichs stets noch einmal, von der die ganze Menschheit befallen ist. Die praktischen Erfordernisse, in deren Bann ein jeder in jedem Augenblick steht, die Zweckrationalität im Industriezeitalter saugt das ganze Leben der Wesen auf, die sie ergriffen hat. Der Schmerz ist das Urbild der Arbeit in der Klassengesellschaft und zugleich ihr Organon. Philosophie und Theologie haben es seit je ausgesprochen. Daß Geschichte Arbeit bisher nur als Bedingung und Folge von Herrschaft kennt, spiegeln die Denker mit dem Loblied des Schmerzes zurück. Sie rechtfertigen ihn, weil er zur Vernunft antreibt, die sich in dieser Welt zu behaupten weiß. »Lehre uns bedenken, daß wir sterben müssen, auf daß wir klug werden«, heißt es in Luthers Übersetzung des neunzigsten Psalms. Der Schmerz ist der »Stachel der Tätigkeit«[19], sagt Kant, und Voltaire: »Das Gefühl des Schmerzes mußte sein, um uns an die Selbsterhaltung zu gemahnen.«[20] Wenn die Inquisitoren einst ihr scheußliches Amt im Dienste beutegieriger Herrschaft damit verbrämten, daß sie für das Wohl der irrenden Seele eingesetzt seien oder um die Sünden abzuwaschen, so galt ihnen der Himmel schon als ein Drittes Reich, in das die unsicheren Kantonisten, die Ärgernis Erregenden, nur durch ein Schulungslager zu gelangen hätten. Brach ein Unglücklicher die Haft, so nannte ihn der Steckbrief »einen, der sich vom Wahnsinn dazu verleiten ließ, die heilsame Medizin für seine Kur zurückzuweisen, und Wein und Öl zu verschmähen, die seine Wunden linderten«[21]. Die Inquisition praktiziert schon die Wut darüber, daß die Einführung des Christentums mißlungen ist, die Wut, die dann im Faschismus offen das Christentum widerruft. Er hat den Schmerz wieder ganz eingesetzt.

In der Atempause der Zivilisation, in den Stammländern, wurde der nackte physische Schmerz nur noch den Elendesten angetan; für die andern stand er als letzte Möglichkeit am Horizont, als ultima ratio der Gesellschaft. Zu dieser hat sie heute wieder gegriffen. Der Widerspruch zwischen dem, was sie den Menschen zumutet, und dem, was sie ihnen gewähren könnte, ist zu groß geworden, die Ideologien zu dünn, der Weg der Vermittlungen zu lange und das Unbehagen in der Kultur* so groß, daß ihm wenigstens mit dem Untergang derer Genüge getan werden muß, die heute das Ärgernis bieten, Politische, Juden, Asoziale, Irre. Die neue, die faschistische Ordnung ist die Vernunft, in der Vernunft selber als Unvernunft sich enthüllt.

Was aber der Vernunft im gegenwärtigen Zerfall übrig bleibt, ist nicht nur das Verharren in der Selbsterhaltung und die Fortdauer des Entsetzens, in dem diese sich vollendet. Die uralte bürgerliche Definition der Vernunft durch Selbsterhaltung war schon ihre Beschränkung. In den Erklärungen der idealistischen Philosophen, daß die Vernunft den Menschen vom Tier unterscheide, in denen das Tier

[* »Kultur« / 1942: »Klassenkultur«.]

19 *Anthropologie in pragmatischer Hinsicht*, § 61, op. cit., Band VII, S. 235.

20 *Dictionnaire philosophique*, art. ›Bien‹, op. cit., Tome 17, p. 579.

21 Henry Charles Lea, *A History of the Inquisition of the Middle Ages*, New York 1922, Vol. I, p. 459.

erniedrigt wird wie der Mensch in denen der materialistischen Ärzte, ist die Wahrheit enthalten, daß mit der Vernunft der Mensch aus der Befangenheit der Natur erwacht; nicht freilich, wie sie meinen, um diese zu beherrschen, sondern um sie zu begreifen. Stets hat die Gesellschaft, von der selbsterhaltenden Vernunft der Besitzer durchherrscht, wie immer schlecht und zufällig, doch das Leben der beherrschten Klasse mitreproduziert. Von der objektiven Beziehung auf Lebendiges und nicht bloß auf die eigene Existenz ist in jener subjektiven Fähigkeit der Vernunft etwas aufgehoben, indem sie den Zwecken gehorcht und an ihnen sich schult, zugleich ihnen sich zu entziehen. Sie vermag stets wieder die Gestalt des Unrechts in der Herrschaft zu erkennen und dadurch über diese hinauszureichen an die Wahrheit. Als das Vermögen, die Wesen und Dinge beim Namen zu nennen, geht Vernunft nicht in dem sich selbst entfremdeten Leben auf, das allein in der Vernichtung des anderen und seiner selbst überlebt. Sie darf freilich nicht hoffen, sich über die Geschichte zu erheben und aus sich selbst die wahre Ordnung zu erschauen, wie der idealistische Schwindel der Ontologie es will. Indem sie in der Hölle, zu der sie selbst als Herrschaft die Welt umwandelt, ihre rationalistischen Illusionen verliert, vermag sie jener doch standzuhalten und sie zu erkennen als das, was sie ist. Es bleibt ihr wenig mehr aufzuräumen. Heutzutage können Ideale so rasch wechseln wie Verträge und Bündnisse. Die Ideologie liegt vielmehr in der Beschaffenheit der Menschen selbst, in ihrer geistigen Reduziertheit, ihrer Angewiesenheit auf den Verband. Jede Sache wird von ihnen nur in Hinblick auf das konventionelle Begriffssystem der Gesellschaft erlebt. Sie ist unter die herrschenden Schemata schon gefaßt, ehe sie noch mit Bewußtsein wahrgenommen wird; es ist der wahre Kantsche Schematismus, die »verborgene Kunst in den Tiefen der menschlichen Seele«, nur daß die transzendentale Einheit, die darin wirksam ist, nicht mehr so sehr die, wenn auch unbewußte, allgemeine Subjektivität darstellt, wie in der freien Marktwirtschaft, sondern die vorausberechneten Effekte der Massengesellschaft auf den psychischen Apparat der Opfer. Das und nicht die Irrlehren macht das falsche Bewußtsein aus. Unter dem Druck der Verhältnisse* vollzieht sich die ideologische Eingliede-

[* »Verhältnisse« / 1942: »Verhältnisse des Monopolismus«.]

derung der Menschen in die Gesellschaft durch ihre gleichsam biologische Präformation für das von oben gelenkte Kollektiv. Auch wo das Individuelle nicht geradewegs Maske vor der universalen Gleichheit der atomisierten Menschen ist, bleibt es doch Funktion und Anhängsel des Monopols. Kultur ist heute nicht der Gegensatz, sondern ein Moment von Massenkultur, wertvoll für diese, weil sie unter den Bedingungen des Monopols anders nicht geliefert werden kann, und damit in die Position eines Monopolguts sui generis gedrängt ist. Ganz Paris, ganz Österreich waren in ihrer Existenz nur noch durch das Amerika bestimmbar, von dem sie sich unterschieden. Kultur wird als der Schein durchsichtig, der die vergangene Gestalt der Herrschaft verdeckte, und der Schein zergeht mit der Kultur. Das Selbst, das im jüngsten Stadium der Gesellschaft zerfällt, war der Grund nicht allein der Selbsterhaltung, sondern auch der Ideologie. Mit seiner Auflösung wird die unmäßige Dimension der Gewalt zum einzigen Hindernis, das die Einsicht in ihre Entbehrlichkeit versperrt. So verstümmelt alle auch sind, in der Spanne eines Augenblicks könnten sie gewahr werden, daß die unter dem Zwang der Herrschaft durchrationalisierte Welt sie von der Selbsterhaltung entbinden könnte, die sie jetzt noch gegeneinander stellt. Der Terror, der der Vernunft nachhilft, ist zugleich das letzte Mittel, sie aufzuhalten, so nah ist die Wahrheit gekommen. Wenn die atomisierten und zerfallenden Menschen fähig werden, ohne Eigentum, ohne Ort, ohne Zeit, ohne Volk zu leben, so haben sie sich auch des Ichs entschlagen, in welchem wie alle Klugheit auch die Dummheit der historischen Vernunft und all ihr Einverständnis mit der Herrschaft bestand. Am Ende des Fortschritts der sich selbst aufhebenden Vernunft bleibt ihr nichts mehr übrig, als der Rückfall in Barbarei oder der Anfang der Geschichte.

Einige Betrachtungen zum Curfew

(1942)

Die deutschen Emigranten an der Westküste sind von der Verordnung über feindliche Ausländer betroffen. Sie müssen um acht Uhr abends zu Hause sein und dürfen sich auch bei Tag nicht weiter als fünf Meilen vom Haus entfernen. Das Gebiet von Los Angeles erstreckt sich so weit, daß durch diese Bestimmung vielen die eigentliche Stadt verschlossen ist. Sie sind, am Ende der Flucht, am Meer, wo im äußersten Westen wieder der Osten dämmert, gleichsam verbannt. Wer Geld, Beruf, Lebensaussichten hat, kann die Behinderung leichter überwinden. Der einsam Alternde, der sich gescheitert weiß, fühlt in der ausgemessenen Kammer, in der er vergebens wartet, die Unannehmlichkeit, als wäre sie das verewigte Unglück.

Die nicht-jüdischen Deutschen sind nicht losgelöst. Die Faschisten unter ihnen, auf welche die Verordnung zielt, ertragen sie als kleines Übel, ihre Heimat ist drüben. Die Antifaschisten haben ihr Volk als Kämpfende verlassen, ihre Niederlage kann eines Tages sich in Sieg verwandeln. Sie waren nicht schon drüben Teile einer unfreiwilligen Minderheit, vorweg als die Anderen gezeichnet. Die Begriffe der Zulassung und Abweisung, der Heimat und Fremde, erinnern sie nicht an tausend Jahre Verfolgung; die Sorge um Aufnahme in die neue Gemeinschaft trägt nicht die krampfhaften Züge von altem Schmerz. Sie haben weniger Heimweh und weniger Haß gegen Deutschland und fügen unbewegter sich ein.

Die Juden vermehren im neuen Land eine schon gefährdete Minderheit. Der Glaube, um dessentwillen sie durch die Geschichte hindurch der Auflösung widerstanden haben, wird auch in der Verfolgung heute gemeint. Aber er hat für die meisten seine Kraft verloren. Die Austreibung erscheint ihnen als ein sinnloses Unglück, die Herrschaft ihrer Feinde als deutscher Charakterfehler. Sie verehrten die Züge des Volkes, denen sie den Eintritt verdanken als seine Natur: Aufnahmebereitschaft, umspannende Duldsamkeit, Mitgefühl für die Verfolgten, und fühlen sich zutiefst getroffen, da sie am eigenen Leib erfahren müssen, daß diese Natur der Geschichte untersteht. Sie fürchten den Wandel. Für das gentile Mitglied der Gesellschaft dagegen ist der Wandel nicht so bedrohlich; der Natur, mit der es sich eins fühlen kann, sind die großmütigen Merkmale nicht unentbehrlich; es hat ein Volk, von dem kein Vorurteil es trennen kann. Würde sein Volk auch völkisch, der einfache Mann gehörte ihm weiter an.

Die Juden aber sind einzig auf Gerechtigkeit angewiesen, auf die dauernde und unbedingte Verwirklichung von Demokratie. Ihr Leben hängt von der Einlösung der Menschenrechte ab. Sie haben ein notwendiges Ziel: die Einrichtung der Gesellschaft, an deren Erzeugnissen jeder vollen Anteil hat, niemand politisch oder ökonomisch durch den Gang der Wirtschaft, durch Geburt oder Gesetz vom Glück der anderen ausgeschlossen wird. Für die Juden ist Geschichte in jedem Augenblick verhängnisvoll, denn jedes Unrecht betrifft sie selbst. Sie sind die Minderheit, hinter der keine eigene Macht steht, sondern einzig die Allgemeinheit des Rechts, wie es die Verfassungen der demokratischen Staaten anerkennen. Im neunzehnten Jahrhundert Europas waren die Juden auf Verwirklichung der politischen, in der Gegenwart sind sie auf die der ökonomischen Gerechtigkeit verwiesen. Kraft ihres Schicksals stehen sie für sein Gegenteil: die Idee. Auch wo sie bereit waren, sie zu verleugnen und einer Macht der Erde sich auszuliefern, hat die Macht, die sich der Gerechtigkeit entschlug, als liebste Opfer schließlich die Juden erwählt. Der Jude, der sich blind macht und das Unrecht predigt, und wäre es um erlittenen Unrechts willen, verrät sich selbst. Die Urteile in Bausch und Bogen, die Anbiederung ans jeweilige öffentliche Bewußtsein gehören ihrem Wesen nach zur völkischen Rüstkammer. Durch ihre bloße Form beruft sich die leicht eingängige Rede auf bestehende Macht und Gewalt; sie blickt nicht auf die Wahrheit, die noch stets ein Ärgernis war, sondern auf die Zustimmung der gehandhabten Meinung. Diese ist leicht zum Aufbruch bereit.

Den vereinsamten Emigranten überfällt das Grauen, das bei den anderen am Horizont bleibt. In diesem Land, das, anders als Frankreich, selbst den wirklichen Angehörigen der feindlichen Staaten, die auf seinem Boden lebten, ein menschenwürdiges Dasein gönnt und dem Flüchtling heute noch die Bürgerschaft verspricht, kann er die Hölle nicht vergessen, in die ringsum die Erde sich verwandelt hat. Sie wird klein und dieser Erdteil eine Insel im Meer des Entsetzens. Der Vereinsamte, der die Welt aus scheinbar geradlinigem Fortschritt zurücksinken sah, verliert die Teilnahme an Geschichte, ohne die er als Jude nicht leben kann. Indem er an den Menschen nur noch die Fratzen wahrnimmt, die sie in ihrer Verstümmelung einander zuwenden, werden seine eigenen Blicke irre und unzugänglich. Er schäumt in Trugbildern der Vergeltung, in Vorschlägen zur Nachahmung der Herrscherstaaten, in tobender Ohnmacht.

Absonderung führt in Zerfall, wenn der Vereinzelte nicht im geheimen Einverständnis mit der Menschheit steht, das im regen Umgang mit den Menschen gerade unterbunden wird. Solches Einverständnis, das im Begriff der Wahrheit beschlossen war, bildete die Kraftquelle des Judentums, als es in der Absperrung des Ghettos seine Kraft bewahrte, und die Ahnung davon hat seit je den tödlichen Haß der Unterdrücker genährt. Sie wissen, daß ihre Einheit die falsche ist, da nur Erkenntnis die echte stiften kann. In der deutschen Volksgemeinschaft dienen die Verkehrsmittel dazu, um jeden Volksgenossen von den anderen zu trennen. Der gelbe Stern der Verfemten aber ruft der Herrenrasse zum Trotz die Erinnerung an die Menschheit wach, die sie in sich ersticken muß. Am besonderen Los der Juden offenbart sich das allgemeine.

Die Psychologie des Nazitums
Zu Richard M. Brickners *Is Germany Incurable?* *

(1943)

Brickners Buch versteht sich als Beitrag eines Mediziners zu den Problemen dieses Krieges. Es versucht, so große Fragen zu beantworten wie: Warum hat Deutschland die Welt angegriffen? Was bekämpfen wir? Was können wir nach Kriegsende tun, um die Ursachen für ähnliche Kriege in der Zukunft zu beseitigen? Brickner traut sich zu, diese Probleme zu lösen, indem er die Vergangenheit und Gegenwart Deutschlands mit psychiatrischen und neurologischen Begriffen analysiert. Er ist davon überzeugt, daß die Ökonomen, Soziologen, Historiker und andere Fachleute, die das deutsche Rätsel bisher behandelt haben, »durch mangelnde Spezialkenntnisse über das menschliche Verhalten beeinträchtigt waren«. Deshalb ergreift der Mediziner das Wort, nicht um auf die vielfältigen Methoden, Ergebnisse und Theorien der Psychiatrie hinzuweisen, die bei einer angemessenen Erklärung der heutigen Geschichte mit denen anderer Disziplinen verschmolzen werden könnten, sondern um seine eigene Lösung vorzulegen, die nicht durch irgendwelche Spezialkenntnisse medizinfremder Faktoren getrübt ist.

In Wirklichkeit bezieht sich Brickners Theorie auf nur einen Grundbegriff: die medizinische Diagnose der Paranoia. Mit diesem Terminus ist nicht nur die Psychose gemeint, in der die Realitätsbindungen eines Patienten völlig abreißen, sondern auch diejenigen Eigenarten der Krankheit, die, obwohl sie bei manchen Individuen vorkommen, diese dennoch nicht daran hindern, in gewisser Weise an die Realität angepaßt zu sein. Diese psychopathischen Tendenzen, »Miniatur-Psychosen«, müssen sich bei den Individuen, die sie aufweisen, in der gesamten Lebensgeschichte nicht zu krankhafter oder gefährlicher Intensität steigern. Werden jene jedoch Bedingungen ausgesetzt, die im besonderen Einklang mit ihren eigenen Tendenzen stehen, dann können daraus akute Fälle der Krankheit wer-

[* New York 1943.]

den, für die sie anfällig sind. Da sich beim Durchschnittsmenschen Spuren aller Arten von Charakterstrukturen finden lassen, können bestimmte soziale Bedingungen dazu führen, daß bei Menschen, in denen sie ansonsten völlig verborgen geblieben sind, psychopathische Anfälle zum Ausbruch kommen.

Bis heute ist Deutschland eine ausgezeichnete Brutstätte für Paranoia gewesen. Die deutsche Gesellschaft war so organisiert, daß sie paranoides Denken ermutigte und sogar belohnte. Soweit wir sehen können, ist die wichtigste und fast einzige Ursache, die Brickner als Erklärung für diese Sachlage angibt, seine Überzeugung, »daß die deutschen Führer schon seit geraumer Zeit und auch heute noch erkennbar paranoides Denken an den Tag legen«. Bereits lange vor Hitler zeigten sowohl die Prominenten als auch die einflußreichen Gruppen in Deutschland erhebliche paranoide Züge. In anderen Ländern werden Menschen, die zur Paranoia neigen, nicht in Verantwortungspositionen zugelassen oder veranlaßt, diejenigen ihrer psychischen Einstellungen zu stärken und auszubauen, die nicht von der Paranoia befallen sind. Paranoide Charaktertypen sind in der westlichen Zivilisation gezwungen, sich ihre eigenen Gruppen aufzubauen – eigenartige Sekten, Anhänger der Astrologie und des Spiritualismus und politische Extremistengruppen mit ihren speziellen Ritualen und Gebräuchen. Sie werden sozusagen innerhalb der Gesellschaft isoliert, genau wie die individuellen paranoischen Tendenzen vom erfolgreichen Psychiater isoliert werden, um zu verhindern, daß auch die »gesunden Bereiche« seines Geistes von der Krankheit befallen werden. In Deutschland dagegen »ist das gesamte Arsenal paranoider Gratifikationen fester Bestandteil des Alltagslebens wie auch des höheren politischen, akademischen und militärischen Lebens«. Gegenüber anderen Nationen verhält sich Deutschland als Ganzes wie ein gefährlicher Paranoiker zu seinen Opfern.

Brickner beschreibt die vorherrschenden Züge dieses paranoiden Nationalcharakters als Herrschsucht, Aberglauben (»Verfolgungswahn«), das extrem übertriebene Selbstwertgefühl, die Bereitschaft, vergangene Ereignisse so umzuinterpretieren, daß sie in das eigene egozentrische und streng logische System passen, und schließlich die abnorme Tendenz, die eigenen Gefühle des Zorns und der Schuld auf jede beliebige Person zu projizieren, mit der man gerade zufällig in Berührung kommt. Wo alle oder fast alle dieser Symptome auftreten, spricht der Psychiater von einem paranoischen Charakter. Er bestätigt sich auf höchst aggressive Weise. In seiner Welt gibt es nur eine Form menschlicher Beziehungen: Herrschaft. Für den Paranoiker ist jeder ein Feind, der nur das eine Ziel hat, ihn zu unterwerfen oder zu vernichten. Infolgedessen meint er, daß er seinerseits den Feind nur unterwerfen oder vernichten kann. Die Vielfalt und der Reichtum der Welt – all die Möglichkeiten des Zwischenmenschlichen – werden sozusagen von dem einen Schema der Unterjochung aufgefressen. Das letzte Mittel, zu dem der verzweifelte einzelne Paranoiker logischerweise greift, ist der Mord; das letzte Mittel einer paranoischen Nation ist Aggression und Krieg.

Welchen rationalen Ausweg das potentielle Opfer auch wählen mag, ob es nun seinen guten Willen beweist oder die falschen Beschuldigungen des Paranoikers widerlegt, es ist zum Scheitern verurteilt. Der Paranoiker befürchtet entweder eine Falle oder er überzeugt sich von der Schwäche dieses speziellen Gegners. Im letzteren Falle wird er seine Forderungen hochschrauben, und wenn sie erfüllt werden, sie immer wieder erhöhen, bis der Beschwichtigende sie schlechterdings nicht mehr erfüllen kann. Brickners Beschreibung dieser Mechanismen ist so angelegt, daß sie genau auf die Ereignisse paßt, die zum Scheitern von Chamberlains Politik führten. Beschwichtigung, Nachgeben, Wohlwollen, so zeigt er, verstärken nur die paranoischen Tendenzen. Die erkrankte Gruppe sollte ebenso wie der erkrankte einzelne Bedingungen ausgesetzt werden, in denen sie keinen Schaden anrichten können. In bezug auf Deutschland kann das nur völlige Entwaffnung bedeuten. Überdies sollte die Nachkriegspolitik den Besiegten ein bescheidenes Leben ermöglichen und dann versuchen, mit dem Teil der deutschen Bevölkerung zusammenzuarbeiten, der im wesentlichen nicht paranoid ist. »Von der Existenz und Widerstandskraft dieser nicht paranoiden Gruppe in Deutschland hängt die Zukunft der Welt ab.«

Brickner schreibt einen klaren Stil. Darin drückt sich die unter den Gelehrten weitverbreitete Haltung aus, daß der Experte sehr einfach formulieren und Behauptungen mehrmals wiederholen muß, damit der Laie sie verstehen kann. Um seine These von der Existenz einer Gruppenparanoia zu beweisen, zitiert er Abschnitte aus anthropologischen Monographien und aus den Schriften chauvinistischer Deutscher. Gleichwohl ist ziemlich offenkundig, daß das Buch die im Titel formulierte Frage nicht beantwortet. Da ein Psychiater von heute niemals wissen kann, ob ein Fall von Paranoia heilbar ist, erlaubt die Analogie zwischen den politischen Strukturen in Deutschland und dieser Krankheit keineswegs eine plausible Prognose. Überdies scheint Brickner mit dem Rat, den er für die Nachkriegszeit gibt, die Tatsache zu betonen, daß der therapeutische Wert seiner Theorie geringfügig ist. Seine Empfehlungen sind sehr allgemeiner politischer Natur; sie scheinen sich von einem schlichten common sense herzuleiten. Wollten wir aber versuchen, seine einfachen Aussagen anwendbar zu machen, dann müßten wir die ökonomischen und gesellschaftlichen Bedingungen analysieren, die für die paranoische Führung in Deutschland verantwortlich sind; wir müßten untersuchen, warum die nicht paranoischen Gruppen, die schließlich mehr als einmal ihre Chance hatten, besiegt und aus der Macht verdrängt wurden; wir müßten wissen, wie die zahlenmäßigen Verhältnisse zwischen den sozialen Kräften in Deutschland tatsächlich aussehen; kurz gesagt, die Psychiatrie müßte in politische Wissenschaft umschlagen, und der Fachmann für Psychiatrie müßte seinen Weg als Laie fortsetzen.

Und selbst dann fiele es ihm schwer, einen psychiatrischen Begriff wie den der Paranoia auf historische Probleme anzuwenden. Gewöhnlich lassen sich psychische Krankheiten aufgrund der Fehlanpassung eines Individuums an seine Umgebung diagnostizieren. Analysiert man aber das Verhalten von Nationen, dann kann man die Aggression und die mit ihr einhergehenden psychischen Manifestationen nur insofern als Unfähigkeit zur Anpassung interpretieren, als sich eine weltweite soziale Umgebung definieren und geltend machen läßt. Ein Kodex von Normen des internationalen Verhaltens, mit deren Hilfe man eine nationale Fehlanpassung verstehen könnte, hat in der Tat nie existiert und wird auch niemals existieren, solange die Anpassung in den internationalen Angelegenheiten auf irrationalen Faktoren beruht. Aggression war sehr oft Ausdruck eines vollen Erfassens der Realität. In der westlichen Zivilisation gibt es eine ganze Abfolge von Aggressionskriegen, angefangen bei der Eroberung des Peloponnes durch die alten Griechen, die alle anderen Völker als Barbaren verachteten, bis hin zu der Eroberung von Kolonien und sogar ganzen Kontinenten durch die christlichen Völker moderner Zeiten. Nehmen wir an, die Barbaren und die Ureinwohner hätten psychiatrische Fachleute hervorgebracht – hätten sie nicht allen Grund gehabt, jene erbarmungslosen Eroberer als psychotische Fälle zu bezeichnen? Die Äußerungsformen solcher Aggressor-Nationen waren in Wahrheit nicht menschlicher und nicht vernünftiger als Brickners Zitate von deutschen Autoren. Ihre Taten waren gewiß ebenso abscheulich wie die unserer modernen Germanen. Das gilt nicht nur für ihr Verhalten gegenüber anderen Nationen, sondern auch gegenüber Gruppen im eigenen Lande. Da die fortschrittlichsten griechischen Philosophen behaupteten, daß die Menschen, die ihre eigene Gruppe als Sklaven unterjochte, als solche geboren seien; da die lateinische Sprache ihnen sogar die Ehre verweigerte, sie überhaupt als Menschen zu bezeichnen; da die römischen Landarbeitersklaven, ja, alle Gruppen, die ungeschützt und unfähig waren, sich selbst zu verteidigen, wenn sie mit den Mächtigeren in Konflikt gerieten, unterdrückt und in einigen Fällen vernichtet wurden, müßte Brickner fast alle großen und hochangesehenen Nationen als schreiende Fälle von Gruppenparanoia bezeichnen.

Genau diese paradoxe Konsequenz enthüllt die Verdienste von Brickners Buch. Die Kategorie der Paranoia, so krude sie auch in bezug auf die komplizierten Probleme der heutigen Weltlage sein mag, kann uns zum Kern vieler interessanter sozialer Phänomene führen. Wenn es stimmt, daß das Verhalten der Unterdrücker aus der Sicht der Unterdrückten zumindest einen Großteil der Charakterzüge ans Licht gebracht hat, die Brickner als paranoid einstuft, dann können wir im Rahmen dieser Kategorie – zwar nicht das internationale Verhalten nationaler Gruppen –, wohl aber die Antriebe zur Paranoia untersuchen, die aus bestimmten ökonomischen und sozialen Bedingungen folgen und im zwischenmenschlichen Verhalten zum Ausdruck kommen. In der Tat hat der Rationalisierungsprozeß in der modernen Geschichte gewisse Charakterstrukturen gefördert, die Brickner als paranoid bezeichnet. Es gibt zum Beispiel jenen kalten Geschäftsmann, der die ganze Welt nur in ihrem Verhältnis zu den Interessen seiner Firma oder seines Unternehmens betrachtet – der sich noch nicht einmal ein anderes Handeln vorstellen kann als jenes, durch das er seine wirtschaftliche Macht ausdehnt. Er ist nicht in der Lage, anders zu reagieren als so, wie es ihm seine materiellen Interessen diktieren. Ihn beherrscht nur das eine Ziel, seine Macht zu vergrößern, und er ist »definitionsgemäß unfähig, an irgendeinem Triumph Befriedigung zu finden«, weil dieser seine Verantwortlichkeiten und Ambitionen nur verdoppelt. Natürlich ist er nicht geisteskrank, aber nach Brickners Erklärung ist es sehr wohl möglich, daß auch die Mehrzahl von Menschen in einer paranoiden Gruppe nicht psychotisch sind; die paranoiden Charakterzüge gelangen durch die besonderen Bedingungen der jeweiligen Gesellschaftsstrukturen in den einzelnen zur Vorherrschaft. Die anregendsten Teile des Buchs sind jene Seiten, auf denen Brickner den alten Begriff der Kontagion* übernimmt, der einmal in ähnlichem Zusammenhang von Tarde angewandt wurde. Er zeigt, wie nicht nur die Individuen, die zur Paranoia tendieren, unter dem Einfluß paranoischer Tendenzen in der Gesellschaft restlos infiziert, sondern wie sogar die Opfer und Gegner hypnotisiert und in dieselbe Richtung getrieben werden. Hier sollten Brickners Ideen durch eine Analyse des psychotisierenden Einflusses von Terror in seinen vielfältigen Erscheinungsformen erweitert werden. Denn Terror ist, sowohl als Wirklichkeit wie auch als Potentialität, das Leitmotiv in den wichtigsten Kapiteln der Geschichte gewesen.

Die theoretischen Erwägungen, zu denen Brickners Buch anregt, gehen weit über seine eigenen Absichten hinaus. Uns scheint, daß der Begriff der Paranoia dem Historiker und Soziologen hilfreicher sein kann als viele andere psychologische Kategorien. Er verweist auf den Wahnsinn von Herrschaft und Unterjochung und allgemeiner auf alle Gesellschaftssysteme, die dazu neigen, Menschen nur als Mittel und niemals als Zweck zu betrachten – um mit Kants Worten zu sprechen. Paranoia ist das trügerische Bild der Vernunft mit all ihrer unerschütterlichen Endgültigkeit und ihren starren Alternativen. Eine Untersuchung ihrer historischen Ursachen und Verästelungen wäre eine lockende Aufgabe für den überzeugten Laien, den Philosophen.

(Aus dem Englischen von Hans Günter Holl)

[* Ansteckung durch Krankheitserreger; der französische Soziologe Gabriel Tarde (1843–1904) übertrug diesen Begriff aus der älteren Medizin auf die Sozialpsychologie. Vgl. Gabriel Tarde, *Les lois de l'imitation*, Paris 1904, S. 80ff.]

Zur Soziologie der Kunst*

(1943/1946)

In der Kunstsoziologie geht es um die Wechselwirkung zwischen der Kunst und dem sozialen Lebensprozeß. Sie untersucht die Formen und Themen von Kunstwerken in ihrer Abhängigkeit von der gesellschaftlichen Grundstruktur, andererseits erforscht sie aber auch die Bedeutung von Kunstwerken für die Erhaltung und Überwindung gegebener sozialer Verhältnisse. Die gesellschaftliche Funktion der Kunst unterscheidet sich von Epoche zu Epoche. Ein und dasselbe Kunstwerk wird für jede spätere Generation, in jeder neuen historischen Epoche eine neue Bedeutung annehmen. Ein griechischer Tempel hat in der klassischen Antike ein ganz anderes Erscheinungsbild als im christlichen Mittelalter, in der Renaissance oder in der Zeit der Gegenreformation. Die Soziologie von Ruinen unterscheidet sich erheblich von der eines Heiligtums.

Als kulturelle Sondersphäre ist die Kunst ein Produkt der gesellschaftlichen Arbeitsteilung. Bei den primitiven Stämmen bildeten Rhythmus, Gesang und Arbeit noch ein bruchloses Ganzes; der Gesang war gleichzeitig Ausdruck und Linderung für die Pein harter Arbeit. Die ersten Bilder sollten wahrscheinlich die Toten vertreiben, vor deren Geistern sich die Menschen fürchteten. Selbst in Zeiten der fortgeschrittenen Kulturentwicklung wie dem Mittelalter war die Kunst noch nicht von rituellen und profanen Bräuchen geschieden. Religiöse Gemälde und Kathedralen wurden ebenso wenig wie Möbel und Kleidung in erster Linie ästhetisch betrachtet. Sie dienten materiellen und religiösen Zwecken, vom sozialen Prestige ganz zu schweigen.

Wie primitive künstlerische Ausdrucksformen versuchen, den Schmerz der Arbeit und des Todes durch Vergegenständlichung zu mildern, enthält auch alle spätere Kunst die menschliche Reaktion auf die Zwänge der gesellschaftlichen Realität. Kunstwerke spiegeln

[* Ein Lexikonartikel.]

die Welt im Lichte der ungebrochen humanen Forderung nach Glück und Entfaltung; sie objektivieren Erfahrungen, die noch nicht durch die Alltagssprache ausgedrückt und schematisiert worden sind. Im Alltagsleben richten sich die menschlichen Reaktionen, Gedanken und Empfindungen an praktischen Zielen aus, letztlich an den bestehenden Produktionsverhältnissen. Die Menschen nehmen die Welt im Sinne von Begriffen wahr, die den Bedürfnissen der herrschenden Praxis entsprechen und zwingend aus ihnen folgen. Das Kunstwerk reflektiert die Realität jedoch in einer Weise, die der Alltagssicht fremd und ihr gegenüber heterogen ist. Was in der praktischen Welt als notwendig und absolut erscheint, wird durch die Kunst als zufällig und relativ aufgewiesen.

Nicht nur die »kritischen« literarischen Werke, die einige Zeit vor großen historischen Umwälzungen auftauchen, bilden einen Antagonismus zu den Zielen der praktischen Welt, das tun sogar auch jene Werke, die nach dem Willen ihrer Autoren als Verherrlichung der bestehenden Gesellschaft angelegt waren. Denn die ausgesprochene Tendenz ist nur ein – und keineswegs das wichtigste – Element eines Kunstwerks, auf das der Kunstsoziologe bei seiner Analyse zielt. Die Idealität und Harmonie der Ziele, in deren Richtung eine musikalische Komposition oder ein Gedicht die Welt umzugestalten strebt, kann ein Urteil über das Bestehende aussprechen. In der liebevollen Sorgfalt, die dem geringsten Detail gewidmet wird, in der Eindringlichkeit, mit der Dinge betrachtet werden, in der Gerechtigkeit, die noch dem Unbedeutendsten widerfährt, in dem Maß an Freiheit, das jeder Teilaspekt behält, auch wenn er strikt in den Rest des Gebildes eingebunden bleibt – in allen Merkmalen dieser Art kommt immer die Spannung zwischen dem Kunstwerk und der Realität zum Ausdruck. Daher sind die Formelemente von Kunstwerken soziologisch ebenso relevant wie ihr Inhalt oder ihre ausgesprochenen Thesen.

Die Kunstsoziologie muß von der Kunstpsychologie abgegrenzt werden. Balzac zum Beispiel war Royalist, und viele seiner Werke enthalten ein absolutistisches Credo. Doch sein Œuvre ist ebenso liberal und demokratisch wie das des Republikaners Victor Hugo, und sei es auch nur wegen der Kunstfertigkeit, mit der es die tiefen Gefühle von Menschen aus allen Lebensbereichen darstellt. Die soziologische Analyse zielt auf die Einsicht in die objektive Beziehung zwischen Kunstwerk und sozialer Realität. Unter diesem Aspekt liefern die Psyche und das Lebensschicksal des Künstlers nur Hilfsmittel zum soziologischen Verständnis.

Entsprechend ist der Nachweis einer Verbindung zwischen Kunstwerken und einzelnen sozialen Gruppen eine der Aufgaben der Kunstsoziologie. Dazu gehört auch eine Untersuchung des Stils von Kunstwerken, der ihn prägenden Ansichten und Gedanken; nicht zuletzt geht es hier um die Frage, mit welchen Gesellschaftsschichten der Vergangenheit und der Gegenwart einzelne Kunstwerke grundsätzlich in Einklang stehen. Möglich ist, daß ein Künstler der oberen Mittelklasse manchmal Kunstwerke für die untere Mittelklasse, für die Aristokratie oder für das Proletariat schafft. Nun ist dieses Zusammentragen verstreuter Fakten zu einer komplexen Aussage insofern wichtig, als ohne eine soziologische Bestimmung der erwähnten Gedanken und Ansichten weder ein Verständnis des jeweiligen Kunstwerks noch eine umfassende Enthüllung seiner sozialen Realität zustande käme. Entscheidend ist jedoch, daß diese sozialen Elemente in jedem Kunstwerk zu einer einzigartigen Struktur verschmelzen, die tatsächlich ein neues Licht auf das Bestehende wirft.

Was die soziologische Analyse von Kunstwerken letztlich aufspüren will, das ist ihre Macht der Einsicht, ihre Fähigkeit, die Gesellschaft durchsichtig werden zu lassen. Die Wirkungsgeschichte von Kunstgegenständen erschöpft sich nicht in dieser Fähigkeit großer Kunstwerke, Einsicht in die sozialen Prozesse zu gewähren. Die Kunstsoziologie hat auch mit den negativen Funktionen des Ästhetischen zu tun. Sie zeigt, daß die Unabhängigkeit der Kunst von der Welt praktischer Ziele weitgehend Illusion bleibt, und enthüllt die Komplizenschaft von Kunst und gesellschaftlicher Macht in all ihren Verästelungen. Angefangen bei der Kunst als hypnotischem Instrument in den Händen eines primitiven Zauberers, bis hin zu ihrer manipulativen Verwendung durch moderne totalitäre Cliquen, können wir sozusagen eine Geschichte des düsteren oder sinistren Aspekts der Ästhetik verfolgen. Diese dunkle Seite der Ästhetik umfaßt nicht bloß die Fälle, in denen die Kunst bewußt im Dienste eines Zwecks steht, sondern vor allem auch die Verzerrungen der Welt, die wir im Bereich des Ästhetischen finden, etwa in Werken, die bloße Erscheinungsweisen der Welt aus der Sicht verschiedener

Epochen und Klassen widerspiegeln. In diesen Fällen hat die Kunst dazu beigetragen, das Rückständige zu stärken, Ungerechtigkeit zu verewigen und sogar neue Formen der Unterdrückung zu fördern.

Die gesellschaftliche Rolle der Kunst läßt sich so wenig auf ein allumfassendes Erklärungsprinzip bringen wie die anderer Kulturphänomene. Überdies ist es in vielen Fällen nicht möglich, eine sinnvolle Grenzlinie zwischen Philosophie der Kunst, Kunstwissenschaft und Kunstsoziologie zu ziehen. Noch heute sind die großen philosophischen Abhandlungen für die Kunstsoziologie grundlegend; z. B. alle Vorlesungen Hegels zur Ästhetik oder die Schriften von Spencer, Comte, Max Weber und Georg Simmel. Unter den wenigen Werken, die ausschließlich der Kunstsoziologie gewidmet sind, hat *L'art au point de vue sociologique** von Jean Marie Guyau, einem Schüler Durkheims, eine wichtige Rolle gespielt. Die Werke von Eduard Fuchs enthalten ausgedehnte soziologische Analysen ganzer Kunstrichtungen. In Monographien zur Kunstgeschichte finden sich viele wertvolle Beiträge, die immer stärker soziologische Gesichtspunkte berücksichtigen. Zu erwähnen sind noch die Werke von Doorac und Alois Riegl; schließlich die allgemeine Literatur zur Soziologie und Anthropologie.

(Aus dem Englischen von Hans Günter Holl
unter Verwendung des deutschen Entwurfs von M. H.)

[* Paris 1889.]

Antisemitismus: Der soziologische Hintergrund des psychoanalytischen Forschungsansatzes*

(1944/1946)

Bereits 1930, als ich noch in Frankfurt lebte, wurde mir die Dringlichkeit des Antisemitismusproblems bewußt, das schon damals eine reale Gefahr für Deutschland und für die übrige Welt darstellte. Zu jener Zeit versuchte ich, herausragende Personen des öffentlichen Lebens in Deutschland, Frankreich und anderen Ländern von seiner Bedrohlichkeit zu überzeugen. Wiederholt bekam ich die Antwort, der Antisemitismus sei nur ein Propagandamittel, und Hitler würde, wäre er nur erst an der Macht, bestimmt mit diesem Unsinn aufhören. In Frankreich war die Erwiderung ausgefeilt: Das Land sei eine alte Demokratie, an demokratische Lebensweisen gewöhnt, und daher sei es unmöglich, in Frankreich irgendeine Art von antisemitischem Regime einzurichten. Dieselbe Behauptung wurde, allerdings mit anderen Begründungen, in Österreich aufgestellt. Gegenwärtig können diejenigen, die das öffentliche Leben in Amerika genau beobachten, wahrlich nicht behaupten, daß die Bedrohung des Antisemitismus hier nicht existiert. Sie sind sich der tatsächlichen Gefahr bewußt, denn der Antisemitismus ist eine Speerspitze des Faschismus, die noch immer auf das zielt, was von der westlichen Kultur übriggeblieben ist.

Auch jetzt, nachdem die alliierten Truppen den Faschismus besiegt haben, muß der Wissenschaftler den Antisemitismus weiter erforschen, soll der Sieg letztlich nicht doch noch in eine schreckliche Niederlage umschlagen. Es ist gewiß nicht übertrieben zu behaupten, daß die alliierten Truppen für eben die Kultur gekämpft haben, die durch den Antisemitismus in ihrem Lebensnerv bedroht wird.

Obwohl das Problem des Antisemitismus als ein soziales Phänomen äußerst wichtig ist, haben Soziologie und Philosophie noch nicht viel zu seiner Lösung beigetragen. Bezeichnenderweise gibt es im

[* Einleitungskapitel zum Sammelband *Anti-Semitism. A Social Disease*, hrsg. von Ernst Simmel, New York 1946.]

Bereich der Soziologie oder der Sozialphilosophie keine Untersuchung, die mit der erhellenden Diskussion in Freuds *Moses* oder mit den psychoanalytischen Aufsätzen zum Antisemitismus, wie etwa denjenigen von Fenichel, vergleichbar wäre. Psychoanalytische Untersuchungen zu diesem Thema sind die einzigen, von denen wir ausgehen können.

Mein Beitrag verfolgt nicht die Absicht, eine bündige, umfassende Theorie zu liefern. Im Gegenteil, er gelangt zu einer Reihe von Fragen, ein paar Anregungen und einigen Hypothesen, die natürlich noch nicht durch empirische Sozialforschung bewiesen sind. Das Institut für Sozialforschung an der Columbia University hat sich, unterstützt durch Stipendien von verschiedenen Stellen, ein Jahr lang mit der Erforschung des Antisemitismus befaßt. Je länger man das Problem untersucht, desto widersprüchlicher und tiefer erscheinen seine Implikationen. Vorab muß man erkennen, daß eine willkürliche Unterteilung der Sozialwissenschaften in Soziologie, Ökonomie, Psychologie, Sozialpsychologie, Philosophie etc. nicht aufrechtzuerhalten ist. Jeder Begriff, den wir bei unserer Untersuchung des Antisemitismus verwenden, hat soziale, psychologische und philosophische Implikationen.

Die Komplexität der Situation wurde jüngst deutlich bei einer Tagung, die von der herausragendsten jüdischen Widerstandsorganisation in diesem Lande einberufen worden war. Experten aus ganz Amerika nahmen an ihr teil. Viele Fragen wurden gestellt: Welche Art der Propaganda eignet sich für den Aufbau eines Abwehrprogramms gegen den Antisemitismus? Was soll man sagen? Wie sind Aufklärungsschriften abzufassen? Soll man einfach an die Fairness, an das Gerechtigkeitsgefühl im einzelnen oder an die Ideale der Demokratie appellieren? Die psychoanalytische Antwort würde negativ ausfallen. Ein bloßer Appell an den bewußten Geist genügt nicht, weil Antisemitismus und Anfälligkeit für antisemitische Propaganda dem Unbewußten entspringen. Daher sollte man nicht so sehr an die Fairness appellieren, sondern eher davor warnen, sich mit anderen zu verbünden, nur weil sie die Mächtigeren sind. Das alles ist aber nicht nur ein Problem der Propaganda. Nehmen wir beispielsweise an, daß ein Polizeibeamter oder die Polizeiverwaltung in einer Großstadt es unterlassen hat, einen Polizisten für die Unterstützung antisemitischer Banden zu bestrafen. Soll dann seine

Entlassung gefordert werden? Soll man Untersuchungsausschüsse bilden, um Angriffe auf Synagogen zu dokumentieren? Solche Fragen lassen sich nur beantworten, wenn die Auswirkung des Antisemitismus auf den bewußten und den unbewußten Geist bekannt ist.

Ferner: Wie soll man Maßnahmen gegen den Antisemitismus überprüfen? Wie läßt sich bestimmen, ob bloße Propaganda ausreicht oder nicht? Gibt es eine Möglichkeit herauszufinden, ob breite Kreise der amerikanischen Bevölkerung, die vermeintlich nicht zur Diskriminierung neigen, sich beim Ausbruch einer Krise zum Antisemitismus bekennen werden? Ist es möglich, wissenschaftliche Forschungsmethoden zu planen, die in erfolgreiches Handeln münden? Gegenwärtig ist Rußland das einzige Land, in dem es keine Form des Antisemitismus zu geben scheint. Rußland hat nicht nur Gesetze gegen den Antisemitismus erlassen, sie werden dort auch wirklich angewandt; und die Strafen sind sehr hoch. Sollte man versuchen, auch in diesem Lande solche Gesetze zu verabschieden? Sollten Gruppen, die versuchen, den Antisemitismus zu bekämpfen, für solche Maßnahmen werben oder nicht? Wenn es zutrifft, daß sich der zukünftige Antisemit mit etwas Mächtigerem identifizieren will, dann sind solche Gesetze zu empfehlen, weil sie den Juden stärker machen, als er es ohne Schutz wäre. Viele glauben jedoch, daß damit auch genau die entgegengesetzte Wirkung erzielt werden könnte, daß solche Gesetze möglicherweise die psychologische Situation des »Schutzjuden« mit sich brächten. Das alles sind praktische Fragen, die der Soziologe, der Ökonom und der Psychiater gerne beantworten können würden. In gewissem Maße sind sie dazu jedoch nicht in der Lage: Zunächst brauchen sie eine grundlegende Auskunft vom Psychoanalytiker.

Als gute Wissenschaftler wollen wir vorab versuchen, etwas über das logische Problem des Antisemitismus, seine Definition zu sagen. Was ist Antisemitismus wirklich? Im Institut für Sozialforschung ging man nicht von einer starren, vorgefaßten Vorstellung aus, sondern versuchte zunächst, den ganzen Umfang des Begriffs abzustecken, indem man verschiedene *Typologien* des Antisemitismus skizzierte. Hier sind einige Beispiele für antisemitische »Typen«:

Da ist zunächst der sogenannte geborene Antisemit. Jüdische Züge, selbst jüdische Namen stoßen ihn ab. Er kann die Juden einfach nicht ausstehen. Durch einen unbewußten Einfühlungsprozeß vermittelt ihm der Anblick eines Juden ein Gefühl der Verstümmelung. Und darauf reagiert er mit Ekel. Oft läßt sich jedoch beobachten, daß Jüdinnen von ihm akzeptiert werden, sofern er nicht weiß, daß sie jüdisch sind. Die Institutsgruppe glaubt nicht an natürlichen oder angeborenen Antisemitismus. Die wahrscheinliche Erklärung geht dahin, daß hier eine Überkompensation unterdrückter Ängste und Wünsche wirksam wird.

Ein zweiter zu erwähnender Typus ist der des religiösen und philosophischen Antisemitismus. Er ist in Europa weitgehend ausgestorben, auch wenn es in diesem Lande noch immer eine ganze Menge von diesen Antisemiten gibt. Das Grundmuster zeigt sich in Aussagen wie: Die Juden haben Christus gekreuzigt. Sie sind für Tausende von Jahren unerlöst geblieben. Der Jude ist ein Fremdling, der nichts mit dem Christentum zu tun haben will.

Dann gibt es noch den hinterwäldlerischen oder »sektiererischen« Antisemiten, den Paranoiden im engeren Sinne des Wortes. Seine Welt ist bedroht durch die Furcht vor düsteren Mysterien und Verschwörungen. Er ist vom Bestehen der jüdischen Weltherrschaft überzeugt.

Ein weiterer unterscheidbarer Typus ist der besiegte Kämpfer. Sein Haß wurzelt in bestimmten ökonomischen Beziehungen, unter denen er leidet; er hat das Gefühl, seine Schwierigkeiten werden verschwinden, wenn der Jude aus dem ökonomischen Leben eliminiert wird.

Es gibt auch den antijüdischen Hetzredner. Er ist das Produkt unterdrückter Wut. Er haßt den revolutionären Juden, der die gesellschaftlichen Verhältnisse verbessern will.

Im Gegensatz zum antijüdischen Hetzredner steht der moderne, stromlinienförmige faschistische Antisemit. Ihn leiten politische Erwägungen, und er ist vielleicht der gnadenloseste von allen. Er zieht aus der Judenverfolgung keinen unmittelbaren Gewinn, verschreibt sich aber einem Programm, die politischen Verhältnisse durch systematisch geplante Judenvernichtung zu verändern.

Es kommt wesentlich darauf an, zwischen diesen Haupttypen zu differenzieren. Gleichwohl sind sie nichts als verschiedene Aspekte *eines* Grundphänomens, des Antisemitismus, das uns gegenwärtig deutlich in seiner zutiefst zerstörerischen Natur entgegentritt. Weder die Abweichungen zwischen den verschiedenen Typen noch die in anderen Ländern auftretenden sollten überbewertet werden. Man betont immer wieder die Unterschiedlichkeit des Antisemitismus in Europa und in Amerika. Sie läßt sich gewiß nicht einfach von der Hand weisen: es ist kein bloßer Zufall, daß die große Explosion des Antisemitismus zuerst in Deutschland ausbrach. Wie dem auch sei, moderne zivilisierte Menschen haben bestimmte Züge gemeinsam. Sehr oft wird darauf hingewiesen, daß die Juden in diesem Lande von einigen Urlaubsorten und Clubs ausgeschlossen sind – die Art Diskriminierung also, die wir gewöhnlich als sozialen Antisemitismus bezeichnen. Allerdings können Juden Gouverneure werden und viele Arten politischer Karrieren durchlaufen. Dieser Unterschied zwischen Amerika und dem Dritten Reich ist offenkundig; aber die Tatsache, daß es hier zur sozialen Diskriminierung kommt, ist beunruhigend. Sie geht viel weiter als in Europa und bringt uns zu der Annahme, daß der grundlegende psychologische Unterschied erschreckend gering ist. In Europa bestanden, insbesondere in Deutschland vor Hitler, sehr wenige solcher Einschränkungen. Den Juden standen sowohl Urlaubsorte als auch politische Karrieren offen. Im Kaiserreich hatten sie hohe Positionen inne, und zwar nicht nur im Geschäftsleben, sondern auch in der Verwaltung und in der Gesellschaft. Gleichwohl kam es zur Katastrophe. Der Erfolg bietet keine Sicherheit gegen die totale Umkehrung; und die soziale Diskriminierung, wie sie in diesem Lande existiert, ist Ausdruck eines mächtigen Bodensatzes der Verachtung und der Feindschaft. Die Hauptmerkmale destruktiven Hasses sind überall gleich. Sozialpolitische Probleme bestimmen, ob sie manifest werden oder nicht.

Ein weiterer Aspekt des Antisemitismus ist der historische. Auch hier darf man spezifische Abweichungen nicht zu stark betonen. Es ist seltsam, daß die Juden immer wieder angegriffen wurden – selbst vor dem Aufstieg des Christentums. Die Angriffe waren so stereotyp, sie folgten immer so eng demselben Muster, daß man versucht ist zu sagen: Obwohl die Juden, die sich im Lauf der Geschichte sehr gewandelt haben, gewiß keine Rasse sind, bilden die Antisemiten in gewisser Weise tatsächlich eine Rasse, weil sie immer dieselben Schlagworte verwenden, immer dieselben Verhaltensweisen an den Tag legen, ja, einander fast ähnlich sehen. Diese Idee klingt wie ein Witz, ist aber eigentlich gar nicht so witzig. Einige vorbereitende psychologische Studien enthüllen, daß die Charakterstrukturen der Antisemiten einander viel stärker ähneln als die der Juden. Als die Griechen die Juden im alten Alexandria angriffen, benutzten sie den Slogan, daß die Juden Fremde seien, um den ägyptischen Mob aufzuwiegeln. Das war eine Lüge: Die Juden waren nicht mehr Fremde als die Ägypter. Alexandria war nicht ägyptisch; bei seiner Gründung wurden sowohl die Juden als auch die Ägypter angesiedelt, und *beide* waren sie Fremde. Gleichwohl, der Slogan setzte sich fest; die Juden waren Fremde. Die Situation läßt sich mit dem erhellenden Beispiel vergleichen, das Freud anführt, nämlich daß die Juden in Köln »eingeborener« waren als die Deutschen, weil sie tatsächlich vor den Deutschen eintrafen.

Während des Mittelalters nahm der Antisemitismus die Form religiöser Verfolgungen an. In diesem Zusammenhang stellt sich den Psychologen aufgrund einer bestimmten Tatsache eine spezifische Frage. Die Frage lautet, in welchem Maße die Charakterstärke der Juden, ihr Widerstand gegen die Folter, selbst angesichts des Todes, den Haß gegen sie verschärft haben kann.

Die Geschichte der christlichen Märtyrer ist wohlbekannt. Aber mehr als tausend Jahre lang hat es unter den Juden immer viele Märtyrer gegeben. Die jüdische Geschichte berichtet immer wieder von Fällen nicht nur einzelner, die sich passiv der Folter ergaben, sondern auch genuiner Märtyrer, die lieber starben als zu sagen: »Ich glaube an Jesus Christus.« Unter ihnen waren hochkultivierte Individuen, gutsituierte Leute, aber auch Unterprivilegierte, sogar Diebe. Bei Dieben wurden spezielle Folterarten angewandt – und selbst hier machte man einen Unterschied zwischen Juden und Heiden. Das Martyrium der Juden dauerte Tage, und wenn sie das Äußerste erlitten hatten, standen sogenannte Christen bereit, die sie anstarrten und auf die Worte warteten: »Ja, ich will das Christentum annehmen, um eines schnellen Todes zu sterben oder freigelassen zu werden.« Manchmal kam es vor, daß diejenigen, die das Christentum angenommen hatten, unter großen Feierlichkeiten freigelassen wurden. Ein Wunder war geschehen: ein Jude war Christ geworden. Die Seltenheit dieses Vorgangs liefert einen indirekten Beweis für den jüdischen Widerstand gegen die Bekehrung. Wie ich zuvor andeutete, mag diese Charakterstärke der Juden zur Intensivierung des Hasses auf sie beigetragen haben.

In mittelalterlichen Zeiten war der Judenhaß nicht Antisemitismus, sondern Anti-Judaismus. Die Juden wurden nicht nur diskriminiert, weil sie eine Rasse waren, sondern auch, weil sie »Christus getötet hatten«. Erst seit dem fünfzehnten und sechzehnten Jahrhundert legte man das Schwergewicht auf den nationalen oder rassischen Aspekt: Die Juden wurden verfolgt, weil sie Juden waren. Und selbst, wenn man einen Juden zum Christentum bekehrt hatte, war er nicht voll akzeptiert. Von der spanischen Inquisition wurden erst seine Kinder oder Kindeskinder als Christen angesehen. In der Praxis kennt die Kirche sowohl den Anti-Judaismus als auch den Antisemitismus, obwohl der Antisemitismus im Widerspruch zur katholischen Lehre steht.

Die einzige Zeit, in der der destruktive Antisemitismus mehr oder weniger ruhig blieb, war während des neunzehnten Jahrhunderts, des klassischen Zeitalters des Liberalismus. Während dieser kurzen Zeitspanne wurden die destruktiven Tendenzen nicht gegen jüdische Minderheiten, sondern gegen Kolonialbevölkerungen gerichtet, die in dieser Zeit genauso grausam behandelt wurden wie die Juden in den vergangenen Jahren in Europa. Aber diese liberale Periode ist in Europa endgültig beendet, und das hauptsächlich aus ökonomischen Ursachen. Die wichtigste von ihnen ist, so glaube ich, das Verschwinden der mittleren Zirkulationssphäre, des »Zwischenhändlers«. In der Welt der Monopole neigen dieselben Großfirmen, die Güter produzieren, auch dazu, die Distribution direkt zu organisieren. Die jüdischen Vermögen in Europa verdankten sich jener relativ unabhängigen Distributionssphäre, die nicht auf Handel im strengen Sinne beschränkt war, sondern auch andere Bereiche wie Recht, Medizin, Presse und Unterhaltung umfaßte oder eng damit verzahnt war. Die Mentalität, die in diesen Bereichen vorherrschte, kommt der der »Zirkulation« nahe. Heutzutage sind alle diese Sphären praktisch von starken zentralisierten Firmen übernommen worden. Die vereinigte Exekutivverwaltung der Industrie beherrscht schon fast das gesamte ökonomische Leben: Produktion, Distribution und auch Ideologie. Zweifellos sind die Tage des unabhängigen mittelständischen Unternehmers, das goldene Zeitalter des jüdischen Zwischenhändlers, nunmehr gezählt. Es gibt

immer noch eine ganze Menge individueller Privatvermögen, einige davon in jüdischer Hand; aber sie haben heute nicht mehr den Einfluß, den sie im neunzehnten Jahrhundert hatten.
Mit der Beseitigung der Distributionssphäre tendiert eine weitere Kategorie zum Verschwinden, die des Individuums. Hier scheinen sich Soziologie und Psychologie auf eine völlige Verschmelzung zuzubewegen. Das Individuum als ein spirituelles Wesen, ein Wesen mit einem voll entwickelten Überich, das nicht nur während der frühen Kindheitsjahre ausgebildet wird, sondern sich auch bis zur Pubertät weiter entwickelt, erleidet unter dem Einfluß von Monopolisierung und Standardisierung ganz erhebliche Veränderungen. Da sich das Überich nicht mehr primär in einem dialektischen spirituellen Prozeß zwischen Kind und Vater entwickelt, sondern weitgehend der Repräsentant aller Arten von kollektiven Gruppen ist, fürchtet das Kind heute seinen Vater nicht so sehr wie seine zum Kollektiv gewordenen Schul-, Sports- oder Arbeitskollegen. Der Junge muß sich einer Gruppe anpassen, die mächtiger, aber weniger spirituell, weniger »internalisiert« ist, als es die elterliche Autorität jemals war. Diese Modifikation in der Überichbildung und alle modernen Formen des Gruppenlebens führen zu einer radikalen Veränderung beim gegenwärtigen Menschentypus. Solange dieser Zustand vorherrscht und solange diese Art der Gruppenerziehung und des Gruppenlebens mit einer extrem hierarchischen Gesellschaftsform verknüpft ist, kann die soziale Prognose nicht sehr gut ausfallen. Die vorherrschenden repressiven Merkmale unserer Gesellschaft müssen diese Gruppen irrationaler machen, als sie es selbst in einer Gesellschaft ohne soziales und ökonomisches Unrecht wären.
Man muß sich jedoch immer vor Augen halten, daß solche Trends nicht willkürlich von Individuen umgekehrt werden können. Sie sind Ausdruck überwältigender historischer Kräfte. Was wir tun können, ist, wirksame Mittel und Wege zu suchen, um die bedrohlichsten und tödlichen Auswirkungen dieser Prozesse zu beeinflussen.
Das vorliegende Buch enthält verschiedene Studien, die genau in diese Richtung zielen. Die Autoren gehen nicht naiv davon aus, daß der Antisemitismus ein rein »psychologisches Problem« ist. Sie erkennen diese überwältigenden historischen Kräfte an, die sich heute

in den Dienst des Antisemitismus stellen. Ja, einige der Studien sind gewissen Nervenpunkten gewidmet, an denen soziale und psychologische Ursachen verschmelzen. Das Schicksal der Welt ist in großem Maße bestimmt durch das Wirken ökonomischer Gesetze, die jenseits menschlicher Kontrolle liegen, kaum aber durch die »Natur« des Menschen, was immer in diesem Ausdruck mitschwingen mag. Daher ist es unmöglich, die Krise der abendländischen Kultur zu lösen, indem man einfach zu ihren menschlichen Quellen zurückgeht, selbst zu jenen, die in den Tiefen des Unbewußten begraben liegen. Eine solche ausschließlich psychologische Erklärung würde eine Lage der Dinge voraussetzen, in welcher der Antisemitismus nicht die schreckliche Bedrohung darstellte, die er tatsächlich ist. Bestimmte Ausdrucksformen in der gegenwärtigen Weltsituation sind jedoch so eindeutig, daß man sowohl die soziologischen als auch die psychologischen Quellen des destruktiven Vorurteils ausfindig machen und mit wissenschaftlicher Analyse durchdringen kann. Unnachgiebige Erforschung der Triebdynamik könnte sogar enthüllen, daß genau dieselben sozialen Kräfte für den Zerfall der individuellen Identität wie für den Niedergang der Kultur verantwortlich sind. Aus dieser Perspektive gesehen, sollte man die folgenden Studien als eine Grundlage für weitere Forschung und für praktische Bemühungen auffassen.

(Aus dem Englischen von Hans Günter Holl)

Zur Klassifikation jüdischer Einwanderer*

(1945)

1. Es ist gewiß wichtig, genaue Daten über die Einwanderung von Juden in dieses Land zu haben. Diese Daten sollten sich jedoch nicht auf die Juden als eine »Rasse« beziehen. Der »Rasse«-Begriff ist wissenschaftlich fragwürdig und läßt sich leicht zu Propagandazwecken verzerren. Andererseits werden Einwanderungsstatistiken nach nationalen Gruppen zusätzlich zu denen nach Staatsbürgerschaft und Herkunftsland wertvolle Informationen liefern, vorausgesetzt, die Nationalität der durch irgendwelche Zählungen erfaßten Individuen wird von den Befragten selbst angegeben. Die vom Justizminister genannten Kriterien – »gesprochene Sprache und Heimatland des Antragstellers und seiner Vorfahren« – können, insbesondere hinsichtlich der Juden, nicht als angemessen gelten. Alle Methoden, die

[* Ende 1943 hatte die amerikanische Behörde für Einwanderung und Einbürgerung verfügt, den Ausdruck »hebräisch« nicht mehr bei der Klassifikation von Einwanderern anzuwenden. Die Bezeichnung der Rasse sollte durch die des Herkunftslandes oder durch allgemeinere Kategorien wie »weiße Rasse« ersetzt werden. Von jüdischer und nichtjüdischer Seite wurden dagegen Bedenken erhoben: Genaue Angaben über die Zahl jüdischer Einwanderer seien notwendig. Umstritten war, ob man mit der Verbreitung solcher Statistiken den Antisemitismus eher fördere oder bekämpfen könne; ob eine rassische Klassifikation nicht überhaupt durch den Nationalsozialismus obsolet geworden und durch eine andersartige zu ersetzen sei. Max Weinreich und Jacob Lestchinsky schickten daraufhin im Juli 1944 im Namen des Yiddish Scientific Institute, New York, einen Rundbrief an eine größere Anzahl von Personen aus Wissenschaft und Politik, unter anderem an Horkheimer, mit dem folgenden Fragebogen:

»1. Halten Sie es für wichtig, genaue Daten über die Einwanderung von Juden in dieses Land zu sammeln, oder sehen Sie irgendwelche Gründe, von der Erhebung dieser Daten abzusehen?

2. Wenn Sie der Entscheidung der Einwanderungs- und Einbürgerungsbehörde nicht zustimmen, den Ausdruck ›hebräisch‹ aus der Klassifikation von Einwanderern zu tilgen, würden Sie dann in bezug auf die Juden einfach eine Rückkehr zum früheren Verfahren empfehlen, oder – falls nicht – welche Veränderung würden Sie vorschlagen?

3. Halten Sie die Klassifikation von Einwanderern nach ›Rassen‹ für angemessen? Wenn nicht, welche andere Bezeichnung würden Sie vorschlagen?«]

verwendet werden, um die Nationalität eines Menschen zu bestimmen, dabei aber nicht auf der Selbstbestimmung basieren, müssen schließlich zur Anwendung von Nazi-Kriterien der »rassischen« Zuordnung von Menschen führen. Anstatt Verfahren der statistischen Erhebung zu sein, entarten sie zu Instrumenten der Absonderung und Diskriminierung.

2. Obwohl ich der Entscheidung der Einwanderungs- und Einbürgerungsbehörde zustimme, das Wort »hebräisch« fallenzulassen, rege ich an, noch eine zusätzliche Frage in die Antragsformulare aufzunehmen, die sich auf die Nationalität des Einwanderers im Unterschied zu seiner Staatsbürgerschaft bezieht. Diese Frage sollte jedoch nicht obligatorisch sein. Kein Einwanderer kann und darf zu einem Bekenntnis seiner Gefühle gezwungen werden. Es wäre ein Symbol der Freiheit, jeden Menschen als ein Individuum anstatt als Zwangsmitglied dieser oder jener Gruppe zu behandeln. Doch jeder Einwanderer, der – aus statistischen oder sonstigen Gründen – erklären möchte, daß er einer besonderen nationalen Gruppe angehört, sollte die Freiheit haben, das zu tun. Jeder jüdische Einwanderer, der sich seines Judentums bewußt ist, sollte das Recht haben, eine Erklärung über seine Zugehörigkeit zu der jüdischen Gruppe abzugeben. Jeder Einwanderer jüdischer Abstammung, der das Gefühl hat, einer anderen nationalen Gruppe anzugehören, sollte sich des gleichen Privilegs erfreuen dürfen. Kein Einwanderer sollte gezwungen werden, das Etikett einer nationalen Zugehörigkeit zu akzeptieren, die er nicht empfindet, noch sollte er gezwungen werden, sein Solidaritätsgefühl mit einer nationalen Gruppe zu verbergen, der er sich aufgrund der Kraft der Tradition, Kultur, Sprache, Erziehung, persönlichen Geschichte, religiöser Erbschaft oder irgendwelcher anderer Bindungen, die ihm wichtig sind, zugehörig glaubt.

3. Die Klassifikation von Einwanderern nach »Rasse« scheint mit dem Geist der amerikanischen Verfassung unvereinbar zu sein. Sie hält wissenschaftlicher Kritik nicht stand. Sowohl im Sinne der Sozial- als auch in dem der Naturwissenschaften ist sie bar aller Bedeutung und kann auch im rechtlichen Sinne nicht hinreichend definiert werden. Das gilt für alle »Rassen«, die in den Einwanderungsstatistiken aufgezählt sind – nicht bloß die »hebräische« Rasse.

Die Frage nach der »Rasse« sollte ersatzlos gestrichen werden. Natürlich muß der Einwanderer seine Staatsbürgerschaft angeben. Hat er seine Staatsbürgerschaft aufgrund nationaler oder politischer Verfolgung verloren, dann sollte dies vermerkt werden, und man sollte Vorkehrungen treffen, um sicherzustellen, daß Tatsachen dieser Art in bezug auf seinen Status als zukünftiger amerikanischer Staatsbürger nicht gegen ihn verwendet werden können. Zudem sollte der Einwanderer gefragt werden, welcher nationalen Gruppe er, wenn überhaupt, nach dem Urteil seines eigenen Gewissens angehört.

Die Frage, wie man Antisemiten daran hindern kann, phantastische Zahlen über die Einwanderung von Juden zu erfinden, hat keinen Einfluß auf die Probleme statistischer Klassifizierungen. Unter der alten Klassifizierung nach »Rasse« wurden solche Zahlen so wahllos und global erfunden wie zu allen Zeiten. (Der Agitator der Westküste, Phelps, sprach schon 1940 davon, daß dieses Land von Millionen Flüchtlingen überflutet werde.) Wenn man solche Zahlenmythen überhaupt mit rationalen Argumenten und Tatsachenbeweisen widerlegen kann, dann würden die Zahlen über die Gesamtsumme der in dieses Land aufgenommenen Einwanderer schon ausreichen. Doch solange die Antisemiten ihre Märchenzahlen auf die Behauptung stützen, daß die Juden ihr Judentum verschweigen, sind Statistiken zu nichts nutze – es sei denn, sie werden nach Art der Nazis erhoben, was bedeutet, daß die »rassische Abstammung« für eine willkürlich festgesetzte Anzahl von Generationen nachgewiesen werden muß.

Das statistische Konzept von »Zahlen und Fakten« ist für das Funktionieren des antisemitischen Argumentationssystems völlig irrelevant. Andererseits ist es, um die antisemitische Propaganda zu bekämpfen, erforderlich zu wissen, auf welche rational erklärbaren Tatsachen sie sich stützt und welche objektiven Daten sie möglicherweise ausbeuten kann. In diesem Zusammenhang kommt es entscheidend darauf an, relevante statistische Daten über die Lage der Juden zu haben. Daraus folgt aber keineswegs, daß es notwendig oder wünschenswert wäre, die Juden in allen Lebensbereichen und in allen Tätigkeitsfeldern zu zählen. Die Tendenz, die Bezeichnung »Jude« in jede einzelne statistische Tabelle aufzunehmen, spiegelt eine nationalistische Einstellung wider, die »rassische« Konnotationen mitführt. Sie sollte aufgegeben werden, weil sie eine Atmosphäre der Diskriminierung, der Ausgrenzung und der Etikettierung von Nationalitätengruppen schafft, in der die antisemitische Propaganda blühen und gedeihen muß.

(Aus dem Englischen von Hans Günter Holl)

Autorität und Familie in der Gegenwart

(1947/1949)

Wenn wir von den großen Revolutionen sprechen, welche das moderne Zeitalter in der Alten wie der Neuen Welt eingeleitet haben, denken wir eher an das Individuum als an die Familie. Die Rechte des Individuums waren das heilige Ziel, um dessentwillen sich die Menschen gegen die Mächte der Vergangenheit erhoben. Der Mensch ohne Ansehen der Person, jeder rechtschaffene Mensch sollte gleichberechtigt an der Bildung der Gesetze mitwirken und von ihnen geschützt werden. Der Kampf wurde gegen die Unterdrückung durch feudale Cliquen, Kirchen und fremde Gewaltherrscher ausgetragen. Die Vergangenheit war bestimmt durch hierarchische Formen, die Zukunft dagegen durch das Individuum, das sich mit seinesgleichen verbindet. Allerdings rührten die historischen Ereignisse keineswegs an alle Formen der gesellschaftlichen Bindung des Individuums, obwohl sie zweifellos in der Atomisierung der Gesellschaft einen Schritt vorwärts bedeuteten. Der Kaufmann war befreit von überholter Bevormundung, die Zwangsarbeit abgeschafft, und die letzten Vorrechte des Adels über die Seelen und Körper der Leibeigenen wurden verworfen.

Aber die Geburt der modernen Zivilisation befreite nicht eigentlich das einzelne Individuum, sondern die bürgerliche Familie, und so trug sie von Anfang an einen tiefen Widerspruch in sich. Die Familie blieb wesentlich eine feudale Institution, gegründet auf das Prinzip des ›Blutes‹; sie war also durchaus irrational, während die industrialisierte Gesellschaft (die freilich selbst in ihrem Wesenskern irrationale Elemente enthält) Rationalität proklamierte: die ausschließliche Herrschaft des Prinzips der Berechenbarkeit und des freien Tausches. Die gesellschaftliche Bedeutung wie die inneren Schwierigkeiten der Familie sind durch diese Inkonsistenz der Gesellschaft hervorgerufen. Der bürgerliche ›pater familias‹ hatte stets etwas vom ›bourgeois gentilhomme‹ an sich; die ›gute Familie‹ der Mittelklasse ahmte beständig die Aristokratie nach und träumte von einem

Wappenschild und adeliger Abstammung. Es gibt überhaupt keine bürgerliche Familie im strengsten Sinn des Wortes; sie ist in sich ein Widerspruch des individualistischen Prinzips – doch ein notwendiger Widerspruch. Seit der Zeit ihrer Emanzipation hat sie eine pseudo-feudale, hierarchische Struktur angenommen. Der Mann, befreit von der Knechtschaft in fremden Häusern, wurde Herr in seinem eigenen. Die Kinder jedoch, für die die Welt das ganze Mittelalter hindurch ein großes Zuchthaus gewesen war, blieben weiterhin Sklaven bis tief ins neunzehnte Jahrhundert hinein. Als die Trennung von Staat und Gesellschaft, von politischem und privatem Leben vollendet war, erhielt sich unmittelbare persönliche Abhängigkeit im bürgerlichen Hause.

Dies ergab sich notwendigerweise aus den materiellen Erfordernissen des sozialen Prozesses. In der Sphäre der manuellen Arbeit und zahlreicher anderer Funktionen in Industrie und Handel hatte die Gesellschaft ein Stadium erreicht, in dem die unmittelbare und unverbrüchliche Ergebenheit der nicht blutsmäßig zugehörigen Mitglieder der ›familia‹ im alten Sinn, nämlich der Sklaven und Leibeigenen, durch das rationale Interesse der Arbeiter mittels des Arbeitsvertrages ersetzt werden konnte. Die Beziehung zum Herrn, des patriarchalen Beiwerks entkleidet, wurde veräußerlicht, verdinglicht und dem kalkulierenden Gedanken unterworfen. Die Menschen wurden sich ihrer selbst bewußt als autonome Wirtschaftssubjekte. Jedes Individuum hatte für sich selbst zu sorgen. Doch die Volkswirtschaft des neunzehnten Jahrhunderts, für die das Verhältnis zwischen Kapital und Arbeit typisch ist, behielt noch die Familie als funktionierende ökonomische Einheit. Nicht nur war die Mechanisierung des Haushalts noch nicht so weit fortgeschritten wie heute – und sogar heute stellt er ein Überbleibsel ursprünglicher Wirtschaftsformen dar –, sondern Frauen, Kinder und andere Verwandte waren überdies notwendig für den Betrieb unzähliger Wirtschaftseinheiten. Im Viktorianischen Zeitalter blühten noch die Handwerksstätten, und die kleinen oder mittleren Unternehmen herrschten vor; der Riesenkonzern, das Warenhaus und die Verkaufsorganisationen der Industrie waren erst im Entstehen begriffen. Geschäftsverwaltung und Betriebsleitung wurden noch nicht wissenschaftlich geplant und gelenkt. Der Erfolg des Unternehmens beruhte zu einem großen Teil auf der Solidarität der Familie. Die Söhne des Geschäftsmanns aus der Mittelklasse waren einerseits weitgehend unabkömmlich im Geschäft ihres Vaters, andererseits auch nicht in der Lage, eine ähnlich zufriedenstellende Position außerhalb des väterlichen Betriebs zu finden. Die Töchter wurden sowohl im Haus wie im Geschäft gebraucht. Die familiäre Autorität war im Mittelstand halbwegs intakt.

Die Macht des Vaters über die verwandten und nichtverwandten Mitglieder seines Hauses, seiner Werkstatt oder seines Landes hatte stets darauf beruht, daß unmittelbare Abhängigkeit für den Lebensprozeß der Gesellschaft notwendig war. Mit der Auflösung dieses wesentlichen Faktors schwand der Respekt der Familienmitglieder vor dem Oberhaupt des Hauses, ihre Anhänglichkeit an die Familie als ganze und ihre Treue zu deren Symbolen. Die gesetzlichen Vorkehrungen, welche die Familie schützen, empfangen ihre Bedeutung von dem sozialen Gewicht dessen, was sie beschützen. Der zukünftige Anteil eines Sohnes am Eigentum seines Vaters war ein ebenso starkes Motiv zum Gehorsam wie die Enterbung eine abschreckende Drohung. Was in der Welt von Eigentümern des Mittelstandes als individuelle Katastrophe erschien, kann mit größerer Gelassenheit in einer Welt betrachtet werden, in der jedermann Angestellter ist. Heute, wo Geschick und Wendigkeit im Leben eines Mannes die entscheidende Rolle zu spielen beginnen, verliert das Recht der Enterbung viel von seinem Gewicht.[1] Ähnliche Erwägungen gelten für die Tochter. Die moderne Wirtschaft bietet in steigendem Maße Millionen von Arbeitsplätzen für gelernte und ungelernte Frauen; das bedeutet aber, daß die Arbeit außerhalb des Hauses für sie ehrbar wird. Der Bruch mit der Familie verliert daher für das Mädchen ebenso wie für den Jungen seinen Schrecken. Diese veränderte Lage macht sich im Verhältnis zwischen Eltern und Kindern bemerkbar, lange bevor diese herangewachsen sind. Autorität im Hause nimmt einen irrationalen Zug an.

Trotz dieser wichtigen Wandlungen machen die moralischen und religiösen Vorstellungen, die Imagines, die aus der Struktur der patriarchalen Familie stammen, noch immer den Kern unserer Kultur

1 Die oben aufgezeigten ökonomischen Wandlungen ermöglichen es, daß dieses Recht in zunehmendem Maße durch politische und finanzielle Maßnahmen der Regierungen beschnitten und sogar illusorisch gemacht werden kann.

aus. Respekt vor Gesetz und Ordnung im Staat scheint untrennbar mit dem Respekt der Kinder vor ihren Eltern verbunden zu sein. Gefühle, Einstellungen und Überzeugungen, die in der Familie wurzeln, machen den Zusammenhalt unseres kulturellen Systems aus. Sie sind ein Element des sozialen Kitts. Es erscheint unerbittlich notwendig, daß die Gesellschaft sie am Leben erhält, denn es handelt sich hier für die Zivilisation in ihrer jetzigen Form um eine Frage auf Leben oder Tod. Die Idee der Nation vermochte nicht die Funktion der Familie in dieser Hinsicht zu erfüllen. Als ein System zusammenarbeitender und wetteifernder Kräfte verdrängte die Nation die Produktionseinheiten des Merkantilismus. In heiklen Situationen, vor allem in Stunden der Gefahr, hat sie sich auch als unmittelbares Objekt der Verehrung erwiesen. Die Revolutionskriege, denen die Nation im modernen Sinn entsprang, haben ein Beispiel dafür geliefert, wie Individuen ihre Isolierung vermöge dieser Imago überwinden können. Im täglichen Leben jedoch scheint die Autorität der Nation von der Autorität der Familie abzuhängen. Das Dritte Reich war die einzige Diktatur der Neuzeit, die sich systematisch von jeder vermittelnden Instanz zwischen Individuum und Staat zu befreien und den Jakobinismus bis zum äußersten zu treiben suchte.

Der Wunsch, die Familie zu stärken, ist nahezu universal; dennoch muß man sich seiner grundsätzlichen Problematik bewußt werden. Wenn Ideen, die seit Jahrhunderten Verehrung genossen, gegen den Gang der Geschichte starr beibehalten anstatt durch Entwicklung und Umformung bewahrt werden, dann verflüchtigt sich ihr Wahrheitsgehalt, und sie schlagen in leere Ideologien um – mit welchen Kräften sie auch immer aufrechterhalten werden mögen. Da wir bei Betrachtung unserer eigenen Tradition dazu neigen, dieses verhängnisvolle Dilemma zu übersehen, mag ein Beispiel aus einer anderen Kultur zur Illustration dienen. Die chinesische Familie war weitgehend auf eine intensive Bearbeitung des Bodens angewiesen. Ihr gehörte ein kleines Stück Land, und sie entwickelte großes Geschick in seiner Nutzung. Erfahrung mit den Jahreszeiten, mit Ungeziefer und anderen Gefahren sowie mit den Möglichkeiten ihrer Verhütung unter den lokalen Verhältnissen – all das war um so wichtiger, als die soziale Umwelt jahrhundertelang relativ konstant blieb. Alte, freundschaftliche Beziehungen zu den Nachbarn, Vertrautheit mit den örtlichen Behörden und das Wissen um Art und Weise, wie man mit befreundeten und feindlichen Truppen umzugehen hatte, waren für einen Bauern von unschätzbarem Wert. Alter erwies sich dabei als Vorteil, und dem Vater zollte man daher aufrichtigen Respekt. Die Rolle der Vorfahren in der chinesischen Religion ergibt sich als logische Folge dieser Verhältnisse; der Respekt gegenüber Vater und Großvater wurde verlängert, extrapoliert und überhöht zugunsten jener, die unsichtbar waren. Ist diese alte Struktur der Familie einmal durch die Industrialisierung, vor allem die Mechanisierung der Landwirtschaft, zerstört, dürften die Überlegenheit des Vaters und die Verehrungswürdigkeit hohen Alters ihre Bedeutung verlieren. Jene besondere Art des Wissens verliert ihren Gegenstand, und die negativen Züge des Alters werden deutlich hervortreten. Der Ahnenkult, von konkreter Erfahrung isoliert, mag dann noch propagiert und mittels sozialer oder gar politischer Sanktionen erzwungen werden, aber eines Tages wird sich diese Ideologie als hohl erweisen. Andere Beispiele für derartige Entwicklungen, die sowohl die Familie unmittelbar als auch manche von ihr abgeleitete religiöse Vorstellungen betreffen, liefert die jüngste europäische Geschichte. Sie haben uns gelehrt, wie trügerisch die Erscheinung fest gegründeter Traditionen in der Familie sein kann.

Je mehr die Familie als eine wesentlich wirtschaftliche Einheit in der westlichen Zivilisation an Boden verliert, desto mehr betont die Gesellschaft ihre konventionelle Form. Da die physische Beziehung zwischen Mann und Frau von allen früheren Aspekten der Familie übriggeblieben ist, konzentriert sich darauf das konservative Interesse. Die Ehe wird von ihm derart hypostasiert, daß Ehe und Familie zu Synonymen werden. Von dieser Entwicklung sind die Frauen in höherem Maße abhängig als die Männer. Im Hinblick auf die grundlegend patriarchalen Züge der Gesellschaft, die sich nicht wirklich verändert haben, sind die Frauen weiterhin benachteiligt. Sie müssen sich nicht nur als Brotverdiener den Lebensformen anpassen, die von Männern für Männer gestaltet wurden, sondern ihre historische Erbschaft, ihre spezifische Ausbildung, die ihnen von einer männlichen Gesellschaft durch die Jahrhunderte aufgezwungen wurde, der irrationale Vorrang, der den Männern in vielen Laufbahnen gegeben wird, und schließlich das kulturelle Klima im allgemeinen – all das schafft zusätzliche Probleme für die arbeitende Frau und macht ihre Existenz psychologisch schwierig. Aus diesen und anderen Gründen haben die Frauen das größte Interesse an der Unverletzlichkeit der Institution der Ehe. Unglücklicherweise kann keine Propaganda für die Ehe die ehrfurchtgebietende Macht der Familie ersetzen, die sie seinerzeit als die eindrucksvollste Realität im sozialen Leben ausübte, die Überzeugung von der Erhabenheit der Familie wiederherstellen, von der die Ehe einst ihre Bedeutung empfing. Die moderne Rationalität hat diese ganze Sphäre durchdrungen. Die vorbehaltlose Zusammenarbeit aller Zweige des Staates und der örtlichen Behörden, der Kampf gegen die Prostitution, die Herabwürdigung der freien Liebe zum Laster, die moralistischen Vorschriften für die synthetischen Tagträume auf der Leinwand und aus dem Äther, die ständige Bemühung um Romantik aus praktischen Gründen und inmitten einer materialistischen Kultur – all diese Faktoren können die Ehe nicht davor bewahren, selber zu einem pragmatischen Verhältnis zu werden. Sie wird immer mehr zu einer Zweckbeziehung. Kinder werden nicht aufgezogen, weil die Aufgaben des eigenen Lebens ohne sie nicht erfüllt werden könnten, sondern aus mehr oder weniger äußerlichen Gründen. Sie erfahren selten die Wärme jenes zweiten Mutterschoßes, den die Familie in bestimmten sozialen Schichten dargestellt hat.

Während sich der Einzelne in früherer Zeit nur als Teil gleichsam organischer Wesenheiten sah, die seinem Leben Sinn gaben und in seinen Handlungen und Vorstellungen ständig gegenwärtig waren, tendieren die Individuen heute in der Tat dahin, jene sozialen Atome zu werden, zu denen die bürgerlichen Revolutionen nach der Ansicht ihrer Kritiker die Gesellschaft pulverisiert haben. In dieser Zeit der Massengesellschaft ist der Mensch einsam. Sein Name, der ihn einst mit einem bestimmten Ort, einer Vergangenheit und einer Bestimmung verknüpfte, ist zu einer Erkennungsmarke, einem bloßen Etikett geworden; seine Individualität zu einer Reihe von Eigenschaften und Fähigkeiten. Der Neutralität des Etiketts entspricht die Fungibilität des Etikettierten. Einst war er durch und durch Herr oder Knecht, Ritter oder Höriger: seine menschliche Substanz war genau bestimmt durch die Spielarten sozialer Ungleichheit. Heutzutage erscheint sein Ort in der sozialen Hierarchie nicht mehr als Teil seiner eigenen Natur; er weiß zu unterscheiden zwischen sich selbst und seiner Rolle in der Gesellschaft.

Aber dieses ›Selbst‹, wie immer die Einzelperson psychologisch strukturiert sein mag, ist das abstrakte Subjekt des Eigeninteresses, wie es vom wirtschaftlichen und philosophischen Denken des neunzehnten Jahrhunderts proklamiert worden war. Das moderne Ich, sofern es sich selbst entschieden von allen erniedrigenden sozialen Kategorien abhebt, entspricht dem Begriff der Humanität besser als das Selbstbewußtsein der Menschen in irgendeiner Periode der Vergangenheit. Andererseits unterscheidet es sich von jenem Begriff viel einschneidender durch seine Abstraktheit und Unzugänglichkeit. In der Entwicklung der Gesellschaft ist dieses Stadium eine notwendige und logische Stufe. Erst wenn das Ich gelernt hat, sich selbst als das abstrakte Subjekt der Vernunft, im Gegensatz zu allem Konkreten, zu begreifen, kann es sich bewußt mit den positiven Kräften der Menschheit identifizieren und dadurch wieder eine neue und höhere Konkretheit gewinnen. Für die organischen Enklaven der modernen Gesellschaft hat dies zur Folge, daß Form und Inhalt auseinanderklaffen. Die Akteure auf der Bühne der Familie bleiben soziale Atome, obgleich sie die Rollen von Ehemännern, Hausfrauen und Kindern spielen.

Keine andere Institution unserer Gesellschaft offenbart die problematische Natur der modernen Familie so deutlich wie die Ehescheidung. Die Französische Revolution, die alle Aspekte der kommenden Zeit antizipierte, erleichterte die Scheidung so sehr, daß die Ehe durch eine rein vertragsmäßige Bindung ersetzt wurde, die einzige Art der Beziehung also, die mit dem individualistischen Prinzip strikt übereinstimmt. In vielen sozialen Gruppen ist die Ehe auch heute wieder durch das Instrument der Scheidung praktisch abgeschafft worden. Die Individuen sind in der Ehe ebenso austauschbar wie in wirtschaftlichen Beziehungen. Jeder Partner geht völlig darin auf, daß er einem partikulären Zweck dient. Jeder bleibt ein abstraktes Zentrum von Interessen und Talenten.

Das Mißverhältnis zwischen dem wahren Charakter der Eltern, wie er vom modernen Industrialismus geprägt ist, und ihrer Rolle in der Familie wird von den Kindern schnell entdeckt und ist weitgehend verantwortlich für das verkümmerte Wachstum ihres Gefühlslebens, die Verhärtung ihres Charakters und ihre verfrühte Umwandlung in Erwachsene. Das Wechselspiel zwischen der Familie und dem allgemeinen Kulturverfall wird zum circulus vitiosus.

Wenn die Kinder heranwachsen, spielen sie die Rollen bewußter; die familiären Bande zu pflegen, wird zum erklärten Ziel. Aber solch eine Einstellung kann die Auszehrung der Familie nicht aufhalten. Entweder wird die Atomisierung der Menschen durch tiefgreifendere Veränderungen und Umwandlungen überwunden, oder sie könnte unserer Kultur in der Tat zum Verhängnis werden. Die gleichen wirtschaftlichen Veränderungen, die die Familie zerstören, führen die Gefahr des Totalitarismus mit sich. Die Familie in der Krise bringt jene Einstellungen hervor, die die Menschen zur blinden Unterwerfung prädisponieren.

Wie die Familie weitgehend aufgehört hat, die ihr eigene Form der Autorität über ihre Mitglieder auszuüben, so ist sie zum Übungsplatz für Autorität schlechthin geworden. Die alten Kräfte familiärer Unterwerfung sind noch wirksam, aber sie fördern eher einen alles durchdringenden Geist der Anpassung und autoritärer Aggressivität als die Interessen der Familie und ihrer Mitglieder. Wenn auch der Totalitarismus deutscher Prägung die Familie als ein nahezu überflüssiges Bindeglied zwischen dem totalen Staat und den sozialen Atomen abzuschaffen suchte, so bringt gerade die moderne Familie die geeigneten Objekte totalitärer Integration hervor. Dies ist die typische Entwicklung:

Zunächst macht das kleine Kind in seinen Beziehungen zu den Eltern die gleichen Erfahrungen von Liebe und Haß, die während des ganzen bürgerlichen Zeitalters üblich waren. Bald jedoch entdeckt es, daß der Vater keineswegs die machtvolle Gestalt, der unparteiische Richter und großzügige Beschützer ist, als der er hingestellt wird. Das Kind sieht die Dinge realistisch und entledigt sich aller Forderungen und Hoffnungen, durch die die Familie in ihren besten Zeiten und in den kultiviertesten Schichten seine radikale Anpassung an die Außenwelt hinauszögerte. Die sozial bedingte Schwäche des Vaters, die durch gelegentliche Ausbrüche von Männlichkeit nicht widerlegt wird, verwehrt dem Kind, sich wahrhaft mit ihm zu identifizieren. In früheren Zeiten war die liebende Nachahmung des selbstsicheren, klugen Mannes, der sich seinen Pflichten widmet, für das Individuum die Quelle moralischer Autonomie. Heute freilich hält das heranwachsende Kind, das anstatt eines Vaterbildes nur die abstrakte Vorstellung einer willkürlichen Macht empfing, Ausschau nach einem stärkeren, machtvolleren Vater, nach einem Über-

Vater, wie ihn die faschistische Vorstellungswelt anbietet. Während die autoritäre Unterwürfigkeit dem Kind von der Familie noch eingeprägt wird, ist die gefühlsmäßige Beziehung zu den Eltern bereits ernstlich gestört. Wenn in früheren Zeiten der Vater keinen unmittelbaren Anteil an der Erziehung des Kindes haben konnte, wurde sein Platz im Gefühlsleben des Kindes von einem Onkel, einem Vormund, einem Lehrer oder einer anderen bestimmten Person eingenommen. So schroff und verhärtet dieser Mann gewesen sein mochte, er hatte zumindest einige menschliche Züge, einige persönliche Merkmale und Gebärden, die nachgeahmt, einige Gedanken, die erwogen und diskutiert werden konnten. Heute geschieht es leicht, daß der Vater von einem Kollektiv ersetzt wird, von der Schulklasse, dem Team, dem Verein oder dem Staat. Je mehr die Abhängigkeit von der Familie auf eine rein psychologische Funktion in der Seele des Kleinkindes reduziert wird, desto abstrakter und unbestimmter wird sie im Bewußtsein des Heranwachsenden; nicht selten entwickelt sich daraus eine allgemeine Bereitschaft, jede beliebige Autorität zu akzeptieren, wenn sie nur stark genug ist.

Diese Entwicklung wird durch den Wandel in der Rolle der Mutter gefördert. Nicht als ob sie das Kind härter als in früheren Zeiten behandelte; ganz im Gegenteil. Die ideale moderne Mutter plant die Erziehung ihres Kindes nahezu wissenschaftlich, von der wohlausgewogenen Diät bis zum ebenso wohlausgewogenen Verhältnis von Lob und Tadel, wie die populärpsychologische Literatur es empfiehlt. Ihre gesamte Einstellung zum Kind wird rational; selbst die Liebe wird gehandhabt wie ein Bestandteil pädagogischer Hygiene.[2] Unsere Gesellschaft fördert in ihren gebildeten städtischen Schichten eine ›berufsmäßige‹, höchst praktische Einstellung sogar in jenen Frauen, die kein Geld verdienen, sondern noch ihre Rolle im Haushalt erfüllen. Sie nehmen die Mutterschaft wie einen Beruf an, und ihre Haltung den Kindern gegenüber ist sachlich und pragma-

2 Die moderne Psychologie und gewiß auch die fortschrittlichsten Magazine sind sich dieser Gefahren bewußt und suchen Rationalität durch noch mehr Rationalität zu kontrollieren. Im Film wird die aufgeklärte Mutter beschämt von der gütigen und verständnisvollen Freundin, die den Nikolaus auf einer höheren Ebene wieder einführt. Romantisierungen, wie verfeinert und ergötzlich sie auch sein mögen, verlagern jedoch meist nur das Problem, anstatt es zu lösen.

tisch. Die Spontaneität der Mutter und ihre natürliche, unbegrenzte Fürsorge und Wärme neigen zur Auflösung. Das Bild der Mutter verliert daher im Bewußtsein der Kinder seine mystische Aura, und der Mutterkult der Erwachsenen schlägt von einer Mythologie im strengen Sinne des Wortes in eine Reihe starrer Konventionen um.

Die Frauen haben für ihre begrenzte Zulassung zur wirtschaftlichen Welt des Mannes mit der Übernahme der Verhaltensschemata einer restlos verdinglichten Gesellschaft gezahlt. Die Konsequenzen reichen bis in die zartesten Beziehungen zwischen Mutter und Kind hinein. Die Mutter hört auf, ein beschwichtigender Mittler zwischen dem Kind und der harten Realität zu sein, sie wird selbst noch deren Sprachrohr. Früher stattete sie das Kind mit einem Gefühl der Sicherheit aus, das ihm ein gewisses Maß an Unabhängigkeit zu entwickeln ermöglichte. Es fühlte, daß die Mutter seine Liebe erwiderte, und irgendwie zehrte es von diesem Fundus an Gefühl sein ganzes Leben lang. Die Mutter, die von der Gemeinschaft der Männer abgeschnitten und trotz ihrer Idealisierung in eine abhängige Situation gezwungen war, repräsentierte ein anderes Prinzip als das der Realität; sie konnte wahrhaft mit ihrem Kind utopischen Träumen nachhängen, und sie war seine natürliche Verbündete, ob sie dies wünschte oder nicht. Es gab also im Leben des Kindes eine Macht, die es ihm erlaubte, mit der Anpassung an die äußere Welt zugleich seine eigene Individualität zu entwickeln. Zusammen mit dem Umstand, daß die ausschlaggebende Autorität im Hause vom Vater ausging und sich wenigstens bis zu einem gewissen Grad auf geistigem Wege durchsetzte, verhütete die Rolle der Mutter, daß sich diese Anpassung zu plötzlich und total und auf Kosten der Individuation vollzog. Heute, wo das Kind nicht mehr die uneingeschränkte Liebe seiner Mutter erfährt, bleibt seine eigene Liebesfähigkeit unentwickelt. Das Kind unterdrückt das Kindliche in sich (was das Individuum freilich nicht daran hindert, daß es später groteske Anstalten trifft, sich wie ein Kind zu benehmen, wenn es Vergnügungen sucht) und verhält sich wie ein berechnender kleiner Erwachsener ohne beständiges, unabhängiges Ich, aber mit einem ungeheuren Maß an Narzißmus. Seine Hartgesottenheit und gleichzeitige Unterwürfigkeit angesichts realer Macht prädisponiert es für totalitäre Lebensformen.

Der rührselige Mutterkult, dem man in letzter Zeit in den Vereinigten Staaten huldigt und der häufig als Tendenz zum Matriarchat mißverstanden wird, widerspricht nicht ihrer Erniedrigung. Eher ist dieser Kult als eine ideologische Überkompensation für die Abschaffung der Mutterrolle zu verstehen. Die totale organisatorische Erfassung unseres Lebens, die die ehemals von der Familie eingenommene Privatsphäre in sozial kontrollierte Freizeit verwandelte, hat die Frauen mit der Herrschaft über diese Sphäre der organisierten Kultur betraut – eine Herrschaft, die, wieviel Gutes sie immer bewirken mag, ebenso die traditionelle Rückständigkeit der Frau hervorkehrt. Hier liegt eine der Wurzeln des ›Momismus‹, wie ihn Philip Wylie beschrieben hat. Die ›Mom‹ ist die Totenmaske der Mutter. Wo sie unbeschränkt waltet, verstärkt sie oft durch blindgläubige Betriebsamkeit eben jenen Geist autoritärer Unterdrükkung, den ein Mangel an Liebe und ursprünglichem Kontakt mit dem Kind in diesem unbewußt fördert.

Die Rolle, welche die Familie als Ideologie heute spielt, ist im einzelnen von der empirischen Forschung nachgewiesen worden. Eine Studie, die sich auf die Natur und den Hintergrund des autoritätsgebundenen Charakters in den Vereinigten Staaten richtete, trägt direkt zu unserem Problem bei.[3] Durch eine Kombination verschiedener Arten von Fragebogen, intensiver Interviews und projektiver Methoden sucht die Studie systematisch, eine Beziehung nachzuweisen zwischen bestimmten Charakterzügen und Einstellungen auf der einen Seite und offen ausgesprochenen politischen und wirtschaftlichen Meinungen, die als potentiell faschistisch angesehen werden können, auf der anderen. Hierher gehören rassische Vorurteile, Verherrlichung der eigenen Gruppe, aggressiver Nationalismus, Hetze gegen die Arbeiterklasse und kaum verhüllte Verachtung für demokratische Institutionen. Die Studie suchte die besonderen Formen des autoritätsgebundenen Charakters zu ergründen, wie er in weiten Bereichen der heutigen Mittelklasse vorherrscht.

Die Ergebnisse haben gezeigt, daß Individuen, die als besonders

3 Die Studie wurde 1950 in New York veröffentlicht unter dem Titel *The Authoritarian Personality*; von Th. W. Adorno, E. Frenkel-Brunswik, D. Levinson und N. Sanford.

anfällig für faschistische Propaganda angesehen werden können, eine Ideologie vertreten, die eine starre, unkritische Identifizierung mit der Familie fordert. Außerdem lassen diese Personen erkennen, daß sie sich in ihrer frühen Kindheit der Autorität der Familie absolut unterwarfen. Gleichzeitig erweist sich aber das im Grunde Unechte der Familie daran, daß die faschistisch gesinnten Personen keine echte Beziehung zu ihren Eltern besitzen, sondern diese nur in einer ganz konventionellen und äußerlichen Weise akzeptieren. Eben diese Verbindung von Unterwürfigkeit und Kälte ist es, die den potentiellen Faschisten von heute mehr als irgend etwas anderes kennzeichnet.

Von den faschistisch gesinnten Versuchspersonen der Studie idealisierten nahezu alle ihre Eltern. Ein typischer Vertreter dieser Gruppe antwortete auf die Frage, wen er für die größten Persönlichkeiten der Geschichte halte: meine Eltern. Dieser Elternkult beruht in den meisten Fällen auf der Bewunderung eines strengen, strafenden Vaters. Spuren der Feindseligkeit ihm gegenüber sind zwar sichtbar, als Ganzes ist der Widerstand gegen die väterliche Autorität jedoch verwandelt und kehrt sich nun ausschließlich gegen die Schwachen und Unterdrückten. Dementsprechend dient die Anerkennung der Familie dem Individuum dazu, seinem sozialen Narzißmus Ausdruck zu verleihen. Die Eltern, die Bekannten und die Mitglieder der eigenen Gruppe sind allesamt ›wunderbare Leute‹; die anderen ›haben nicht das Niveau‹, sind liederlich und gewöhnlich. Durch die starre Unterscheidung zwischen jenen, die ebenso ›wie man selbst‹ sind, und dem Rest der Welt nehmen die autoritären Neigungen des potentiellen Faschisten ein Moment inhumaner Abstraktheit an – Verherrlichung der Autorität an sich, ohne bestimmte Vorstellung von dem Zweck, dem die Autorität dienen soll. Der autoritätsgebundene Charakter reagiert völlig konventionell und stereotyp. Das Bild des Vaters ist das einer strengen, gerechten, erfolgreichen, für sich stehenden und gelegentlich großzügigen Respektsperson. Das Bild der Mutter ist zusammengesetzt aus den Standardeigenschaften der Weiblichkeit, wie praktischem Geschick, gutem Aussehen, Sauberkeit und Gesundheit. Wo einst Raum war für Gewissen, individuelle Unabhängigkeit und die Möglichkeit des Widerstands gegen den sozialen Konformitätsdruck, dort verblieb als einziger Maßstab Erfolg, Popularität und

Einfluß, verbunden mit dem eifrigen Bestreben des Subjekts, durch ungezügelte Identifizierung mit allem, was in der Realität Macht ausübt, voranzukommen. Keine geistige Autorität, sei sie religiös, moralisch oder philosophisch, wird um ihrer selbst willen akzeptiert; allein das Bestehende wird anerkannt. Was ›unpopulär‹ ist, was immer von der Macht verworfen wird, soll auch machtlos bleiben.

Während der autoritätsgebundene oder sado-masochistische Charakter keineswegs ein neues Phänomen ist – er kann in der gesamten Geschichte der bürgerlichen Gesellschaft beobachtet werden[4] –, scheinen seine eigentümliche Abstraktheit und Verhärtung symptomatisch für eine Welt, die an der familiären Autorität festhält, nachdem sich die innere Substanz der Familie aufgelöst hat. Der abstrakten Verherrlichung der Familie entspricht der nahezu vollständige Mangel einer konkreten Beziehung zu den Eltern überhaupt, sei sie positiv oder negativ. Demzufolge weist das gesamte Gefühlsleben des autoritätsgebundenen Charakters Züge von Oberflächlichkeit und Kälte auf, die manchmal Merkmalen nahekommen, die man bei bestimmten Psychotikern beobachten kann. Unter diesen Zügen findet sich namentlich eine generelle Verachtung des Mitgefühls – Mitgefühl von eben der Art, die mehr als alles andere die Liebe der Mutter zu ihrem Kind erkennen ließ.

Die Struktur der gefühlsmäßigen Verbundenheit der Individuen mit ihren Eltern wurde in den Interviews genau untersucht. Übereinstimmend mit dem Gesamtbild des autoritätsgebundenen Charakters wurde nachgewiesen, daß seine frühe Rebellion gegen den Vater verdrängt und auf einer unbewußten Stufe festgehalten wird – und nur in einer bestimmten Form des um Autorität zentrierten Charakters des ›Radfahrertyps‹ zum Vorschein kommt. Darüber hinaus wirkt Unterwürfigkeit gegenüber dem Vater auch heute noch als entscheidendes Modell an der Ausbildung der sozialen und politischen Überzeugungen mit. Häufig äußert sie sich in Aggressivität. Bei Jungen erwies sich die bewußte Ablehnung

4 Cf. den sozialpsychologischen Teil von Erich Fromm in *Studien über Autorität und Familie*, Schriften des Instituts für Sozialforschung, herausgegeben von Max Horkheimer, fünfter Band, Paris 1936, S. 77–135.

der Liebe zur Mutter als gleichfalls sehr bedeutsam. Während seiner frühen Anpassung an die Erfordernisse des Lebens gewinnt der Junge den Eindruck, daß die Mutter wegen ihres Geschlechts etwas Schwaches und Verächtliches darstellt. Er spürt die Ambivalenz in ihrer offiziellen Verherrlichung und betrachtet sie als Mitglied einer minderen Rasse. Die Kälte und Oberflächlichkeit des autoritätsgebundenen Charakters sind weitgehend eine emotionelle Folge dieser Ablehnung. Härte, Rücksichtslosigkeit und ein übertriebener Anstrich von Männlichkeit, die durchweg zu politisch-faschistischen Ideologien führen, haben ihre Wurzeln in dem gestörten Verhältnis zur Mutter oder vielleicht noch mehr in dem Mangel jeder echten Beziehung zu ihr. Dies ist jedoch vermutlich noch nicht einmal die wichtigste Folge des verkümmerten Verhältnisses zwischen Mutter und Kind. Am tiefsten scheint davon die Toleranz des Individuums für das andere Geschlecht betroffen. Ein anti-femininer Affekt, der auf der Ablehnung der Mutter beruht, gibt das Modell ab für die spätere Ablehnung all dessen, was als ›anders‹ eingeschätzt wird. Die von den Faschisten abgelehnten Fremdgruppen, vor allem die Juden, werden oft mit ›femininen‹ Zügen wie Schwäche, Gefühlsbetontheit, Mangel an Selbstdisziplin und Sinnlichkeit ausgestattet. Verachtung für Züge des anderen Geschlechts, sobald sie bei Mitgliedern des eigenen Geschlechts auftreten, scheint regelmäßig mit einer stark verallgemeinerten Unduldsamkeit gegenüber allem, was anders ist, verbunden zu sein. Dieses Ergebnis läßt vermuten, daß eine tiefwurzelnde Beziehung zwischen Homosexualität, Autoritätsgebundenheit und dem gegenwärtigen Verfall der Familie besteht. Die strenge Zweiteilung zwischen Männlichkeit und Weiblichkeit sowie das Tabu über jedem psychologischen Übergang von jener zu dieser entspricht der allgemeinen Tendenz, in starren Zweiteilungen und Stereotypen zu denken.

Die nachfolgende Liste enthält viele Einzelheiten, deren Zusammenhang mit der Struktur der modernen Familie in dieser Studie nicht diskutiert werden kann; sie mag jedoch illustrieren helfen, was wir aus empirischen Arbeiten über die Merkmale des autoritätsgebundenen Charakters wissen. Es versteht sich, daß dieses komplizierte Phänomen durch keine Art von Aufzählung angemessen dargestellt werden kann, sondern ein dynamischeres Begriffssystem erfordert. Es wurde hier nicht versucht, die einzelnen Merkmale in präzisen Termini zu definieren; einige von ihnen überschneiden sich, andere scheinen einander zu widersprechen. Die Reihenfolge ist zufällig und stellt keinerlei Gliederung hinsichtlich der Bedeutung oder der Häufigkeit dar. Es sollte im Auge behalten werden, daß aus den empirischen Befunden nicht hervorgeht, daß ein Individuum mit einem oder mehreren dieser Merkmale notwendig ein potentieller Faschist ist und daß ein Faschist alle diese Kennzeichen aufweisen muß. Finden wir allerdings, daß diese Züge in einer Gruppe wesentlich öfter vorkommen als in einer anderen, so ist die Anfälligkeit für totalitäre Propaganda in der ersten Gruppe sehr wahrscheinlich größer als in der zweiten.

Der autoritätsgebundene Charakter hält starr an konventionellen Werten auf Kosten jeder autonomen moralischen Entscheidung fest. (Die Juden sind ›aggressiv‹; das ist für ihn ausreichend als Rechtfertigung der strengsten Maßnahmen.)

Er hängt dem Schwarz-Weiß-Denken an. Weiß ist die eigene Gruppe, schwarz die andere, fremde Gruppe. Alles Andersartige wird heftig verworfen.

Er haßt alles, was schwach ist, und nennt es eine ›Last‹ (Arbeitslose) oder einen ›Fremdkörper‹ (Juden).

Er widersetzt sich heftig jeder Selbstkritik, untersucht nie seine eigenen Motive, sondern schiebt stets anderen Personen oder äußeren, physischen oder ›natürlichen‹ Umständen die Schuld für ein Mißgeschick zu.

Er denkt in Stereotypen: Die Iren sind jähzornig und faul, die Juden verschlagen und betrügerisch usw. Das Individuum erscheint als bloßes Exemplar seiner Gattung.

Er betont unveränderliche Merkmale (z. B. Erbanlagen) gegenüber sozialen Determinanten.

Er denkt in hierarchischen Begriffen – ›Leute an der Spitze‹, ›ganz unten‹ und so weiter.

Er ist pseudo-konservativ; d. h. er schickt sich in die Beibehaltung des ›status quo‹, des freien Unternehmertums und dergleichen; aber er ist derart rachsüchtig gegenüber allen politischen

Gegnern, daß seine Affinität zum Despotismus deutlich wird: »Es muß unbedingt etwas geschehen.«
Er glaubt an den ›Durchschnitt‹, mit dem er sich identifiziert, in Opposition zu dem Intellektuellen, dem ›Snob‹ usw.
Er sieht in Erfolg, Popularität und ähnlichen Kriterien die einzigen Maßstäbe menschlichen Wertes.
Während sein eigenes Wertsystem seine Gier nach Macht offenbart, beschuldigt er stets die Fremdgruppe des Machtstrebens, der Intrigen und ähnlicher Dinge. (Das ist ein Beispiel seiner allgemein ›projektiven‹ Haltung.)
Religion hält er nur von pragmatischen Gesichtspunkten aus für wichtig, nämlich als Mittel, andere in Schach zu halten. Er ist wesentlich anti-religiös und ›naturalistisch‹ in dem Sinn, daß er die natürliche Auslese als einziges wahres Prinzip anerkennt.
Er ist durch und durch ›autoritär‹, d. h., er akzeptiert Autorität um ihrer selbst willen und fordert ihre rigorose Anwendung. Seine verdrängte Rebellion gegen Autorität richtet sich ausschließlich gegen die Schwachen.
In geschlechtlicher Hinsicht überbewertet er das Ideal des ›Normalen‹. Der Mann schätzt Männlichkeit über alles; die Frau möchte den Inbegriff der Weiblichkeit verkörpern.
Er neigt dazu, den subjektiven, phantasievollen, zartbesaiteten Menschen abzulehnen.
Er zeigt kein Mitleid mit den Armen. Sein Gefühlsleben ist im wesentlichen kalt und oberflächlich.
Seine Tendenz zur Veräußerlichung macht ihn empfänglich für alle Arten von Aberglauben; es sei denn, sein Bildungsniveau liege sehr hoch.
Er ist schlechthin ein Verächter der Menschen, glaubt an ihre angeborene böse Natur und macht sich oft eine zynische Philosophie zu eigen, die in Widerspruch zu seiner konventionellen Übereinstimmung mit ›idealen Werten‹ steht.
Er betont ständig das ›Positive‹ und lehnt kritische Einstellungen als ›destruktiv‹ ab; in seiner spontanen Phantasie hingegen offenbart er selbst stark zerstörerische Tendenzen. Er denkt in Weltuntergangsbegriffen und sieht allenthalben ›böse Mächte‹ am Werk.

Er interessiert sich im allgemeinen mehr für Mittel als für Zwecke.

Dinge sind ihm wichtiger als Menschen, und in den Menschen sieht er hauptsächlich Werkzeuge oder Hindernisse – also Dinge.

Er verbirgt seine stereotype, inhumane Einstellung durch Personalisierungen. Wenn er nach Schuld und Schuldigen sucht, denkt er nicht an eine objektive Reihe von Ereignissen, sondern an unfähige, ehrlose, korrupte Menschen. Umgekehrt erwartet er alles Gute von starken Männern, von ›Führern‹.

Er besteht auf sexueller Reinheit, Moralität oder zumindest Normalität, ist aber zugleich von sexuellen Vorstellungen besessen und wittert überall ›Laster‹. Wenn er von den bösen Mächten spricht, verweilt er gern bei Orgien, sexuellen Perversionen und dergleichen.

Er idealisiert seine Eltern. Dies verhüllt aber oft nur schwach seine Feindseligkeit. Er kennt keine starken Gefühlsbindungen.

Die Begriffe ›Tausch‹ und ›Gegenleistung‹ beherrschen sein Denken, und oft beklagt er sich, daß er nicht soviel empfing, wie er gab.

›Was ihm die Leute geben können‹, interessiert ihn mehr als jede echte Zuneigung. Er ist ein ›Manipulierer‹.

Er ist, zumindest oberflächlich, ›gut angepaßt‹; er zeigt eher psychotische als neurotische Symptome. Er glaubt an eine Reihe von Ideen, die, obwohl allgemein von seinem Typ akzeptiert, sich in extremen Fällen Wahnvorstellungen nähern (internationale Verschwörung).

Er mißt dem Ideal der Reinheit, Ordnung, Sauberkeit und ähnlicher Merkmale übertriebene Bedeutung zu.

Er beklagt sich über die niedrigen, materialistischen Beweggründe der anderen, aber er selbst denkt sehr oft ans Geld.

Er bekennt sich zum offiziellen Optimismus; Pessimismus ist dekadent.

Trotz seiner allgemeinen Verachtung für seine Zeitgenossen verleugnet er nicht nur seine inneren Konflikte, sondern auch Zwistigkeiten in der Familie und in der Gruppe, der er sich zugehörig fühlt. Das sind alles ›wunderbare Leute‹.

Er ist ständig um seinen eigenen sozialen Status wie den seiner Familie besorgt.

Zusätzliche Erkenntnisse über das komplexe Verhältnis von Familie und Gesellschaft lieferte eine andere Studie, die sich auf die autoritären Merkmale und Prädispositionen bei Kindern richtete.[5] Die Resultate lassen vermuten, daß das Gesamtbild des autoritätsgebundenen Charakters sogar schon für Kinder von neun bis vierzehn Jahren gilt. In einem wichtigen Punkte widersprachen die vorläufigen Ergebnisse dieser Untersuchung jedoch den Hypothesen, die aus der obenerwähnten Studie mit Erwachsenen abgeleitet worden waren. Man hatte angenommen, daß die Kinder, die sich bereitwillig der Disziplin des Elternhauses und der Schule unterwerfen, zugleich jene seien, die vorwiegend autoritäre Charakterzüge besitzen, während die rebellischen und widerspenstigen Kinder sich als entschieden anti-autoritär erweisen würden. Diese Annahme ging fehl. Die ›braven‹ Jungen und Mädchen, die im wesentlichen nicht aggressiven Kinder, zeigen die Merkmale unserer Liste sogar im geringsten Umfang. Es sind die schwierigen und ungebärdigen Kinder, die sich gegen das Schwache wenden und das Starke verherrlichen. Der Konventionalismus des autoritätsgebundenen Charakters, seine Neigung zur Korrektheit und zu dem, ›was sich gehört‹, scheint sich während des Jünglingsalters oder noch später auszubilden, wenn der Einfluß der Realität zugunsten der konventionellen Werte übermächtig wird. Die potentiellen Faschisten scheinen demnach jene zu sein, die in ihrer Kindheit eher roh, ungehobelt und ›unkultiviert‹ waren. Ihr Mangel an wirklich affektiver Besetzung der Familie läßt sie den Sinn für Autorität, den sie früher erworben hatten, auf ihren ›gang‹ übertragen und deren Ehrenkodex von Tapferkeit und Gewalttätigkeit übernehmen, ohne daß sie irgendeinen moralischen Widerstand dagegen aufbrächten.

Gelegentliche Beobachtungen von solchen ›Banden‹ bestätigen diese Annahme. Es ist wahrscheinlich, daß die Aggressivität dieser Kinder, die von ihnen auch später nicht aufgegeben, aber mehr oder weniger verdrängt und rationalisiert wird, auf das Schwinden der positiven, beschützenden Funktionen der Familie zurückzuführen ist. Diese Kinder verhalten sich wie kleine Wilde, weil ihnen keine seelische Obhut zuteil wird und sie daher meinen, sie müßten be-

5 Diese Studie war ein gemeinsames Projekt des Institute of Social Research und des Institute of Child Welfare in Berkeley.

ständig ›für sich selbst‹ sorgen. In einer harten, undurchsichtigen Welt beargwöhnen sie jeden als ihren Feind und springen ihm an die Kehle. Sie kehren zurück zu dem zynischen Prinzip der frühen bürgerlichen Philosophie: *homo homini lupus.* Worunter sie leiden, ist wahrscheinlich nicht eine zu kräftige Familie, sondern eher ein Mangel an familiärer Bindung. In dieser Hinsicht rührt die konservative Auffassung von den Ursachen der Jugendkriminalität an gewisse grundsätzliche gesellschaftliche Faktoren, die von differenzierteren und fortschrittlicheren psychologischen Theorien häufig verdeckt werden. Während die Familie als Ideologie zugunsten eines repressiven Autoritarismus wirkt, zeigt sich deutlich, daß die Familie als Realität die verläßlichste und erfolgreichste Gegeninstanz gegen den Rückfall in die Barbarei ist, von dem jedes Individuum während seiner Entwicklung bedroht wird.
Die Nationalsozialisten, die die hier aufgezeigten sozialen und psychologischen Mechanismen so raffiniert zu nutzen wußten, erkannten auch den inneren Widerspruch zwischen der Familie im echten Sinn und der barbarischen Welt, die sie vertraten. Obwohl sie in der Ideologie die Familie für eine Gesellschaft als unerläßlich priesen, die auf dem Grundsatz des Blutes aufgebaut war, beargwöhnten und attackierten sie die Familie in der Realität als möglichen Schutz gegen die Massengesellschaft. Sie betrachteten sie als virtuellen Verschwörer gegen den totalitären Staat. Ihre Einstellung zur Familie ähnelt ihrer ambivalenten Politik gegenüber der Religion, dem freien Unternehmertum und dem Verfassungsstaat. Heute erhebt sich die Frage, ob das komplizierte Zusammenspiel jener Kräfte etwas Einmaliges war oder ob sich hier eine allgemeine geschichtliche Tendenz ankündigt.

(Aus dem Englischen übertragen im Institut für Sozialforschung)

Ernst Simmel und die Freudsche Philosophie[1]

(1948)

Es mag unorthodox anmuten, von Simmel und Freud als von Philosophen zu sprechen. Schon der Begriff einer Freudschen Philosophie erscheint fast als ein Widerspruch in sich. Ist nicht die Psychologie eine Wissenschaft und die Wissenschaft klar von der Philosophie geschieden? Das Wort Philosophie läßt uns an Rationalisierungen unbewußter Wünsche, an die Hypostasierung von Wunschträumen und Ideologien denken, also an die Objekte der Freudschen analytischen Aufklärung. Ohne Rücksicht auf bestehende Tabus wagte er es, hinter die Fassade erhabener Ideen und Ideale zu blicken, und machte es zu seiner Aufgabe, individuelle wie gesellschaftliche Gewohnheiten und Einstellungen auf biologische Triebe zurückzuführen. Der Konflikt dieser Triebe mit der herrschenden Kultur diente ihm als Erklärungsprinzip bei der Entzauberung so mancher religiöser und philosophischer Wesenheiten, auf die die Menschen ihre Motive so gern zurückführen. Freud und seine kongenialen Schüler, zu denen Ernst Simmel zweifellos gehörte, waren unerbittliche Feinde intellektueller Überbauten, auch der metaphysischen Schlupfwinkel des Bewußtseins. Sein Credo war, »daß es keine andere Quelle der Weltkenntnis gibt als die intellektuelle Bearbeitung sorgfältig überprüfter Beobachtungen, also was man Forschung heißt, daneben keine Kenntnis aus Offenbarung, Intuition oder Divination«*. Wir meinen Simmels klare Stimme zu hören, wenn wir lesen, wie Freud Heinrich Heines Persiflage des idealistischen Philosophen zitiert: »Mit seinen Nacht-

[* S. Freud, *Neue Folge der Vorlesungen zur Einführung in die Psychoanalyse, XXXV:* ›Über eine Weltanschauung‹ (1933), in: *GW* Bd. XV, S. 171; diese und die folgenden Fußnoten vom Übersetzer.]

1 Dieser Beitrag entstammt der stetigen Zusammenarbeit mit Theodor W. Adorno. Die hier formulierten Ideen sind von uns gemeinsam entwickelt worden.

mützen und Schlafrockfetzen / Stopft er die Lücken des Weltenbaus«*.

Doch Freuds negative Haltung gegenüber den philosophischen Illusionen ist selbst Ausdruck jener besonderen Weise, an die entscheidenden Probleme des Lebens heranzugehen, die wir als seine Philosophie bezeichnen können. Freilich müssen wir den Ausdruck Philosophie unkonventionell gebrauchen, ohne die Konnotation einer Idealisierung der schauerlichen Wirklichkeiten unserer Welt. Im Gegensatz zu solchen fragwürdigen teleologischen Bemühungen hat es immer auch Philosophie in einem anderen Sinn gegeben. Philosophie ist dann die Überzeugung, daß es ohne Wahrheit kein menschliches Leben gibt, und der Wille, die kompromißlose Wahrheit zum Leitprinzip des eigenen Lebens zu machen, diesem Ziel alle persönlichen Interessen unterzuordnen. Philosophie bedeutet weiterhin die Fähigkeit, wirkliche neue Erfahrungen machen zu können, die Kraft, den hypnotischen Zauber herrschender Ideologien zu durchbrechen, der ertötenden Wirkung der Alltagsroutine auf unser Wahrnehmungsvermögen zu widerstehen und unserem Verständnis der Natur und der Menschheit neue Horizonte zu eröffnen. Beide Momente, die Leidenschaft für die Wahrheit und die Fähigkeit, den menschlichen Geist auf neue Höhen (eher des Verstehens als der Herrschaft) zu führen, gehören zur Definition der Philosophie, und wirkliche Philosophen haben sie immer in dieser Weise verstanden.

Soll die Bedeutung des Werks solcher Denker wie Freud und Simmel angemessen verstanden werden, so ist es wesentlich, dessen philosophischen Aspekt hervorzuheben. Obgleich sie Wissenschaftler, Psychologen, Ärzte waren, beruht ihre wahre Bedeutung nicht auf ihren Leistungen auf irgendeinem arbeitsteilig abgegrenzten Feld des Wissenschaftsbetriebes; sie überschritten jederzeit die Grenzen der traditionellen Disziplinen. Freuds psychologische Entdeckun-

[* Freud, a.a.O., S. 173; Heinrich Heine, *Buch der Lieder*, ›Die Heimkehr‹ (1823–1824), 58: »Zu fragmentarisch ist Welt und Leben! / Ich will mich zum deutschen Professor begeben. / Der weiß das Leben zusammenzusetzen, / Und er macht ein verständlich System daraus; / Mit seinen Nachtmützen und Schlafrockfetzen / Stopft er die Lücken des Weltenbaus.« *Werke und Briefe in zehn Bänden*, Bd. 1, Berlin, Weimar 1972, S. 133.]

gen betreffen die Soziologie und Anthropologie ebensowohl wie die Psychologie. Der Bereich seiner Interessen deckt sich eher mit dem von Salomon Reinach, Comte und Spencer, Schopenhauer und Nietzsche als mit dem von Bier oder Münsterberg*. Für Simmel wie Freud – wie für alle großen Psychologen – war die Psychologie mehr als Psychologie: der Schlüssel zum Verständnis der Irrationalität der menschlichen Existenz, der rätselhaften Totalität des Lebensprozesses der Gesellschaft und des Individuums. Er sah in ihr eine mögliche Hilfe gegen die tödliche Bedrohung der Zivilisation durch jene Irrationalität.

Während der heroischen Periode der Psychoanalyse, als sie gegen die Vorurteile der offiziellen Wissenschaft kämpfte, trat die philosophische Bedeutung der Psychoanalyse hinter der berechtigten Betonung ihres wissenschaftlichen Charakters etwas zurück. Heute ist die Situation eine andere. Die Psychoanalyse hat gesiegt. Freuds Ansichten haben nicht nur die Beziehungen zwischen Eltern und Kindern revolutioniert, so daß die Position des Kindes heute eine gänzlich andere als in der vor-freudschen Ära ist; psychoanalytische Kategorien erscheinen nicht nur in den bedeutendsten wissenschaftlichen Veröffentlichungen, so wie Kants und Descartes' Begriffe in den theoretischen Dokumenten ihrer Epoche erschienen, sondern die Psychoanalyse wird mehr und mehr als eine unentbehrliche Methode in nahezu allen Bereichen anerkannt, in denen die Psychologie eine Rolle spielt. Die Psychoanalyse steht darum in Gefahr, das Schicksal aller siegreichen Bewegungen zu erleiden; mit der Maschinerie des Bestehenden ihren Frieden zu machen, ihren philosophischen Impetus einzubüßen und sich aus einem Instrument der Kritik in eines von vielen Hilfsmitteln und Techniken der alltäglichen Berufsroutine zu verwandeln. In seiner Bemühung, die wissenschaftliche Seite der Analyse verständlich zu machen, wurde Freud zu einem wirklichen Aufklärer im philosophischen Sinn; mächtigen religiö-

[* August Bier (1861–1949), Chirurg. *Die Seele (Leib-Seele-Problem)*, 1939. – Hugo Münsterberg (1863–1916), Schüler von Wundt, Begründer der angewandten Psychologie (Arbeits- und Betriebspsychologie: »Psychotechnik«). *Grundzüge der Psychologie* (1900); *Philosophie der Werte* (1908); *Psychotherapie* (1909); *Grundzüge der Psychotechnik* (1914).]

sen und philosophischen Strömungen leistete er Widerstand und war stolz darauf, hierin unbeugsam zu sein. Aber die heutige Psychoanalyse lebt, wie mir scheint – und ich glaube, damit die Befürchtung unseres Freundes Simmel auszudrücken –, mehr und mehr in Frieden mit allem außerhalb ihres eigenen wohlabgegrenzten Bereichs, dem einer Hilfsdisziplin der Psychiatrie. Auf die Folgen dieses Wandels für die Analytiker wie für ihre Patienten werde ich nicht eingehen, vermute aber, daß er sich noch in den feinsten Details der Therapie geltend macht, ganz zu schweigen davon, daß die Psychoanalyse auf diese Weise ihre Bedeutung für die Humanwissenschaft insgesamt verliert. Was einmal als eine Wahrheit gedacht wurde, die dabei helfen würde, die Welt zu verändern, wird zum Kunstgriff, Menschen in der Welt, wie sie ist, zufriedener und leistungsfähiger zu machen. In dieser Gefahr müssen wir uns des philosophischen Motivs der Psychoanalyse bewußt werden.

Freuds Ansatz war der einer materialistischen Psychologie. Wo die viktorianische Ideologie von der Erhabenheit der Liebe sprach und sich gegenüber dem Leiden, das die sexuellen Triebwünsche mit sich bringen, verhärtete, sprach Freud von erogenen Zonen und bediente sich einer physiologischen Terminologie. Im Eifer, das Physische vom Psychologischen herzuleiten, wird Freuds Tendenz, die höchsten Werte von materiellen Prozessen abzuleiten, das Psychologische ins Physiologische, ja sogar Physikalische aufzulösen, heute beinahe übersehen. Die erstere Tendenz, die einen Teil von Freuds Arbeit charakterisiert, hat sehr viel weniger materialistische, kritische Implikationen und ist darum für die herrschenden Ideologien weitaus ungefährlicher. Wo Freud von »Lebensnot«, also von materiellen Bedingungen als den Ursachen bestimmter psychischer Konflikte sprach, sind wir versucht, bei der »Ich-Schwäche« und anderen abgeleiteten Komplexen, die sehr viel leichter zugänglich sind, stehenzubleiben. Aber in einem intellektuellen Klima, in dem das theoretische Kernstück der Psychoanalyse, Freuds biologischer Materialismus, als eine Art Aberglaube, als nicht verifizierbar und als untauglich, damit rasch zum Erfolg zu kommen, verworfen wird, ist es um so notwendiger, an der Freudschen Orthodoxie in diesem Sinn festzuhalten und der Verflachung entgegenzuwirken, der so oft bedeutende

Schulen des Denkens in den Geistes- und Sozialwissenschaften zum Opfer gefallen sind.

Die Bedeutung Ernst Simmels bestand in seiner produktiven Orthodoxie; sein Tod bedeutet gerade darum einen nicht wiedergutzumachenden Verlust. Er schwor nicht auf die Worte des Meisters. Einer der bezeichnendsten Züge seines Lebenswerks ist es, daß er über die Doktrin seines Lehrers hinauszugehen versuchte, um den Dualismus der Libido-Theorie, die Unterscheidung von Ich-Trieben und objekt-gerichteten Trieben, zu überwinden. Das scheint mir die Implikation seiner Theorie der Einverleibung, des Verschlingens zu sein. Aber seine Intention war der modischen Anpassung der Psychoanalyse an die Bedürfnisse der heutigen organisierten Massenkultur entgegengesetzt. Er wollte näher an die unbewußten Quellen unseres Handelns herankommen, sie dort fassen, wo sie mit biologischen Kräften zusammenfallen, nicht sie in die Sprache einer letztlich rationalistischen Ich-Psychologie des gesunden Menschenverstandes übersetzen. Seine kompromißlose und zugleich subtile, zarte Einstellung, die aus der Erkenntnis der Endlichkeit und Schwäche der Menschen stammte, macht ihn zu einem wirklichen Nachfolger, einem wirklichen Philosophen im Freudschen Sinne.

Simmel und Freud waren Theoretiker durch und durch. Das erkenntnisleitende Interesse ihrer Forschung war das der Aufklärung im Sinne der Emanzipation der Menschheit von allen heteronomen Gewalten. Sie strebten die radikale Entmythologisierung an. Ihr Glaube an die Wissenschaft war ein kämpferischer Glaube, eine kritische wissenschaftliche Weltanschauung, wie Freud es nannte. »Vom Standpunkt der Wissenschaft aus ist es unvermeidlich, hier Kritik zu üben und mit Ablehnungen und Zurückweisungen vorzugehen. Es ist unzulässig zu sagen, die Wissenschaft ist ein Gebiet menschlicher Geistestätigkeit, Religion und Philosophie sind andere, ihr zum mindesten gleichwertig, und die Wissenschaft hat diesen beiden nichts dareinzureden; sie haben alle gleichen Anspruch auf Wahrheit und jedem Menschen steht es frei, zu wählen, woher er seine Überzeugung nehmen und wohin er seinen Glauben verlegen will... Es ist nun einmal so, daß die Wahrheit nicht tolerant sein kann, keine Kompromisse und Einschränkungen zuläßt, daß die Forschung alle Gebiete menschlicher Tätigkeit als ihr eigen betrachtet und unerbittlich kritisch werden muß, wenn eine andere Macht ein Stück davon für sich beschlagnahmen will.«* Freud gehörte der von Auguste Comte beeinflußten Generation an, für die das Studium des Staates, der Gesellschaft und der individuellen Seele zwar nicht mehr eine Angelegenheit der Philosophie war, aber doch noch mit jener Liebe betrieben wurde, die diesen Gegenständen als religiösen oder philosophischen Wesenheiten gegolten hatte. Freud und seine Schüler sahen in der Psychologie, was Durkheim in der Soziologie sah: einen Schlüssel zum Rätsel der menschlichen Geschichte. Während sie das Irrationale zu ihrem Gegenstand machten, blieben sie Rationalisten im besten Sinn des Wortes. Sie glaubten, daß der Zauber des Irrationalen von innerer und äußerer Unterdrückung herrührt, und daß sein Zauber gebrochen wäre, wenn es ganz und gar bewußt würde; ihr Ziel war es, die Rationalisierungen durch konsequente Rationalität zu überwinden. Das Prinzip, an der uneingeschränkten Wahrheit festzuhalten, das das psychoanalytische Verfahren in der Kur definiert, ist deren metaphysische Voraussetzung: die Idee, daß es so etwas wie eine objektive Wahrheit gibt und daß das Unglück der Menschen letztlich von der Verfälschung jener Wahrheit unter dem Einfluß von Tabus und anderen Formen psychischen und außerpsychischen Zwangs herrührt. Das ist der philosophische Kern der Freudschen Lehre; wird darauf aus Opportunismus verzichtet, etwa um sich Anforderungen von außen her besser anzupassen, so wird damit unvermeidlich die Lehre selbst aufgegeben. Die Psychoanalyse wird dann auf eine mehr und weniger gewitzte Art von Psychotechnik heruntergebracht.

Diese Kapitulation vor der Zweckmäßigkeit macht es notwendig, den philosophischen Inhalt und Ursprung der Freudschen Theorie zu betonen; das haben wenige aus der zweiten Generation von Psychoanalytikern so deutlich erkannt wie der kürzlich verstorbene Otto Fenichel** und Ernst Simmel. Diese Denker standen in Opposition zu der Angestellten-Mentalität, die darauf aus ist, alles der Maschinerie dienstbar zu machen. Gemeinsam mit einer Reihe

[* Freud, a.a.O., S. 172f.]

[** Otto Fenichel, *Psychoanalytische Neurosenlehre* (1945), dt. Bd. I–III, Olten 1974–77; *The Collected Papers of Otto Fenichel*, Bd. I und II, New York 1953–54.]

von jungen amerikanischen Lehrern ihrer Kunst stellten sie sich den behenden Technikern entgegen, die sich daranmachen, die Psychoanalyse zu verramschen. Wissenschaft sollte wahrlich die Metaphysik ersetzen, aber Wissenschaft als eine philosophische Kraft. Sie sollte mit metaphysischen Illusionen, Vorurteilen und mit dem Aberglauben aufräumen, aber die Grundbegriffe der Rationalität – Wahrheit, Freiheit und Gerechtigkeit – tradieren. Ohne ihren angestammten theoretischen Rahmen würde die psychoanalytische Therapie selbst zu einem blinden Instrument der Anpassung, ohnmächtig, die Ziele zu erreichen, zu deren Realisierung sie geschaffen wurde.

In diesem Zusammenhang ist es höchst charakteristisch, daß Simmel sich dem Problembereich der rassischen und gegen Minoritäten gerichteten Vorurteile zuwandte, wo heute, in der Ära von Buchenwald und Auschwitz, offensichtlich die Wundstelle der modernen Zivilisation liegt. Simmel war der erste, der dem Ausdruck »Massenwahn« eine mehr als metaphorische Bedeutung gab, indem er zeigte, daß der Rassenhaß den Psychosen, besonders der Paranoia, nähersteht als den Neurosen. Indem er so die psychoanalytische Methode auf die aktuellsten sozialen Probleme anwandte, stellte er sich in die große emanzipatorische Tradition der psychoanalytischen Philosophie. Und er besaß die Kühnheit, Pläne für eine »Massenkatharsis« großen Stils – als ein wirksames Gegengift gegen das faschistische Gift – auszuarbeiten.*

Sein starkes Interesse an der Erforschung des Rassenvorurteils war die Grundlage für die enge Zusammenarbeit zwischen ihm und dem Institut für Sozialforschung, für das ich heute abend spreche. Ich bin stolz, darauf hinweisen zu können, daß die beiden großen Forschungsprojekte über soziale Diskriminierung, die wir in Verbindung mit Arbeitsgruppen in Berkeley durchgeführt haben, ohne sein Interesse und seinen Rat nie zustande gekommen wären.** Das

[* Vgl. Simmels Aufsatz ›Antisemitismus und Massen-Psychopathologie‹ in: *Psyche*, Jg. 32, 1978.]

[** Horkheimer bezieht sich auf die 1944 begonnene Kooperation des Instituts für Sozialforschung mit einer Gruppe von Sozialpsychologen um R. Nevitt Sanford in Berkeley, der »Berkeley Public Opinion Study Group«. Dieser Kooperation entstammt der 3. Band der von Horkheimer und S. Flowerman herausgegebenen *Studies in Prejudice:* Th. W. Adorno u. a., *The Authoritarian Personality,* New York, London, 1950.]

Symposien über den Antisemitismus, das er im Jahre 1946 veröffentlichte*, bezeugt die Nähe seiner theoretischen Bestrebungen zu denen unseres Instituts.

Einige der hier Anwesenden werden sich erinnern, daß es unsere Gruppe war, die es – nach einem Briefwechsel mit Sigmund Freud** – einer psychoanalytischen Institution zum ersten Mal ermöglichte, in engen Kontakt mit einer deutschen Universität zu kommen. Das Frankfurter Psychoanalytische Institut und unser Institut an der Frankfurter Universität arbeiteten gemeinsam an der Verbreitung der modernen soziologischen und psychologischen Theorie wie an der Erforschung von Problemen, die Psychoanalytiker und Sozialwissenschaftler in gleicher Weise angehen. Gemeinsam waren wir überzeugt, daß die Bedeutung von Freuds Lehre weit über den Bereich der Psychologie oder Psychiatrie hinausgeht und daß es darauf ankommt, nicht nur die Technik und die therapeutischen Fertigkeiten, sondern vor allem Geist und Buchstaben des Freudschen Denkens zu tradieren und weiterzuentwikkeln. Nach unserer Auffassung kann es die Menschheit sich nicht leisten, den nicht-professionellen Teil seines Werks zu ignorieren.

Seit vielen Jahren kannte ich Simmels Plan, die Aufgabe, Freuds Denken ungeschmälert zu tradieren und weiterzuentwickeln, dem Psychoanalytischen Institut, das er in Los Angeles gründen wollte, zu übertragen. Wieder und wieder sprach er zu mir davon. Die Aufgabe des Instituts, das er Freud-Institut nennen wollte, sollte nicht allein darin bestehen, Tausenden von Studenten in Ergänzung ihres Medizin-Studiums psychoanalytische Verfahrensweisen zu vermitteln, vielmehr sollte hier allen Forschungsinteressen Freuds nachgegangen werden, und das Institut sollte die Möglichkeit bieten, sich

[* Ernst Simmel (Hrsg.), *Anti-Semitism. A Social Disease*, New York, o. J. Der 1946 erschienene Band enthielt neben einem Vorwort von Gordon W. Allport folgende Beiträge: Ernst Simmel, ›Einführung‹; Max Horkheimer, ›Sociological Background of the Psychoanalytic Approach‹, Otto Fenichel, ›Elements of a Psychoanalytic Theory of Anti-Semitism‹; Ernst Simmel, ›Anti-Semitism and Mass Psychopathology‹; Bernhard Berliner, ›On Some Religious Motives of Anti-Semitism‹; Douglass W. Orr, ›Anti-Semitism and the Psychopathology of Everyday Life‹; Else Frenkel-Brunswik und R. Nevitt Sanford, ›The Anti-Semitic Personality: A Research Report‹; Th. W. Adorno, ›Anti-Semitism and Fascist Propaganda‹.]

[** Dieser Briefwechsel Horkheimer–Freud, von Horkheimer öfters erwähnt, scheint nicht erhalten zu sein. (Anm. d. Hrsg.)]

mit allen Dimensionen seines Werks vertraut zu machen. Es sollte zu einer Quelle der Aufklärung für alle Studenten und Gelehrten werden, die auf ihrem eigenen Gebiet ohne die Erkenntnisse des enzyklopädischen Geistes des Begründers der Psychoanalyse nicht auskommen können. In dem letzten Gespräch, das ich mit Simmel in der Woche vor seinem Tode führte, kam er abermals auf diese Frage zu sprechen. Aber er verbarg mir nicht seine Sorge, daß die antiphilosophisch und – nach seinem Verständnis – antifreudianisch Gesonnenen unter den Psychoanalytikern seinen Plan vereiteln könnten. Er sagte, das Institut werde möglicherweise zustande kommen, aber nicht so, wie er es konzipiert hatte, und er beklagte vor allem aus diesem Grunde, daß er durch seine Krankheit geschwächt war. Als ich von seinem Tode erfuhr, dachte ich, daß das, was er mir gesagt hatte, beinahe so etwas wie ein Vermächtnis sei. Er wollte, daß die Psychoanalyse leben solle, deren einer Pol die therapeutische Technik und deren anderer Pol die abstrakte Theorie, die philosophische Anthropologie und die Metapsychologie ist, daß also Freuds Lehre als Ganzes lebe.

Ich möchte nicht schließen, ohne ein paar Worte über die persönliche Beziehung zwischen Simmel und Freud zu sagen, die sich, meiner Meinung nach, auf die Identität ihrer philosophischen Orientierung gründete. Wenn wir in den Briefen blättern, die Freud an Simmel in Europa wie später in die Vereinigten Staaten* schrieb, so drängt sich der Vergleich der Freundschaft dieser beider Denker mit den Beziehungen, wie sie unter den kämpfenden französischen Aufklärern des achtzehnten Jahrhunderts bestanden, auf. Schon 1928 schrieb Freud Simmel nach Berlin, er kenne dort »niemand, der durch die Echtheit und Intensität seiner Gesinnung die Aufnahme in jenen Kreis – wenn er noch bestünde – so verdienen würde wie Sie«**. Der Kreis, an den Freud dachte, war die intimste und esoterischste Gruppe der psychoanalytischen Bewegung; er entsprach wirklich den geheimen Konventikeln der französischen Aufklärer und Enzyklopädisten. Die Funktion dieser Gruppe war es,

[* »Ernst Simmel floh im März 1933 vor den Nazis nach Zürich. Seit 1934 lebte er in Los Angeles.]

[** Brief vom 11.11.1928; Freud, *Briefe 1873–1939*, Ausgew. und hrsg. von Ernst L. Freud, Frankfurt am Main 1960, S. 379. – Horkheimer hat Freuds Brief aus dem Jahre 1928 versehentlich auf das Jahr 1924 datiert.]

die Entwicklung der Psychoanalyse zu überwachen und zu fördern »und untereinander eine Art von analytischer Brüderlichkeit zu pflegen« *. Das Vertrauen, das Freud in Simmel als einen der wenigen, die ihn am besten verstanden, und als einen wirklichen Waffenbruder setzte, hat ihn nie verlassen; es begleitete ihn von Berlin nach Los Angeles. Aus seinem Londoner Exil schreibt Freud in wahrhaft Voltaireschem Stil (9.1.1939): »Auf alle Fälle ist es schön zu hören, daß unserer Hydra« (der »Hydra« Psychoanalyse, M.H.) »nach den grausamen Verstümmelungen der letzten Jahre nun ein neuer Kopf in Californien zuwächst.« ** Freud und Simmel verband ihr Kampfgeist, ihre Unnachgiebigkeit, wenn es um Fragen der theoretischen Wahrheit ging. Freud schrieb ihm einmal aus Berchtesgaden (1.7.1927): »Wenigstens sollten Sie sich nicht soviel Mühe geben, die Leute zu überzeugen, die nicht überzeugt werden wollen, und nicht den Eindruck machen, als ob Sie es hofften. ... Grundsatz soll doch bleiben, denen nicht entgegenzukommen, von denen man nichts zu empfangen hat und die alles von uns zu nehmen haben.« Das war Freuds stolze Haltung, und er wünschte, daß Simmel sie auch einnähme. Sie erwuchs aus einer ihnen gemeinsamen Art des Denkens, einer gemeinsamen Philosophie – nicht nur aus der gemeinsamen Profession.

Nun kommt ein neuer Verlust zu den schmerzlichen Wunden, die die Psychoanalyse in diesen Jahren als Therapie, Theorie, Bewegung und Philosophie erlitten hat. Wir können uns zum einen mit dem trösten, was Freud in seinem kleinen Aufsatz über ›Vergänglichkeit‹ formuliert hat, wo er bestritt, »daß die Vergänglichkeit des Schönen eine Entwertung desselben mit sich bringe. Im Gegenteil, eine Wertsteigerung! Der Vergänglichkeitswert ist ein Seltenheitswert in der Zeit« ***. Zum anderen können wir Freuds und Simmels Arbeit fortsetzen und dafür sorgen, daß die Freudsche Philosophie in ihrer vollen Bedeutung nicht untergeht.

(Aus dem Englischen von Helmut Dahmer)

[* a.a.O.]
[** Für Fotokopien der von Horkheimer in englischer Übersetzung zitierten deutschsprachigen Briefe Freuds an Simmel danke ich K. R. Eissler (New York). H. D.]
[*** Freud, ›Vergänglichkeit‹ (1915), in: *Gesammelte Werke* Bd. X, S. 359.]

Vorwort* zu den *Studies in Prejudice*

(1949/50)

In diesem Augenblick der Weltgeschichte manifestiert sich der Antisemitismus nicht mit der radikalen und gewaltsamen Destruktivität, zu der wir ihn fähig wissen. Selbst eine Krankheit der Gesellschaft hat ihre Phasen des Abklingens, in denen der Sozialwissenschaftler, wie der Biologe und der Arzt, sie auf der Suche nach effektiveren Methoden analysieren kann, um die Virulenz des nächsten Ausbruchs zu verhindern oder einzudämmen.

Heute erinnert sich die Welt kaum noch an die mechanisierte Verfolgung und Vernichtung von Millionen Menschen, die erst vor wenigen Jahren in einem Land stattfand, das man einmal für die Hochburg der westlichen Zivilisation gehalten hatte. Doch das Gewissen vieler Menschen wurde wachgerüttelt. Wie konnte es geschehen, fragten sie einander, daß in einer Kultur des Rechts, der Ordnung und der Vernunft die irrationalen Überreste des uralten rassischen und religiösen Hasses überlebten? Wie konnten sie sich die Bereitschaft großer Menschenmassen erklären, die Massenvernichtung ihrer Mitbürger zu tolerieren? Welche Gewebe im Leben unserer modernen Gesellschaft sind noch von Krebs befallen und zeigen trotz unserer angeblichen Aufgeklärtheit den unzeitgemäßen Atavismus der Urvölker? Und was innerhalb des einzelnen Organismus reagiert auf bestimmte Reize unserer Kultur mit destruktiv aggressiven Einstellungen und Handlungen?

Doch ein wachgerütteltes Gewissen genügt nicht, sofern es nicht zu einer systematischen Suche nach einer Antwort anregt. Die Menschheit hat zu teuer für ihren naiven Glauben an den Automatismus des bloßen Zeitablaufs geglaubt: Beschwörungen haben in Wirklichkeit noch nie Stürme, Katastrophen, Seuchen, Krankheiten oder andere Übel besiegt; auch läßt derjenige, der einen anderen

[* Von Max Horkheimer und Samuel H. Flowerman.]

foltert, nicht aus schierer Langeweile mit seinem Opfer von diesem ab.

Das Vorurteil ist eines der Probleme unserer Zeit, für die jeder eine Theorie, aber niemand eine Lösung hat. In gewissem Sinne glaubt jeder, daß er sein eigener Sozialwissenschaftler ist, denn die Sozialwissenschaft ist der Stoff des Alltagslebens. Der wissenschaftliche Fortschritt läßt sich vielleicht durch die Einsichten planen, welche die Wissenschaftler über die alltäglichen Vorstellungen von den Phänomenen hinaus gewonnen haben. In einem Bemühen, über bloße Alltagsauffassungen der Probleme von Konflikten zwischen Gruppen hinauszukommen, hat das American Jewish Committee im Mai 1944 eine Gruppe von amerikanischen Wissenschaftlern aus verschiedenen Traditionen und Gebieten zu einer zweitägigen Konferenz über religiöse und rassische Vorurteile eingeladen. Bei dieser Tagung wurde ein Forschungsprogramm skizziert, mit dem wissenschaftliche Methoden entworfen werden sollten, um Lösungen für dieses entscheidende Problem zu finden. Es wurden zwei Forschungsebenen empfohlen. Die eine war in ihrer Reichweite eher begrenzt und umfaßte die wiederkehrenden Probleme, mit denen die Bildungsanstalten konfrontiert sind; z. B. eine Untersuchung der öffentlichen Reaktionen auf bestimmte aktuelle Ereignisse und die Bewertung verschiedener Techniken und Methoden, wie diejenigen der Massenmedien des Kommunikationssektors, mit denen auf die Beziehungen zwischen gesellschaftlichen Gruppen Einfluß genommen wird. Die andere vorgeschlagene Ebene betraf die Grundlagenforschung, die insofern als grundlegend angesehen wurde, als sie schließlich zu mehr systematischem Wissen auf diesem Gebiet führen sollte. Die erste Ebene besteht häufig aus einer großen Zahl von Einzeluntersuchungen, die in ihrer Reichweite begrenzt sind und sich strikt auf ein gegebenes Problem konzentrieren. In der Praxis haben wir herausgefunden, daß die »Güte« unserer Einzelstudien im proportionalen Verhältnis zu unserem Erfindungsreichtum stand, sie so zu gestalten, daß auch sie etwas zum Grundlagenwissen beitragen konnten. Der Hauptunterschied zwischen den beiden Forschungsebenen – die wir manchmal locker als »kurzfristige« und »langfristige« Forschung bezeichneten – scheint weitgehend darin zu liegen, ob man die Ergebnisse unmittelbar in ein Programm einbauen kann oder nicht, das heißt, es geht nicht nur

um Differenzen in der Methodologie, in den Fertigkeiten und Techniken. Allerdings ist es auf beiden Ebenen notwendig, eine interdisziplinäre Lösung der Forschungsprobleme anzustreben.
Um die Forschung auf beiden Ebenen vorantreiben zu können, hat das American Jewish Committee ein Department of Scientific Research gegründet, das abwechselnd von uns beiden geleitet wird. Das Department sah seine Aufgabe nicht allein darin, daß es selbst Grundlagenstudien zum Phänomen des Vorurteils anregte, sondern auch darin, neue Untersuchungen zu fördern.
Die vorliegenden Bände* enthalten die ersten Früchte dieser Bemühungen. In gewissem Sinne bilden die ersten fünf Bände eine Einheit, ein integrales Ganzes, wobei jeder einzelne Teil die eine oder andere Facette des Phänomens beleuchtet, das wir als Vorurteil bezeichnen. Drei der Bücher befassen sich mit jenen Elementen in der Persönlichkeit des modernen Menschen, die ihn zu feindseligen Reaktionen auf rassische oder religiöse Gruppen prädisponieren. Sie versuchen, Antworten auf folgende Fragen zu geben: Was in der Psyche des einzelnen macht ihn »vorurteilsvoll« oder »vorurteilsfrei«, was macht ihn mehr oder weniger anfällig für die Agitation eines Goebbels oder eines Gerald K. Smith? Der Band über den autoritären Charakter [*The Authoritarian Personality*] von Adorno, Frenkel-Brunswik, Levinson und Sanford, der auf einer Kombination verschiedener Forschungstechniken beruht, schlägt eine Antwort vor. Er zeigt, daß es eine enge Korrelation zwischen einer Reihe von tief verwurzelten Persönlichkeitsmerkmalen und offenen Vorurteilen gibt. Der Studie ist es auch gelungen, ein Instrumentarium bereitzustellen, mit dem diese Merkmale in den verschiedenen Gesellschaftsschichten gemessen werden können.
Die gleiche Frage wurde innerhalb eines begrenzteren Untersuchungsfeldes in bezug auf zwei spezifische Gruppen gestellt. Die Studie von Bettelheim und Janowitz über die Dynamik des Vorurteils [*Dynamics of Prejudice*] befaßt sich mit dem Zusammenhang

[* Theodor W. Adorno, Else Frenkel-Brunswik, Daniel J. Levinson, R. Nevitt Sanford, *The Authoritarian Personality*, New York 1950; Bruno Bettelheim, Morris Janowitz, *Dynamics of Prejudice*, New York 1950; Nathan W. Ackerman, Marie Jahoda, *Anti-Semitism and Emotional Disorder*, New York 1950; Paul Massing, *Rehearsal for Destruction*, New York 1949; Leo Löwenthal, Norbert Guterman, *Prophets of Deceit*, New York 1949.]

zwischen Persönlichkeitsmerkmalen und Vorurteilen bei Kriegsveteranen. Hier gelang es den Wissenschaftlern, den Einfluß der Kriegserfahrung mit ihren schlimmen Ängsten und Spannungen als einen zusätzlichen Faktor von großer Bedeutung zu erforschen, der abermillionen Menschen geprägt hat. *Anti-Semitism and Emotional Disorder* von Ackerman und Jahoda stützt sich auf Fallgeschichten einer Reihe von Menschen aus verschiedenen Lebensbereichen, die intensiv psychotherapeutisch behandelt worden sind. Die besondere Bedeutung dieser Studie liegt genau in dem analytischen Quellenmaterial, in der Verarbeitung eines Fundus von Belegen, die aus der Sphäre unterhalb des Bewußten und Rationalen stammen und die Korrelation beleuchten, die auf allgemeinerer Ebene in der Grundlagenforschung über den autoritären Charakter hergestellt wurde.

Der andere wichtige Faktor im Vorurteil ist natürlich die gesellschaftliche Situation selbst, d. h. die äußeren Reize, auf welche die Prädispositionen innerhalb des einzelnen angesprochen haben und weiterhin ansprechen. Nazideutschland ist das lebendige Beispiel für die Auswirkung der gesellschaftlichen Situation, und Massings Buch, *Rehearsal for Destruction*, hat das Ziel, die Wurzeln des Antisemitismus der Nazis und damit auch die gegenwärtige Aufgabe einer demokratischen Neuorientierung Deutschlands zu verstehen. Als Vermittler zwischen der Welt und der individuellen Psyche verformt der Agitator bereits vorhandene Vorurteile und Tendenzen zu offenen Doktrinen und letzten Endes zu unverblümten Aktionen.

In Löwenthals und Gutermans *Prophets of Deceit* wird die Rolle des Agitators untersucht. Die Überzeugungstechnik des Agitators, der Vermittlungsmechanismus, der rudimentäre Empfindungen in besondere Überzeugungen und Aktionen übersetzt, sind das Thema dieses Buchs.

Den Leser mag überraschen, daß wir übertriebenes Gewicht auf den persönlichen und psychologischen, anstatt auf den gesellschaftlichen Aspekt des Vorurteils gelegt haben. Das liegt nicht an einer persönlichen Vorliebe für die psychologische Analyse, noch in der Unfähigkeit zu erkennen, daß die Ursache irrationaler Feindseligkeit letzten Endes in der gesellschaftlichen Frustration und Ungerechtigkeit zu suchen ist. Wir wollten das Vorurteil nicht bloß beschreiben, sondern vielmehr erklären, um zu seiner Ausrottung beizutragen. Genau dieser Herausforderung haben wir uns gestellt. Ausrottung heißt Umerziehung auf der Grundlage des wissenschaftlich erreichten Verständnisses. Und Erziehung im strengen Sinne ist ihrem Wesen nach persönlich und psychologisch. Haben wir zum Beispiel erst einmal verstanden, wie die Kriegserfahrung in einigen Fällen Persönlichkeitsmerkmale verstärkt haben kann, die zu Haß auf bestimmte Gruppen prädestinierten, dann kann die pädagogische Abhilfe logisch daraus folgen. Ganz ähnlich kann die offene Darstellung aller psychologischen Tricks im Arsenal des Agitators dazu beitragen, seine potentiellen Opfer dagegen zu immunisieren.

Seit dem Abschluß dieser Studien ist das Department of Scientific Research des American Jewish Committee in Forschungsbereiche vorgedrungen, in denen die Untersuchungseinheit eher die Gruppe, die Institution oder die Gemeinschaft als das Individuum ist. Durch ein größeres Wissen um die Dynamik des Individuums gestärkt, machen wir uns jetzt daran, ein besseres Verständnis der Gruppendynamik zu erlangen. Denn wir haben eingesehen, daß das Individuum im luftleeren Raum nichts als ein Konstrukt ist; selbst in der gegenwärtigen Forschungsreihe war es, trotz ihrer zutiefst psychologischen Ausrichtung, notwendig, das individuelle Verhalten mit Hilfe der gesellschaftlichen Voraussetzungen und Begleiterscheinungen zu erklären. Die zweite Phase unserer Forschung konzentriert sich daher auf Probleme des Gruppendrucks und auf die soziologischen Determinanten von Rollen in gegebenen gesellschaftlichen Situationen. Wir suchen Antworten auf Fragen wie: Warum verhält sich ein Mensch in einer Situation »tolerant« und in einer anderen »fanatisch«? In welchem Maße können bestimmte Formen von Konflikten zwischen Gruppen, die an der Oberfläche auf ethnischen Differenzen zu beruhen scheinen, in Wirklichkeit auf anderen Faktoren beruhen, die sich der ethnischen Differenz als Inhalt bedienen?

Die Autoren der Bände und die vielen Kollegen, auf deren Erfahrung und Unterstützung sie zurückgreifen konnten, haben sehr unterschiedliche wissenschaftliche Interessen. Das kommt unmittelbar in den verschiedenartigen Techniken, die sie eingesetzt haben, und sogar in der Art, wie sie schreiben, zum Ausdruck. Einige der

Bücher sind eher technischer Natur, andere eher »lesbar«. Wir haben nicht nach Einheitlichkeit gestrebt. Unser einziges Ziel war die Suche nach der Wahrheit mit den besten Techniken der zeitgenössischen Sozialwissenschaften. Doch trotz der Verschiedenartigkeit der Methoden wurde ein hohes Maß an Übereinstimmung erzielt.
Das Problem verlangt weit umfassendere und weit intensivere Behandlung, als eine einzelne Institution oder Kleingruppe wie die unsere zu leisten hoffen kann. Wir ließen uns von der Hoffnung leiten, daß alle Projekte, die wir in Angriff nehmen würden, nicht nur Beiträge in sich sein würden, sondern auch dazu dienen könnten, das aktive Interesse an der fortgesetzten Forschung bei anderen Wissenschaftlern zu wecken. Mit tiefer Befriedigung haben wir in den letzten Jahren das stetige Zunehmen wissenschaftlicher Veröffentlichungen auf diesem Gebiet beobachtet. Wir glauben, daß jede einzelne Untersuchung zu diesem zentralen Thema, sofern sie in wahrhaft wissenschaftlichem Geist durchgeführt wird, gar nicht anders kann, als uns der theoretischen und letzten Endes auch praktischen Lösung des Problems, Vorurteile und Haß zwischen Gruppen zu vermindern, näherzubringen.
Dieses Vorwort zu den *Studies in Prejudice* wäre nicht vollständig ohne einen Tribut an die visionäre Kraft und organisatorische Weitsicht von John Slawson, dem geschäftsführenden Vizepräsidenten des American Jewish Committee, der für die Einberufung der wissenschaftlichen Tagung und für die Einrichtung des Department of Scientific Research verantwortlich war. Beide Herausgeber sind John Slawson für die Inspiration, Führung und Anregung, die er ihnen gegeben hat, tief verpflichtet.

(Aus dem Englischen von Hans Günter Holl)

Einleitung [zu Leo Löwenthals und Norbert Gutermans *Prophets of Deceit*]

(1949)

Ideologien und ideologische Äußerungen kann man entweder messen oder als Qualitäten, als sinnvolle, strukturierte Einheiten verstehen. Beide Techniken der Inhaltsanalyse vermitteln dem Wissenschaftler Einsichten in die Wurzeln sozialer Probleme, wobei es in diesem Fall um Vorurteile gegenüber Gruppen und ihre Diskriminierung geht. Das Buch von Leo Löwenthal und Norbert Guterman konzentriert sich auf die qualitative Analyse. Nicht die Häufigkeit der Ideen, Formeln und Tricks, die sich in Agitationsmaterialien finden, sondern die Bedeutung der Demagogie, ihrer Techniken und Anreize, ihrer Argumente und Persönlichkeiten steht zur Debatte.

Obwohl die Studie oft mit psychoanalytischen Begriffen arbeitet, kreist sie eigentlich doch nicht so sehr um die private Physiognomie des Agitators wie um den psychologischen Gehalt und die Bedeutung seines Verhaltens. Sie versucht, die inneren und oft unbewußten Mechanismen zu beleuchten, auf welche die Agitation zielt. Aber man muß das alles soziologisch verstehen. Obwohl der Demagoge mit den Waffen der Psychologie auf psychische Prädispositionen einwirkt, sind die Prädispositionen selbst und die Ziele, nach denen er strebt, gesellschaftlichen Ursprungs.

Allein die hochentwickelte soziale Situation unterscheidet unseren heutigen Demagogen von seinen zahlreichen Vorgängern aus zurückliegenden Jahrhunderten und Jahrtausenden. Demagogie tritt immer dann auf, wenn eine demokratische Gesellschaft von innerer Zersetzung bedroht ist. Auf allgemeiner Ebene war ihre Funktion immer die gleiche, nämlich die Massen für Ziele zu begeistern, die ihren Grundinteressen zuwiderlaufen. Und genau diese Funktion erklärt die Irrationalität der Demagogie; die psychologischen Techniken, die sie einsetzt, stützen sich eindeutig auf eine gesellschaftliche Basis.

Unter den heutigen Bedingungen einer hochindustrialisierten Gesellschaft ist der Konsum, selbst im Bereich der Ideologien, weitgehend von der Produktion beherrscht. Einstellungen und Reaktionsmuster werden oft »fabriziert«. Die Menschen »wählen« sie nicht aus freien Stücken, sondern nehmen sie unter dem Druck wirklicher oder imaginärer Macht passiv hin. Eine Untersuchung der Menschen selbst reicht daher nicht aus. Wollen wir die wahre Bedeutung der Phänomene des Massenverhaltens erfassen, dann müssen wir auch die Natur der Reize im Zusammenwirken mit den Reaktionen erforschen. Ansonsten besteht die Gefahr, daß man irrigerweise einem zugrunde liegenden Rahmen der öffentlichen Stimmung zuschreibt, was in Wirklichkeit das Produkt kalkulierter Kommunikationstechniken sein könnte.

Man kann keine der speziellen Agitationstechniken außerhalb ihres politischen und sozialen Kontexts beurteilen. Ihre besondere Bedeutung als ein Mittel der antidemokratischen Massenmanipulation liegt ausschließlich innerhalb der Struktureinheit des Musters, das dieses Buch nachzuzeichnen versucht.

So ist etwa bemerkenswert, daß der zeitgenössische Agitator, der Propagandafachmann, der sich die Rolle des Führers angemaßt hat, unaufhörlich über sich selbst redet. Er stellt sich nicht allein als Führer, sondern auch als Mann aus dem Volke dar. Indem er nahelegt, daß auch er das Opfer dunkler sozialer Mächte ist, indem er sozusagen seine eigene Schwäche zur Schau stellt, schafft er es, seine Anhänger gerade von der realen Möglichkeit unabhängigen Denkens und autonomen Entscheidens abzulenken. Er erzeugt das Muster für ein sehr typisches zeitgenössisches Phänomen: die entindividualisierte, zerrissene und restlos formbare Charakterstruktur, in welche die antidemokratischen Kräfte den Menschen zu transformieren versuchen.

Was den Inhalt angeht, so sind die heutigen Demagogien eindeutig leer, zufällig und ganz auf Manipulation ausgerichtet. Da ihnen eine amerikanische Tradition nationalistischer Aggressivität fehlt, haben unsere hausgemachten Agitatoren eine künstliche Fusion mit den faschistischen Vorstellungen der Italiener und der Deutschen geschaffen. Überdies haben sie, natürlich ohne jede Rücksicht auf besondere Inhalte, bestimmte Formen von religiösen Erweckungsbewegungen entliehen, und zwar Formen, die so starre Stereotypen wie die Unterscheidung zwischen den »Verdammten« und den »Er-

lösten« ausnutzen. Der moderne amerikanische Agitator hat aus diesen altmodischen Techniken großen Nutzen gezogen.
»Großen Nutzen?« – wird sich der Leser wohl ungläubig fragen. Die amerikanischen Haßschürer befinden sich gegenwärtig auf dem Tiefpunkt ihres Einflusses und Ansehens. Selbst als sie in der Vorkriegszeit den Gipfel ihrer Macht erreicht hatten, gelang es ihnen nicht, eine straffe Organisation aufzubauen oder sich finanziellen Rückhalt zu schaffen.
Das stimmt natürlich. Weil aber das Schwergewicht des Buchs auf der *Bedeutung* der analysierten Phänomene liegt, sollte der Agitator eher im Lichte seiner potentiellen Auswirkungen auf den Kontext der heutigen Gesellschaft und ihre Dynamik als im Sinne seiner unmittelbaren Erfolge untersucht werden. Obwohl die offene antisemitische Agitation verebbt ist, erscheint es doch wichtig, ihre Inhalte und Techniken als Beispiele für die moderne Massenmanipulation in ihrer düstersten Form zu erforschen.
Das vorliegende Buch übertreibt weder die unmittelbare Bedeutung der amerikanischen Demagogie, noch gibt es vor, ein naturgetreues Bild der heutigen politischen Verhältnisse zu zeichnen. Statt dessen nimmt es bestimmte Phänomene unter die Lupe, die auf den ersten Blick unbedeutend scheinen könnten, und indem es so die extremsten und am offenkundigsten realitätsfremden Äußerungen antidemokratischen Verhaltens vergrößert darstellt, gelangt es zu diagnostischen Einsichten in die latenten Bedrohungen der Demokratie.

(Aus dem Englischen von Hans Günter Holl)

Vorwort
[zu *The Authoritarian Personality*]
(1950)

Dies ist ein Buch über gesellschaftliche Diskriminierung. Aber es erschöpft sich nicht darin, die bereits vorliegenden umfangreichen Informationen um einige weitere empirische Ergebnisse zu vermehren. Das Hauptthema der Arbeit ist ein relativ neuer Begriff – das Aufkommen einer »anthropologischen« Spezies, die wir als den autoritären Menschentyp bezeichnen. Im Gegensatz zu dem Fanatiker des älteren Stils scheint er die Vorstellungen und Fertigkeiten, die für eine hochindustrialisierte Gesellschaft typisch sind, mit irrationalen oder antirationalen Überzeugungen zu verbinden. Er ist gleichzeitig aufgeklärt und abergläubisch, stolz auf seinen Individualismus und ständig in Sorge, nicht wie alle anderen zu sein, ängstlich auf seine Unabhängigkeit bedacht und sehr geneigt, sich blind der Macht und Autorität zu unterwerfen. Die Charakterstruktur, in der diese widersprüchlichen Tendenzen zusammenkommen, hat bereits die Aufmerksamkeit moderner Philosophen und politischer Denker erregt. Dieses Buch behandelt das Problem mit sozialpsychologischen Forschungsmethoden.

Die Voraussetzungen und Wertentscheidungen der Untersuchung sind ebenso praktisch wie theoretisch. Die Verfasser glauben nicht, daß es ein pädagogisches Patentrezept gibt, mit dem der lange und oft umständliche Weg der gewissenhaften Forschung und theoretischen Analyse zu umgehen wäre. Auch sind sie nicht der Auffassung, daß ein Problem wie die Stellung von Minderheiten in modernen Gesellschaften und insbesondere das Problem des religiösen und des Rassenhasses, sei es mit einer Propaganda für die Toleranz oder durch die apologetische Widerlegung von Fälschungen und Lügen, erfolgreich gelöst werden kann. Andererseits liegt zwischen der theoretischen Forschung und der praktischen Anwendung keine unüberbrückbare Kluft. Ganz im Gegenteil: Die Verfasser sind fest davon überzeugt, daß die ernsthafte und systematische wissenschaftliche Aufhellung eines Phänomens von so großer historischer Bedeutung unmittelbar zur Verbesserung der kulturellen Atmosphäre beitragen kann, die von Haß erfüllt ist.

Diese Überzeugung darf nicht als eine optimistische Selbsttäuschung abgetan werden. Im Prozeß der Zivilisation hat es nicht wenige Fälle gegeben, in denen der Massenbetrug nicht durch gezielte Propaganda, sondern in letzter Konsequenz deshalb entlarvt wurde, weil die Gelehrten mit ihren unaufdringlichen, jedoch beharrlichen Arbeitsweisen untersuchten, was der Täuschung zugrunde lag. Ihr intellektueller Beitrag, der sich im Rahmen der gesamtgesellschaftlichen Entwicklung auswirkte, blieb mit Sicherheit nicht folgenlos.

Ich möchte zwei Beispiele anführen. Der Aberglaube an die Hexerei wurde im siebzehnten und achtzehnten Jahrhundert überwunden, nachdem die Menschen immer mehr unter den Einfluß der modernen wissenschaftlichen Ergebnisse geraten waren. Entscheidend war die Auswirkung des cartesischen Rationalismus. Diese philosophische Schule zeigte, daß der vordem herrschende Glaube an die unmittelbare Beeinflussung der körperlichen Sphäre durch spirituelle Faktoren eine Täuschung war – und die ihr folgenden Naturwissenschaftler zogen praktischen Nutzen aus ihrer großen Einsicht.

Was die neuere Zeit angeht, so müssen wir nur an den Einfluß von Sigmund Freuds Werk auf die moderne Kultur denken. Entscheidend daran ist nicht die Tatsache, daß die psychologische Forschung und Erkenntnis durch neue Ergebnisse bereichert wurden, sondern der Umstand, daß die Intellektuellen und vor allem die Pädagogen seit etwa fünfzig Jahren immer stärker auf den Zusammenhang zwischen der Unterdrückung von Kindern (sowohl zu Hause als auch in anderen Bereichen) und der gewöhnlich naiven Unkenntnis der Gesellschaft über die psychische Dynamik sowohl der kindlichen als auch des erwachsenen Lebens aufmerksam wurden. Die Öffnung des breiten gesellschaftlichen Bewußtseins für die wissenschaftlich gewonnene Erfahrung, daß frühkindliche Ereignisse sehr wichtig für das Glück und die Arbeitsfähigkeit des Erwachsenen sind, hat eine Revolution im Verhältnis zwischen Eltern und Kindern ausgelöst, die man noch hundert Jahre zuvor für unmöglich gehalten hätte.

Das vorliegende Buch wird sich, so hoffen wir, in dieser Geschichte der wechselseitigen Abhängigkeit zwischen Wissenschaft und kulturellem Klima einen Platz erobern. Sein Hauptziel liegt darin, neue Wege für ein Forschungsgebiet zu öffnen, das unmittelbare praktische Bedeutung erlangen kann. Es will ein Verständnis sozialpsychologischer Faktoren entwickeln und fördern, die es dem autoritären Menschentypus ermöglicht haben, den individualistischen und demokratischen Typ, der in den letzten anderthalb Jahrhunderten unserer Zivilisation vorgeherrscht hat, zu bedrohen und zu verdrängen, aber es geht auch um jene Faktoren, durch welche diese Bedrohung einzudämmen wäre. Die fortschreitende Analyse dieses neuen »anthropologischen« Typs und seiner Entstehungsbedingungen wird gemeinsam mit einer stets zunehmenden wissenschaftlichen Differenzierung die Chancen verbessern, einen wahrhaft pädagogischen Gegenangriff zu führen.

Das Vertrauen in die Möglichkeit einer systematisierten Untersuchung der Diskriminierungsmechanismen und besonders eines charakterologischen Typus der Diskriminierung beruht nicht allein auf der historischen Erfahrung der letzten fünfzehn Jahre, sondern auch auf den Entwicklungen, die sich während der letzten Jahrzehnte in den Sozialwissenschaften selbst vollzogen haben. Hierzulande wie auch in Europa wurden erhebliche und erfolgreiche Anstrengungen gemacht, die verschiedenen Disziplinen, die sich mit dem Menschen als einem sozialen Phänomen befassen, auf den kooperativen Organisationsstand zu heben, der in den Naturwissenschaften bereits feste Tradition ist. Dabei denke ich nicht nur an mechanische Einrichtungen, um die in verschiedenen Forschungsgebieten geleistete Arbeit zusammenzubringen – etwa Symposien oder Lehrbücher –, sondern auch an den Einsatz verschiedener Methoden und Techniken, die in getrennten Bereichen der Theorie und der empirischen Forschung entwickelt wurden, im Hinblick auf ein gemeinsames Forschungsprogramm.

Solche interdisziplinäre Arbeit verschiedener Zweige der Sozialwissenschaften und der Psychologie ist genau das, was zu dem vorliegenden Buch geführt hat. Fachleute auf den Gebieten der Gesellschaftstheorie, der Tiefenpsychologie, der Inhaltsanalyse, der klinischen Psychologie, der politischen Soziologie und der projektiven Testverfahren haben ihre Erfahrungen und Ergebnisse vereinigt. Nach engster Zusammenarbeit stellen sie jetzt als Resultat ihrer gemeinsamen Anstrengungen die Elemente einer Theorie des autoritären Menschentyps in der modernen Gesellschaft vor. Ihnen ist sehr wohl bewußt, daß sie nicht die ersten waren, die dieses Phänomen untersucht haben. Dankbar erkennen sie an, was sie der Darstellung des psychologischen Profils vorurteilsvoller Individuen durch Sigmund Freud, Maurice Samuel, Otto Fenichel und andere verdanken. Derart glänzende Einsichten waren gewissermaßen die unabdingbaren Voraussetzungen für die methodologische Zusammenfassung und Forschungsorganisation, die mit der vorliegenden Untersuchung angestrebt wurden, und wir glauben, tatsächlich ein ganzes Stück weitergekommen zu sein.

Institutionell gesehen stellt dieses Buch ein gemeinsames Unternehmen der Berkeley Public Opinion Study und des Instituts für Sozialforschung dar. Beide Organisationen hatten bereits Erfahrung damit, verschiedene Wissenschaften und unterschiedliche Forschungsmethoden zusammenzuführen. Die Berkeley Public Opinion Study hatte das Vorurteil im sozialpsychologischen Sinne untersucht und die enge Korrelation zwischen offenen Vorurteilen und bestimmten Charaktermerkmalen eines destruktiven, nihilistischen Wesens entdeckt, die aus einer irrational pessimistischen Ideologie des intoleranten Menschen folgen. Das Institut für Sozialforschung befaßte sich seit seinen Anfängen an der Universität Frankfurt mit dem Prinzip der theoretischen und methodologischen Integration und veröffentlichte mehrere Untersuchungen, die aus diesem Grundansatz erwuchsen. In einem Band über Autorität und Familie wurde der Begriff des »autoritären Charakters« als Bindeglied zwischen psychischen Dispositionen und politischen Neigungen vorgeschlagen.* Bei der Fortführung dieses Gedankengangs formulierte und veröffentlichte das Institut im Jahr 1939 ein umfassendes Forschungsprojekt über den Antisemitismus.** Etwa fünf Jahre

[* Vgl. Erich Fromms ›Sozialpsychologischer Teil‹, Kap. IV: ›Der autoritär-masochistische Charakter‹, zu: ›Theoretische Entwürfe über Autorität und Familie‹, in: *Studien über Autorität und Familie,* Paris 1936, S. 110ff.]

[** Neben dem 1939 veröffentlichten Aufsatz Horkheimers über ›Die Juden und Europa‹ (in: *Zeitschrift für Sozialforschung,* Jg. VIII, S. 115ff.) wurde im selben Jahr ein Plan für empirische Forschungen erarbeitet, der 1941 publiziert wurde: ›Research Project on Anti-Semitism‹ (in: *Studies in Philosophy and Social Science,* Jg. IX, S. 124ff.). – Vgl. dazu auch die aus dem Nachlaß veröffentlichten Vorträge Horkhei-

später legte eine Diskussionsreihe mit dem verstorbenen Ernst Simmel und R. Nevitt Sanford von der University of California das Fundament für das vorliegende Projekt.*

In seiner endgültigen Organisationsform standen dem Forschungsstab vier Senior-Mitglieder vor, R. N. Sanford von der Berkeley Public Opinion Study und Th. W. Adorno als Projektleiter sowie Else Frenkel-Brunswik und Daniel Levinson. Ihre Zusammenarbeit war so eng, fast möchte ich sagen, so demokratisch, und die Arbeit so gleichmäßig unter ihnen verteilt, daß sich ihre gemeinsame Verantwortung und Urheberschaft für die vorliegende Publikation schon in der Frühphase abzeichnete. Die Konzeption der Studie wurde von dem Team als Ganzem erarbeitet. Das gilt vor allem für die Idee der indirekten Messung antidemokratischer Tendenzen mit Hilfe der F-Skala. Eine gewisse Arbeitsteilung konnte jedoch nicht umgangen werden, und es erwies sich als ratsam, die verschiedenen Kapitel von den einzelnen Stabsmitgliedern zeichnen zu lassen. Zum tatsächlichen Prozeß der Niederschrift gehört notwendigerweise eine intensivere Beschäftigung mit den vorliegenden Materialien und daher auch ein höheres Maß an Einzelverantwortung. Das ändert aber nichts an der Tatsache, daß jedes der vier Senior-Mitglieder an jedem Kapitel mitgearbeitet hat, so daß die Arbeit als Ganze tatsächlich eine Gemeinschaftsproduktion ist.

Vielleicht ist es interessant, auf die Primärzuständigkeiten der vier Senior-Stabsmitglieder im tatsächlichen Forschungsprozeß hinzuweisen. Sanford konzipierte die Abstimmung der verschiedenartigen Techniken und plante die Forschungsschritte. Er verbrachte die meiste Zeit mit detaillierten Fallstudien, wobei er besonderes Gewicht auf die dynamische Ätiologie der vorurteilsvollen Persönlichkeit legte. Adorno führte soziologische Dimensionen ein, die auf Persönlichkeitsfaktoren und charakterologische Konzepte bezogen sind, welche mit dem autoritären Verhalten einhergehen. Überdies analysierte er die ideologischen Abschnitte der Interviews mit

mers über das Antisemitismus-Projekt in: *Gesammelte Schriften* Bd. 12, S. 165 ff. und S. 172 ff.]

[* Die Vorträge dieses ›Symposium on Anti-Semitism‹, das von der Psychoanalytischen Gesellschaft in San Francisco im Juni 1944 abgehalten wurde, wurden veröffentlicht in dem Band *Anti-Semitism. A Social Disease*, ed. by Ernst Simmel, New York 1946. Horkheimers Beitrag dazu ist im vorliegenden Band, S. 364 ff. abgedruckt.]

Hilfe sozialwissenschaftlicher Kategorien. Brunswik formulierte einige der ersten Persönlichkeitsvariablen des Projekts. Auf der Grundlage ihrer früheren Arbeiten führte sie die systematische, an der Dynamik orientierte Klassifizierung und Quantifizierung des Interviewmaterials durch. Levinson war hauptsächlich verantwortlich für die AS-, E- und PEC-Skala, für die psychologische Analyse von Ideologien, für die Analyse projektiver Fragen und für die statistische Planung und Durchführung.

Drei monographische Kapitel wurden von Betty Aron, Maria Levinson und William Morrow geschrieben – eines davon befaßt sich mit einer Gesamtdarstellung der Methoden und Ergebnisse und zwei mit »kritischen« Gruppen. Alle drei Autoren gehörten dem Forschungsstab ständig an und waren genauestens über alle seine Fortschritte informiert.

Ohne die großzügige und kluge Unterstützung des American Jewish Committee wäre die Durchführung des Projekts nicht möglich gewesen. Im Jahr 1944 erkannte das Komitee die Notwendigkeit, die finanzielle und organisatorische Unterstützung, die es interdisziplinären Untersuchungen wie der vorliegenden gewähren wollte, auf eine solide Forschungsbasis zu stellen. Also beschloß es, ein Department of Scientific Research ins Leben zu rufen. Das Department war von Anfang an als ein wissenschaftliches Zentrum konzipiert, das die Arbeit führender Wissenschaftler auf dem Gebiet der Soziologie und Psychologie des Vorurteils anregen und koordinieren sollte, und zugleich als ein Laboratorium für die Bewertung von Aktionsprogrammen. Obwohl die Mitglieder des Forschungsstabes in dem Department ständig unter dem Druck stehen, Probleme zu lösen, die sich ihnen durch die alltägliche Arbeit einer umfangreichen Organisation stellen, welche an mehreren breiten Fronten für demokratische Rechte kämpft, haben sie niemals die Verantwortung gescheut, Programme der Grundlagenforschung zu fördern. Dieses Buch ist symbolischer Ausdruck jener Verbindung zwischen demokratischer Erziehung und Grundlagenforschung.

(Aus dem Englischen von Hans Günter Holl)

Editorischer Anhang

Nachwort des Herausgebers

Die Stellung der ›Dialektik der Aufklärung‹ in der Entwicklung der Kritischen Theorie. Bemerkungen zu Autorschaft, Entstehung, einigen theoretischen Implikationen und späterer Einschätzung durch die Autoren

Horkheimers und Adornos *Dialektik der Aufklärung* ist wohl die folgenreichste Veröffentlichung der Kritischen Theorie der Frankfurter Schule und eine ihrer theoretisch dichtesten. Das Buch wurde während des Krieges, zwischen 1939 und 1944 geschrieben, erschien zuerst 1944 anläßlich des fünfzigsten Geburtstags Friedrich Pollocks in kleiner Auflage als hektographiertes Typoskript des Instituts für Sozialforschung und dann im Druck 1947 in Amsterdam bei Querido, dem bedeutendsten deutschen Exilverlag.

»Was wir uns vorgesetzt hatten«, heißt es in der Vorrede, »war tatsächlich nicht weniger als die Erkenntnis, warum die Menschheit, anstatt in einen wahrhaft menschlichen Zustand einzutreten, in eine neue Art von Barbarei versinkt.«[1] Doch geht die Schrift wesentlich über bloße Zeitkritik hinaus. Historisch Entlegenes, ja die Geburt abendländischer Geschichte und Subjektivität selbst aus dem mythisch verarbeiteten Kampf gegen die Naturkräfte wird mit den bedrohlichsten Erfahrungen der Gegenwart in großem Bogen zusammengeschlossen. Freilich bildet das Buch formal kaum eine Einheit. Es besteht aus fünf äußerlich unverbundenen Kapiteln sowie einer Reihe kürzerer Aufzeichnungen, deren Gegenstände sich auf den ersten Blick einigermaßen heterogen ausnehmen. Die verschiedenen Analysen beziehen sich auf Phänomene einer gegenüber der Lebenspraxis verselbständigten Wissenschaft, einer formalisierten Moral, einer in Manipulation umgeschlagenen Unterhaltungskultur und einer die Grenzen von Aufklärung markierenden, paranoiden Verhaltensstruktur, wie sie sich im aggressiven Antisemitismus äußerte. Das Gemeinsame dieser Phänomene aber sehen die Autoren in einer dem aufklärerischen Denken seit jeher inhärenten Tendenz zur Selbstzerstörung seiner leitenden Kriterien. Die historischen Analysen zielen auf das Begreifen der Gegenwart ab. Deshalb sind die beiden, für den Gedankengang freilich unerläßlichen historischen Kapitel, die entscheidende Schwellen der Aufklärung im homerischen Griechenland und im Mitteleuropa des achtzehnten Jahrhunderts darstellen, doch zu »Exkursen« herabgesetzt. So wird, auf dem Hintergrund einer Urgeschichte der Subjektivität, gezeigt, warum

1 Hier S. 16.

der nationalsozialistische Terror kein zufälliger Betriebsunfall der neueren Geschichte war, sondern zutiefst in den Grundzügen der abendländischen Zivilisation wurzelte.

Die Selbstdestruktion der abendländischen Vernunft wird in einer geschichtlich wirksamen, fatalen Dialektik der Beherrschung von äußerer Natur, innerer Natur und Gesellschaft begründet. Aufklärung, die diese Bereiche ausdifferenzierte, wird zurückverfolgt bis zu ihren mythischen Wurzeln. Aufklärung und Mythos werden also nicht als unvereinbare Gegensätze gesehen, sondern als dialektisch miteinander vermittelte Qualitäten des realen wie des gedanklichen Daseins. »Schon der Mythos ist Aufklärung, und: Aufklärung schlägt in Mythologie zurück.«[2] Das ist die paradoxale Grundthese des Buches. Vernunft scheint unentwirrbar mit Herrschaft verflochten. Seit den Anfängen der Geschichte gelingt die Befreiung von den Zwängen der äußeren Natur nur dadurch, daß ein neues Herrschaftsverhältnis zweiter Natur eingeschoben wird. Repression innerer Triebnatur und gesellschaftliche Herrschaft sind schon im Mythos wirksam. Faschismus und moderne Kulturindustrie schließlich sind die Gestalten einer Wiederkehr der verdrängten Natur. Im Dienste einer fortschreitenden Rationalisierung des instrumentellen Denkens, das sich am Modell der Naturbeherrschung orientiert und dieser dient, höhlt aufklärerische Vernunft sich so fortlaufend selbst aus, bis sie in die neue Mythologie eines wiedererstandenen Naturverhältnisses, in Gewalt umschlägt. »Seit je«, heißt es zusammenfassend zu Beginn des Buches, »hat Aufklärung im umfassendsten Sinn fortschreitenden Denkens das Ziel verfolgt, von den Menschen die Furcht zu nehmen und sie als Herren einzusetzen. Aber die vollends aufgeklärte Erde strahlt im Zeichen triumphalen Unheils.«[3]

Dem Buch blieb zunächst für lange Zeit eine breitere Wirkung versagt, nicht zuletzt wegen der ihm eigenen äußerst dichten, anspielungsreichen und voraussetzungsvollen Gestalt des Textes. Inzwischen aber gehört es zu den am intensivsten rezipierten und am häufigsten diskutierten Schriften der Kritischen Theorie. Hier ist nicht der Ort, ein weiteres Mal in kritischer oder systematischer Absicht die theoretischen Probleme, die dort aufgeworfen werden, zu erörtern. Statt dessen sollen im folgenden drei Aspekte näher beleuchtet werden, die mit editorischen Fragen zusammenhängen und sich teilweise mit Hilfe der in den Nachlässen enthaltenen Materialien klären lassen: *erstens*, welchen spezifischen Anteil die Autoren an der gemeinsam verfaßten Schrift haben; *zweitens*, welche besonders wichtigen theoretischen Implikationen, insbesondere Revisionen innerhalb der Kritischen Theorie, in den Text eingehen, die in diesem selbst kaum ausgeführt, aber für eine angemessene Interpretation bedeutsam sind. Dabei soll auch erläutert werden, wo die *Dialektik der Aufklärung* in der theoriegeschichtlichen Entwicklung insbesondere des Horkheimerschen Denkens zu verorten ist. So nützlich denkgeschichtliche Periodisierungen gerade im Fall Horkheimers sind,

2 Hier S. 21.
3 Hier S. 25.

so sehr haftet ihnen jedoch immer auch die Gefahr der Hypostasierung an. Hinter der pointierten Diagnose der Brüche im Denken des Autors verschwindet dann die Wahrnehmung der Übergänge, und das heißt zugleich: der *Voraussetzungen* jener Brüche. Die vorliegende Darstellung ist deshalb auch als Gegengewicht zu einer oft allzu schematischen Rezeption des Horkheimerschen Denkens, seiner Identität und seiner Veränderungen, zu verstehen. Einbezogen werden dabei im folgenden auch die kleineren Schriften der vierziger Jahre, die in diesem Band enthalten und mit der *Dialektik der Aufklärung* thematisch vielfach verflochten sind. *Drittens* schließlich geht es um die Frage, wie die Textvarianten in der Druckausgabe von 1947 gegenüber der hektographierten Erstausgabe von 1944 zu bewerten sind; ferner, welche Gründe die Autoren, insbesondere Horkheimer, bewogen, sich längere Zeit gegen eine Neuauflage zu sperren, und welche spätere Einschätzung ihrer Schrift dem zugrunde lag.

1. Zur Autorschaft. »Spannung der beiden geistigen Temperamente«

Die Autoren der *Dialektik der Aufklärung* haben immer wieder ihre gemeinsame Verantwortung für das Ganze ihrer Schrift betont. Im Vorwort zur Neuausgabe von 1969 heißt es: »Kein Außenstehender wird leicht sich vorstellen, in welchem Maß wir beide für jeden Satz verantwortlich sind. Große Abschnitte haben wir zusammen diktiert; die Spannung der beiden geistigen Temperamente, die in der *Dialektik* sich verbanden, ist deren Lebenselement.«[4] Daß die Autoren diese Lesart nicht etwa auf Grund wissenschaftspolitischer oder anderer strategischer Überlegungen nur nach außen hin vertreten haben, belegt etwa der folgende Brief Adornos an Horkheimer vom 2. Juni 1949: »Lieber Max, hier erhalten Sie Abschriften von zwei kritischen Äußerungen, die mir der Verfasser, Karl Thieme aus Basel gesandt hat. Den Unsinn, daß ich der Autor der ›Elemente des Antisemitismus‹ sei, habe ich sofort berichtigt. Die Leute scheinen der Versuchung, uns auseinander zu halten, nicht widerstehen zu können, obwohl ich Thieme im Februar geschrieben hatte, daß die *Dialektik der Aufklärung* ›die gemeinsame Arbeit von Horkheimer und mir ist und zwar in dem Sinne, daß jeder Satz uns gemeinsam zugehört‹. Alles Liebe, Ihr Teddie.«[5]
Die Zusammenarbeit beider war nicht auf diese Schrift beschränkt. Von intensiven theoretischen Diskussionen zeugen Protokolle aus den Jahren 1931/32 und 1938 bis 1946.[6] Zahlreiche Aufsätze und Memoranden aus dieser Zeit sowie aus den fünfziger und noch aus den sechziger Jahren tragen, wie aus handschrift-

4 Hier S. 13.
5 Max-Horkheimer-Archiv der Stadt- und Universitätsbibliothek Frankfurt am Main (im folgenden abgekürzt als MHA): VI 1D.210.
6 Veröffentlicht in: Horkheimer, *Gesammelte Schriften* Bd. 12, Frankfurt am Main 1985.

lichen Korrekturen in den Typoskripten deutlich wird, die Spuren der gemeinsamen Arbeit. Als beide nach dem Ende des Krieges sich entschlossen hatten, nach Frankfurt zurückzukehren, und erwogen, wieder in deutschen Zeitschriften zu publizieren, planten sie offenbar zeitweise, ihre Arbeiten der Öffentlichkeit gegenüber gleichsam ein für allemal zu vereinen. Die Initiative dazu ging – diesen Schluß legt der Briefwechsel zwischen beiden nahe – vor allem von Adorno aus. Dieser entwarf im Jahre 1949 eine – dann jedoch nicht publizierte – Erklärung mit folgendem Wortlaut: »Da unsere gesamte theoretische und empirisch-wissenschaftliche Arbeit seit Jahren derart verschmolzen ist, daß unsere Beiträge sich nicht sondern lassen, so scheint es uns an der Zeit, öffentlich zu erklären: alle unsere philosophischen, soziologischen und psychologischen Publikationen sind als von uns gemeinsam verfaßt zu betrachten, und wir teilen die Verantwortung. Das gilt auch für individuell gezeichnete Schriften.«[7]
So unbestreitbar Horkheimer und Adorno über lange Zeiträume hinweg zu einer fruchtbaren Zusammenarbeit gefunden haben, deren nur bekanntestes und wirkungsgeschichtlich folgenreichstes Produkt die *Dialektik der Aufklärung* ist, so sehr ist jedoch zu bezweifeln, ob beider Theorien wirklich im Sinn dieser Erklärung eine bruchlose Einheit darstellen. Aus der zeitlichen Distanz betrachtet, charakterisiert die Erklärung weniger das Verhältnis der beiden Autoren insgesamt als ihr Ideal, dem sie sich während der vierziger Jahre durch gemeinsame Arbeit so weit angenähert hatten, daß die Differenzen weitgehend zurücktreten konnten. Mit einem für ihn charakteristischen Überschwang proklamiert Adorno zu Beginn einer neuen Phase des gemeinsamen Wirkens, in dem in Frankfurt wiedererrichteten Institut für Sozialforschung, eine vollständige theoretische Gemeinsamkeit, als wolle er damit jene Periode des gemeinsamen Schreibens gegen alle zuwiderlaufenden Tendenzen auf Dauer stellen.
Mit der Arbeit an der *Dialektik der Aufklärung* hat sich das Denken der beiden Autoren in einer Weise einander angenähert wie weder zuvor noch unmittelbar danach. Für die jeweils eigene Entwicklung der Autoren hat die Schrift gleichwohl ganz unterschiedliche Funktionen. Der Rekurs auf die in den Nachlässen der Autoren erhaltenen Manuskripte zur *Dialektik der Aufklärung* sowie auf mündliche Überlieferungen zur Frage der Autorschaft bildet die Grundlage für die weitergehende Frage nach theoretischen Übereinstimmungen, Differenzen und Entwicklungen. Unbeschadet davon bleibt bestehen, daß die Autorschaft,

7 MHA: VI 1D.66. – Die Erklärung sollte anläßlich der Veröffentlichung von Aufsätzen beider Autoren in der Zeitschrift *Der Monat* erscheinen. Als Beitrag Horkheimers wurden ›Vernunft und Selbsterhaltung‹, ›Autorität und Familie in der Gegenwart‹ oder ein Teil aus der *Eclipse of Reason* (später dt. *Zur Kritik der instrumentellen Vernunft*) erwogen (vgl. MHA: VI 1 D.158, 161 a). Horkheimer zog dann jedoch seine Zusage zurück. Auch die gemeinsame Erklärung wurde nicht veröffentlicht. Die Gründe dafür gehen aus dem Briefwechsel zwischen Horkheimer und Adorno nur teilweise hervor; sie betreffen vor allem Bedenken gegen eine weitere politische Erklärung, die mit jener ersten Erklärung verschmolzen werden sollte. Nichts spricht aber für die Annahme, daß die beiden Autoren den Inhalt und die Formulierung der ersten Erklärung so nicht hätten vertreten wollen.

die sich nicht notwendig auf den Akt des Niederschreibens reduzieren läßt, letztlich beiden gemeinsam zuzurechnen ist. Motive des Gegeneinander-Ausspielens, die bei einem ähnlichen Unterfangen zu Lebzeiten der Autoren eine Rolle hätten spielen können, erledigen sich in der historischen Distanz von selbst. Für die Bestimmung der Anteile beider Autoren an der gemeinsamen Schrift gibt es zwei Arten von Quellen: die in den Nachlässen erhaltenen Vorarbeiten (A) und mündliche Überlieferungen (B).

(A) *Nachlässe*

(1) ›Vorrede‹: Sie liegt im Nachlaß Horkheimers in einer Reihe von Typoskript-Teilstücken vor, die zahlreiche handschriftliche Korrekturen und Ergänzungen Horkheimers, einige wenige Korrekturen von der Hand Adornos aufweisen.[8] Im Nachlaß Adornos ist kein Entwurf dazu vorhanden.[9]

(2) ›Begriff der Aufklärung‹: Das Kapitel trägt in der Fassung von 1944 den Titel ›Dialektik der Aufklärung‹ und als Typoskript den Titel ›Mythos und Aufklärung‹. Dazu sind im Nachlaß Horkheimers handschriftliche Notizen und Textpassagen Horkheimers und, in geringerem Umfang, Adornos erhalten, außerdem Bruchstücke von Typoskriptfassungen mit handschriftlichen Korrekturen beider Autoren in ähnlicher Proportion.[10] Im Nachlaß Adornos ist zu diesem Kapitel nichts zu finden.

(3) ›Exkurs I: Odysseus oder Mythos und Aufklärung‹: Dazu ist in Horkheimers Nachlaß nichts, in Adornos Nachlaß ein Typoskript mit zahlreichen handschriftlichen Korrekturen und Ergänzungen Adornos erhalten.

(4) ›Exkurs II: Juliette oder Aufklärung und Moral‹: In Horkheimers Nachlaß befindet sich das Typoskript, das den Titel ›Aufklärung und Rigorismus‹ trägt.[11] Adornos Nachlaß enthält nichts dazu.

(5) ›Kulturindustrie. Aufklärung als Massenbetrug‹: In Horkheimers Nachlaß sind zwei Fassungen dieses Kapitels unter dem Titel ›Das Schema der Massenkultur‹ enthalten.[12] Die frühere der beiden Fassungen ist gekennzeichnet als »Zweiter Entwurf«, datiert mit »Oktober 1942« und überschrieben mit dem Namen Max Horkheimer (auf dem Deckblatt des Heftes) und, von eigener Hand, mit dem Kürzel M. H. (auf der Titelseite). Dieses Typoskript umfaßt 89 Seiten, von denen die ersten 45 zahlreiche handschriftliche Korrekturen und Ergänzungen Horkheimers aufweisen. Nur der bis dorthin überarbeitete Teil des Kapitels wurde in die Ausgaben von 1944 und 1947 aufgenommen. Diese Fassung entspricht dem zweiten, im Horkheimerschen Nachlaß liegenden Typoskript zu diesem Kapitel. In der Druckfassung schließt es mit dem Vermerk »fortzusetzen«, der dann jedoch in der Neuausgabe von 1969 fortgelassen wurde. – Die

8 MHA: XI 6.86.
9 Die Angaben zum Bestand des Adornoschen Nachlasses hier und im folgenden verdanke ich Rolf Tiedemann.
10 MHA: XI 6.2.
11 MHA: XI 6.3.
12 MHA: XI 6.4.

erhaltenen Vorarbeiten zu diesem Kapitel zeigen exemplarisch die Problematik, aus der Gestalt der Materialien Schlüsse auf die Autorschaft zu ziehen. Sie erlauben zugleich einen tieferen Einblick in die Arbeitsweise der beiden Autoren. Um das Ergebnis vorwegzunehmen: Trotz der auf Horkheimer hinweisenden Indizien ist wohl Adorno als Autor der (nicht erhaltenen) ersten Fassung des Kapitels anzusetzen. In dessen Nachlaß befindet sich ebenfalls das »Zweiter Entwurf« genannte Typoskript, und zwar dreifach, wobei eine Fassung unkorrigiert ist, eine weitere einige wenige handschriftliche Korrekturen Adornos aufweist – sie trägt auf dem Titelblatt das handschriftlich verzeichnete Kürzel T. W. A. – und die dritte zahlreiche handschriftliche Korrekturen und Ergänzungen Adornos auf den ersten 45 Seiten enthält. Einige dieser Notizen stimmen mit denen Horkheimers wörtlich überein, andere weichen davon ab. Nach der Materiallage zu urteilen, ist also der Anteil beider Autoren an der *sekundären* Überarbeitung gleichgewichtig. Über die Autorschaft am *ersten* Entwurf kann nur die mündliche Überlieferung Aufschluß geben, die in diesem Fall Adorno als Urheber benennt. Entsprechend der Gestalt der Materialien könnte man den Arbeitsverlauf an diesem Kapitel so rekonstruieren: Nachdem Adorno, auf Grund nicht mehr festzustellender Gespräche und Aufzeichnungen, einen »Zweiten Entwurf« hergestellt und flüchtig korrigiert hatte, besprachen beide Autoren das Typoskript Satz für Satz und trugen gleichzeitig die Korrekturen ein, auf die sie sich verständigten. Unabhängig voneinander – davor oder danach – überarbeitete jeder von beiden handschriftlich das Typoskript. Dieser Prozeß der Überarbeitung wurde mit der Seite 45 des Typoskripts aus kontingenten Gründen abgebrochen. Die Druckfassung wurde als Kompilation der beiden überarbeiteten Fassungen des ersten Teils hergestellt. Die Namenskürzel M. H. und T. W. A. bezeichnen, dieser Deutung zufolge, offenbar nicht den Autor, sondern den jeweiligen ›Besitzer‹ des Typoskripts, den Bearbeiter. Die Eintragung »Max Horkheimer« als Autorenname auf dem Umschlagblatt, die nicht von Horkheimer selbst vorgenommen wurde, scheint eine spätere, mißverständliche Kennzeichnung seitens einer Sekretärin zu sein. – Diese Rekonstruktion war für die Entscheidung des Herausgebers ausschlaggebend, den zweiten, nicht überarbeiteten Teil des Kapitels nicht in die nachgelassenen Schriften Horkheimers mit aufzunehmen.[13]

(6) ›Elemente des Antisemitismus. Grenzen der Aufklärung‹: Zu diesem Kapitel findet sich in Horkheimers Nachlaß kein druckfertiges Typoskript, wohl aber sind zahlreiche Typoskript-Bruchstücke, meist mit handschriftlichen Korrekturen und Ergänzungen Horkheimers, sowie von Horkheimer handschriftlich niedergeschriebene Textpassagen erhalten.[14] Eine dieser Niederschriften schließt unmittelbar an drei von Gretel Adorno (wohl als Diktat) beschriebene Seiten an. Dem Konvolut liegen außerdem einige wenige handschriftliche Notizen Ador-

13 Er ist unter dem Titel ›Das Schema der Massenkultur‹ als Anhang zur *Dialektik der Aufklärung* veröffentlicht in: Theodor W. Adorno, *Gesammelte Schriften* Bd. 3, Frankfurt am Main 1981, S. 299 ff.

14 MHA: XI 7.1–17.

nos sowie ein ›Entwurf‹ überschriebenes, sechsseitiges Typoskript Adornos bei. Weiterhin finden sich dort Protokolle von Diskussionen zwischen beiden Autoren über Antisemitismus.[15] Die erst für die Druckfassung von 1947 hinzugefügte These VII des Kapitels liegt als von Horkheimer handschriftlich korrigiertes und ergänztes Typoskript in mehreren Fassungen vor.[16] Beigefügt ist ein von Adorno verfaßtes dreiseitiges Typoskript ›Bemerkungen zu These VII‹, handschriftlich von ihm datiert mit der Angabe »Sept. 4/46«.[17] Adornos Nachlaß enthält keine weiteren Materialien zu diesem Kapitel.

(7) ›Aufzeichnungen und Entwürfe‹: Sie liegen in Horkheimers Nachlaß jeweils meist in mehreren Typoskript-Fassungen vor, versehen mit handschriftlichen Korrekturen Horkheimers.[18] Dabei fehlen dort die einigen Aufzeichnungen als ›Zusatz‹ angefügten Teile. Die Aphorismen sind in mehreren Konvoluten zusammengefaßt. Von den vorliegenden Typoskripten wurde nur etwa die Hälfte in die Druckfassung der *Dialektik der Aufklärung* aufgenommen. Die dort nicht gedruckten Aufzeichnungen[19] sind in zwei Konvoluten zusammengefaßt, von denen eines mit den Namenskürzeln M. H. und Dr. H. gekennzeichnet ist. Das andere, das inhaltlich mit dem ersteren weitgehend übereinstimmt, ist als Typoskript gebunden, trägt den Titel ›Konzepte als Zugabe zur Festschrift für Friedrich Pollock‹ und enthält die Vorbemerkung: »Die Konzepte sind nicht durchgesehen. Sie wurden aus den Aufzeichnungen und Entwürfen der Festgabe als allzu vorläufig ausgeschieden.«[20] Die ›Aufzeichnungen und Entwürfe‹ sind die ältesten Teile der *Dialektik der Aufklärung*. Soweit datiert, weisen sie als Entstehungszeit 1939, 1940 und 1942 auf. Adornos Nachlaß enthält keine Manuskripte oder Typoskripte dazu.

(B) *Mündliche Überlieferungen*

(1) »Die Autorschaft an den einzelnen Kapiteln«, führt Jürgen Habermas aus, »ist keineswegs ungeteilt. Gretel Adorno hat mir seinerzeit die Vermutung bestätigt, die sich dem sorgfältigen Leser ohnehin aufdrängt: daß der Titelessay und das Sade-Kapitel überwiegend auf Horkheimer, die Kapitel über Odysseus und die Kulturindustrie in erster Linie auf Adorno zurückgehen. Dabei handelt es sich nicht nur um stilistische Unterschiede.«[21]

15 Veröffentlicht in: Horkheimer, *Gesammelte Schriften* Bd. 12, S. 587ff.
16 MHA: XI 6.64.
17 MHA: XI 6.65.
18 MHA: XI 6.5–110; XI 6a.1–3; XI 7a.3–5.
19 Jetzt veröffentlicht in: Horkheimer, *Gesammelte Schriften* Bd. 12. – Die Bezeichnung *Fragmente*, die die *Dialektik der Aufklärung* im Untertitel (in der ursprünglichen Version von 1944 als Haupttitel) trägt, hat also nicht nur den metaphorischen Sinn eines sich dem Systemzwang widersetzenden Denkens, sondern auch den buchstäblichen, daß die Druckfassung nicht alles enthält, was zunächst dafür niedergeschrieben wurde. Noch die *Philosophie der neuen Musik* wollte Adorno als Exkurs zur *Dialektik der Aufklärung* verstanden wissen; vgl. Adorno, *Gesammelte Schriften* Bd. 12, Frankfurt am Main 1975, S. 11.
20 MHA: XI 6.43–62.
21 Jürgen Habermas, ›Bemerkungen zur Entwicklung des Horkheimerschen

(2) Genauer und umfangreicher ist ein Bericht Rolf Tiedemanns[22], der auf eine mündliche Mitteilung Adornos zurückgeht. Er ist mit der Materiallage der Nachlässe gut vereinbar. Danach haben beide Autoren das Kapitel über den ›Begriff der Aufklärung‹ gemeinsam diktiert. (Die Materialien deuten dabei auf ein gewisses Übergewicht der Horkheimerschen Entwürfe hin.) Der erste Exkurs ›Odysseus oder Mythos und Aufklärung‹ geht, diesem Bericht zufolge, fast ausschließlich auf Adorno, der zweite Exkurs ›Juliette oder Aufklärung und Moral‹ ebensoweit auf Horkheimer zurück. Dem Kapitel ›Kulturindustrie. Aufklärung als Massenbetrug‹ liegt ein Entwurf Adornos zugrunde, der jedoch von Horkheimer derart intensiv überarbeitet wurde, daß beider Anteil als nahezu gleichgewichtig anzusehen ist. Umgekehrt verhält es sich mit dem Kapitel ›Elemente des Antisemitismus. Grenzen der Aufklärung‹, das von Horkheimer konzipiert und intensiv von Adorno überarbeitet wurde. Außerdem weist die ›Vorrede‹ von 1944 auf einen erheblichen Anteil Leo Löwenthals an der Formulierung der ersten drei Thesen des Kapitels hin.[23] Die ›Aufzeichnungen und Entwürfe‹ stammen, der Mitteilung zufolge, von Horkheimer und enthalten keine Eingriffe Adornos. Die ›Zusätze‹ dazu verfaßte Adorno, ohne daß Horkheimer sie überarbeitete.

2. Zur Entstehungsgeschichte. Theoretische Implikationen

Während sich die *Dialektik der Aufklärung* weitgehend bruchlos in das Adornosche Werk einreiht, stellt sie für Horkheimer den exponiertesten Ausdruck einer Phase seiner Theorieentwicklung dar, die sich deutlich von der der dreißiger Jahre abhebt. Waren die Aufsätze aus der *Zeitschrift* noch von der Zuversicht getragen, es sei möglich, die zentralen Ideen der philosophischen und politischen Aufklärung materialistisch zu übersetzen und praktisch zu verwirklichen, so scheint die Kritische Theorie jetzt kaum mehr noch intendieren zu können, als im Strudel eines übermächtigen Zerfallsprozesses dieser Ideen ihr Gedächtnis zu bewahren. Die Kritik gewinnt ihre Schärfe daraus, daß sie sich gegen einen neuzeitlichen Begriff von Vernunft wendet, der seinen Maßstab am Fortschritt der Produktivkräfte hatte und selbst noch der bisherigen avancierten Kritik der Produktionsverhältnisse zugrunde lag. Aufklärung wird so zur Aufklärung über ihre eigenen Ursprünge und Konsequenzen. Die Wende in der Entwicklung der Kritischen Theorie Horkheimers kündigt sich in den in der Gedächtnisschrift für Benjamin erschienenen Aufsätzen ›Autoritärer Staat‹ und ›Vernunft und Selbsterhaltung‹[24] an und kommt dann in der *Dialektik der Aufklärung* nachdrücklich zur Geltung.

Werkes‹, in: *Max Horkheimer heute: Werk und Wirkung*, hrsg. von Alfred Schmidt und Norbert Altwicker, Frankfurt am Main 1986, S. 171.

22 Mündliche Mitteilung an den Hrsg. am 22.10.1985.

23 Vgl. hier S. 23.

24 Hier S. 293 ff. und S. 320ff.

Seit Beginn der dreißiger Jahre hatte Horkheimer die Konzeption eines interdisziplinär durchzuführenden Materialismus entwickelt. Die von ihm herausgegebene *Zeitschrift für Sozialforschung* zeugt davon, wie eine philosophisch angeleitete sowie historisch und psychologisch unterbaute kritische Theorie der Gesellschaft das lebenspraktische Interesse an der Aufhebung individuellen Leidens und sozialen Unrechts aufnehmen, artikulieren und theoretisch fortführen sollte. Nur solche politischen Gruppen hatten, dieser Auffassung zufolge, die Kraft zu einer revolutionären Umgestaltung der Gesellschaft, die es verstanden, sich eine umfassende Theorie zunutze zu machen, die sich der fortgeschrittensten wissenschaftlichen Instrumente bediente.

Die Gestalt dieser Theorie, insbesondere ihre philosophische Begründung, war jedoch keineswegs in klaren Umrissen zu fassen. Horkheimer plante deshalb gegen Ende der dreißiger Jahre ein umfangreiches Werk über Dialektik, in dem er den philosophischen Gehalt seiner in der *Zeitschrift für Sozialforschung* publizierten Aufsätze herauszuarbeiten beabsichtigte. In einem Brief vom 10. November 1938 schreibt Adorno an Benjamin über Horkheimer: »Er befindet sich in einem Zustand der maßlosesten Inanspruchnahme, die mit seiner Übersiedlung nach Scarsdale zusammenhängt. Er will sich von allen administrativen Arbeiten frei machen, um für die nächsten Jahre seine Kraft ungeteilt dem Dialektikbuch zuwenden zu können.«[25] Vom Plan dieses Buches wissen wir aus einem etwa zur gleichen Zeit von Horkheimer verfaßten Memorandum über ›Idee, Aktivität und Programm des Instituts für Sozialforschung‹, das damals jedoch nicht veröffentlicht wurde. Die geplante Schrift wird dort unter dem Titel einer »dialektischen Logik« erwähnt: »Es handelt sich nicht um eine formalistische Erkenntnistheorie, sondern um eine materielle Kategorienlehre. In der wissenschaftlichen und politischen Diskussion gesellschaftlicher Probleme werden fortwährend Kategorien gebraucht, über die sich Meinungsverschiedenheiten ergeben, sobald man nähere Rechenschaft fordert. Dazu gehören Begriffe wie Kausalität, Tendenz, Fortschritt, Gesetz, Notwendigkeit, Freiheit, Klasse, Kultur, Wert, Ideologie, Dialektik usf. [...] Eine Bestimmung der philosophischen Begriffe ist immer zugleich eine Darstellung der menschlichen Gesellschaft in ihrer geschichtlich gegebenen Verfassung. In dieser Hinsicht faßt das geplante Buch die Logik in ähnlicher Weise auf wie Hegel in seinem großen Werke, nämlich nicht als Aufzählung abstrakter Denkformen, sondern als Bestimmung der wichtigsten inhaltlichen Kategorien des fortgeschrittensten Bewußtseins der Gegenwart.«[26]

Aber erst seit dem Frühjahr 1941, mit der Übersiedlung nach Kalifornien, nimmt

25 Theodor W. Adorno, *Über Walter Benjamin*, Frankfurt am Main 1970, S. 143. – Die von Rolf Tiedemann, dem Herausgeber des Bandes, in einer Anmerkung vorgenommene, umstandslose Identifizierung des im Brief genannten »Dialektikbuchs« mit der später verfaßten *Dialektik der Aufklärung* scheint mir fraglich, vor allem vor dem Hintergrund des im folgenden zitierten Memorandums.

26 ›Idee, Aktivität und Programm des Instituts für Sozialforschung‹, in: Horkheimer, *Gesammelte Schriften* Bd. 12, Frankfurt am Main 1985, S. 156 f.

das Dialektikbuch Gestalt an – freilich nicht als derartige »Kategorienlehre«. Doch auch jetzt verknüpft Horkheimer mit seinem Unternehmen den Anspruch auf ein philosophisches Hauptwerk. Über seine Anstrengungen, Glückserfahrungen, Ansprüche und Einsichten in die Grenzen seiner Arbeit schreibt er an Pollock am 27. November 1942: »It is true, the subjects which I am dealing with are the most difficult ones that exist, but the pains you suffer by working on them are at the same time the greatest experience you can have in life. [...] There is no doubt that the studies, which I am untertaking now and which are really the fullfillment of what we have dreamt to be our raison d'être when we were young, cannot be achieved in one or two years. [...] If Husserl needed ten years to write his *Logische Untersuchungen* and another thirteen years to publish his *Introduction in pure Phenomenology*, not to speak of more famous works on philosophy and related subjects, and if you take my poor forces, education and routine into consideration, you will appreciate what I am in for. What I definitly know, however, and what makes me happy, is that I am really doing what I can. Ultra posse nemini obligatio. We are really on our way.«[27]

Selbst nach der im Frühjahr 1941 erfolgten Übersiedlung von New York nach Kalifornien konnte sich Horkheimer den von Adorno erwähnten administrativen Aufgaben keineswegs im gewünschten Umfang entziehen. Der ursprüngliche Plan einer materialistischen Reformulierung der Hegelschen Logik wurde zugunsten anderer Überlegungen geändert, suspendiert oder aufgegeben. Dafür verantwortlich war aber in noch weit höherem Maße der Umstand, daß Horkheimers Bestandsaufnahme und Selbstreflexion mit einer Reihe bedeutsamer politischer und theoretischer Erfahrungen, äußeren und inneren Veränderungen seines Lebens einhergingen. Die Veränderungen betrafen nicht nur die geplante Schrift, sondern – bei aller Kontinuität seiner philosophischen Intention – das Horkheimersche Denken insgesamt.

Blickt man nun gebannt etwa allein auf die Differenz zwischen ›Traditionelle und kritische Theorie‹ und *Dialektik der Aufklärung*, dann besteht freilich die Gefahr, diese Veränderungen zu einem unvermittelten Bruch zu stilisieren. Bei näherem Hinsehen, teils auf entlegenere Veröffentlichungen, teils auf die inzwischen zur Geschichte des Instituts für Sozialforschung zusammengetragenen Zeugnisse, teils auch auf die nachgelassenen Schriften Horkheimers aus diesem Zeitraum, zeigen sich jedoch eine Reihe von Zwischenschritten und Vermittlungsgliedern, die den Wandel besser verständlich machen.

Jene doppelte Verknüpfung von philosophisch orientierter, kritischer Gesellschaftstheorie einerseits mit traditioneller Forschung und andererseits mit politischem Handeln löste sich während der späten dreißiger Jahre in der Sicht Horkheimers immer weiter auf. Adorno hatte ursprünglich zwischen einzelwissenschaftlicher Forschung und philosophischer Deutung eine scharfe Trennungslinie zu ziehen versucht.[28] Jetzt, unter der Perspektive eines Entwurfs

27 MHA: VI 33.62–63.

28 Vgl. Adorno, ›Die Aktualität der Philosophie‹ (1931), in: *Gesammelte Schriften* Bd. 1, Frankfurt am Main 1973.

einer dialektischen Logik bzw. einer geschichtsphilosophisch durchzuführenden Dialektik von Aufklärung und Mythos, wirkt sich diese Trennung als entschiedener Zweifel an der philosophischen Konsistenz einzelwissenschaftlicher Kategorien aus.[29] Kritische Theorie läßt sich nicht mehr in gleicher Weise wie zuvor an die Einzelwissenschaften anknüpfen. In der Vorrede der *Dialektik der Aufklärung* heißt es dazu schließlich: »im gegenwärtigen Zusammenbruch der bürgerlichen Zivilisation [ist] nicht bloß der Betrieb sondern der Sinn von Wissenschaft fraglich geworden.«[30] Damit wird auch der Status Kritischer Theorie als immanenter Kritik der traditionellen zunehmend in Frage gestellt.

Welche Überlegungen mit dem Zweifel am Sinn von Wissenschaft im einzelnen gemeint sind, kann in seinem ganzen Umfang erst auf Grund der nachgelassenen Schriften und Briefe beider Autoren deutlich werden. Ein gewichtiges Beispiel dafür sind etwa die inzwischen im Band 12 seiner *Gesammelten Schriften* veröffentlichten sprachphilosophischen Erwägungen Horkheimers seit 1939. Sie knüpfen an frühere, ideologiekritische Ausführungen zur Sprache, insbesondere bezüglich der Sprachauffassung des Logischen Positivismus, an, wie sie sich in einigen Aufsätzen der dreißiger Jahre finden. Horkheimer radikalisiert nun diesen Ansatz zu einer aporetischen Kritik des Begriffs selbst. Aporetisch bleibt die Kritik deshalb, weil sie, indem sie die Sprache als Überwältigungsverhältnis des Objekts durchs Subjekt auffaßt, ihren eigenen Maßstab einer nicht instrumentalistisch verkürzten Sprache obsolet werden läßt. Sprache enthält, so Horkheimer in einer dieser Aufzeichnungen von 1946, unentwirrbar in sich die Macht zur Unterdrückung des Besonderen und die Kraft zur Befreiung daraus, zur Versöhnung des Besonderen mit dem Allgemeinen. Sowohl die negative als auch die positive Seite dieser Kritik erscheinen in der *Dialektik der Aufklärung*, jedoch ohne Vermittlung. Die These von der Universalität des Verblendungszusammenhangs führt die komplementäre mit sich, daß der Bann gleichsam auf einen Schlag von den Menschen und Dingen weichen könnte, wenn nur das erlösende Wort gesprochen würde. Die Kritik einer in Mythos zurückschlagenden Vernunft bedarf als Hintergrund nicht nur einer Geschichtsphilosophie der Versöhnung, sondern auch einer Utopie der wahren Sprache. In den nachgelassenen Aufzeichnungen aus den vierziger Jahren scheint Horkheimer gar eine Aufhebung der Geschichtsphilosophie in eine kritische Sprachphilosophie zu intendieren.[31]

Reflexionen wie diese zum Begriff der Sprache und des Begriffs haben in der Kritischen Theorie nie den selbstgenügsamen Charakter der Lösung fachwissen-

29 Vgl. Horkheimer, Adorno, ›Diskussionen über die Differenz zwischen Positivismus und materialistischer Dialektik‹, in: Horkheimer, *Gesammelte Schriften* Bd. 12, S. 467ff.

30 Hier S. 16.

31 Vgl. Horkheimer, ›Vertrauen auf Geschichte‹, in: *Gesammelte Schriften* Bd. 12, a. a. O. – Vgl. dazu auch als ausführlichere Interpretation: Gunzelin Schmid Noerr, ›Wahrheit, Macht und die Sprache der Philosophie. Zu Horkheimers sprachphilosophischen Reflexionen in seinen nachgelassenen Schriften zwischen 1939 und 1946‹, in: *Max Horkheimer heute: Werk und Wirkung*, a. a. O.

schaftlicher oder fachphilosophischer Spezialprobleme. Vielmehr werden sie von Horkheimer und Adorno beharrlich in einen Zusammenhang mit Gesellschaftstheorie, ja mit historisch-politischen Erfahrungen gerückt. Die positivistische Sprachauffassung bringt nach Auffassung der Autoren bloß die reale Funktion der Sprache in der monopolistischen Gesellschaft auf den – falschen – Begriff. Nicht zuletzt deshalb, weil Sprache ihr Vermögen, das Bestehende begrifflich zu transzendieren, einzubüßen droht, scheint ihnen die – wie immer auch vermittelte – Einheit von Theorie und politischer Praxis zu Beginn der vierziger Jahre endgültig zerbrochen. Die Hoffnung auf eine radikale Umwälzung der Verhältnisse, ja, das Vertrauen auf die Möglichkeit geschichtlichen Fortschritts überhaupt, scheinen substanzlos geworden zu sein. Das Ausbleiben einer proletarischen Revolution in den entwickelten kapitalistischen Gesellschaften, die Unterwerfung der Arbeiterorganisationen unter den sich stabilisierenden und expandierenden Faschismus, die manipulative Macht der monopolistischen Massengesellschaft im Westen und des Staatssozialismus Stalinscher Prägung im Osten – all diese politischen Erfahrungen waren Anstöße beim Übergang von der Kritischen Theorie der dreißiger Jahre zur Kritik instrumenteller Vernunft während der vierziger Jahre, die zugleich theoretisch radikaler und praktisch konservativer wird. Daneben sind institutsinterne Veränderungen zu berücksichtigen, die mit innertheoretischen Wandlungen einhergingen. Besonders bedeutsam in diesem Zusammenhang ist einerseits der Bruch zwischen Fromm und den übrigen Institutsmitgliedern[32], andererseits Adornos Übersiedlung von Oxford nach New York und damit der Beginn der Phase besonders intensiver Zusammenarbeit zwischen ihm und Horkheimer.

Fromm war zu Beginn der dreißiger Jahre führend an der Ausarbeitung eines Konzepts der analytischen Sozialpsychologie des Instituts beteiligt gewesen. Die Psychoanalyse hatte darin vor allem die Funktion, die den rationalen Interessen nach gesellschaftlicher Veränderung widerstrebenden psychischen Kräfte zu bestimmen, »die gleichsam den Kitt formieren, ohne den die Gesellschaft nicht zusammenhielte, und die zur Produktion der großen gesellschaftlichen Ideologien in allen kulturellen Sphären beitragen«[33]. An diesen Entwurf knüpfte Horkheimer mit seinem Konzept der *Studien über Autorität und Familie*[34] an, denen zufolge die familial oder durch staatliche Institutionen vermittelte autoritäre Einstellung als Medium aufzufassen ist, durch das die Individuen den Strukturen gesellschaftlicher Herrschaft eingepaßt werden. Die darin enthaltene Kritik an Freuds naturwissenschaftlichem Selbstverständnis führte Fromm in seinen späteren Publikationen zu einer Kritik der psychoanalytischen Libidotheorie

32 Vgl. dazu Martin Jay, *Dialektische Phantasie*, Frankfurt am Main 1973, S. 125ff., sowie Wolfgang Bonß, ›Psychoanalyse als Wissenschaft und Kritik. Zur Freudrezeption der Frankfurter Schule‹, in: *Sozialforschung als Kritik*, hrsg. von Wolfgang Bonß und Axel Honneth, Frankfurt am Main 1982, bes. S. 391 ff.
33 Erich Fromm, ›Über Methode und Aufgabe einer analytischen Sozialpsychologie‹, in: *Zeitschrift für Sozialforschung*, Jg. I, 1932, S. 50.
34 Paris 1936.

fort. Die Annahme eines basalen Sexualtriebs sollte durch die breitere Konzeption eines Triebes nach sozialer Verbindung ersetzt werden. Zugleich verschärfte Fromm seine schon früher geäußerte Kritik an der pessimistischen Anthropologie Freuds, die er als Hypostasierung bürgerlich-patriarchalischer Familienstrukturen ansah.

Demgegenüber veränderte sich Horkheimers Einschätzung der Psychoanalyse während derselben Zeit in gleichsam entgegengesetzter Weise. Nachdrücklicher denn je hielt er gegenüber Fromm, den er bezichtigte, in eine Common-sense-Psychologie abzugleiten, an der Freudschen Triebtheorie fest. Diese interpretierte er jetzt jedoch, anders als zuvor, als genauen Ausdruck der Depotenzierung des Subjekts, wie er sie mit dem Zerfall des Liberalismus verbunden sah. Gegenüber den theoretischen Kategorien und den praktisch-therapeutischen Maximen der psychoanalytischen Ich-Psychologie hob er an Freuds biologisch-physikalistischem Materialismus dessen gesellschaftskritische Implikationen hervor.[35] Freuds triebtheoretisch begründeter Pessimismus gegenüber den Möglichkeiten einer Bannung der destruktiven Kräfte schien Horkheimer in dem Maße gehaltvoller, als er selbst solche Hoffnungen immer weniger an die Abschaffung von Herrschaft durch konkrete soziale Bewegungen zu binden vermochte.

Wie bedeutsam eine derartig orthodox verstandene und gleichwohl gegen den Strich gelesene Psychoanalyse für die Konzeption der *Dialektik der Aufklärung* war, geht u. a. aus den Protokollen von Diskussionen zwischen Horkheimer und Adorno aus dem Jahre 1939 hervor, die als Vorgespräche zur gemeinsam geplanten Schrift gelten können.[36] Es scheint sogar, als hätten die Autoren zeitweise erwogen, ihre gemeinsame Arbeit ganz oder teilweise als Kritik der Psychoanalyse anzulegen. Darauf deutet negativ eine Formulierung hin, die die Revision eines solchen Planes andeutet: »Statt der Orientierung an der Analyse Vorschlag, die Arbeit an heute verfemten Begriffen wie denen des Saboteurs zu orientieren.«[37] Die Psychoanalyse wird in den Diskussionen einerseits als Spielart des positivistischen Denkens gesehen, das dahin tendiert, das verstümmelte Individuum letztlich mit den gesellschaftlichen Instanzen, denen es sein Leiden verdankt, in falscher Weise zu versöhnen. Andererseits aber entspringen die psychoanalytischen Begriffe einer aufklärerischen Tradition, Wahrheit gegen Illusionen und Tabus zur Geltung zu bringen, an die die Autoren anknüpfen wollen. Kritische Theorie hat die wissenschaftlichen Begriffe »bürgerlichen« Denkens einem Funktionswandel zu unterziehen, der dem Marxschen Vorgehen gegenüber der klassischen politischen Ökonomie entspricht. Die Begriffe enthalten Maßstäbe, an denen gemessen der Mangel ihrer Verwirklichung in der

35 Vgl. ›Ernst Simmel und die Freudsche Philosophie‹, hier S. 396 ff.

36 Horkheimer, Adorno, ›Diskussionen über die Differenz zwischen Positivismus und materialistischer Dialektik‹, in: Horkheimer, *Gesammelte Schriften*, Bd. 12, bes. S. 433–451; ›Diskussionen über Sprache und Erkenntnis, Naturbeherrschung am Menschen, politische Aspekte des Marxismus‹, ebd., S. 510–512.

37 Horkheimer, Adorno, ›Diskussionen über die Differenz zwischen Positivismus und materialistischer Dialektik‹, a. a. O., S. 443.

bestehenden Gesellschaft aufzuzeigen ist. Sie sind ihres ungeschichtlichen Scheins zu entledigen. Das gilt im Fall der Psychoanalyse etwa für den Begriff des Individuums: »Das progressive Moment der Analyse besteht in den Beiträgen, die sie zur Auffassung des Individuums als eines Schauplatzes geleistet hat. Man könnte sagen, daß die analytischen Kategorien, wie sehr auch verzerrt, der Einsicht dienen, daß das Individuum selber ›eine Geschichte von Klassenkämpfen‹ ist.«[38]

In der *Dialektik der Aufklärung* selbst spielt die Auseinandersetzung mit der Psychoanalyse jedoch eher eine Rolle hinter den Kulissen. In zentralen Gedankengängen der Schrift ist sie präsent, wenn auch nicht immer auf Anhieb sichtbar. Die psychoanalytische Kategorie der Wiederkehr des Verdrängten etwa kehrt selbst wieder in der Dialektik der Naturbeherrschung: in der These, daß »die Unterwerfung alles Natürlichen unter das selbstherrliche Subjekt zuletzt gerade in der Herrschaft des blind Objektiven, Natürlichen gipfelt. Diese Tendenz ebnet alle Gegensätze des bürgerlichen Denkens ein, zumal den der moralischen Strenge und der absoluten Amoralität.«[39] Unverkennbar ist die Nähe der Argumentation Horkheimers und Adornos zur psychoanalytischen Theorie und Empirie dann vor allem in den Kapiteln über Kulturindustrie und über Antisemitismus. Kulturindustrie ist die eingeschränkt mit Mitteln der Aufklärung operierende Regression aus der Anstrengung der kulturellen Sublimierung. Die Regression beweist im Antisemitismus ihren tödlichen Ernst. Sie beruht auf dem Triumph des projektiven Zurechtmachens der Welt über die Differenzierungen und Hemmungen des vernünftigen Denkens und Verhaltens: »Regungen, die vom Subjekt als dessen eigene nicht durchgelassen werden und ihm doch eigen sind, werden dem Objekt zugeschrieben: dem prospektiven Opfer.«[40]

In ihrer Vorrede betonen die Autoren den engen Zusammenhang des Kapitels über Antisemitismus mit den sozialpsychologischen Arbeiten des Instituts für Sozialforschung während der vierziger Jahre, die in den fünf Bänden der *Studies in Prejudice*[41] veröffentlicht wurden. Die ›Elemente des Antisemitismus‹ sind demnach als geschichtsphilosophischer und gesellschaftstheoretischer Hintergrund zu den empirischen Untersuchungen über Vorurteil zu lesen, diese ihrerseits als Versuch, die Theorie in quantitative Untersuchungen umzusetzen. Auf diesen Zusammenhang weist außerdem Adorno in einem Aufsatz aus dem Jahre 1968 nachdrücklich hin: »Das Kapitel ›Elemente des Antisemitismus‹ in der *Dialektik der Aufklärung*, das Horkheimer und ich im strengsten Sinn gemeinsam verfaßten, nämlich buchstäblich zusammen diktierten, war verbindlich für meinen Anteil an den später mit der Berceley Public Opinion Study Group durchgeführten Untersuchungen. Sie fanden in der *Authoritarian Personality* ihren lite-

38 Ebd.
39 Hier S. 22.
40 Hier S. 217.
41 New York, 1949–50; davon ist ein Band die von Adorno im folgenden Zitat genannte *Authoritarian Personality*, verfaßt von Adorno, Else Frenkel-Brunswik, Daniel J. Levinson und R. Nevitt Sanford.

rarischen Niederschlag. [...] Die ›Elemente des Antisemitismus‹ haben theoretisch das Rassevorurteil in den Zusammenhang einer objektiv gerichteten, kritischen Theorie der Gesellschaft gerückt. Allerdings haben wir dabei, im Gegensatz zu einer gewissen ökonomischen Orthodoxie, uns gegen Psychologie nicht spröde gemacht, sondern ihr, als einem Moment der Erklärung, in unserem Entwurf ihren Stellenwert zugewiesen. Nie jedoch ließen wir Zweifel am Vorrang objektiver Faktoren über psychologische. [...] Sozialpsychologie sahen wir als subjektive Vermittlung des objektiven Gesellschaftssystems an: ohne ihre Mechanismen wären die Subjekte nicht bei der Stange zu halten gewesen.«[42]

Trotz des von Adorno betonten Zusammenhangs von Empirie und allgemeiner Theorie des Antisemitismus ist die Kluft zwischen beiden, gemessen an Horkheimers ursprünglichem Programm des interdisziplinären Materialismus, nicht zu übersehen.[43] Im Unterschied zu den früheren Versuchen der Vermittlung philosophischer, soziologischer und psychologischer Einsichten berufen sich Horkheimer und Adorno darauf, daß die Trennung der begrifflichen Sphären einen real vollzogenen Bruch zwischen Individuum und Gesellschaft nachvollzieht und deshalb nicht kurzschlüssig allein im Begriff zu überwinden ist. Das führt jedoch dazu, daß die Einschätzung des Antisemitismus in beiden Bereichen nicht unbedingt konsistent ausfällt. Während etwa die empirischen Untersuchungen zum autoritären Charakter dessen destruktives Potential durch die Möglichkeit einer repressionsfreieren Erziehung innerhalb der bestehenden Gesellschaft begrenzen, beziehen ihn die ›Elemente‹ den Antisemitismus nachdrücklich auf das »Wesen der herrschenden Vernunft selber und der ihrem Bild entsprechenden Welt«[44]. Ein Ende des Vorurteils wäre folglich erst von einem radikalen Bruch mit der Logik des bisherigen Zivilisationsprozesses zu erwarten. In den empirischen Studien fungiert also als Gegenbild zur autoritären, intoleranten und vorurteilsbeladenen Persönlichkeit ein Subjekttypus, der im Rahmen der *Dialektik der Aufklärung* nahezu unauflöslich als verschränkt mit den Prinzipien der Selbsterhaltung, der Beherrschung innerer und äußerer Natur erscheint.

In den hier zitierten Abschnitten aus dem Bericht über die Arbeiten der vierziger Jahre weist Adorno auf den zweiten und, gegenüber der Psychoanalyse, für die *Dialektik der Aufklärung* insgesamt noch bedeutenderen Theoriestrang hin: die Ökonomie, und das heißt, die Marxsche Kritik und die ihrer Nachfolger. So entscheidend die Anknüpfung an die Kritik der politischen Ökonomie ist, so bezeichnend ist aber auch ihre Zurückdrängung in den Bereich des bloß Impliziten. Sie erfolgte noch weit konsequenter als im Fall der Psychoanalyse. Während die Autoren in den zitierten Diskussionen von 1939 noch eine historisch-materialistische Reformulierung des psychoanalytischen Begriffs des Individuums als

42 Adorno, ›Wissenschaftliche Erfahrungen in Amerika‹, in: *Gesammelte Schriften*, Bd. 10.2, Frankfurt am Main 1977, S. 721–723.
43 Ausführlicher geht darauf Martin Jay ein in ›The Frankfurt School in Exile‹, in: *Perspectives in American History*, vol. VI, S. 348–355.
44 Hier S. 22.

einer »Geschichte von Klassenkämpfen« andeuten, tritt das die Marxsche Geschichtsauffassung leitende Erklärungsprinzip im geschichtsphilosophischen Entwurf Horkheimers und Adornos weitgehend zurück. Dessen Stelle nimmt nun der allgemeinere Antagonismus von Naturbeherrschung und Naturverfallenheit ein.

Die Autoren versuchen zu zeigen, wie die auf instrumentelle Rationalität regredierte Vernunft sich in der Gegenwart mit Naturbeherrschung und sozialer Herrschaft zu einem quasi-mythischen Bann zusammengeschlossen hat. In den modernen Spielarten des Totalitarismus offenbart sich nur die seit je verhängnisvolle Verschlingung von Vernunft und Herrschaft. Das historische Phänomen des Faschismus erscheint hier nicht mehr, wie in orthodox-marxistischer Sicht, als letztes politisches Stadium des Monopolkapitalismus, sondern wird auf vielfältige Weise mit übergreifenden Strukturen des bürgerlichen Denkens und Handelns in Verbindung gebracht. Der Nationalsozialismus, der zu seiner inneren Stabilisierung der kriegerischen Expansion und des Terrors bedarf und doch zuletzt das Ziel mit diesen Mitteln verfehlen muß, wird gedeutet als instabiles barbarisches Zwischenspiel auf dem Weg hin zu dem gattungsgeschichtlich unwiderruflichen Ziel der »verwalteten Welt«.

Damit ist jedoch der Marxsche Ansatz einer Dialektik von Produktivkräften und Produktionsverhältnissen nicht einfach durch eine allgemeine Analyse technologischer Rationalität ersetzt. Vielmehr bleiben eine Fülle von Bezügen zur Marxschen Kritik der politischen Ökonomie erhalten. Um beispielhaft an die zuletzt erwähnten ›Elemente des Antisemitismus‹ anzuknüpfen: Die Rolle der Juden wird dort nicht zuletzt als sozio-ökonomische Funktion der Distributionssphäre und ihrer Depotenzierung im Monopolkapitalismus bestimmt, der Antisemitismus als projektive Verschleierung des nicht-äquivalenten Äquivalententauschs im Verkauf der Arbeitskraft. Eine solche Deutung fußt auf den weitergehenden Versuchen des Instituts während der späten dreißiger Jahre, den Begriff des Monopolkapitalismus und, davon ausgehend, den des Faschismus neu zu bestimmen. Entscheidend für die *Dialektik der Aufklärung* wurde in diesem Zusammenhang Pollocks These, daß Faschismus und bürokratischer Sozialismus Varianten jener neuen Ordnung des Kapitalismus seien, die sich sowohl vom älteren Privatkapitalismus als auch vom neueren Monopolkapitalismus grundlegend unterschieden und die er »Staatskapitalismus« nannte.[45] – In einem auf dieses Nachwort folgenden Beitrag stellen Willem van Reijen und Jan Bransen diese These und ihre Bedeutung für die Diskussion im Institut für Sozialforschung näher dar.

45 Vgl. dazu vor allem Pollock, ›State Capitalism‹, in: *Studies of Philosophy and Social Science* IX, 1941, und ›Is National Socialism a New Order?‹, ebd.; beide deutsch unter den Titeln ›Staatskapitalismus‹ und ›Ist der Nationalsozialismus eine neue Ordnung?‹ in: *Wirtschaft, Recht und Staat im Nationalsozialismus. Analysen des Instituts für Sozialforschung 1939–1942*, hrsg. von Helmut Dubiel und Alfons Söllner, Frankfurt am Main 1984. Horkheimer selbst expliziert diesen Begriff in seinem Aufsatz ›Autoritärer Staat‹, hier S. 293ff.

Der seit Beginn der vierziger Jahre in Horkheimers Denken dominante Pessimismus bezüglich der Möglichkeit sozialistischer Politik gründet in *ökonomischer* Hinsicht in der Theorie des Staatskapitalismus, in *politischer* Hinsicht in der damit zusammenhängenden Theorie des »Rackets« als »Grundform der Herrschaft«[46]. Im Staatskapitalismus gibt es, entsprechend der Pollockschen These, keinen strukturellen Konflikt zwischen politischen Zielsetzungen und ökonomischen Notwendigkeiten. Die Produktivkräfte und die Gesetze des Marktes sind in der »Befehlswirtschaft« ihrer früheren Eigenmächtigkeit und damit ihres sprengenden Potentials beraubt. Die Planwirtschaft ist unvermeidlich geworden; entscheidend ist nur die politische Frage, ob sie demokratisch oder totalitär ist, die Frage also, wodurch der Zugang zur administrativen Steuerung der Wirtschaft und damit zur neuen herrschenden Klasse geregelt ist. Hier setzt Horkheimers Rackettheorie an, derzufolge gesellschaftliche Herrschaft, ihrem eigenen ökonomischen Prinzip gemäß, von der durch Tausch vermittelten Form über die durch wirtschaftliche Monopole verliehene in unvermittelte Gewaltherrschaft übergeht. Unter Rackets versteht Horkheimer die sich in den verschiedensten Epochen, Kulturen und Subkulturen bildenden Gruppen, Cliquen, Räte, Gremien oder Komitees, deren soziale Funktion weitgehend durch den Imperativ, die eigene Macht zu erhalten und zu vermehren, überlagert ist. Erwachsen aus der Diskussion um die Anwendbarkeit der Marxschen Theorie auf die gegenwärtige Gesellschaftsform, stellt die Theorie des Rackets zunächst den Versuch dar, sich dem Mythos eines revolutionären Subjekts zu entwinden, ohne hinter die Kritik der politischen Ökonomie in illusionäre Kulturkritik zurückzufallen. Darüber hinaus zielt sie auf eine Machttheorie, die das historisch begrenzte Modell der durch Marktgesetze geregelten Herrschaft im Liberalismus als Sonderfall der Monopolisierung von Vorteilen auf Grund gesellschaftlicher Leistungen erscheinen läßt.

Horkheimer sieht die Aktualität der Rackettheorie in der Verlagerung des überkommenen Klassenantagonismus einerseits auf das Feld internationaler Beziehungen, andererseits auf die institutionell bedingten Gegensätze innerhalb der Klassen selbst begründet. Neue Konfliktformen verdecken im postliberalen Kapitalismus den Grundwiderspruch von Kapital und Arbeit. Mit dem Staatskapitalismus sind Mechanismen entstanden, um die einst systemsprengenden Potentiale der ökonomischen Krisen zu entschärfen. Damit verliert die ökonomische »Basis« ihre tragende Rolle für die gesellschaftliche Totalität. Nationalsozialismus und bürokratischer Sozialismus, allgemeiner: ein neuer »integraler Etatismus«, lassen sich nicht mehr allein in ökonomischen Basiskategorien beschreiben. Die politische Analyse gewinnt in dem Maße an Gewicht, in dem der Liberalismus als eine historische Episode erscheint, nach deren Niedergang die Gesellschaft zu direkten, nicht mehr über den Markt vermittelten Methoden der Herrschaft zurückkehrt. Die genuin ökonomischen Krisenfaktoren sind durch

46 ›Aufzeichnungen und Entwürfe zur *Dialektik der Aufklärung* 1939–1942‹, in: *Gesammelte Schriften* Bd. 12, a. a. O., S. 287.

staatsinterventionistische Maßnahmen tendenziell beherrschbar geworden, die von kompensatorischer Wohlfahrtsgesetzgebung bis hin zum offenen Terror reichen können.

Dieser neuartige »Primat der Politik« läßt den Begriff des Politischen selbst, im Vergleich zu seiner Funktion im liberalen Kapitalismus, nicht unberührt. Er ist vor allem nicht mit der positivistischen Ersetzung ökonomischer durch historische, politische oder psychologische Gesetze zu verwechseln. In einem Fragment, das Horkheimer etwa im Jahre 1942 verfaßt, beschreibt er Politik im Postliberalismus als Schein, der sich auf das Bewußtsein sowohl der beherrschten Massen als auch der politisch Handelnden selbst gelegt hat: »Politik, deren Wiederentdeckung in der Renaissance ein theoretischer Fortschritt war, ist im Denken unterm Monopol, mehr noch als die Gesetze des Marktes unterm Liberalismus, eine ideologische Kategorie: mit ihrer Hilfe wird die Oberfläche hypostasiert. Die beherrschte Masse schreibt der Politik das Weltgeschehen zu. Sie hört den Appell und die Verordnung, sie wird über das Leben der Gewaltigen informiert, es besteht aus Fakten, die keiner Theorie bedürfen; die Masse erfährt die unmittelbare Konsequenz der politischen Akte, der Verhandlungen von Rackets, sie spürt die Notstandshilfe, die Teuerung, den neuen job, den Krieg und nimmt die große Politik als Verhängnis und Natur wie ehemals die wirtschaftliche Depression. Und die Protagonisten teilen diesen Glauben: sie wissen, daß sie eine Schlüsselstellung haben. Ähnlich wie der Unternehmer seine geschäftlichen Wagnisse, die er auf Grund der Konjunktur unternahm, sein Berechnen und Spekulieren, mit Freiheit verwechselte, halten die Präsidenten von Gewerkschaften und Regierungen ihre Entschlüsse für die Anfänge von Ursachenreihen. Das Regieren aber muß sich an dieselben Notwendigkeiten halten wie das Disponieren: an die Erfordernisse der Reproduktion der Gesellschaft in den Machtverhältnissen wie sie sind. Sie ist in beiden Perioden so verschieden nicht. Die Unübersichtlichkeit des Marktes, aus der die Selbsttäuschung der Freiheit entstand, hat bloß ausgedrückt, daß die Beziehungen der Unternehmer untereinander keine rationalen, sondern die der individuellen Selbstbehauptung waren. Heute finden die Kämpfe in viel stärkeren Gruppen, unter Bewegungen konzentriertester Kapitalmassen statt. Die Regierungen sind Vollzugsapparate, die den jeweiligen Stand der Kräfte, von denen sie abhängen, nicht rational durchdringen können, sondern konkret zu fühlen bekommen.«[47]

Der staatskapitalistische »Primat der Politik« kann als Pervertierung der sozialistischen Idee der Planwirtschaft verstanden werden, die die Anarchie der privaten Aneignung durch die vernünftige Entscheidung im verallgemeinerbaren Interesse der Gesamtgesellschaft ersetzen sollte. Im Faschismus äußert sich bloß in besonders brutaler Form, was auch den demokratischen Staatskapitalismus sowie den bürokratischen Sozialismus sowjetischer Art kennzeichnet: das Ende der liberalen, rechtlichen Vermittlungsinstanzen unter der Machtpolitik rivali-

47 ›Zur Ideologie der Politik heute (Fragment)‹, in: *Gesammelte Schriften* Bd. 12, a.a.O., S. 317f.

sierender Herrschaftscliquen. Diese ziehen die notwendig gewordene Planung des ökonomischen Prozesses an sich, sei es noch demokratisch legitimiert, sei es schon als nahezu offen geplanter und organisierter Raub.
Ausgangspunkt der Rackettheorie ist also eine Analyse der zeitgenössischen Gesellschaft als eines Konglomerats organisierter Gruppen unter der Leitung bürokratischer oder quasi-bürokratischer Eliten. Das Verhältnis von Elite und Klientel ist nach dem Prinzip Schutz gegen Gehorsam strukturiert. Da die einzelnen Rackets nicht einmal mehr vorspiegeln, geistige Ideale oder gesamtgesellschaftliche Ziele zu verfolgen, verschwinden auch die überkommenen Ideologien, die einst partikulare als universale Interessen erscheinen lassen sollten. An ihre Stelle treten unverblümt pragmatistische Zielsetzungen, Zwecke der Manipulation und der Machterhaltung. Die Fähigkeit, sie durchzusetzen, ist maßgebend für Auswahl und Karriere des leitenden Personals innerhalb eines Rackets.
Darüber hinaus zielt der Ansatz auf eine auch historisch generalisierbare Theorie der Klassen- und Herrschaftsverhältnisse ab: »Unter den Bedingungen des Monopolismus und der totalen Herrschaft«, schreibt Horkheimer 1943, »wird die Beständigkeit der Unterdrückung, ihr parasitäres Wesen, offenkundig. Jede herrschende Klasse ist immer insofern monopolistisch gewesen, als sie sich von der überwältigenden Mehrheit der Menschen abriegelte. Die Struktur entsprach der konkurrierender Rackets. Selbst die gesellschaftlich nützlichen Funktionen, welche die herrschenden Klassen ausübten, haben sich in Waffen gegen die unterdrückte Bevölkerung und gegen die konkurrierenden Gruppen ihrer eigenen Klasse verwandelt. Das Racket-Muster, wie es für das Verhalten der Herrschenden gegenüber den Beherrschten typisch war, ist jetzt repräsentativ für alle menschlichen Beziehungen, selbst für die innerhalb der Arbeiterschaft. Der Unterschied zwischen dem Racket im Kapital und dem in der Arbeit liegt in der Tatsache, daß beim kapitalistischen Racket die gesamte Klasse profitiert, während das Racket der Arbeit als Monopol nur für ihre Führer und für die Arbeiteraristokratie fungiert. Die arbeitenden Massen sind die Objekte beider Formen; sie müssen das Ganze nur bezahlen. Die Ähnlichkeit der angesehensten historischen Gebilde, etwa der mittelalterlichen Hierarchien, mit den modernen Rackets liegt auf der Hand. Das Konzept der Rackets bezieht sich auf große wie kleine Unternehmen; sie alle kämpfen um den größtmöglichen Anteil am Mehrwert. In dieser Hinsicht ähneln die höchsten kapitalistischen Körperschaften den kleinen Interessengruppen, die innerhalb oder außerhalb der gesetzlichen Grenzen unter den miesesten Bevölkerungsschichten arbeiten. [...] Eine wahre Soziologie des Rackets als des lebendigen Elements der herrschenden Klasse in der Geschichte könnte sowohl einem politischen als auch einem wissenschaftlichen Zweck dienen. Sie könnte helfen, das Ziel der politischen Praxis zu klären: Eine Gesellschaft, deren Muster sich von dem des Rackets unterscheidet, eine Racketlose Gesellschaft. Sie könnte dazu beitragen, die Idee der Demokratie zu definieren, die in den Köpfen der Menschen noch immer ein Schattendasein führt. [...] Wissenschaftlich gesprochen, könnte sich aus der Soziologie des Rackets auch eine angemessenere Geschichtsphilosophie entwickeln. [...] Der moderne Be-

griff trägt dazu bei, gesellschaftliche Beziehungen der Vergangenheit zu beschreiben. ›Die Anatomie des Menschen ist der Schlüssel zur Anatomie des Affen.‹«[48]

Die politischen und ökonomischen Ansätze zu einer Rackettheorie bzw. zu einer Theorie des Staatskapitalismus wurden innerhalb des Instituts vor allem von Horkheimer und Pollock entwickelt; sie blieben im Kreis der Mitarbeiter, insbesondere seitens Neumanns und Kirchheimers, nicht unwidersprochen. Obwohl Horkheimer im Kern an jener These festhielt, mag deren Kritik eine frühe Veröffentlichung seiner Überlegungen zur Rackettheorie gebremst haben. Auch Adornos Beitrag dazu[49] blieb unveröffentlicht. Zu einer späteren Ausarbeitung dieser Ansätze ist es dann nicht mehr gekommen.

Entscheidend jedoch sind sie für den Übergang von der früheren Gestalt Kritischer Theorie, für den die Aufsätze der *Zeitschrift für Sozialforschung* während der dreißiger Jahre stehen, zu einer gattungsgeschichtlich angelegten Kritik instrumenteller Vernunft, für die die *Dialektik der Aufklärung* das wichtigste Zeugnis ist. Aber die spezifisch ökonomischen und politischen Überlegungen erscheinen in dieser Schrift gar nicht oder nur in rudimentärer Gestalt. Gleichwohl sind sie die gesellschaftstheoretische Folie, vor deren Hintergrund die szientifischen, moralischen, kulturellen und psychischen Phänomene einer sich selbst zerstörenden Aufklärung gedeutet werden. Wenn die Autoren die Geltung der Marxschen Kategorien im wesentlichen auf den Liberalismus begrenzen, der, vor allem unter dem Aspekt der wenigstens partiell erreichten bürgerlichen Freiheit, als flüchtige Episode in einer seit je durch das Gesetz des Rackets bestimmten Herrschaftsgeschichte erscheint, wird verständlich, warum jene Kategorien in der *Dialektik der Aufklärung* in den Hintergrund gedrängt sind. Die Rackettheorie hat ja auch und gerade das Schicksal der einst oppositionellen Arbeiterorganisationen zum Anlaß und zum Gegenstand.[50] Sie zeigt, inwiefern sich der Klassenkampf im Monopolkapitalismus in ein System des Handels zwischen monopolistischen Einheiten und damit in ein Medium der Anpassung verwandelt hat.

48 ›Zur Soziologie der Klassenverhältnisse‹, in: *Gesammelte Schriften* Bd. 12, a. a. O., S. 101–104. – Daß die von Horkheimer letztlich nur rudimentär entwickelte Rackettheorie weit über eine soziologische Analyse im engeren Sinn hinauszielte, ließe sich durch eine Analogie zu seinen oben erwähnten sprachphilosophischen Überlegungen verdeutlichen. In einem Aufsatz aus dem Jahre 1946 beschreibt er die Funktion des Begriffs in Anlehnung an eben jenes Racket-Modell Schutz gegen Unterdrückung so: »Im Begriff ist ungeschieden die Erfüllung und das Leiden. Seine Festigkeit spiegelt getreu die Gesellschaft wider, die dem Leben dient, indem sie es auch unterdrückt, die den Menschen entfaltet, indem sie ihn verstümmelt und Heimat nur als Schutz kennt, der den Beschützten unterdrückt.« (›Vertrauen auf Geschichte‹, in: *Gesammelte Schriften* Bd. 12, a. a. O., S. 124.)

49 ›Reflexionen zur Klassentheorie‹ (1942), in: Adorno, *Gesammelte Schriften* Bd. 8, Frankfurt am Main 1972.

50 Vgl. Horkheimer, ›Zur Soziologie der Klassenverhältnisse‹, a. a. O., S. 75 ff.

3. Zu den Textvarianten. Theoretische Revisionen und Bedenken gegenüber der Verbreitung der Theorie

Die Entscheidung, die *Dialektik der Aufklärung* zunächst nicht im Druck erscheinen zu lassen, war gewiß nicht nur in der schmalen finanziellen Basis und in der unsicheren wissenschaftlichen, politischen und geographischen Zukunft des Instituts in der Mitte der vierziger Jahre begründet. Dafür spricht, daß die hektographierte Auflage mit etwa 500 Exemplaren gering gehalten und nur gezielt verteilt wurde; daß eine amerikanische Ausgabe ernsthaft nicht erwogen wurde; schließlich, daß der Text für die drei Jahre später publizierte Druckausgabe einer gründlichen Revision unterzogen wurde. Diese Umstände verwundern nicht bei Autoren, die jederzeit ihr Augenmerk darauf richteten, den systematischen, historischen und gesellschaftlichen Kontext eigener oder fremder theoretischer Äußerungen von diesen selbst nicht gänzlich abzuspalten. Um so aufschlußreicher unter theoriegeschichtlicher Perspektive sind die inhaltlichen und terminologischen Revisionen, die am Text nicht nur in jener ersten Zeitspanne, sondern noch mehr als zwei Jahrzehnte später vorgenommen wurden. – In der vorliegenden Ausgabe sind diese Veränderungen, soweit sie über bloß orthographische Korrekturen und geringfügige Wortumstellungen oder -abänderungen hinausgehen, in Form von Fußnoten kenntlich gemacht. Diese wurden auf der Basis von Textvergleichen zwischen den verschiedenen Ausgaben (1944, 1947 und 1969) erarbeitet, die Willem van Reijen und Jan Bransen unternommen haben. In ihrem diesem Nachwort folgenden Kommentar setzen sie die Veränderungen im Text (zwischen 1944 und 1947) in Beziehung zum Wandel der dahinterstehenden ökonomischen und politischen Theorie.

Für die späteren Eingriffe in den Text gibt es offenbar eine Reihe verschiedener Motive. Das wird deutlich, wenn man die Textvarianten klassifiziert. Folgende Gruppen von Formulierungen, die revidiert wurden, lassen sich unterscheiden:

(1) Formulierungen, die den Text zu unvermittelt an seine Entstehungszeit banden. Dabei handelt es sich um redaktionelle Erläuterungen (»Als vor zwei Jahren die Arbeit begonnen wurde...«[51]), um zeitgeschichtliche Qualifizierung (»faschistische Gegenwart«[52]) oder um historisch oder geographisch allzu spezielle Beispiele (»Der deutsche und der russische Pavillon der Pariser Weltausstellung schienen desselben Wesens«[53], »die Monumentalbauten des Monopols, Wrigleys und Rockefellers Hochhäuser«[54]).

(2) Dunkle oder zu umständliche Formulierungen, die stilistisch der Glättung oder Entflechtung bedurften, ohne daß es dabei um die Umformulierung theoretisch oder politisch belasteter Termini ging (etwa »die offiziellen Wortführer [...] verleugnen das Wort, das ihnen zum Platz an der Sonne verhalf« wird zu »die

51 Hier S. 16.
52 Hier S. 282.
53 Hier S. 144.
54 Hier S. 191.

offiziellen Wortführer [...] liquidieren die Theorie, die ihnen zum Platz an der Sonne verhalf«[55]). Zu dieser Gruppe kann man auch theoretisch begründete terminologische Änderungen wie etwa die Ersetzung des zunächst verwendeten Ausdrucks »Massenkultur« durch »Kulturindustrie« rechnen.[56]
(3) Formulierungen, mit denen allzu wenig differenziert Monopolkapitalismus, Totalitarismus und Faschismus gleichgesetzt wurden. Was allgemein von der »Klassengesellschaft«, dem »Monopolismus« oder der »totalitären Ordnung« gesagt wurde, wird in diesen Fällen konkretisiert und beschränkt auf den »Faschismus« oder den »deutschen Faschismus«.[57] Dabei geht es offenbar auch darum, allzu krasse Urteile über westliche Demokratie oder Liberalismus abzumildern.[58] Zwei Formulierungen, die sich besonders kritisch und pauschal auf jüdische Funktionäre und christliche Kirchen beziehen, lassen sich ebenfalls dieser Gruppe zurechnen.[59]
(4) Formulierungen, in denen bestimmte theoretisch, historisch oder politisch belastete Termini der Marxschen bzw. marxistischen Theorie verwendet wurden. Diese Gruppe überwiegt nicht nur quantitativ – sie umfaßt allein mehr als die Hälfte der geänderten Passagen –, sie ist auch theoriegeschichtlich von weit größerem Interesse als die anderen Gruppen. Die politökonomischen Termini werden in der Regel durch neutrale ökonomische, soziologische oder moralisch-praktische Ausdrücke ersetzt, so zum Beispiel »Proletarier« durch »Arbeiter«[60], »Kapitalist« durch »Unternehmer«[61], »die Klassengeschichte hindurch« durch »bis heute«[62], »Ausbeutung« durch »Leiden«[63]. Mehr als die Hälfte dieser anstößigen Formulierungen sind von einem einzigen Begriff geprägt, nämlich dem des »Monopols« (und wiederum die weit überwiegende Anzahl dieser Fälle findet sich im Kapitel über ›Kulturindustrie‹).
Ein wichtiges Motiv solcher Reformulierungen war gewiß das Bestreben, sich politische Anfeindungen zu ersparen, die möglicherweise bedrohliche Konsequenzen für das Institut oder einzelne Mitglieder hätten haben können. Horkheimer mißtraute schon in den dreißiger Jahren zutiefst der dauerhaften Haltbarkeit eines liberalen Asylrechts gegenüber den Opportunitätserwägungen mächtiger innen- oder außenpolitischer Interessengruppen. Die terminologischen Veränderungen sind also kein Zeichen eines einmaligen Bruchs, sondern selbst quasi ein Kontinuum des Horkheimerschen Denkens. Schon die Proletariats- und Revolutionsterminologie aus dieser Zeit wird in den Veröffent-

55 Hier S. 17.
56 Z. B. hier S. 284.
57 Z. B. hier S. 109 bzw. S. 137.
58 Z. B. hier S. 119 bzw. S. 176.
59 Hier S. 159 und S. 205
60 Hier S. 197.
61 Hier S. 85.
62 Hier S. 101.
63 Hier S. 20.

lichungen der *Zeitschrift* in charakteristischer Weise gebrochen.[64] Und noch während der fünfziger und sechziger Jahre im Nachkriegsdeutschland rechnete er jederzeit mit möglichen fatalen Folgen unbedachter Äußerungen, ja, befürchtete gar die Wiederkehr von Verhältnissen, unter denen man sich gleichsam nur flüsternd würde verständigen können.[65]

Die an der Tradition der philosophischen und politischen Aufklärung orientierten »Übersetzungen« marxistischer Begriffe lagen um so näher, als die Kritische Theorie, beginnend mit ihrem eigenen Namen, eine Reaktion auf die Desavouierung der Marxschen Theorie durch die autoritären Formen des Sozialismus darstellte. Deren Sprachgebrauch und Bezug auf die »Klassiker« haben, insbesondere unter dem integralen Etatismus sowjetischer Prägung, nach Einschätzung der Autoren jegliche wahrhaft kritische Potenz eingebüßt, ja sind selbst zu Mitteln der Repression geworden. Deshalb kann die Kritische Theorie nicht nur an die etablierten Sparten und Begriffe der wissenschaftlichen Überlieferung anknüpfen, sondern auch diejenigen »Richtungen [...], die zur offiziellen Wissenschaft oppositionell sich verhalten«[66], sind ihr obsolet geworden. Denn »es widerfährt ihnen«, wie es in Anspielung auf den Sowjetmarxismus heißt, »was dem triumphierenden Gedanken seit je geschehen ist. Tritt er willentlich aus seinem kritischen Element heraus als bloßes Mittel in den Dienst eines Bestehenden, so treibt er wider Willen dazu, das Positive, das er sich erwählte, in ein Negatives, Zerstörerisches zu verwandeln.«[67] Diese Deutung liegt der *Dialektik der Aufklärung* zugrunde, ist aber in ihr selbst nicht durchgeführt. Selbstkritisch notiert etwa Adorno 1946 in seinen ›Bemerkungen zu These VII [der ›Elemente des Antisemitismus‹]‹, daß in der *Dialektik der Aufklärung* das autoritäre »Ticket-Denken« im Bolschewismus vernachlässigt wurde: »Die These trifft dort in klassischer Form zu. [...] Dieser ganze Prozeß der Auslöschung des Menschen unter dem Zeichen des Sozialismus ist in den *Fragmenten*[68] unberührt geblieben. Er ist aber essential für das Verständnis der Gesamtsituation und kann nicht länger ignoriert werden.«[69] Zwar fehlte es, nachdem Horkheimer bereits im ›Autoritären Staat‹ den bürokratischen Sozialismus als fortgeschrittenste Form autoritärer Herrschaft kritisiert hatte, auch in der Folgezeit nicht an unmißverständlichen Stellungnahmen der beiden Au-

64 In einer Aufzeichnung etwa, die wahrscheinlich Anfang der dreißiger Jahre, jedenfalls nicht später als 1935, verfaßt wurde, schreibt Horkheimer von der »Unabhängigkeit des revolutionären Kämpfers« (MHA: XI 16.4a, S. 5). Die Aufzeichnung wurde in die 1935 publizierten ›Bemerkungen zur philosophischen Anthropologie‹ integriert, wo nun jedoch von der »Unabhängigkeit des Menschen, der dieses Ziel [zu ergänzen: einer freien Menschheit] im Auge hat« (*Zeitschrift für Sozialforschung*, Jg. IV, 1935, S. 16), die Rede ist.

65 Nach einer mündlichen Mitteilung von Rudolf Hirsch an den Hrsg., November 1983.

66 Hier S. 17.

67 Ebd.

68 Der ursprüngliche Haupttitel der Schrift lautete *Philosophische Fragmente*.

69 MHA: XI 6.65.

toren zum Sowjetmarxismus, doch kam es nicht zu einer umfassenden Kritik, so daß sie gleichwohl anhaltend die Gefahr einer Verwechslung mit diesem fürchteten.

Unabhängig von solchen Fragen der Belastung der Rezeption gibt es aber auch ein im engeren Sinn theoretisches Motiv. Terminologisch Rechnung zu tragen war auch dem Wandel in der Einschätzung einerseits der Marxschen Theorie und ihrer Anwendbarkeit auf Staatskapitalismus und integralen Etatismus, andererseits der ökonomischen und politischen Realität selbst, der geschichtlichen Tendenzen und der Chancen ihrer Veränderbarkeit. Nicht nur die inzwischen erfolgte Beseitigung der faschistischen Herrschaft in Mitteleuropa als Folge des Krieges verlangte eine Präzisierung bestimmter Ausdrücke, mit denen zuvor implizit Totalitarismus, Faschismus und Monopolkapitalismus gleichgesetzt worden waren; auch legte die regelmäßige Ausrichtung der Gegenwartsdiagnose auf »das Monopol« in der früheren Textfassung eine ökonomistische oder subjektivistische Entdifferenzierung nahe, die in krassem Widerspruch zur sonst demonstrierten analytischen Schärfe stand: Weder war mit dem ökonomischen Monopol die Dialektik der Aufklärung in ihrer ganzen kulturellen Breite kausal zu erklären noch war damit das historische Subjekt einer fatalen Gattungsgeschichte zu identifizieren. Und last not least galt es, der These Rechnung zu tragen, nach der der bisherige Kapitalismus der Monopole als »Staatskapitalismus« in eine neue Qualität überzugehen im Begriff sei. Die Rackettheorie hatte dabei eine zwiespältige Funktion. Die Identifizierung der faschistischen Herrschaft als unvermittelte Gewaltform und *zugleich* als legitime Erbin des bürgerlichen Kapitalismus der Monopole[70] war einerseits der Wegbereiter zu einer verallgemeinerten Rackettheorie der Herrschaft, die sich von dem eingeschränkten Modell der Gangsterbande befreit. Andererseits jedoch setzte sich eine solche Theorie der Gefahr aus – und Horkheimer war sich ihrer bewußt[71] –, einen überspannten ökonomischen Begriff (»das Monopol«) bloß durch einen überspannten politischen Begriff (»die Rackets«) zu ersetzen. Wohl deshalb enthalten die Textveränderungen beides: das »Monopol« wird durch die »maßgebende Clique« ersetzt[72], aber auch die »Rackets« durch das »durchorganisierte System der Herrschaft«[73].

Bei aller kritischen Distanz verstehen sich die Autoren zur Zeit der ersten Veröffentlichung im Druck nach wie vor als Marxisten. Im Protokoll einer Diskussion aus dem Jahre 1946 über die geplante Fortsetzung der gemeinsamen Arbeit nach Abschluß der Druckfassung heißt es seitens Horkheimers: »Wir sehen dieses Einheitsmoment [in der Analyse von Politik und Philosophie] im Festhalten der radikalen Impulse des Marxismus und eigentlich der gesamten Aufklärung –

70 Vgl. ›Vernunft und Selbsterhaltung‹, hier S. 332ff.

71 Vgl. ›Zur Ideologie der Politik heute (Fragment)‹, in: *Gesammelte Schriften* Bd. 12, a. a. O., S. 316ff. Diese Aufzeichnung liest sich wie die Kritik einer positivistisch verkürzten Lesart der Pollockschen Staatskapitalismus-Theorie.

72 Z. B. hier S. 190.

73 Hier S. 282.

denn Rettung der Aufklärung ist unser Anliegen –, ohne daß dabei noch die Identifizierung mit einer empirisch existierenden Partei oder Gruppe vollzogen wäre. Es ist gewissermaßen ein Materialismus, der sich des Vorurteils entäußert, irgendein Moment der bestehenden materiellen Realität sei unmittelbar das Positive. Die Paradoxie, das dialektische Geheimnis einer wahren Politik besteht in der Wahl eines kritischen Standpunkts, der sich selber als positiver Standpunkt nicht hypostasiert. [...] wir sind [...] Stoiker, weil es keine Partei gibt.«[74]
Zwar erhebt Adorno gegen ein solches stoizistisches Selbstverständnis den Einwand, dieses sei einer fortgeschrittenen Technologie unangemessen, die inzwischen jedes materielle Elend beseitigen könnte. Jedoch ist sein Gegenvorschlag für die Weiterarbeit keineswegs politiknäher. Er greift nämlich auf jene ursprüngliche Konzeption aus dem Jahre 1938 einer materialistischen Kategorienlehre zurück. Nicht sollen, wie Horkheimer es sich dachte, politische und ökonomische Fragen zum Ausgangspunkt philosophischer Analysen genommen werden, vielmehr sei »mit Analysen logischer und erkenntnistheoretischer Kategorien zu beginnen. Hier wäre die Aufgabe, solche Kategorien wie Begriff, Urteil, Subjekt, Substantialität, Wesen und dergleichen einer Untersuchung zu unterziehen, wie sie in den *Fragmenten* schon angebahnt ist. Es soll sich nicht um rein logische, sondern ebenso um historische und gesellschaftliche Erörterungen dabei handeln. Aus dem immanenten Sinn der Kategorien selber soll ihre geschichtliche und gesellschaftliche Substanz begriffen und ihr gegenwärtiger Stand bestimmt werden, und eine solche Analyse soll dann zum Urteil über die richtigen und falschen Momente der betreffenden Kategorien selber führen.«[75]
Uneinig bleiben sich beide Diskutanten jedoch bei der Frage des richtigen Verhältnisses von politischer und philosophischer Analyse. Auf die politische legt Horkheimer unmittelbar den größeren Nachdruck. Dazu Adorno: »Sie befürchten ein Stück ungeheurer Professorenphilosophie. Meine Angst ist, daß der Sprung aus der Logik in die Realität auf eine dogmatische oder analogistische Art erfolgt.«[76] – Vielleicht ist in diesem Dissens einer der – gewiß zahlreicheren – Gründe zu sehen, warum es zu der geplanten Fortsetzung der *Dialektik der Aufklärung* nicht mehr gekommen ist. Horkheimer legt den Schwerpunkt auf die Frage, wie seine Intention einer »Rettung der Aufklärung«[77] zu vereinbaren sei mit der Radikalität einer selbstbezüglichen Vernunftkritik: »Ich möchte ein Hauptthema sehen, z. B.: Was kann die Theorie in der gegenwärtigen Situation tun? Was ist ihr Platz? Oder: Wie kann man die Abstraktheit des Begriffs durch den Begriff selber überwinden?«[78] Demgegenüber schlägt sich Adorno entschie-

74 Horkheimer, Adorno, ›Rettung der Aufklärung. Diskussion über eine geplante Schrift zur Dialektik‹ (1946), in: Horkheimer, *Gesammelte Schriften* Bd. 12, a. a. O., S. 597–599.
75 Ebd., S. 600.
76 Ebd., S. 604.
77 Ebd., S. 594, 598.
78 Ebd., S. 601.

den unbefangener auf die negative Seite dieser Aporie: »[...] die Vernunft ist ihre eigene Krankheit.«[79]

So bleibt die *Dialektik der Aufklärung* auch in dem Sinne, daß ihre geplante Fortsetzung nicht zustande kam, ein Fragment. Sie bildet den unerläßlichen Ausgangs- und Bezugspunkt des Horkheimerschen Denkens auch während der beiden Jahrzehnte nach der Rückkehr aus der Emigration.[80] Aber dieser Bezugspunkt bleibt latent und in seiner Tragfähigkeit unbestimmt. Einerseits sind für Horkheimer die Epochen des Faschismus und der Nachkriegsdemokratie in den westlichen Ländern, bei allen gravierenden Differenzen, durch ein Kontinuum miteinander verbunden: die Übermacht bürokratischer Strukturen über das freie Subjekt, das sie unter sich begraben. Andererseits sieht er in den westlichen Demokratien durchaus auch ernstzunehmende Möglichkeiten, dieser Tendenz, die er gattungsgeschichtlich für unumkehrbar hält, Widerstand entgegenzusetzen; die trotz allem noch bestehenden Freiheitsspielräume zu bewahren, ist für ihn ein praktisches Postulat. Für diesen Widerspruch, dessen Auflösung er nicht für möglich hält, prägt er für sich den Ausdruck einer Komplementarität von theoretischem Pessimismus und praktischem Optimismus.[81]

Dieser Zwiespalt trifft in ähnlicher Form auch auf das Verhältnis von Kritischer Theorie und Wissenschaft zu. Die im Vorwort der *Dialektik der Aufklärung* verkündete Absage an die etablierte und in Fächer aufgeteilte Wissenschaft ist schon in der Schrift selbst alles andere als konsequent durchgeführt, bauen die Autoren doch nach wie vor, affirmativ oder kritisch, vielfach auf einzelwissenschaftlichen Resultaten auf. Unbeschadet der philosophischen Reflexion, die Sinnesdaten wie Urteile als vermittelte Unmittelbarkeiten dialektisch negiert, räumen sie auch hier ein, daß »praktisch fruchtbare wissenschaftliche Unternehmungen der unangekränkelten Fähigkeit zur Definition bedürfen, der Fähigkeit, den Gedanken an einer durchs gesellschaftliche Bedürfnis designierten Stelle stillzustellen, ein Feld abzugrenzen, das dann bis ins kleinste durchforscht wird, ohne daß man es transzendierte«[82]. In diesem Sinne dementieren die empirischen Forschungsprojekte, die das Institut seit Beginn der vierziger Jahre entwarf und bis zu deren Ende durchführte, die Radikalität jener Absage an Wissenschaft. Nach der Rückkehr nach Frankfurt schließlich zeugen die Wiedererrichtung des Instituts sowie Horkheimers und Adornos intensive wissenschafts-, universitäts- und bildungspolitische Tätigkeiten während der fünfziger und sechziger Jahre für das nach wie vor lebendige Vertrauen in die aufklärerischen Potentiale der Wissenschaft. Und dennoch stehen all diese Zugeständnisse an

79 Ebd., S. 602.
80 Vgl. dazu auch das Nachwort des Hrsg. zu Bd. 7 und 8 der *Gesammelten Schriften* Horkheimers in: Bd. 8, bes. S. 461–465.
81 Vgl. dazu z. B. ›Kritische Theorie gestern und heute‹ (1969/72), in: *Gesammelte Schriften* Bd. 8, Frankfurt am Main 1985, S. 353; ›Pessimismus heute‹ (1971), in: *Gesammelte Schriften* Bd. 7, Frankfurt am Main 1985, S. 232; ›Das Schlimme erwarten und doch das Gute versuchen. Gespräch mit Gerhard Rein‹ (1972/76), ebd., S. 467.
82 Hier S. 225.

den »Betrieb« gleichsam unter einem generellen Vorbehalt: Wissenschaft unterliegt, so schreibt Horkheimer zu Beginn der fünfziger Jahre in eines seiner Notizhefte, per se »dem Beherrschungszweck angepaßten Maßstäben«[83], und die wahre Philosophie, die darauf abzielt, dem negativen Weltlauf zu widerstehen, muß sich davor hüten, sich insgeheim wissenschaftlichen Maßstäben unterwerfen zu wollen.

Die Frage, ob eine Neuauflage der *Dialektik der Aufklärung* herausgebracht werden sollte, stellte sich erst zu Beginn der sechziger Jahre – bis dahin waren noch Exemplare der ersten Auflage im Handel verfügbar. Zu dieser Zeit war die Vorklärung derartiger Fragen zunächst eine Sache Pollocks. Dieser stellt im Januar 1961 zum erstenmal eine Liste ›problematischer‹ Stellen und Ausdrücke des Textes zusammen und vermerkt dazu: »Die Wiederbegegnung mit der *Dialektik der Aufklärung* zeitigt in aufregender Weise zwei Erfahrungen: Wie viele bedeutende Gedanken darin stehen, und zwar in einer adäquaten und überzeugenden Form, – und wie wenig oder besser viel weniger als vor fünfzehn Jahren man heute sagen kann, ohne zu riskieren, daß die Meute über einen herfällt. [...] Meine Fragezeichen und Kreuzchen bedeuten vorwiegend Bedenken gegen eine allzu offene Sprache. Nur an wenigen Stellen habe ich geglaubt, als ›Experte‹ Zweifel an der Richtigkeit des Gesagten anmelden zu müssen. Im ganzen komme ich zu dem sehr betrüblichen Schluß, daß sich der Inhalt der *Dialektik* zur Massenverbreitung nicht eignet. Hingegen sollten einzelne Kapitel, hin und wieder etwas bearbeitet, in dem geplanten Sammelband neu veröffentlicht werden.«[84] Berichtet wird, daß Adorno solche Bedenken nicht im selben Ausmaß wie Horkheimer hatte und daß er diesen, zunächst vergeblich, für eine weitgehend unveränderte Neuauflage zu gewinnen suchte. Die Gründe, die Horkheimer zögern ließen, sind im einzelnen nicht überliefert; jedoch waren es offenbar politische Bedenken, die durch Pollocks Formulierungen wohl annähernd wiedergegeben werden. Daß aber auch Adorno sich zumindest teilweise mit solchen Bedenken identifizierte, zeigt ein von ihm verfaßter Entwurf zu einem Brief, mit dem er gemeinsam mit Horkheimer im Sommer 1962 Marcuse antwortete, der emphatisch eine Neuauflage befürwortet hatte. In diesem Entwurf heißt es unter anderem: »Die Situation ist einfach die, daß wir auf der einen Seite wegen gewisser exponierter Formulierungen, besonders solcher, welche die institutionelle Religion betreffen, Angst haben, wofern die Sache so sehr unter die Leute kommt, wie es nun zu erwarten stünde; daß wir aber andererseits den Text intakt erhalten und durch keine Hinsichten und Rücksichten verwässern möchten. [...] allmählich wird man zu alt, um den Sekuritätsgesichtspunkt weiter gar zu sehr belasten zu dürfen. Darum beginnt das Pro der Wiederveröffentlichung das Kontra zu überwiegen.«[85] Im endgültigen, von Horkheimer umformulierten Brieftext steht allerdings statt dessen dann die allgemeine Formulierung: »Die bekannten

83 *Notizen 1950 bis 1969*, Frankfurt am Main 1974, S. 12.
84 MHA: VI 40.245 c.
85 MHA: VI 4.146.

Gründe, die uns bisher davon abgehalten haben, der zweiten Auflage zuzustimmen, verlieren mit jedem Jahr, das man älter wird, an Gewicht.«[86]
Inzwischen lag schon seit einiger Zeit eine italienische Übersetzung – ihrer Herstellung durch Renato Solmi hatten die Autoren bereits 1955 zugestimmt[87] – zum Druck bereit; sie erschien schließlich 1966. An diesem Text wurden im Sinne all jener Bedenken eine größere Anzahl von Veränderungen vorgenommen, die Pollock in einem 1961 für Horkheimer und Adorno – und gewiß in inhaltlicher Absprache mit ihnen – verfaßten Entwurf zu einem Vorwort begründete. Da dieser Entwurf das politische Selbstverständnis der Autoren zu dieser Zeit sowie ihre Sicht des Entstehungskontextes deutlich charakterisiert, sei er hier als ganzer zitiert:

> »Der deutsche Text der *Dialektik der Aufklärung* ist ein Fragment. Um die Zeit des Kriegsendes begonnen, sollte er die Einleitung zur Theorie der Geschichte und der Gesellschaft bilden, wie wir sie während der nationalsozialistischen Herrschaft zu konzipieren vermochten. Der Versuch, durch Hitlers Regiment den Rückgang der bürgerlich-individualistischen Welt noch zu beschleunigen, weil die Machtkämpfe der neuen Weltperiode im Krieg und Frieden eine ökonomische und administrative Reibungslosigkeit erfordern, die unter den Bedingungen von Demokratie nur schwer zustande kommt, war fehlgeschlagen. Durch den rasenden Halbbruder im Westen hatte der gierige Nationalismus des Ostens sich nicht beseitigen lassen; vielmehr hat der Krieg sowohl in Asien wie in Afrika und Südamerika Entwicklungen ausgelöst, die ihm endlich zugute kommen. Das europäische Leben steht unter der Drohung einer neuen Völkerwanderung, die an Gewalt und Schrecken die alte in Schatten stellen wird. Wenn der physische Widerstand am Ende versagt, soll wenigstens etwas von der Kraft zur Erfahrung, sollen Reflexion und kritisches Bewußtsein weiterleben, wie am Ende der Antike die Kritik der Macht.
>
> So war die Stimmung, in der das Fragment geschrieben wurde, wir verleugnen sie heute nicht. Anstatt die Theorie weiter auszuarbeiten, sind wir jedoch nach Deutschland gegangen, um trotz des dunkeln Horizonts zu versuchen, dort durch Lehre zu helfen. Unterdessen hat in dem gespaltenen Deutschland das Verhängnis, unter dem Europa zu stehen scheint, symbolisch sich konkretisiert. In den östlichen Gebieten führen die Menschen ein Sklavendasein, in den westlichen ordnen sie dem Willen, davor sich zu schützen, alles andere unter. Kultur droht zum bloßen Mittel zu werden. Darum meinen wir, das Buch sei auch heute aktuell. Der Schrecken jedoch, den in den vierziger Jahren die nationalsozialistischen Mörder ausübten, lebt fort in dem zeitgemäßeren und geschichtlich mächtigeren, den heute die Zwingherrn der östlichen Massenreiche verbreiten.
>
> Davon wird der Gehalt des Buches ohne unser Zutun berührt. Die Terminologie, die uns zur Kritik totalitären Schreckens diente, ist im Gebrauch seiner Repräsentanten im Osten zur Litanei erstarrt, die dem widerspricht, was sie

86 MHA: V 118.3.
87 Vgl. den Brief Solmis an Horkheimer von 5.7.1961 (MHA: V 61.21).

einmal bedeutete. Kein Wort ist gegen seine Geschichte gefeit. Dem Übersetzer, Herrn Dr. Renato Solmi, danken wie ganz aufrichtig für die Hingebung, von der seine Arbeit Zeugnis gibt. So weit wir es zu beurteilen vermögen, hat er unsere Bitte, den Sinn zu übertragen, meisterhaft erfüllt.

Zur Analyse kultureller Phänomene aus den dreißiger und vierziger Jahren, die zu mildern keineswegs unsere Absicht ist, tritt die Hoffnung, daß die Niederwerfung totalitärer Naziherrschaft Kräfte erweckte, welche der Verlokkung, an der es eines Tages in keinem Lande wieder fehlen wird, trotz allem widerstehen. Unser Buch designiert seinem Thema nach die Tendenzen, die aus dem wirtschaftlichen, sozialen und kulturellen Fortschritt selber zum Rückschlag treiben. Wir wüßten keine sprachliche Sphäre, in der dafür ein feineres Organ vorhanden wäre, als die italienische.«[88]

Solmi riet daraufhin dringend von den meisten Textänderungen ab und bat Horkheimer, wie dieser an Adorno schreibt, »fast kniefällig« darum, »die inhaltlichen Ausführungen [des Vorworts] wegzulassen, da sie eine politische Kontroverse auslösen würden«[89]. Horkheimer deutete die Bedenken jedoch vor allem als Sorge um die politische Tendenz des Verlages. Die Autoren bestanden daraufhin auf den Textänderungen, verzichteten aber auf ein substantielles Vorwort in der Annahme, »daß es nicht gut ist, den Leser zu veranlassen, nach Änderungen zu suchen«[90]. In der Tat wurde in Italien zunächst kein Rezensent auf die Änderungen aufmerksam; diese sollten erst ein Jahrzehnt später entdeckt und dann zum Teil polemisch diskutiert werden.[91] In Deutschland wurden jedoch bereits 1967, und zwar in einem Artikel der Frankfurter Studentenzeitung, penibel immerhin neunundzwanzig veränderte Passagen aufgezählt, die die Versicherungen der Vorworte, nichts Wesentliches sei geändert worden, dementierten. Die Verstimmung über das, was als Abkehr vom Marxismus erlebt wurde, war nicht zu vermeiden: »Was hat es noch auf sich mit dem Anspruch der kritischen Theorie, kritisch zu sein, wenn sie sich der Stacheln entledigt, wie die Edition auf italienisch zeigt?«[92]

Diese Erfahrung mit der italienischen Ausgabe dürfte einerseits die Autoren zur deutschen Neuauflage nicht gerade ermuntert haben, andererseits aber dazu beigetragen haben, daß der Text, als er schließlich 1969 wieder erschien, von inhaltlichen Eingriffen im wesentlichen verschont blieb. Von den in seinen frühen Schriften ausgedrückten Zukunftshoffnungen hatte sich Horkheimer bereits ein Jahr zuvor, in seinem ›Brief an den S. Fischer Verlag‹, unmißverständlich distanziert, ohne dabei doch die *Intention*, die jenen Aufsätzen zugrunde lag, preiszu-

88 MHA: V 61.13–14.

89 Brief vom 26. 2. 1962 (MHA: VI 4.181).

90 Brief Horkheimers an Solmi vom 15. 8. 1962 (MHA: V 61.1). – In der italienischen Ausgabe taucht schließlich der Name Solmis nicht mehr auf, statt dessen das Pseudonym Lionello Vinci: offenbar ein Zeichen der Distanzierung.

91 Die Mitteilung verdanke ich Furio Cerutti, Florenz.

92 Nico Pasero, Rudolph Bauer, ›Aufklärung auf italienisch‹, in *Diskus. Frankfurter Studentenzeitung*, 17. Jg., Juli 1967, S. 4.

geben: »Mein Zögern [gegenüber einer Wiederveröffentlichung] entspringt der Schwierigkeit, die alten Gedanken, die von jener Zeit nicht unabhängig waren, wieder auszusprechen, ohne dem, was heute mir als wahr erscheint, Eintrag zu tun, dem Glauben an die nahe Verwirklichung der Ideen westlicher Zivilisation zu entsagen und für die Ideen trotzdem einzustehen – ohne Vorsehung, ja, gegen den ihr zugeschriebenen Fortschritt.«[93] Dem Glauben an die nahe »Verwirklichung der Ideen westlicher Zivilisation«, wie Horkheimer hier die proletarische Revolution kulturphilosophisch umschreibt, hatte er in der Tat schon mit der *Dialektik der Aufklärung* entsagt. Dennoch wirft diese Äußerung auch Licht auf die Einschätzung seiner Gesellschafts- und Vernunftkritik der vierziger Jahre. Denn beiden Phasen der Kritischen Theorie Horkheimers ist der Impuls gemeinsam, den Widerspruch auszuhalten: »die furchterregenden Tendenzen der Gegenwart auszusprechen und den Gedanken an das Andere nicht aufzugeben«[94].

Aber nicht bloß das Drängen von anderer Seite oder die inzwischen verbreiteten Raubdrucke der Schrift dürften Horkheimer dazu bewogen haben, der erneuten, autorisierten Veröffentlichung schließlich zuzustimmen. Entscheidend dafür mag auch gewesen sein, daß Horkheimers Denken sich im Verlauf der sechziger Jahre erneut dem theoretischen Ort der *Dialektik der Aufklärung* annähert. Es ist in dieser Zeit, wie wir aus den *Notizen 1950–1969* ablesen können, zunehmend von einer tiefgreifenden Vernunftskepsis geprägt, die in manchen Zügen jene älteren Gedanken erst wieder aufnimmt und weiter radikalisiert. Adorno hatte nach seiner Rückkehr nach Frankfurt *unmittelbar* an diese Schrift sowie an andere Arbeiten aus jenen Jahren anknüpfen können. Horkheimer jedoch kommt erst Ende der fünfziger Jahre – als Einschnitt könnte pointierend das Jahr seiner Emeritierung, 1959, genannt werden – auf eine der Adornoschen Position in manchem äußerst nah verwandte Position zurück.[95] Er vertraut sie jedoch weitgehend nur den zu Lebzeiten unveröffentlichten *Notizen* an. Negative Metaphysik und negative Religion werden dort zu einer prekären Einheit verknüpft. Die »wahre Sehnsucht nach dem Anderen« entspringt aus der Grunderfahrung unaufhebbaren Leidens im gesellschaftlichen Kontext und einer metaphysischen, globalen Negation von Sinn. Philosophie überhaupt scheint nur noch in der verschwindenden Privatsphäre möglich zu sein. Sie wäre damit gegenüber dem geschichtlichen Fortschritt obsolet geworden. Derartige Erwägungen müssen sich jedoch, wollen sie nicht in leerer Skepsis verharren, selbst philosophischen Ansprüchen stellen. Von diesem bereits in der *Dialektik der Aufklärung* angelegten Widerspruch: zu erkennen, daß die Verwirklichung der Vernunft in der Geschichte verbaut ist, und doch den Sinn und die Möglichkeit von Aufklärung bei jeder Kritik unterstellen zu müssen, ist Horkheimers Spätphilosophie gezeichnet.

93 In: *Kritische Theorie*, Bd. II, Frankfurt am Main 1968, S. XI.
94 Ebd., S. IX.
95 Vgl. Alfred Schmidt, ›Die geistige Physiognomie Max Horkheimers‹. Einleitung zu: Horkheimer, *Notizen 1950–1969*, Frankfurt am Main 1974, S. XLIX, L, LXVIII.

Willem van Reijen, Jan Bransen

Das Verschwinden der Klassengeschichte in der ›Dialektik der Aufklärung‹. Ein Kommentar zu den Textvarianten der Buchausgabe von 1947 gegenüber der Erstveröffentlichung von 1944

Seit Anfang der vierziger Jahre widmeten sich die Wissenschaftler des Instituts für Sozialforschung besonders intensiv, mit dem Ziel umfangreicher Forschungsprojekte, der Analyse der Ursachen und Folgen faschistischer Herrschaft. Im Verlauf dieser Arbeiten bildeten sich zwei gegensätzliche Meinungen heraus. Auf der einen Seite entwickelten Horkheimer, Adorno, Pollock und Löwenthal die These, daß der Nationalsozialismus eine, im Vergleich zum traditionellen Kapitalismus, tendenziell neue Ordnung sei. Zwar betrachteten sie den faschistischen Staatskapitalismus als jüngstes Resultat kapitalistischer Logik, aber dieses Resultat zeigte doch eine neue Qualität: die Dominanz der Politik über die Ökonomie. In seinem Aufsatz mit dem Titel ›Is Nationalsocialism a New Order?‹[1] beantwortete Pollock, auf dessen ökonomisches Fachwissen sich die übrigen Vertreter dieser Richtung stützten, diese Frage also mit Ja. Auf der anderen Seite vertraten Neumann, Kirchheimer und Gurland die These, daß die nationalsozialistische Wirtschaftsordnung die kontinuierliche Fortentwicklung des Kapitalismus sei, daß von einer neuen Ordnung also nicht gesprochen werden könne. Diese Kontroverse um den Primat der Politik oder den der Ökonomie im postliberalen Kapitalismus griff, wie Autoren wie Dubiel und Söllner oder Brick und Postone zeigen[2], tief in das

1 In: *Studies in Philosophy and Social Science*, Jg. IX, 1941, S. 264 ff.; dt. unter dem Titel ›Ist der Nationalsozialismus eine neue Ordnung?‹ in: *Wirtschaft, Recht und Staat im Nationalsozialismus. Analysen des Instituts für Sozialforschung 1939–1942 von Max Horkheimer, Friedrich Pollock, Franz L. Neumann, A. R. L. Gurland, Otto Kirchheimer und Herbert Marcuse*. Hrsg. von Helmut Dubiel und Alfons Söllner, Frankfurt am Main 1984, S. 111 ff.

2 Helmut Dubiel, Alfons Söllner, ›Die Nationalsozialismusforschung des Instituts für Sozialforschung – ihre wissenschaftsgeschichtliche Stellung und ihre gegenwärtige Bedeutung‹, in: *Wirtschaft, Recht und Staat im Nationalsozialismus ...*, a. a. O., S. 7 ff.; Barbara Brick, Moishe Postone, ›Kritischer Pessimismus und die Grenzen des traditionellen Marxismus‹, in: *Sozialforschung als Kritik*, hrsg. von Wolfgang Bonß und Axel Honneth, Frankfurt am Main 1982, S. 179 ff. – Wir beziehen uns im folgenden wesentlich auf diese Texte, ohne sie im einzelnen zu referieren. Vgl. außerdem zu dem dort dargestellten Zusammenhang: Martin Jay, *Dia-*

theoretische Selbstverständnis der Mitglieder des Instituts für Sozialforschung ein.

Pollocks Beschäftigung mit der Entwicklung des Kapitalismus war seit Beginn der dreißiger Jahre ein fester Bestandteil der Institutsarbeit. In seinen frühen Aufsätzen[3] siedelte er, ausgehend von Marx, die Widersprüche, die das kapitalistische System bedrohten, in der wachsenden Spannung zwischen Produktivkräften und Produktionsverhältnissen an. Die Qualität der neuen Wirtschaftskrisen zeige, daß der liberale Kapitalismus mit seinen Versuchen, Krisen über den Markt zu regulieren, scheitern müsse. Deshalb stehe der Übergang zu einer neuen Wirtschaftsordnung an, die zwar in der alten angelegt und insofern als deren Fortentwicklung zu sehen sei, die aber die neuartige Qualität einer Planwirtschaft zeige. Diese ist, so Pollock, in zwei Formen möglich: als kapitalistische Planwirtschaft auf der Grundlage des Privateigentums an den Produktionsmitteln oder als sozialistische Planwirtschaft auf der Grundlage des vergesellschafteten Eigentums an den Produktionsmitteln. Pollock widerspricht dem Marxschen Zusammenbruchstheorem, mehr noch: er prophezeit die Fortdauer des Kapitalismus: »Was zu Ende geht, ist nicht der Kapitalismus, sondern nur seine liberale Phase.«[4]

Anfang der vierziger Jahre präzisiert und verschärft Pollock seine Analyse.[5] Er wendet den Terminus »Staatskapitalismus« nun sowohl auf die nationalsozialistische als auch auf die sowjetrussische Ökonomie an. Beide sind totalitäre Formen der Wirtschaftsordnung. Typisch für diese beiden Formen des Staatskapitalismus ist die »Verschmelzung von führenden Bürokratien aus Geschäftswelt, Staat und Partei«[6] zu einer neuen herrschenden Schicht. Demgegenüber kennt die demokratische Form des Staatskapitalismus, wie sie sich etwa in den USA findet, zwar die Kontrolle des Staatsapparates durch das Volk, aber sie hat mit den totalitären Spielarten gemeinsam, daß staatliches Handeln die Schlüsselfunktion des Marktes außer Kraft setzt. Zwar gibt es immer noch Profite, Preise und Löhne, aber diese bestimmen nicht mehr vorwiegend das wirtschaftliche Handeln. Auch die Bedeutung des Privateigentums an den Produktionsmitteln für Entscheidungen ist geschwunden. Der Einzelkapitalist, getrennt von den zentralisierten Entscheidungsbefugnissen und »overruled« durch die staatliche Administration, ist zum bloßen Rentner geworden.[7] Es gibt keine autonomen wirt-

lektische Phantasie, Frankfurt am Main 1981, Kap. V, sowie Alfons Söllner, *Geschichte und Herrschaft,* Frankfurt am Main 1979, Kap. 3.3.6.

3 ›Die gegenwärtige Lage des Kapitalismus und die Aussichten einer planwirtschaftlichen Neuordnung‹, in: *Zeitschrift für Sozialforschung,* Jg. I, S. 8ff.; ›Bemerkungen zur Wirtschaftskrise‹, ebd., Jg. II, S. 321ff.

4 Zitiert nach Brick, Postone, a. a. O., S. 184.

5 Vgl. ›State Capitalism: Its Possibilities and Limitations‹, in: *Studies in Philosophy and Social Science,* Jg. IX, 1941, S. 200ff.; dt. unter dem Titel ›Staatskapitalismus‹ in: *Wirtschaft, Recht und Staat im Nationalsozialismus ...,* a. a. O., S. 81ff.

6 Zitiert nach Brick, Postone, a. a. O., S. 185.

7 Vgl. ebd.

schaftlichen Probleme mehr, sondern nur noch Verwaltungsprobleme. Deshalb gehen vom ökonomischen Bereich auch keine Impulse mehr zur gesellschaftlichen Veränderung aus. Er ist statisch geworden. Alle Initiativen gehen von der Politik aus – es sei denn, es treten etwa im Zusammenhang mit Arbeitslosigkeit und ausbleibender Erhöhung des Lebensstandards politische Legitimationsprobleme auf. Pollock ersetzt also die von Marx als grundlegend betrachtete Spannung zwischen Produktionsverhältnissen und Produktivkräften durch die Spannung zwischen Produktionsverhältnissen und Distribution. Der Wechsel vom Primat der Ökonomie zu dem der Politik spielt sich innerhalb der Distributionssphäre ab: von der unbewußten zur bewußten Verteilung und Steuerung. In beiden Fällen unterstellt Pollock ein Primat der Distributionsweise.[8]

Das Konzept des »Staatskapitalismus« blieb innerhalb des Instituts nicht unangefochten. Insbesondere Neumann setzte sich kritisch damit auseinander.[9] Seine Position verdeutlicht die ökonomietheoretische Frontstellung, die implizit auch in die *Dialektik der Aufklärung* eingeht. Denn nach wie vor vertritt Neumann die These von der Kontinuität in der Entwicklung vom liberalen Kapitalismus zum Nationalsozialismus. Bezüglich Pollocks Konzept meint Neumann, daß es sich um eine contradictio in adjecto handle. Entweder, so argumentiert er, ist die nationalsozialistische Gesellschaft kapitalistisch – dann funktionieren nach wie vor Markt, Konkurrenz und Profit; oder aber der Staat bestimmt die ökonomischen Vorgänge – dann ist die Gesellschaft nicht im Marxschen Sinn kapitalistisch. Im Gegensatz zu Pollock legt Neumann den Nachdruck darauf, daß sich die Widersprüche im entwickelten Kapitalismus nicht aufgelöst, sondern verschärft haben. Als empirische Belege dafür führt er verschiedene Maßnahmen der totalitären Herrschaftstechnik und der ökonomischen Reglementierung an, die gleichwohl Konkurrenz und Profit in ihrer Bedeutung nicht schmälerten.

Aber auch bei Neumann finden sich eine Reihe von Gedankengängen, mit denen er den qualitativen Veränderungen im Verhältnis von Monopolkapitalismus und totalitärer Herrschaft gerecht zu werden versucht. Er bestreitet nicht den Funktionszuwachs der Politik gegenüber der Ökonomie, der sich, auch schon für ihn erkennbar, in den postfaschistischen Staaten fortsetzt und in dem er ein »Entwicklungsprodukt des Kapitalismus«[10] sieht. Schließlich versucht er, Pollocks Analysen, neu interpretiert, in den eigenen Ansatz einzubauen: »Die Verfügung über den Staatsapparat ist [...] der Angelpunkt, um den sich alles dreht. Dies ist die einzig mögliche Bedeutung des Primats der Politik über die Ökonomie.«[11] Dadurch soll jedoch die grundsätzlich kapitalistische Funktionsweise des »totalitären Monopolkapitalismus«, wie sein bis heute als Standardterm gebrauchter Ausdruck lautet, nicht in Frage gestellt werden.

Horkheimers eigene Arbeiten blieben von dieser Kontroverse selbstverständlich nicht unbeeinflußt. 1937 bezieht er sich noch fraglos auf die Marxsche These des

8 Vgl. ebd., S. 189f.
9 Franz L. Neumann, *Behemoth,* New York 1942; dt. Frankfurt am Main 1977.
10 Zitiert nach Dubiel, Söllner, a. a. O., S. 18.
11 Ebd.

Widerspruchs zwischen Produktivkräften und Produktionsverhältnissen; was sich unter dem Faschismus geändert hat, ist vor allem, daß die Macht- und Manipulationstechniken perfektioniert wurden. Eine durch sie vereinnahmte Kultur ist, so Horkheimer, keine Ressource mehr für Kritik und Widerstand. 1942, im Aufsatz ›Autoritärer Staat‹, stützt er sich indes auf Pollocks Staatskapitalismusthese. Nationalsozialismus und bürokratischer Sozialismus sowjetrussischer Prägung unterscheiden sich allenfalls in der Zusammensetzung der herrschenden Cliquen, aber in beiden Fällen hat die Politik die Dominanz über die Ökonomie gewonnen. Als »integraler Etatismus« erscheint das sowjetische System als die konsequenteste Form des autoritären Staates.

Vergleicht man die beiden Fassungen der *Dialektik der Aufklärung* – die mimeographierte Publikation des Institute of Social Research von 1944 und den Erstdruck von 1947 –, dann wird deutlich, wie tief das Selbstverständnis auch ihrer beiden Autoren durch die Auseinandersetzung um den Primat von Ökonomie oder Politik betroffen war. Zwar versichern Horkheimer und Adorno in ihrer Vorrede zur Buchausgabe, die der ursprünglichen Vorrede nachgeordnet ist: »Das Buch enthält keinerlei wesentliche Änderungen des Textes, wie er noch während des Krieges abgeschlossen wurde.«[12] Aber über wenig läßt sich besser streiten als darüber, was wesentlich ist; die Textänderungen, die für die Buchausgabe 1947 vorgenommen wurden, kann man zumindest als signifikant bezeichnen. Das soll exemplarisch an einigen Stellen gezeigt werden:

Durchgängig haben die Autoren die durch die Staatskapitalismus-Diskussion mit spezifischen Bedeutungen behafteten Termini wie »Monopol«, »Kapital«, »Profit« durch *weniger belastete Ausdrücke* ersetzt. Aus dem »Monopol« wird die »Wirtschaftsapparatur«[13]; oder der Ausdruck wird ersetzt durch »Agenturen der Massenproduktion«[14], »das System der modernen Industrie«[15], »Kulturindustrie«[16], die »Verfügenden«[17] oder auch neutral »das System«[18]. Allerdings wird der Terminus »Monopol« nicht selten auch durch »Trusts« und »Konzerne« ersetzt.[19] Die »Monopolherren« verwandeln sich in »Generaldirektoren«[20]. Das »Kapital« wird zur »Wirtschaft«[21], seine »Macht« zur »Macht der ökonomisch Stärksten«[22], oder der »Kapitalismus« verschwindet ganz[23]. – Unter der Nachkriegsperspektive, in der die Druckfassung entstand, zeichnet sich eine *deutlichere Qualifizierung faschistischer Phänomene* ab, die zuvor all-

12 Hier S. 24.
13 Hier S. 53.
14 Hier S. 51.
15 Hier S. 130.
16 Hier S. 171.
17 Hier S. 173.
18 Hier S. 181.
19 Hier S. 45.
20 Hier S. 61.
21 Hier S. 62.
22 Hier S. 145.
23 Hier S. 199.

gemein als ökonomische bezeichnet wurden: das »Kollektiv des totalitären Monopols« wird zum »faschistischen Kollektiv«[24], das »Monopol« zum »Faschismus«[25]. – Die *Distanz zur Marxschen Terminologie* wächst. Die »Produktionsverhältnisse« werden zu »Formen der Wirtschaft«[26], die »Klassenherrschaft« wird zur »Herrschaft«[27], die »Ausbeutung« zur neutraleren »Versklavung«[28], die »Verfügung« zur »Ausnutzung«[29], die »Verfügenden« werden zu »Lenkern«[30]. Die »Klassengeschichte« verschwindet ganz.[31] Das »Monopol« wird zur »Industrie«[32] oder kommt nicht mehr vor[33].

Die an allen wichtigen Stellen nahezu vollständige Tilgung des Terminus »Monopol« und die Umwandlung des »Kapitals« an den meisten Stellen in »Wirtschaft« und ähnliches lassen sich durch politische Bedenken und Rücksichten allein nicht hinreichend erklären. Sie zeigen vielmehr – und das ist theoriegeschichtlich und systematisch für das Verständnis der *Dialektik der Aufklärung* bedeutsamer –, daß Horkheimer und Adorno sich in der Mitte der vierziger Jahre im Sinne der Pollockschen Analysen endgültig von einer Form des Marxismus distanzieren, die ein Primat der Ökonomie unterstellt. Demgegenüber rückt offensichtlich die Bedeutung der politischen und kulturindustriellen Steuerung in den Vordergrund.

Trotzdem wäre es falsch zu meinen, daß Horkheimer und Adorno sich damit von der Marxschen Theorie überhaupt lossagen. Die Hinweise auf den Faschismus, die in der Buchfassung deutlicher als in der Erstveröffentlichung hervortreten, sind nicht nur als beklemmende Hinweise darauf zu verstehen, daß die davon ausgehenden Gefahren andauern, sondern auch als Belege für die Ansicht der Autoren, daß Kapitalismus und Faschismus nach wie vor als Gesellschaftsprinzipien ineinandergreifen und daß der Kapitalismus nach wie vor in sich die Tendenz hat, die Verwirklichung des »Reichs der Freiheit« zu verhindern. Horkheimer und Adorno lehnen eine mechanistische Marxinterpretation, wie sie sie bei Theoretikern der Zweiten Internationale wie auch der Sowjetorthodoxie vorfinden, entschieden ab, ohne doch die fundamentale Bedeutung der Wirtschaftsordnung für die Totalität der Gesellschaftsordnungen in der Moderne zu leugnen. Deshalb bleibt der Marxsche Ansatz für die Kritische Theorie nach wie vor grundlegend.

24 Hier S. 285.
25 Hier S. 260.
26 Hier S. 254.
27 Ebd.
28 Hier S. 26.
29 Ebd.
30 Hier S. 60.
31 Hier S. 79 und S. 101.
32 Hier S. 173.
33 Hier S. 151, 152, 156, und 172.

Editorische Hinweise

Der Text des vorliegenden 5. Bandes der *Gesammelten Schriften* folgt im Fall der *Dialektik der Aufklärung* der Version, die von Horkheimer selbst zuletzt in der Neuausgabe von 1969 mitverantwortet wurde. Wie bereits oben erläutert[1], wird in Fußnoten auf Abweichungen des Erstdrucks von 1947 gegenüber der hektographierten Erstveröffentlichung von 1944 hingewiesen.[2] Willem van Reijen und Jan Bransen haben neben diesen beiden Ausgaben auch die von 1969 durchgesehen und deren – allerdings geringfügige – Differenzen gegenüber den früheren verzeichnet. Die Textvarianten sind in den Fußnoten in der Regel nach folgendem Schema verzeichnet: Vor dem Schrägstrich: Hinweis auf das Bezugswort oder die Bezugswörter im Haupttext / hinter dem Schrägstrich: Angabe der abweichenden Formulierung in den Ausgaben von 1944 bzw. 1947. Dabei bezeichnen die Angaben »1944« Formulierungen, die nur in dieser Ausgabe enthalten sind und bereits 1947 geändert wurden; »1944/47« Formulierungen, die in diesen beiden Ausgaben enthalten sind und 1969 geändert wurden; »1947« Formulierungen, die nur in dieser Ausgabe enthalten sind und 1969 geändert wurden. Nicht berücksichtigt wurden in den Fußnoten Korrekturen offensichtlicher Schreibfehler, orthographische Änderungen (z. B. »Mißverhältnis« statt »Missverhältnis«, »Zäsur« statt »Cäsur«), geringfügige Wortumstellungen (z. B. »sich rein zu entfalten« statt »rein sich zu entfalten«) und sonstige geringfügige Korrekturen (z. B. »ertrugen« statt »ertragen«, »des Mannes« statt »des Manns«).
Der oftmals hermetische Text der *Dialektik der Aufklärung* enthält zahlreiche Anspielungen insbesondere zeitgeschichtlicher Art. Sie sind heute, mehr als vier Jahrzehnte nach der Erstveröffentlichung, für manche Leser nicht mehr auf Anhieb verständlich. Deshalb schien es für die vorliegende Edition sinnvoll, einige dieser Anspielungen durch erklärende Fußnoten zu ergänzen, die Hinweise auf Sachverhalte, Namen oder zitierte Literatur enthalten. Philosophiegeschichtliche Exegese freilich wurde mit solchen Notierungen in keinem Fall zu leisten beansprucht. Zum Teil konnte auf Anmerkungen des italienischen Übersetzers, Renato Solmi, zurückgegriffen werden, die dieser in der bei Giulio Einaudi, Turin 1966, erschienenen Ausgabe vorgenommen hatte. Diese Fußnoten sind mit dem Kürzel »A. d. i. Ü.« (Anmerkung des italienischen Übersetzers) gekennzeichnet.

1 Vgl. hier S. 443.

2 Zur Bibliographie vgl. das nachfolgende ›Verzeichnis der Vorträge und Erstveröffentlichungen‹.

Der Text des Aufsatzes ›Vernunft und Selbsterhaltung‹ folgt in der vorliegenden Fassung der von Horkheimer selbst zuletzt autorisierten Version von 1969 bzw. 1970[3]. Auch hier sind gegenüber der 1942 erschienenen Erstfassung einige – allerdings geringfügige – Änderungen enthalten, die in Fußnoten gekennzeichnet sind. Für die Fußnoten des Herausgebers gilt hier analog, was oben zur Verzeichnung der Textvarianten der *Dialektik der Aufklärung* und zu den erläuternden Fußnoten bemerkt wurde. Die übrigen, hier abgedruckten kleineren Schriften der vierziger Jahre, auch der Aufsatz ›Autoritärer Staat‹, enthalten im Fall späterer Ausgaben keine Textvarianten.

Die *Schriften 1940–1950* sind chronologisch, nach den Jahren der Erstveröffentlichungen, angeordnet. In einigen Ausnahmefällen, in denen zwischen Entstehung und Veröffentlichung ein größerer Abstand von mehr als einem Jahr liegt, ist außerdem das Jahr der Entstehung angegeben; solche Texte sind nach diesem Zeitpunkt eingeordnet.

Schreib- und Druckfehler wurden mit Hilfe der Manuskripte sowie früherer Drucke und korrigierter Druckfahnen stillschweigend berichtigt, ebenso die gelegentliche Verwendung von »ss« statt »ß« und »ae«, »oe«, »ue« statt der entsprechenden Umlaute. Alle übrigen Änderungen und Ergänzungen des Herausgebers und der weiteren, an der Edition beteiligten Bearbeiter und Übersetzer erscheinen in eckigen Klammern: [ ]. Die ursprünglich englischsprachigen Texte wurden in Gestalt der bereits veröffentlichten Übersetzungen aufgenommen oder für die vorliegende Ausgabe erstmals übersetzt.

Der editorische Anhang enthält abschließend ein Verzeichnis der Vorträge, auf denen einige Texte beruhen, der Erstveröffentlichungen sowie, im Fall größerer zeitlicher Abstände dazu, der Entstehungszeit. Eine vollständige Bibliographie der Schriften Horkheimers ist im Band 18 der *Gesammelten Schriften* enthalten.

Dank für die Unterstützung der Edition des vorliegenden Bandes gebührt in erster Linie der Georg und Franziska Speyerschen Hochschulstiftung Frankfurt am Main, die einen Teil der finanziellen Lasten übernommen hat, sowie der Stadt- und Universitätsbibliothek Frankfurt am Main, die die Arbeiten im Max-Horkheimer-Archiv nachhaltig gefördert hat. Des weiteren möchte ich besonders danken: Rolf Tiedemann (Theodor W. Adorno Archiv) für verschiedene Auskünfte, Barbara Brick und Gerhard Gamm für Diskussionen und Ratschläge (nicht nur im Zusammenhang mit *diesem* Band der Ausgabe), Hans Günter Holl für die Übersetzungen aus dem Englischen und die Gespräche darüber sowie Philipp Rippel für die Übersetzungen des Vorworts zur italienischen Ausgabe der *Dialektik der Aufklärung* und der Fußnoten des italienischen Übersetzers.

Januar 1986 — Gunzelin Schmid Noerr

3 In: *Politik, Wissenschaft, Erziehung. Festschrift für Ernst Schütte*, Frankfurt am Main, Berlin, Bonn, München 1969; als Separatdruck: Frankfurt am Main 1970.

Verzeichnis der Vorträge und Erstveröffentlichungen

Dialektik der Aufklärung

- Erstveröffentlichung als hektographiertes Typoskript unter dem Titel *Philosophische Fragmente.* Institute of Social Research, New York City, 1944;
- gedruckt unter dem Titel *Dialektik der Aufklärung. Philosophische Fragmente.* Amsterdam (Querido) 1947;
- ›Vorwort zur italienischen Ausgabe‹: verfaßt 1962; gedruckt unter dem Titel ›Premessa degli autori all'edizione italiana‹, in: Max Horkheimer, Theodor W. Adorno, *Dialettica dell'illuminismo.* Torino (Giulio Einaudi) 1966, S. IX;
- ›Zur Neuausgabe‹ in: Max Horkheimer, Theodor W. Adorno, *Dialektik der Aufklärung. Philosophische Fragmente.* Frankfurt am Main (S. Fischer) 1969, S. IX–X.

Schriften 1940–1950

›Autoritärer Staat‹
- datiert: Frühjahr 1940;
- gedruckt in: *Walter Benjamin zum Gedächtnis.* Hektographiertes Typoskript. Institut für Sozialforschung [New York, Los Angeles] 1942, S. 123–161.

›Vernunft und Selbsterhaltung‹
- datiert: Winter 1941/42;
- gedruckt in englischer Übersetzung unter dem Titel ›The End of Reason‹ in: *Studies in Philosophy and Social Science,* Vol. IX, 1942, Heft 3, S. 366–388;
- gedruckt in deutscher Sprache in: *Walter Benjamin zum Gedächtnis.* Hektographiertes Typoskript. Institut für Sozialforschung [New York, Los Angeles] 1942, S. 17–60.

›Einige Betrachtungen zum Curfew‹
- gedruckt in: *Der Aufbau,* New York, 4. 9. 1942.

›Die Psychologie des Nazitums‹
- gedruckt in englischer Sprache unter dem Titel ›The Psychology of Nazidom‹ in: *The New Leader.* New York, Vol. XXVI, No. 33, 14. 8. 1943, S. 5 und 7.

›Zur Soziologie der Kunst‹
- geschrieben: 1943;
- gedruckt in englischer Sprache unter dem Titel ›Sociology of Art‹ in: *Encyclopedia of the Arts,* ed. by Dagobert D. Runes and Harry G. Schrickel. New York (Philosophical Library) 1946, S. 930–932.

›Antisemitismus: Der soziologische Hintergrund des psychoanalytischen Forschungsansatzes‹
- Vortrag, gehalten am 17.6.1944 in San Francisco, Psychoanalytic Society, Symposium on Anti-Semitism;
- gedruckt in englischer Sprache unter dem Titel ›Sociological Background of the Psychoanalytic Approach‹, in: *Anti-Semitism. A Social Disease*, ed. by Ernst Simmel with a Preface by Gordon W. Allport. New York (International Universities Press) 1946, S. 1–10.

›Zur Klassifikation jüdischer Einwanderer‹
- gedruckt in englischer Sprache als Antwort auf eine Umfrage in: Yiddish Scientific Institute – YIVO, *The Classification of Jewish Immigrants and Its Implications. A Survey of Opinion.* New York (Yiddish Scientific Institute – YIVO) 1945, S. 64–66.

›Autorität und Familie in der Gegenwart‹
- geschrieben (in englischer Sprache): 1947;
- gedruckt unter dem Titel ›Authoritarianism and the Family Today‹, in: *The Family: Its Function and Destiny.* Ed. by Ruth Nanda Anshen. New York (Harper and Brothers) 1949, S. 359–374;
- gedruckt in deutscher Übersetzung in: *Erkenntnis und Verantwortung.* Festschrift für Theodor Litt. Düsseldorf (Pädagogischer Verlag Schwann) 1960, S. 152–167.

›Ernst Simmel und die Freudsche Philosophie‹
- Rede, gehalten am 13.12.1947 in Los Angeles, Memorial Meeting for Ernst Simmel;
- gedruckt in englischer Sprache unter dem Titel: Ernst Simmel and Freudian ›Philosophy‹, in: *International Journal of Psychoanalysis*, Vol XXIX, 1948, S. 110–113;
- gedruckt in deutscher Übersetzung in: *Psyche*, Jg. 32, 1978, S.483–491.

›Vorwort zu den *Studies of Prejudice*‹
- gedruckt in englischer Sprache unter dem Titel ›Foreword to Studies in Prejudice‹ in jedem der fünf Bände der *Studies in Prejudice,* ed. by Max Horkheimer and Samuel H. Flowerman. New York (Harper and Brothers) 1949–50, S. V–VIII bzw. S. VII–X.

›Einleitung [zu Leo Löwenthals und Norbert Gutermans *Prophets of Deceit*]‹
- gedruckt in englischer Sprache unter dem Titel ›Introduction‹ in: Leo Löwenthal and Norbert Guterman, *Prophets of Deceit. A Study of the Techniques of the American Agitator.* New York (Harper and Brothers) 1949, S. XI–XIII.

›Vorwort [zu *The Authoritarian Personality*]‹
- gedruckt in englischer Sprache unter dem Titel ›Preface‹ in: Theodor W. Adorno, Else Frenkel-Brunswik, Daniel J. Levinson, R. Nevitt Sanford, *The Authoritarian Personality.* New York (Harper and Brothers) 1950, S. IX–XII.